Männer, Frauen und Motoren

DIE ERINNERUNGEN DES RENNLEITERS ALFRED NEUBAUER

HARVEY T. ROWE

Männer Frauen und Motoren

MOTORBUCH VERLAG STUTTGART

Umschlagbild: Walter Gotschke.
Einband und Umschlagkonzeption: Siegfried Horn.

Walter Gotschke hält im Umschlagbild eine Szene der denkwürdigen Coppa Acerbo von 1938 fest. Ein Rundstreckenrennen bei Pescara, gefahren in mörderischer Hitze, das schließlich Rudolf Caracciola als Sieger im Ziel sah.
Hier im Bild Caracciola beim Boxenstop. Im Augenblick gehen Wimille auf Alfa Romeo und Nuvolari auf Auto Union vorbei. Alfred Neubauer (neben ihm Direktor Sailer) und Uhlenhaut (hinter dem Wagen) verfolgen aufmerksam die Handgriffe der Monteure, während Mme. Caracciola die Zeitentabelle führt.
Der Boxendienst von Mercedes Benz war vielgerühmt; Rennleiter Neubauer hatte schon früh erkannt, daß Sekunden und Minuten dort zu gewinnen sind, wo andere sie verlieren: an der Boxe.

Fotos: Büttner (2), Archiv Daimler-Benz AG (35), Archiv Richard v. Frankenberg (3), Archiv Heinze (1), Wörner (1).

ISBN 3-87943-159-0

3. Auflage 1978.

Eine Abteilung des Buch- und Verlagshauses Paul Pietsch GmbH & Co. KG.

Satz und Druck: SV-Druck, 7302 Ostfildern 1.
Bindung: Verlagsbuchbinderei Karl Dieringer, 7000 Stuttgart 1.
Printed in Germany.

INHALTSVERZEICHNIS

VORWORT

Es war eine schöne, an Erleben überreiche Zeit, die mir im internationalen Motorsport beschieden war. In fast vier Jahrzehnten habe ich 160 Rennen größten Formats bis ins kleinste Detail vorbereitet, durchdacht, organisiert und gelenkt. Ich hatte das Glück und die Ehre, eine der erfolgreichsten Rennmannschaften der Welt durch zwei Epochen des Autorennsports immer wieder aufs neue zu glänzenden Siegen führen zu können. Die Produkte dreier Konstruktions-Epochen, die besten Fahrer dreier Generationen durfte ich der Welt vorführen — fürwahr eine herrliche Aufgabe! Und wohl niemand unter all den Millionen Menschen, die diese Rennen sahen, konnte sie so unmittelbar miterleben wie ich selbst. Niemand konnte ahnen, was sich an Dramatik, an Zwischenfällen, Intrigen und Kämpfen hinter den Kulissen abspielte. Niemand kannte auch so gut die Schwächen und Stärken jedes einzelnen Fahrers, jedes Wagens. Niemand, selbst der gerissenste Reporter nicht, konnte wissen, mit wieviel Aufopferung, Schweiß, Tränen, aber auch Glück mancher Sieg errungen wurde.

Alfred Neubauer

EINLEITUNG

Dieses Buch berichtet von den berühmtesten Männern, Frauen und Motoren, die in der Geschichte des Automobilrennsports der letzten fünfzig Jahre eine Rolle spielten. Es erzählt von ihren Triumphen und Niederlagen, von ihrem Leben, Lieben und – Sterben.

Niemand kennt diese Geschichte besser als jener Mann, der sie aus nächster Nähe so miterlebte, als ob sie sein eigenes Leben gewesen wäre: Alfred Neubauer, der fast schon legendäre Rennleiter der berühmtesten Equipe von Mercedes-Benz, der »Herr über 1000 PS«.

Alfred Neubauer war mehr als nur ein Rennleiter und Betreuer – er war zugleich auch der Freund der bedeutendsten Fahrer, die jemals in der ersten Hälfte dieses Jahrhunderts irgendwo in der Welt am Steuer eines Rennwagens gesessen haben. Niemand kannte wie er ihre Stärken und Schwächen, Laster und Leidenschaften.

In langen Gesprächen hat Alfred Neubauer mir die Tür zur Schatzkammer seiner Erinnerungen geöffnet. Es war ein Erlebnis, ihm zuzuhören, das für immer unvergeßlich bleiben wird.

Wir füllten kilometerlange Tonbänder, wir schrieben ganze Bleistiftlegionen stumpf, wir kramten in verstaubten Archiven, blätterten in vergilbten Taschenkalendern – jenen berühmten, aber auch berüchtigten »schwarzen Büchlein«, ohne die der Rennleiter Neubauer schlechthin undenkbar war.

Wir verbrachten Tage und Wochen zusammen: im schlichten Büro des – inzwischen längst pensionierten – Direktors Neubauer in den Daimler-Benz-Werken in Untertürkheim, wo die Wände mit den Bildern uralter Rennwagen und der großen Fahrer aller Zeiten bepflastert waren. Wir saßen uns gegenüber an dem gelben Büroschreibtisch in Stuttgart und in einem eleganten Hotelzimmer in Gardone, in dem schmucken Häuschen am Neckar, das Alfred Neubauer als Alterssitz dient, oder in irgendeinem romantischen Wirtshaus im Remstal.

Nie aber floß das Gespräch so gut wie bei einem guten Tropfen Wein, vor einem festlich gedeckten Tisch und zu fortgeschrittener Stunde.

Dann schwang sich die Stimme »Don Alfredos« zu höchsten Phonzahlen empor, als gelte es ganze Kohorten brüllender Kompressoren zu übertönen.

Unvorstellbar, daß dieser Quell von Anekdoten, Witzen, Episoden jemals versiegen sollte. Aber selbst, wenn das Gedächtnis eines Alfred Neubauers zu versagen drohte, gab es keine Pause. Dann gab es andere, die für ihn weitererzählten ...

Unvergeßliche Stunden verbrachte ich in einer Traumvilla am Ufer des Luganer Sees; unvergeßlich vor allem darum, weil sie die späte Erfüllung eines Jungentraumes brachten: die Begegnung mit einem großen verehrten Helden von einst, für dessen Autogramm man gerne Serien von Zigarettenbildern oder das Taschengeld eines ganzen Monats geopfert hätte ... mit Rudolf Caracciola und seiner liebenswerten Frau Baby.

Und dieser sonst so schweigsame Mann lebte auf in der Erinnerung, erzählte, wie es damals war, als sein Stern heller als später der eines Fangio oder Moss über den Rennstrecken Europas leuchtete. Er erzählte, wie er sie noch nie zuvor einem Journalisten erzählt hatte – und sie auch nie wieder erzählen sollte. Denn der Tod stand damals bereits unsichtbar hinter ihm und wartete auf seine Stunde, die näher war, als wir alle ahnen konnten ...

Ich fuhr zu Hans Stuck nach Grainau, zu dem alten Kämpen, dessen Augen leuchten wie die eines Jungen, wenn er von seinen Siegen berichtet. Und als wir uns an seinem Schreibtisch gegenübersaßen, dessen Platte aus dem Silber ungezählter Siegespokale gegossen ist, da stießen wir an auf das Wohl jenes Mannes, von dem auch Hans Stuck, der einstige Gegner, heute anerkennt: »Er war der größte Rennleiter, den es je gegeben hat ...«

Von Grainau ging es nach Freiburg, zu Elly Beinhorn-Rosemeyer, der berühmten Frau eines berühmten Mannes. Noch heute fällt es ihr schwer, von jenem grauen Tag im Januar 1938 zu sprechen, als Bernd Rosemeyer seine letzte tragische Fahrt antrat.

In Bad Cannstatt machte ein anderer großer Rennfahrer aus seinem Herzen keine Mördergrube: Hermann Lang, dessen glänzende, sauer erkämpfte Karriere so tragisch vom Zweiten Weltkrieg gerade in ihrem Höhepunkt unterbrochen wurde.

Und dann kamen all die andern:

Der ehemalige Rennarzt Dr. Gläser, der vieles erzählte und mehr noch verschwieg. Der Rennfahrer H. P. Müller, der mir am Telefon die Technik des Powerslide zu erklären suchte. Die große Paula Stuck, die aus ihrer unerschöpflichen Anekdotenkiste immer neue Stories hervorzauberte. Dann Wilhelm Sebastian, einst listiger Renn-Ingenieur bei der Auto-Union, der seinem alten Freund und Rivalen Neubauer so manches Schnippchen schlug. Paul Pietsch, einst erfolgreicher Nachwuchsfahrer und heute nicht minder erfolgreicher Verleger. Die Witwe des jungen, sympathischen Engländers Dick Seaman erzählte vom Leben und Sterben dieses großartigen Sportsmannes. Und der greise Vater des italienischen Grandseigneurs Achille Varzi berichtete von den Siegen und Kämpfen, von der tragischen Verstrickung seines toten Sohnes ...

Und dann: was wäre selbst ein Alfred Neubauer ohne seine beiden zusätzlichen »rechten Hände«, ohne die getreue »alte Heinze« und die nicht minder getreue Frau Reclam, die auch ein wenig aus der Schule ihres hohen und berühmten »Chefs« plauderten ...

Dank schulde ich auch dem Leiter der Daimler-Benz-Presseabteilung, Artur J. Keser, für sein Wohlwollen und seine stete Hilfsbereitschaft, ferner Walther F. Hiss, dem wissenschaftlichen Redakteur der Illustrierten Quick, der mit seinen Anregungen wesentlich zum Entstehen dieser Arbeit beigetragen hat.

Ihnen und all den nicht genannten Helfern sei hier gedankt für ihre Mitarbeit.

Noch eins, zum Schluß:

Rennsport ist eine harte Sache. Es geht dabei um Ehre und Geld, um Ruhm und auch ein wenig um die Gunst der schönen Frauen. Es geht um Dinge, die seit jeher zu den Grundpfeilern männlichen Wünschens, Wollens und Handelns gehörten, bei den Rittern der Kreuzzüge ebenso wie bei den Rittern am Volant.

Und damals wie heute ist der Einsatz hoch: das Leben ...
Kein Wunder, wenn die Erbitterung jener Kämpfe vergangener Jahrzehnte noch gelegentlich nachklingt in den Erzählungen der alten Fahrer, wenn es ihnen zuweilen schwerfällt, objektiv zu sein gegenüber den Rivalen vom gleichen oder fremden »Stall«. Doch gerade die Gegner von gestern sind es, die heute als erste einem Alfred Neubauer bescheinigen, daß er mit Fug und Recht den Titel eines »Weltmeisters der Rennleiter« verdient hätte.
Alfred Neubauer mag oft hart, mag oft unerbittlich gewesen sein. Nicht nur gegen seine Fahrer, sondern auch gegen sich selbst. Er hat – trotz Caracciola – im Grunde nie einen besonderen »Liebling« gehabt. Es hat immer nur einen gegeben, der ihm der liebste war: der beste Fahrer. Ganz gleich, wie er heißen mochte.
Denn Alfred Neubauer hat zeitlebens nur einem Herrn bedingungslos gedient: keinem Fahrer, keinem Wagen, nicht einmal sich selbst, sondern einzig und allein dem geliebten, dreigezackten »Stern von Untertürkheim«, »seinem« Werk, »seiner« Firma, »seinem« Mercedes-Benz ...
So bleibt am Ende nur noch einem Mann zu danken, in dessen Person sich viele Jahrzehnte des internationalen Motorsports verkörpern wie in niemand sonst, hinter dessen urgewaltiger Stimme, Energie, Tatkraft und auch Strenge sich viel mehr Weichheit, Herzlichkeit und echte Menschlichkeit verbergen, als vielleicht seine engsten Mitarbeiter ahnen: dem großen »Don Alfredo«, dem guten »Onkel Roi«, dem einmaligen Rennleiter Alfred Neubauer.

Harvey T. Rowe

START

An den Wänden meines Wohnzimmers hängen die Bilder der berühmtesten Rennfahrer aller Zeiten ganz friedlich nebeneinander, und sie lächeln freundlich auf mich herab – die Helden von Monza und Le Mans, vom Nürburgring, der Avus und Monaco.
Da ist der große Rudolf Caracciola, für mich – trotz Fangio, Stirling Moss oder Graham Hill – unbestritten der hervorragendste Rennfahrer aller Zeiten.
Fast zwei Jahrzehnte beherrschte er die Rennbahnen Europas, oft genug unter Schmerzen und Qualen, von denen niemand etwas ahnte außer seinen engsten Vertrauten – und mir.
Da ist der heißblütige Luigi Fagioli, der seine Liebe zu den schnellen Wagen mit dem Tod bezahlen sollte – wie so viele seiner Freunde.
Da ist der ewige Pechvogel Manfred von Brauchitsch, dessen Lebensschicksal von politischem Zwielicht, aber auch menschlicher Tragik, umwittert ist.
Da ist der gutmütige Schwabe Hermann Lang, dessen große Karriere jäh durch den Zweiten Weltkrieg abgebrochen wurde. Da ist der elegante Monegasse Louis Chiron, Liebling vieler schöner Frauen, da ist Karl Kling, ein Gentleman am Steuer, da ist der drahtige Engländer Stirling Moss und vor allem der »Diplomat im Renndreß«, der großartige Hans Stuck.
Da sind die beiden berühmten Italiener Tazio Nuvolari und Achille Varzi, die sich Kämpfe auf Tod und Leben lieferten – und die Nuvolari, der »Rote Teufel von Mantua«, erst für sich entscheiden konnte, als Achille Varzi das Opfer einer schönen blonden Frau und ihrer gefährlichen Leidenschaft wurde.
Da ist vor allem jener strahlende junge Held, der zwar nie für Mercedes gefahren ist, der jedoch zu meinen geliebtesten Gegnern gehörte: Bernd Rosemeyer, der an einem kalten Wintermorgen dem Tod mit vierhundert Stundenkilometern in die Arme fahren sollte.
Jeder dieser Namen ist heute Geschichte – ein Teil der Geschichte des internationalen Automobilrennsports in seiner größten und schönsten Zeit.
Von diesen Männern und ihren Frauen und Motoren will ich nun erzählen; von ihrem Aufstieg und ihrem Untergang, von ihren Siegen, ihrem Leben und von ihrem Sterben.
Von Helden will ich berichten, die durchaus nicht immer makellose Helden waren. Von Frauen, die ihre Männer sterben sahen, und von Männern, die ihre Duelle mit 600 PS und 300 Stundenkilometern auszutragen pflegten. Ich will erzählen vom stillen Kampf der Konstrukteure, von Rivalen am Steuer und in der Liebe. Von Haß, Leidenschaft, fairem Sportgeist und dem ewig lockenden, tödlichen Rausch der Geschwindigkeit.
Ich will die Großen der Rennbahn schildern, wie nur wenige sie kennen. So wie sie mir begegnet sind, in den Augenblicken ihrer größten Siege und ihrer schwersten Niederlagen. So wie sie wirklich sind, mit all ihren Stärken, aber auch ihren Schwächen – die Caracciola und Moss, die Fangio, Lang und all die andern.

Auch ihre Fehler will ich nicht verschweigen, ihre Irrtümer, ihr Versagen. Und ich weiß – gerade um ihrer menschlichen Schwächen willen wird man sie um so mehr ins Herz schließen müssen und ihre Leistungen anerkennen.

Fast ein halbes Jahrhundert Motorsport habe ich mit wachen Augen, mit heißem Herzen miterlebt, und manchmal will's mir scheinen, als habe ich mein eigenes Leben darüber ein wenig vergessen. Ein Leben, in dem es viele Höhen und Tiefen gegeben hat. Ein Leben, von dem ich heute rückblickend sagen kann: es hat sich gelohnt.

Und was mehr könnte man sich wünschen?

Dabei kann ich nicht verheimlichen, daß es auf meiner Fahrt durch dieses Leben auch manche Panne gegeben hat. Und mehr als einmal wäre ich gewaltig aus der Kurve gerutscht, wenn meine gute Frau, die Hansi, nicht rechtzeitig die Bremse getreten hätte . . .

Angefangen hat alles an einem strahlend schönen Ostersonntag in Neutitschein, einem 13 000-Seelen-Städtchen im sogenannten »Kuhländchen«, unweit von Mährisch-Ostrau, das damals noch zur k. u. k. österreichischen Monarchie gehörte: am 29. März 1891.

Am Morgen dieses Tages beugt sich der Bau- und Kunsttischler Karl Neubauer mit stolzgeschwellter Brust über die Wiege seines ersten und einzigen Sohnes, den ihm seine Frau Marie geschenkt hatte. Dieser Knabe wird auf den schönen und nicht gerade seltenen Namen »Alfred« getauft.

»Der Fredl wird schon sein Glück machen«, sagen die Leute in Neutitschein zu den glücklichen Eltern. »Schließlich ist er ja ein Ostersonntags-Kind!«

Aber zunächst unterscheidet sich der Knabe Alfred nicht von irgendwelchen andern Kindern seines Alters. Er macht die Windeln naß, mampft stillvergnügt am Lutscher oder stört die Nachtruhe der Eltern mit kompressor-ähnlichem Gebrüll – eine stimmliche Begabung aufweisend, die er sich zeitlebens bewahren wird.

Er lernt die ersten Schritte, die ersten Worte und später auch das Abc. Als kleiner Bub bastelt er mit Hingabe in Vaters Tischlerei an allerlei Holzarbeiten herum, klopft sich mit dem Hammer auf den Daumen oder ritzt sich Splitter in den Popo.

Kaum mehr als sechs oder sieben Jahre zählt der Neubauer Fredl, als seine Leidenschaft sich einem damals höchst ungewöhnlichen Fortbewegungsmittel zuwendet: dem Automobil. Jenem Vehikel, das man in Böhmen und Mähren damals noch mit größtem Mißtrauen als eine Art Teufelswerk betrachtet und vor dem manches Bäuerlein im »Kuhländchen« sich bekreuzigt, wenn es ihm schnaufend, fauchend und ratternd auf der holprigen Landstraße entgegenkommt.

Ende der neunziger Jahre wird nämlich Neutitschein zu einer Art Zentrum des Automobilismus.

Schuld an dieser Entwicklung ist die Familie Hückel.

Die Hückels hatten sich mit viel Fleiß und auch viel kaufmännischem Können von einer kleinen Handwerkerfamilie zu angesehenen k. u. k. Hoflieferanten emporgerankt. Sie fabrizieren Hüte.

Sie besitzen drei Villen, und in einer dieser Villen muß Meister Neubauer Tischlerarbeiten ausführen. Klar, daß Filius Fredl ihn dorthin begleitet.

Aber Fredls Sinn steht nicht nach der Besichtigung hochherrschaftlicher Salons, Speise- und Schlafzimmer. Fredl zieht sich in die Garage zurück. Dorthin, wo es ungemein erregende Dinge zu bestaunen gibt: den Automobilpark der Hückels.

Da gibt es einen Stanley-Wagen aus den USA, der noch mit Dampf anstatt Benzin betrieben wird, da gibt es einen Serpollet-Wagen, der ebenfalls mehr einer Lokomotive als einem Auto im modernen Sinne gleicht. Da gibt es ein Puch-Motorrad, einen Renault und gar einen der ältesten Mercedes-Wagen.

Ich freunde mich mit den Chauffeuren an, die mir die Geheimnisse dieser fremdartigen Monstren erklären. Und Fritz Hückel, der nur sechs Jahre älter ist, gilt meine ganze Sympathie, bedingt durch das gemeinsame Interesse am »Automobilismus«.

Jahrzehnte später wird sich diese Bubenfreundschaft noch bewähren. Dann, als mein jährlicher Bedarf von fast fünfzehn Hüten durch Fritz Hückels Hutfabriken gedeckt wird.

Nicht, daß ich dandyhaften Modelaunen nachgegeben hätte. Aber es wurde bei mir Tradition, nach Art spanischer Torreadores meinen Hut unseren siegreichen Wagen vor die Räder zu werfen, gerade wenn sie die Ziellinie passierten.

Wir siegten viel. Und auch der beste Hut pflegte solche Mißhandlung nicht mehr als einmal auszuhalten.

Fritz Hückel sorgte für Nachschub, jahrzehntelang ...

Neben dem Automobilpark der Hutfabrikanten Hückel aber gibt es damals um die Jahrhundertwende sechs Kilometer von Neutitschein entfernt noch eine andere Keimzelle des Automobilismus: die Nesselsdorfer Waggonfabrik, die späteren »Tatra«-Werke.

Dort entsteht in jenen neunziger Jahren gerade das erste österreichische Automobil, das auf den stolzen Firmennamen »Präsident« getauft wird und sich mittels eines Motors fortbewegt.

Vater Neubauer liefert die Fensterstöcke und Glasdachkonstruktionen für die Nesselsdorfer Waggonfabrik.

Die Herren aus Nesselsdorf kommen mit ihren Wagen fast täglich ins benachbarte Neutitschein zum Mittagstisch in das Hotel Hirsch. Sie parken ihre seltsamen Vehikel auf unserm kleinen, romantischen Stadtplatz.

Dann wetzt der Neubauer Fredl auf seinen dünnen Beinchen zum Markt, steht staunend und mit offenem Mund vor einem »Nesselsdorfer« und vergißt über diesem Wunder der Technik aus Blech und Holz alles: Zeit, Raum und auch das Mittagessen daheim.

Damals erhalte ich in Neutitschein den Spitznamen »Fredl, der Autonarr«. Ein Name, dem ich zeitlebens Ehre machen sollte ...

Zu den eifrigsten Besuchern von Neutitschein gehört in jenen Jahren auch ein gewisser Dr. Hans Ledwinka. Sein Herz ist in Liebe entbrannt zur schönen Mizzi Krassa, deren Bruder eine Gemischtwaren-Handlung in der Laudongasse betreibt.

Dort kann man täglich zur zwölften Stunde einen neuen »Nesselsdorfer« begaffen. Dort findet sich immer ein Dutzend Neugieriger zusammen. Und mitten unter ihnen ein Hosenmatz von knapp acht Jahren: der Neubauer Fredl.
Und der Fredl schaut zu, wie der Herr Ingenieur Ledwinka mit viel Schweiß und Mühe seinen Wagen nach der Mittagspause wieder in Trab bringt. Wie er das »Waschkastl« öffnet, das über der Hinterachse liegt und den Motor birgt. Wie Meister Ledwinka ganz fürchterlich herumkurbelt, wie allmählich die zwei Zylinder stöhnend zu arbeiten beginnen, und wie endlich der »Nesselsdorfer« in einer Wolke aus Qualm, Staub und Benzindunst im atemberaubenden 20-Stundenkilometer-Tempo entfleucht ...
Der Dr. Ledwinka ist damals noch ein unbekannter junger Mann, Sohn eines Kantinenpächters aus Klosterneuburg. Und manchmal hat er ein freundliches Lächeln, einen gutmütigen Klaps für den Dreikäsehoch bereit, der ihn mit großen Augen bewundert.
Bewundert – als ahnte er schon damals, daß dieser Dr. Ledwinka einmal zu den ganz Großen des Automobilbaus gehören wird.
Denn Dr. Hans Ledwinka wird später zum Chefkonstrukteur der Tatra-Werke avancieren. Und wird zu jenen Revolutionären gehören, die einmal so neumodische Dinge wie Heckmotor, Luftkühlung, Schwingachsen und Zentralrohrfahrgestell predigen werden ...
Der Tischlermeister Neubauer wird nicht recht froh über seinen autonarrischen Sohn. Fredl ist ein miserabler Schüler und keine Freude seiner Lehrer. Der Papa schüttelt bedenklich den Kopf. »Fredl«, seufzt er, »aus dir wird nie was Rechtes. Ich geb dich noch zum Schuster in die Lehre ...«
Es kommt nicht so weit.
Im Jahr 1903 stirbt Mutter Neubauer. Zwei Jahre später folgt der Vater nach. Der Fredl zählt knappe vierzehn Jahre, als er ein Vollwaise ist.
Die ältere Schwester, verheiratet mit dem Notar Wychodil, nimmt ihn zu sich nach Troppau. Und endlich fällt auch beim Fredl der Groschen: er wird auf der Realschule in Troppau ein guter, ja, der beste Schüler seiner Klasse, und seine Zeugnisse glänzen vor »Einsern«.
Nur eins kann er sich nicht verkneifen: den Auto-Fimmel.
So wie später die Kinder Zigarettenbilder, Autogramme oder Briefmarken sammeln, so sammelt der Neubauer Fredl – Prospekte von Automobil-Fabriken. Er setzt sich hin und schreibt an Werke in Österreich und Frankreich, in Deutschland und Großbritannien. Es sind wunderschöne Kataloge, die er zugeschickt bekommt. Aber nicht nur Druckschriften an »Herrn Alfred Neubauer« flattern ins Haus. Eines Tages erscheint sogar der Vertreter der Firma NSU und wünscht besagten »Herrn Neubauer« zu sprechen.
»Herr Neubauer hat uns um einen Prospekt gebeten«, sagt der Vertreter. »Ich wollte mit ihm verhandeln, da er sich für den Kauf eines Motorrads interessiert ...«
Eines Tages gehe ich von der blassen Theorie zur Praxis über. Es ist Anno 1907, bei den Manövern. Da parken Soldaten einen Fiat-Wagen auf unserm Hof und lassen ihn sträflicherweise unbewacht. Ich sehe es vom Fenster meines

Zimmers. Ich überlege nicht lange. Ich flitze die Treppe hinunter und riegele sorgfältig die Toreinfahrt ab. Jetzt bin ich ungestört.
Von meinen Prospekten weiß ich gut Bescheid. Ich kenne die Bedeutung jeden Hebels, jeden Pedals, jeden Griffs. Mit viel Mühe und Schweiß kurbele ich den Motor an. Ich klettere auf den Fahrersitz. Kuppele. Gebe Gas. Und das Wunder geschieht: Ruckend und blubbernd zieht der Wagen an.
Ich fahre!
Es ist ein Rausch, der mich packt. Meine Wangen glühen. Meine Augen leuchten. Am liebsten würde ich jetzt davonbrausen, über Stock und Stein, über die Landstraße, ohne anzuhalten, immer weiter und weiter fort.
Aber das geht natürlich nicht. Und unser Hof ist klein, bietet nicht einmal Platz zum Wenden. So fahre ich denn den ganzen Nachmittag hin und her: drei Meter vor, drei Meter zurück. Bis das Benzin zur Neige geht. Dann verdrücke ich mich still und leise, aber mit pochendem Herzen.
Für mich ist das der schönste Tag meines jungen Lebens. Der erste Tag am Steuer eines richtigen Automobils . . .
Noch im gleichen Jahr komme ich nach Wien, in die Kadettenschule, zu den Artilleristen in Traiskirchen. Ich soll Soldat werden. Offizier. Viel wichtiger als alle Kanonen dieser Erde bleiben aber auch dem Kadett Neubauer weiter seine Automobil-Prospekte. Und wie andere Romane oder Schmöker lesen, so studiert er Woche für Woche die »Österreichische Automobil-Zeitung«, eines der besten Fachblätter der Welt.
Aus dieser Zeitung eignet sich der Kadett Neubauer ein Wissen an, das ihm auch später noch als Rennleiter wertvolle Dienste leisten wird.

*

Damals gibt es keinen Rennfahrer, den der Kadett Alfred Neubauer nicht beim Namen nennen könnte. Und vor jedem großen Wettbewerb hat er natürlich »seinen« Favoriten. Die großen Idole des Kadetten Neubauer sind jene Männer, deren Namen mit der ersten, »heroischen« Epoche des Autorennsportes untrennbar verbunden sind. Männer, die auf Wagen fuhren, die heute wohl keine polizeiliche Kontrolle auf Verkehrssicherheit mehr überstehen dürften; Wagen, deren Anblick uns verwöhnten Autofahrern von heute nur ein gelindes Gruseln oder ein mokantes Lächeln abnötigen würden.
Aber die »Großen Alten« von damals fuhren auf ihren vorsintflutlichen Vehikeln schon Geschwindigkeiten, die mancher Sonntags- oder Herrenfahrer von heute trotz Schwingachsen und Direkteinspritzung aus seinem Sport-Coupé nicht mehr herauszukitzeln wagen würde.
Da ist zum Beispiel Carl Jörns, der erst zehn Jahre lang als Radrennfahrer über 300 Preise sammelte, um dann, Anno 1903, auf Autos seinen Siegeszug fortzusetzen. Beim »Kaiserpreis« im Taunus, auf der Brooklandbahn in England und bei zahllosen anderen großen Wettbewerben seiner Zeit. Carl Jörns, der bei einem Rennen in Schweden auf spiegelglattem Eis einen noch heute respektablen »Eisrekord« von 127 km/h herausholte.

Da ist ferner der große Franzose Georges Boillot, der mit seinem Peugeot zweimal – 1912 und 1913 – den Großen Preis von Frankreich gewinnt, das damals bedeutendste Rennen überhaupt. Damals, vor dem Ersten Weltkrieg, als alljährlich nur ein einziger »Grand Prix« in Europa ausgetragen wird, muß es für die meisten Rennfahrer ein fast unerfüllbarer Wunschtraum bleiben, wenigstens nur einmal im Leben einen »Großen Preis« zu gewinnen. Vergebens versucht es der schnelle, allzuschnelle Otto Salzer; vergebens bemüht sich der nicht minder temperamentvolle Max Sailer, und auch der große Franzose Louis Wagner scheitert.
Und doch gelingt es einem Deutschen, es Georges Boillot gleichzutun – dem listigen, kühlen und genau abwägenden Christian Lautenschlager auf Mercedes, der nicht allein mit dem Gaspedal oder der Bremse seine Rennen fährt, sondern vor allem mit – »Köpfchen«, mit Taktik, und der deshalb von seinen Konkurrenten ein wenig verächtlich über die Schulter angesehen wird. Denn unter »Rennfahren« versteht man damals vor allen Dingen noch den Tritt aufs Gaspedal, das auf-Teufel-komm-raus-Dahinbrausen ohne Rücksicht auf Maschine oder Reifen.
Da macht Lautenschlager nicht mit. Er fährt ruhig, schonend und schnell. Und während die wilden Raser, die tollkühnen Hasardeure einer nach dem andern mit Defekten oder gar durch Stürze ausscheiden, hat er am Ende seine Nase vorn. »Nachher wird z'sammazählt«, ist seine ständige Devise.
Diesem Hünen aus dem Schwabenland gelingt es 1908 und 1914, den begehrten »Grand Prix de France« zu gewinnen. Er holt sich Lorbeer, Ruhm – und vor allem auch einen schönen Batzen Geld. Runde 80 000 bzw. 120 000 Mark – in guten französischen Goldmünzen – erhält er als Prämie auf die Hand gezahlt.
Vergessen darf man in diesem illustren Reigen der Helden von einst auch nicht den Belgier Camille Jenatzy, den sie den »Roten Teufel« nannten, wegen seines leuchtend roten Haupthaares und Bartes.
Dieser Jenatzy ist fürwahr ein Teufelskerl. Er ist der erste Mensch, der je mit einem Auto die sagenhafte 100-Stundenkilometer-Grenze durchbricht. Und das mit einem Wagen, mit dem ich heute keine 40 km/h fahren möchte aus Sorge um meine Gesundheit und mein Leben. Man schreibt das Jahr 1909, als dieser »Rote Teufel« mit einem Mercedes in Ostende den Weltrekord gar auf 180 km/h schraubt. Ganze 500 Meter lang hält sein Wagen, getrieben von 140 PS, diese auch heute noch ganz respektable Geschwindigkeit durch.
Camille Jenatzy, dieser verwegene Bursche, wird einen zugleich tragischen und bizarren Tod sterben.
Er ist leidenschaftlicher Jäger. Er lädt sich Freunde ein, auf sein Jagdhaus, in die Ardennen. Sie warten manchen Tag, ohne daß ihnen ein Wild vor die Büchse kommt. Sie feiern ihre »Pleite« mit viel Wein, Abend für Abend.
Im Anschluß an ein solches Fest erhebt sich Jenatzy als erster von der Tafel und öffnet die Fenster. Am Horizont graut schon der junge Tag heran.
»Heute wird es ein Halali geben«, sagt Jenatzy. »Wetten daß?«
»Die Wette gilt«, sagen die Freunde. »Ein Fäßchen Wein!«

»Gut«, sagt Jenatzy. »Wenn ihr im Laufe der nächsten zwei Stunden zu Schuß kommt, habe ich gewonnen!«
Die Freunde gehen zu Bett. Aber neben ihnen liegen griffbereit die Jagdflinten. Es fällt ihnen nicht auf, daß Jenatzy noch nicht auf sein Zimmer geht. Sie sehen auch nicht, wie er durch eine Hintertür das Haus verläßt . . .
Eine halbe Stunde vergeht.
Plötzlich schrecken die Jäger auf. Was ist das? Ganz deutlich ein dumpfes, grunzendes Geräusch dort draußen, am Waldrand . . .
Sie greifen zu den Büchsen, stürzen an die Fenster . . . Ganz deutlich kann man jetzt das Grunzen eines Keilers hören. Und da – in den Büschen dort am Rand der großen Wiese bewegt sich etwas, ein Schatten . . .
Sekunden später krachen zwei, drei Schüsse. Dann ist alles ruhig.
Die Jäger stürzen aus dem Haus, die Gewehre in der Hand. Sie stürzen auf das Buschwerk zu und . . . prallen entsetzt zurück.
Dort liegt blutüberströmt und regungslos . . . Camille Jenatzy. In den gebrochenen Augen spiegelt sich die Morgenröte.
Er ist das Opfer seines Übermuts, seines Streiches, mit dem er seine Jagdgenossen verulken wollte Er war es, der die Laute des Keilers nachahmte, ohne an die Gefahr zu denken, in die er sich begab . . um einer Wette willen.

*

Das also sind die Idole des Kadetten Neubauer, deren Erfolge, deren Siege und deren Niederlagen er allwöchentlich in der Fachzeitschrift mit brennendem Herzen verfolgt. Und jeden Samstag wartet er ungeduldig auf die Post mit der Fachzeitung und den Prospekten.
»Du bist schön dumm«, sagt ein guter Kamerad zu ihm in jenen Jahren. »Verschwendest deine ganze freie Zeit an solchen Unsinn. Wozu überhaupt? Du bist doch Soldat und wirst nie im Leben etwas mit Automobilen zu tun haben!«
»Abwarten«, wehrc ich ab, »man kann nicht wissen, was noch kommt . . .«
Was kommt, ist die »Ausmusterung« als Fähnrich, Anno 1911, und die Versetzung zum Festungsartillerie-Regiment Nr. 1 in Wien. Was kommt, ist die Motorisierung der österreichischen Artillerie.
Man sucht geeignete Offiziere zur Spezialausbildung bei Austro-Daimler. Kaum höre ich davon, da schreibe ich auch schon mit klopfendem Herzen mein Gesuch um Teilnahme an einem solchen Kurs. Ich habe erst knapp zwölf Monate Truppendienst hinter mir. Ich habe wirklich wenig Hoffnung, daß man mein Gesuch erhören wird.
Ich habe mehr Glück als Verstand. Ich habe vor allem einen Oberst, der nicht nur seine Vorschriften, sondern auch seine Pappenheimer kennt.
»Der Neubauer«, sagt Oberst Kloiber zu meinem Batteriechef, »ist doch ein richtiger Auto-Fex. Wissen Sie, wenn ein junger Mensch so viel Interesse für eine Sache hat, daß er alles andere darüber vergißt – dann steckt meist eine echte Begabung dahinter. Und ein Talent soll man in die richtigen Bahnen len-

ken und nicht unterdrücken. Ich glaube, der Fähnrich Neubauer wird einmal ein besserer Automobilist als Artillerist. Denken Sie an meine Worte!«
Ich denke noch heute, viele Jahrzehnte später, daran.
Denn dieser Oberst, der später als General im Ersten Weltkrieg die Festung Przemysl gegen die Russen verteidigen und erst nach tapferer Gegenwehr kapitulieren wird, dieser großartige Mensch und Menschenkenner hat damals entscheidend in mein Schicksal eingegriffen.
Trotz Murren und aller Proteste der älteren Offiziere bleibt er dabei: Das Grünhorn Neubauer kommt wider alle Regeln der Tradition zur Spezialausbildung in die Automobil-Abteilung der k. u. k. Armee nach Klosterneuburg, um sich in die Geheimnisse des Benzinmotors einweihen zu lassen.
Ich bestehe die Abschlußprüfung des ersten Auto-Spezial-Kurses für die österreichische Artillerie mit Note Eins. Und werde zur praktischen Ausbildung als Volontär in die Austro-Daimler-Werke nach Wiener Neustadt abkommandiert.
Dort begegne ich zum ersten Mal in meinem Leben jenem Mann, dessen Name schon damals einen guten Klang hat und der später einmal mit goldenen Lettern in die Geschichte des Motorsports eingetragen werden wird: Ferdinand Porsche.
Es ist ein Mann mit einem zerknitterten Gesicht, einem stets zerzausten Schnauzbart, und wenn er neben mir steht, dann kann ich buchstäblich auf ihn hinabblicken, so klein ist er.
Und doch bin ich es, ist es der Fähnrich Neubauer, der sich neben dem Direktor Porsche ganz klein und bescheiden vorkommt – so groß ist die Ausstrahlung dieser vitalen, sprühenden Persönlichkeit.
Einige herrliche Monate verbringe ich bei Austro-Daimler, und der Abschied fällt mir schwer, als ich endlich zurück zu meiner Truppe muß, als frischgebackener, stolzer »Artillerie-Automobil-Offizier« des Wiener Regiments Kaiser Nr. 1.

*

Ein Jahr vergeht. Mit Dienst und Bällen, ohne Sorgen und ohne Geld, mit Wagen und – Wagner.
Ja: Sie lesen richtig – Wagner. Denn der Fähnrich Neubauer scheint in jeder Hinsicht seinen Beruf verfehlt zu haben. Seine erste Liebe gilt den knatternden Motoren und seine zweite Liebe gehört – Richard Wagner.
Dessen Posaunenchöre schmeicheln Neubauers Ohren mehr als militärische Hornsignale, dessen Paukenschläge sind ihm melodischer als das dumpfe Rummsen der Feldhaubitzen. Und ganz tief in seinem Herzen träumt der Neubauer Fredl davon, daß er als Opernsänger keine schlechte Figur abgeben würde. Stimme hat er von Haus aus mitbekommen – eine Stimme, deren Gewalt damals die k. u. k. Rekruten mit den Ohren schlackern läßt und die ein Jahrzehnt später das Heulen der Kompressoren zu einem gelinden Säuseln degradieren wird.
Warum sollte diese Stimme nicht auch von der Opernbühne mit Erfolg gegen Wagners Posaunen und Trompeten ankämpfen können, denkt sich der Fähn-

rich Neubauer. Und überlegt ganz ernsthaft, ob er nicht Gesangsunterricht nehmen solle.

Aber da trifft ein Ereignis ein, das das Leben von Millionen Menschen in Europa verändern wird – auch das des Fähnrichs Neubauer.

Es geschieht am 28. Juni 1914.

Am Abend dieses schönen Sommertages sitze ich wie oft mit meiner Freundin Hansi in meinem Stammcafé »Monarch«, um noch ein Täßchen Kaffee zu schlürfen, als der alte Oberkellner Joseph ganz verstört zu uns an den Tisch kommt.

»I bitt' schön, Herr Leutnant«, sagt er, »haben der Herr Leutnant schon das Neueste g'hört? In Serajewo haben's unsern Herrn Thronfolger und seine Gemahlin, die Gräfin Hohenberg, ermordet!«

»Was!?« sag ich entsetzt. »Das darf doch nicht wahr sein!«

»O doch«, sagt der Joseph und wackelt mit dem alten Kopf wie eine chinesische Porzellanfigur, »es ist wahr, und es ist schlimm. Denn daraus entsteht ganz bestimmt ein Krieg!«

Krieg? So ein Wort will ich nicht hören. Das stört meinen Abendfrieden. Ich wedele ärgerlich mit dem Arm durch die Luft.

»Gehn S', Joseph – so wild wird's nicht gleich kommen!«

Aber es kommt so wild, und noch viel wilder ...

Die Leichen des Erzherzogs und seiner Frau werden nach Wien überführt. Mit all den anderen Offizieren der Garnison steht auch der Leutnant Neubauer feierlich ernst im Trauerspalier, den schwarzen Flor um den Tschako und um den Säbelkorb, zu mitternächtlicher Stunde im Fackelschein am Südbahnhof, um die beiden Toten zu ehren.

Ich habe nicht viel Zeit, über den Mord von Serajewo nachzudenken. Unser Regiment bekommt Marschbefehl zum Schießplatz Hajmasker in Ungarn. Dort gibt es keine Zeitungen, und Radio ist noch nicht erfunden.

Man munkelt zwar von einem Ultimatum an Serbien, aber niemand nimmt es so recht ernst. Bis zu jenem 28. Juli 1914, den das Schicksal mit blutbefleckter Hand vom Kalenderblock reißen sollte ...

Es ist ein schöner Sommerabend, und durch das geöffnete Fenster höre ich noch die Grillen zirpen und den Gesang der Mücken. Der Himmel wird erst rot, dann rosa, blau und fast tiefschwarz, und irgendwo aus der Ferne erklingt Militärmusik.

Da klopft es.

»Herr Leutnant«, meldet mein Bursche aufgeregt, »bitte sofort zum Stab zu kommen! Die andern Offiziere sind bereits versammelt! Herr Oberst hat eine wichtige Verlautbarung bekanntzumachen!«

Ich wetze in die Hosen, striegele das Haar und bin in wenigen Minuten beim Regimentsstab. Als ich eintrete, höre ich gerade noch die letzten Worte des Obersten: »Meine Herren – das Vaterland ruft! Das Wiener Korps wird gegen Belgrad marschieren!«

Und dann sehe ich plötzlich überall gezückte Säbel, geschwenkte Helme und hochgeworfene Arme, und alles brüllt begeistert:

»Nieder mit Serbien! Es lebe der Krieg!«

Es ist das reinste Narrenhaus. Wein fließt in Strömen. Die Regimentskapelle bläst einen Marsch nach dem andern. Die jungen Herren haben blitzende Augen und heiße Wangen, und die patriotischen Wogen schlagen hoch und höher. Aber in mancher stillen Ecke sehe ich auch diesen oder jenen an der Majorsecke gescheiterten, ergrauten Hauptmann sitzen, Vater von drei, vier Kindern und braven Ehemann – und an seinem Gesicht kann ich unschwer ablesen, daß er nicht gerade begeistert ist von dem Gedanken, auf seine alten Tage noch einmal sein Fell zu Markte tragen zu müssen ...

Dann marschieren wir. Wir marschieren kreuz und quer von einem Kriegsschauplatz zum andern. Wir erobern Stadt und Festung Belgrad, wir besetzen Montenegro und sind beim zweiten Vormarsch gegen Rußland in Galizien mit dabei. Und weil die schweren Mörser sich auf die Dauer nicht bewähren, landet der Automobil-Offizier Neubauer eines Tages bei der bespannten Feldartillerie.

Ich sehe viel Blut, viel Elend und viel Tränen in jenen Jahren. Ich lerne die grausige Fratze des Krieges aus nächster Nähe kennen. Monat für Monat, Jahr für Jahr.

Bald habe ich die Pferde und die Kanonen satt. Ich sehne mich nach Benzingestank, nach ratternden Motoren. Und komme auf die Idee, mich freiwillig zur Fliegertruppe zu melden.

Motoren und Luftfahrt – ihnen gehörte von je mein Herz!

Aber meine Gesuche werden abgelehnt.

Mehr Glück mit Gesuchen hat jedoch die Hansi. Meine treue Hansi heißt mit vollem Namen Josephine Ortbauer und arbeitet als Direktrice in einem angesehenen Wiener Modegeschäft. Im Februar 1913 habe ich sie in einem Abteil der Donau-Ufer-Bahn zwischen Klosterneuburg und Wien kennengelernt und mich auf den ersten Blick in sie verliebt. Sie wird mich fortan auf meinem Lebensweg begleiten: zuerst als Freundin, zuletzt als meine über alles geliebte Frau.

Damals aber, mitten im Ersten Weltkrieg, ist sie noch meine Braut. Und, energisch wie sie ist, beschließt sie, für mich Schicksal zu spielen. Sie sucht einen guten Freund von mir auf, der als Hauptmann im Kriegsministerium sitzt.

Sie macht ihm klar, daß der Oberleutnant Neubauer seine Fachkenntnisse als Automobil-Offizier sehr viel besser zum Wohl des Vaterlandes einsetzen könnte als ausgerechnet bei der bespannten Artillerie.

Am 1. Januar 1917 geschieht das Wunder, daß der Oberleutnant Neubauer zurück in die Heimat befohlen wird. Dort drückt man ihm einen Versetzungsbefehl in die Hand. Zur »Übernahms-Kommission für Artillerie-Spezialfahrzeuge«, nach Wiener Neustadt, in die Austro-Daimler-Werke!

Im Auftrag des Kriegsministeriums nehme ich die fertigen Fahrzeuge, die Mörser-Zugwagen und schweren C-Züge ab, inspiziere sie genau, bemängele Fehler und – bin ganz in meinem Element. Und wieder treffe ich mit jenem Mann zusammen, der später noch einmal Schicksal in meinem Leben spielen wird: Ferdinand Porsche.

Ein Jahr vergeht, und noch ein halbes, und eines Tages kommt, was kommen muß: der Zusammenbruch Österreichs.
Der Staat, die Armee – alles löst sich auf. Aus der Konkursmasse einer Großmacht entstehen wie Krokusse nach einem Märzenregen plötzlich fünf Nationalitätenstaaten, die sich das große Erbe gegenseitig streitig machen.
Jeder nimmt sich seinen Teil, und möglichst noch einen fetten Happen mehr: dies die Ungarn, jenes die Jugoslawen, und die Tschechen schnappen sich die motorisierte Artillerie.
Damals bin ich der einzige aktive Offizier der Übernahms-Kommission bei Austro-Daimler. Was tut ein Berufssoldat in einem Land, das keine Armee mehr hat?
»Bleiben Sie bei uns, Neubauer«, bittet Porsche. »Das Werk darf nicht zugrunde gehen! Wir können Männer wie Sie jetzt gebrauchen. Wir machen weiter. Zunächst mal schwere Zugmaschinen für Mörserbatterien. Die Tschechen werden sie uns schon abnehmen. Und dann schalten wir auf Friedensproduktion um.«
Das Kriegsministerium gibt seinen Segen. Und genau, wie ich bisher als k. u. k. Offizier die fertigen Maschinen für die österreichische Armee inspiziert und abgenommen habe, so erledige ich jetzt als Betriebsingenieur der Firma Austro-Daimler die gleiche Arbeit für – die Tschechen.
Der Sprung von der Uniform in den zivilen Rock ist schnell und glatt geglückt. Von nun an wird das Automobil mein Leben ganz und gar beherrschen, auf Jahre und Jahrzehnte und ganz gewiß bis zu meinem letzten Tag.
Eine kleine Überraschung gibt es damals, Anno 1918, allerdings noch für mich. Eines Tages erscheint ein tschechischer Major bei Austro-Daimler und erklärt, ich sei in Mähren geboren und folglich nunmehr tschechischer Staatsangehöriger. Er fordert mich auf, meine Tätigkeit bei Daimler sofort einzustellen und meinen Dienst in der Armee der CSR anzutreten.
Ich weigere mich. Ich erkläre dem Herrn, daß ich zu bleiben gedenke, was ich zeitlebens war: Deutscher. Und ich breche das Gespräch ab.
Wochen später höre ich wieder von den Tschechen: Ich werde in aller Form degradiert: vom Oberleutnant der k. u. k. Armee zum einfachen Kanonier in der tschechischen Armee. Ich nehme es mit einem Achselzucken zur Kenntnis.
Aber selbst auf den Kanonier Neubauer wollen die Tschechen nicht verzichten. Von Zeit zu Zeit flattert mir ein Gestellungsbefehl ins Haus zur »Ableistung einer militärischen Übung«. Und immer aufs neue feuere ich diese Schreiben in den nächstbesten Papierkorb.
Zehn Jahre lang, von 1918 bis 1928, werde ich ein sogenannter »Beute-Tscheche« bleiben. Dann endlich erhalte ich meine Einbürgerungsurkunde und meinen reichsdeutschen Paß.

*

Für mich beginnt Anno 1919 ein neues Leben. Denn nun macht Austro-Daimler sich an den Bau von Personenkraftwagen. Ich werde von Generaldirektor Ferdinand Porsche zum Leiter der Einfahrabteilung ernannt.

Man muß wissen, daß damals noch jedes einzelne Fahrzeug besonders »eingefahren« wurde, bevor es in die Hand des Kunden kam. Damals kannte man noch keinen großen Serienbau, damals kannte man noch nicht die Praxis heutiger Produzenten, zunächst einmal zwei, drei Jahre lang die Prototypen eines neuen Fabrikats auf Herz und Nieren zu prüfen, alle Fehler auszumerzen und erst dann die Serienproduktion im großen Stil aufzunehmen, wenn jedes Fahrzeug frisch vom Band auch fehlerfrei übergeben werden konnte.
Damals war die Autofabrikation im Grunde noch ein überdimensionaler Handwerkbetrieb, wurde jeder Wagen einzeln hergestellt, hatte jeder Wagen seine höchst individuellen »Fehler«, die man zunächst herausfinden und abstellen mußte.
Bei manchem Fahrzeug dauerte es 500, bei manchem gar 1000 Kilometer, bis der Motor einwandfrei lief, die Bremsen, Kupplung und Zündung funktionierten und der Wagen zum Verkauf an den Kunden freigegeben werden konnte.
Diese Prüfungsstrecken legten die »Einfahrer« zurück, gewiefte Fachleute, die jedes Motorgeräusch sofort erkannten, die Federung, Lenkung, Spiel der Ventile und tausenderlei Kleinigkeiten bis ins letzte Detail beurteilten und dann in der Werkstatt ihre Anordnungen gaben.
Diese »Einfahrer« waren ein Menschenschlag für sich, waren große Individualisten, liebten ihre Freiheit und ihren Beruf und waren vor allem ungeheuer routinierte Fahrer, die täglich, im Sommer und Winter, bei gutem oder schlechtem Wetter ihre zwei-, drei- oder vierhundert Kilometer zurücklegten, auf guten oder hundsmiserablen Straßen.
Es ist kein Wunder, daß aus den Reihen dieser »Einfahrer« sich die ersten großen Rennfahrer rekrutierten. Allen voran natürlich der Leiter dieser wichtigen Abteilung selbst – der Ingenieur Alfred Neubauer.
Aber noch ist es nicht so weit.

MEIN ERSTES RENNEN

In jenen Jahren nach dem Ersten Weltkrieg taucht eines Tages ein junger Mann im Konstruktionsbüro von Austro-Daimler auf. Er ist groß und massig, hat dunkle, überaus leuchtende Augen und die braun-gelbe Hautfarbe eines Kreolen. Seine Stimme ist so gewaltig, daß sie die Fensterscheiben klirren läßt.
Dieser Mann heißt Alexander Graf Kolowrat und hat eine faszinierende Idee.
»Wir müssen einen Volkswagen bauen«, sagt er zu Direktor Porsche. »Einen Wagen, den sich auch ein Mann mit kleinem Portemonnaie leisten kann, und nicht nur ein Millionär. Denn eines Tages wird das Autofahren so selbstverständlich sein wie heute die Fahrt mit der Trambahn.«
Und er sagt auch, wie er sich diesen »Volkswagen» vorstellt: er soll 80 bis 100 Stundenkilometer laufen. Das ist für die damaligen Straßenverhältnisse mehr als genug. Er soll 4 Zylinder haben, 4 Sitze und nicht mehr als 1,1 Liter Hubraum, um billig zu sein im Verbrauch, in der Steuer und in der Haltung.

Die Idee, einen billigen Wagen für jedermann zu bauen, ist damals genau so revolutionierend wie heute etwa der Gedanke, einen Volks-Hubschrauber zu produzieren. Denn Autofahren ist damals noch ein Luxus, den sich nur wenige leisten können.
Graf Kolowrat liefert nicht nur die Idee für den neuen Kleinwagen. Er bietet auch das Geld für die Entwicklungskosten an.
Porsche fängt Feuer. Er trommelt seine Mitarbeiter zusammen. Den Konstruktionschef Köhler und seinen treuen ersten Konstrukteur Rabe – der vier Jahrzehnte später Konstruktionschef der Porsche-Werke in Stuttgart sein wird. Die Bleistifte huschen über die Reißbretter, es wird gerechnet und gezeichnet, Entwürfe werden besprochen, gelobt und wieder verworfen. Und langsam gewinnt der erste »Volkswagen«, der »Sascha-1,1-Liter«, Form und Gestalt.
Wer ist überhaupt dieser Alexander Graf Kolowrat, den jeder bei seinem Spitznamen »Sascha« nennt und den ganz Wien, ja ganz Österreich kennt und verehrt?
Er stammt aus altem böhmischem Adelsgeschlecht. Er hat Geld wie Heu. Eine Glasfabrik in der Tschechoslowakei, die für Fords berühmtes Modell T die Windschutzscheiben nach den USA liefert. Er hat in Wien die »Sascha-Film« gegründet. Und hat sich selbst schon vor 1914 einen Namen als Sport- und Herrenfahrer gemacht.
Sein Vater war Minister in der Monarchie und Vizepräsident des Österreichischen Automobilclubs. Bis er im Duell einen Nebenbuhler erschoß und ins Ausland gehen mußte, nach Kuba. Dort heiratete er eine dunkelhäutige Schönheit – die Tochter des weltberühmten Zigarrenfabrikanten Uppmann.
Kein Wunder, daß Sohn Sascha, per Zufall in den USA geboren, wie ein Kubaner wirkt. Mit südländischem Temperament, mit Wiener Charme und böhmischem Witz.
Schon 1905, knapp 19 Jahre alt, nimmt Sascha am Semmering-Rennen teil und gewinnt in der Motorrad-Klasse. Er wird noch viele Siege in den nächsten Jahren bei Rennen und bei Tourenfahrten erobern. Er fährt einen Wagen der Firma Laurin & Klement in Jungbunzlau in Böhmen, in deren Aufsichtsrat er sitzt.
In jenen Jahren legt man Wert darauf, das Gewicht des Wagens so gering wie möglich zu halten. Graf Kolowrat hat sein eigenes Rezept. Er fährt einen Wagen ohne Karosserie. Nur zwei federleichte Korbsessel läßt er auf schwankenden Holzplanken montieren, für sich und den obligatorischen Beifahrer.
Damals ist für Fahrer und Beifahrer zusammen ein Mindestgewicht von 120 Kilo vorgeschrieben. Die bringt der stattliche Graf allerdings schon fast allein auf die Waage.
Graf Kolowrat überlegt lange, wie er dieses Handicap umgehen kann, das ihn im Vergleich zu anderen, leichteren Konkurrenten belastet. Und eines Tages hat er eine Idee. Er findet einen Beifahrer, der keine zusätzliche »Belastung« ist. Einen – Liliputaner!
Es ist ein Bild, das ich nie vergessen werde: der korpulente Hüne Kolowrat am Steuer seines Wagens, auf schwankendem Korbsessel, und neben ihm ein

winziges, dürres Männlein, das sich ängstlich an die Lehnen klammert und hinter den überdimensionalen Gläsern seiner Autobrille fast verschwindet. Schön sieht es nicht aus. Aber der Graf spart Gewicht.
Der Krieg setzt der Rennleidenschaft des Grafen Kolowrat zunächst ein Ende. Aber die alte Liebe zur Geschwindigkeit rostet nicht. Und so ist es nicht zu verwundern, daß der Graf sehr schnell einen Vorschlag macht, als Anno 1921 die Frage auftaucht: Wie machen wir den neuen »Sascha«-Wagen populär?
»Das ist doch klar«, dröhnt Kolowrat. »Wir bauen zunächst einmal vier Prototypen als – Rennwagen! Und melden damit zur Teilnahme an der Targa Florio 1922!«
Die Targa Florio ist eines der berühmtesten und ganz gewiß schwersten Bergstraßen-Rennen in Europa. Der Reeder und Handelsmann Vincenzo Florio, mehrfacher Millionär und ungekrönter König von Sizilien, hat dieses Rennen aus lauter Auto-Begeisterung schon 1906 gestiftet. Der Kurs um den Monte Madonie ist 108 Kilometer lang. Viermal muß er umfahren werden. Steil führt die Straße hinauf in das wild zerklüftete sizilianische Bergland. Es geht um Hunderte von Haarnadelkurven, vorbei an tiefen Abgründen, und wieder hinab, über mörderisches Gefälle, das Gift für die Reifen und Bremsen ist, über eine Straße, die bedeckt ist mit Geröll, die zuweilen eher einem Maultierpfad gleicht als einer Rennbahn.
Die Targa Florio ist ein Marathon der Reifen, der Motoren und der Nerven. Hier machen sich die Italiener zum ersten Mal einen großen Namen, hier schlagen sie die bis dahin als schier unbezwingbar geltenden Franzosen.
Hier verdienen sie sich ihre Sporen als Rennfahrer, die Graf Masetti, die Nazzaro und Bordino, die Salamono und Ascari.
Und hier, in der Höhle der Löwen, soll auch unser winziger »Sascha«, unser Kinderwagen, seine Feuertaufe bestehen!
»Wer wird die Wagen fahren?« ist meine erste Frage.
Der Graf blinzelt mich vergnügt an und läßt mich eine Weile zappeln.
»Hm«, sagt er, »da wäre natürlich erst einmal Lambert Pöcher. Der hat schon Erfahrung in so vielen Rennen.«
»Ja«, sage ich mit belegter Stimme. »Und Wagen Nr. 2?«
»Fährt Fritz Kuhn von der Einfahrabteilung«, bestimmt der Graf. »Das ist ein Kerl, auf den man sich verlassen kann.«
Das Hoffnungsflämmchen in meiner Brust droht völlig zu erlöschen. Nun ja. Es wäre auch zu viel verlangt, wenn man mich, das Grünhorn, an das Steuer eines Rennwagens setzten würde.
»Den dritten Wagen«, sage ich fast tonlos, »fahren Sie also selbst, Graf Kolowrat?«
Jetzt strahlt er von einem Ohr zum andern. »Nein, lieber Neubauer. Den dritten Wagen steuern natürlich Sie!«
Fast wäre ich dem Grafen um den Hals gefallen. Das ist genau, was ich mir erträumt hatte, seit jenem Tage, da ich irgendwo in Neutitschein mit einem selbstgezimmerten Seifenkistl einen Hügel hinunterbrauste. Einmal selbst ein Rennen, ein richtiges großes Rennen fahren zu dürfen!

Ich fühle mich wie ein Briefmarkensammler, der plötzlich zum Postminister ernannt worden ist. Ich kann kaum noch schlafen vor lauter Aufregung. Ich verfolge die Geburt des neuen Sascha-Wagens, meines Wagens, vom Reißbrett an. In der Konstruktion. Im Versuch. In der Herstellung.

Ich weiche kaum noch von der Seite des alten Meisters Schönbein, der schon mit Paul Daimler Anno 1903 von Stuttgart nach Wien gekommen war. Damals, als Mercedes das Austro-Daimler-Werk kaufte. Er und noch viele alte Meister waren seit jenen Jahren bei Daimler in Wiener Neustadt geblieben. Sie hatten sich kaum assimiliert. Sie waren noch immer die gleichen »harte Schwobe«, als die sie einst nach Österreich kamen.

Meister Schönbein, die Drahtbrille stets ein wenig auf der dicken Nasenspitze, kennt jedes Geräusch des Motors auf dem Prüfstand. Er stellt herum, verbessert, prüft, notiert und macht seinem Spitznamen »Professor motoris causa« alle Ehre.

Ihm sehe ich über die Schulter. Und wenn um fünf Uhr nachmittags die Sirenen zum Feierabend heulen, dann denke ich nicht im Traum daran, nach Hause zu gehen. Ich ziehe einen Monteurkittel über und marschiere hinunter in die Werkstatt. Dort bastele ich noch stundenlang, oft bis spät in die Nacht an »meinem« Wägelchen herum. Und am liebsten würde ich mich anschließend darin schlafen legen. Einmal baue ich eigenhändig das Bremspedal und auch den Tachometer ein. Der Leiter der Versuchsabteilung, Direktor Ockermüller, kommt zufällig dazu.

»Mensch, Neubauer«, staunt er, »Sie sind ein verkapptes Genie. Sie können ja einfach alles: sind Leiter der Einfahrabteilung. Und verstehen sich aufs praktische Handwerk wie ein alter Meister. Sie können bohren, feilen, drehen, nieten ...«

»Nun ja«, sag ich verlegen. »Ich packe halt mit an, damit es schneller geht. Sonst, fürchte ich, wird mein Wagen niemals fertig!«

»Ein Rennwagen«, sagt der Direktor nachdenklich, »darf ja auch niemals fertig werden ...«

Damals habe ich den Sinn dieser seltsamen Worte nicht recht begriffen. Später bin ich dahintergekommen.

Und wenn ich heute zurückdenke, entsinne ich mich kaum, je ein Rennen erlebt zu haben, bei dem nicht noch Minuten vor dem Start an die Wagen letzte Hand gelegt wurde. Immer gab es noch eine Kleinigkeit, die man verändern, verbessern, immer noch ein Schräubchen, an dem man drehen konnte in der vagen Hoffnung, damit den Stein der Weisen oder wenigstens das Rezept zum Sieg gefunden zu haben.

Ja, es galt geradezu als gutes Omen, wenn der Wagen nicht rechtzeitig fertig wurde: »Wenn wir zu spät fertig werden«, pflegte ich zu sagen, »haben wir die Gewißheit, wirklich alles getan zu haben. Und nur dann werden wir siegen!«

Nach dem Rennen aber pflegte das Basteln stets von neuem zu beginnen. Dann wurden unsere Erkenntnisse ausgewertet, Fehler besprochen, wurde verbessert, gebastelt, gebaut ... bis zum nächsten Start.

Auch damals, 1922, werden unsere Sascha-Wagen nicht ganz fertig. Noch im

Eisenbahnwaggon, noch auf der Fahrt in Richtung Süden sind die Lackierer an der Arbeit, um den Wagen ihren bunten Anstrich zu geben, und erst als wir die Landesgrenze nach Italien erreichen, können sie ihre Pinsel aufatmend zur Seite legen.

*

Drei Tage und drei Nächte dauert die Fahrt bis Neapel im Personenzug. Dann geht es ans Verladen aufs Schiff. Ich sorge listig dafür, daß unsere »Saschas« als letzte an Bord landen. Dann, so rechne ich, werden sie später als erste wieder ausgeladen.

Die Überfahrt wird keine reine Freude. Das Mittelmeer ist weder blau noch friedlich, sondern bleiern und grau, und auf den Wogen tanzen weiße Schaumköpfe. Es ist meine erste Seereise, und mein Magen protestiert energisch gegen das Schlingern und Stampfen unseres Dampfers.

Erst als wir in Palermo Anker werfen, fühle ich mich wieder als Mensch.

Wir beziehen Quartier im Grand Hotel Termini, und ich genieße die herrliche Landschaft in vollen Zügen von meinem Balkon: das tiefblaue Meer, den Himmel, der sich unendlich wie ein Dom über uns wölbt, das leuchtende Weiß der Villen und den feierlichen Ernst der Zypressen.

In dem großen Speisesaal des Hotels versammelt sich dreimal am Tage das Völkchen der Rennfahrer aus aller Herren Länder, und zum ersten Mal sehe ich sie nun von Angesicht vor mir, meine großen Helden und Vorbilder, deren Namen damals im internationalen Motorsport so viel bedeuteten wie heute etwa die Namen eines Jackie Stewart, eines Rindt oder eines Graham Hill.

Da ist, allen voran, der florentinische Graf Giulio Masetti. Groß, schlank und mit dem kühnen Profil eines römischen Cäsaren. Ein Liebhaber rassiger Wagen und rassiger Frauen. Mit seiner Luxusjacht und einem ganzen Hofstaat vornehmer Herren und Damen ist er nach Sizilien gekommen, und wenn er den großen Speisesaal des Hotels betritt, dann erheben sich alle Anwesenden wie auf ein Kommando von ihren Plätzen, um diesen wahrhaft fürstlichen Mann zu grüßen.

Masetti war der Sieger der Targa Florio des Jahres 1921. Damals fuhr er einen Fiat. Nun will er auf einem knallrot lackierten Mercedes seinen Triumph wiederholen, will erreichen, was bisher keiner schaffte: zweimal dieses Rennen hintereinander zu gewinnen.

Da ist auch sein Landsmann Brilli-Peri, ebenfalls aus Florenz, ein Mann mit scharfgeschnittenem Gesicht und einem kleinen Loch in der Nähe der Nasenwurzel, das von einem Unfall herrührt. Aus diesem Loch pflegt Brilli-Peri wütend zu fauchen, wenn er ärgerlich ist. Jahre später wird ihn bei einem Rennen in Nordafrika das Rennfahrerschicksal ereilen, und es ist ein Hauch tiefer Tragik um seinen Tod. Denn unmittelbar vor dem Start zu jenem Rennen erhielt Brilli-Peri den Abschiedsbrief einer Frau, die er liebte wie keine andere auf der Welt und die ihm mit diesem Schreiben mitteilte, daß sie sich von ihm trennen wolle.

Brilli-Peri startete. Er fuhr wie nie zuvor in seinem Leben. Er führte weit vor allen anderen, Runde um Runde, und längst war der Sieg ihm sicher – als er ganz unvermutet an einer völlig harmlosen Stelle von der Bahn kam, geradewegs auf eine Steinmauer zubrauste und daran zerschellte.

Bis heute ist dieser Unfall nicht geklärt. Und bis heute wollen die Stimmen nicht verstummen, die sagen, daß Brilli-Peri damals den Tod absichtlich gesucht habe ...

Aber davon ahnen wir damals, 1922 in Palermo, nichts, genausowenig wie wir ahnen, daß der Rennfahrertod auch den Grafen Masetti vier Jahre später ereilen wird.

Ich sehe auch einen dicken, gewaltigen Mann mit der Stimme eines Baritons der Mailänder Scala, der herrlich zur Laute zu singen versteht. Es ist Campari, der bald zu den größten Fahrern seines Landes, ja Europas zählen wird. Campari, der das Geld liebt und das Leben und der als erster unter all den Rennfahrern ein wirklich reicher Mann werden sollte.

Von seinem bei Rennen verdienten Geld errichtete sich Campari ein prächtiges Haus in Mailand, und die ganze erste Etage war aus Marmor. Und wenn die anderen Rennfahrer daran vorüberkamen, dann zeigten sie stolz darauf und sagten, seht, das ist Camparis Haus! Und sie freuten sich, daß einer von ihnen es so weit gebracht hatte.

Unter den Teilnehmern an der Targa Florio 1922 ist auch der Italiener Minoia, der später einem Rudolf Caracciola erbitterte Kämpfe liefern wird. Da ist auch ein gewisser Enzo Ferrari, von dem niemand ahnt, daß sein Name nicht so sehr als Rennfahrer, sondern als Konstrukteur und als Leiter einer Automobilfabrik in die Geschichte des Motorsports eingehen wird.

Da sind auch die deutschen Recken von Mercedes-Benz: Christian Lautenschlager, Otto Salzer und Max Sailer, Helden der Motorschlacht beim französischen Grand Prix-Rennen in Lyon 1914. Da ist Christian Werner, da ist der weniger bekannte, tapfere Paul Scheef. Kerle mit dicken Bizeps, mit mächtigem Brustkasten, stark, groß und furchterregend wie ihre Wagen.

Sie alle sieht der kleine, unbekannte Ingenieur Neubauer damals ein bißchen aus der Mäuseperspektive. Er ahnt nicht, daß die Zeit nicht mehr fern ist, da er mit diesen Helden der Rennbahn in einer Mannschaft stehen wird, auf Gedeih und Verderb miteinander verschworen.

Beim Rennen um die Targa Florio 1922 sind zum ersten Mal nach dem Weltkrieg die deutschen Farben bei einem internationalen Motorwettbewerb wieder stark vertreten.

Es kommt ein Sonderschiff mit vielen hundert deutschen Schlachtenbummlern. Es kommen nicht nur Funktionäre und Vertreter der Automobilfabriken, es kommen nicht nur Sportler. Auch die gesamte Zubehörindustrie ist erschienen. Ich sehe Geheimrat Sachs von den Kugellagerwerken, ich sehe die Direktoren der Reifenfabriken, der Stahlindustrie, der Akkumulatorenhersteller, der Zündkerzenwerke.

Wir alle sind nervös vor dem ersten Einsatz unserer Wagen.

Graf Kolowrat, Haupt unserer kleinen Equipe von Austro-Daimler, versteht es, uns zu beruhigen. Er bringt uns zum Lachen, indem er sachverständig die

Auspuffgeräusche aller damals gängigen Autotypen nachahmt. Er mixt uns ein eigenes Rennfahrergetränk, das aus Malaga, geschlagenem Eigelb, Zucker und Bohnenkaffee besteht und zugleich die Nerven beruhigen und den Mut aufputschen soll.

Aber es hilft nicht viel.

Die Nacht vor dem Rennen wird für mich zur Qual. Ich lege mich schon um acht zum Schlafen nieder. Aber von Schlaf kann keine Rede sein. Ich wälze mich von einer Seite auf die andere. Kein Auge kann ich zutun. Im Geiste fahre ich bereits das Rennen, flitze um Haarnadelkurven, bremse, lenke, kuppele und schalte. Zum tausendstenmal lasse ich die Strecke vor meinen Augen Revue passieren. Ich kenne jeden Stein, jedes Schlagloch, jede Kurve auswendig wie das Große Einmaleins in der Schule. Jede markante Stelle habe ich mir genau eingeprägt, um nachher im Rennen zu wissen: hier mußt du bremsen, hier kannst du unbesorgt Vollgas geben, hier heißt es vorsichtig sein, zurückschalten, Gas wegnehmen ...

Ich verlasse mich ganz auf mein Gedächtnis. Wenn ich's beim Training auch nicht so genau genommen habe wie Jahre später die bekannte tschechische Rennfahrerin Elisabeth Junek, die mit ihrem Mann gemeinsam die gesamten hundert Kilometer des Kurses zu Fuß marschieren wird, um sich alles genau anzusehen.

Andere Fahrer sind mit Farbtopf und Pinsel losgezogen und haben Kreise, Winkel und Punkte in allen Farben an Zäune, Bäume, Felswände oder Kilometersteine gemalt; Geheimzeichen, die sie auf gefährliche Kurven oder starkes Gefälle hinweisen sollen.

Aber so viele Teilnehmer haben zu diesem Trick gegriffen, daß sie sich am Ende vor lauter bunten Farbklecksen selbst nicht mehr auskennen werden ...

Auch die längste Nacht geht einmal zu Ende. Als früh um fünf die aufgehende Sonne mit ihren Strahlenfingern das unendlich weite und sanfte Meer streichelt, liege ich noch immer hellwach in meinem Bett. Erstaunlicherweise bin ich gar nicht müde, sondern frisch und ausgeruht und kann den Start kaum noch erwarten. Das Frühstück lasse ich vor lauter Aufregung ausfallen. Dafür nehme ich ein gründliches Bad in den Marmorwannen, die sich im Keller unseres Hotels befinden. Sie stammen noch aus der Römerzeit, wie die Direktion versichert. Das Wasser, das in ihnen sprudelt, kommt direkt aus den heißen, heilkräftigen Quellen.

Die letzten Stunden vor dem Start vergehen unendlich langsam. Ich atme auf, als ich endlich an den Boxen stehe und noch einmal genau meinen geliebten Wagen inspiziere. Mein Beifahrer, ein junger Lehrbub namens Auer – heute ein tüchtiger BMW-Meister in Wien – strahlt mich zuversichtlich an, als wäre ich der künftige Sieger.

So optimistisch, wie ich tue, bin ich gar nicht. Mein winziges Vehikel nimmt sich neben den gewaltigen Wagen von Mercedes aus wie ein David neben dem Riesen Goliath. So verrückt es klingt: wir fahren trotzdem in der gleichen Klasse.

Das ist eine »Schnapsidee« von Graf Kolowrat gewesen. »Den Neubauer lassen

wir in der Rennwagenklasse starten«, hat er kurzerhand entschieden. Für sich selbst, für meine Kollegen Lambert Pöcher und Fritz Kuhn hat er die Meldung in der Klasse der kleinen Wagen abgegeben.
Der Gedanke, einen Kleinwagen gegen die schweren Brummer einzusetzen, ist im Grunde gar nicht so revolutionär. Denn gerade bei der Targa Florio 1922, dem ersten großen internationalen Rennen nach dem Weltkrieg, beginnt sich eine deutliche Wandlung im Rennwagenbau abzuzeichnen.
Bisher hatten allein die überschweren Wagen das Feld beherrscht. Wagen mit großem Hubraum, mit langsam laufenden Motoren und niedriger Drehzahl. Wagen, die brutale Kräfte unter der Motorhaube hatten.
Brutale Kräfte benötigte man allerdings auch, um diese schweren Kästen, die mehr wie Omnibusse wirkten, sicher um den Kurs zu steuern. Kein Wunder, daß die großen deutschen Fahrer jener Jahre durchweg Hünen von Gestalt waren: Salzer und Lautenschlager, und später auch der bärenstarke Otto Merz. Männer, gegen die ein Caracciola wie ein schmächtiger Schuljunge wirkte.
Im Jahre 1922 treten nun erstmals neue Wagentypen in Erscheinung. Wagen, die leichter und wendiger sind, die geringeren Hubraum besitzen, dafür aber schnell drehende, hochgezüchtete Motoren mit hoher Drehzahl. Wagen wie etwa die neuen Fiats oder unsere »Saschas« von Austro-Daimler.
Wie Zwerge wirken sie gegen die schweren weißen Mercedes vom Typ 1914 mit ihren 4,5 Litern Hubraum und 115 Pferdekräften. Aber auch bei Mercedes kündigt sich ein Wandel an. Zwei neue Wagen mit nur 1,5 Litern Hubraum werden erstmals eingesetzt, und sie verfügen über eine Wunderwaffe, von der man allerdings noch mit großer Skepsis spricht: den »Kompressor«.

*

Der 2. April 1922 ist einer jener Tage, die in uns Deutschen die Sehnsucht nach dem sonnigen Süden immer aufs neue wecken. Kein Wölkchen steht am azurblauen Himmel. Schon früh um neun klettert das Thermometer bis auf 30 Grad im Schatten. Der Cavaliere Florio, trotz Hitze im makellosen dunklen Anzug mit steifem Kragen und einer feierlichen »Melone« auf dem Römerkopf, eilt geschäftig umher, um die letzten Anordnungen zu treffen.
Er ist der ungekrönte König von Sizilien. Er hat sogar dafür gesorgt, daß die Pfarrer am letzten Sonntag von den Kanzeln den Bäuerlein einschärften, ja nicht die unabgesperrte Rennstrecke zu betreten und sich von den Kurven fernzuhalten. Ganz fürchterliche Strafen würden ihnen sonst im Fegefeuer drohen ...
Der Cavaliere Florio weiß: Diese Predigt würde mehr nützen als eine ganze Division Carabinieris.
Die wackligen Tribünen am Start und Ziel sind überfüllt. Einige hundert Schlachtenbummler aus Deutschland schwenken begeistert ihre Fähnchen. Es gibt feierliche Ansprachen, die im allgemeinen Lärm untergehen. Dann ist es soweit: der erste Wagen wird abgewinkt. In Minutenabständen folgen die anderen nach.

Es ist ein Rennen gegen die Uhr. Ausgerechnet ich muß als letzter starten, noch hinter den schweren Mercedes-Wagen.

Unmittelbar vor mir sitzt der riesige Lautenschlager in seinem »Weißen Elefanten«. Während sich die Motoren warmlaufen, lächelt er ein wenig spöttisch zu mir herab.

»Passen's auf«, sagte er, »daß Sie einen guten Start erwischen, Herr Nachbar! Sonst überrolle ich Sie, wenn ich aus der ersten Runde zurückkomme, noch bevor Sie Ihr Wägelchen richtig in Gang bekommen haben!«

»Abwarten und Tee trinken!« brumme ich. »Und denken Sie an Ihre eigenen Worte: ›Nachher wird z'sammazählt‹!«

Dann senkt sich die Flagge für den Mercedes von Lautenschlager.

Sechzig Sekunden später bin ich an der Reihe. Der Motor heult auf. Die Räder wirbeln Staub und Steine hinter mir auf.

Dann fege ich davon. Ich fahre allein auf weiter Flur. Alle anderen Wagen sind ja lange vor mir gestartet. Ich habe keine Aussicht, sie jemals einzuholen.

Und daß sie mich ihrerseits überrunden werden – nein, so weit lasse ich's bestimmt nicht kommen!

Es ist ein seltsames Rennen. Sieben, ja acht Stunden vergehen, ohne daß ich einen meiner Konkurrenten zu Gesicht bekomme. Nur beim Halt an den Ersatzteillagern verspüre ich etwas von der Rennatmosphäre. In all diesen acht Stunden esse ich nichts und trinke ich nichts. Ich weiß nicht – bin ich schnell oder langsam, hole ich auf oder falle ich zurück, liege ich an erster oder an letzter Stelle in der Wertung. Denn eine Zeichengebung, eine Rennleitung und Organisation gab es damals noch nicht. Die Parole lautet: Jeder für sich, Gott für uns alle. Und es kommt vor, daß selbst die Zielrichter am Ende so genau nicht wissen, wer überhaupt gewonnen hat. Ich kenne sogar einen Fall, in dem die Rennleiter den »Sieger« einfach unter sich »auswürfelten«. Das war bei einem Motorradrennen, das als Einleitung zur Targa Florio gefahren wurde.

Ich fahre also gegen die Uhr und was die Reifen halten. Sie halten nicht viel.

Ich bin heilfroh, wenn ich nach jeder Runde mit zerfetzten Gummis gerade noch das Ersatzteillager erreiche.

Da wir von Reifen sprechen: die Pneus, die wir damals verwendeten, würden heute selbst bei Sonntagsfahrern nur heiseres Gelächter hervorrufen. Sie sind mit Chromleder bezogen, und auf diesem Schutzmantel sind zahllose kleine Stahlnieten befestigt. Sie sehen aus wie die Sohlen von Nagelschuhen. Dieser »Mantel« soll eine Art »Panzerschutz« gegen den Erzfeind aller Automobilisten jener Jahre bieten: gegen die Hufnägel, die damals noch keine Rarität sind wie heute.

Ob nun der »Stahlpanzer« wirklich Schutz gegen Nägel gewährt hat oder nicht, vermag ich nicht zu sagen. Nur eines ist gewiß: auf Asphaltstraßen konnte man mit den Stahlnieten leicht ins Rutschen kommen. Sie sind Ursache manchen schweren Unfalls geworden.

Bei der Targa Florio 1922 fliegen mir jedenfalls als Zugabe zu Staub und Schottersteinchen in jeder Runde auch noch die abgefetzten Stahlnieten um die Ohren ...

Die Madonie-Strecke ist damals noch eine Landstraße IV. Ordnung. Voller Schlaglöcher, voller Staub und Geröll. Fast wird mir die Seele aus dem Leib geschüttelt. Denn die Federung in jenen Jahren ist für solche Gewaltfahrten keinesfalls geeignet. Von Schwingachsen ahnte man noch nichts.

Nach 90 Kilometern ewiger Kurvennudelei freue ich mich vergebens auf die einzige, zehn Kilometer lange Gerade, die unten am Meer entlangführt.

»So«, denkt der Ahnungslose erleichtert, »hier kannst du dich bequem zurücklehnen, kannst Vollgas geben und mit hundert Sachen dahinbrausen, ohne viel lenken zu müssen . . .«

Aber diese Gerade ist eine ununterbrochene Folge von tiefen Schlaglöchern, mit Kratern und Trichtern übersät wie die Oberfläche des Mondes. Man muß alle Kraft zusammennehmen, um den Wagen überhaupt auf der Straße halten zu können.

Sechs Stunden, sieben Stunden geht der Kampf gegen die unsichtbaren Gegner. Ein Kampf, den sich die größten Rennfahrer jener Zeit verbissen liefern.

Schon in der ersten Runde braust der Vorjahressieger Graf Masetti mit seinem blutrot lackierten Mercedes ab wie der Teufel. Er holt den Minutenvorsprung der vor ihm gestarteten Mercedes-Fahrer Sailer und Werner auf. Er geht in Führung. Masetti wirkt gar nicht schnell. Er fährt eher unauffällig, zügig und elegant. Da gibt es kein brutales Zerren am Lenkrad, kein imposantes Herumreißen des Hecks, kein Wirbeln von Staub und Steinen. Es sieht fast spielerisch aus und ist doch unerhört schnell. Eine ganz neue Fahrtechnik beginnt sich durchzusetzen. Später, mit dem Durchbruch der leichteren Wagen, wird ein Rudolf Caracciola diese Kunst bis zur Vollendung entwickeln, wird man tönende Fachausdrücke wie »Powerslide« oder »Four-Wheel-Drift« dafür erfinden.

Aber das ist Anno 1922 noch Zukunftsmusik.

Sailer und Werner kämpfen verbissen um jeden Meter. Sie schenken Masetti nichts. Aber so wild sie auch um die Spitzkehren schlenkern, so wütend ihre dicken Motoren brummen – der Graf aus Florenz behält den Kühler vorn.

An zweite Stelle schiebt sich jetzt der Franzose Jules Goux mit seinem neuen 2-Liter-Ballot. Dicht dahinter liegt Nazzaro, der temperamentvolle Italiener mit einem 4,5-Liter-Fiat.

In der zweiten Runde greift Biagio Nazzaro an.

Er will siegen. Hier, vor seinen Landsleuten. Er will es seinem großen, berühmten Onkel Felice gleichtun, dem Held mancher Motorschlacht.

Nazzaro setzt alles auf eine Karte.

Er wagt zuviel. Eine Haarnadelkurve geht er allzu tollkühn an. Das rechte Vorderrad kommt von der Bahn. Der Wagen kippt, überschlägt sich seitlich, fällt zurück auf die Räder, rollt genau zwischen einem Telegrafenmast und einem Felsblock hindurch und bleibt stehen.

Nazzaro ist herausgeschleudert worden. Auch sein Beifahrer. Sie landen im weichen Erdreich. Einige Minuten sind sie wie betäubt vom Schock. Dann rappeln sie sich hoch. Sie sind fast unverletzt. An Weiterfahren jedoch ist nicht mehr zu denken.

Noch schneller als der schnellste Wagen läuft das Gerücht. Zehn Minuten nach dem Unfall kabelt bereits ein überfixer Pariser Reporter seine Sensationsmeldung in den Äther: »Nazzaro tödlich gestürzt!«
Die Meldung läuft um die ganze Erde, macht Schlagzeilen in der Presse. Es regnet Beileidstelegramme aus aller Welt. Denn viele glauben, der berühmte Felice sei tödlich verunglückt. Aber der lebt noch viele Jahre, sogar als Autofabrikant weiter. Biagio liest die Telegramme dahei am Frühstückstisch, genau wie die tönenden Nachrufe, die ganze Spalten der Zeitungen füllen. Und da er abergläubisch ist, wie die meisten Rennfahrer, nimmt er die Falschmeldung von seinem Tod als gutes Omen für die Zukunft. Aber er irrt sich. Keine zwei Monate später, beim großen Preis von Frankreich in Straßburg ereilt ihn der Rennfahrertod.
Graf Masetti sieht in der dritten Runde die Trümmer von Nazzaros Wagen. Er sieht Männer mit Bahren laufen, Männer mit den weißen Armbinden des Roten Kreuzes. Eine Sekunde durchzuckt ihn kalter Schreck.
Was ist mit Nazzaro?
Gestürzt ... tot ... verstümmelt ...?
Er beißt die Zähne zusammen. Nur nicht nachdenken, jetzt mitten im Rennen. Jede Unaufmerksamkeit kann dein eigenes Leben kosten. Fahren, denkt er, immer nur fahren ...
Und er fährt weiter.
Er ahnt nicht, daß er selbst einmal unter den Trümmern seines Wagens liegen wird, hilflos, mit zerschundenem Körper sterbend, vier Jahre später und fast an der gleichen Stelle, wo jetzt Nazzaro gestürzt ist.
Aber noch ist es nicht so weit. Noch tickt die Uhr des Schicksals weiter. Noch darf Masetti leben. Und – siegen!
Er schüttelt alle Gegner ab. Die Deutschen, die Italiener, die Österreicher und auch die Franzosen. Nur einer läßt sich nicht abschütteln, kämpft zäh und verbissen um den Anschluß. Es ist Jules Goux.
»Avanti – Masetti!« brüllen die Italiener.
»En avant – Goux!« schreien die Franzosen.
Goux jagt Masetti. Es ist ein gnadenloser Zweikampf, Kurve um Kurve und Runde um Runde, unter der glühenden Sonne von Sizilien.
Auf den Tribünen kippen die Zuschauer vor Hitze um wie die Fliegen. Man brüllt sich heiser. Man schwenkt Fähnchen. Blau-weiß-rot und grün-weiß-rot. Eine Gruppe deutscher Schlachtenbummler singt die »Wacht am Rhein«. Das »Rote Kreuz« sammelt die Wein-Leichen zu Dutzenden ein. An den Boxen quirlt und wirbelt alles Durcheinander. Noch ist die Zeit nicht gekommen, wo ein Alfred Neubauer mit Stentorstimme für Ordnung sorgen würde. Noch macht jeder, was er will.
Lautenschlager hält.
Zerfetzte Reifen. Fünf Mann stürzen herbei und wollen helfen. Sie rennen sich gegenseitig um. Lautenschlager fuchtelt beschwörend mit den Armen. Unter seinem Schnauzbart quellen unaufhörlich Flüche hervor. Zum Glück verstehen die Italiener kein Schwäbisch.

Jetzt rollt Masettis roter Wagen an die Boxen. Der Kühler dampft. Ein Zuschauer springt herbei, schraubt den Verschluß ab. Versengt sich die Hände. Er schreit wie am Spieß. Sanitäter führen ihn ab.
Ein anderer nimmt den Verschluß in Gewahrsam, und ein dritter kippt Wasser nach. Ein italienischer Reporter wirft seine Kamera fort und kriecht persönlich unter Masettis Wagen, um das lockere Auspuffrohr festzuschrauben. Ein Mechaniker will Benzin nachfüllen. Seine Hände zittern vor Aufregung. Er trifft nicht den Einfüllstutzen mit dem Rohr. Der Betriebsstoff schwappt literweise über das heiße Heck des Wagens und auf die Erde. Ein Wunder, daß es keine Katastrophe gibt.
Inzwischen steht Masetti in seinem Wagen und lenkt wie ein Feldherr das Durcheinander. Er bedient sich dabei eines durchaus nicht gräflichen Vokabulars. Seine Flüche versteht man hierzulande besser als das schwäbische Kauderwelsch eines Lautenschlagers.
Als er wieder starten will, ist der Mann mit dem Kühlerverschluß von der begeisterten Menge abgedrängt worden. Verzweifelt und tobend kämpft er sich wieder heran. Kostbare Sekunden vergehen.
Der blaue Ballot von Goux ist in Führung gegangen. Der Franzose wird siegen, wenn kein Wunder geschieht.
Siebenundsechzig Sekunden liegt Goux vor Masetti, als der rote Mercedes das Rennen wieder aufnimmt. Und hundert Kilometer sind noch zu fahren ...
Neunzehn Wagen sind bereits ausgeschieden. Mit zerfetzten Reifen, blockierten Bremsen, gebrochenen Achsen, Federn, Bolzen, mit abgerissenem Auspuff, festgefressenen Kolben. Nazzaro kommt mit dicken Pflastern auf dem Kopf aus dem Sanitätszelt.
Und Goux führt.
Er steuert einem großen Sieg entgegen. Schon sieht er sich auf den Schultern seiner Landsleute, den Lorbeerkranz um den Hals, schon hört er die Marseillaise ihm zu Ehren erklingen ...
Da geschieht es ...
Neunzig Kilometer vor dem Ziel, in einer Spitzkehre, versagen plötzlich die Hinterradbremsen. Goux hat nur noch die Wahl zwischen einer Felswand und einem Olivenhain.
Er wählt den Hain.
Im lockeren Erdreich kommt der Wagen zum Stehen. Dabei ist der Kühler gegen einen großen Feldstein geschlagen. Das Wasser läuft aus. Der rechte Vorderreifen ist geplatzt.
»Merde!« flucht Goux.
Raus aus der Mühle. Reifenwechsel. Goux und sein Beifahrer schuften in der Sonne. Der Schweiß rinnt in Strömen über ihr Gesicht, brennt salzig in den Augen. Minuten vergehen.
»Fertig?« fragt Goux.
Der Mechaniker wirft einen Blick auf die Hinterreifen. Er erbleicht. Unter den abgewetzten Protektoren kommt bereits der rote Warnstreifen hervor ...
Noch eine Reifenpanne – und das Rennen ist verloren. Denn jetzt haben sie

kein Reserverad mehr. Sie müssen alles riskieren, um wenigstens noch einen vorderen Platz zu retten.
Die letzten neunzig Kilometer fährt Goux wie auf rohen Eiern. Vorsichtig balanciert er seinen Wagen an Steinen und Schlaglöchern vorbei.
Es sollte eigentlich seine schnellste Runde werden.
Es wird die langsamste.
Goux sieht den roten Mercedes von Masetti an sich vorüberbrausen. Er muß ihn ziehen lassen, ohne Kampf, ohne Widerstand. Er ist geschlagen. Tränen steigen in ihm auf. Tränen, die kleine, helle Rinnen in sein dreckverkrustetes Gesicht zeichnen.
Masetti siegt.
Es ist ein Triumph italienischer Fahrkunst und deutscher Werkmannsarbeit. Zum ersten Male in der Geschichte der Targa Florio gelingt es einem Fahrer, zweimal hintereinander diese schwerste aller Rundstrecken zu gewinnen.
Zwei Minuten zurück folgt der blaue Ballot von Jules Goux. Er rettet einen ehrenvollen zweiten Platz vor seinem Team-Kameraden Foresti und vor Antonio Ascari auf Alfa-Romeo. Hinter Goux hat sich fast unbemerkt noch eine zweite Tragödie abgespielt. Der Italiener Giacone lag zu Beginn der letzten Runde noch hinter Goux und Masetti auf dem dritten Platz.
Plötzlich verlor sein linkes Vorderrad Luft. Er hatte keinen Reservereifen. Er mußte dreimal halten, um mühselig mit der Hand Luft nachzupumpen. Einer nach dem andern zog an ihm vorbei: Foresti und Ascari.
Mit Müh' und Not, halb ohnmächtig vor Erschöpfung, gelang es Giacone dann, wenigstens noch den fünften Platz knapp vor dem ersten Deutschen, Max Sailer auf Mercedes, zu retten.
Auch die anderen Deutschen halten sich tapfer. Christian Werner landet auf dem achten, Christian Lautenschlager auf dem zehnten und Otto Salzer auf dem dreizehnten Platz in der Gesamtwertung. Dafür holen sie sich überlegen den Sieg ihrer Klassen
Ach ja – fast hätte ich's vergessen: ein unbekannter junger Mann namens Alfred Neubauer erreicht als neunzehnter der Gesamtwertung das Ziel, eine volle Stunde hinter dem Sieger Graf Masetti.
Damit liegt er noch vor seinen Team-Gefährten Kuhn und Pöcher, ja sogar noch vor Paul Scheef auf Mercedes. Der Zwerg »Sascha« hat sich unter all den Riesen prächtig gehalten. Zwei Jahre zuvor hätte seine Zeit – 7 Stunden, 49 Minuten, 54 Sekunden für die 403 Kilometer – sogar zu einem überlegenen Sieg gereicht!
Das ist ein Beweis für den Fortschritt im Auto-Motorenbau und auch für die Leistungsfähigkeit des kleinen Wagens. Kein Wunder, daß Graf Kolowrat und Konstrukteur Porsche dem leicht lädierten Neubauer vor Freude fast um den Hals fallen.

*

Unsere Rückkehr in die Heimat gleicht einem Triumphzug. Die halbe Belegschaft der Austro-Daimler-Werke ist versammelt, um uns einen rauschenden

Empfang zu bereiten. Sogar die Mitglieder des Aufsichtsrats und alle führenden Direktoren geben sich die Ehre.
Es gibt tönende Festansprachen, Blumen, Hochrufe, und schließlich überreicht mir der Betriebsrat eine prächtige Metallplakette mit den eingravierten Namen aller leitenden Herren des Werkes und der hochtrabenden Inschrift:
»Dem Sieger der Targa Florio 1922.«
Ich drehe das Ding nach allen Seiten, zerquetsche eine Rührungsträne und übe Selbstkritik: »Kinder«, sage ich, »das ist ja alles schön und gut – aber ich bin doch gar nicht der Sieger!«
»Für uns haben Sie gewonnen«, sagt der Vorsitzende des Betriebsrats schlicht. »Was die andern sagen, ist uns völlig wurscht!«
Direktor Porsche kann es nicht erwarten, unseren Triumph propagandistisch auszuschlachten. Bereits am nächsten Tag gibt er persönlich eine große Anzeige in allen führenden Wiener Tageszeitungen auf. Sie enthält ein Loblied auf den neuen »Sascha«-Wagen und gipfelt in der Behauptung:
»Austro-Daimler ist der moralische Sieger der Targa Florio 1922!«
So unrecht hat er gar nicht mit dieser Behauptung. Denn während der eigentliche Sieger, Graf Masetti, mit einem 4,5-Liter-Mercedes einen Durchschnitt von 59 km/st erreichte, fuhr mein so viel kleinerer »Sascha« mit einem 1,1-Liter-Motor 52 km/st, war also nur um 7 km/st langsamer.
Um sich dieses Kräfteverhältnis nach heutigen Begriffen zu verdeutlichen, müßte man sich etwa eine Wettfahrt zwischen einem »Mercedes 300« und einem »Goggomobil« vorstellen ...
So betrachtet, ist der »Sascha« wirklich der moralische Sieger der Targa Florio 1922 gewesen.
Die Annonce des Direktors Porsche macht böses Blut bei der deutschen Konkurrenz. Der Mercedes-Generalvertreter in Wien ist nicht faul. Schon am folgenden Tag veröffentlicht er seinerseits eine Anzeige, die noch viel größer und imposanter ist und in der es heißt:
»Mercedes ist der wahre Sieger der Targa Florio 1922. Und – ohne Rechenschieber!«
Der »Kalte Krieg« zwischen Austro-Daimler und Mercedes wird zum Glück bald beendet. Dafür sorgen schon die hohen Anzeigenpreise und die schlechten Zeiten.
Im Herzen des Konstrukteurs Porsche lebt seit jenem April 1922 ein Gedanke weiter, den er erst anderthalb Jahrzehnte später verwirklichen wird: der Gedanke, einen Kleinwagen, einen wahren »Volkswagen« zu bauen ...
Graf Kolowrat indessen hat nur einen Gedanken: den »Sascha« bei möglichst vielen Rennen populär zu machen. Denn erst, wenn der Name dieses kleinen Wagens in aller Munde ist und eine breite Käuferschicht sich für ihn zu interessieren beginnt, kann man das Risiko einer Serienproduktion auf sich nehmen.

*

SPANISCHES ABENTEUER

Eines Tages flattert eine Einladung aus Spanien auf unsern Tisch. Absender ist die »Sicletta-Car-Fabrik« in Tarragona.
Die »Sicletta« ist ein Wägelchen, das nach heutigen Vorstellungen mit einem Auto kaum etwas gemein hat. Sie besitzt ein dürres Rohrgestell, auf dem spartanisch harte Blechsitze schwanken. Den Luxus einer Karosserie verschmäht »Sicletta« völlig. Angetrieben wird das Vehikel nicht mittels Zahnrädern, Ketten oder gar einer Kardanwelle, sondern ganz schlicht mit Hilfe eines – Keilriemens!
Die Herren von »Sicletta« fühlen sich im Sommer 1922 bemüßigt, eine Herausforderung an »Alle Kleinwagenhersteller der Welt« zu richten, sich bei einem »Großen Rennen« mit ihnen zu messen. Sie stiften eigens einen Pokal, die »Trophy Armanguez«. »Da machen wir mit!« strahlt Graf Kolowrat. »Da beweisen wir, daß ›Sascha‹ der beste Kleinwagen der Welt ist!«
Also fahren wir gen Tarragona.
Da Graf Kolowrat zwar ein sehr reicher, aber auch ein sehr sparsamer Mann ist, verzichten wir auf den teuren Bahntransport und fahren per Achse.
Nun ist eine Autoreise nach Spanien heutzutage eine Sache, über die man nicht viel Worte macht. Selbst ein Sonntagsfahrer reißt sie in zwei, drei Tagen glatt herunter.
Damals, vor fast fünf Jahrzehnten, sieht es anders aus. Da ist eine Fahrt von Wien nach Tarragona ein ähnlich abenteuerliches Unterfangen wie heute eine Durchquerung Hinterindiens mit dem Moped. Es gibt keine vernünftigen Straßen, sondern nur Routen vierter und fünfter Ordnung, deren Oberfläche eine ununterbrochene Kette von Schlaglöchern ist. Unweit der Stadt Figueras in Nordspanien erleben wir sogar, daß diese »Straße« vor einem Flüßchen endet. Es gibt keine Brücke und keinen Steg, soweit wir sehen können.
»Hat es die Brücke etwa fortgerissen?« frage ich entgeistert.
»Nein«, sagt der Graf. »Eine Brücke hat es hier noch nie gegeben. Das Flußbett ist mit Steinen ausgemauert. Eine Furt. Das ist der einzige Übergang.«
Zwar ist das Wasser nicht tief, aber doch tief genug, um unsere Motoren versaufen zu lassen. Wir benötigen fast einen vollen Tag für den Flußübergang. Wir müssen ein paar kräftige Spanier anheuern, die unsere »Saschas« mit Stricken bis ans andere Ufer ziehen.
Noch eine zweite Schwierigkeit gilt es zu überwinden: Rennwagen haben nämlich keine Scheinwerfer oder Lichtmaschinen. In der Dunkelheit sind wir mit unserer Kolonne praktisch fahruntüchtig.
Um nicht zu viel Zeit zu verlieren, findet Graf Kolowrat eine Notlösung: er setzt sich mit seinem Tourenwagen, der als einziger Scheinwerfer besitzt, an die Spitze, und wir folgen dichtauf hinterher. So geht es langsam, aber sicher voran. Zum Glück gibt es in jenen Jahren noch keine strengen Verkehrsvorschriften, und unsere seltsame Karawane erreicht unangefochten ihr Ziel.
Immerhin spricht es für die Qualität der damaligen Rennwagen, daß sie die viele tausend Kilometer lange Strecke von Wiener Neustadt nach Tarragona

mit eigener Motorkraft bewältigten, das Rennen fuhren und mit eigener Kraft wieder die Heimat erreichten.
Heute wäre eine solche Expedition unvorstellbar. Denn die Rennwagen der Gegenwart sind hochgezüchtete Eintagsfliegen. Oft sind sie schon nach einem Start abgewirtschaftet, überfordert, reif für den Autofriedhof. Nie würde man ihnen zumuten, auch nur ein paar Dutzend Kilometer über gute Landstraßen zur Rennstrecke zu fahren. Sie werden behandelt wie rohe Eier, in Watte gepackt, gehätschelt und gepflegt, mit Spezialtransportern verschickt und selbst die letzten paar Meter bis zum Startplatz läßt man sie von starken Mechanikerarmen schieben, um ein Verölen der Zündkerzen beim Standlauf zu verhüten.
Unsere braven, alten »Saschas« waren nicht so zimperlich. Sie waren ganz einfach dem Touren- und Gebrauchswagen viel näher verwandt als die Rennwagen von heute. Man darf nicht vergessen, daß in den ersten Jahren und Jahrzehnten des Motorsports Rennwagen und Tourenwagen fast identisch miteinander waren. Später erst, mit der Verfeinerung der Technik, mit wachsenden Geschwindigkeiten und zunehmender Härte der Rennen ist es dann zu einer Spezialisierung gekommen, die letztlich dahin geführt hat, daß Tourenwagen und Rennwagen heute kaum noch die äußere Form eines Autos miteinander gemein haben.

*

Die »Trophy Armanguez« wird auf einer Rundstrecke ausgetragen. Sie ist 21 Kilometer lang und nicht asphaltiert.
Da Graf Kolowrat die Reisekosten für einen Beifahrer sparen wollte, kauft er hier an Ort und Stelle einen Mann, der neben mir im Wagen sitzen soll, wie es die Rennordnung verlangt.
Dieser Beifahrer ist im Zivilberuf Chauffeur bei der spanischen Post. Er spricht kein Wort Deutsch, ich kein Wort Spanisch, und unsere Unterhaltung beschränkt sich dementsprechend auf Grimassenschneiden und wildes Gestikulieren mit Händen und Füßen.
Ich melde Bedenken an wegen dieser mangelhaften Verständigungsmöglichkeit.
»Ach was«, sagt der Graf, »was brauchen Sie miteinander zu schwätzen? Fahren sollen Sie – sonst nichts!«
»Aber wenn es eine Panne gibt?«
»Pannen kommen bei einem ›Sascha‹ nicht vor«, behauptet etwas kühn Graf Kolowrat.
Und dann hat er eine seiner »genialen« Ideen. »Sie werden bestimmt viel schneller sein als alle anderen Teilnehmer. Da wir keine Hupe haben, werde ich für Ihren Beifahrer eine Trillerpfeife kaufen. Darauf kann er blasen, damit die andern beim Überholen Platz machen!«
Das Training beginnt mit einem Zwischenfall, der mir trotz vierzig Grad im Schatten eisige Schauer über den Rücken laufen läßt.
Am Start und Ziel sind zu beiden Seiten der Strecke große Tribünen errichtet. Zwischen ihnen hat man, zum Schutz gegen die Sonnenglut, ein gewaltiges

Segel gespannt, so daß man den Eindruck hat, durch eine Art Bahnhofshalle hindurchzufahren.
Als ich mich am Ende der ersten Runde dieser »Halle« nähere, lege ich noch einen »Zahn« zu. Die Tachonadel tanzt um »100«.
Plötzlich stockt das Blut in meinen Adern. Keine hundert Meter vor mir sehe ich einen Strick, etwa in Kopfhöhe über die Strecke gespannt zwischen zwei Bäumen. Gerade straff und hoch genug, um uns säuberlich die Köpfe abzuschneiden, wenn wir mit diesem Tempo dagegensausen ...
Auch die Menschen auf den Tribünen sehen jetzt das Hindernis. Sie springen von den Plätzen. Frauen schreien auf, fallen in Ohnmacht. Alle starren sie auf unsern Wagen, auf den Strick ...
Ich handele so schnell, wie ich wohl nie wieder in meinem ganzen Leben handeln werde. Ich handele mehr aus Instinkt als mit Überlegung. Ich steige in die Bremse. Gleichzeitig schlage ich scharf das Steuer ein. Der Wagen schleudert seitlich herum, steht sekundenlang nur auf zwei Rädern, scheint zu kippen ...
Aber schon habe ich die Bremse wieder losgelassen. Die blockierten Räder rollen wieder, der Wagen fällt zurück auf alle vier »Beine«, dreht sich wie ein Kreisel um die eigene Achse. Und immer wieder trete ich dabei auf die Bremse ... bis wir seitlich zur Fahrtrichtung weiterrutschen.
Die Bremswirkung wird um das Vielfache verstärkt. Knapp einen Meter vor dem tödlichen Seil kommt der Wagen zum Stehen!
Gleich darauf sind wir von begeisterten Mechanikern, Zuschauern, Funktionären umringt. Sie zerren mich vom Sitz und heben mich wie einen Triumphator auf die Schultern. Von den Tribünen prasselt der Beifall, und ein heißblütiger Señor schleudert mir zu Ehren sogar seinen Sombrero herab auf die Bahn – als wären wir nicht bei einem Autorennen, sondern in der Stierkampfarena von Barcelona ...
Ich bin ganz froh, daß man mich trägt. Denn, verdammt, meine Knie sind vor Schreck noch so weich wie Rote Grütze. Mein spanischer Beifahrer aber sieht ganz käsig um die Nasenspitze aus und sinkt gleich neben dem Wagen zu Boden, um ein Dankgebet zum Himmel zu schicken. Später muß Graf Kolowrat ihm eine »Gefahrenzulage« bewilligen, damit er überhaupt wieder in unsern »Sascha« klettert.
Später habe ich erfahren, daß Handwerker unverantwortlicherweise den verhängnisvollen Strick quer über die Bahn gespannt hatten, um in der »Leinwandhalle« ungestört arbeiten zu können ...

*

Am Tag des Rennens säumen Zehntausende die Strecke. Die ›Oberen Fünfhundert‹ der spanischen Gesellschaft sind von Barcelona gekommen. Und aus den Dörfern ringsum strömen die Bauern herbei, mit Kind und Kegel, mit Wein und Brot und auf Eselskarren, um die große Sensation zu sehen.
Viel sehen sie nicht. Denn sie haben schon vor dem Start zu viel vom guten »Vino tinto« genossen, dem herben und süffigen spanischen Rotwein. Sie liegen

schnarchend im Schatten der Olivenbäume, als das Rennen beginnt. Und selbst das Knattern der »Sicletttas« kann sie aus ihrem Rausch nicht mehr erwecken.
Vor dem Start nimmt uns Graf Kolowrat noch einmal heimlich ins Gebet.
»Meine Herren«, sagt er feierlich, »sollten Sie, was der Himmel verhüten möge, einen Unfall bauen – so lassen Sie alles stehen und liegen und verduften so schnell wie möglich! Und lassen Sie sich keinesfalls vor Ablauf von vierundzwanzig Stunden irgendwo blicken!«
»Das verstehe ich nicht«, sage ich. »Warum solches Versteckspielen?«
»Weil«, sagt der Graf, »laut Gesetz ein jeder, der innerhalb der ersten vierundzwanzig Stunden nach dem Unfall erwischt wird, sofort ins Gefängnis gesteckt wird. Bis zur gerichtlichen Untersuchung wird er nicht mehr freigelassen. Und das kann Jahre dauern!«
Andere Länder, andere Unsitten, denke ich. Laut aber frage ich: »Und was ist, wenn die vierundzwanzig Stunden abgelaufen sind?«
»Dann können Sie unbesorgt wieder auftauchen. Dann läßt man Sie auf freiem Fuß. Das ist die Vorschrift.«
Die Vorschrift kommt mir reichlich »spanisch« vor – aber ich gelobe, mich an sie zu halten, falls etwas passiert. Aber natürlich wird mir nichts passieren. Davon bin ich überzeugt.
Ich sollte mich täuschen . . .

*

Das Rennen beginnt.
Wie bei der Targa Florio gibt es einen Einzelstart, mit Minutenabstand zwischen den Wagen. Es ist ein Rennen gegen die Uhr, und wieder starte ich als einer der letzten.
Ich bin entschlossen: mein zweites Rennen soll mein erster Sieg werden. Ich fege durch die Kurven, daß ich fast mit einem Rad im Graben lande. Ich hole das Letzte aus dem kleinen Motor heraus.
Mein Beifahrer trillert auf seiner Flöte wie ein Posaunenengel. Ein Wagen nach dem andern von der Konkurrenz wird überholt und abgehängt.
Schon in der ersten Runde lichtet sich das Feld. Zahlreiche »Siclettas« bleiben liegen: mit dampfendem Kühler, mit gebrochenen Achsen, mit geplatzten Reifen. Oder als wüster Trümmerhaufen aus Blech und Stahl, zerschellt an irgendeinem Baum . . .
»Arriba España!« brüllt die Menge.
»Arriba!« brüllen die spanischen Fahrer.
Und brüllend fahren sie in den Tod . . .
Die erste Runde geht zu Ende. Vor der »Bahnhofshalle« gebe ich noch einmal Vollgas. Der Motor des »Saschas« singt hell auf höchsten Touren.
Du mußt siegen, denke ich. Du mußt . . . du mußt!
Plötzlich spüre ich, wie mein Wagen zu Tanzen beginnt wie eine Primaballerina. Die Räder finden keinen Halt mehr auf der Straße, die so glatt wie Seife ist, die dunkel in dem gleißenden Sonnenlicht schillert . . .
Öl, durchzuckt es mich. Öl auf der Strecke . . .!

Ich komme nicht zum Nachdenken, auch nicht zum Fluchen oder gar zum Lenken. Mein Wagen bricht aus, schleudert nach rechts, nach links, immer wilder, immer unkontrollierter, wirbelt einmal um die eigene Achse, rutscht und gleitet in wahnsinniger Fahrt.

Näher kommen die Tribünen. Immer näher. Bremsen ist sinnlos. Ich sehe mich schon mit dem Wagen wie eine Granate unter der Menge landen, sehe splitterndes Holz, umherfliegende Eisenteile, zerschmetterte, blutige Leiber um mich herum . . .

Ich umkrampfe das Steuer. Ich steige in die Bremse. Ich schließe die Augen . . .

Und dann ist alles vorbei.

Mein Wagen steht. Ich höre das ruhige Tuckern des Motors im Leerlauf. Langsam öffne ich die Augen. Ich stehe keinen Meter von der Holzbarriere entfernt, die die erste Reihe der Zuschauer von der Strecke trennt. Und dann sehe ich noch etwas: ich stehe mit dem Kühler entgegengesetzt zur Fahrtrichtung!

Ich muß wenden, wenn ich weiterfahren will. Wenden, auf einer schmalen Strecke, keine 10 Meter breit, einer Strecke, auf der jede Sekunde der nächste Wagen heranschießen konnte! Soll ich es riskieren?

Eine Sekunde zögerte ich. Aber noch bevor ich den Gedanken zu Ende denken kann, habe ich, fast automatisch, schon zu handeln begonnen. Ich kuppele. Ich lege den ersten Gang ein. Gebe ganz zart, ganz vorsichtig Gas – damit die Räder auf der öligen Bahn nicht durchdrehen können.

Ich fahre an.

Eine halbe Drehung nach vorn. Dann halten. Rückwärtsgang. Wieder Gas geben. Vorsichtig, Mann, nur nichts riskieren . . .!

Schon höre ich das Heulen des nachfolgenden Wagens. Jede Sekunde kann er hier sein, mit hundert Sachen, gerade während ich die Strecke blockiere. Er wird nicht bremsen können auf der glatten Strecke. Er wird auf mich aufprallen, mit aller Wucht . . .

Sekunden werden zur Ewigkeit. Der Wagen rollt an. Nicht absterben, flüsterte ich eine Bitte an den Motor. Nicht absterben, jetzt! Meine feuchten Hände rutschen am Steuer aus. Der Wagen macht einen kleinen Schlenker. Und dann . . . .

Dann stehe ich wieder in Fahrtrichtung, fahre an, langsam erst, dann immer schneller und schneller – brause davon, Sekundenbruchteile, bevor der nächste Wagen die Tribünen erreicht hat!

Hinter mir verklingt das tosende Beifallsgebrüll der Zuschauer auf den Tribünen. Sie ahnen vielleicht gar nichts von der Gefahr, in der auch sie geschwebt haben. Sie halten mich offenbar für einen Helden.

Zum Glück kann man nicht sehen, wie tief in meiner Hosentasche mein Herz in diesen Minuten geschlagen hat . . .

Später erhielt ich die Erklärung für diese tödliche »Rutschbahn«: um das Publikum vor Belästigung durch den Staub zu schützen, hatte man ohne Wissen der Fahrer kurz vor Rennbeginn die Strecke mit Öl besprengt!

Die zweite Runde versuche ich gleichmäßiger zu fahren. Und in der dritten Runde drehe ich wieder ganz groß auf. Es soll meine Rekordrunde werden.

Später werde ich erfahren, daß ich alle drei Runden fast gleich schnell gefahren bin. Mit Ausnahme der ersten, die meine schlechteste war.
Damals lerne ich einen fundamentalen Irrtum der meisten Fahrer am eigenen Leibe kennen: sie glauben, besonders schnell zu sein, wenn sie sich anstrengen. Wenn sie viel bremsen, viel beschleunigen, viel lenken.
Das ist Selbstbetrug. Denn beim Autofahren ist es wie beim Reiten: auch ein gutes Pferd soll der Reiter nicht zu viel mit Zügeln, Sporen, Schenkeln »stören« beim Sprung. Er soll es mit weicher, fast zarter Hand lenken – dort, wo es nötig ist. Soll ihm nur ein paar »Hilfen« geben. Wer allzu viel bremst, mit Kupplung, Gas- oder Bremspedal herumfuhrwerkt, wer wild an der Lenkung zerrt, so daß er vor lauter Anstrengung ins Schwitzen gerät – der ist bestimmt nicht sonderlich schnell! Anstrengung beim Fahren ist oft nur ein Zeichen von Nervosität, von körperlicher und seelischer Verkrampfung, gewiß aber kein Beweis großer Schnelligkeit.
Später, als Rennleiter, werde ich es mir zur Gewohnheit machen, bei jedem Halt an der Box den Rücken meiner Fahrer mit einer Hand heimlich abzutasten. Wer diese Bewegung bei mir beobachtet hat, wird sie für ein »Auf-die-Schulter-Klopfen«, für ein Streicheln, eine Anerkennung, eine beruhigende Geste gehalten haben. Schön, wenn sie diese »Nebenwirkung« hatte. Der wahre Grund jedoch war anders. Ich wollte feststellen, ob der Fahrer – schwitzte. Wenn sein Hemd naß war – wie fast stets bei Manfred von Brauchitsch –, dann war er aufgeregt, dann fuhr er schlecht, dann waren seine Siegeschancen minimal. Wirkliche Klassefahrer schwitzen selten. Ihre Hemden bleiben trocken, auch im Rennen. Ihr Fahrstil ist eher unauffällig, zügig und elegant. Ohne viel Reifenkreischen, Motorengeheul, wilde Körperbewegungen am Lenkrad. Ohne Nervosität, Hektik und ohne großen Kraftaufwand.
So erlebe ich auch bei der »Trophy Armanguez« in Spanien Anno 1922, daß meine vermeintlich schnellste Runde in Wahrheit fast die langsamste war, und umgekehrt.
Ich erhalte eine Lehre, aus der ich noch Jahrzehnte später als Rennleiter manche Nutzanwendung ziehen werde.
Damals aber bin ich nicht Rennleiter, sondern Rennfahrer. Ich bin noch jung und unerfahren und gebe meinem »Sascha« viel häufiger, viel ungestümer die »Sporen«, als nötig wäre. Bei Beginn der vierten Runde hält mir Graf Kolowrat an der Box ein grünes Fähnchen entgegen. »Grün« heißt: langsamer fahren. Es heißt: ich liege in Führung!
Ich brause dahin, im Vollgefühl des kommenden Sieges.
Da . . . was ist das? Ein paar hundert Meter vor mir, mitten auf der Straße, steht eine große Menschenmenge und blockiert die Bahn. Sie sehen mich kommen. Sie weichen nicht. Sie winken . . . nein, sie drohen!
Sind diese Kerle denn verrückt geworden? Oder wollen sie nur verhindern, daß ein Ausländer, ein Österreicher dieses Rennen gewinnt?
Ich bremse. Der Wagen rollt aus. Die Menge kommt heran. Keifende Weiber, junge Burschen, die drohend die Fäuste schütteln. Sie umringen uns, schlagen mit den Händen wütend auf die Motorhaube, gegen die Karosserie. Sie brüllen

Worte, die ich nicht verstehe, die aber gewiß keine Kosenamen sein können, nach ihren finsteren, wutverzerrten Mienen zu schließen. Ich blicke fragend meinen Beifahrer an. Der schüttelt betrübt den Kopf und brummelt nur ein Wort, wieder und wieder: »Morto, Señor ... morto!«
Morto? Was zum Teufel soll das heißen?
Die Menge weicht und wankt nicht. An Weiterfahren ist nicht zu denken. Das Rennen ist ganz offensichtlich aus.
Ich wende, um zurück zur Start zu fahren und die Veranstalter zu alarmieren. Zum Glück lassen die Leute mich unbehelligt ziehen. Vorsichtig, immer am Straßenrand entlang, zuckele ich die fünf Kilometer bis zu den Tribünen zurück. An den Boxen kommt mir Graf Kolowrat entgegen. Er jagt alle Neugierigen fort, hört sich kurz meinen Bericht an und läßt sofort einen Strick um den Wagen ziehen. Auch ich darf mich zunächst nicht rühren von meinem Sitz.
Ich verstehe: solange das Rennen noch nicht offiziell abgebrochen worden ist, darf niemand einen im Rennen befindlichen Wagen berühren. Und mein Wagen befindet sich ja noch »im Rennen«.
So stehe ich eingespannt zwischen den Seilen, wie ein Museumsstück, während rings um mich herum ein aufgeregtes Geschrei und Gezeter anhebt.
Langsam komme ich dahinter, was geschehen ist:
Bereits in der zweiten Runde war ein französischer Wagen verunglückt und mitten in die Zuschauermenge gerast. Es gab über zwanzig Tote und zahlreiche Schwerverletzte.
Der Fahrer war mit dem Schrecken davongekommen. Aber auch er hatte die »24-Stunden-Frist« gekannt und war sofort nach dem Unfall stillschweigend untergetaucht.
Die Toten, die Sterbenden, die Verletzten aber lagen hilflos auf der bloßen Erde. Es gab keine Sanitäter, keine Ärzte, ja nicht einmal Streckenposten, die den Unfall telefonisch an die Rennleitung hätten melden können.
Und während das Rennen weiterlief, starben links und rechts der Straße Männer, Frauen, Kinder, schrien Verletzte nach Wasser, gellten ihre Schmerzensschreie zum Himmel ...
Die Zuschauer durchbrachen die Absperrung. Sie blockierten die Strecke. All ihre Wut, ihre Empörung wollten sie am ersten besten Fahrer auslassen, der nun des Weges kam.
Und das war ich ...
Das Rennen wird nach diesem Zwischenfall abgebrochen.
Im Reglement aber steht die Vorschrift: »Falls das Rennen aus unvorhergesehenen Gründen vorzeitig abgebrochen werden muß, wird der Wagen zum Sieger erklärt, der im Augenblick des Abbruchs in Führung liegt.«
In Führung lag Alfred Neubauer auf »Sascha«.
Sofort marschiert Graf Kolowrat zur Rennleitung, um sich die wertvollen Preise aushändigen zu lassen. Einen Pokal, Medaillen und vor allem – eine ansehnliche Geldprämie. Genug, um die teuren Reisekosten von Österreich nach Spanien für unsere Expedition zu decken.

Aber die Spanier haben taube Ohren.
Sie verweigern uns die Preise. Sie erklären schlicht und einfach: »Neubauer muß disqualifiziert werden. Er ist gegen die Strecke gefahren! Einmal beim Wenden, vor den Tribünen, das andere Mal, als er zum Start zurückkehrte, nach dem Zwischenfall, als das Rennen formell noch im Gange war!«
Es ist eine bittere Pille für uns. Aber wir müssen sie schlucken. Später werde ich noch manches Mal dieses Wort »Disqualifikation – weil er gegen die Strecke fuhr« hören.

ABSCHIED VON WIEN

Die »Trophy Armanguez« ist das letzte Rennen, an dem die flinken »Sascha«-Wagen teilnehmen. Denn nun setzt in Österreich eine Entwicklung ein, die uns die Lust und auch die finanzielle Möglichkeit zum Autorennfahren gründlich nehmen wird: die Inflation ...
Für die Austro-Daimler-Werke zeigt das Barometer schon seit geraumer Zeit auf »Sturm«. Die Finanzen stehen nicht zum besten, seit die Aktienmajorität in die Hände des Triester Geldmannes Camillo Castiglione geraten ist.
Castiglione ist das, was man mit einem Schlagwort einen »Kriegsgewinnler« nennt. Er machte ein Millionenvermögen, indem er während des Ersten Weltkrieges die österreichisch-ungarischen Militärflugzeuge mit gummierten Stoffbespannungen belieferte. Durch geschickte Transaktionen setzte er sich nach und nach in den Besitz von rund fünfundsiebzig Industriebetrieben in Österreich und der CSR. Auch die Austro-Daimler-Werke kamen dabei unter seine Kontrolle. Castiglione war kein Unternehmer alter Schule. Er hatte keine innere Beziehung zu seinen Betrieben. Er hatte nur ein Interesse: möglichst schnell und möglichst hohen Profit aus den Fabriken herauszuholen. Wenn sie bis zur letzten Schraube ausgebeutet waren, pflegte er sie fortzuwerfen wie eine ausgequetschte Zitrone.
Ein solcher Mann konnte keinen Sinn für hochfliegende Pläne wie etwa den Bau eines Kleinwagens haben. Er wollte keine Millionen investieren. Er wollte Millionen machen. Die Traumidee des Grafen Kolowrat vom »Sascha-Wagen für Jedermann« war geplatzt, als Castiglione das Regiment in Wiener Neustadt übernahm.
Auch Generaldirektor Porsche hat es schwer, sich gegen den Geldmann durchzusetzen. Denn Porsche ist das Streben nach persönlichem Vorteil völlig fremd. Er denkt und lebt und atmet nur für seine Arbeit, für das Werk, in dem er groß geworden ist. Er hat in jener Krisenzeit nur ein Ziel: die Substanz des Betriebes, die Arbeitsplätze zu sichern, die Produktion in Gang zu halten. Das Morgen ist ihm wichtiger als das Heute.
Zwei grundverschiedene Charaktere prallen aufeinander: der glatte Finanzmann, der nur in Zahlen und Ziffern und Zinsen denkt. Und der aufrechte, geradlinige Betriebsführer der alten Schule, der mit seinem Werk und seinen

Mitarbeitern eng verwachsen ist. Man kann es sich an den fünf Fingern abzählen, wann es zwischen diesen beiden Männern zum Bruch kommen wird.
Eine Zeitlang vermag der zähe, tapfere, kleine Porsche »seine« Firma zu schützen. Aber immer drückender wird der Zinsendienst, den Castiglione mit Hilfe seiner Bank dem Austro-Daimler-Werk aufzwingt. Immer knapper wird die Kapitaldecke. Schon müssen die stillen Reserven, muß die nackte Substanz angegriffen werden.
Schon beginnt der große Ausverkauf: Maschinen, Werkeinrichtungen, ja sogar Telefone und Reißbretter werden veräußert, um das Geld für eine Fortsetzung der Produktion aufzubringen. Unaufhaltsam naht der Tag, an dem es zum Zusammenstoß zwischen Porsche und Castiglione kommen muß.

*

Die Katastrophe beginnt in Italien, im September 1922, und der Anlaß ist das Rennen um den Großen Preis von Italien in Monza. Damals wird das berühmte »Autodrom« von Monza eingeweiht. Diese Rennbahn liegt inmitten des großartigen Schloßparks, der von einer vierzig Kilometer langen Mauer umgeben ist. In diesem Park gibt es zahlreiche Wirtschaften, eine Pferderennbahn, ein Gestüt, und in dem Schloß wird die sagenumwobene Krone der Lombarden aufbewahrt. Im Jahre 1900 war König Humbert I. bei einer Festlichkeit in Monza von einem Anarchisten ermordet worden. Seither hatte das Haus Savoyen dieses Schloß gemieden. Nach dem Ersten Weltkrieg hatten die Könige aus dem Hause Savoyen das Schloß und die dazu gehörenden Ländereien an die Kriegsversehrten des Landes als Schenkung übergeben. Und nun war man auf die Idee gekommen, in diesem Park eine große Auto-Rennstrecke mit überhöhten Kurven anzulegen.
Diese Bahn soll im September 1922 mit einem großen Rennen eingeweiht werden. Auch Austro-Daimler will daran teilnehmen. Generaldirektor Porsche erhofft sich von einem Sieg eine weltweite Werbewirkung und einen neuen Auftrieb für unsere Produktion.
Er wagt viel. Denn Austro-Daimler ist bei solchen Rennen noch ohne große Erfahrung. Es wird ein schwerer Gang werden gegen die routinierten Italiener und Franzosen, die damals im europäischen Motorsport dominieren. Es wird ein Gang nach Canossa.
Schon auf dem Hinweg gibt es Schwierigkeiten. Wir fahren aus Ersparnisgründen wieder mal per Achse. Da es für Rennmotoren mit 5000 Touren damals noch keine Magnetzündung gibt, müssen wir mit Batteriezündung fahren. Das mag für ein Rennen reichen. Aber nicht für eine Alpenfahrt.
Kein Wunder, daß ich unterwegs mit leergelaufener Batterie liegenbleibe und kostbare Zeit verliere. Als ich mit großer Verspätung in Monza eintreffe, erwartet uns Graf Kolowrat schon voller Ungeduld. Er kann den Beginn des Trainings auf der neuen Bahn kaum erwarten. Ich bin noch nicht einmal ausgestiegen, hänge noch müde und verdreckt in meinem Sitz, als er schon lossprudelt: »Auf geht's, Neubauer! Keine Müdigkeit vorschützen! Wir drehen

sofort eine Proberunde. Zeigen Sie mal, was Sie für eine Zeit fahren können!«
Meine Müdigkeit ist wie verflogen. Mein Ehrgeiz ist erwacht. Ich kann es kaum erwarten, meine Fahrkunst auf einer richtigen Rennstrecke unter Beweis zu stellen. Ich vergesse Schlaf und Hunger und auch, daß ich ganz ordinäres Straßenbenzin im Tank habe. Ich fahre los. Die erste Runde schön gemütlich, nur um die Bahn zu studieren. Aber dann gibt Graf Kolowrat mir ein Signal, und ich fege davon wie die Feuerwehr.

Anfangs geht alles prächtig. Durch die erste Kurve, durch die zweite, dann die Gerade entlang. Hei, wie summt und brummt der Motor, wie singt der Fahrtwind in den Ohren!

Aber dann mischt sich ein Rumpeln in den gleichmäßigen Gesang, vernehme ich ein Poltern unter der Motorhaube. Der Wagen wird langsamer. Ich trete das Gaspedal fast durch die Bodenplatte.

Umsonst.

Plötzlich quellen gar weiße Rauchwolken unter der Haube hervor.

Ich lasse den Wagen ausrollen und klettere aus dem Sitz. Ich brauche gar nicht erst nachzusehen. Ich weiß auch so, was geschehen ist: ein Kolbenboden ist durchgebrannt!

Es ist das alte Lied: wenn der Kolbenboden zu heiß wird, schmilzt er durch, die Explosion des Benzin-Luft-Gemischs schießt in das Motorgehäuse, anstatt den Zylinderkolben nach unten zu drücken. Das Öl wird aufgewirbelt, und über die Entlüftung schießen weißliche Schwaden heraus, so daß man glaubt, der ganze Wagen stehe in Flammen.

Vierzehn Tage vor dem Rennen stehen wir vor der Ruine unseres stolzen Wagens, und guter Rat ist teuer. Denn wo sollen wir hier, fern der Heimat, so schnell neue Kolben herbekommen?

Schon wollen wir traurig die Rückreise antreten, da erweist sich Graf Giulio Masetti, der Held der Targa Florio, als Retter in der Not.

Der Graf ist zwar Italiener und kein Österreicher, er fährt Mercedes und nicht Austro-Daimler, aber er ist Sportsmann wie wir. Für ihn gibt es daher nur einen Gedanken: wie kann ich meinen Kollegen von der Konkurrenz helfen, damit sie doch noch starten können?

Er setzt Himmel und Hölle in Bewegung. Und ein Wunder geschieht: auf seine Veranlassung stellt eine italienische Firma innerhalb weniger Tage neue Kolben aus einer gut wärmeleitenden Silber-Aluminium-Legierung her.

In Monza haben wir inzwischen in einem Zelt eine provisorische Werkstatt eingerichtet. Dr. Porsche macht sich mit seinen Leuten an die Arbeit. In knapp anderthalb Wochen ist der Umbau geschafft. Das Training kann beginnen.

Aber das Pech bleibt uns treu.

Unser zweiter Fahrer, Fritz Kuhn, ein ehemaliger Heidelberger, den es nach Österreich verschlagen hat, legt ein paar blitzsaubere Runden hin.

Aber dann reitet ihn der Teufel.

Er fährt die Kurve gleich hinter unserm Werkstattzelt, ohne das Gas auch nur einen Millimeter wegzunehmen. Die Reifen kreischen ängstlich auf. Das Heck des Wagens schlingert ... Ich sehe das Unheil kommen. Ich brülle auf, vor

Angst, vor Schrecken, als könnte ich Fritz Kuhn damit noch retten ... Zu spät!

Der Wagen wirbelt durch die Luft, überschlägt sich zwei-, dreimal, fällt zurück auf die Räder, rast jetzt rückwärts weiter, dreht sich erneut, schlägt um ...

Ich sehe einen Körper durch die Luft fliegen wie eine Granate, über einen Stacheldraht hinweg, und mit dumpfem Aufprall auf der Erde landen.

Dort liegt Fritz Kuhn, regungslos, ein Bündel Fleisch und Knochen. Schon rennen unsere Mechaniker hin, bücken sich, tasten ihn ab ...

Qualvolle Sekunden vergehen.

Dann sehe ich, wie die Männer sich drüben langsam aufrichten, die Mützen in den schwieligen Händen, den Kopf gesenkt in stummer Trauer. Fritz Kuhn, unser guter, lieber Kamerad ist tot ...

Ich wende mich ab. Niemand soll die Tränen sehen, die mir brennend in die Augen steigen.

Fritz Kuhn ist der erste Rennfahrer, den ich sterben sehe. Es wird nicht der letzte bleiben.

Dr. Porsche entscheidet: Wir starten nicht in Monza. Zylinderköpfe kann man ersetzen. Aber keinen Menschen, keinen Freund wie Fritz Kuhn.

Wir treten still die Heimreise an. Monza, das Rennen unserer Hoffnungen, wird unsere schwerste Niederlage. Der Todessturz von Kuhn jedoch wird die Lawine auslösen, die bald darauf auch Generaldirektor Porsche erreichen und mit sich fortreißen wird.

*

Camillo Castiglione macht Porsche heftige Vorwürfe wegen des Mißerfolges. Porsche ist nicht der Mann, der den Mund halten, der stumm hinunterschlucken kann. Er wettert, daß die Scheiben klirren. Und wenn er sich vor Zorn nicht mehr zu helfen weiß, dann reißt er sich den Filzhut vom Kopf und trampelt jähzornig darauf herum.

Ich habe Sorgen wegen Porsche. Ich spreche darüber mit einem guten Freund. Aber der winkt ab: »Eher geht die Welt zugrunde, als daß sich Austro-Daimler von einem Porsche trennt!«

In jenen Wochen begegne ich Arturo Castiglione, dem Sohn des mächtigen Finanzmannes. Ich schütte ihm mein Herz aus.

»Ich will Ihnen etwas verraten, Herr Neubauer«, sagt er dann. »Seit dem Mißerfolg in Monza wackelt die Stellung von Herrn Porsche beträchtlich. Ich fürchte, mein Vater wartet nur noch auf eine passende Gelegenheit, um einen Schlußstrich unter das Kapitel Porsche ziehen zu können!«

Porsche selbst wird diese Gelegenheit liefern.

Es ist bei einer Sitzung des Aufsichtsrats, als wieder einmal die Meinungen hart aufeinanderprallen. Wieder stellt Castiglione Forderungen, die Porsche nicht verantworten will. Doch Castiglione gibt nicht nach.

Da packt Porsche die Wut. »Da tu ich nicht mehr mit!« ruft er in maßloser Erregung. »Und wenn's Ihnen nicht paßt, dann machen Sie Ihren Kram künftig alleine weiter – ohne mich!«

Was er dann noch sagt, kurz bevor er die Tür zuschlägt, wäre in Goethes »Götz« nachzulesen.
Am nächsten Morgen ist Porsches Zorn längst verraucht. Da erscheinen überraschend zwei Herren bei ihm und erklären feierlich im Namen des Aufsichtsrats: »Herr Porsche, wir haben uns entschlossen, Ihren gestrigen Rücktritt anzunehmen!«
Erst jetzt wird es Porsche klar, welche Folgen sein stürmischer Abgang von der Sitzung am Vortag für ihn hat. Denn ich bin gewiß: so wörtlich hatte er sein »Ich-tue-nicht-mehr-mit« nicht gemeint. Nun aber hat ihn Castiglione beim Wort genommen. Nun gibt es für ihn kein Zurück mehr.
Wie ein Lauffeuer verbreitet sich die Kunde durch das ganze Werk. Vom kleinsten Laufburschen bis hinauf zum Abteilungsleiter, vom letzten Hilfsarbeiter bis zum alten Werkmeister flüstern sie sich's zu, mit ernsten und sorgenvollen Mienen:
»Der Porsche geht!«
Es ist, als ob ein Vater seine Familie verlassen will. Eine vieltausendköpfige Familie, die ihm in rund anderthalb Jahrzehnten ans Herz gewachsen ist, für die er einen ruhenden Pol in einer wirren Zeit darstellt.
»Der Porsche geht!«
Man will es einfach nicht wahrhaben. Man hofft, daß alles nur ein Gerücht ist, daß man sich wieder aussöhnen wird. Denn Ferdinand Porsche ist in Österreich ein Begriff, der untrennbar mit dem Namen »Austro-Daimler« zu einer Einheit verschmolzen ist.
»Der Porsche geht!«
Auch ich will es nicht fassen. Es ist, als ob man unserm Werk die Seele rauben will. Das Schlimmste aber ist: man will ihn davonjagen ohne Anerkennung seiner Arbeit, ohne Dank, ja sogar ohne eine angemessene materielle Abfindung!
Das darf nicht sein!
Ich trommele alle älteren Kollegen, alle leitenden Beamten und Angestellten zusammen. Männer, die seit vielen Jahren mit Porsches Arbeit eng verbunden sind. Wir treffen uns in der Hinterstube eines Wirtshauses in Wiener Neustadt wie eine geheime Verschwörerbande. Wir beraten, was wir tun können, um Porsche zu helfen.
»Wir dürfen nicht zulassen«, sage ich, »daß man einen Porsche, der dieses Werk groß gemacht hat, bei Nacht und Nebel davonjagt! Wir müssen uns dafür einsetzen, daß er zumindest einen ehrenvollen Abschied erhält!«
»Schön und gut«, sagen die Kollegen, »aber was sollen wir gegen einen allmächtigen Castiglione ausrichten?«
»Wir nichts«, sage ich. »Aber es gibt einen Mann, der uns helfen kann und wird: es ist Graf Kolowrat! Sein Wort gilt etwas – auch bei Castiglione. Ich werde mit ihm sprechen!«
Am nächsten Sonntagmorgen werfe ich mich in den dunklen Gehrock, greife zum schwarzen Zylinderhut und ziehe die extra feinen Lackstiefel an. Ich fahre nach Wien und marschiere zum Palais des Grafen Kolowrat.

Es liegt in der Schwindgasse, im vornehmen Viertel, wo die Diplomaten und Großindustriellen residieren. Es gibt eine breite Marmortreppe, mächtige, geschnitzte Portale und Diener in Eskarpins.
Ein Lakai führt mich in den Salon. Ich versinke fast in dicken Teppichen. Breite Fauteuils laden zum Verweilen ein. Echte Seidentapeten und kostbare Gemälde zieren die Wände. In einer Glasvitrine sehe ich zahlreiche Ehrenpreise, die der Graf bei sportlichen Wettkämpfen errungen hat.
Gleich darauf strömt der Graf im seidenen Morgenrock ins Zimmer.
»Graf«, sage ich, »Sie müssen verhindern, daß Porsche dieses Unrecht angetan wird! Ohne ihn ist Austro-Daimler wie ein Körper ohne Seele! Versuchen Sie, ihn uns zu erhalten!«
Der Graf betrachtet aufmerksam die Asche seiner langen russischen Zigarre.
»Herr Neubauer«, sagt er, »Sie überschätzen meine Möglichkeiten. Ich achte und verehre Porsche genau wie Sie. Aber der Bruch zwischen ihm und Castiglione ist zu tief. Es gibt keine Brücke zwischen diesen beiden so verschiedenen Persönlichkeiten! Aber was in meiner Macht steht, werde ich tun, um Porsche einen ehrenvollen Abschied zu sichern, den er sich verdient hat!«
Tatsächlich bekommt Porsche eine bessere finanzielle Abfindung, als ursprünglich geplant war. Drei Wagen werden ihm mit auf den Weg gegeben, darunter eine sogenannte »Staatskarosse«, und auch eine seiner neuesten Konstruktionen, ein »Benzin-Elektromobil«, nach dem System Mixte gebaut. Dieses Unikum wird er später dem Technischen Museum in Wien zum Geschenk machen. Noch heute kann es dort besichtigt werden.
Dr. Porsche braucht sich nicht lange um einen neuen Wirkungskreis zu sorgen. Dabei hilft ihm die launische Dame Fortuna mit einem Taschenspielertrick.
Zur gleichen Zeit nämlich, da Porsche bei Austro-Daimler in Ungnade fällt, bekommt ein anderer Chefkonstrukteur eines großen Automobil-Werkes ebenfalls Ärger mit seinem Aufsichtsrat: Paul Daimler, einer der beiden Söhne Gottlieb Daimlers, der sich damals von Mercedes in Stuttgart trennt.
Daimler wechselt über zu Horch nach Sachsen, wo er später den berühmten »Horch 8« bauen wird, jenen Staats- und Prunkwagen, der in den dreißiger Jahren lange Zeit eine ähnliche repräsentative Rolle spielen wird wie heute etwa der »Mercedes 600«.
Paul Daimler geht und – Porsche kommt.
Er übernimmt die Rolle des Chefkonstrukteurs bei Mercedes in Untertürkheim.
Ein neuer, noch größerer Wirkungskreis wird ihm erschlossen.

*

Damals trennen sich meine Wege zwar vorübergehend von Porsche, aber die lange, enge Bindung zu Graf Kolowrat endet ganz.
Mit seiner lauten Stimme, seinem burschikosen Witz, mit seiner massigen Figur und seiner sinnlichen Lebensfreude ist er mir – fast unbewußt – ein Vorbild für mein eigenes Leben geworden. Halb im Ernst, halb im Scherz hat Dr. Porsche mich später oft mit Kolowrat verglichen.

Der Graf liebte den Motorsport mit Leib und Seele. Er pflegte für uns Rennfahrer zu sorgen wie eine Glucke für ihre Küken.
Vor dem Start war es eine sakrale Handlung, wenn er aus Flaschen und Büchsen seine berühmte »Rennfahrer-Mixtur« zusammenbraute – einen Cocktail aus geschlagenem Eigelb, Mokka, Zucker und Südwein. Nach dem Rennen, beim Siegesmahl im Hotel, ließ er sich's niemals nehmen, eigenhändig einen pikanten »Salat à la Kolowrat« anzurichten. Er kümmerte sich persönlich um Quartiere, um Verpflegung, Unterkunft, Transport, Ersatzteile. Er dachte sich eine Art Zeichensprache aus, um sich mit dem Fahrer während des Rennens verständigen zu können. Wenn aus irgendeinem Grund unsere Stimmung bedrückt war, so munterte er uns auf, indem er immer neue Anekdoten und Scherze aus seiner schier bodenlosen Witzkiste angelte.
Er war ein bühnenreifer Stimm-Imitator, der es verstand, die typischen Motorengeräusche der damals gebräuchlichen Autotypen täuschend nachzuahmen. Er liebte die Frauen, und die Frauen liebten ihn.
Bald nach Porsches Abschied von Austro-Daimler heiratete Graf Kolowrat. Es war eine pompöse Fürstenhochzeit im Wiener Stefansdom. Der gesamte österreichische Hochadel hatte sich versammelt. In einem versteckten Winkel der Kirche stand auch ich, als die junge und zauberhaft schöne Braut dem Grafen ihr Ja-Wort gab.
Diese Braut war eine geborene Fürstin Troubetzkoy. Sie war russischer Abstammung und eine wirkliche Schönheit.
Es wurde eine glückliche, aber keine lange Ehe. Denn knapp fünf Jahre später, im Dezember 1927, wenige Wochen vor seinem 42. Geburtstag setzte eine tückische, unheilbare Krankheit seinem inhaltsreichen Leben ein Ende. Ich verlor einen Freund und Lehrmeister, den ich nie vergessen werde.

MEIN STERN GEHT AUF

Das Jahr 1923 rückt düster heran.
Die Kurse fallen, die Preise und Steuern steigen, und fast täglich ist eine Null mehr auf den Ziffern unserer Banknoten zu finden. Man zahlt Millionen für eine Trambahnfahrt und Milliarden für einen Laib Brot. Die Inflation rast über unser ausgelaugtes Land. Existenzen werden vernichtet, Reichtümer schmelzen dahin wie Schnee an der Sonne, gerissene Spekulanten profitieren von der allgemeinen Not. Damals wird die Saat zu einem Haß gelegt, die viele Jahre später ihre bösen Früchte tragen sollte.
Wenige Glückliche kommen mit heiler Haut davon. Zu ihnen zählt auch ein gewisser Alfred Neubauer. Er hat ein kleines Vermögen in der alten Heimat, der jetzigen CSR bewahrt. Davon kann er nun leben wie ein kleiner Fürst Wenn er ein blankes 100-Kronen-Stück in die Hand nimmt, dann ist er, an Inflations-Schillingen gerechnet, ein Multimillionär. Finanziell also komme ich gut über die gefährlichen Runden. Nur beruflich habe ich Kummer.

Alfred Neubauer — der einstige „Weltmeister unter den Rennleitern“.

Deutscher Triumph im Großen Preis von Frankreich 1914. Max Sailer auf Mercedes fährt die schnellste Runde.

Alfred Neubauer auf »Sascha«, dem ersten »Volkswagen«. Rechts mit Schirmmütze: Konstrukteur Ferdinand Porsche.

Es hat sich schnell bei der hohen Direktion herumgesprochen, wer so temperamentvoll für Dr. Porsche Partei ergriffen hatte, wer bei Graf Kolowrat gewesen war, um eine Lanze für den »Doktor« zu brechen. So nimmt es nicht Wunder, daß auch mein Stern bei Austro-Daimler zu sinken beginnt. Bald ist es nur noch eine Frage der Zeit, wann die Post mir den »Blauen Brief«, die Kündigung ins Haus bringen wird.

Da spielt zum zweiten Mal in meinem Leben eine Frau für mich Schicksal. Es ist die gleiche junge Dame, die ich als schmucker k. u. k. Leutnant in der Donau-Ufer-Bahn zwischen Klosterneuburg und Wien kennen und lieben gelernt hatte. Es ist Hansi, die inzwischen längst zu meiner Braut, wenn auch noch nicht zu meiner Ehefrau avanciert ist.

Schon 1917 hatte Hansi dafür gesorgt, daß ich von der Front und der bespannten Artillerie zurück in die Heimat, zu Austro-Daimler, zu meinen geliebten Automobilen versetzt worden war und damit überhaupt erst in mein richtiges Fahrwasser geriet. Nun greift Hansi zum zweiten Male ein.

Eines Abends nimmt sie mich ins Gebet: »Schau, Fredl – der Dr. Porsche geht nach Stuttgart. Er nimmt seinen Konstruktionschef, Direktor Köhler mit. Warum nicht auch dich? Frag ihn doch mal, ob er dich nicht in Stuttgart gebrauchen kann!«

Ich frage ihn.

Dr. Porsche weiß, daß ich mich für ihn eingesetzt habe, daß ich seinetwegen in Ungnade gefallen bin, daß meine Zukunft bei Austro-Daimler ungewiß geworden ist. Dr. Porsche weiß vielleicht auch, daß der Neubauer Fredl nicht auf den Kopf gefallen ist, sondern einen ganz passablen Betriebsingenieur abzugeben vermag.

Porsche verspricht: »Ich werde sehen, was ich für Sie in Stuttgart tun kann, Herr Neubauer!«

Wochen vergehen nach seiner Abreise, ohne daß eine Nachricht kommt. Schon glaube ich, daß Porsche mich vergessen hat, daß alles nur schöne Worte waren, um mich hinauszukomplimentieren.

Aber dann, eines Morgens, erreicht mich ein Telegramm aus Untertürkheim. Es ist kurz und bündig. Doch es schlägt wie eine Bombe ein. Es lautet: »Erbitten baldigen Besuch zwecks Vorstellung. Porsche.«

Der Gedanke, eine Stellung bei den weltberühmten Daimler-Werken zu bekommen, bringt mich aus dem Häuschen. Ich packe noch am gleichen Abend meine Koffer und fahre nach Stuttgart.

Die Verhandlungen sind schnell abgeschlossen. Ich erhalte ein Angebot, nach Stuttgart überzusiedeln als Leiter der Einfahrabteilung. Also in die gleiche Position, die ich bei Austro-Daimler innehatte!

Der 1. Juli 1923 ist ein Tag meines Lebens, den ich wohl nie vergessen werde. An diesem Tage trete ich meine neue Stellung bei Mercedes in Stuttgart-Untertürkheim an.

Damals ahnte ich nicht, daß eine Zusammenarbeit begonnen hat, die ein ganzes Leben lang währen soll. Durch Freud und Leid, durch tausend Siege und auch durch manche bittere Niederlage.

Damals geht der »Stern von Untertürkheim« strahlend für mich auf, und er wird durch Jahre und Jahrzehnte über meinen Wegen leuchten, mal hell und freundlich, mal von düsteren Wolken verdunkelt, doch immer unverrückbar fest an seinem Platz.
Mein Schicksalsstern ...

*

In jenen Wochen, als ich nach Stuttgart übersiedele, steht der Mercedes-Stern allerdings unter ungünstigen Vorzeichen.

Der Start der 2-Liter-4-Zylinder-Rennwagen mit Kompressor beim Rennen von Indianapolis in USA ist ein großer Reinfall geworden. Dabei hatte sich die Direktion gerade von einem Sieg in den Vereinigten Staaten einen starken Auftrieb für den lebenswichtigen Export versprochen.

Auf jenes unglückliche Rennen von Indianapolis, das wenige Tage vor meinem Arbeitsantritt in Untertürkheim stattfand, muß ich hier kurz eingehen.

Die neuen 2-Liter-Wagen waren noch eine Konstruktion Paul Daimlers gewesen. Ihr wesentlichstes Merkmal war der Kompressor, von dem man sich wahre Wunder an Leistungssteigerung und Beschleunigung versprochen hatte. Man wollte kein Risiko eingehen und schickte die Garde der alten Rennfahrer nach USA: den bewährten Lautenschlager, den schneidigen Otto Salzer und den erfahrenen Max Sailer, sämtlich Veteranen des legendären »Grand Prix de France 1914«. Dazu kam noch der jüngere Christian Werner. Es waren durchweg Hünen von Gestalt, groß, breitschultrig, mit Bärenkräften, erprobt in vielen Rennschlachten.

Es war das erste Auftreten deutscher Fahrer in den USA nach dem Krieg. Kein Wunder, daß es einen großen Pressewirbel gab. Man konnte viele gehässige Kommentare lesen über die »deutschen Bierbrauer und Metzger, mit ihren dicken Uhrketten über nicht minder dicken Bäuchen ...«

Die Deutschen ließen den Spott gelassen über sich ergehen. Und Lautenschlager philosophierte wie stets: »Wartet nur ab, liebe Leut' – nachher wird z'sammazählt!«

Diesmal allerdings sollte beim »Z'sammenzählen« seine Rechnung nicht ganz aufgehen ...

Anfangs verlief alles nach Wunsch. Die deutschen Wagen lagen gut im Training. Doch dann setzten die Fahrer die »Geheimwaffe«, den Kompressor ein.

Zwar brachte der Kompressor schlagartig eine höhere Leistung des Motors, ein höheres Anzugsmoment. Aber die Folgen auf den bald mit Öl und Gummi-Abrieb verschmierten, überhöhten Kurven, damals noch dazu aus Ziegeln gebaut, waren einfach katastrophal. Die plötzliche Leistungssteigerung des Motors um nahezu vierzig Prozent hatte ein Durchdrehen der Räder zur Folge – so wie es auch der Alltagsfahrer erlebt, wenn er beim Anfahren auf glatter Straße zu viel Gas gibt. Der Kontaktfilm zwischen Rädern und Bahn riß ab, die Wagen gerieten dadurch in unkontrollierte Schleuderbewegung. Sie rutschten wie auf Schmierseife dahin und drehten sich um die eigene Achse.

Da nützte alles Gegensteuern, alle Kunst und Raffinesse der Lautenschlager,

Sailer und Salzer nichts. Sie kamen von der Bahn, sie verloren kostbare Zeit, fielen zurück, mußten aufgeben, stürzten. Wie durch ein Wunder ging es dabei ohne Tote ab. Aber zwei Beifahrer wurden zeitlebens zu Krüppeln.

Nur zwei von drei gestarteten Mercedes erreichten das Ziel: der alte Kämpe Max Sailer, der den achten Platz im Gesamtklassement belegte und damit bester Europäer wurde, sowie der jüngere Christian Werner. Er wurde Elfter im Gesamtklassement. Lautenschlager war im Rennen gestürzt.

Es war ein Waterloo für Mercedes.

Man schüttete schadenfrohen Spott über die Deutschen aus. Sie packten still und leise ihre Koffer und dampften zurück in die Heimat. Die Unglückswagen ließen sie in USA zurück, um wenigstens die Kosten für den Rücktransport zu sparen. Sie wurden an Liebhaber verkauft.

Einer dieser Wagen landete übrigens bei einem jungen englischen Studenten der Zahnmedizin, der damals gerade an einer US-Universität studierte und das Rennfahren nebenbei als Hobby betrieb. Er hieß Alfred Moss.

Dieser unbekannte Mister Moss startete später mit seinem Mercedes noch einmal in Indianapolis. Die Startgenehmigung erhielt er nur, weil es ihm gelungen war, die Veranstalter davon zu überzeugen, daß er »einer der besten europäischen Rennfahrer« sei.

In Europa hätten die Hühner gelacht über so viel Dreistigkeit. Denn niemand kannte damals den Namen Moss zwischen London und Berlin, zwischen Rom und Barcelona. Aber USA war zu jener Zeit weiter vom alten Kontinent entfernt als heute, und man ließ den jungen Mann teilnehmen, weil man seinen treuen blauen Augen Vertrauen schenkte.

Alfred Moss fuhr immerhin einen achtbaren Platz heraus. Ein berühmter Rennfahrer ist allerdings nie aus ihm geworden.

Ein halbes Dutzend Jahre später wurde Alfred Moss Vater eines strammen Knaben, den er auf den Namen »Stirling« taufte. Und dieser Knabe sollte weitere zwei Dutzend Jahre später Triumphe auf allen Rennbahnen Europas feiern. Mit einem Mercedes-Wagen . . .

Im Jahre 1955 wird Papa Moss mir voller Stolz jene vergilbten Fotos unter die Nase halten, die ihn selbst am Steuer eines Indianapolis-Wagens zeigten, mit dem dreigezackten Stern von Untertürkheim auf dem spitzen Kühler.

Aber Anno 1923 konnte weder Alfred Moss noch ein gewisser Alfred Neubauer so weit in die Zukunft sehen.

*

Anfang des Jahres 1923 liegt eine düstere Wolke über Deutschland. Franzosen und Belgier besetzen das Ruhrgebiet. Sie stehen in Köln und Essen, in Rüsselsheim und in Aachen. Nicht als Freunde und Verbündete wie heute, sondern als unverhohlene Feinde.

In Italien sind Mussolinis Schwarzhemden auf Rom marschiert und haben die Macht an sich gerissen. Und in dem Städtchen Coburg ziehen siebentausend Männer in braunen Uniformen durch die Straßen – zum »Tag der Deutschen«, einer wenig bekannten Partei, die sich »N.S.D.A.P.« nennt.

Der Wochenlohn eines ungelernten Arbeiters beträgt damals etwa 21 400 Papiermark – und ist gerade noch einen knappen US-Dollar wert.
Damals erlebe ich in Deutschland zum zweiten Mal den Schrecken einer Geldentwertung. Auch wir kleinen Leute lernen notgedrungen mit Millionen und Trillionen rechnen. Bald können wir bitter bemerken, daß wir ein »Volk von Milliardären« und trotzdem – Habenichtse sind. Es kommt so weit, daß ich mir eines Tages von meinem Wochengehalt gerade noch ein Paar Strümpfe und ein Fläschchen Kölnisch Wasser kaufen kann.
Viele Gemeinden und auch große Industriewerke gehen damals dazu über, eigenes Geld zu drucken. Auch Mercedes gibt Banknoten aus. Sie schillern in allen Farben. Sie werden zu einem begehrten Objekt für Sammler werden. Sie dürften wohl nicht die einzigen Geldscheine der Geschichte sein, die nicht den Kopf eines biederen Kaufmanns oder eine wallende Glücksgöttin mit Füllhorn zeigen, sondern – einen Rennwagen! Denn auf unserem Geld ist der italienische Graf Masetti mit seinem Mercedes-Wagen bei seiner Siegesfahrt in der Targa Florio 1922 abgebildet.
Ausgerechnet in jenen Tagen, als die Mark an der galoppierenden Schwindsucht leidet, kommt Dr. Porsche auf die Idee, einen jener drei Wagen zu veräußern, die er von Austro-Daimler als »Mitgift« erhalten hatte.
»Gehn's, Herr Neubauer«, bittet er mich, »helfen Sie mir, meine Staatskarosse zu Geld zu machen. Von finanziellen Dingen verstehe ich nur halb so viel wie Sie!«
Die »Staatskarosse« ist ein Unikum von Automobil und schon fast museumsreif. Sie besteht aus drei Teilen: vorn zwei ungedeckte Plätze für den Chauffeur und Beifahrer; dahinter zwei Sitze, die notfalls mit einem Regendach geschützt werden können; und ganz hinten noch ein geschlossenes Abteil, für schlechtes Wetter. Die »Staatskarosse« vereinigt also die Vorteile eines offenen Wagens, eines Kabrioletts und einer Limousine in einem. So behauptet der Werbekatalog.
Wir sind ein wenig respektlos und sprechen nur von der fahrbaren Dreieinigkeit: »Küche, Zimmer, Kabinett ...« Wobei das Wort »Kabinett« dem österreichischen Sprachgebrauch zu Folge etwa mit »W.C.« zu übersetzen wäre ...
Ich vermittele den Verkauf des Wagens an eine Firma in Backnang und bin sehr stolz auf mein kaufmännisches Talent. Dr. Porsche ist mit der Milliardensumme sehr zufrieden, die er geboten bekommt.
Der Wagen wird geliefert. Eine Woche später trifft das Geld in Stuttgart ein. Aber inzwischen hat die Inflation ein solches Tempo angenommen, daß Dr. Porsche für den Preis seiner Staatskarosse allenfalls noch ein halbes dutzendmal mit der Stuttgarter Trambahn spazierenfahren kann ...

*

Im März des Jahres 1923 kommt es in einer obskuren Vorstadt-Bar in Aachen zu einer Schlägerei zwischen einigen Besatzungssoldaten und jungen Deutschen. Es geht um Mädchen. Ein belgischer Leutnant wird von einem jungen Mann

mit knabenhaftem Gesicht regelrecht K.o. geschlagen. Noch bevor die Militärpolizei zur Stelle ist, kann der Deutsche in der Dunkelheit entkommen.
Drei Stunden später hält vor einem Haus in der Sandstraße in Remagen ein Motorrad. Der Fahrer springt ab und hämmert mit beiden Fäusten gegen die Tür, die ein Messingschild mit dem Namen »Caracciola« trägt.
Nach einer Ewigkeit nähern sich schlurfende Schritte und eine verschlafene Stimme fragt: »Wer ist denn da?«
»Ich bin's – Rudi!«
Die Tür wird geöffnet. Im Schimmer der Flurlaterne erkennt der junge Mann, der sich Rudi nennt, das Gesicht seiner Mutter.
Eine halbe Stunde darauf tagt der Familienrat im Hause des Hotelbesitzers Caracciola: die Mutter, zwei Schwestern und der ältere Bruder, der seit Vaters Tod die Geschäfte führt.
Rudolf Caracciola, der jüngste, ist gerade 21 Jahre alt und seit einem Jahr als Volontär bei den Fafnir-Autowerken in Aachen tätig. »Werk« klingt nach heutigen Begriffen etwas hochtrabend für eine Firma, die knapp ein halbes Hundert Arbeiter und Angestellte beschäftigt. Aber damals kennt man in der Autobranche noch keine Mammutfabriken mit Fließbandarbeit. Damals werden Autos noch in besseren Handwerksbetrieben hergestellt.
Die Fafnir-Werke stellen Kleinwagen her, und der Volontär Caracciola hat mit einem dieser Vehikel sogar schon an einem regelrechten Autorennen teilgenommen. Das war auf der AVUS in Berlin vor einem Jahr, und er belegte einen achtbaren vierten Platz.
Der Familienrat entscheidet: Rudi muß noch in dieser Nacht das besetzte Gebiet verlassen. Jede Minute kann die Militärpolizei erscheinen und ihn verhaften. Und die Strafen, die vom Besatzungsregime über Deutsche verhängt werden, sind oft hart. Man fragt nicht viel nach Schuld oder Unschuld, Recht oder Gerechtigkeit.
Also fährt Rudolf Caracciola noch in der gleichen Nacht mit einem Empfehlungsschreiben und sechzigtausend Papiermark Startkapital versehen in Richtung Dresden zu einem Bekannten der Familie.
Sechzigtausend Mark sind damals knapp drei US-Doller wert, und weitere drei Monate später wird sich Rudi für dieses Geld nicht einmal mehr eine einzige Zigarette kaufen können.
In Dresden sucht Rudolf Caracciola einen gewissen Herrn Otto auf, der in einem Rückgebäude in der Reiterstraße einen Ein-Mann-Betrieb besitzt und dort Holzpuppen herstellt. Herr Otto verschafft dem Flüchtling ein möbliertes Zimmer.
In den kommenden Monaten schlägt sich Rudi als Autoverkäufer der Fafnir-Werke durchs Leben: ohne Fixum. Er läßt von seinem letzten Geld Visitenkarten drucken, steckt sie in die Briefkästen reicher Leute und wartet auf die Kunden, die ihm die Wagen »aus der Hand reißen« sollen. Aber sie kommen nicht.
Nur einmal geschieht ein Wunder. Ein dicker Metzgermeister kauft Rudi tatsächlich einen Wagen ab und zahlt das Geld gleich bar auf den Tisch. Als zwei

Wochen später der Wagen geliefert wird, entspricht es nur noch dem Gegenwert von einer Hupe und zwei Scheinwerfern. Rudi muß den Gürtel enger schnallen, und um das Frühstück einzusparen, schläft er morgens etwas länger ...

Dabei kann man in jenen Monaten Millionengeschäfte machen. Mit Autos. Geschäfte, von denen sich der junge Herr Caracciola allerdings nichts träumen lassen würde.

Da ist zum Beispiel ein gewisser Jakob Schapiro. Er kauft eines Tages zweihundert Fahrgestelle bei der Rheinischen Motorenfabrik »Benz & Cie.«. Er schafft sie nach Berlin in sein Karosseriewerk und plötzlich erscheinen auf dem Markt fertige Automobile, die fast dreitausend Mark pro Stück billiger sind als andere Fahrzeuge gleicher Klasse. Von außen sieht man ihnen nicht an, daß sie innen billigster Blechramsch sind.

Ein Jahr darauf ist Herr Schapiro bereits Hauptaktionär und alleiniger Generalvertreter der »Benz & Cie.« – der ältesten deutschen Automobilfabrik. Sieben Jahre vorher war er nach Berlin gekommen, mit keinem Pfennig in der Tasche und einem Koffer voll Hosenträgern, die er verkaufen wollte. Männer solchen Formats gibt es damals noch öfter: da sind die Barmats und die Sklareks in Berlin, die Bosel und die Castiglioni in Wien.

Aber Rudolf Caracciola ist nicht aus solchem Holz geschnitzt.

An einem Apriltag des Jahres 1923 liest er in einer Motorzeitschrift eine Notiz: »Der ADAC veranstaltet ein Kleinwagenrennen im Berliner Grunewald-Stadion. Nennungen werden bis Freitag entgegengenommen.«

»Da gibt's doch Preise«, meint Rudi. »Da könnte man doch was verdienen. Wenn ich nur einen Wagen hätte!«

Herr Otto kennt einen Gutsbesitzer, der hat einen EGO-Wagen. Der Gutsbesitzer, ein gutmütiger Mann, leiht seinen Wagen her: ein ziemlich baufälliges Vehikel.

Rudi läßt sich nicht abschrecken und meldet zum Rennen. Er läßt den arg wackligen Renner in den EGO-Werken, im Nordosten von Berlin gründlich überholen. Als er dann die Rechnung liest, wird ihm flau im Magen. Aber der Direktor hat ein großes Herz. »Lassen Sie man«, sagt er. »Über Kosten reden wir nach dem Rennen. Wenn Sie gewinnen, brauchen Sie nichts zu bezahlen.«

Dann ist es soweit. An diesem Aprilsonntag ziehen die Berliner mit Kind, Kegel und Butterbrotpaketen hinaus ins Grunewald-Stadion. Das Stadion sieht aus wie ein gigantischer Nudeltopf. Auf die überhöhten Kurven hat eine Brauerei ihre Reklame gepinselt.

Vier Fahrer haben sich für den Endlauf qualifiziert: Herr Niedlich auf »Grade«, Herr Hoffmann auf »Coco«, Herr Hütter auf »Omikron« und ein Herr Caracciola, an dessen Namen sich die Journalisten beim Schreiben die Finger verrenken. Alle fahren mit Beifahrern. Bei Caracciola sitzt ein Mechaniker der EGO-Werke, Fritz Schultz.

Der Endlauf geht über 26,6 Kilometer, vierzigmal um das Stadion herum, daß man schwindlig werden kann vom bloßen Zusehen.

Wagen Nummer »3« schießt als erster davon, dahinter fauchend, prustend,

knatternd die drei Konkurrenten. Nach sechs Runden hat Rudi eine halbe Bahnlänge Vorsprung vor Herrn Niedlich auf »Grade«.
Nach neunzehn Runden gibt es einen Knacks, und es stinkt nach verbranntem Öl. Rudi murmelt einen Fluch. Da stimmt was nicht mit der Kühlung.
»Los!« brüllt er seinem Beifahrer ins Ohr. »Pumpen Sie Luft ins Kurbelgehäuse!«
Das gab es damals noch, als zusätzliches Kühlverfahren. Fritze hat verstanden. Er angelte sich die Pumpe aus dem Werkzeugkasten unter dem Fahrersitz und pumpt nach Leibeskräften. Der Ölgestank läßt nach.
Rudi gibt weiter Gas. Fritze pumpt. »Ich kann nicht mehr!« stöhnt er nach der 36. Runde.
»Sie müssen!« brüllt Rudi.
Dann, endlich das Ziel.
Die Massen jubeln. Die Fotografen bauen ihre Kästen auf. Ein mächtiger Lorbeerkranz wird über den Kühler gehängt. Der EGO-Direktor zerquetscht dem Sieger vor Rührung die Hand.
Die Freunde aus Dresden strahlen. Herr Otto überreicht Rudi ein Freiabonnement für zwölf Mittagessen. Rudis Freunde, Baron Palm und Klaus von Oertzen, rollen ein Fäßchen Bier zur Siegesfeier heran.
Rudi Caracciola ist genau 22 Jahre und 3 Monate alt, als er sein erstes Rennen gewinnt.

TARGA FLORIO 1924

Zur gleichen Zeit als ein unbekannter junger Herr namens Caracciola irgendwo in Berlin ein kleines »Nudeltopfrennen« gewinnt, macht sich in Stuttgart Dr. Porsche daran, den unglücklichen Indianapolis-Wagen umzubauen und zu verbessern.
Im Hochsommer des Jahres 1923 dröhnt in der Versuchsabteilung der Daimler-Werke ein Motor auf dem Prüfstand: eine Zwei-Liter-Maschine mit vier Zylindern und 120 PS, konstruiert von Ferdinand Porsche. Ab und zu übertönt ein helles Singen das monotone Rattern des Motors, ein ohrenbetäubendes, jubelndes Heulen. Eine besondere Ansaugvorrichtung führt dem Vergaser unter Druck mehr Luft zu als sonst. Die Druckluft sorgt dafür, daß die Zylinderräume bis zum letzten Kubikmillimeter mit Gasgemisch gefüllt werden. Die Folge ist eine Leistungssteigerung von 40 Prozent. Diese Vorrichtung nennt man »Kompressor«. Es wird unsere Geheimwaffe für die nächsten fünfzehn Jahre werden.
Wir lauschen zufrieden dem Heulen. Lautenschlager nickt mir zu. Selbst über das ernste Römergesicht von Christian Werner huscht ein Lächeln. Werner ist unser bestes Pferd im Stall. Er wird diesen Motor bei der Targa Florio erstmals erproben. Ich stelle einen Hebel herum. Der Motor ist verstummt.
»Genug für heute«, sage ich. »Mittagspause!«

»Moment, meine Herren!« posaunt da eine Bärenstimme hinter mir. »Sie kommen noch früh genug an Ihre Fleischtöpfe!«
Es ist Direktor Groß, der Chef unserer Verkaufsabteilung. Ein Hüne von Gestalt, genau wie wir. An seiner Seite steht ein Bübchen in Männerkleidern, zart, fast schmächtig, mit einem hübschen Knabengesicht.
»Darf ich Ihnen Herrn Caracciola aus Dresden vorstellen?« sagt Direktor Groß. »Er wurde uns von unserem Filialleiter Herzing wärmstens empfohlen als neuer Fahrer.«
»Neuer Fahrer?« frage ich gedehnt.
Fahrer haben wir genug. Es sind Männer mit klingendem Namen im internationalen Motorsport, die in meiner Abteilung tätig sind. Viele von ihnen waren die angebeteten Götter meiner Jugendzeit, und nie hätte ich mir träumen lassen, daß ich je mit ihnen engen persönlichen und beruflichen Kontakt bekommen oder gar in den Wettstreit auf der Rennbahn treten würde. Allen voran der schlaue Christian Lautenschlager, der wohl bedeutendste deutsche Rennfahrer aus der Zeit vor dem Ersten Weltkrieg. Noch vor Jahresfrist hatte er bei der Targa Florio ein bißchen hochnäsig auf den unbekannten Herrn Neubauer herabgesehen. Inzwischen war aus diesem Alfred Neubauer zwar kein berühmter Rennfahrer, aber doch der unmittelbare Vorgesetzte Christian Lautenschlagers geworden ...
Noch andere berühmte Männer sind unter den Kollegen, mit denen ich nun bei Mercedes Tag für Tag zusammenkomme: Da ist vor allem Direktor Max Sailer als Leiter des Allgemeinen Betriebes; da ist der stets vergnügte Otto Salzer als Leiter der Ablieferungsabteilung. Da ist der baumlange und schlanke Christian Werner mit dem Römerkopf und den schwermütigen Augen; da ist auch noch der bärenstarke und gutmütige Otto Merz, dessen eigentliche große Zeit erst bevorsteht.
Wir, die »Größten« unserer Zeit – zu denen ich mich in aller Unbescheidenheit auch zähle –, fühlen uns wie eine Sonderklasse von Menschen. Wir glauben, die Lenkräder der Rennwagen für immer und alle Zeiten für uns allein gepachtet zu haben.
Wir alten Recken sind gut genug. Was brauchen wir ein Bürschlein namens Caracciola? So denken wir – damals. Und geben dem jungen Mann einen recht kühlen Empfang.
Er wird als Verkäufer in unserer Dresdner Filiale angestellt, gegen 100 Mark Fixum monatlich. An Sonntagen darf er bei kleinen Zuverlässigkeitsfahrten und Bergrennen für uns starten.
Recht gleichgültig nehmen wir zur Kenntnis, daß Herr Caracciola bei diesen Wettbewerben einen Sieg nach dem anderen herausholt. Ganz allmählich nur lassen wir uns dazu herab, ihm väterlich auf die Schultern zu klopfen, zumal er im Grunde gar kein unsympathischer Junge zu sein scheint. Aber wir alten Kämpen haben für Kinkerlitzchen wie Bergprüfungen keine Zeit. Auf uns warten andere Aufgaben. Zum Beispiel die Targa Florio 1924, das bedeutendste Rennen in Europa.
Für die Targa Florio 1924 sollen drei Fahrer gemeldet werden.

Nummer eins ist Christian Werner, dessen Stern damals am hellsten strahlt.
Nummer zwei ist Christian Lautenschlager. Zwar behagt ihm der kurvenreiche Kurs der Targa nicht besonders, aber auf seine ungeheure Erfahrung will man nicht gern verzichten.
Wer wird Nummer drei?
Max Sailer? Otto Merz? Oder noch einmal der alte Kämpe Otto Salzer?
Die Wahl fällt nicht leicht. Es gibt hitzige Diskussionen, und am Ende macht keiner von den dreien das Rennen. Denn Dr. Porsche macht einen Vorschlag, der mich vor Freude fast in die Luft gehen läßt:
»Nehmen wir halt den Neubauer – der ist noch jung und unverbraucht, und Ehrgeiz hat er für zehn!«
Nun, gar so jung bin ich – nach Rennfahrerbegriffen – mit meinen zweiunddreißig Jahren nicht mehr. Aber mit Ehrgeiz bin ich bis zum Rand geladen, und – wie alle jungen Männer meines Alters – bin ich von meinem Talent felsenfest überzeugt.

*

Im Januar 1924 rüstet Mercedes zu einer Sizilien-Expedition. Zwei Wochen lang sollen die neuen Wagen in aller Ruhe an Ort und Stelle erprobt werden. Man will auch die letzten, verborgensten Fehlerquellen in der Praxis ermitteln und rechtzeitig vor dem Rennen ausmerzen. Der eigentliche Start ist erst für Ende April vorgesehen.
Unsere Vorsicht macht sich bezahlt. Bei der praktischen Erprobung wird noch mancher wunde Punkt entdeckt, der daheim am Motorenprüfstand verborgen geblieben war. So stellt sich heraus, daß bei den langen Bergabfahrten unsere Kerzen zum Verölen neigen. Es gelingt mir, die Ursache für dieses Versagen zu finden. Wir tüfteln so lange an den Wagen herum, bis auch der letzte Fehler beseitigt ist. Unsere Zeit in Sizilien ist fast abgelaufen, als ich eines Morgens noch einmal eine Proberunde über die 108-Kilometer-Strecke am Madonie-Berg mache.
Ich melde mich bei Direktor Sailer ab.
»Wir drehen nur eine Runde. Jetzt ist es kurz nach acht – gegen Mittag sind wir bestimmt zurück!«
Sailer nickt mir zu, ohne richtig hinzuhören. Er steckt wieder einmal mit der Nase unter irgendeiner Motorhaube, um höchst persönlich noch ein letztes Schräubchen festzuziehen. Ich klettere mit meinem Beifahrer Hemminger in den unbequemen Sitz. Der Motor heult auf, und gleich darauf sind wir in einer Staubwolke verschwunden.
Die ersten zwanzig, dreißig Kilometer geht alles gut. Aber als wir etwa die Hälfte der Strecke hinter uns haben, beginnt der Motor plötzlich durchzugehen. Der Wagen wird langsamer, ruckt, zuckt und bleibt ganz stehen. Wir stellen fest: Defekt des Hinterradantriebs.
Da stehen wir, mitten in einer öden Gebirgsgegend, wo es weit und breit kein Haus, keine Ortschaft gibt und versuchen vergebens, unseren Wagen wieder in Schwung zu bringen.

Eine Stunde vergeht. Und noch eine. Dann steht es fest: mit eigenen Kräften bekommen wir die Karre nicht mehr flott. Abschleppen ist die einzige Rettung. Aber – womit?

»Wir müssen etwas unternehmen, um Hilfe zu bekommen«, entscheide ich. »Sonst kann es geschehen, daß wir heute nacht unter freiem Himmel kampieren müssen! Ich werde bis zum nächsten Ort zurücklaufen. Dort muß es doch irgendwo ein Postamt oder ein Telefon geben. Sie bleiben hier beim Wagen und passen auf, daß nichts geschieht!«

Ich mache mich auf den Weg. Fünfzehn Kilometer, zu Fuß, über steinige Straßen. Zum Glück ist die Januarsonne in Sizilien noch erträglich. Nach dreistündigem Marsch komme ich zu einer Ortschaft. Auf einem verwitterten Schild steht der wohltönende Name »Caltavuturo«.

Das Nest ist eine romantische Ansammlung von Häusern aus rohem Gestein und Lehm, die von unglaublich zahlreichen und schmutzigen Kindern, Schafen, Hühnern und sonstigem lebenden Inventar bevölkert ist.

Alsbald bin ich von einer großen Schar Männlein und Weiblein umringt, die mich wie das siebente Weltwunder anglotzen.

»Wo Telegrafio?« frage ich einen zahnlosen Greis, der sich von seinen Dorfgenossen durch ein etwas intelligenteres Gesicht unterscheidet.

»Non capito, Signore!« ist die einzige Antwort.

Ich mache die Bewegung des Telefonierens. Vergebens. Staunende Gesichter. Dann drücke ich mit dem Zeigefinger einen unsichtbaren Morseapparat und singe dazu »di-da-didit . . .«

Die Leute von Caltavulturo haben offenbar von der Erfindung des Herrn Morse nie etwas gehört. Eher schon sind sie geneigt, an meinem Verstand höfliche Zweifel zu äußern – wie ich aus ihrem Tuscheln, ihren verstohlenen Blicken und einer charakteristischen Handbewegung erkennen kann.

Schon will ich verzweifeln, da fällt mir ein Brief in meiner Tasche ein. Ich hole ihn hervor, zeige beschwörend auf die Marke und wiederhole: »Posto? Officio? Telegrafio?«

Plötzlich geht ein verstehendes Lächeln über das faltige Gesicht des Alten.

»Prego, Signore!«

Er winkt mir, ihm zu folgen. Er führt mich zu einem baufälligen Haus in der Mitte des Ortes, und an die fünfzig Einwohner folgen lärmend und nasebohrend hinterher.

Über eine schwankende Hühnerleiter geht es empor zum ersten Stock. Und dort hockt ein schnauzbärtiger Mann, der aussieht wie ein pensionierter Abruzzen-Räuber, vor einem Tisch mit vielen Akten, Ordnern und Stempeln. Der Mann trägt eine zerschlissene Uniform, die einst einem General gehört haben muß, von deren Glanz aber nur noch zahlreiche goldene Knöpfe und Sterne künden.

Kein Zweifel – dieses ist das Postamt des gepriesenen Ortes!

Mit vielen Gesten und Gebärden mache ich dem Manne klar, daß ich ein Telegramm aufgeben möchte, und nach weiteren zehn Minuten gelingt es mir, ihm ein nicht mehr ganz reines Formular zu entlocken.

Ich entwerfe einen Text, von dem ich hoffe, daß er zugleich deutschen wie auch italienischen Augen lesbar sein wird:

»DIRETTORE SAILER
GRAND HOTEL TERMINI IMERESE
AUTO KAPUTTO CALTAVUTURO STOP
NEUBAUER.«

Dann marschiere ich guten Mutes zurück zu unserm Wagen, wo ich nach drei Stunden eintreffe. Hemminger liegt dicht dabei, schnarchend im Schatten eines Olivenbaumes.
Ich rüttle ihn wach.
»Los, aufstehen, Mann! Vor drei Stunden habe ich telegrafiert! Unsere Leute müssen bereits unterwegs nach hier sein!«
Eine Stunde vergeht, und noch eine. Es wird Nachmittag, es wird Abend, und schon neigt sich die Sonne dem Horizont zu, ohne daß Hilfe kommt. Volle neun Stunden sind seit unserer Abfahrt von den Boxen vergangen. Fünf, ja sechsmal hätten wir in dieser Zeit den Kurs umrunden können. Aber niemandem scheint unser langes Ausbleiben aufgefallen zu sein!
Die Dämmerung bricht bereits herein, als uns das ferne Brummen eines Motors aufschreckt. Schnell kommt es näher, schwillt an wie Orgelton – und dann steht auch schon ein großer Mercedes vor uns auf der Straße, wie ein rettender Engel in der Wüste.
Es ist Direktor Sailer mit allen Mercedeskameraden in unserm großen Begleitwagen.
Ich falle ihm gerührt um den Hals. »Gut, daß Sie endlich kommen! Haben Sie mein Telegramm denn nicht erhalten?«
»Was für ein Telegramm?« fragt er erstaunt. »Und überhaupt – was machen Sie denn hier? Ich dachte, Sie wären längst zu Hause . . .«
Mit ein paar Worten kläre ich ihn über unser Mißgeschick auf. Und dann stellt sich heraus, daß unsere Rettung nur dem Zufall zu verdanken ist.
»Wir hatten Ihre Abwesenheit gar nicht bemerkt«, gesteht Direktor Sailer. »Wir wollten nur zum Abschluß noch eine schnelle Runde in entgegengesetzter Richtung drehen, um die Strecke den Fahrern noch besser einzuprägen – deshalb sind wir hier vorbeigekommen!«
Als wir spät abends in unserem Hotel eintreffen, ist das Telegramm noch immer nicht da. Es kommt nicht in der Nacht und auch nicht am folgenden Tag. Es wird für die vierzig Kilometer von Caltavuturo nach Termini volle achtundvierzig Stunden benötigen.
Das ist das »Tempo« von Sizilien . . .

*

Das Training im Januar macht sich drei Monate später bezahlt, als es nun endlich ernst wird mit dem großen Rennen.

Wie stets fahren wir auch diesmal per Achse mit unseren schweren Rennwagen gen Süden, über die Alpen und den Apennin. In vier Tagesetappen erreichen wir Rom. Für die letzten 240 Kilometer bis Neapel benötigen wir allerdings volle elf Stunden. Denn es gibt noch keine gepflegte Autostrada zwischen diesen beiden Städten. Es gibt nur einen holprigen Landweg, der eher einer Mondlandschaft gleicht. Wir können oft nur Schritt fahren mit unseren Wagen, die für Geschwindigkeiten von über hundert Stundenkilometer konstruiert wurden, aber nicht für solche »Querfeldeinfahrten«. Trotzdem treffen wir ohne Zwischenfall pünktlich in Sizilien ein.
Termini, das Städtchen im Norden Siziliens, ist in diesem April des Jahres 1924 das Mekka der Freunde des Motorsport. Aus Paris und London, aus Mailand, Turin, aus Frankfurt, Stuttgart und Wien sind sie gekommen: die Journalisten, die Fahrer, die Schlachtenbummler, Funktionäre und die Großindustriellen.
Beim feurigen Wein in den Hotels, in den verschwiegenen Bodegas hockt man beisammen, erzählt sich den letzten Klatsch, berichtet Wunderdinge über die neuesten technischen Errungenschaften, schließt manches kleine oder große Geschäft ab und bespricht die Trainingsergebnisse des Tages.
Bei diesem Training kann man die Elite der europäischen Rennfahrer sehen.
Da ist André Boillot, dessen Bruder Georges neben Christian Lautenschlager als einziger Rennfahrer vor 1914 das Kunststück fertigbrachte, zweimal einen »Großen Preis« zu gewinnen. Er fährt auf Peugeot. Da ist sein Landsmann Jules Goux, der große Pechvogel des Rennens von 1922. Da ist der elegante, steinreiche Dubonnet aus Paris, Rennfahrer aus Leidenschaft. Sein großer »Hispano-Suiza« sieht eher aus wie ein Omnibus als ein Rennauto.
Mit großem Aufgebot ist die junge Firma Alfa-Romeo erschienen. Drei »Kanonen« werden am Steuer der knallroten Wagen sitzen: Antonio Ascari, dessen Sohn Alberto drei Jahrzehnte später die Weltmeisterschaft erringen wird. Dann der Franzose Louis Wagner, der 1914 auf Mercedes den zweiten Platz im Großen Preis von Frankreich erkämpfte. Und endlich der dicke Campari, der ebenso viel Talent zum Opernsänger wie zum Rennfahrer besitzt.
Auch Graf Masetti wird mit einem Alfa an den Start gehen – als Privatmann jedoch, nicht als Werksfahrer, denn das wäre unter seiner Würde. Unten im Hafen schaukelt weiß und schnittig seine Luxusjacht, die ihn, sein Gefolge, seinen Mechaniker und auch seinen Wagen vom Festland herübergebracht hat.
Dann sind da noch die flinken Fiats, ein paar österreichische Steyr und schließlich das Aufgebot von Mercedes mit den neuen 4-Zylinder-Modellen mit Kompressor und 2 Liter Hubraum, die ihre Feuerprobe bestehen sollen.
Abends, im Grand Hotel, machen die Buchmacher gute Geschäfte. Die Wettlust schlägt hohe Wogen. Favorit Nummer eins ist natürlich Graf Masetti. Mancher Tausender wird auf seinen Sieg gesetzt.
Längst nicht so hoch im Kurs steht Christian Werner. Immerhin finden sich ein paar Optimisten unter den fünftausend deutschen Schlachtenbummlern, die ein paarhundert Lire für ihn riskieren.
Der Buchmacher leiert die Namen der anderen Fahrer herunter: »Noch ein

Gebot, bitte? Für Jules Goux ...? Für Ascari ...? Für Alfred Neubauer ...?«
»Vierhundert Lire auf Neubauer!« bietet unser italienischer Generalvertreter, wohl mehr aus Höflichkeit als im ernsten Glauben an meine Chancen.
»Noch ein Gebot?« lockt der Buchmacher.
»Sechshundert!« ruft ein wohlbeleibter Schwabe aus einer anderen Ecke, der offenbar nicht weiß, wohin mit seinem guten Geld.
»Wer bietet sonst noch?« fragt der Buchmacher aufs neue.
Schweigen im Walde.
Und dann, ganz plötzlich, piepst ein Knirps von kaum zwölf Jahren am Nebentisch vernehmlich in die feierliche Stille:
»Hier ...! Ich biete achthundert Lire auf Neubauers Sieg!«
Aller Augen richten sich auf den Jungen im weißen Matrosenanzug, der einen roten Kopf bekommt vor lauter Schreck über die eigene Courage. Es ist Hans Sailer, der Sohn unseres Direktors.
Ich werde ganz verlegen über so viel Ehre, die der kleine Mann mir zuteil werden läßt. Obwohl er mich im Herzensgrunde dauert: denn das schöne Geld wird er gewiß für alle Zeiten los sein ...
»Lausejunge!« knurrt vernehmlich neben mir Direktor Sailer. »Hast du überhaupt so viel Geld?«
»Nein, Papa«, sagt der Knirps. »Ich ... ich dachte, du würdest ...«
Er stockt. Aber was sein Mund nicht sagt, das sprechen seine großen hilflosen Bubenaugen deutlich genug aus. Und da Max Sailer zwar ein gestrenger Papa ist, aber doch ein weiches Herz unter der Brieftasche hat, brummelt er zwar noch ein bißchen über die »freche Jugend von heute«, greift dann aber doch ins Portemonnaie, um die Wettschuld seines Sohnes zu begleichen. Zu mir gewandt meint er jedoch, halb vorwurfsvoll, halb ermunternd: »Los, Neubauer – tun Sie morgen beim Rennen wenigstens etwas für *mein* gutes Geld! Sehen Sie zu, daß sie gewinnen!« Wobei zu bemerken ist, daß 800 Lire damals, im Jahre 1924, immerhin eine stattliche Summe darstellen – den Gegenwert von etwa 230 Mark im Friedenswert.

*

Der 27. April ist ein Tag, wie ihn wohl nur Sizilien um diese Jahreszeit bescheren kann: strahlend blauer Himmel, an dem die Sonne wie eine überdimensionale Butterblume hängt. Kein Lüftchen rührt sich. Das Thermometer klettert schon am Morgen über die 30-Grad-im-Schatten-Marke.
Punkt neun Uhr schießt mit donnerndem Motor der erste Wagen davon. Es ist André Dubonnet. Weiß leuchtet die Ziffer »1« auf seinem blauen Wagen.
Eine Minute später wird sein Landsmann Boillot auf die Reise geschickt. Dann folgt mit Startnummer »10« Christian Werners Mercedes. Und im Minutenabstand braust einer nach dem andern der insgesamt 36 Teilnehmer davon. Auch ich.
Im Verlauf der folgenden sieben Stunden ist all mein Fühlen und Denken wie abgeschaltet. Automatisch wie ein Roboter bediene ich den Wagen: Gasgeben, Schalten, Kuppeln, Bremsen, Lenken ...

Die Sonne brennt erbarmungslos, der Fahrtwind peitscht das Gesicht, ohne Kühlung zu bringen. Der Staub dringt in Mund, in Nase, in alle Poren, bedeckt unser Gesicht mit einer dunklen Maske.
Nach zwei Runden bereits hängt die Haut in Fetzen von den Fingern, läuft mir das Blut über die Hände, die wundgestoßen sind von der ständig schlagenden Lenkung. Ich glaube, alle Knochen in meinem Leib sind kaputtgeschlagen von den Stößen des hart gefederten Wagens, wenn er über Schlaglöcher holpert.
Ich blicke nicht nach rechts, wo mein Beifahrer Hemminger sitzt, stumm und steif, wie ein Holzklotz. Mein Gesicht ist nur nach vorn gerichtet, wo unter gelbem Staub die Straße verschwindet.
Oft geht es kilometerweit durch ödes Bergland, und nur ein paar verirrte Schafe staunen uns an. Dann wieder, unweit der Ortschaften, sehe ich die Zuschauer in langen Reihen am Straßenrand stehen. Ich sehe winkende Taschentücher – und dann ist alles vorbei wie ein Spuk, brausen wir weiter durch das sizilianische Kurvenlabyrinth.
Ich weiß zu keiner Minute des Rennens, ob ich dem Vertrauen des kleinen Hans Sailer Ehre mache oder ob ich hoffnungslos zurückgefallen bin. Wieder befällt mich das Gefühl grenzenloser Verlassenheit. Wieder mache ich die bittere Erfahrung: der Rennfahrer am Steuer ist der einsamste Mensch der Welt.
Man müßte ihn aus dieser Einsamkeit erlösen, durchzuckt es mich irgendwann, während der Fahrt. Man müßte ihm laufend Nachricht geben können: ob er schneller ist als seine Konkurrenten. Wieviel Sekunden ihn noch von dem folgenden Wagen trennen. Ob er aufdrehen soll oder schonend fahren ...
Man müßte ... man müßte ...
Aber dann ist der Gedanke schon wieder ausgelöscht aus meinem Hirn. Dann geht alles Denken unter, das auch nur einen Zentimeter weit von der Bahn, von der nächsten Kurve oder Geraden abweicht. Denn Denken während des Rennens kann tödlich sein ...
Das Rennen beginnt mit einer phantastischen Rekordrunde. Italiens Liebling, Graf Masetti, hat sich sofort an die Spitze gesetzt. Er will den dritten Sieg in der Targa Florio erkämpfen. Er setzt alles auf eine Karte. Er fährt schneller um den Kurs, als je ein anderer Fahrer vorher es geschafft hat. Er kommt als erster aus der ersten Runde zurück.
Die Stoppuhren ticken: Zehn Sekunden ... zwölf ... dreizehn ...
Ein heulendes Geräusch, dann ein dumpfes Brummen: der blaue Hispano-Suiza von Monsieur Dubonnet fegt heran. Nur dreizehn Sekunden langsamer als Giulio Masetti.
Dann geht es Schlag auf Schlag: Boillot zischt vorüber, dicht gefolgt von Ascari und von dem Deutschen Christian Werner.
Alle fünf Fahrer haben den alten Rundenrekord unterboten. Alle fünf Fahrer liegen innerhalb der gleichen Minute, nur durch Sekunden voneinander getrennt. Es ist ein tolles Rennen.
»Evivva Masetti!« jubeln die Sizilianer und schwenken ihre Weinflaschen.
Kein Buchmacher will mehr eine Wette auf Masetti annehmen. Die Bleistifte der

Reporter flitzen über das Papier. Alle paar Minuten bringt ein Bote neue Berichte ins nächste Postamt, und von dort gehen die Meldungen vom Stand des Rennens pausenlos in alle Welt:
»Masetti führt ... vor Ascari und Boillot.«
»Achtung! Der Deutsche Christian Werner holt auf! Er greift Ascari an! Er nähert sich bereits Boillot! Er kämpft mit Dubonnet um den zweiten Platz!«
In der zweiten Runde fährt Christian Werner das Rennen seines Lebens. Er geht an Dubonnet vorbei und setzt sich vor Masetti an die Spitze. Triumphierend singt der Kompressor sein helles Siegeslied.
»Terribili Mercedes!« rufen die Italiener, halb bewundernd, halb voller Neid. Das Wort von den »Terribili Mercedes«, von den »Schrecklichen Mercedes«, wird von nun an immer wieder auf Italiens Rennbahnen erklingen, zwei, drei Jahrzehnte lang.
Runde drei: Werner führt. Hinter ihm hält Masetti seinen Platz. Die Peugeots fallen zurück. Sie verlieren kostbare Minuten, weil die Organisation an ihren Boxen versagt. Acht Minuten muß einer ihrer Wagen warten, weil plötzlich das Öl ausgegangen ist und erst mit einem Kanister von irgendwo herbeigeschafft werden muß.
»Himmel und Hölle!« flucht Boillot.
Er will den verlorenen Boden gutmachen. Er geht allzu riskant in die Kurven. Er kann den Wagen nicht halten. Er rast über einen zwei Meter tiefen Hang mitten in ein Bohnenfeld.
Er bleibt unverletzt.
Minoia hält am Ersatzteillager. Sein Beifahrer hängt ohnmächtig in seinem Sitz. Mechaniker kippen einen Eimer Wasser über ihn. Er rührt sich nicht. Sie zerren ihn aus dem Wagen. Ein Arzt läuft herbei, öffnet den Kragen, horcht das Herz ab, schüttelt den Kopf.
»Hitzschlag«, lautet die Diagnose.
Resigniert klettert Minoia aus seinem Steyr. Ohne Beifahrer darf er nicht weiterfahren. So schreibt es die Rennordnung vor. Minoia sinkt auf einer leeren Kiste zusammen und weint wie ein Kind ...
Das Rennen fordert seine Opfer. Kolb, Pagani und Pastore bleiben auf der Strecke liegen. Mit Kerzenschaden, mit gebrochener Achse, mit festgefressenen Kolben. Antonelli und Caruso schieben ihre Wagen an die Box. Motoren sauer ...
Andere kommen von der Bahn, bleiben hilflos liegen mit kochendem Kühler oder zerfetzten Protektoren. Jules Goux, der ewige Pechvogel, stürzt und muß aufgeben.
Christian Werner fährt gleichmäßig wie eine Uhr dem sicheren Sieg entgegen. Er gewinnt die »Targa Florio« ganz überlegen.
Neun Minuten zurück folgt Masettis Alfa Romeo. Bordino auf Fiat hält den dritten Platz. Dann, dichtauf, kommt Campari.
Aber – noch ist das Rennen nicht zu Ende. Zugleich mit der »Targa« wird auch die »Coppa Florio« ausgetragen. Die »Targa« geht über vier, die »Coppa« über fünf Runden. Also ist noch eine volle Runde zu fahren.

In dieser letzten Runde ballt sich das Rennen noch einmal zu einem dramatischen Höhepunkt zusammen.
Bordinos Fiat hält an der Box. Die Mechaniker quirlen aufgeregt durcheinander, stehen sich gegenseitig im Weg, rennen sich um. Tanken ... Wassernachfüllen ... Reifenwechsel ...
Bordino sitzt wie leblos in seinem Sitz, scheint gar nicht das Tohuwabohu zu sehen, das sich um ihn abspielt.
Eine Minute vergeht.
Noch eine.
»Los!« brüllt der Rennleiter. »Avanti! Weiterfahren!«
Aber Bordino fährt nicht weiter. Plötzlich fällt sein Kopf vornüber, schlägt mit der Stirn gegen das Lenkrad. Er sinkt wie leblos in sich zusammen.
Sie zerren ihn aus dem Wagen, massieren ihn mit feuchten Tüchern, reißen ihm das Hemd auf, flößen ihm Wasser ein.
Er versucht sich aufzurichten, seine Lippen öffnen sich, aber nur ein Lallen kommt aus seinem Mund: »Ich ... ich ... kann nicht ... mehr ... «
Dann sinkt er zurück.
Hitzschlag ...
Schon wollen die Mechaniker den Wagen zur Seite schieben, da springt Felice Nazzaro in den leeren Sitz. Felice, der Veteran ungezählter Motorschlachten aus der Zeit vor dem Ersten Weltkrieg, Felice, dessen Haar schon grau geworden ist. Er übernimmt Bordinos Wagen. Er jagt davon, ganz wie in alten Zeiten, um wenigstens den dritten in der »Coppa« noch für sein Land, sein Werk zu retten.
Aber die Jahre sind nicht spurlos an dem großen Fahrer vorübergegangen. Er »schaltet« nicht mehr so schnell wie einst. Seine Reaktionen kommen um Sekundenbruchteile zu spät. Und diese Sekundenbruchteile sind es, die in einem Autorennen über Sieg oder Niederlage, ja über Leben und Tod entscheiden. Nazzaro ist erst wenige Kilometer gefahren, da nimmt er allzu hastig eine gefährliche Schlängelkurve, der Wagen neigt sich, ein Rad kommt von der Bahn, das Steuer wird Nazzaro aus den Händen gerissen von der Wucht der plötzlichen, einseitigen Bremswirkung. Der Wagen schleudert, landet in einem kleinen Graben, kippt seitlich um ...
Mühsam rappelt sich Nazzaro mit seinem Beifahrer aus den Trümmern. Über seine rechte Gesichtshälfte rinnt das Blut. Zum Glück nur eine Schramme ... Er muß aufgeben. Er kommt zu Fuß zurück an die Box, traurig, mit hängendem Kopf, ein geschlagener Held.
Das alles sieht Christian Werner nicht. Er sieht nur die Straße vor sich im gelben Dunst, er sieht nur die Nadel des Tourenzählers vor sich tanzen und ab und zu aus den Augenwinkeln das gleichmütige Gesicht des Beifahrers neben sich.
Er fährt wie ein Uhrwerk, kühl, überlegt, fast sachlich, als ginge es nur um eine Trainingsfahrt. Er vergrößert noch seinen Vorsprung in dieser letzten Runde. Er wird überlegener Sieger auch in der »Coppa Florio«.
Hinter ihm gibt es einen dramatischen Zwischenfall im Kampf um den zweiten Platz.

Targa Florio 1924. Alfred Neubauer auf Mercedes fährt sein »Schicksalsrennen«.

Targa Florio 1924. Erster Start für Mercedes: Neubauer mit seinem Beifahrer Hemminger. Rechts Dr. Porsche.

Großer Preis von Deutschland 1926. Caracciola am Steuer eines Mercedes nach seinem ersten großen Sieg auf der Avus.

Ein »weißer Elefant«: Mercedes SS mit Caracciola siegt bei der Tourist Trophy 1929 in Irland – und Neubauer gewinnt eine Wette.

Ascari hat sich in dieser letzten Runde noch vor Masetti geschoben. Er fährt wie der Teufel. Die Tausende jubeln ihm begeistert zu. Er will Italiens Ehre im Kampf gegen die »Teribili Mercedes« retten.
Schon kündigt der helle Ton seines Alfas den Menschen auf den Tribünen am Ziel das Herannahen Ascaris an. Schon springen sie von ihren Sitzen, schwenken Taschentücher, Hüte, grün-weiß-rote Fähnchen.
Hinter einer Biegung taucht der Wagen auf. Nun noch die kleine Steigung, die letzten fünfzig Meter bis zum Ziel . . .
Da – was ist das?
Plötzlich bricht der helle Gesang des Motors ab. Der Wagen rollt noch ein Stück, bleibt stehen . . .
Aus!
Den Menschen stockt der Atem. Sie sehen, wie Ascari sich verzweifelt bemüht, den Wagen anzulassen. Der Mechaniker dreht an der Anlasserkurbel. Der Motor rumpelt ein paarmal träge – und bleibt stumm.
Jede Sekunde kann bereits der nächste Wagen hinter der Kurve auftauchen. Und jede Sekunde entfernt den tapferen Ascari weiter von dem bereits sicher geglaubten zweiten Platz in diesem Höllenrennen.
Jetzt springt auch er aus dem Wagen. Mit seinem Beifahrer versucht er, den schweren Alfa durchs Ziel zu schieben. Er stemmt sich mit der Schulter gegen das rote Heck, sein Gesicht verzerrt sich vor Anstrengung unter der dicken Staubschicht.
»Ascari!« brüllen die Massen, »avanti – Ascari!«
Ascari stöhnt, vor Wut, vor Enttäuschung, vor Erschöpfung. Der Wagen rührt sich nicht. Die Steigung hoch zum Ziel ist viel zu steil, als daß zwei Männer allein den Wagen hinaufschieben könnten.
Da springt ein Zuschauer über die Barriere, läuft hinzu, um zu helfen. Und noch einer. Und noch zehn, zwanzig. Sie werfen ihre Hüte fort, sie schieben den Wagen, und zehntausend feuern sie an mit wildem Jubel. Sie wuchten den Alfa über das Zielband . . . Sekunden vor Graf Masetti, vor Campari, Boillot und Dubonnet.
Ascari weint vor Rührung.
Und bald darauf – vor Schmerz.
Denn – alles was recht ist – beim Autorennen kommt's nun einmal auf die Pferdekräfte, auf die PS, und nicht auf die Muskelkräfte an.
Zwar nimmt man es in Sizilien gewöhnlich mit der Rennordnung nicht so peinlich genau. Zwar kneift man oft und gerne beide Augen zu, wenn Unbefugte den Fahrern ihre Hilfe leihen. Zumal, wenn es sich bei den Fahrern um Landsleute, um Italiener, handelt. Wenn zum Beispiel der eine Zuschauer beim Tanken, der andere beim Wasser-Nachfüllen und der dritte gar beim Reifenwechsel hilft, obwohl er nach dem Reglement dazu keinesfalls ermächtigt ist.
Aber wenn gleich zwei Dutzend gestandene Mannsbilder sich die Ärmel hochkrempeln, um einen Wagen mit vereinten Kräften und vor aller Augen durchs Ziel zu schieben, – dann ist das selbst für sizilianische Begriffe des Guten ein wenig zu viel.

Ascari wird wegen »Inanspruchnahme fremder Hilfe« disqualifiziert. Zweiter wird an seiner Stelle Graf Masetti, und alle anderen rücken einen Platz auf und profitieren von Ascaris Pech. Christian Lautenschlager landet auf Platz neun, und auf Platz dreizehn folge ich.

Zugegeben – ich habe mich nicht gerade mit Ruhm bekleckert. Aber immerhin werde ich Dritter in meiner Wagenklasse, und selbst der dreizehnte Platz ist so schlecht nicht, wenn man die sechsunddreißig Teilnehmer berücksichtigt.

Der kleine Hans Sailer aber ist Papas Geld bis auf den letzten Centesimo losgeworden, als er es leichtsinnigerweise auf meinen Sieg setzte.

Mercedes erobert zu den beiden Preisen der Einzelwertung, der Targa und der Coppa Florio, auch noch die Coppa Termini hinzu, den Preis für die erfolgreichste Werkmannschaft.

Es ist der erste große Sieg des Kompressorwagens. Es ist zugleich der Beginn einer neuen Epoche im internationalen Rennwagenbau. Denn in den folgenden fünfzehn Jahren wird der Kompressor einen beispiellosen Siegeszug antreten und bald nicht mehr wegzudenken sein von den europäischen Rennbahnen in Monaco und Monza, auf der Avus und am Nürburgring. Sein markerschütterndes Geheul wird zum Triumphgesang der silber-weißen Mercedes-Wagen.

Der eigentliche Triumphator aber ist ein kleiner unscheinbarer Mann mit einem zerknitterten Gesicht, einem viel zu weiten Salz-und-Pfeffer-Sportanzug und einer riesengroßen Schirmmütze auf dem Kopf. Er erlebt unseren Sieg von der Boxe aus mit, still und bescheiden irgendwo im Hintergrund, und schneuzt seine Rührungstränen vernehmlich in ein buntkariertes Taschentücherl.

Es ist Ferdinand Porsche.

Weniger nach Triumph ist es dem Alfred Neubauer an jenem Abend zumute. Nummer dreizehn unter sechsunddreißig – das wurmt in mir. Hatte ich doch in mancher Nacht schon von Siegeslorbeeren geträumt . . .

Dreizehn hin, sechsunddreißig her, – es hat keinen Zweck, sich etwas vorzumachen. So langsam dämmert es mir, daß ich zum großen Rennfahrer wohl doch nicht geschaffen bin.

Aber dann ertränke ich diesen trüben Gedanken in Strömen von Vino rosso. Ich lasse mich bis zum Rand vollgluckern, singe und frohlocke gemeinsam mit den Kameraden durch die südliche Nacht und steige erst zurück in mein Kämmerlein, als das blutrote Auge der aufgehenden Sonne bereits mißbilligend über den Spiegel des Tyrrhenischen Meeres zu uns herüberblinzelt.

Am nächsten Tag treten wir die lange Heimreise an. Diesmal geht es nicht ohne Panne ab. Unweit des berühmten Klosters Monte Cassino gerät Christian Werner mit dem linken Vorderrad in ein tiefes Schlagloch, auf dessen Grund, von Staub verborgen, ein Felsbrocken auf sein Opfer lauert.

Es gibt einen Rumms, und die Ölwanne des Wagens ist leckgeschlagen.

Was tun?

Wir halten Kriegsrat auf offener Landstraße. Ohne den Siegerwagen dürfen wir uns in Stuttgart nicht blicken lassen. Also muß repariert werden.

Oder – was man so reparieren nennt.

Direktor Sailer, um Rat nie verlegen, erhandelt beim Dorfschmied ein Stück

Kupferblech. Es wird über dem Amboß notdürftig zur Form einer Wanne geschlagen und endlich am Motorblock des defekten Wagens festgenietet. Wir können weiterfahren. Zwar kleckert hier und da ein bißchen Öl durch die Nieten. Aber wir füllen alle hundert Kilometer nach, und so gelangen wir über Alpenpässe heim ins Reich.
In Stuttgart werden wir gefeiert wie Helden. Es gibt Blumen, Reden und endlose Ansprachen. Tausende säumen die Straßen, winken uns zu, die meisten Häuser sind beflaggt, und eine Kapelle bläst uns den nationalen Marsch. Die Sirenen heulen, als wir durch das Werktor hereinrattern, die Arbeiter verlassen ihre Werkbänke, strömen hinaus, um uns zu begrüßen, und auf den Schultern werden wir davongetragen.
Ferdinand Porsche wird zum Ehrendoktor der Technischen Hochschule in Stuttgart ernannt.
Und ein gewisser Alfred Neubauer stolziert mit geschwollenem Kamm umher – vom Kopf bis zur Zehe ein berühmter Rennfahrer.
Doch Hochmut kommt vor dem Fall . . .
Beim Semmering-Rennen, am 14. September 1924, klemme ich mich wieder hinter das Steuer eines Rennwagens. Der Neubauer Fredl will seinen Landsleuten in Wien beweisen, was für ein toller Kerl er doch geworden ist.
Die Strecke ist zehn Kilometer lang und führt durch zahllose enge Kurven bergan. Es wird einzeln gestartet. Es ist ein Rennen gegen die Uhr.
Ich fahre die Kurven schöner denn je, liebevoll fast, wie mit dem Pinsel aufs Papier getuscht. Am Ziel bin ich von diesem »Schöne-Kurven-Fahren« so erschöpft, daß ich mich erst nach fünf Minuten mühsam aus dem Sitz erheben kann.
Die Zeit: 7:34,4 Minuten. Das soll mir erst mal einer nachmachen! denke ich und fühle mich schon als halber Sieger.
Aber dann kommen die andern, allen voran Christian Werner. Er reißt den Wagen in die Kurven, daß die Hinterräder nur so wegrutschen. Schön sieht das nicht aus. Nein, denk ich noch, so würde ich nicht fahren wollen.
Werners Zeit: 6:55,6 Minuten . . . Ich kann's nicht fassen. Vierzig Sekunden schneller als ich – ein sagenhafter, neuer Rekord.
Auch der alte Otto Salzer ist schneller als ich. Für mich bleibt ein ziemlich unrühmlicher fünfter Platz in der Gesamtwertung übrig.
»Das ist doch nicht möglich«, sage ich zu Hansi, meiner Braut. »Da stimmt doch etwas nicht mit den Uhren!«
Da sieht die Hansi mich auf ihre eigene Art von der Seite an. »Es stimmt scho, Fredl«, sagt sie. »Nur . . . die andern sind halt g'fahren wie die Teufel . . . und du – wie a Nachtwächter!«
An diesem Tage rühren sich erneut leise Zweifel in der Brust des Alfred Neubauer, ob er wirklich zum großen Rennfahrer geboren ist . . .

TOD IN MONZA

Der dreifache Erfolg der Mercedes-Wagen bei der Targa Florio 1924 ist zugleich ein Triumph des viel geschmähten Kompressors. Eine neue Epoche im Autorennsport dämmert heran. Bald wird das helle, durchdringende Geheul der Kompressoren von den Rennbahnen Europas nicht mehr wegzudenken sein.

Dr. Porsche ruht nicht auf seinen Lorbeeren aus. Auf dem Prüfstand in Untertürkheim donnert bereits ein neuer Motor. Noch kräftiger, noch elastischer als sein Vorgänger. In Monza, beim Großen Preis von Italien 1924, soll er seine Feuertaufe erleben.

Zwar gibt es einigen Ärger mit den neuartigen Zylinderköpfen aus Bronze, die Dr. Porsche wegen ihrer besseren Wärmeleitfähigkeit verwendet. Aber er nimmt das nicht weiter tragisch. Es wäre der erste Wagen, der keine Kinderkrankheiten aufweisen würde.

Mit einem »Schnelltransporter«, den Christian Werner gemeinsam mit mir entworfen hat, werden die Wagen nach Italien verladen. Erstmals verzichten wir darauf, sie mit eigener Kraft die lange Reise machen zu lassen. Wir wollen sie schonen bis zum Rennen.

Der »Super-Lastwagen«, auf dessen Rücken unser stolzer Renner prangt, hat unterwegs mehrere Reifenpannen, so daß wir mit großer Verspätung in Monza eintreffen. Dr. Porsche erwartet uns bereits ungeduldig auf dem Autodrom.

»Wir drehen gleich ein paar Trainingsrunden«, bestimmt er. »Ich will sehen, welche Zeit der Wagen erreichen kann!«

Ich habe ein ungutes Gefühl in der Magengegend. Zwar halte ich nichts von Aberglauben, Teufelsspuk und bösen Geistern – aber die Erinnerung an unsere letzten unangenehmen Erlebnisse in Monza ist noch allzu wach in mir. Erst vor zwei Jahren, im September 1922, erlebten wir hier das fürchterliche Fiasko mit dem Austro-Daimler-Wagen. Damals trafen wir auch mit Verspätung ein. Damals konnte Graf Kolowrat es kaum erwarten, die ersten Proberunden zu drehen. Damals blieben wir nach wenigen hundert Metern auf der Strecke liegen – mit durchgebrannten Kolbenköpfen ...

Meine böse Ahnung trügt mich nicht.

Das Pech von 1922 wiederholt sich auf der ganzen Linie. Bereits nach einer halben Runde quillt weißer Dampf unter den Motorhauben unserer Wagen hervor. Bald steht es fest: poröser Zylinderkopf. Die Bronze hat sich nicht bewährt.

Wir brauchen unsere Koffer gar nicht erst auszupacken. Wir können bereits am nächsten Morgen wieder heim nach Deutschland fahren. Denn es ist völlig ausgeschlossen, die Wagen an Ort und Stelle wieder fit zu bekommen. Nur in Untertürkheim gibt es die Spezialwerkzeuge, das nötige Material, die Fachkräfte.

Auch der Traum, am Großen Preis in vierzehn Tagen teilzunehmen, ist aus. So schnell kann selbst ein Hexenmeister wie Ferdinand Porsche die Wagen nicht einsatzbereit machen.

Aber da erleben wir eine großartige Geste der Italiener. Nur um uns, den

deutschen Rivalen, den Start in Monza zu ermöglichen, erklären sie sich bereit, den Termin des Rennens um vier Wochen bis zum Oktober zu verschieben.
Diese vier Wochen genügen uns, um zum bewährten Stahlzylinderblock zurückzukehren, Motor und Wagen auf dem Bremsstand noch einmal auf Herz und Nieren zu prüfen.
Endlich sind wir bereit. Wir wohnen in einem kleinen, nicht gerade feudalen Hotel in Monza. Ich teile das Zimmer mit dem »Knaben« Rudolf Caracciola: der junge Mann soll als Reservefahrer zum ersten Mal die Luft eines Grand Prix-Rennens schnuppern.
Natürlich prahle ich mit meinen Renn-Erfahrungen: »Morgen zeige ich Ihnen mal, wie ein alter Hase die Lesmo-Kurve meistert. Das ist etwas anderes, als Ihre komischen Nudeltopfrennen!«
Die Lesmo-Kurve ist stark überhöht. Sie erlaubt eine Geschwindigkeit bis zu 180 Stundenkilometern – damals. Ich habe mir einen besonderen Trick ausgedacht, sie zu nehmen. Ich fahre sie in der oberen Hälfte. Am Kurvenausgang, wenn es in die Gerade übergeht, reiße ich den Wagen herum und stoße nach unten, um durch das Gefälle eine zusätzliche Beschleunigung zu erhalten.
Bei trockenem Wetter klappt das wunderbar. Aber an diesem letzten Trainingsmorgen nieselt es. Trotzdem bin ich entschlossen, dem Grünhorn Caracciola meine große Kunst als Rennfahrer zu beweisen.
Ich fahre los und rase mit etwa 180 Sachen in die Kurve. Mein Beifahrer Hemminger sieht mich ein bißchen ängstlich von der Seite an. Am Kurvenausgang reiße ich das Steuer herum. Der Kompressor heult auf. Schon sind wir in der Geraden, als der Wagen hinten zu schlingern beginnt. Nach rechts, nach links, immer stärker, immer heftiger ...
Ich steuere gegen, nehme Gas weg, doch der Höllentanz geht weiter. Und bevor ich mich versehe, dreht sich der Wagen um die eigene Achse. Mit 140 Kilometern rasen wir rückwärts über die Piste. Ich steige in die Bremsen. Lieber Gott, denk ich, nur keinen Baum ... nur keinen Baum ...
Plötzlich ein furchtbarer Ruck. Erdschollen, Steine fliegen mir um die Ohren. Ich mach die Augen zu ... Und dann ist alles still. Kein Motor, nichts mehr. Ist so das Paradies?
Vorsichtig öffne ich die Augen. Da stehen wir – doch nicht im Garten Eden, nein, im Park von Monza, mitten auf einem der Erdwälle, die man zum Schutz des Publikums errichtet hat. Der Wagen schaukelt auf dem Benzintank, der an der Unterseite in der Mitte des Fahrgestells liegt. Unsere Situation ist nachgerade zum Lachen: Wir hängen im Wagen wie Kinder auf einer Wippe. Dabei dürfen wir uns um keinen Preis rühren, sonst kippt der auf- und niederschaukelnde Wagen unweigerlich um!
Nach fünf Minuten erscheint endlich ein Hilfskommando, voran der Werkmeister Jakob Kraus. Als er uns sitzen sieht in unserm Wagen wie die Ölgötzen, prustet er lauthals los, die andern mit.
»Meine Güte«, sagt er mit Lachtränen in den Augen. »Herr Neubauer, woll'n Sie sich denn schon zu Lebzeiten ein Denkmal setzen?«
Dann hilft er uns aus der vertrackten Lage heraus. Im Hintergrund seh ich ein

feixendes Milchgesicht: der Knabe, dem ich vormachen wollte, wie ein alter Hase die Lesmo-Kurve fährt – Rudi Caracciola . . .
Leider wird das Rennen auch kein rechter Erfolg.
Für die Veranstalter, weil die Witterung im Oktober für italienischen Geschmack zu kühl ist und die erwarteten Zuschauermassen ausbleiben. Für die Deutschen, weil unsere Wagen restlos versagen. Daheim, auf dem Prüfstand, waren sie noch »Rekorde« gefahren. Aber in der gnadenlosen Bewährungsprobe des Rennen enttäuschen sie.
Unsere stolze Mannschaft zerbröckelt wie trockener Lehm: Masetti scheidet aus, Christian Werner gibt auf. Ich selbst falle aussichtslos zurück und gebe resigniert meinen Wagen an Otto Merz ab. Ich weiß nicht, woran es liegt – aber seit ich in der Lesmo-Kurve von der Bahn gekommen bin, bin ich nicht mehr der alte.
Mit einem Wort: ich habe Angst. Und es ist eine Binsenweisheit, daß jemand, der Angst hat, bei Autorennen keinen Blumentopf gewinnen kann.
Auch Otto Merz bekleckert sich nicht mit Ruhm. Er landet abgeschlagen im Felde, unter »ferner liefen«.
Damit ist das Unglück nicht zu Ende. Das Schicksal hat es darauf abgesehen, die Katastrophe, die im Jahre 1922 Austro-Daimler erlebte, bis aufs i-Tüpfelchen an den Mercedes-Wagen zu wiederholen. Sogar der tragische Todessturz von Fritz Kuhn soll sein Gegenstück finden. Und das kommt so:
Der vierte Mann in unserm Team ist Graf Zborowski, ein reicher polnischer Edelmann, der in London lebt. Er ist jung und gutaussehend und trägt ein kokettes Bärtchen auf der Oberlippe. Er hat teures Geld dafür bezahlt, um als Privatfahrer mit einem Mercedes an diesem Rennen teilnehmen zu dürfen.
Der junge Graf hat die Leidenschaft zu schnellen Wagen von seinem Vater geerbt. Der gehörte zu den Pionieren des Autorennsports in der Zeit vor dem Ersten Weltkrieg und nahm schon damals an zahlreichen Wettbewerben auf Mercedes teil. Am 1. April 1903 verunglückte er tödlich beim La-Turbie-Bergrennen in Nizza unter höchst ungewöhnlichen Umständen.
Damals wurde Gas noch mit der Hand gegeben, und der entsprechende Hebel war in der Mitte des Lenkrades angebracht, dort wo heute bei Tourenwagen die Hupe zu sitzen pflegt. In einer scharfen Kurve blieb Graf Zborowski mit seinen Manschettenknöpfen an diesem Hebel hängen, riß ihn herum, gab also Vollgas. Der Wagen beschleunigte, raste über die Böschung, überschlug sich und brannte aus. Graf Zborowski war auf der Stelle tot.
Sein Sohn erbte von ihm nicht nur die Rennleidenschaft, sondern auch die verhängnisvollen Manschettenknöpfe. Er pflegte sie als Talismann bei jedem Rennen zu tragen.
Einmal fragte ich ihn: »Sind Sie denn gar nicht abergläubisch, Graf?«
Da sah er mich mit seinen dunklen, stets ein wenig traurigen Augen an und meinte: »Lieber Herr Neubauer – wenn ich jemals mit einem Mercedes-Wagen im Rennen tödlich verunglücken sollte wie einst mein Vater, – dann wäre das die schönste Erfüllung meines Lebens!«
Seltsame Kauze, diese Polen, dachte ich bei mir. Bald darauf hatte ich dieses

Gespräch wieder vergessen. Erst Jahre später, in Monza 1924, sollte ich auf furchtbare Weise daran erinnert werden.
Als einziger Mercedes-Fahrer kann Graf Zborowski sich in diesem Rennen eine Zeitlang gut behaupten. Er fährt tollkühn wie immer. Die gefährliche Lesmo-Kurve nimmt er, ohne das Gas nur einen Millimeter wegzunehmen. Er verliert die Kontrolle über den Wagen. Er schleudert, wird aus der Bahn getragen, überschlägt sich zwei-, dreimal und bleibt neben den Trümmern des Mercedes liegen, regungslos. auf dem Rücken, die Arme weit ausgebreitet wie ein Gekreuzigter. Als sich die Sanitäter über ihn beugen, hat sein mutiges Herz bereits zu schlagen aufgehört.
An seinen Ärmeln aber blitzen in der fahlen Oktobersonne ein Paar altmodischer Manschettenknöpfe mit dem Familienwappen der Grafen Zborowski ...

*

Monza ist für Mercedes – ähnlich wie zwei Jahre zuvor für Austro-Daimler – ein vorläufiger Schlußpunkt. Fast ein Jahrzehnt wird nun vergehen, bevor man in Untertürkheim wieder an den Bau von Formel-Rennwagen denkt.
In Deutschland beginnt damals die große Zeit der Sportrennwagen. Wagen, die den unschätzbaren Vorteil besitzen, daß man nicht nur Rennen mit ihnen bestreiten, sondern sie auch im normalen Straßenverkehr verwenden kann. Mit anderen Worten: Wagen, die nicht nur Selbstzweck sind, sondern die man auch an zahlungskräftige Privatkundschaft verkaufen kann.
Die sogenannten »Weißen Elefanten« werden in den folgenden Jahren bei sportlichen Wettbewerben in Deutschland das Feld beherrschen. Diese Wagen – vom Typ »S«, »SS«, und »SSK« bis zum »SSKL« – sind es, die eine neue Epoche in der Renngeschichte von Mercedes-Benz einleiten.

CARACCIOLA

Nicht nur bei Mercedes, sondern auch bei einem gewissen Alfred Neubauer ist der Tag von Monza 1924 schwarz im Kalender angekreuzt.
Dieser Neubauer, der davon träumte, ein berühmter Rennfahrer zu werden, geht nun ernstlich mit sich selbst ins Gericht. Er sagt sich: am Semmering hast du bewiesen, daß du keine Kurven fahren kannst. Bei der Targa Florio hast du nicht gerade Bäume ausgerissen. Und nun, seit dem Sturz in Monza, hast du auch noch Angst. Laß also künftig die Finger von so heißen Sachen wie Grand Prix-Rennen. Laß den jungen Sprintern das zweifelhafte Vergnügen, sich die Knochen und das Genick zu brechen ...
Zu diesen »jungen Sprintern« gehört ein Mann mit freundlichem Bubengesicht, mit glatt zurückgekämmtem, tiefschwarzem Haar und einer frechen Himmelfahrtsnase. Er ist für ein Salär von hundert Mark im Monat bei unserer Verkaufsabteilung in Dresden beschäftigt und darf gelegentlich an Wochenenden

seiner stillen Leidenschaft frönen: Rennen fahren. Kleine Rennen, Berg-, Feld-, Wald- und Wiesenrennen, für die wir »Großen Alten« uns zu schade sind. Immerhin nehmen wir es mit gönnerhaftem Lächeln zur Kenntnis, daß besagter junger Mann zuweilen recht achtbare Erfolge nach Hause bringt. Sein Name lautet: Rudolf Caracciola.

Trotz dieses italienisch klingenden Namens stammt er jedoch nicht aus dem sonnigen Süden oder gar aus einem Genueser Fürstengeschlecht, sondern aus einer wohlgeachteten rheinischen Hoteliersfamilie, deren Stammhaus in Remagen steht.

Zwar habe ich die erträumte Rennfahrerkarriere im stillen längst zu den Akten gelegt, doch wurmt es mich bis in die Eingeweide, daß so ein Grünhorn wie dieser Herr Caracciola sich mit Erfolg ans Sammeln von Medaillen und Pokalen macht.

Nicht nur ich gifte mich. Auch die anderen »Alten« grollen. Der Otto Merz, der Christian Werner – in ihnen allen wühlt und nagt die Eifersucht. Sie warten nur auf die Gelegenheit, dem jungen Mann zu zeigen, was eine Harke ist.

Diese Gelegenheit kommt im Sommer 1925 bei der Robert-Batschari-Fahrt quer durch das Deutsche Reich – heute würde man es eine »Rallye« nennen.

Alles, was Räder unter dem Hosenboden und ein bißchen Geld in der Tasche hat, nimmt an dieser schweren Zuverlässigkeitsprüfung teil. Sie wird zum größten motorsportlichen Ereignis in Deutschland nach dem Weltkrieg.

Schon Wochen vor dem Start gibt es einen Kriegsrat der »Alten Füchse«: Direktor Sailer, Versuchsingenieur Fritz Nallinger und ich stecken die Köpfe zusammen.

»Wir setzen zwei 4-Liter- und zwei 6-Liter-Kompressor-Wagen ein«, schlägt Direktor Sailer vor. »Als Fahrer werden wir drei gemeldet.«

»Und wer ist unser vierter Mann?« frage ich.

»Caracciola.«

»Ach«, sage ich, »muß das sein?«

»Ja. Wir müssen uns um den Nachwuchs kümmern. Wir zwei sind nicht mehr die Jüngsten. Von Merz, Lautenschlager und Salzer ganz zu schweigen.«

Ich höre das wenig gern. Schließlich bin ich mit meinen dreiunddreißig Lenzen doch noch kein Tattergreis! Gerade will ich eine spitze Bemerkung machen, da spricht Direktor Sailer weiter, und was er sagt, das läßt mein Herz vor Schadenfreude einen Salto schlagen:

»Sie können wählen, ob sie den 4-Liter- oder 6-Liter-Wagen nehmen wollen. Caracciola übernimmt das 6-Liter-Modell.«

Ich reibe mir zufrieden die Hände. Ich weiß genau, was das bedeutet: der schwere 6-Liter-Wagen ist zwar in der Spitze um einiges schneller als unsere leichten Wagen. Aber dafür ist er in der Punktbewertung sehr viel ungünstiger gestellt. So nehmen Fritz Nallinger und ich die 4-Liter-Typen, Caracciola und Sailer das 6-Liter-Modell.

»Fein«, schmunzele ich. »Diesmal wird sich's ja erweisen, wer der wahre Meister ist!«

Der junge Caracciola ist auf der Batschari-Fahrt meiner Obhut anvertraut.

Wir behausen gemeinsam das gleiche Hotelzimmer. Bei dieser Gelegenheit kann ich seine Bärenruhe bewundern, die der geheime Kraftquell seiner Nerven und damit eins der Geheimnisse seiner Erfolge ist.

Als wir am Samstagnachmittag in München eintreffen, geht er sofort zu Bett. »Bitte wecken Sie mich am Montag früh um acht«, sagt er noch und ist gleich darauf entschlummert.

Er schläft achtzehn Stunden ohne Unterbrechung. Am Sonntagmorgen blinzelt er schläfrig in die Morgensonne, deren Strahlen sich schüchtern in unser Zimmer tasten. Dann ringt sich ein Seufzer von seinen Lippen:

»Milch . . .!«

Sonst nichts.

Ich kenne das: ohne Milch am Morgen ist Rudolf Caracciola kein Mensch. Ich meinerseits habe für derlei Säuglingskost nur männliche Verachtung.

»Milchbubi!« murmele ich und klingele nach dem Zimmerkellner.

Übrigens: auch andere Fahrer hatten Geheimrezepte, auf die sie schwörten wie Caratsch auf seine geliebte Milch.

Hermann Lang lutschte vor jedem Start ein halbes Pfund Würfelzucker. Graf Kolowrat nahm einen Schluck seiner Geheimmixtur aus Wein, Zucker, Eidotter und Mokka. Christian Lautenschlager setzte sich nicht ohne Tüte Backpflaumen in einen Rennwagen. Luigi Fagioli konnte in der Nacht vor dem Rennen nicht einschlafen, wenn er nicht einen starken Espresso als »Nervenstärkung« trank. Achille Varzi verlangte von seinem Mechaniker, daß er bei jedem Halt an der Box mit einer brennenden Zigarette bereitstand. Merz trank am Morgen vor dem Start nur ein Glas kaltes Wasser und aß keinen Bissen, während Caracciola in aller Gemütsruhe noch ein saftiges Vorderhaus-Steak verzehrte, als die andern schon startfertig im Wagen saßen. Der Engländer Lord Home vergaß nie, einen Regenschirm mit in den Wagen zu nehmen und trug stets eine frische Nelke im Knopfloch, die er sich notfalls per Luft aus Holland nachsenden ließ. Nur Fangio und Moss rauchten nicht und tranken auch keinen Alkohol.

Doch zurück zur Batschari-Fahrt 1925.

Caratsch nuckelt also sein Leibgetränk, grunzt zufrieden, wälzt sich auf die andere Seite und schläft traumlos weitere vierundzwanzig Stunden, ohne einmal Mucks zu sagen. Am Montagmorgen ist er, nach erneutem Milchgenuß, frisch wie ein Fisch im Wasser.

Kein Wunder, daß er dann am Steuer seines »Elefanten« um so wacher ist. Überall hat er den Kühler vorn: bei der Flachrennprüfung, beim Bergrennen, bei der Zuverlässigkeitsfahrt. All unsere Punktberechnungen wirft er über den Haufen.

So klug wir Alten es auch angelegt haben – eins haben wir nicht ins Kalkül gezogen: daß das Grünhorn Caracciola sich längst zu einem prächtigen Rennfahrer gemausert hat.

Als es nach sieben Tagen ans Zusammenrechnen geht, da gibt es lange Gesichter bei uns »Alten«: der »Milchbubi« hat uns mit Längen geschlagen. Das Ergebnis der Robert-Batschari-Fahrt 1925 lautet:

1. Caracciola
2. Nallinger
3. Neubauer
4. Sailer

»Ich sag's ja immer«, lacht schadenfroh der lange Lautenschlager: »Nachher wird z'sammazählt!«

Ich aber ziehe mich grollend mit einer Flasche vom geliebten Gumpoldskirchner in meinen Schmollwinkel zurück. Im Wein finde ich, was ich bitter nötig habe: Einsicht, Wahrheit und Erleuchtung!

Schon nach der zweiten Flasche schlage ich mir voll edler Selbsterkenntnis an die Männerbrust: »Du Riesenrindvieh«, sage ich zu mir, »hast du's als wohlbestallter Betriebsingenieur und Abteilungsleiter überhaupt noch nötig, dich so über Stock und Stein herumhetzen zu lassen?«

»Nein« – gebe ich mir selbst die Antwort.

Dann mache ich konsequent einen dicken Strich unter die Rennlaufbahn des Alfred Neubauer.

Im gleichen Jahr, da ich von der Bühne des aktiven Sports abtrete, beginnt die große Karriere jenes Mannes, dessen Name bald zu einem Begriff in der ganzen Welt werden wird. Nur ein zweiter deutscher Sportler, nur ein Max Schmeling wird später einmal ähnlich großen internationalen Ruhm erringen.

Ich spreche von Rudolf Caracciola.

An seinem einmaligen Siegeslauf von Monza nach Monaco, von Brescia zur Avus und zum Nürburgring über alle Rennstrecken Europas wird ein gewisser Alfred Neubauer nicht unbeteiligt sein. Allerdings: nicht mehr als Rennfahrer, sondern vielmehr als Freund, als Betreuer, und vor allem als – Rennleiter.

*

In diesen Jahren ist es still geworden um den Autorennsport in Deutschland. Von einigen Kleinwagenrennen abgesehen, konzentriert man sich auf Tourenfahrten – die jedoch eher einen gesellschaftlichen als sportlichen Charakter haben.

Da, endlich, im Juli 1926, entschließt man sich, zum ersten Mal seit Jahren wieder einen Großen Preis von Deutschland auszutragen- und zwar auf der Avus in Berlin.

Vierzig Fahrer aus aller Welt haben gemeldet: alles, was damals im Automobilrennsport Rang und Namen hat, wird vertreten sein. Nur Daimler-Benz fehlt auf der Meldeliste. Das Stuttgarter Werk hat sich entschlossen, zur gleichen Stunde an einem Rennen in San Sebastian in Spanien teilzunehmen. Man will für den Export werben. Ein Sieg in Spanien ist dafür wichtiger als die Teilnahme in Berlin.

Als Rudolf Caracciola von dieser Entscheidung erfährt, bittet er den Verkaufsleiter in Dresden um drei Tage Sonderurlaub. Er packt seine Koffer und fährt direkt in die Höhle des Löwen – zu Direktor Sailer nach Stuttgart.

Zwischen dem »großen alten Herrn« und dem jungen, unbekannten Nachwuchsfahrer kommt es zu einer dramatischen Auseinandersetzung. Denn Caracciola will unbedingt am Rennen in Berlin teilnehmen. Er spürt: das ist seine große Chance. Die »Alten« sind weit vom Schuß, in Spanien. Für ihn aber könnte ein Sieg in Berlin der Durchbruch, die endgültige Anerkennung bedeuten.

Caracciola, der »große Schweiger«, ist wie verändert. Er redet mit tausend Zungen auf Sailer ein. Er bittet und fleht: »Geben Sie mir einen Wagen. Lassen Sie mich für Mercedes in Berlin starten. Ich weiß – ich werde gewinnen.«

Aber Sailer zögert noch. Wer ist schon dieser junge Mann mit dem unaussprechlichen Namen? Nun gut – er hat neunzehn kleine Rennen und Tourenfahrten gewonnen. Aber was ist schon eine Batschari-Fahrt, eine Tourenprüfung in Schlesiens Bergen oder im Teutoburger Wald im Vergleich zu einem Grand Prix-Rennen?

Eine Niederlage auf der Avus könnte allerlei Schaden anrichten, den Ruf von Daimler-Benz in Frage stellen, es wäre eine schlechte Werbung ...

Aber Direktor Sailer spürt wohl auch instinktiv das geniale Talent, das in diesem jungen Fahrer steckt. Nach langem Zögern gibt er seine Zustimmung. Aber er entschließt sich vorsichtshalber, auf die Teilnahme an der Spanien-Expedition zu verzichten, um Rudolf Caracciola persönlich an der Box in der Reichshauptstadt zu betreuen. Das Grünhorn wird den Rat eines erfahrenen Rennhasen gebrauchen können ...

Die Unterredung mit Direktor Sailer wird zum Wendepunkt im Leben Rudolf Caracciolas. Denn zwei Wochen darauf geht er in das erste Grand Prix-Rennen seiner Karriere. Es wird ein Kampf werden, wie ihn Deutschland bis dahin noch nicht gesehen hat ...

*

Der Sommer des Jahres 1926 ist kalt und verregnet. Das Strandbad Wannsee in Berlin liegt verlassen. Die Vorgärten der eleganten Cafés am Kurfürstendamm sind wie leergefegt. Nur auf der Avus herrscht Hochbetrieb. Es ist der letzte Tag vor dem großen Rennen.

Auch Caracciola dreht noch ein paar Runden. Regenböen jagen über die Bahn. An vernünftiges Fahren ist nicht zu denken. »Schluß für heute«, sagt er mißgelaunt. »Sonst ersaufen wir noch unterwegs.«

»Lernen Sie halt schwimmen«, meint Direktor Sailer, der die Rundenzeiten der Konkurrenz notiert. »Rosenberger, Riecken und Minoia haben bessere Zeiten als Sie.«

Eugen Salzer, der Sohn des alten Recken Otto Salzer, hat sich als Beifahrer für Rudi zur Verfügung gestellt. Er legt Caracciola eine wärmende Decke über die durchnäßten Schultern. In diesem Augenblick betritt ein kleiner Herr mit zerfranstem Schnauzbart und breitkrempigem Filzhut die Box.

»Soll ich Ihnen eine Schiffsschraube an den Auspuff montieren, damit Sie den andern davondampfen können, junger Mann?« fragt er lachend.

Es ist der Chefkonstrukteur von Daimler-Benz, Dr. Porsche. Auch er hat sich in letzter Minute entschlossen, auf Spanien zu verzichten und lieber bei

Caracciola in Berlin zu bleiben: der junge Nachwuchsfahrer wird ihn dringender brauchen als die großen »Alten« in San Sebastian.
Am gleichen Abend sitzt Rudi im »Moka-Efti«, dem neu eröffneten Café im Zentrum von Berlin, an der Leipziger Ecke Friedrichstraße. Das »Moka-Efti« ist ein Palast aus Glas und Plüsch. Es gibt eine Jazzband, zwei Tanzflächen und Platz für tausend Gäste. Er nippt an seinem Kaffee und blättert in der Zeitung. Aus den Schlagzeilen, aus den Meldungen und Berichten pulsiert das hektische Leben der Millionenstadt Berlin im Jahr 1926:
Am Kaiserdamm versucht Alfredo Fernando den Weltrekord im Dauer-Charleston-Tanzen zu brechen. In Potsdam wird ein Mann in Damenkleidern verhaftet. Erst auf der Wache stellt sich heraus: der »Mann« ist eine prominente Sportlerin im modischen Herrenschnitt. Emil Jannings geht nach Hollywood. Heinrich George wird bei einem »Säbelduell« auf der Bühne verletzt. Auf dem Kurfürstendamm rattern die Preßlufthämmer: die Trambahngleise werden in die Straßenmitte verlegt – um dem Autoverkehr Platz zu machen. In Berlin sind bereits 50 000 Kraftfahrzeuge registriert – wo soll das noch hinführen?
Rudi blättert weiter. Der Sport: Vorschau auf das Große Rennen. Alle Karten sind ausverkauft. Die Favoriten heißen: Privatfahrer Rosenberger auf Mercedes, Riecken auf NAG und Minoia auf O. M. Der Name Caracciola wird nur einmal erwähnt, als krasser Außenseiter mit gewissen Platzchancen.
Siebzehntausend Mark sind zu gewinnen und ein Goldpokal. Rudi seufzt ein bißchen. Siebzehntausend Mark – dafür müßte er bei seinem jetzigen Gehalt als Autoverkäufer der Mercedes-Filiale in Dresden mehr als vierzehn Jahre arbeiten ...
»Zahlen«, sagt Rudi. »Einmal Mokka.«
»25 Pfennige«, sagt der Ober. »Mit Bedienung.«

*

Wie mit einem Lineal gezogen durchschneidet die Avus den Grunewald. Eine weite Schleife im Norden, eine enge Kehre im Süden, dazwischen zwei endlose, kilometerlange Geraden. Es ist die schnellste Rennbahn der Welt.
Die Geschichte der Avus ist damals, im Jahre 1926, schon fast zwei Jahrzehnte alt. 1907, beim Taunusrennen um den Kaiserpreis, hatte Wilhelm II. versprochen: »Wir bauen eine Autostraße von Berlin nach Wiesbaden!« 1912, beim ersten Spatenstich, war der pompöse Bau schon arg zusammengeschrumpft: statt bis zum Taunus sollte die Bahn nur bis nach Potsdam führen. 1920 muß der Konzernherr Hugo Stinnes mit ein paar Milliönchen nachhelfen, damit wenigstens 8,5 von diesen 20 Kilometern fertiggestellt werden. 1921 wird die »Automobil-Versuchs- und -Übungsstrecke« mit einem ersten Rennen eröffnet. Nun, am 11. Juli 1926, hat die Avus ihre erste wirkliche Sensation: das Rennen um den »Großen Preis von Deutschland«, zu dem 41 Wagen in drei Klassen gemeldet sind.
An diesem Sonntag ist ganz Berlin auf den Beinen. 500 000 Menschen säumen Kopf an Kopf die Bahn, auf den Stehplätzen, auf den Dächern von Omni-

bussen, auf den Ästen der Bäume. In der Ehrenloge erkennt man das markante Profil des Kronprinzen. Ein paar Meter weiter studiert der dicke Jakob Schapiro, Mitglied des Aufsichtsrats von Daimler-Benz, die letzten Börsenkurse. Der kraushaarige, kleine Innenminister Grzesinski plaudert angeregt mit einer üppigen Blondine.
Plötzlich klingt Beifall auf. Die Damen recken die Hälse: Harry Liedtke, Herzensbrecher in ungezählten Filmen, erscheint mit steifem Hut und einer weißen Chrysantheme im Knopfloch.
Die Uhrzeiger rücken weiter, die Startzeit naht. Die Motoren heulen auf. Ein Höllenkonzert hebt an. Blauer Qualm steigt empor, ein Gestank von Rizinus.
Rudi rückt seine Brille zurecht. Salzer, sein Beifahrer, überprüft noch einmal Hebel und Gestänge. Rudi sieht hinüber zu den Tribünen. Er versucht vergeblich, im Meer der Hüte und Köpfe den dunklen Schopf einer jungen Frau zu entdecken, einer ganz bestimmten jungen Dame, die ihm mehr bedeutet als alle anderen Frauen in dieser Welt ...
14.00 Uhr: Der Herr in weißen Sportsakko hebt die schwarzrotgoldene Fahne. Noch eine halbe Minute ...
Rudi gibt Gas, erhöht die Tourenzahl und läßt millimeterweise die Kupplung kommen. Salzer späht angestrengt nach vorne. Die Fahne senkt sich. Die Wagen schießen davon. Alle – bis auf einen. Ein weißer Mercedes, mit roter Bauchbinde und der Nummer »14« bleibt mit abgestorbenem Motor stehen, allein auf der weiten Betonpiste.
»Raus!« brüllt Rudi. »Anschieben!« Aber Eugen Salzer hat längst schon seinen Sitz verlassen, stemmt bereits seine breite Schulter gegen das Heck. Rudi kuppelt, pumpt mit dem Gaspedal, legt den vierten Gang ein. Kalter Schweiß perlt auf seiner Stirn. Er fühlt Hunderttausende von Augenpaaren auf sich gerichtet und möchte am liebsten im Boden versinken.
Sekunden verrinnen. Da – endlich ein Blubbern, ein Rütteln, der Motor arbeitet! Blitzschnell schaltet Rudi herunter. Salzer springt in seinen Sitz. Dann jagen sie dem Felde nach, das längst in Richtung Südkehre verschwunden ist.
Eine volle Minute ist verlorengegangen, kostbare, unwiederbringliche Zeit. In der dritten Runde liegt der Ingenieur Christian Riecken, der heiße Favorit, mit seinem schweren NAG klar in Führung. Hinter ihm folgt der Berliner Guilleaume auf Austro-Daimler. Adolf Rosenberger, den prominenten Privatfahrer auf Mercedes packt die Wut. Sein Kompressor heult auf. Binnen zwei Runden hat er sich vom achten auf den dritten Platz vorgeschoben. Das Publikum jubelt. Man stoppt Rekordzeiten.
Irgendwo im Mittelfeld taucht jetzt auch der vom Publikum gar nicht beachtete Mercedes des Herrn Caracciola auf. Er hat also die beim Start verlorene Zeit eingeholt.
Während der fünften Runde fallen dicke Tropfen herab. Erst einzeln, dann immer heftiger. Regenschirme wachsen empor wie Pilze. Im Nu ist der Asphalt naß und glänzend.
Rosenberger fährt wie der Teufel. Er überholt Guilleaume und zieht mit jubelndem Kompressor an Riecken vorbei. Er liegt in Führung!

7. Runde: Rosenberger fährt noch schneller. Trotz Regenböen braust er mit 170 Sachen hinein in die gefährliche Nordkurve. Die Reifen haben kaum Halt auf dem schlüpfrigen Asphalt. Und plötzlich spürt Rosenberger einen süßlichen, stechenden Geruch. »Äther«, denkt er.

In den Rennwagen der damaligen Zeit waren kleine Äthertanks eingebaut. Zur Starterleichterung, zum besseren Anspringen der Motoren, pumpten die Fahrer Äther in das Benzin-Luftgemisch. Und dieser Äthertank in Rosenbergers Wagen muß undicht geworden sein. Die betäubenden Gase quellen unter der Motorhaube hervor.

Instinktiv lehnt Rosenberger sich seitlich aus dem Wagen heraus, um frische Luft zu bekommen. Dabei verreißt er das Steuer, eine Winzigkeit nur. Sie genügt. Der Wagen schleudert, rutscht. Rosenberger will gegensteuern. Aber vor seinen Augen ist plötzlich ein Schleier.

Ein Krachen, ein Splittern, ein gellender Schrei, dann lähmende Stille. Der Wagen ist in das Zeitnehmer-Häuschen am Ausgang der Nordkurve gerast. Sanitäter laufen herbei. Sie zerren Rosenberger und seinen Beifahrer aus den Trümmern: Gehirnerschütterung, Knochenbrüche. Dann werden ein Toter und zwei Schwerverletzte fortgetragen, junge Studenten, die als Zeitnehmer in dem Häuschen waren.

Als Caracciola durch die Kurve orgelt, klafft eine Bresche in der Barriere vor der Tribüne. Männer mit Rot-Kreuz-Armbinden drängen sich um einen Wagen, der umgestürzt am Bahnrand liegt. Rudi blickt Salzer erschrocken an.

»Denk nicht dran!« brüllt der und deutet auf die Strecke vor ihnen. »Weiter! Tempo!«

Rudi umklammert das Steuer fester. Salzer hat recht. Nicht nachdenken. Das kann den Kragen kosten – bei 170 Sachen. Nur fahren, kuppeln, schalten, Gas geben, lenken, zügig und weich . . .

Damals im Jahre 1926 auf der Avus gibt es noch keinen Zeichendienst, keine Verständigung zwischen dem Fahrer und der Boxe. Und so kommt es auch, daß Rudi nichts davon weiß, wie er eigentlich im Rennen liegt. Er weiß nicht, daß er sich in der siebten, achten Runde auf den dritten Platz geschoben, daß er soeben einen phantastischen neuen Bahnrekord gefahren hat.

Riecken auf NAG führt, Minoia folgt dichtauf. Doch dann muß Minoia seinen Wagen mit Getriebeschaden am Rande der Rennstrecke abstellen, und etwas später hält Riecken zum Reifenwechsel.

Berlin und die Avus haben ihre Sensation: ein völlig unbekannter junger Mann namens Rudolf Caracciola führt im Großen Preis von Deutschland!

Aber – er führt nur eine Runde lang. Dann läuft sein Motor unruhig. Rudi sieht Salzer fragend an. Der nickt traurig, brüllt: »Kerzenschaden . . .«

Sie halten an der Box. Die Vorschrift lautet: »Alle Schäden müssen von dem Fahrer selbst behoben werden.« Rudi springt aus dem Wagen und reißt die Motorhaube auf. Salzer reicht ihm den Spezialschlüssel. Welche Kerze hat nun den Schaden? Damals dachte man nicht daran, etwa alle Kerzen auf einmal auszuwechseln.

Rudi unterdrückt einen Fluch, denn er hat sich die Finger an der ersten glü-

hend heißen Kerze verbrannt. Er wirft sie Doktor Porsche zu. Der betrachtet sie angestrengt mit dem Vergrößerungsglas, gibt sie eilends zurück: »Die ist in Ordnung.« Die nächste ... Die dritte ... Die vierte ... An keiner findet Dr. Porsche einen Schaden. Unterdessen tickt die Stoppuhr unerbittlich weiter. Riecken braust vorbei, auch Cleer auf seinem Alfa Romeo und die Fahrer Urban-Emmerich aus Prag.
Rudi arbeitet wie ein Automat. Er spürt nicht die Brandwunden an den Händen, sieht nicht auf die Haut, die in Fetzen herabhängt. Endlich, bei der achten und letzten Kerze, nickt Dr. Porsche: Sie ist total verrußt, muß erneuert werden. Zwei volle Minuten sind verloren. Caracciola ist müde und ausgebrannt, als er wieder in den Wagen springt. Er hat keine Hoffnung mehr ...
13. Runde: Der Regen läßt nach und hört endlich auf. Rudi fährt eine neue Rekordrunde – 154,8 Stundenkilometer. Aber das weiß er alles nicht. Er weiß auch nicht, daß Cleer Getriebeschaden hat und Urban-Emmerich im Graben landen.
18. Runde: Riecken muß tanken und die Hinterreifen wechseln. Gerade als er wieder starten will, jagt Rudis weißer Mercedes mit der roten Bauchbinde und der Nummer »14« an ihm vorbei.
Noch zwei Runden sind zu fahren. In Rudis Kopf wirbeln die Gedanken, drängen die Fragen: Liegen nicht noch zwei, drei andere Wagen vor ihm? Unmöglich, in diesem wild durcheinandergeratenen Feld noch die Übersicht zu behalten. Auch Beifahrer Salzer weiß nicht, an welcher Stelle ihr Wagen liegt.
Als sie bei den Boxen vorbeikommen, reckt Direktor Sailer ihnen einen Finger entgegen: die letzte Runde hat begonnen. Das ist das einzige Zeichen, das Rudi und Salzer während des ganzen Avus-Rennens 1926 erhalten.
Der Motor knattert plötzlich nur noch auf sieben Zylindern. Auch das noch ... es muß wieder eine Kerze sein ... jetzt ist alles aus ... Unendlich langsam kommt Rudi das Tempo vor, seit der eine Zylinder ausgefallen ist. Dort kommt die Nordkurve. Die Menschen winken. Er sieht Hüte, Taschentücher. Warum nur?
Das Nordttor ... die Tribünen ... ein Mann mit einer schwarz-weiß-karierten Flagge ... Endlich – die Boxen!
Sie halten. Rudi sinkt im Sitz zurück. Er ist zu erschöpft, um auszusteigen.
Doktor Porsche, Direktor Sailer stürzen herbei und werfen die Arme in die Luft. Jemand schleppt einen Riesenkranz heran. Hände strecken sich Rudi entgegen, wildfremde Menschen klopfen ihm auf die Schultern. Eugen Salzer kullern plötzlich Freudentränen über das dreckverschmierte Gesicht.
»Sieg!« jubelt Dr. Porsche. »Wir haben gewonnen! Rudi – Sie Teufelskerl! Und auch noch 'nen neuen Bahnrekord! 135 Kilometer Schnitt!«
Rudolf Caracciola wird noch viele Rennen gewinnen. Seine Zeiten werden einmal um das Doppelte schneller sein. Aber nie wieder wird er so glücklich sein über einen Sieg wie damals 1926 auf der Avus, bei seinem ersten internationalen Erfolg. Mit diesem Sieg hat er nicht nur 17 000 Mark und einen Goldpokal erobert, sondern ...
Direktor Sailer hat mir später mal erzählt, was er damals an der Boxe sah:

Durch die Menge der Gratulanten drängt sich eine schlanke, zierliche Frau mit dunklem, kurz geschnittenem Haar und dunklen Augen. Sie fällt Rudi vor aller Augen um den Hals.

Die junge Frau ist Rudolf Caracciola wohlbekannt. Beim Tanztee im Hotel »Europäischer Hof« in Dresden hat er sie während der letzten Herbstmesse kennenlernt und sich bis über beide Ohren in sie verliebt.

Die Dame ist damals allerdings noch mit einem reichen Geschäftsmann verheiratet. Sie heißt Charlotte Liemann, aber alle Welt kennt sie nur unter dem Namen »Charly«. Ihr Vater ist Besitzer des berühmten »Admiralspalast«, des neuen »Café Berlin« am Bahnhof Zoo sowie des benachbarten Weinrestaurants »Traube«. Charlys Mann arbeitet als Prokurist in der Firma ihres Vaters. Die Ehe ist nicht glücklich. Seit langem spricht man offen von Scheidung.

Wenige Monate nach ihrer ersten Begegnung mit Rudolf Caracciola ist die schöne und reiche Charly Liemann von allen ehelichen Bindungen frei. Rudi und Charly beschließen, zu heiraten. Aber Rudi stellt eine Bedingung:

»Du sollst keinen kleinen Autoverkäufer zum Mann haben. Zuvor muß ich noch ein wirklich großes Rennen gewinnen. Ich muß beweisen, daß ich mehr kann, als die anderen. Und ich will nicht, daß man hinter unserem Rücken flüstert: Das ist der arme kleine Verkäufer, der die Tochter eines Millionärs geheiratet hat ...«

Das ist einer der Gründe, warum Caracciola so sehr um die Genehmigung kämpfte, am Avus-Rennen teilnehmen zu dürfen: ein Rennen, bei dem alles für ihn auf dem Spiel stand: Karriere, Glück und Liebe.

Papa Liemann gibt seinen Segen zur Ehe seiner Tochter Charlotte mit dem Rennfahrer Rudolf Caracciola, der durch seinen Sieg auf der Avus mit einem Schlage ein berühmter Mann geworden ist. Die Berliner haben auch schon einen Spitznamen für ihn: »Caratsch«.

Als Siegesprämie hat er 17000 Mark erhalten – ein Vermögen damals, nicht nur für einen Autoverkäufer, der von 100 Mark monatlichem Fixum sein Leben fristen muß.

Sein Dresdener Freund, Herr Otto, verkauft seine Puppenfabrik. Rudi und er werfen ihr Geld in einen Topf und gründen mit diesem Kapital im Herbst des Jahres 1926 am Berliner Kurfürstendamm Ecke Knesebeckstraße eine neue Daimler-Benz-Filiale – die Firma »Caracciola & Co.«

*

Zur gleichen Zeit, da Rudolf Caracciola auf der Avus seinen ersten internationalen Erfolg erringt, steht in dem kleinen Städtchen Lingen im Emsland ein 16jähriger Junge vor der ersten schweren Aufgabe seines Lebens.

Der Junge ist blond, hat graue, blanke Augen und seine Freunde nennen ihn die »Sprotte«. Sein richtiger Name lautet Bernd Rosemeyer.

Papa Rosemeyer, Inhaber einer Kraftfahrzeugwerkstatt, hat den Sohn zur Führerscheinprüfung angemeldet. In den Klassen 1, 2 und 3. Alles in einem Aufwaschen.

Ingenieur Diercks, der mit der Prüfung beauftragt ist, nimmt Papa Rosemeyer beiseite. »Verlassen Sie sich drauf – was ich tun kann, daß Bernd durchfällt, wird getan. Lausejungen wie er gehören nicht ans Steuer.«
Die Sorge des Ingenieurs kommt nicht von ungefähr. Schließlich erzählt man sich so allerlei in Lingen über den kleinen Bernd: Wie er als neunjähriger Steppke den uralten »Adler« des Herrn Papa aus der Garage fuhr und ihn rückwärts wieder hineinrangierte ... Wie er als Elfjähriger mit vier Klassenkameraden einen Ausflug mit Papas Wagen in das 20 Kilometer entfernte Nordhorn veranstaltete – und prompt auf der Polizeiwache landete ... Wie er als Zwölfjähriger mit Bruder Job sein erstes, privates Motorradrennen über holprige Landstraßen inszenierte und gewann ... Und wie er als Vierzehnjähriger auf Onkel Eduards Motorrad die Einbahnstraßen von Salzwedel munter hinauf- und hinabkutschierte, bis Tante Lise ihn auf der Polizeiwache auslösen mußte ...
Nein, solche Bürschchen gehören nicht an das Steuer eines Motorfahrzeuges. Auch Papa Rosemeyer muß das zugeben, obwohl er selbst nicht ganz unschuldig an Bernds Leidenschaft ist. Hat er doch eigens Holzklötzchen an den Pedalen seines Wagens angebracht, damit die kurzen Beinchen Bernds besser hinablangen können. Und ist er nicht selbst mit dem neunjährigen Jungen über abgelegene Straßen gezuckelt und hat ihn höchsteigenhändig in die hohe Kunst des Fahrens eingewiesen? Papa Rosemeyer sieht also der Führerscheinprüfung seines Sohnes Bernd mit gemischten Gefühlen entgegen.
Aber Ingenieur Diercks soll sein blaues Wunder erleben. Bernd überspringt spielend alle Hürden der theoretischen Prüfung. Er nimmt ein Differential auseinander, er zeichnet ein Getriebe auf, er betet alle Teile des Motors herunter, er kennt die Funktion jedes Hebels, jeder Schraube, jedes Ventils.
Und die Praxis? Bernd kutschiert mit dem Motorrad herum wie ein Akrobat. Er fährt den Wagen wie ein Kinderspielzeug. Anfahren am Berg, zurücksetzen, in eine Parklücke rangieren – das macht er im Schlaf. Und selbst den schweren Lastwagen beherrscht er mit Selbstverständlichkeit. Er wendet auf engster Straße, er fährt ihn millimetergenau an die Verladerampe.
Nach drei Stunden gibt sich Ingenieur Diercks geschlagen. »Was recht ist, muß recht bleiben«, sagt er zu Papa Rosemeyer. »Ihr Junge kann fahren wie kein zweiter. Der wird noch ein berühmter Rennfahrer, wenn das so weitergeht!«
Damals im Jahre 1926 nimmt niemand die Worte des Ingenieurs ernst. Schon gar nicht der 16jährige Bernd, der nur eine Sorge kennt, jeden Groschen seines Taschengeldes zu sparen, um ein eigenes Motorrad kaufen zu können ...

*

Der damals fünfundzwanzigjährige Rudolf Caracciola behält in seinem ersten großen Erfolgsjahr 1926 einen kühlen Kopf. Er läßt sich von dem Caracciola-Rummel, von seinen geschäftlichen und sportlichen Erfolgen nicht verblüffen. Er verkauft werktags seine Autos, fährt sonntags seine Rennen und wuchert mehr mit seinen frisch verdienten Pfunden als es der Charly lieb ist.

Denn jetzt gibt es gesellschaftliche Verpflichtungen für das Paar, Cocktail-Parties, Five-o'clock Tea, Bälle, Empfänge. Charly will repräsentieren. Sie ist eine verwöhnte Tochter aus reichem Haus. Sie möchte einen neuen Pelzmantel, neue Hüte, neue Kleider – passend zu ihrem blonden Haar. Denn Charly ist erblondet, wie es die Mode verlangt. Blond wie Lilian Harvey, wie Brigitte Helm, wie Lee Parry – die großen Stars jener Jahre.

Rudi ist gegen diesen modischen Firlefanz. Er kann die Zeit nicht vergessen, als er mit knurrendem Magen in einem Hinterhofzimmer in Dresden hausen mußte, arm wie eine Kirchenmaus. Nein, für Luxus hat er gar nichts übrig.

Die Händler liefern Pelze, Hüte, Schuhe, Kleider und natürlich auch die Rechnungen. Aber Rudi zahlt nicht. Schließlich kommen die Gläubiger sogar zu uns nach Untertürkheim.

Wir nehmen eines Tages Rudi ernsthaft ins Gebet. Da erst zückt er seufzend sein Scheckbuch ...

Die »Goldenen Zwanziger« Jahre sind angebrochen – nicht nur für Rudolf Caracciola, sondern für ganz Berlin, damals der »Nabel« zwar nicht der Welt, so doch Europas.

Das Brandenburger Tor wird renoviert. die Quadriga vom Rost und die Mauern von den Spuren revolutionärer Kugeln befreit. Der 19-Uhr-Ladenschluß wird eingeführt und der erste Taxiruf. In Potsdam gründet Frau von Linsingen den ersten »Deutschen Damen-Automobil-Club«, und im Kaufhaus Wertheim gibt's die ersten deutschen Ping-Pong-Meisterschaften zu sehen.

Im neuen Funkturm-Restaurant, in sechzig Meter Höhe, spielt eine Neger-Jazzkapelle den Modetanz »Blackbottom«. Im Sportpalast wird ein Münchner Oktoberfest aufgebaut und im »Haus am Wannsee« lassen es sich die Neureichen wohl sein. Im Zoo wird das Planetarium eröffnet, am Anhalter Bahnhof das »Europahaus« und in Saarow-Pieskow, dem Modevorort am Scharmützelsee, findet eine Auto-Schönheitskonkurrenz statt. Fünfhundert Wagen fahren auf – und manche Dame sitzt am Steuer, im Jumperkleid, mit Topfhut, die Zigarette lässig in den Mundwinkel geklemmt.

Man liest mit Stolz und Selbstbewußtsein: Es gibt 523 Millionäre in Berlin. Die Kurse steigen. Die Konjunktur läuft auf vollen Touren. Man kauft auf Stottern, was die Kredite hergeben. Man spekuliert. Es scheint allen gut zu gehn in Deutschland.

Rudi will von all dem Trubel nicht viel wissen. Er will seine Ruhe haben, denn er braucht die Nerven für wichtigere Dinge. Er schläft gerne viel und lange. Vor zehn Uhr steht er nicht auf. Er plätschert ausgiebig in der Badewanne. Er ißt gern, viel und gut und verkauft ganz nebenbei die neuen Mercedes-Wagen.

So liefert er zum Beispiel im Frühjahr 1927 das neueste Mercedes-Modell einem reichen Schweizer namens Mengers direkt vor die Tür seiner prächtigen Villa in Ruvigliana bei Lugano.

»Bleiben Sie ein paar Wochen hier als mein Gast«, sagt Herr Mengers, dem der junge deutsche Rennfahrer sofort gefällt. »Erholen Sie sich von dem Rummel in Berlin«.

Rudi bleibt vier Wochen und speichert neue Nervenkräfte auf für die kom-

mende Rennsaison. Jeden Morgen geht er hinauf zu einer Bank, hoch über dem See, am Hang des Monte Bré, und betrachtet das märchenhafte Panorama: den stumpfen Kegel des San Salvatore, die bunten Häuser von Paradiso und Castagnola. Er kann sich nicht mehr trennen von diesem Anblick, von diesen Farben.
Eines Abends, am Tag vor seiner Abreise, sieht er ein Schild gleich neben der Bank: »Grundstück zu verkaufen.« Eine halbe Stunde später beauftragt er Herrn Mengers: »Bitte, kaufen Sie das Gelände für mich! Ich werde das Geld von Berlin aus überweisen ...«
Wenige Wochen später ist Rudolf Caracciola Besitzer eines Grundstücks in Ruvigliana, in der Schweiz. Damals ahnt auch er nicht, daß dieser Kauf noch einmal schicksalhafte Bedeutung für sein ganzes Leben erlangen wird. Doch das ist zehn Jahre später. Und in diesen zehn Jahren werden sich die Zeiten und Umstände gewaltig ändern ...

GEBURT DES RENNLEITERS

Während Rudolf Caracciola Autos verkauft, Rennen fährt oder sich die Sonne des Tessins auf den Bauch brennen läßt, hat ein gewisser Alfred Neubauer andere Sorgen. Denn seit ich die Rennfahrerhaube endgültig an den Nagel gehängt habe, mache ich mir über die ganze Rennfahrerei meine Gedanken.
Ich habe am eigenen Leibe erfahren, wie verlassen der Mann am Steuer eines stundenlangen, mörderischen Rennens ist – während eines Rennens, in dem jede Sekunde seine letzte sein kann. Auch im Großen Preis von Deutschland 1926 auf der Berliner Avus hat es sich wieder bestätigt: der Mann am Steuer eines Rennwagens ist der einsamste Mensch der Welt.
Er weiß nicht, wer vor, wer hinter ihm liegt, wie groß sein Vorsprung oder Rückstand ist. Er weiß nicht, wieviel Runden er schon gefahren hat, ob er zu schnell oder zu langsam ist. Er weiß oft genug am Ende eines Rennens nicht einmal, ob er gewonnen hat oder nicht.
Nun überlege ich, wie ich ihn am besten aus dieser Verlassenheit erlösen, bei seinem Kampf gegen den äußeren Gegner und den inneren Schweinehund am wirkungsvollsten unterstützen und ihm signalisieren kann, wie groß sein Abstand zu den Konkurrenten ist, ob er Boden gutgemacht hat oder ihn wieder verliert, ob er seinen Motor schonen darf oder ob es höchste Zeit ist, alles auf eine Karte zu setzen, um den Sieg noch aus dem Feuer zu reißen.
Mit anfangs noch primitiven Mitteln entwickle ich ein einfaches und doch raffiniertes System von Zeichen, Fähnchen, Tafeln, eine geheimen Signaldienst, der Fahrer und Rennleiter an der Box ständig in Kontakt miteinander hält.
Damals, im Jahr 1926 setze ich mich mit den Fahrern zusammen, mit Caratsch und dem alten Werner, dem gutmütigen Merz, dem schneidigen Adolf Rosenberger und dem bedächtigen Willy Walb. Ich weihe sie in meine neue Zeichensprache ein, die fortan die Verständigung zwischen Fahrer und Boxe ermög-

lichen, den Mann am Steuer aus seiner Einsamkeit erlösen soll. Auch für die Fahrer knobeln wir eine Art Zeichensprache aus.
Zum Beispiel: Rechter Zeigefinger kreisend erhoben heißt: »Wieviel Runden noch?« Zeigefinger nach vorn oder Daumen nach hinten bedeutet: »Wie groß ist der Abstand zum Vorder- oder Hintermann?«
Bei meinen Erfahrungen am Steuer schneller Wagen, am Semmering, in Monza oder bei der Targa Florio ist mir eins klar geworden: wenn man sich in diesen schweren Rennen künftig behaupten will, muß man die Zeit zum Sieg vor allem dort gewinnen, wo die anderen sie verlieren: an den Boxen, den Ersatzteillagern, beim Tanken und beim Reifenwechsel.
Darum organisiere ich den Dienst an den Boxen, den Einsatz der Mechaniker beim Reifenwechsel, Tanken, Wassernachfüllen bis in die letzte Einzelheit. Jeder Handgriff muß sitzen, jede Bewegung muß genau geübt werden, zehnmal, hundertmal, tausendmal, bis man sie im Schlafe kann.
Ich entdecke, daß mein eigentliches Talent nicht im Fahren, sondern im Organisieren, Planen und Leiten der Rennen liegt.
Der Tag kommt, an dem meine »Erfindung« die Feuerprobe erleben soll, beim Solitude-Rennen, am 12. September 1926. Da stehe ich vor unserer Box, ein schwarz-rotes Fähnchen in der Faust, ein paar Tafeln in der Tasche.
Es sind noch Minuten bis zum Start. Da kommt ein Herr mit rotem Kopf wütend auf mich zugeschossen. Es ist Herr Kroth, der Sportpräsident des ADAC.
»He – Sie!« donnert er mich an. »Was suchen Sie hier auf der Strecke? Verschwinden Sie schleunigst hinter der Box.«
»Ich werde nicht hinter der Box verschwinden«, sag ich ruhig. »Ich bin der Rennleiter.«
Kroth ringt nach Luft. »Der Rennleiter? Sind Sie von Sinnen? Der Rennleiter bin ich!«
»Gewiß«, sage ich. »Sie sind der Rennleiter der Veranstaltung, und ich bin der Rennleiter vom Mercedes-Team. Ich muß hier stehen, um meinen Leuten Zeichen geben zu können.«
»Zeichen? Was ist denn das schon wieder für ein neumodischer Unfug?« brummt Kroth. »Wenn durch Ihren Mumpitz die Fahrer irritiert werden und ein Unglück geschieht, dann sind Sie verantwortlich. Verstanden?« Spricht's und stapft wütend von hinnen.
Aber es geschieht kein Unglück – im Gegenteil. Alle drei Mercedes-Wagen kommen als erste durchs Ziel. Wir siegen auf der ganzen Linie. Und zum erstenmal lenke ich die Fahrer an unsichtbaren Fäden durch das Rennen.
An jenem 12. September 1926 feiert der Rennleiter im modernen Sinne seine Geburt. Damals ahne ich selbst nicht, welche Bedeutung meine »Erfindung« noch einmal erlangen wird. Denn noch fehlt die große Bewährung in einem schweren Rennen. Sie wird zwei Jahre später kommen, auf einer Strecke, die 1926 noch niemand kennt: auf dem Nürburgring ...

PREMIERE AM NÜRBURGRING

In jener Zeit des ersten großen Wirtschaftswunders gibt es auch Gegenden in Deutschland, wo man noch Elend und Hunger kennt. So eine Gegend ist das Städtchen Adenau in der Eifel, im ärmsten aller preußischen Landkreise.
Landrat Dr. Creutz hat schwere Sorgen. Wie lockt man Fremde – und damit Geld – in die gottverlassene Eifel? Mit landschaftlicher Schönheit? Mit blühendem Ginster und grünenden Wäldern? Das ist nicht genug. Die Snobs, die Massen wollen Rummel und Lärm, wollen Sensation und Nervenkitzel. Das ist der Zug der Zeit. Man braucht eine Attraktion. So etwas wie die Avus in Berlin, wie das Autodrom in Monza oder Monthléry. Eine Rennbahn – rings um die Hohe Acht, um die Ruine der alten Nürburg, das wäre eine Sache ...
Der Landrat Creutz ist ein Mann voller Pläne und Energie. Was er macht, packt er mit festen Fäusten an. Er legt ein scharfes Tempo vor.
31. Januar 1925: der ADAC-Club von Adenau hat Gründungsfeier. Landrat Dr. Creutz hält eine Rede und erwähnt zum ersten Male sein Projekt.
31. März 1925: Die Pläne für ein Arbeitsbeschaffungs-Programm in der Eifel liegen bereits auf dem Schreibtisch des preußischen Wohlfahrtsministers Hirtsiefer.
29. April 1925: Die ersten Pläne für Rennen auf der neu zu bauenden Strecke werden ausgearbeitet. Dann dröhnen zwei Jahre lang die Bagger und Betonmixer in der Eifel. Tausende von Arbeitern räumen zehntausende Kubikmeter Erde, Sand, Steine, Holz.
18. Juni 1927: Baurat Eichler eröffnet die Strecke rings um die Nürburg. Es gibt Reden, Blumen, Dankesworte. Wohlfahrtsminister Hirtsiefer spricht und auch der Reichsverkehrsminister Koch. Es kommen die Präsidenten des ADAC und des AvD. Ein Flugzeug wirft einen Kranz ab und ein Priester weiht die Strecke. Und in all dem Trubel steht still und bescheiden ein Mann, in dessen Augen Tränen schimmern. Sein Werk ist nun vollendet. Es ist der Landrat Dr. Creutz.
Vierundzwanzig Stunden später, am 19. Juni 1927 um 10.23 Uhr, heulen zum ersten Male die Kompressoren auf dem Nürburgring. Das große Eröffnungsrennen wird gestartet. Zum ersten Male sind Namen wie Karussell, wie Fuchsröhre, Schwalbenschwanz und Antoniusbuche in aller Munde. Die 2000 Bürger von Adenau kommen aus dem Staunen nicht heraus. Sie zählen 28 360 Kraftfahrzeuge auf den Parkplätzen. Dazu Besuchermassen, die mit Omnibussen und Sonderzügen der Reichsbahn herangefahren werden. 150 000 Menschen, die Geld ausgeben, Geld, das die Kassen der Hoteliers, Gastwirte, Kaufleute füllt wie nie zuvor ...
Oben, auf dem Ring, orgeln pausenlos die Rennwagen durch 172 Kurven der 28,3 Kilometer langen Strecke, erreichen den höchsten Punkt bei Start und Ziel, jagen hinab nach Breidscheid, das 300 Meter tiefer liegt. Nach drei Stunden ist der Kampf entschieden. Ein Mann beherrscht das Rennen von der ersten Runde an. Er heiß Rudolf Caracciola. Auf den Plätzen folgen Christian Werner und Adolf Rosenberger – alle auf Mercedes.

Abends ist Siegesfeier im Hotel Adenauer Hof. Landrat Creutz steckt Rudi den »Goldenen Nürburg-Ring« an die Hand – eine Auszeichnung, die künftig jeweils der Schnellste aller Klassen erhalten soll.

Der Oberpräsident der Rheinprovinz hält eine Rede. Er preist den Dr. Creutz als wahren »Vater seines Kreises«.

Schon ein paar Jahre später ist der Lorbeer des Dr. Creutz verwelkt. Da kommen die Nazis an die Macht. Sie haben etwas gegen den Landrat. Er paßt nicht in ihre politischen Vorstellungen. Und dann gibt es hämisch flüsternde Stimmen, die behaupten, 15 Millionen für eine solche Rennbahn seien ein bißchen viel gewesen. Mit Verdächtigungen, mit Begriffen wie »Veruntreuung«, »Unterschlagung« geht die Hetze weiter. Immer offener werfen die Feinde des Landrates dem Dr. Creutz vor, er habe gar zu üppig mit Spesen, Reisekosten um sich geworfen. Schließlich kommt es zur hochnotpeinlichen Untersuchung.

Dr. Creutz kann zwar nachweisen: Es hat teures Geld gekostet, die internationale Presse einzuladen, hohe Startgelder für prominente Fahrer zu zahlen. Aber – es hilft ihm nichts. Die Nazis wollen, daß er geht. Und Landrat Dr. Creutz muß verschwinden. So hat man dem Mann gedankt, der die schönste, schwerste und wohl auch berühmteste Rennstrecke Europas schuf. Dr. Creutz hat diese Schmach nie mehr verwunden.

Jahre später geht irgend etwas in seinem neuaufgebauten Geschäft schief. Und plötzlich gräbt man die alten Vorwürfe wieder aus. Da greift Dr. Creutz, den man einst als wahren »Vater seines Landkreises« feierte, zur Pistole und schießt sich eine Kugel in den Kopf. So endet das Leben jenes Mannes, dem man eigentlich heute noch am Nürburgring ein großes Denkmal setzen müßte.

*

Knapp vier Wochen nach der Eröffnung des Nürburgringes kommen schon wieder Hunderttausende in die einsame Eifel. Der II. Große Preis von Deutschland soll entschieden werden. Und natürlich ist wieder alles, was im Rennsport gut und berühmt ist, zur Stelle.

Ich kann dieses Rennen nicht schildern, ohne zuvor einen Mann vorzustellen, der zu den besten, aber gewiß nicht glücklichsten Fahrern jener Epoche gehörte, der im Jahr 1927 schon fast das vierzigste Lebensjahr erreicht hat und doch erst seine wirklich große Zeit als Rennfahrer erlebt: Otto Merz, den wir den »guten Bären« nannten. Er ist wohl das größte Orignal, das mir je im originellen Völkchen der Rennfahrer begegnete.

Otto Merz ist ein Schwabe aus dem Neckartal. Er gehört zur Fahrabteilung der Daimler-Werke. Auch er hat seine Rennlaufbahn als Beifahrer begonnen. Er ist ein Hüne mit breiten Schultern, mit Pranken wie ein Löwe und Muskeln wie ein Bär. Und er liebt es, seine Kraft unter Beweis zu stellen. Er hebt den Betriebsingenieur Alfred Neubauer trotz dessen 220 Pfund Gewicht mit einer Hand auf einen Wirtshaustisch. Er drückt der zierlichen Baronin Wentzel-Mosau, der Frau eines unserer besten Herrenfahrer, so herzhaft die Hand, daß ihr Ehering so verbogen wird, daß er nur noch mittels einer Kneifzange entfernt werden kann. Beim Reifenwechsel an der Box benötigt Otto Merz keinen Wagenheber – er lupft den dreiunddreißig Zentner schweren Mercedes SSK mit beiden Händen an, so daß die Monteure nur noch einen Bock unter die Achse zu schieben brauchen. Er schlägt mit der flachen Hand vierzöllige Nägel mit einem einzigen Hieb tief in ein Brett – als wäre es das reinste Fliegenklatschen.

Das Gesicht von Otto Merz weist die Spuren ungezählter Stürze auf. Es ist von Narben so zerschnitten, daß es einer Maske gleicht. Seine Schädelbrüche, seine lädierten Knochen, seine inneren Verletzungen sind kaum noch zu zählen. Aber seine Begeisterung für den Motorsport haben sie nicht dämpfen können.

Otto Merz ist so gutmütig wie er groß und stark ist. Er ist 1889 geboren und ein Stück fleischgewordener Zeit- und Motorsportgeschichte.

Als junger Mann wird er Beifahrer des berühmten Herrenfahrers Willy Poege, eines Chemnitzer Elektromotoren-Fabrikanten. Er nimmt schon 1908 an der 1. Prinz-Heinrich-Fahrt teil, die dreitausend Kilometer kreuz und quer durch Deutschland führt. Er erringt mit seinem Chef im gleichen Jahr einen ehrenvollen fünften Platz im Großen Preis von Frankreich.

Später wird er Fahrer des österreichischen Brauereibesitzers und Sportmäzen Theodor Dreher, dessen Stammbetrieb noch heute das beliebte »Schwechater Bier« herstellt. Auf einer Fahrt nach Triest, wo Dreher einen Zweigbetrieb unterhält, erleiden sie einen Unfall: Dreher stirbt auf der Stelle, Merz wird schwer verletzt und ringt wochenlang mit dem Tod.

Merz wird Fahrer des Grafen Boos-Waldeck, des Flügeladjutanten von Erzherzog Franz Ferdinand. Am 28. Juni 1914 in Serajewo lenkt er den Wagen, der unmittelbar hinter dem Fahrzeug des Erzherzogs und seiner Gemahlin fährt. Er wird Augenzeuge des Attentats und trägt den tödlich getroffenen Thronfolger die Stufen zum Palais des Landespräsidenten empor. Der Erzherzog stirbt in seinen Armen.

Während des Ersten Weltkrieges gelangt er nach Stuttgart und wird dort Mitglied der Einfahrabteilung und damit fast automatisch – Rennfahrer.

Er beweist in den zwanziger Jahren, daß er zu den besten deutschen Fahrern gehört. Am Klausenpaß, auf der Solitude, in Österreich und Rumänien holt er sich manchen Pokal und manche Medaille. In Spanien gewinnt er den Großen Preis von Europa.

Er wird zur Betreuung prominenter Kunden von Daimler-Benz eingesetzt. Er führt Männer mit klingenden Namen unsere Wagen vor: Adolf Hitler und dem König von Afghanistan, Aman Ullah, dem Papst in Rom und dem deutschen Ex-Kaiser Wilhelm II. in seinem Doorner Exil.

Der Wagen für den Papst ist streng nach den Regeln des vatikanischen Protokolls konstruiert: der Sitz des Heiligen Vaters ist in der Mitte des Wagens angebracht, niemand darf neben ihm sitzen. Es handelt sich um eine Art Thronsessel, mit antikem Stoff bespannt, während auf der Holzverkleidung Schnitzereien aus dem Kloster Beuron nachgebildet sind, einer ehrwürdigen Benediktiner-Abtei bei Sigmaringen.

Der Spezialwagen für den Ex-Kaiser ist mit dicken Panzerplatten und kugelsicherem Glas ausgestattet. Hinter dem Sitz des Fahrers befindet sich ein zweiter Tachometer, damit der auf Pünktlichkeit sehr bedachte Kaiser stets die Geschwindigkeit kontrollieren konnte. Auf Wunsch von »S. M.« war er nicht blau, sondern feldgrau lackiert – »Wie einst unsere Kriegsschiffe«.

Kaiser Wilhelm bemängelte nur eins, als Otto Merz den Wagen ablieferte: das Fehlen der Taschen für seine – Generalstabskarten ...

Nun also schreiben wir den 17. Juli 1927, und Otto Merz startet auf einem Mercedes SSK im Großen Preis von Deutschland für Sportwagen.

Bereits in der dritten Runde stellt er einen neuen Rundenrekord auf – mit der damals phantastischen Zeit von 103,1 km/st.

Schon eine Runde später gehört dieser Rekord der Vergangenheit an. Christian Werner, der schlanke Riese mit dem Römerkopf, ist noch schneller durch das Kurvenlabyrinth gefegt. Die neue Rundenbestzeit lautet: 105,6 km/st.

Es gibt einen erbitterten Kampf zwischen zwei Mercedes-Wagen an der Spitze: zwischen Werner und dem schneidigen Draufgänger Adolf Rosenberger. Die beiden jagen sich gegenseitig zu Tode. Dahinter lauert Otto Merz auf seine Chance. Er weiß: dieses Tempo muß seine Opfer fordern!

Er rechnet richtig. Plötzlich läuft Rosenbergers Motor unregelmäßig, wird schwächer, wird langsamer. Er hält an der Box, sieht betrübt unter die Haube: festgefressene Kolben. Aus der Traum vom Sieg ...

Das Rennen geht weiter. Das Rennen kennt keine Gnade, kein Pardon. Hunderttausende erleben zum ersten Male die echte, mitreißende Nürburg-Atmosphäre, das nervenzermürbende Geheul der Kompressoren, den Gestank von Benzin, Rizinus und versengtem Gummi.

Die Meldungen von der Strecke überstürzen sich:

Der Bugatti von Kappler fliegt aus der Kurve. Prinz Schaumburg stellt seinen Mercedes an der Boxe ab. Getriebeschaden. Dort sitzt schon seit zwei Runden ein junger Mann und muß sich das Rennen untätig mit ansehen: Rudolf Caracciola. Auch bei seinem Mercedes klappt etwas nicht ...

Am Kilometer 11,3 zerreißt ein Schrei aus tausend Kehlen die Luft: der »Pluto« von Reich schleudert und rast eine Böschung hinab ...

Graf Kalneins Bugatti tut nicht mehr mit. Irgendwo im Mittelfeld kämpft tapfer eine zierliche Frau unter all den starken Männern: Elisabeth Junek, Bankiersgattin aus Prag.

Jetzt lautet die Spitzengruppe: Werner – Merz – Walb. Alle auf Mercedes.

Merz wird schneller. Runde um Runde schiebt er sich näher an Werner heran. Ob er es schaffen wird? Oder ob der fuchsschlaue Werner sich noch ins Ziel retten kann?

Nicht Fahrkunst entscheidet dieses Rennen, sondern das, was auch der beste Rennfahrer nicht entbehren kann: das Glück.

Es lächelt Otto Merz zu.

Christian Werner hat Reifendefekt.

Er verliert wertvolle Minuten. Merz zieht vorbei. Übernimmt die Führung. Gibt sie bis zum Ziel nicht mehr ab.

Es ist sein größter Sieg.

Auf den Schultern tragen die Mechaniker ihn und seinen Beifahrer Eugen, Sohn des berühmten Otto Salzer, zu den Tribünen.

*

Der Sommer des Jahres 1928 hat es in sich. Über ganz Deutschland brütet eine Hitzewelle. Das Thermometer klettert auf 35 Grad im Schatten.

Dazu jagt eine Sensation die andere: In Friedrichshafen tauft die Tochter von Graf Zeppelin das Riesenluftschiff »LZ 127« auf den Namen ihres Vaters. Max Schmeling wird zum ersten Male Deutscher Meister im Schwergewicht. In Doorn empfängt Kaiser Wilhelm die Ozeanflieger Köhl, Fitzmaurice und Hünefeld. In Amsterdam rüstet man zur Olympiade.

Am 15. Juli 1928 aber sind aller Augen in Deutschland zum Nürburgring gerichtet. Dort stehen 34 Wagen am Start zum III. Großen Preis von Deutschland. An den Masten wehen die Fahnen von England und Frankreich, von Italien, der Tschechoslowakei und Deutschland.

Ettore Bugatti, der berühmte Konstrukteur, hat Mercedes-Benz den Kampf angesagt. Er hat 17 Wagen zur Nürburg geschickt. Ich weiß: das gibt einen Kampf bis aufs Messer. Denn der große Bugatti versteht etwas von Autos. Nur ein paar tausend Wagen hat er hergestellt, seit er vor zwanzig Jahren sein Werk ins Molsheim im Elsaß eröffnete. Aber diese Wagen sind eine einsame Klasse für sich.

Der gebürtige Italiener und Wahlfranzose Bugatti stammt aus einer Bildhauerfamilie. Kein Wunder, daß jeder Wagen, der seine Fabrik verläßt, ein wahres Kunstwerk ist. Entsprechend sind die Preise: Rund 35 000 Reichsmark muß man damals für einen rasanten 8-Zylinder-Kompressor auf den Tisch von Monsieur Bugatti zählen.

Die Wagen sammeln sich am Start. Das reinste Panoptikum ist aufmarschiert. Typen, von denen sich heute kaum noch jemand etwas träumen läßt. Da sind dicke NAGs, da steht der grüne Bentley von Englands Meisterfahrer Tom Birkin. Ich sehe Talbots und Amilcars und dann einen »Pluto« neben einem »Philo« stehen. Und dort leuchtet knallgelb gar ein »Dixi« mit Kompressor, der unsern großen Brummern zeigen will, was eine schnelle Runde ist. Vor allen andern aber thronen unsere elf stolzen »weißen Elefanten«, die Mercedes Super-Sport-Kompressor, kurz »SS« genannt. 33 Zentner schwer, wirken sie wie Mammuts neben den zierlichen blauen Bugattis. Aber wehe, wenn die 160 Pferdekräfte entfesselt sind, die Dr. Porsche ihnen unter die Motorhaube gezaubert hat ...

Ich sehe auf die Uhr. Es ist noch eine halbe Stunde Zeit bis zum Start. Ich gehe an die Box der Bugatti-Werksmannschaft, um einen Höflichkeitsbesuch abzustatten.

Dort sind die ganz Großen jener Tage versammelt: der elegante Graf Brilli-Peri, mit dem berühmten Loch in der Nase, aus dem er wie ein Walroß faucht, wenn er wütend ist. Dann der feurige Minoia und, fast schüchtern, ein junger Mann mit dunklen Samtaugen und einem gebräunten Gesicht. Er trägt einen

azurblauen Overall und um den Hals ein rotes Seidentuch mit weißen Punkten.
»Louis Chiron«, stellt der italienische Rennleiter Constantini vor. »Sein Vater in Monaco wollte ihn zwar ins Hotelfach stecken – aber Louis hat sich fürs Rennfahren entschieden.«
In seiner Begleitung sehe ich klein und zierlich eine Frau wie aus reinstem Porzellan mit platinblondem Engelshaar und funkelnden, gar nicht so engelhaften Augen.
»Madame Hoffmann-Trobeck«, sagt Constantini.
Das ist sie also, die in Rennfahrerkreisen fast schon sagenhafte »Baby«, die Frau eines schwerreichen Schweizer Fabrikanten, der auch die Nerka-Zündkerzenwerke besitzt und sich aus Reklamegründen einen eigenen Rennstall unterhält. Baby leitet dieses Team und all die wilden Gesellen am Volant werden klein, friedlich und gehorsam, wenn Baby nur den kleinen Finger hebt.
Star des Nerka-Stalls ist der junge Louis Chiron, und es gehen Gerüchte um, die von einer Liebelei zwischen Louis und Baby wissen wollen.
Auch Rudi Caracciola und Baby begegnen sich an diesem 15. Juli 1928 zum ersten Mal – und zwischen beiden springt sofort ein Funke über.
Aber zunächst ist es nur Sympathie, mehr nicht. Erst Jahre später werde ich mich noch einmal an diese erste, flüchtige Begegnung zurückerinnern ...
Es ist fünf Minuten vor zehn, und gleich wird das Rennen beginnen. Es geht um 18 000 Mark und einen massiven Goldpokal.
Sportpräsident Kroth senkt die Flagge. 34 Wagen jagen mit heulenden Kompressoren an den Tribünen vorbei, durch die Südkehre und verschwinden in Richtung Hatzenbach-Kurve.
Zehn, zwölf, fünfzehn Minuten vergehen. Dann orgeln sie heran, drüben, von der Hohen Acht herüber. Ein weißer Wagen mit der roten Nummer »6« schießt als erster die breite Betonpiste herunter: Rudi Caracciola führt! Dahinter noch drei andere Mercedes: Werner ... Walb ... Merz! Erst dann, schon jetzt mit großem Abstand, das restliche Feld.
Aber ich freue mich zu früh. In der zweiten Runde fehlt plötzlich Willy Walb. Ist etwas geschehen?
Endlich, wie eine Erlösung, tönt die Stimme des Ansagers aus dem Lautsprecher: »Achtung, Achtung ... Der Mercedes von Willy Walb ist von der Bahn gekommen und ausgeschieden. Der Fahrer ist unverletzt.« Wir atmen auf.
Noch haben wir genug Eisen im Rennen. Und noch führt Rudi weit vor dem gesamten Feld. Ich sehe Charly über die Schulter, wie sie die Zeiten notiert:

1. Runde: 104,8 km/Std.
2. Runde: 107,9 km/Std.
3. Runde: 108,4 km/Std.
4. Runde: 109,8 km/Std.
5. Runde: 111,6 km/Std.

Diese 111 Stundenkilometer sind absoluter Rundenrekord. Ich gebe ihm das Zeichen, ruhiger zu fahren, den Motor zu schonen, denn nun beginnt bereits das große Massensterben: Modersohn schiebt seinen NAG auf den Randstreifen: Ölwannenschaden. Paul Bischoffs »Chiribiri« schleudert aus der

Kurve. Flammen züngeln aus dem Motor. Bischoff rettet sich mit Müh und Not. Mombergers Bugatti verliert den linken Kotflügel. Dann quillt weißer Wasserdampf aus dem Kühler. Die Pumpe ist defekt. Aus ist der Traum vom Sieg. Prinz zu Leiningen knallt mit seinem Amilcar gegen die Böschung. Sanitäter zerren ihn bewußtlos aus dem Sitz. Es sieht schlimmer aus, als es ist: ein kaputtes Bein, mehr nicht.

Vorn aber jubelt der Kompressor von Rudi Caracciolas »SS«, als gelte es schon jetzt, den großen Sieg zu besingen. Und hinter ihm, weit vor den andern, die »weißen Elefanten« von Merz und Werner. Wo bleiben sie – all die berühmten Asse Frankreichs und Italiens? Wo sind die Chiron und Brilli-Peri, Minoia und der Bentley des berühmten Tom Birkin? Klar abgeschlagen kurven sie im Mittelfeld herum.

6. Runde: In der Fuchsröhre bricht ein Entsetzensschrei aus tausend Kehlen: der Amilcar von Halle schneidet die Kurve zu scharf und kommt von der Bahn. Dreck wirbelt auf, der Wagen überschlägt sich, bleibt liegen. Daneben eine leblose Gestalt. Lungenquetschung. Tot ...

Das Rennen geht weiter: Der Bugatti des Tschechen Junek hält an der Box. Kerzenwechsel. Seine Frau Elisabeth löst ihn ab. Etwas später rast Seibel gegen eine Böschung. Sein Bugatti brennt aus. Seibel wird mit schweren Brandwunden in das Krankenhaus von Adenau gebracht. Louis Chiron hält an der Box. Er flucht, daß ich ihn bis zu uns herüber höre. Die Bremstrommeln glühen. Jemand schüttet einen Eimer Wasser über Fahrer und Wagen. Gräfin Einsiedel stellt ihren Bugatti ab. Der Motor ist sauer. Burggaller gibt auf: Getriebeschaden ...

Am Wehrseifen, wo die Menschen wie Trauben an der Strecke hängen, schießt ein hellblauer Bugatti tollkühn in die Kurve und verschwindet in Richtung Breidscheid. Junek hat seine Frau wieder abgelöst. Jetzt will er beweisen, daß er fahren kann, besser als seine Frau. Er will nicht im Schatten von Elisabeth stehen. Im Breidscheid, am tiefsten Punkt des Ringes, stößt die Kurve steil in ein Gefälle. Junek nimmt das Gas keinen Millimeter weg. Ist er denn des Teufels? Die Menschen schwenken Taschentücher, jubeln – doch der Jubeluf erstickt, wird jäh zum Entsetzensschrei ...

Der Wagen wischt durch die Kurve, die Reifen kreischen hell, fast ängstlich. Verzweifelt zerrt Junek am Steuer, der Wagen will nicht mehr gehorchen ... ein Krachen, Staub wirbelt auf, Erdbrocken ... dann ist alles still. Dort hinter der Böschung liegt der Wagen. Vier Räder ragen hilflos in die Luft, drehen sich sirrend leer.

Oben, an der Box, wartet Elisabeth Junek auf ihren Mann. Der gelbe Talbot von Urban-Emmerich schießt heran und hält an der Box. Der Tscheche steigt aus. Sein Gesicht ist bleich unter der Staubkruste. Er geht auf Elisabeth zu, bleibt stehen, will etwas sagen, bringt kein Wort über die Lippen. Plötzlich reißt er den Arm vor das Gesicht. Ein Schluchzen schüttelt seinen Körper. Elisabeth senkt den Kopf. Sie weiß alles ...

Die Flaggen gehen auf Halbmast. Auch Dr. Bittmann, der dritte tschechische Teilnehmer, gibt auf. Doch das Rennen kennt keine Gnade. Es geht weiter.

9. Runde. Werners »SS« rollt an die Box.
Christian Werners Augen leuchten weiß in dem ölverschmierten Gesicht. Er deutet mit dem Kopf auf seinen linken Arm. Jetzt sehe auch ich: der Arm hängt schlaff herab. Im Gelenk ausgekugelt . . .
Damals hatten diese verfluchten, 33 Zentner schweren Brocken eine harte Steuerung, die kaum gedämpft wurde. Da konnte es passieren, daß die schlingernden Vorderräder dem Fahrer das Lenkrad förmlich aus der Hand, den Arm aus den Gelenken rissen.
Wir heben Werner aus dem Wagen. Baron Wentzel-Mosau, Gutsbesitzer aus Züllichau und Rennfahrer aus Leidenschaft, stürzt herbei. Er versteht etwas von Medizin. Ich höre Werner vor Schmerz brüllen wie einen Stier, als der Baron ihm mit schnellem, gewandtem Griff den Arm wieder einrenkt.
Wer soll den Wagen übernehmen? In diesem Augenblick kommt eine Gestalt im zerfetzten Overall angestapft, die Rennhaube in der Hand.
Es ist Willy Walb, der in der zweiten Runde stürzte, der die Kilometer von der Unfallstelle bis zu den Boxen zu Fuß querfeldein gelaufen ist. Er ist todmüde, die Nerven sind überreizt, aber er ist aus hartem Holz geschnitzt. Er steigt in den Wagen Werners. Gerade orgelt Otto Merz vorüber, als Willy Walb das Rennen wieder aufnimmt.
10. Runde. Caracciola kommt an die Box gefahren. Der rechte Hinterreifen ist zerfetzt. Reifenwechsel! Zwei kostbare Minuten verrinnen. Rudi stürzt ein Glas Wasser hinunter. Die Kehle ist wie ausgedörrt vom Staub, von der sengenden Hitze. Ein Wunder, wie dieser schwächlich scheinende junge Mann mit dem gewaltigen Wagen fertig wird . . .
11. Runde: Caracciola will den Verlust wieder gutmachen. Er fährt einen phantastischen Stil. Mit 200 Sachen zischt er an den Tribünen vorüber – und das mit einem Wagen, auf dem ich heute keine 80 mehr fahren möchte.
12. Runde: Was ist los? Hat Rudi sich zuviel zugemutet? Hat er den Motor übernommen? Er ist um vieles langsamer. Er hält an der Box. Ich sehe schon von weitem, es stimmt etwas nicht. Matt hängt er im Sitz.
»Was ist, Rudi?« frage ich. »Warum fahren Sie nicht weiter?« Ich blicke in ein aschgraues Gesicht. »Ich kann nicht mehr . . .« stammelt er. »Die Hitze . . .« Dann sinkt er in sich zusammen. Ich zerre Rudi aus dem Wagen. Schon ist Charly heran. Wir stützen ihn, während er mit unsicher taumelnden Schritten in den Schatten der Box schwankt. Schweratmend lehnt er an der Balustrade.
Was nur soll jetzt geschehen? Aufgeben? Jetzt, kurz vor dem Sieg? Sechs Runden vor Schluß des Rennens? Ich fühle förmlich die lauernden Blicke von der Box der Bugatti-Leute.
Ich sehe mich um. Dort hockt Christian Werner auf einem Schemel und kühlt noch immer den lädierten Arm.
»Werner«, sage ich, »können Sie nicht den Wagen vom Caracciola übernehmen?«
»Herr Neubauer . . . beim besten Willen, nein . . .«
Ich flehe: »Mensch – 18 000 Mark stehen auf dem Spiel! Der Sieg, die Ehre . . . wollen Sie alles den andern schenken?«

Ein kurzes Zögern. Dann reckt sich Werner, der alte Haudegen, auf. »Los«, sagt er. »Macht mir schnell Leukoplastbandagen. Ein oder zwei Runden werde ich durchhalten. Bis dahin habt ihr den Rudi vielleicht wieder fit ...«
Fast wäre ich ihm um den Hals gefallen. Ja, diese Alten!
Wir haben kein Leukoplast, aber wir haben fünf Zentimeter breite, gummierte Isolier-Bänder in unserem Werkzeugkasten. Die wickelt Baron Wentzel-Mosau um Werners Schultergelenk und pappte sie auf die nackte Haut, so gut es eben geht. Zwei Minuten später rauscht der weiße Mercedes mit der Nummer »6« in Richtung Hatzenbach davon, hinter unserm braven Otto Merz, der inzwischen die Führung übernommen hat. Dicht hinter Werner aber jagt die Meute der Bugattis, mit Chiron und Brilli-Peri an der Spitze. Sie lauern auf jedes Schwächemoment ...
Dann kümmern wir uns um Caracciola. Zwei Runden haben wir Zeit, ihn wieder auf die Beine zu bringen: dreißig Minuten. Wir legen ihm kalte Kompressen in den Nacken und waschen ihm das Gesicht mit einem Schwamm. Die Sohlen seiner Schuhe sind angesengt. Er hat Brandblasen an den Füßen. Das kommt vom Gaspedal. Die Motorhitze hat sich auf das Pedal übertragen, hat es nahezu glühend gemacht. Wir arbeiten wie die Sekundanten eines Preisboxers kurz vor dem Gong zur letzten Runde. Und langsam kommt Rudi wieder zu sich. Ich sehe auf die Uhr. Noch fünf Minuten.
»Werden Sie es schaffen, Rudi?« frage ich.
»Nee, es geht nicht mehr«, sagt er leise und mit schwerer Zunge.
»Nur zwei Runden sollen Sie fahren«, flehe ich. »Dann kann sich Werner wieder erholen und das Rennen zu Ende fahren.«
Rudi reißt sich zusammen. »Ich will's versuchen.«
Gleich darauf hält Werner. Die breiten Isolierbandstreifen haben sich gelöst. Die Haut darunter ist gerötet. Die Schmerzen durch die Erschütterungen des Wagens haben ihm das Wasser in die Augen getrieben. Er hält das Steuer nur noch mit einer Hand.
Dann läßt sich Rudi in den Sitz des Wagens fallen, mit verkrampftem Gesicht schaltet er und – jagt davon.
Wir nehmen uns den Werner vor. Ein Kübel Wasser wird ihm einfach über den Kopf geschüttet, eine Zitrone zwischen die Zähne geklemmt, neue Bandagen werden angelegt. Werner stöhnt. Ich braue schnell ein Glas »Rennfahrermixtur« zusammen. Ein Rezept, das ich meinem alten Freund, Graf Kolowrat, verdanke: Malaga, schwarzer Kaffee, Zucker, Eidotter, einige Gewürze.
15. Runde ... 16. Runde ... ich gebe Rudi das Zeichen. Er hält. Schweißnaß, mit unnatürlich bleichem Gesicht, mühsam und krampfhaft atmend. Er ist wirklich völlig fertig. Und trotzdem hat er den schweren Wagen glänzend gefahren, hat die Position als zweiter gehalten und zu dem führenden Merz sogar etwas aufgeholt.
»Los, Werner – jetzt fahren Sie die letzten zwei Runden! Jetzt gilt's!«
Und der alte Recke klemmt sich hinter das Steuer, während Rudi mehr tot als lebendig in einer Ecke zusammenklappt.
Werner beißt die Zähne zusammen. Er jagt Otto Merz, der noch immer an der

Spitze liegt, den Mann mit den Bärenkräften, der als einziger diese Hitzeschlacht ohne Ablösung durchgestanden hat. Fünf volle Stunden lang ...
Werner will Revanche nehmen für die Niederlage im letzten Jahr – und Otto Merz möchte seinen Sieg wiederholen. – Und schon sieht es so aus, als ob dem »guten Bären« das Kunststück gelingen will.
Die letzte Runde: Merz führt 500 Meter vor Werner, als die Wagen in der Hatzenbachkurve verschwinden. Er spürt den Verfolger im Nacken und wird nervös. Er drückt noch einmal auf das Gaspedal und reißt den schweren Wagen tollkühn durch die Unglückskurve von Breidscheid.
Zu tollkühn! Die Reifen schlittern über den heißen Asphalt, quietschen schrill ... plötzlich ein scharfer Knall ... Die Gummiauflage am rechten Hinterrad fliegt weg, die Leinwand liegt bloß. Der Wagen schleudert. Merz kämpft wie ein Löwe mit dem 33 Zentner schweren Brocken, zwingt ihn zurück auf die Bahn, stellt ihn wieder gerade. Er verliert kostbare Sekunden bei diesem Manöver.
Christian Werner nutzt seine Chance. Er gibt Gas, überdreht sekundenlang den Motor und – flitzt an Merz vorbei, braust davon in Richtung Ziel.
Ich traue meinen Augen nicht, als gleich darauf der weiße Mercedes mit der Nummer »6« über das Zielband fegt. 98 Sekunden später erscheint mit zerfetztem Hinterrad, in den Augen Tränen der Enttäuschung, der brave Otto Merz. Weitere acht Minuten zurück folgt Willi Walb. Und mehr als eine Viertelstunde vergeht, bevor der Bugatti des Herrn Chiron in Sicht kommt.
Der alte Christian Werner und der junge Rudi Caracciola haben gemeinsam die Sonnenschlacht am Nürburgring gewonnen – trotz ausgekugeltem Arm, Hitzschlag und versengten Fußsohlen. Sie teilen sich die 18 000 Mark und den Goldpokal. Christian Werner steckt sich den »Goldenen Nürburg-Ring« an den Finger.
Es ist der letzte große Sieg des alten Recken. Bald darauf wird er von einer hartnäckigen Heiserkeit befallen. Als man die Ursache erkennt, ist jede Hilfe schon zu spät. Christian Werner stirbt am 17. Juni 1932 an Kehlkopfkrebs.
Otto Merz, der »gute Bär«, wie Dr. Porsche ihn nennt, verdient sich auf dem Nürburgring für sein Stehvermögen einen Sonderpreis des ADAC. Als einziger Teilnehmer hat er das Rennen ohne Ablösung durchgestanden. Ich kenne nur einen Fahrer der Welt, der fast dreißig Jahre später einmal ähnliches geleistet hat. Er ist damals noch ein halbes Kind und heißt – Juan Manuel Fangio.

*

An einem Felsen unweit der Kurve von Breidscheid können Sie noch heute zuweilen einen Strauß bunter Feldblumen liegen sehen. Das ist die Stelle, an der vor dreißig Jahren der Bankier und Herrenfahrer Junek aus Prag zu Tode stürzte. In den Jahren vor dem Zweiten Weltkrieg pflegte Elisabeth Junek alljährlich zum Todestag ihres Mannes hierherzukommen. Heute sind es Bauern der Umgebung, die eines Toten gedenken, den sie kaum dem Namen nach mehr kennen.

Ich aber werde Elisabeth nie vergessen. Ich sehe sie noch heute vor mir – mit ihrem aschblonden Haar, der zierlichen Figur, der sanften, wohltönenden Stimme.
Die Rennfahrerin Elisabeth Junek war kein entfesseltes Mannweib im Kampf mit hundert Pferdekräften, im Gegenteil. Am Steuer ihres gelb-schwarzen Bugatti-Rennwagens wirkte sie genauso damenhaft und elegant wie im Salon ihrer Villa an der Moldau, mit dem großen Park und dem herrlichen Blick auf die »Goldene Stadt«. Sie war die erste Frau, die versuchte, das damals schwerste Rennen, die berühmte »Targa Florio« in Sizilien, zu gewinnen.
Auf dieser mörderischen Strecke heimste Elisabeth Junek im Jahr 1928 unvergänglichen Ruhm ein. Vier Runden lang gab es einen dramatischen Kampf zwischen den berühmtesten Rennfahrern Europas und der kleinen, zierlichen Frau aus Prag. So etwas hatte die Welt noch nicht gesehen: der große Campari und der »göttliche« Albert Divo, der Schwarm aller Mädchen zwischen Paris und Rom, wurden von einer unbekannten Frau gehetzt, bis sie ins Schwitzen kamen. Über 400 Kilometer ging das Duell. Dann erst triumphierte männliche Ausdauer über weibliches Können. Mit Mühe und Not rettete sich Campari, Divo, Conelli und Chiron noch vor Elisabeth Junek ins Ziel.
Elisabeth jedenfalls erkämpfte sich einen ehrenvollen 5. Platz, mit nur neun Minuten Rückstand hinter dem Sieger. Weit hinter ihr landeten Minoia, der neue Star Fagioli und berühmte Männer wie Dreyfus, Maserati, wie Borzacchini, Materassi oder Graf Brilli-Peri. Diese Stars am Rennfahrerhimmel der damaligen Zeit kamen zum Teil mit weit mehr als einer Stunde Rückstand hinter Elisabeth zum Ziel.
Nach dem tragischen Tod ihres Mannes hat Elisabeth Junek sich nie wieder an das Steuer eines Rennwagens gesetzt. Sie lebt heute in Prag und ist mit einem tschechischen Wissenschaftler verheiratet. 1968, am vierzigsten Todestag ihres ersten Mannes, suchte sie den Gedenkstein am Nürburgring auf. Das Wiedersehen mit ihr gehört zu meinen schönsten Erlebnissen.
Das Andenken an jene zierliche, tapfere Frau, die einst die beste Rennfahrerin Europas war, wird in unseren Herzen immer weiterleben.

ÄRGER IN IRLAND

Für Elisabeth Junek bedeutete das Rennen auf dem Nürburgring 1928 ein Ende. Für Rudolf Caracciola bedeutet es einen neuen Höhepunkt. Ganz Deutschland jubelt ihm zu, er kassiert Preise und Prämien. Er kommt nach meiner Schätzung in diesem Jahr auf runde 100 000 Mark. Das ist ein Vermögen für einen jungen Mann von achtundzwanzig Jahren. Rudi hat alles, was er sich wünschen könnte: ein dickes Bankkonto, einen Beruf, der ihn ausfüllt – und vor allem eine schöne und kluge Frau, die darauf achtet, daß Rudi bei seinen Verträgen nie zu kurz kommt.
In seinem Geschäft am Kurfürstendamm geben sich die Kunden die Türklinke

in die Hand. Eines Tages kommt auch Peter Birnholz, ein junger Rennfahrer und guter Freund von Rudi, in den Laden. Er trägt eine Jacke, aus deren Schlitz ein kleines winselndes Wollknäuel hervorsieht.

»Darf ich dir Moritz vorstellen? Er stammt aus bester Familie und ist ein etwas verspätetes Hochzeitsgeschenk für Charly und dich!« sagt Birnholz.

Der Dackel Moritz wird sich in den nächsten Jahren zum idealsten Rennfahrerhund entwickeln, der je die feuchte Nase in den Fahrwind gehangen hat. Moritz wird kein Rennen seines Herrchens versäumen. Er wird auf dem Boxenrand sitzen, ganz still und ohne zu bellen. Seltsam aber und nur mit dem unglaublichen Instinkt eines liebenden Hundeherzens zu erklären: Wenn Rudis Wagen heranrollt, schon beginnt Moritzens buschiger Schweif zu wedeln. Ich bin heute noch überzeugt davon, daß Moritz seinen Herrn am – Fahrstil zu erkennen vermochte. Moritz wird das für einen Dackel biblische Alter von 17 Jahren erreichen, bevor er seine treuen Hundeaugen für immer schließt. Heute ruht er in Rudis Garten – unter Palmen und Zypressen.

Während Rudolf Caracciola sich so ein bürgerliches Leben zurechtzimmert und noch nichts von den Stürmen ahnt, die es bald gefährden werden, versuche ich zum ersten und einzigen Male in meinem Leben, bei einem Autorennen ein gutes Geschäft für meine eigene Rechnung zu machen.

Und das kommt so: Eigentlich sollte es Hochsommer sein, August im Jahre 1929. Wir merken nicht viel von Sommer, als wir zum Training für die RAC-Tourist-Trophy in Nordirland eintreffen. Es regnet Bindfäden.

Wir machen uns nicht viel draus. Rudi Caracciola hat längst bewiesen, daß er ein vorzüglicher Regenfahrer ist. Und der bullige Otto Merz bildet's sich zumindest ein . . .

Wir fahren beste Zeiten. Und das schönste ist: unsere englischen Sportfreunde merken es kaum. Sie nehmen uns nicht für voll. Drüben kennt man nur einen Tom Birkin, einen Earl Howe oder einen Campbell. Wer ist schon Herr Caracciola? Oder gar Herr Merz? Lächerlich!

»Man sollte das ausnutzen«, sagt Direktor Gaedertz, der Chef unserer Londoner Filiale, der Dolmetscher für mich spielt. »Die Wetten liegen günstig für uns. Für einen Sieg von Caratsch oder Merz gäbe es mindestens vierzigfaches Geld!«

In England ist es nämlich üblich, auch bei Autorennen zu wetten, genau wie bei Pferde- oder Windhundrennen.

»Das klingt recht vielversprechend«, sag ich und zücke gleich die Brieftasche. »Bitte setzen Sie doch je zehn Pfund Sterling für mich auf Sieg, und noch mal zehn auf Platz, und zwar für beide – Caracciola und Merz.«

Das Rennen beginnt. Es gießt immer noch in Strömen. Ein paar Tropfen stammen nicht von Petrus, sondern von meiner Stirn. Schließlich habe ich vierzig Pfund, also achthundert Mark zum Buchmacher geschleppt.

Das Rennen wächst sich zu einer wahren Wasserschlacht aus. Eine halbe Million Iren tobt und brüllt trotzdem vor Begeisterung. 46 Wagen fallen aus: alle Amerikaner, alle Franzosen, die meisten Engländer. Gegen Ende des 600-Kilometer-Marathonrennens machen nur noch 23 Wagen mit. Weit in Führung liegt – Rudi Caracciola, naß bis auf die Knochen. Italiens Meisterfahrer und Amateur-Tenor Campari versucht vergebens, aufzuholen. Otto Merz hält einen guten zweiten Platz. Ich sehe schon goldene Berge auf mich zurollen. Da passiert eine Panne. Merz hält an der Box. Der Kotflügel vorn rechts hat sich gelöst, schlägt klappernd gegen den Reifen.

»Blechschere her!« schrie ich. »Los – abzwacken!« Aber ein Merz braucht keine Blechschere für solche Lappalien. Er packt den Kotflügel mit beiden Händen. Ein kurzer Ruck – und schon wirft er das Blech auf den Rücksitz, gibt Gas und jagt davon.

Da tippt mir ein Herr mit Melone und Vollmondgesicht auf die Schulter. »Mister Neubauer – das ist ein Verstoß gegen die Rennordnung! Der Wagen darf nicht ohne Kotflügel fahren!« »Moment«, sag ich. »Die Regel lautet: Alle Teile des Wagens müssen im Rennen mitgeführt werden . . .«

»Stimmt. Aber dort, wo sie hingehören. Ein Kotflügel gehört nicht auf den Rücksitz, sondern an den Reifen.« Er blättert in einem Büchlein und zitiert: »Etwa abgerissene Teile müssen mit an Bord befindlichen Werkzeugen wieder befestigt werden. So leid es mir tut, Ihr Wagen muß disqualifiziert werden.«

Kurz darauf ist das Rennen zu Ende. Caracciola siegt, Merz wird Zweiter. Da kommt auch schon ein Herr von der hohen Rennbehörde auf mich zu. Mir schwant Böses. »Mister Neubauer«, sagt der Funktionär, »es tut mir leid – aber der Wagen von Merz kann nicht gewertet werden.«

In solchen Situationen platzt dem Neubauer Fredl leider allzuoft der Kragen. Ich brülle, ich tobe, ich sage wenig schöne Dinge. Aber alles Lamentieren nutzt nichts. Die Iren bleiben eisern. Und mein schönes, auf Merz gesetztes Platzgeld ist flöten . . .

»Herr Caracciola – bitte zur Siegerehrung an die Tribüne!« schallt es da über die Lautsprecher.

Rudi setzt sich in Marsch.

»Mann, Rudi!« brülle ich über den Platz »Gehen Sie nicht hin! Diese verfl . . . Schweine haben unsern Merz disqualifiziert!«

Aber Rudi ist noch ganz im Tran, er hört mein Gebrüll nicht. Stur trottet er zur Tribüne, um seinen Pokal abzuholen.

Immer noch wütend stapfe ich rüber zu den Buchmachern, um wenigstens meinen Gewinn für Rudis Sieg einzukassieren. Und siehe da: Der Buchmacher blättert mir den Gegenwert von 5000 Mark auf die Hand. Das ist Balsam für meine Wunden.

Ich habe den ganzen Ärger von Belfast schon vergessen und sitze längst wieder in meinem Büro in Untertürkheim, als mich unser Direktor Schippert vor seinen Thron zitieren läßt.

»Herr Neubauer«, sagt er, und seine Stirne ist umwölkt, »was haben Sie denn bloß da drüben in Belfast angestellt? Soeben teilt mir die Oberste Britische Sportbehörde mit, daß man Sie drüben nie wieder zu sehen wünscht. Angeblich haben Sie das irische Volk als ›Schweine‹ bezeichnet.«

»Ach du meine Güte«, seufzte ich, und alle Sünden fallen mir wieder ein. »Aber damit hab ich doch nur die Sportkommission gemeint . . .«

Der Direktor Schippert hat zum Glück Verständnis dafür, daß man mal aus der Haut fahren kann. Ich aber setze mich hin und schreib' einen Entschuldigungsbrief an die Oberste Britische Sportbehörde.

EIN-MANN-RENNSTALL

Das Jahr 1929 geht zu Ende. Wieder kann Rudolf Caracciola auf eine stolze Siegesliste zurückblicken. Über all dem Rennfahren merken wir kaum, wie sich düstere Wolken am Himmel unserer wirtschaftlichen Hochkonjunktur zusammenbrauen. Doch eines Tages platzt unverhofft die Bombe – genau am 29. Oktober 1929.

An diesem Tage gibt es in der Wallstreet einen gewaltigen Börsenkrach. Innerhalb von Stunden stürzen die Kurse von schwindelnden Höhen ins Bodenlose. Menschen, die morgens noch Millionäre waren, sind abends Bettler. Verkaufen heißt die Parole. Rette sich, wer kann!

Eine Lawine kommt ins Rollen und pflanzt sich nach Europa fort: In London machen die Groß-Spekulanten Hatry und Löwenstein Konkurs. In Wien wackelt die Bodencreditbank. In Kopenhagen kriselt der Plum-Konzern. In Frankfurt ist die Allgemeine Versicherungs-AG zahlungsunfähig. In Kassel, Gotha, Lübeck, Kiel schließen alte, angesehene Banken ihre Schalter.

Und in Berlin zieht der Sklarek-Skandal immer weitere Kreise. Oberbürgermeister Böss und zahlreiche Stadträte sind darin verwickelt. Die Deutsche Beamten-Bank stellt ihre Zahlungen ein. Vor den Depositenkassen stehen Tausende von kleinen Sparern vergebens Schlange ...

Die Zahl der Arbeitslosen schnellt erstmals über eine Million, die Konkursverluste erreichen die Milliardengrenze. Die Kurse fallen, die Steuern steigen, der Diskontsatz wird gesenkt. Täglich melden Zeitungen Veruntreuungen, Flucht oder Selbstmord von Spekulanten und Finanzkapitänen. Die schillernde Seifenblase der Wirtschaftsblüte ist geplatzt. Zurück bleibt der faulige Gestank nach Betrug und Korruption.

Und am 17. November 1929 zieht bei den Gemeindewahlen eine neue Fraktion in das Berliner Stadtparlament ein. Sie hat 13 Mitglieder, und an ihrer Spitze steht ein gewisser Dr. Josef Goebbels.

Die große Pleite geht auch an unserm Sport nicht vorüber. Wer keine gutgepolsterte Brieftasche besitzt, muß seinen SSK, seinen Bugatti oder Alfa in die Garage schieben. Das ist nicht leicht für den, der diesen faszinierenden Sport liebt.

*

Ende 1930 rollt die Lawine der Wirtschaftskrise auch auf unseren berühmten Rennfahrer Rudolf Caracciola zu.

Eines Morgens erhält er einen Einschreibebrief mit dem Absender der Daimler-Benz AG in Untertürkheim und der Unterschrift des Generaldirektors Dr.

Kissel. In diesem Brief ist viel von »angenehmer bisheriger Zusammenarbeit . . .«, »Bedauern«, »sinkender Produktion«, »hohen Unkosten« und »Absatzkrise« die Rede. Er enthält die Kündigung des Rennfahrervertrages.
Einige Tage später sitze ich in meinem Büro in Untertürkheim und blicke zum fünftenmal verstohlen auf die Uhr. Es ist zehn nach vier. Seit einer Stunde schon ist Rudolf Caracciola nun beim Chef, bei Generaldirektor Dr. Kissel. Die junge Frau mit dem aparten Bubikopf, die mir gegenübersitzt, trommelt nervös auf der Tischplatte.
»Noch 'nen Schluck, Charly?« frag' ich und greife zur Cognacflasche.
Sie nickt. Ich fülle die Gläser. Die Uhr tickt. Charlys Hände trommeln. Draußen rattert ein Lastzug vorüber. Aber kein Laut dringt durch die ledergepolsterte Tür, die ins Büro von Dr. Kissel führt. Hinter dieser Tür kämpft ein Mann um seine Existenz, um seinen Lebensinhalt. Ich weiß, es ist ein aussichtsloser Kampf. Auf der einen Seite das Schicksal eines einzelnen Mannes – auf der anderen die Ziffern der Bilanz der Daimler-Benz AG in jener dunklen Wirtschaftskrise anfangs der dreißiger Jahre.
Die Tür geht auf. Herein kommt, mit gesenktem Kopf, Rudolf Caracciola. Ich täusche mich nicht. In seinen sonst so kühlen Augen schimmert es feucht. Fragend sehe ich ihn an, obwohl ich eigentlich schon die Antwort kenne. Müde fährt Rudis Hand durch die Luft. »Aus . . . alles aus!«
Charly springt auf, packt Rudi bei den Schultern, rüttelt ihn. »Aus? Nie und nimmer! Wir machen weiter, Rudi! Wenn nicht mit den Herren von Mercedes, dann eben ohne sie!«
Rudi verzieht den Mund. »Wie stellst du dir das vor?«
»Ganz einfach – wir kaufen uns einen eigenen Wagen und fahren auf eigene Faust. Vielleicht mit einem Alfa Romeo. Rennleiter Giovannini hat uns bereits einen Vertrag für's nächste Jahr angeboten!«
Ich spritze hoch wie elektrisiert. »Rudi, Mann Gottes! Ein Caracciola auf einem italienischen Wagen? Das ist ein unvorstellbarer Gedanke!«
»Warum eigentlich?« fragt Rudi. »Immerhin sind meine Vorfahren vor ein paar hundert Jahren aus Italien ins Rheinland eingewandert. Also . . .«
Ich wische mir den Schweiß von der Stirn. »Aber . . . Sie können doch nicht einfach zur Konkurrenz gehen . . . das grenzt doch an Landesverrat!«
»Mein lieber Don Alfredo«, sagt Rudi, »Sie wissen genau, daß ich Deutschland ebenso liebe wie Sie und jeder andere gute Deutsche. Aber sie können nicht verlangen, daß ich von heut auf morgen meinen Beruf als Rennfahrer an den Nagel hänge, nur weil es Mercedes einfällt, keine Rennen mehr zu fahren . . .« Und damit geht er hinaus.
Rudolf Caracciola – bei den Italienern! Zusehen müssen, wie Rudi auf einem dieser roten Flitzer durch die Gegend braust, während ich daheim am Schreibtisch sitzen muß . . . unfaßbar! Ich zermartere mir das Hirn. Und eines Tages hab' ich einen Schlachtplan fertig.
Ich bitte Rudi erneut nach Untertürkheim und zeige ihm den Entwurf zu einem neuartigen Rennvertrag. »Wir stellen Mechaniker, Beifahrer und den Rennleiter. Wir tragen die allgemeinen Unkosten für Transport und Repara-

turen, Reifen und Betriebsstoff. Sie erhalten alle Prämien, Preise, Startgelder. Als Gegenleistung müssen Sie den Wagen selbst kaufen: einen SSK, zum Vorzugspreis von 20 000 Mark.«

Charly zögert, auf diese Bedingungen einzugehen. Sie läßt durchblicken, daß die Italiener von Alfa Romeo günstigere Vorschläge unterbreitet haben.

Aber für diesmal läßt sich Rudi nicht – wie sonst so oft – geschäftliche Entscheidungen durch Charly abnehmen. »Ich bin bei Mercedes groß geworden – und ich bleibe dabei, so lange man mir hier überhaupt noch eine Chance bietet, auch weiterhin Mercedes zu fahren. Da kommt es auf ein paar tausend Mark mehr oder weniger nicht an.«

Wir suchen gemeinsam Dr. Kissel auf, um seine Zustimmung zu diesem Kompromiß zu erlangen. Dr. Kissel ist ein vorsichtiger Mann. Er spricht von sinkenden Absatzziffern, Kurzarbeit, steigenden Kosten und drohender Krise.

Aber ich erinnere ihn an eins seiner Lieblingsworte: »Masse spricht für sich selbst – Klasse bedarf der Werbung.« Ich weise darauf hin, daß es kaum eine bessere Werbung gibt – als ein gewonnenes Rennen.

Dr. Kissel überlegt lange. Ich werde nie den Augenblick vergessen, als er schweigend an das Fenster seines Büros tritt. Es ist ein trüber Wintertag. Drüben, vom Dach des Hauptgebäudes, hebt sich undeutlich der Dreizack des Mercedes-Zeichens gegen den Himmel ab.

»Es gibt Wolken, die den guten Stern von Untertürkheim verdunkeln«, sagt er plötzlich.

»Aber es gibt auch Menschen, die trotzdem weiter an diesen guten Stern glauben«, erwidere ich. »Menschen wie Rudolf Caracciola. Sollen wir uns da beschämen lassen?«

Dr. Kissel lächelt. »Gut. Sie haben wieder mal gewonnen, Neubauer. Der Vertrag ist perfekt.«

An diesem Tag im Winter 1930 wird der »Ein-Mann-Rennstall« des Rudolf Caracciola geboren. Er besteht aus Rudi und seiner Frau Charly, aus dem Beifahrer Wilhelm Sebastian, dem Monteur Zimmer – und aus dem Rennleiter Alfred Neubauer, der wieder ruhig schlafen kann, seit er weiß: die Rennen gehen weiter.

Aber eines ist gewiß: Diesmal wird es heißer hergehen als je zuvor. Denn im Jahr 1931 wird Rudolf Caracciola seine Rennen mutterseelenallein gegen die Elite der ganzen Welt fahren müssen. Kein Christian Werner wird ihn ablösen, wenn ihn der Hitzschlag trifft, kein Otto Merz, kein Willi Walb wird ihm Schrittmacherdienste leisten oder die Gegner vom Halse halten . . .

*

Vorerst macht Rudi sich keine Gedanken darüber, was ihm bevorsteht. Er nimmt Frau, Hund und Ski und zieht auf ein paar Monate nach Arosa, dem neuen Modekurort in der Schweiz.

Nach Arosa flüchtet sich die große Welt. Hier ist von Krise noch nicht viel zu merken. Hier erholt sich vom letzten Börsenkrach, wer sich's noch leisten

kann: Großherzöge, Großbankiers, Großschieber, und natürlich das lustige Völkchen von Bühne, Film und Sport.
Man geht zum Skijöring, zum Skeleton- oder zum Bobrennen. Man sieht den Prince of Wales inkognito Schlitten fahren und den deutschen Kronprinzen mit einer Blondine schäkern. Filmstar Brigitte Helm vertauscht die Ufa-Jupiterlampen mit Original-Schweizer Höhensonne. Kabarettist Wilhelm Bendow flüchtet in die Waldeinsamkeit. Im »Kulm« flirtet der elegante Rennfahrer Louis Chiron aus Monaco mit einer entzückenden Blondine namens »Baby«, die damals noch eine Madame Hoffmann ist. Auf dem Obersee haben sie ein Netz gespannt: Tenniscrack Prenn liefert der deutschen Spitzenspielerin Paula von Reznicek eine Partie »Eistennis«. Das ist garantiert der »letzte Schrei«.
Das Fremdenblatt von Arosa veröffentlicht ein Interview mit dem prominenten Kurgast und Rennfahrer Hans Stuck: *»Auf jeden Fall wird 1931 mein letztes Rennjahr sein. Man soll aufhören, wenn es am besten schmeckt.«* Der gute Hans hat damals nicht geahnt, daß sein »Appetit« noch fast drei Jahrzehnte anhalten und mit der Dauer immer größer werden sollte ...
Rudi kümmert sich nicht um den Klatsch, um die Sorgen der oberen Fünfhundert. Er liebt es, allein mit Charly über die Pulverhänge zu fegen. Skifahren ist sein großes Hobby. Doch eines Abends schleift Charly ihren Rudi zum Eishockey. Da ist die Hölle los. Die eleganten Damen aus Paris, Berlin und London stoßen schrille Schreie aus, als »Justav« Jänecke vom »Berliner Schlittschuh-Club« dem EHC Arosa den siebenten Treffer in den Kasten setzt.
»Das ist große Kunst!« lobt Charly begeistert.
»Unsinn«, brummt Rudi. »So ein bißchen mit 'ner Kelle herumfuchteln – das können wir schon lange!«
Und am gleichen Abend gründet er den »Eishockey-Club Föhn«. Von »Mann«-schaft kann man allerdings nicht reden, »Weiblein« sind nämlich auch dabei – also gemischt. An prominenten Mitgliedern ist kein Mangel. Und zwei Tage später steigt das erste Spiel – gegen eine Jugendmannschaft von Arosa.
Nach einer Viertelstunde bricht der Arzt das Treffen beim Stand von 11:0 für Arosa ab. Die Sanitäter kommen mit der Arbeit nicht mehr nach: Hans Stuck hat ein blaues Auge, Rudi ein geschwollenes Knie, Charly eine Beule am Hinterkopf. Brigitte Helm humpelt nach Hause, und die Schauspielerin und Schönheitskönigin Grete Reinwald hat einen Kratzer – zum Glück nur am Popo. Louis Chiron ist außer Puste, Baby hat sich vor Begeisterung die Kehle heiser geschrien. Nur Paula von Reznicek ist noch einsatzfähig.
Das ist das erste und einzige Spiel der Herren und Damen mit den schwarzen Pullovern und der gelbroten Flammenschrift »EHC FÖHN« auf dem Rücken.

*

Ich habe Ihnen nun schon ein paarmal den Namen »Hans Stuck« genannt. Sie werden mir erlauben, daß ich kurz ein halbes Dutzend Jahre zurückschalte, um meine erste Begegnung mit diesem hervorragenden Sportsmann zu schildern.

Es ist 1925. Ich wohne als Untermieter bei Frau Kless, einer lieben alten Dame, in der Seestraße in Stuttgart. Eines Tages komme ich hundemüde von einer Tourenfahrt heim, als mich Mutti Kless beiseite nimmt. »Herr Neubauer, damit Sie keinen Schreck bekommen – es sind keine Einbrecher, die heut' nacht im Nebenzimmer Lärm machen werden. Es ist nur der Mann meiner Nichte, ein gewisser Herr Stuck.«

Und dann hör ich eine lange Familiengeschichte. Daß Papa Stuck Direktor bei einer Nähseidenfabrik im Schwarzwald war, Geld wie Heu besitzt und die Mama eine geborene von Villiez ist. Daß Sohn Hans im Ersten Weltkrieg Offizier an der Front war, daß seine junge Frau die Tochter der Exzellenz von Hanstein und eben die Nichte von Mutti Kless ist und er schon drei Kinder sein eigen nennt.

»Was treibt denn dieser Herr zur Zeit?« frag ich ganz nebenbei.

»Ach ... er hat so 'ne kleine Klitsche in Oberbayern, Gut ›Sterz‹ heißt es. Aber leider kümmert er sich kaum noch um seine Landwirtschaft. Er hat nur eins im Kopf – Automobile!«

Na, denke ich bei mir, das macht den Herrn Stuck ja wieder recht sympathisch. Und das gleiche denke ich, als sich eine Stunde später ein wahrer Kleiderschrank von Mann ins Zimmer schiebt: Gardemaß, gebräuntes Gesicht, ein verwegener englischer Schnurrbart unter der mächtigen Nase. Smart – und eine Sportfigur vom Scheitel bis zur Sohle.

Wir sprechen über dies und das, vor allem über Automobile, und nachts hör ich noch lange sein Schnarchen aus dem Nebenzimmer dringen.

Am nächsten Morgen nehmen wir gerührten Abschied voneinander. Ich sehe zu, wie sich der Riesenkerl in ein winziges Wägelchen klemmt.

»Ein Pluto«, sagt er stolz. »750 ccm mit Skiffkarosserie.«

»Pluto?« frag ich grinsend und verbeuge mich vor dem gelb und lila lackierten Zwergautomobil mit dem Hundenamen. »Angenehm – wau-wau!«

»Lachen Sie nicht zu früh«, sagt Herr Stuck. »Auf der Rennbahn wird Pluto sehr bissig!«

Dann gibt er Gas. Ich sehe ihm kopfschüttelnd nach. Was soll so ein kleiner Landwirt mit Klitsche irgendwo in Oberbayern, mit drei Kinderchen und einer Karikatur von Auto uns von Mercedes schon bedeuten? Kleine Fische ...

Aber in den Jahren nach 1927 gibt es zwischen Neroberg und Semmering, zwischen Tatra, Zirlerberg und Klausenpaß kaum einen Berg oder Maulwurfshügel in Europa, den Hans Stuck auf Austro-Daimler nicht im Rekordtempo erklommen hätte. Er hortet die Plaketten und Pokale kiloweise, und als er keinen Platz mehr für sie hat, läßt er sich flugs eine Schreibtischplatte aus all dem Silber gießen.

Die Ehe mit Mutter Klessens Nichte hält natürlich nicht lange vor. Auch die Landwirtschaft hängt Hänschen bald an den Nagel. Und als er 1930 die Europa-Bergmeisterschaft gewinnt, wird der Name Hans Stuck auch in der breiten Öffentlichkeit ein Begriff.

Während ich in Untertürkheim meine Rennpläne schmiede, während Rudi Caracciola Arosa auf den Kopf stellt, ist hoch im deutschen Norden, im Städtchen Lingen, Weihnachtsmarkt. Es gibt Schießbuden, Riesenräder und Karussells. Die Sensation aber ist die Fahrt an der »Todeswand«.

Mit brennenden Augen starren zwei blondschöpfige Jünglinge auf den tollkühnen Mann, der mit einem unförmigen Motorrad an der senkrecht steilen Wand herumrast.

»Das ist kein Kunststück«, sagt der eine, als der Fahrer wohlbehalten wieder am Boden landet. »Das mach ich nach!«

»Unsinn, Bernd!« sagt der Ältere. »Du willst nur wieder angeben. Du traust dich ja nicht!«

»Wetten?« sagt Bernd. Und schon ist er in der Menge untergetaucht und drängt sich durch die Bewunderer zu dem Mann im Lederdreß mit dem Sturzhelm.

»Lassen Sie mich mal fahren«, sagt er zu dem Todesfahrer.

»Sie?« Der Zirkusmann will sich schier totlachen. »Das ist nichts für Anfänger! Und überhaupt – das wäre gegen die Polizeibestimmungen.«

»Dann nehmen Sie mich wenigstens auf dem Sozius mal mit.«

Der Todesfahrer läßt sich überreden. Und wie ein Lauffeuer spricht sich's in Lingen herum: der stadtbekannte Lausbub Bernd Rosemeyer fährt an der Todeswand . . .

So ein Geschäft hat der Artist mit dem Sturzhelm sein Lebtag nicht gemacht. Alle wollen sehen, wie Bernd sich das Genick bricht.

Aber er bricht es nicht. Als sie wieder heil am Boden gelandet sind, sagt er zum Mann im Lederdreß: »Sie, das ist ja doch kinderleicht. Nur beim Start und beim Anhalten muß man ein bißchen Obacht geben . . .«

Bernd Rosemeyer ist damals ganze zwanzig Jahre alt.

Eines Tages klopft ein Gendarm mit Amtsmiene an die Tür zur Reparatur-Werkstatt »Rosemeyer & Co« in der Bahnhofstraße. Er liefert – gegen Empfangsbescheid – ein Schriftstück ab, das lautet:

Lingen, 23. 11. 29

Sie sind des öfteren wegen Übertretung der Verordnung über den Kraftfahrzeugverkehr (übermäßig schnellen Fahrens und Verursachung von Motorgeräuschen) rechtskräftig bestraft und außerdem häufig verwarnt worden. Ferner sind hier wiederholt Klagen eingegangen darüber, daß Sie auf dem Sattel Ihres Motorrads stehend die Straßen hiesiger Stadt befuhren, wodurch die öffentliche Sicherheit stark gefährdet wurde.

Wir sehen uns daher veranlaßt, Ihnen hiermit wegen Unzuverlässigkeit gemäß § 36 Abs. 1 der Verordnung über Kraftfahrzeugverkehr den Führerschein der Klassen 1, 2 und 3 b bis zum 1. April 1930 zu entziehen.

Der Führerschein wird hiermit eingezogen.

Gez. Schüler, Jende, Buhse, Jansen.

Für den blonden Bernd ist dieser Brief fast wie ein Todesurteil. Nicht einmal die Aussicht auf den nahenden Weihnachtsmann vermag die Wolken von seiner Stirn zu vertreiben.

Doch beim Gedanken an den Weihnachtsmann hat Bernd einen Einfall: er schließt sich in sein Zimmer ein, taucht die Feder in Tinte und schreibt mit großen, steilen Buchstaben:

An das Christkind
per Adresse Polizeibüro Lingen (Ems). *12. 12. 1929*
Lieber Weihnachtsmann!
Wie der Vogel die Luft nötig hat und der Fisch das Wasser, so braucht Bernd Rosemeyer sein Motorrad. Ich kann, das weiß ich heute ganz genau, ohne Motorrad nicht mehr leben.
Was soll ich aber tun ohne Führerschein, der sich zur Zeit in sicherem Gewahrsam befindet? Ich kann nichts weiter tun, als Dir, lieber Weihnachtsmann, zu sagen, daß ich ein anderer geworden bin. Ich will immer artig sein und nie wieder die Polizei betrüben. Aber dafür wünsche ich mir nichts mehr von Dir zum Weihnachtsfest als den Führerschein mit dem Namen: Bernd Rosemeyer.

Am nächsten Morgen macht der Sekretär des Polizeireviers Lingen große Augen. »Christkind?« murmelt er. »Dafür sind wir nicht zuständig . . .«
Er leitet den Brief auf dem Dienstweg weiter. Vielleicht findet sich noch eine zuständige Stelle. Der Brief kommt vom Sekretär zum Obersekretär, vom Obersekretär zum Polizei-Hauptwachtmeister, von diesem per Kurierpost nach Osnabrück, er wandert durch zahllose Instanzen und landet eines Tages auf dem Schreibtisch des Herrn Oberpräsidenten höchstpersönlich.
Der Heilige Abend rückt heran. Der Tannenbaum ist schon geschmückt. Vater Rosemeyer will gerade die Lichter anzünden, da läutet es Sturm. Ein schnauzbärtiger Gendarm steckt seine rote Nase in die warme Stube.
»Hier«, brummt er. »Ein Brief für den Bernd – vom Weihnachtsmann!«
Bernd reißt mit fliegenden Händen den Umschlag auf und – brüllt los, daß die Fensterscheiben zittern: es ist sein Führerschein . . .

MILLE MIGLIA 1931

Wir schreiben das Jahr 1931. Der Ein-Mann-Rennstall Rudi Caracciola steht vor seiner ersten großen Bewährung. Es geht um die »Mille Miglia – 1000 Meilen von Brescia«, das damals schwerste Rennen in Europa.
Im Werk hat man mich nur mitleidig angesehen, als ich unsere Meldung abgab. Ich hör die Herren förmlich hinter meinem breiten Rücken flüstern: »Der Neubauer hat einen kompletten Stich. Mit seinen vier Mann und einem einzigen Wagen will er sich gegen 150 Ausländer in Italien durchsetzen . . .«
Aber ich habe einen dicken Schädel, und die Wand muß erst noch erfunden werden, die ich damit nicht einrennen könnte . . .
Am 11. April 1931 ist ganz Brescia aus dem Häuschen. Vierundzwanzig Stunden noch sind es bis zum Start. Brescia, sonst keine schöne Stadt, hat sich heute

festlich geschmückt. Girlanden überspannen die Straßen, Wimpel und Fahnen wehen von den Häusern. Die letzte Badewanne ist zu Wucherpreisen an die Schlachtenbummler vermietet. Dabei denkt kein Mensch ans Schlafengehen ...
Es ist wie vor einer Wahl, einer Revolution, einer Schlacht. Es brodelt und gärt überall. Ich suche das »Albergo Brescia«, wo ich unsere Mannschaft einquartiert habe. Vor dem Portal gibt es einen kleinen Auflauf. Die Menschen drängen sich um einen riesigen weißen »Hispano«.
»Il Caracciola ...« hör ich andachtsvoll murmeln, als ein Mann aus dem Wagen steigt und sich mühsam durch einen Wald von Autogrammheften kämpft. Ich muß lachen. Das ist doch Theo Matejko – der berühmte Pressezeichner. Er soll für die »Berliner Illustrierte« einen Bericht über das Rennen zeichnen. Man hat ihn mit dem Caratsch verwechselt.
Endlich bin ich in Rudis Zimmer. Rudi liegt auf der Couch und hält den Dackel Moritz auf dem Arm. Charly ringt die Hände, und ein halbes Dutzend Pressefritzen steht neugierig herum.
»Was ist los?« ruf ich. »Etwas nicht in Ordnung?«
»Moritz hat seit gestern keinen Happen gefressen«, tönt es kläglich zurück.
Dieser Dackel, dieses Vieh! Was der mich schon für Nerven gekostet hat. Mal will er nicht Gassi gehen, mal schmeckt ihm das Gulasch nicht, mal hackt er seine Zähne in die Beine des Zimmermädchens ... Nichts wie Ärger macht der Moritz. Aber schließlich muß ich Rudi bei Stimmung halten und bin selber ein Hundenarr. So eile ich ans Telefon und alarmiere sicherheitshalber gleich zwei Tierärzte.
Eine Stunde später sitze ich in Pyjamahosen, Unterhemd und ansonsten barfuß an meinem Schreibtisch. Vor mir liegt eine Karte von Italien. Vier Männer stehen aufmerksam um mich herum: der gutmütige Badenser Wilhelm Sebastian, der morgen Rudis Beifahrer im Rennen sein wird; der lange Monteur Zimmer, den sie »Fridolin« nennen, ein schlauer Schwabe; dann der wilde Karlo Kumpf, ein ehemaliger Mechaniker. Er hat in den Gasthof »Zur Sonne« in Untertürkheim eingeheiratet, aber manchmal vertauscht er noch ganz gern den Duft der gebratenen Schweinshaxen mit einer Nase voll Benzingestank; und endlich Heinrich Kühnle, der früher mal Beifahrer bei Caratsch war.
Ich komme mir vor wie Napoleon vor der Schlacht von Waterloo mit diesem Häuflein. Mir wird heiß, wenn ich an die Konkurrenz denke. Die Alfa-Leute haben neunzig Monteure und 17 Lastkraftwagen zur Verfügung.
Da hilft nur Taktik und Strategie. Ich überlege: Die Strecke ist 1635 Kilometer lang und führt von Brescia über Bologna, Florenz nach Rom, von dort über die Abruzzen zur Adria, nach Ancona. Dann wieder Bologna, Ferrara, Treviso und wieder zurück nach Brescia. Rund 16 Stunden wird der Kampf der Motoren dauern auf guten und auf schlechten Straßen, über Asphalt und Geröll, durch Dörfer, Städte, über Pässe.
Wir müssen drei- bis viermal tanken. Wir brauchen also vier Depots. Aber nur drei Mann stehen zur Verfügung ...
Mein Blick gleitet über die Männer und bleibt an Karlo Kumpf hängen. »Sie, Karlo, müssen für zwei arbeiten«, sage ich.

Der wilde Bursche grinst. »Des ben i g'wohnt, Herr Neubauer . . .«
»Depot 1: im Schwarzen Adler in Siena. Caracciola wird gegen neun Uhr dort eintreffen. Tanken, Reifenwechsel. Dann müßt ihr verladen und sofort zurück nach Bologna. Dort Depot für die Rückfahrt einrichten.« Von Siena bis Bologna sind's 200 Kilometer. Die Straßen werden wegen des Rennens verstopft sein. Sie haben aber sechs bis acht Stunden Zeit. Das muß genügen . . .« Ich packe Karlo Kumpf beim Rockknopf. »Mann, Karlo! Von Ihnen hängt alles ab! Wenn Sie nicht rechtzeitig in Bologna sind, geht das Rennen flöten!«
»Sie können sich auf mich verlassen!« schwört Karlo.
»Depot 2 kommt nach Terni, zwischen Rom und die Adria. Sie übernehmen das, Kühnle.«
Kühnle klappt die Hacken zusammen.
»Sie, Zimmer richten ein Depot in Feltre ein – rund 200 Kilometer vor dem Ziel. Es wird noch dunkel sein, wenn Caratsch dort eintrifft. Spannen Sie ein blau-weißes Mercedes-Transparent 500 Meter vor dem Depot über die Straße – als Vorsignal, damit er rechtzeitig hält.«
12. April 1931: Auf dem Marktplatz von Brescia kann keine Stecknadel zu Boden fallen. Zehntausende stehen Kopf an Kopf. Sie stehen so in jeder Ortschaft, quer durch ganz Italien – eine endlose Menschenmauer, 1635 Kilometer lang. Sie warten auf ihre Helden, auf die Herren der tausend Meilen und hundert Pferde . . .
Um 14.00 Uhr senkt Minister a. D. Turati die grün-weiß-rote Fahne. Der erste Wagen geht auf die Strecke, alle drei Minuten folgt ein neuer. Es ist ein Rennen gegen die Uhr, also kein gleichzeitiger Start. Für jeden der 150 Fahrer tickt vom Moment des Startens eine Stoppuhr mit.
Erst am Spätnachmittag sind die schweren Wagen an der Reihe. Die großen Favoriten: Nuvolari . . . Arcangeli . . . Borzacchini . . . Campari . . . Varzi . . . Gegen alle diese Großen kämpft Rudi Caracciola. Beinahe unscheinbar sitzt er mit seinem Beifahrer Sebastian in dem wuchtigen Mercedes-SSK. Der einzige deutsche Wagen, der einzige deutsche Fahrer.
Ich klopfe Rudi noch einmal auf die Schulter. Charly winkt eine Kußhand herüber. Dann heult der Kompressor auf, und der Wagen verschwindet. Meine Arbeit ist getan. Jetzt ist Rudi an der Reihe, er ganz allein.
»Kommen Sie«, sagt eine weiche Stimme. »Trinken wir ein Gläschen – auf Rudis Sieg.«
Ich blicke in Charlys Augen, die groß sind und klar und voller Vertrauen. Wir gehen in den Club. Dort sitzen die Journalisten, die Funktionäre, die Rennleiter und warten fiebernd auf die ersten Berichte, die von der Strecke kommen.
»Achtung«, quäkt der Lautsprecher. »Meldung aus Mantua . . . Varzi muß wegen Defekts der Wasserpumpe aufgeben . . .«
Dann meldet sich Bologna. Plötzlich ist es mäuschenstill im Raum.
»Achtung«, sagt der Ansager. »Es führt . . . Rudolf Caracciola, Deutschland, auf Mercedes. In neuer Rekordzeit: 154,2 Stundenkilometer Schnitt . . .«
Ich falle Charly vor Rührung fast um den Hals. Die Italianos machen lange Gesichter.

»Fünf Minuten zurück folgt an zweiter Stelle Campari«, verkündet der Lautsprecher. »Dann Nuvolari ... Arcangeli ... sämtliche auf Alfa Romeo.«
Dann wieder Warten, endloses Warten. Eine Stunde und noch eine halbe verrinnt. Charly raucht ihre siebente Zigarette. Ich bestelle die zweite Flasche Chianti.
Endlich – eine neue Meldung. »Hier Florenz. Wir geben Ihnen den neuesten Stand des Rennens bekannt: Es führt noch immer der Deutsche Rudolf Caracciola fünf Minuten vor Nuvolari ... Campari ... Morandi ... Borzacchini ... Arcangeli ...«
Großartig, dieser Junge! Wenn das so weitergeht, landet er als erster in Rom und gewinnt gar noch die Coppa Mussolini! Im Geiste sitze ich neben Rudi im Wagen, fahre hinein in die Dunkelheit, in die Nacht, ich bremse, kupple, gebe Gas und sause mit dem Zeigefinger über den roten Strich, der die Rennroute auf der Landkarte darstellt ...
Dann meldet sich Siena. Wir spitzen die Ohren und – werden blaß. Der Ansager jauchzt förmlich vor Vergnügen, als er meldet: »Achtung ... Achtung ... soeben ist Tazio Nuvolari hier eingetroffen ... dicht gefolgt von Campari ... von dem Deutschen Caracciola ist noch nichts zu sehen ...«
Wo steckt Rudi? Was ist ihm geschehen? Unfall? Panne? Sturz? Ich wage nicht weiterzudenken.
Am Ortseingang von Siena wartet Karlo Kumpf, der Monteur, voller Ungeduld auf den weißen Wagen mit dem Mercedes-Stern am Kühler. Zum zehntenmal blickt er auf die Uhr, und dann wieder die Straße hinab. Wo nur der Caratsch bleibt? Längst sind Nuvolari und Campari vorüber. Unerbittlich rückt der Sekundenzeiger weiter. Zwei Minuten ... drei ... vier ... Da – ein helles Singen: der Kompressor des Mercedes! Engelsmusik für Karlos Ohren. Gleich darauf schießt der Wagen heran, bremst, hält.
»Auftanken!« ruft Rudi und schiebt die Brille hoch. »Hintere Gummis wechseln – Tempo, Tempo!«
Karlo arbeitet bereits wie wild. Sebastian, der Beifahrer, springt aus dem Wagen und hilft. »Großer Mist«, keucht er atemlos. »Auspuffrohr war gebrochen. Mußte fast zehn Minuten bauen ...«
Er hebt die rechte Hand. Sie ist mit einem schmutzigen Taschentuch umwickelt. Karlo sieht dunkle Flecken.
»Mensch, du blutest ja!«
Sebastian nickt. »Ich hab das verdammte Rohr gleich mit der Hand abgerissen, weil's schneller ging. Es war noch ein bißchen heiß ...«
Noch zwei, drei Griffe, dann sitzen die neuen Reifen fest. Rudi stürzt hastig ein Glas Wasser hinunter. Der Motor heult auf. Sekunden später ist der Wagen hinter einer Biegung verschwunden. Karlo Kumpf lädt Reifen, Werkzeug, Kanister auf seinen Lastwagen. Er hat sechs Stunden Zeit, um auf verstopften Straßen die rund 200 Kilometer nach Bologna zu fahren. Dort wird Caracciola zwischen Mitternacht und Morgengrauen auf der Rückfahrt eintreffen – wenn alles gut geht ...
Rudi rast weiter nach Süden, Richtung Rom. Es geht um die Coppa Mus-

solini, um den Ehrenpreis des Duce für den Fahrer, der am schnellsten die Hauptstadt erreicht. Campari und Nuvolari liegen noch immer vor ihm. Er muß die beiden Alfa-Romeo-Fahrer erreichen, auf jeden Fall. Und er holt auf. Meter um Meter, Minute um Minute. Es ist eine Höllenfahrt. Die Scheinwerfer tasten sich durch die Nacht und geben doch viel zu wenig Licht, aber Rudi stört es kaum. Er ahnt die Kurven mehr, als daß er sie sieht. Ortsschilder fliegen vorbei, Häuser, Dörfer, dann wieder ein Meer winkender Taschentücher. Weiter, immer weiter ...

Endlich sehen Rudi und Sebastian weit vorne auf der nächtlichen Straße andere Scheinwerfer leuchten. Das müssen Nuvolari und Campari, die beiden Alfas sein. Immer mehr holt Rudi auf. Noch 300 ... noch 200 Meter ... jetzt gilt es! Aber es ist, als ob sie gegen eine schmutzig-graue Wand fahren würden. Die Scheinwerfer ertrinken in einer Wolke. Rudi fährt mit der Hand über die Brillengläser. Das kann unmöglich Nebel sein. Was ist es nur?

»Staub!« ruft Sebastian.

Aber – woher kommt dieser Staub? Die Straße ist doch asphaltiert? ...

Sie durchfahren eine Ortschaft. Plötzlich ist die Sicht wieder klar. Rudi erkennt die Italiener vor sich. Und mit einem Schlag weiß er Bescheid: Nuvolari fährt scharf rechts, Campari links. Und mit den äußeren Rädern wirbeln sie systematisch den Staub auf, der auf dem unbefestigten Randstreifen lagert. Diese ausgekochten Rennfüchse wollen ihm das Überholen unmöglich machen ...

Rudi läßt nicht locker. Er weiß: nur bei einer Ortsdurchfahrt hat er eine Chance zum Überholen. In den Städten gibt es keinen Staub, den die beiden da vorn aufwirbeln könnten.

Ein Schild: »Roma – 40 km.« Dann ein Ort. Rudi greift an, schiebt sich auf 30, auf 20 Meter an Nuvolari heran. Aber er kann nicht überholen, ohne die Menschen zu gefährden, die trotz der späten Nacht dichtgedrängt am Rand der Straße stehen. Und dann ist der Ort zu Ende, dann wirbelt wieder Staub empor ...

»Noch 30 Kilometer!« brüllt Sebastian ihm ins Ohr.

Wieder eine kleine Stadt. Wieder greift Rudi an. Er setzt alles auf eine Karte. Entsetzt aufschreiend stieben die Zuschauer auf dem Gehsteig auseinander. Um Zentimeter rast der zentnerschwere Wagen Rudis an ihnen vorbei und schiebt sich neben den Alfa von Nuvolari. Sekundenlang überdreht Caracciola den Motor und – überholt Nuvolari, gleich darauf auch Campari.

Rudi führt! Und plötzlich fährt er scharf an den rechten Straßenrand. Mit 120 Sachen fegt er handbreit an den Olivenbäumen vorbei.

Der schwere Mercedes kann das Staubaufwirbeln noch viel besser als die leichten Alfas. Sollen Campari und Nuvolari ruhig die Nase voll bekommen! Allerdings – mit dem Überholen von Campari und Nuvolari ist noch keineswegs alles gewonnen. Das Rennen wird ja gegen die Uhr gefahren. Der Zeitverlust durch das abgebrochene Auspuffrohr ist noch nicht wettgemacht, denn Campari und Nuvolari starteten hinter Caracciola. Auch wenn er sie jetzt überholt hat, nach der Stoppuhr führen immer noch die Alfas.

Wir, Charly und ich, die wir in Brescia im Clubhaus sitzen, wissen vorläufig

nichts von alledem. Die Luft hier drinnen ist zum Schneiden. Es herrscht babylonisches Sprachgewirr. Wetten werden angeboten. Auf Campari, den rennfahrenden Tenor, auf Nuvolari, den Vorjahrssieger, auf den kleinen Borzacchini, auf Morandi, den Geheimtip. Von dem Deutschen Rudolf Caracciola spricht kein Mensch. Unsere Chancen stehen zu schlecht – das verdammte Auspuffrohr!
Paula von Reznicek taucht auf, mit dem langen Hans Stuck im Kielwasser. Sie wollen Bridge mit uns spielen. Bridge! Jetzt mitten im Rennen!
Wir warten, fiebern, zucken bei jeder neuen Meldung zusammen, die Sieg, Niederlage oder – Tod bedeuten kann.
Da: Fanfarenklänge, eine Sondermeldung! Alles springt auf. Irgendwo zerklirrt ein Glas. Die Stimme des Ansagers zittert vor Erregung. »Achtung ... hier Rom! Soeben ist der erste Fahrer hier eingetroffen ... der Gewinner der Coppa Mussolini ... es ist – Tazio Nuvolari!«
Also doch! Ich sinke zerknickt zusammen. Charly hat Tränen in den Augen. Aber rings um uns ist die Hölle los. Sektpfropfen knallen wie Maschinengewehre. Rennleiter Giovannini küßt eine ältliche Matrone. Minister a. D. Turati führt einen Indianertanz auf. Draußen, auf dem Marktplatz, schreien sich zehntausend Italianos die Kehlen heiser. Der Chianti-Konsum steigt ins Sagenhafte.
Minuten vergehen, bevor ich den genauen Stand des Rennens erfahren kann. Dann aber bin ich plötzlich gar nicht mehr so traurig. Dann lasse auch ich eine Flasche Spumante auffahren – denn nach 600 Kilometern liegt an zweiter Stelle, keine zwei Minuten zurück, niemand anders als ... Rudolf Caracciola! Er hat also zumindest den Zeitverlust gegenüber Campari wettgemacht. Mehr noch – er hat ihn auch auf der Stoppuhr überholt, nicht nur auf der Rennstrecke.
Indessen geht die Höllenfahrt weiter, durch die Abruzzen. Schlechte Straßen, Schotter, Kies, Staub und – Schlaglöcher. Enge Kurven, Steigungen, Gefälle. Schluchten und Felsabstürze. Ab und zu ein Gebirgsdorf. Und überall winkende, jubelnde Menschen, Fackeln, Fahnen, Girlanden. Mitternacht ist längst vorüber. Aber wer denkt ans Schlafengehen in dieser Nacht der Tausend Meilen?
Der Motor des Mercedes singt und orgelt in gleichbleibendem, stetigem Rhythmus. Beifahrer Sebastian lehnt sich zurück. Der Fahrtwind peitscht sein Gesicht. Er merkt es kaum. Seine Gedanken wandern zur Mutter nach Mannheim, von wo er fortgelaufen ist, vor vielen Jahren, weil er durchaus ein Rennfahrer hatte werden wollen, der autobesessene »Helmel«, wie sie ihn nannten. Nun – zum Rennfahrer hatte es nicht ganz gereicht. Aber ein erstklassiger Mechaniker ist er geworden, und ein idealer Beifahrer, der sich auf alle Schliche versteht und schon manche Motorenschlacht erlebt hat.
Aber noch nie hat er einen Fahrer wie diesen Rudolf Caracciola neben sich im Wagen gehabt. Unglaublich, wie dieser mittelgroße, fast zierliche Mann den überschweren Wagen meistert. Wie er traumhaft sicher durch die Kurven zieht. Man könnte die Hände über dem Bauch falten, denkt Sebastian bei sich, und

bei 180 Sachen ein Nickerchen machen, so sicher fühlt man sich an seiner Seite. Und er schließt wirklich einen Moment die Augen ...

Aber dann, mit einem Schlage, ist er ganz hell wach. Ist da nicht ein unsauberer Ton im Klang des Kompressors? Ein Geräusch, das nicht in den Rhythmus des Motors passen will? Und – zieht der Wagen nicht unwillig diese Steigung hinauf? Auch Rudi hat es gemerkt. Er sieht Sebastian fragend an. Der nickt. Es hilft nichts, sie müssen anhalten.

Rudi steigt in die Bremsen. Staub wirbelt auf, als die Reifen über den Schotter schleifen. Mit einem Satz ist Sebastian draußen und öffnet die Motorhaube. Die Taschenlampe blitzt auf.

»Verdammt!« schreit er. »Das Gaspedal ist verklemmt. Das Kompressorgestänge verbogen.«

Jetzt heißt es bauen. Und Sebastian »baut« wie nie zuvor in seinem Leben. Er vergißt fast das Atmen, während er mit dem Schraubenschlüssel so sorgfältig und sicher operiert wie Sauerbruch mit dem Skalpell.

Minuten vergehen. Scheinwerfer tauchen auf, kommen näher. Ein Wagen jagt vorbei, schleudert Dreck und Steine hoch. Noch ein Wagen, und noch einer. Alles Alfas ... es ist zum Heulen!

Die Stoppuhr tickt. Fünf Minuten, zehn, fünfzehn, zwanzig – aber endlich richtet sich Sebastian ächzend auf, wirft das Werkzeug in den Wagen, klettert in den Sitz. »Los, ab die Post! Nichts wie druff!«

Rudi beschleunigt den Wagen, daß es Sebastian schwer in den Sitz drückt. Zwanzig Minuten haben sie verloren. Verbissen duckt sich Rudi übers Steuer. Es ist ein Uhr morgens. Die Menschen wanken und weichen nicht, Zigarette zwischen den Lippen, Chiantiflasche in der Faust.

Auch uns in Brescia ist die schwere Panne nicht verborgen geblieben. Die Streckenmeldungen geben genügend Aufschluß. Caratsch hat viel Zeit verloren. Aber auch Nuvolari ist von Reifendefekten geplagt. Und Rudi holt Minute um Minute wieder auf.

Eben wird eine letzte Meldung durchgegeben – Stand des Rennen in Perugia: *1. Borzacchini, acht Stunden, sechs Minuten; 2. Campari, acht Stunden, sieben Minuten; 3. Arcangeli, acht Stunden, vierzehn Minuten; 4. Caracciola, acht Stunden, achtzehn Miniuten; 5. Nuvolari, acht Stunden, sechsundzwanzig Minuten.*

Zehn Stunden geht nun schon die Jagd. Zehn Stunden im Hundert-Kilometer-Schnitt, über Pässe, gute, schlechte Straßen, quer durch ganz Italien. Rudi ist todmüde. Der ganze Körper schmerzt, als ob überall die Nervenenden bloßlägen. Jeder Stoß des Wagens wirkt auf den schmerzenden Schädel wie ein Hammerschlag. Die Hinterbacken fühlen sich an wie rohes Fleisch. Die Haut an den Händen hängt in Fetzen weg. Das Schlimmste aber ist der Kampf mit der lähmenden Müdigkeit. Starr und verglast blicken die Augen, immer schwerer werden die Lider, immer tiefer sinkt der Kopf.

»Aufpassen!« brüllt Sebastian. »Rücken Sie ein Stück!«

Rudi klemmt sich in die äußerste Ecke. Sebastian rückt nach. Jetzt halten sie gemeinsam das Steuer, Rudi links, Sebastian rechts. So geht es leichter.

Da – ein Bahnübergang. Sebastian läßt das Steuer los. Das muß Rudi allein machen. Aber Rudi reagiert vor lauter Müdigkeit zu langsam. An den Schienen macht der Wagen einen Satz, jagt wie ein Geschoß durch die Luft, auf den Bürgersteig zu ... Rudi reißt das Steuer herum, schrill quietschen die Reifen auf, hin und her schleudert der Wagen. Rudi kämpft mit dem Koloß, ein paar hundert Meter weit brausen sie haarscharf an einer Mauer entlang. Dann hat Rudi wieder Gewalt über das jagende Teufelsgefährt. Ausgepumpt und schwer mitgenommen sinkt er in seinem Sitz zusammen. Er nimmt das Gas weg. Der Wagen rollt langsam aus.

»Was ist?« fragt Sebastian. »Ist Ihnen schlecht?«

Rudi schüttelt den Kopf. »Ich schaff's nicht mehr. Das eben war haarscharf an der Katastrophe vorbei ... Wir hören auf.«

»Aber, Herr Caracciola ...« Sebastian hebt fast flehend die Hände. »Wenn's überhaupt einer schafft, dann sind Sie es. Ich kann's beurteilen, bin mit so vielen schon gefahren. Und bei keinem hab ich mich so sicher gefühlt.«

»Trotzdem – jetzt weiterfahren ist glatter Selbstmord.«

»Nicht weiterfahren ist 'ne gottverdammte Schlappheit!« Sebastian schreit es voller Wut. Ein paar Sekunden herrscht eisige Stille, dann legt Caracciola seine zerschundene Hand auf die von Sebastian.

»Sie haben recht, Sebastian. Die Dusche war notwendig. Jetzt geht es schon wieder ...«

Und Rudi holt noch einmal das Äußerste aus dem Wagen heraus. Jetzt allerdings sitzt Sebastian nicht mehr mit gefalteten Händen, jetzt muß er sich mit aller Kraft festhalten, so tollkühn und verwegen jagt Caracciola den Wagen in die Kurven. Es jault und singt unter der Motorhaube, als seien alle bösen Geister losgelassen. Und wenn Sebastian kurz mal herüberschaut zu Caracciola, dann erschrickt er jedesmal von neuem, so unheimlich hat sich Rudis Gesicht verändert – nur noch eine weiße, starre Maske mit hervortretenden Backenknochen, mit Strängen harter Muskeln.

Macerata: Campari hat die Führung erobert vor dem einstigen Motorradmeister Arcangeli. Caratsch liegt nur noch neun Minuten zurück hinter Borzacchini, Nuvolari und Morandi.

Ancona: Campari hält die Spitze. Aber Arcangeli rückt auf. Und mit ihm Borzacchini und Caracciola. Nuvolari und Morandi sind endgültig ausgefallen.

Bologna: Arcangeli ist vorn! Vier Minuten zurück, fast auf gleicher Höhe, folgen Campari, Borzacchini und – Caracciola!

Reifenwechsel, Tanken bei Karlo Kumpf, der es geschafft hat – trotz hoffnungslos verstopfter Straßen – rechtzeitig von Siena nach Bologna zu kommen. Ein Glas Wasser, eine saubere Brille. Dann brüllt der Motor wieder auf. Die letzten 600 Kilometer ...

Jetzt kommen die endlosen Geraden. Und auf diesen Geraden ist der Mercedes SSKL in seinem Element. Die Straße ist wie ein Lineal. Im Osten, über der Adria, bricht der neue Tag heran. Zugleich aber senkt sich eine weiße, milchige Wand herab: Nebel. Nur ganz dicht über der Straße ist noch Sicht.

Vor ihnen fahren die drei Alfas seitlich gestaffelt, um sich gegenseitig mit den Scheinwerfern zu leuchten. Auch Rudi fügt sich in die Formation. Für eine halbe Stunde ruht der Kampf. Die Menschen haben sich gegen einen größeren Gegner verbündet ...

Aber dann geschieht es: An einer Stelle macht die Straße einen leichten Knick. Früher verlief sie geradeaus weiter. Die Bäume, die jene alte Straße säumten, stehen noch an ihren Plätzen, täuschen eine falsche Richtung vor. Zu spät erkennen es die Italiener. Mit 140 Stundenkilometer brausen sie in die alte, aufgelassene Chaussee hinein, rumpeln über Schlaglöcher und Steine, steigen in die Bremsen. Rudi sieht die Alfas von der Straße abkommen. Er schlägt blitzschnell das Steuer ein und bleibt auf der richtigen Strecke.

Kostbare Minuten vergehen, bevor die Italiener auf die Bahn zurückkommen. Arcangeli und Borzacchini haben Defekt. Sie fallen zurück. Sie geben auf. Nur Campari bleibt im Rennen. Wütend macht er sich auf die Verfolgung.

Vierzehn Stunden sind nun vergangen. Rudi fühlt nichts mehr, nicht die blutenden Hände, nicht die Blasen vom glühheißen Gaspedal am rechten Fuß. Er fährt wie ein Automat. Alles, aber auch wirklich alles ist ihm völlig egal. Nur fahren, fahren, fahren ...

Feltre, das letzte Depot vor dem Ziel: Der lange Zimmer, Fridolin genannt, wartet gespannt. Fridolin hat – entsprechend meiner Order – 500 Meter vor dem Depot ein blauweißes Mercedes-Transparent über die Straße gespannt, damit Rudi rechtzeitig bremst.

Zimmer ist unruhig. Rudi und Helmel werden müde sein. Ob sie das Vorsignal erkennen? Er denkt daran, was ihm sein Freund Helmel Sebastian gesagt hat: »Zieh dir auf alle Fälle ein weißes Hemdchen an. Damit wir dich nicht übersehen. Gegen Morgen wird man meistens müde ...« Und Fridolin hat sich ein weißes Hemdchen angezogen.

Endlich erkennt er ein fernes, helles Singen – den Mercedes-Kompressor!

Aber der Klang des Motors verändert sich nicht. Er behält das Tempo bei, verlangsamt nicht. Haben die das Vorsignal nicht gesehen? Fridolin überlegt nicht weiter. Er läuft dem Wagen entgegen, so schnell er nur laufen kann.

Währenddessen döst Sebastian vor sich hin. Rudi starrt auf die Straße. Eine Stadt. Welche ...? Egal ... Nur fahren, fahren, fahren ... Rechtskurve ... Linkskurve ... Kuppeln, Schalten, Beschleunigen ... eine lange Gerade ... 2000 Touren ... 2500 ... 2700 ...

Plötzlich eine Gestalt am Straßenrand, rudert mit den Armen, springt vor ... ein Verrückter? Ein Selbstmordkandidat? Rudi tritt auf die Bremsen.

»Der Fridolin!« brüllt da Sebastian entsetzt. »Halt! ... Unser Depot!« Sekunden später rollen sie rückwärts auf die lange Gestalt im weißen Hemd zu.

»Gratuliere!« ruft Fridolin keuchend. »Ihr habt die Spitze!«

Das Wort wirkt wie eine frische Dusche auf zwei vertrocknete Kakteen. Das Benzin gluckert im Tank. Dann geht es weiter. Noch 200 Kilometer bis zum Ziel. Die Sonne geht auf, als sie über die endlose Gerade von Vicenza brausen. Verona ... Peschiera ... rechts taucht der Gardasee auf ... noch 30 Kilometer bis Brescia ... Plötzlich – ein heller, scharfer Knall, wie ein Peitschenschlag.

Mille Miglia 1931. Caracciola geht als Sieger durchs Ziel in Brescia. Zum ersten Mal hat ein Nicht-Italiener gewonnen.

Großer Preis von Italien 1934 in Monza. Caracciola führt vor Varzi und Nuvolari auf Alfa Romeo.

Im Kurven-Karussell von Monaco 1937. Brauchitsch führt vor Caracciola. Chiron gab Geheimzeichen.

Der Wagen bockt, rüttelt, schlingert. Rudi hält das Steuer eisern fest, tritt auf das Bremspedal, daß die Wadenmuskeln schmerzen.
Reifenpanne! Ausgerechnet jetzt, so kurz vor dem Ziel! Sebastian ist schon draußen. Auch Rudi klettert hinaus. Da ist der Wagenheber. Sie schwitzen, keuchen. Weg das Rad! Das neue her! So ... zwei Handgriffe. Ein Schlag mit dem Kupferhammer ... das sitzt! Fertig! Rudi springt in den Wagen. Sebastian läßt den Reifen, das Werkzeug einfach liegen.
Währenddessen stehen wir am frühen Morgen des 13. April 1931 auf dem Marktplatz von Brescia. Es ist 7.15 Uhr. Jeden Augenblick muß Rudi kommen – wenn nicht in letzter Sekunde ein Unglück geschieht. Wer kann das schon sagen, bei einem solchen Rennen? Blaß und übernächtigt lehnt Charly neben mir an einer Mauer.
7.22 Uhr: Am Horizont taucht ein silberweißer Punkt auf, schießt heran, wächst, wird größer. Ein heller, jauchzender Orgelton. Mein Herz macht Hüpfer ... Zehn Sekunden später braust Rudolf Caracciola mit seinem SSKL durch das Ziel.
Charly kann auf einmal wieder laufen. Sie küßt zuerst den Rudi – und dann sogar den Helmel Sebastian, der ganz verdutzt dreinschaut.
Eine Viertelstunde später geht die Nachricht durch ganz Europa: Der Sieger der V. Mille Miglia im Jahr 1931 heißt Rudolf Caracciola.
Zum erstenmal in der Geschichte dieses Mammut-Rennens hat ein Ausländer gegen die Italiener gesiegt. Der einzige Deutsche unter 97 Teilnehmern. Es wird bis zum heutigen Tag der einzige Sieg eines Deutschen bei einem *regulären* Tausend-Meilen-Rennen bleiben.

*

Caracciolas Sieg macht Schlagzeilen in der ganzen Welt. Selbst bis ins kleine Städtchen Lingen im Emsland hallt das Echo seines Triumphes. Dort liest mit brennenden Augen ein junger Mann die Berichte vom Tausend-Meilen-Rennen. Er ist einundzwanzig Jahre alt und leidet zum Kummer seiner Eltern an einer fixen Idee: er möchte Rennfahrer werden.
Aber noch kräht kein Hahn nach diesem Tunichtgut und Tausendsassa, der Bernd Rosemeyer heißt und aussieht wie ein junger Siegfried und dem die Mädchen schöne Augen machen. Doch das ist vergebene Liebesmüh – Bernd kennt damals eigentlich nur eine Braut: sein Motorrad, das er hegt und pflegt wie ein braver Soldat sein Schießgewehr.
Bernd wartet auf seine Stunde. Und eines Tages, im Mai 1931, ist sie gekommen. Da hält der Wagen eines gewissen Herrn Georg Schwarting vor der Werkstatt Papa Rosemeyers in der Bahnhofstraße.
»Bitte volltanken!« sagt Herr Schwarting zu Job, dem älteren Bruder Bernds. Dabei macht er ein Gesicht wie sieben Tage Regenwetter.
»Was gibt's?« fragt Job teilnahmsvoll. »Haben Sie Sorgen?«
Und ob Herr Schwarting Sorgen hat. Er ist Generalvertreter der Zündapp-Werke in Oldenburg. Und das Geschäft geht miserabel in jenen schlechten Zeiten. Heute aber hat er einen ganz besonderen Kummer.

»Stellen Sie sich vor – am 30. Mai ist großes Grasbahnrennen in Oldenburg. Ausgerechnet mein bester Fahrer ist erkrankt. Wissen Sie vielleicht einen Ersatz?«
Job schaltet blitzschnell. »Ich weiß tatsächlich einen«, sagt er. »Mein Bruder Bernd – das ist die reinste Rennkanone!«
Fünf Minuten später zeigt Bernd dem Herrn Schwarting, was er kann. Er fährt stehend freihändig über das Kopfsteinpflaster, liegt der Länge nach auf der Maschine und lenkt mit den Füßen, sitzt rücklings im Sattel, macht einen »Vier-Meter-Weitsprung« über eine kleine Rampe, reißt die Maschine haarscharf herum in der Luft, fegt auf einen Baum zu und bringt sie Zentimeter davor zum Stehen.
Herrn Schwarting stehen zwar die Haare zu Berge. Aber er ist restlos begeistert. »Sie sind mein Mann!« sagt er. »Wir machen gleich einen Vertrag!«
Zwei Tage später unternimmt Bernd seine ersten Fahrversuche mit einer 250-Kubikzentimeter-Zündapp-Grasbahnmaschine. Er trainiert auf einer Pferderennbahn in Lingen, und die halbe Stadt sieht ihm dabei zu.
Am 30. Mai ist es soweit. Bernd steht am Start. Er hat die Nummer »39«. Das ist dreimal »13« – und »13« ist Bernds Glücksnummer. Es kann nichts schiefgehen.
Und es geht nichts schief. Bernd gewinnt den 1. Vorlauf mit großem Vorsprung. Im Endlauf gibt es einen heißen Kampf mit einem alten Grasbahnhasen auf DKW. In den Geraden ist der Gegner schneller, aber in den Kurven ist Bernd nicht zu schlagen. Es ist die reinste Hexerei, wie er sein Maschinchen durch die Kurven rutschen läßt.
20 000 Zuschauer reißt es von den Sitzen, als der Neuling aus Lingen zwei Runden vor dem Ziel in Führung geht und – den Sieg nach Hause fährt.
Das ist Bernd Rosemeyers erster Sieg. Er ist der Anfang einer Laufbahn, wie sie die Geschichte des Motorrennsports nur einmal kennt.

*

Caracciola siegt in vielen Rennen des Jahres 1931. In Monaco muß er zwar wegen technischen Schadens aufgeben, dafür gewinnt er in Spanien. In Schweden fliegt er aus der Kurve, dafür holt er sich in der Tschechoslowakei Lorbeeren und 20 000 Kronen. Er siegt am Kesselberg und in der Eifel.
Es ist ein Wunder, wie man damals überhaupt noch Rennen fahren kann – in jenen düsteren Tagen, wo in allen Kassen große Ebbe herrscht. Aber es gibt auch damals Unentwegte, Idealisten, die es nicht lassen können. Die Teilnehmerliste bei manchem deutschen Rennen liest sich wie ein Auszug aus dem Adelsregister, dem »Gotha«. Wenn auch viele der Adeligen, die dem Autorennsport verfallen sind, selber nicht viel Bargeld haben, sie finden wenigstens Zutritt und Unterstützung bei Kreisen, die um eines klangvollen Namens willen tief in die Taschen greifen. Da startet ein Fürst Lobkowicz und ein Prinz zu Leiningen; da fährt die Fürstin Wrede gegen Prinz Max von Schaumburg, der Graf Hardegg gegen Graf Arco-Zinneberg und Baron von Morgen.

Und auch ein junger Mann aus altem preußischen Offiziersgeschlecht macht damals zum erstenmal von sich reden: Manfred von Brauchitsch.
Rudi trägt alles mit Gelassenheit. Sein Ruhm hat keinen Adel oder Titel nötig. Sein Name spricht für sich selbst.

KRISE

Im Juli 1931 steht ein neuer Großkampftag bevor. Am 19. Juli soll wieder ein Großer Preis von Deutschland auf dem Nürburgring ausgetragen werden. Die Elite der Rennfahrer aus ganz Europa hat dazu gemeldet. Es wird ein heißes Rennen werden, und ich habe kein gutes Gefühl, zumal ganz andere Ereignisse ihre Schatten auf unser lustiges Rennfahrervölkchen werfen ...
In Berlin segelt der Pleitegeier über den Kurfürstendamm. Leere Fenster, leere Läden, leere Häuser. Überall Schilder: »Zu vermieten.« Der Hausvogteiplatz, das Textilzentrum Europas, liegt verödet. Notverkäufe ... Konkurse ... Zwangsversteigerungen. Streiks, Skandale und Schlägereien. Und – Millionen Arbeitslose. Erhobene Hände, geballte Fäuste. Hie Thälmann, hie Hitler ...
Der 13. Juli 1931 ist der schwarze Tag der deutschen Wirtschaft. Die Darmstädter- und Nationalbank stellt ihre Zahlungen ein. Daraufhin beginnt ein Sturm auf alle Banken und Sparkassen. Zu Tausenden stauen sich die Menschen vor den Schaltern, um zu retten, was zu retten ist. Millionen werden abgehoben. Die Reichsregierung erläßt eine Notverordnung. Zwei Tage lang bleiben alle Banken und Sparkassen im Reich geschlossen. Kein Mensch hat Geld. Die Reichsmark wackelt. Reichspräsident von Hindenburg telegrafiert an US-Präsident Hoover und bittet um ein Schulden-Moratorium. Reichskanzler Brüning fliegt nach Paris, um zu verhandeln.
Am 16. Juli öffnen die Banken wieder. Aber Geld darf nur abheben, wer damit Steuerschulden bezahlen will ... Die Lokale und Theater, die Kinos und Cafés in ganz Deutschland sind leer. Kein Mensch hat Geld für Vergnügungen – geschweige denn für den Sport. Ich sehe schwarz für unser großes Rennen auf dem Nürburgring. Und damit sehe ich auch schwarz für unsern Einmann-Rennstall mit Rudi Caracciola.
Dabei hat alles zunächst so gut angefangen: Sebastian, Caratschs Beifahrer, hat gemeinsam mit unserem Oberingenieur Walb eine ganz neue Sache ausgetüftelt: einen sogenannten »Kipp-Wagenheber«. Das Ding sieht aus wie eine Art Schlitten. Es wird einfach hinter den Wagen geschoben. Ein leichter Druck – und mit Hilfe der Hebelkraft wird auch die schwerste Kiste hochgebockt zum Reifenwechsel. Es ist die reinste Hexerei.
Ich lasse gleich die Probe aufs Exempel machen. Es zeigt sich, daß gegenüber dem alten Wagenheber beim Reifenwechsel mit dem neumodischen Gerät eine volle Minute einzusparen ist, eine Minute, die das Rennen entscheiden kann. Denn ohne Reifenwechsel werden unsere schweren Wagen die 22 Runden nicht durchstehen, wie etwa die leichten Alfas oder Bugattis es können. Zu schade,

daß es nur eins dieser neuen Patentgeräte gibt – und das behält der Rudi natürlich für sich selbst. Schließlich hat ja sein Mechaniker das Ding ausgeknobelt. Die andern müssen also noch nach der alten Methode die Reifen wechseln.
Ich bin nach dieser ersten Generalprobe gut gelaunt. Aber ich freue mich ganz entschieden zu früh.
Seit drei Tagen sind wir beim Training. Und seit drei Tagen ist der Teufel los. Nach jeder Runde kommt Rudi mit bitterböser Miene an die Box. Seine Zeiten sind ganz hundsmiserabel schlecht.
»Es stimmt was nicht mit dem Kompressor«, klagt er vorwurfsvoll. »Er setzt nicht richtig ein.«
Ich knöpfe mir voller Zorn den Sebastian, Rudis Mechaniker und Beifahrer, vor und nehme ihn ins Gebet.
Aber auch nach der zehnten Probefahrt vermag er nicht zu sagen, was mit dem Kompressor nicht in Ordnung ist. Es hilft alles nichts. Der Wurm ist drin. Ich kann am Sonntag mit Rudi kaum ernsthaft rechnen.
Das gleiche denken auch die drei anderen Mercedes-Fahrer, die ich damals betreuen muß: der starke Otto Merz und das junge Küken Manfred von Brauchitsch, der mit einem SSKL seines reichen Gönners starten soll, und – der lange Hans Stuck. Diese drei reiben sich stillvergnügt die Hände. Denn wenn Rudis Wagen nicht richtig schnurrt, steigen zugleich ihre eigenen Chancen.
Niemand rechnet also mit Rudi. Auch ich nicht. Und niemand hat eine Ahnung, was für ein Komplott Caracciola und Sebastian hinter meinem Rücken geschmiedet haben. Erst Jahre später bin ich dahinter gekommen: Rudi und Sebastian hatten heimlich den Kompressor des Wagens verstellt und behauptet, der Wagen sei nicht intakt.
So gelang es ihnen, die Konkurrenz in Sicherheit zu wiegen. Und zur Konkurrenz gehörten natürlich auch die eigenen Stallgefährten Stuck, Merz und Brauchitsch ...
Am Abend dieses Tages geschieht noch etwas, wovon ich keinen blassen Schimmer habe. Als Tribünen und Boxen schon verlassen stehn, zuckelt ganz gemütlich noch ein Mercedes SSKL um den Ring. Am Steuer sitzt Sebastian und daneben, lang und dürr wie Don Quichotte, sein Busenfreund »Fridolin« Zimmer. Der Wagen näherte sich dem »Karussel«. Das Karussel ist eine enge Spitzkehre, in der die Wagen fast einen vollen Kreis beschreiben müssen. Diese Kurve ist damals noch nicht überhöht und kann bestenfalls mit 40 bis 50 Stundenkilometer gefahren werden. An der Innenseite der Kurve ist eine Art Graben, der nicht viel breiter als ein Wagen ist.
Und nun passiert etwas Merkwürdiges: Sebastian bremst und – fährt vorsichtig in diesen Graben hinein.
»Bist du verrückt geworden?« fragt Zimmer entsetzt. »Warum bleibst du nicht auf der Straße!«
Sebastian lacht. »Siehst du nicht, daß dieser Graben wie eine stark überhöhte Kurve wirkt? Ich muß doch mal probieren, ob wir nicht schneller sind, wenn wir einfach durch den Graben fahren ...«

»Mensch, 'ne Pfundsidee«, sagt Fridolin. »Aber ob wir da nicht hängenbleiben, unten am Motor?«
»Das will ich ja gerade prüfen«, sagt Sebastian. Er hält. Sie steigen aus und messen ab. Meter für Meter schieben sie den Wagen vor, kriechen wieder unter die Räder. Nach einer Viertelstunde richtet sich Sebastian ächzend auf.
»Es geht«, sagt er zufrieden. »Wir haben genügend Bodenfreiheit. Und nun probieren wir das Ganze noch einmal in voller Fahrt.«
Sie brausen durch das Karussel. Sie lenken in den Graben. Grasbrocken fliegen ihnen um die Ohren. Der Wagen steht schräg wie an einer Todeswand, aber die Zentrifugalkraft hält ihn im Gleichgewicht.
»65 Sachen!« sagt Zimmer. »Das macht uns keiner nach!«
Kein Wort erfahre ich damals von dieser Verschwörung. So ist es nicht verwunderlich, daß ich vor lauter Sorgen in der Nacht zum Rennen nicht allzugut schlafe.
Aber auch andere Leute finden keine Ruhe, weil es an allen Ecken und Enden nach Pleite riecht: Die Tribünenkarten sind fast alle noch unverkauft. Der Sportpräsident rauft sich die Haare. Die Kassen sind leer, die Banken geschlossen – woher soll er die 30 000 RM für Preise und Prämien nehmen?
Die Franzosen und Italiener streiken. Sie verlangen ihre Startgelder in Devisen. Sie trauen der Reichsmark nicht mehr. Im Haus Bergfrieden, unterhalb der Nürburg, ringt die Wirtin verzweifelt die Hände: In ihrer Küche lagern 25 Pfund Braten – und im ganzen Hause sitzt nur ein einziger Gast . . .
In diesen Tagen denkt sicher kein Mensch daran, sein bißchen Geld für Autorennen auszugeben. Wenn's hoch kommt, werden ein paar Tausend Unentwegter die Strecke säumen – so glauben alle.
Aber es kommt ganz anders. Am Samstag, dem 18. Juli, machen die Bankbeamten in Köln und Düsseldorf, in Essen, Frankfurt und Mainz eine seltsame Beobachtung: Hunderte von Menschen drängen sich vor ihren Schaltern. Sie weisen ihre letzten Steuerbescheide vor und erklären treuherzig, nun sei es an der Zeit, dem Staat zu geben, was des Staates sei – entsprechend der Notverordnung: Spargelder kann nur abheben, wer damit seine Steuerschulden bezahlen will.
Die Beamten staunen über soviel plötzlich ausgebrochene Staatsmoral, und sie zahlen das gewünschte Geld aus, wie es eben die Notverordnung gestattet. Aber die Finanzämter warten vergebens. Denn mit dem herausgeluchsten Geld fahren die braven Bürger nicht zum Finanzamt, sondern – schnurstracks in die Eifel, zum Großen Preis von Deutschland!
Am 19. Juli 1931 werden 100 000 Zuschauer auf dem Nürburgring gezählt. Den Veranstaltern fällt ein Riesenstein vom Herzen. Ich aber sende heiße Stoßgebete zum Himmel: Lieber Petrus, laß es bitte regnen! Nur nasse Straßen können uns noch retten. Auf nassen Straßen liegen die 30 Zentner schweren Mercedes besser in den Kurven als die halb so schweren Bugattis und Alfas.
Überhaupt stehen unsere Chancen mehr als schlecht. Rudis Wagen ist – wie schon gesagt – »nicht in Ordnung«, Stuck ist auf dem SSKL noch nicht recht zu Hause, Brauchitsch ist zu unerfahren und der starke Merz nicht in Form. Da

sehe ich mehr als schwarz, vor allem, da das Ausland seine gesamte Elite angefahren hat.
Aber Petrus hat ein Einsehen. Als pünktlich um 10 Uhr die Startflagge herniedergeht, da gießt es Strippen. Das Feld braust davon in einer Wolke aus Öldunst, Benzingestank und Regenschleiern. Ich sehe den Wagen nach, wie sie in der Hatzenbachkurve verschwinden.
Die nächste Viertelstunde dehnt sich endlos lang. Der lange Constantini, Rennleiter von Bugatti, wirft einen hochmütigen Blick zu uns herüber. Er glaubt wohl, er habe den Sieg bereits in der Tasche . . .
Schon röhren die Motoren hinter der Hohen Acht. Jede Sekunde müssen die Ersten in der Zielgeraden auftauchen.
Da! Der lange Zimmer gibt mir respektlos einen Knuff. Ein weißer Punkt erscheint, jagt heran, wird größer, schießt vorbei – die Nummer 8«.
Rudi Caracciola! Rudi führt! Und das Schönste: Sein Kompressor jauchzt hell und rein wie ein Bläserchor im Bayreuther Festspielhaus!
Es ist unglaublich. Auf einmal läuft der Wagen wundervoll. Wie das nur möglich ist? Ich habe einen undeutlichen Verdacht, daß da irgend etwas nicht stimmen kann. Aber jetzt ist es egal – wichtig ist nur, daß das Rennen läuft. Und es läuft wie am Schnürchen.
In der 7. Runde liegt Caracciola schon klar in Front, während von den berühmten Bugattis weit und breit noch nichts zu sehen ist.
Was ich damals nicht weiß, ist der Trick, mit dem Rudi sich durchs Karussell schwindelt. In jeder Runde gewinnt er durch die neue Fahrtechnik ein paar wertvolle Sekunden. Später werden auch andere Fahrer es ihm nachmachen. Und eines Tages wird man den Graben ausbetonieren und zu einem Teil der regulären Strecke machen.
In der 11. Runde hält Rudi zum Tanken und Reifenwechseln. Der lange Zimmer schiebt den Kippwagenheber heran.
Die Stoppuhr tickt. Fridolin Zimmer und Wilhelm Sebastian flitzen wie die Teufel umher. Jeder Handgriff sitzt, jede Bewegung klappt. 59 Sekunden für Reifenwechsel und Tanken – das ist ein neuer Rekord!
Gerade ist Rudi in der Südkehre verschwunden, als Chirons Bugatti langsam an die Boxe rollt. Er braucht keine Reifen zu wechseln. Er tankt nur. Er benötigt 57 Sekunden, dann braust er wieder davon.
Rudi hält immer noch die Spitze, mit weitem Vorsprung vor allen anderen. Aber dann läßt der Regen nach, die Sonne bricht durch – und die Bahn wird trocken. Sofort werden die leichten Bugattis schneller und schieben sich immer mehr nach vorn.
13. Runde: Manfred von Brauchitsch steigt müde aus seinem SSKL. Differentialschaden.
15. Runde: Rudi führt noch immer vor Chiron. Der Vorsprung beträgt 1,47 Minuten. Aber ich merke, wie Chiron Sekunde um Sekunde aufholt. Ich stoppe den Abstand mit: 16. Runde: Noch 1,34 Minuten . . . 17. Runde: Noch 1,23 Minuten . . . Wenn das so weitergeht, holt Chiron noch den Caratsch!
Ich zeige Rudi die rote Flagge, um ihn zu warnen.

Rudi versteht sofort. Es ist die reinste Wonne, zu sehen, wie er den »weißen Elefanten« durch die Kurven zieht. Aber Chiron hält das Tempo mit. Es ist ein Duell zwischen zwei großen Fahrern, wie man es nicht alle Tage erlebt.
Allerdings hat Caracciola einen bulligen Schwerblüter zu meistern, den zentnerschweren SSKL-Mercedes. Chiron dagegen sitzt auf einem nervösen, aber rassig leichten Renner, dem neuen Bugatti. Rudi kann nur auf die Ausdauer des SSKL bauen, Chiron weiß um die Schnelligkeit seines Wagens. Aber Rudi holt das Höchstmögliche aus seinem Bullen heraus. Jede Kurve steuert er auf Zentimeter aus, er fährt die ganze Strecke geradezu mit Zirkel und Lineal, sucht die absolut kürzeste Entfernung zwischen zwei Punkten, nämlich zwischen dem Eingang einer Kurve und ihrem Ausgang. Eine traumhaft sichere und gestochen schöne Fahrweise. Und damit schafft er es – wie noch so oft in späteren Zeiten.
Noch drei Runden, noch zwei, noch eine ... dann ist es endgültig geschafft! 78 Sekunden später folgt Louis Chiron als Zweiter.
Charly lacht und weint vor Freude. Ich drücke Rudi und auch Sebastian an meine Brust. Aber dann drängt sich ein Mann mit ölverschmiertem Overall durch die Menge, stürzt auf Rudi zu, quetscht ihm lachend die Rechte. Es ist Chiron, der tapfere Verlierer.
Er umarmt Rudi und drückt ihm einen Kuß auf jede Wange, wie's halt in Frankreich so üblich ist. Der Rudi windet sich ein bißchen verlegen unter soviel Gefühlsüberschwang, doch dann grinst er plötzlich ganz unverschämt.
»Schönen Dank«, sagt er. »Aber – ein Kuß von Ihrer Baby wär mir lieber ...«
Die blonde Baby Hoffmann, damals von vielen für »Frau Chiron« gehalten, bekommt einen roten Kopf. »Den Kuß können Sie haben«, sagte sie dann schnell. »Nur – nicht vor all diesen Leuten ...«
Bald darauf werde ich mich noch einmal an diese Szene sehr unliebsam erinnern müssen ...

*

Wir sind wieder mal in Berlin, beim Avus-Rennen am 2. August 1931. Mit Kind, Kegel und Butterbrotpaketen ziehen 200 000 Berliner in den Grunewald, um »ihren« Caratsch siegen zu sehen. Die Sonne brennt unbarmherzig vom wolkenlosen Himmel. Über der Bahn flimmert die Luft vor Hitze.
Wir haben Kummer mit den Reifen. Schon beim Training sind sie weggeknallt wie ein chinesisches Festfeuerwerk. Länger als vier Runden hält kein Pneu diese Belastung aus. Ich habe die Reifenleute bestürmt, uns schnellstens Spezialreifen anzufertigen, aber nur sechs sind fertiggeworden. Am Tag vor dem Rennen sind sie per Flugzeug angekommen und am Abend noch ausprobiert worden. Dabei sind gleich vier von den sechs neuen Gummis draufgegangen. Nur zwei sind noch übrig.
Wem soll ich die geben? Hans Stuck in allen Ehren – er ist ein Meister der Berge. Aber bei Straßenrennen hat er bisher noch wenig Lorbeeren geerntet ... Manfred von Brauchitsch ist noch viel zu grün hinter den Ohren. Für mich ist es klar: die besten Reifen für den besten Fahrer. Und das ist Caracciola.

Das Rennen beginnt. Der Bugattifahrer Joachim von Morgen schießt sofort an die Spitze. Aber schon hängt Rudi an seinem Auspuffrohr. So schnell können selbst die Berliner kaum die Köpfe drehen, wie die Renner an ihnen vorüberflitzen.

2. Runde: Rudi liegt in Führung. Hinter ihm lauert Joachim von Morgen im Windschatten. Er spekuliert darauf, daß Rudi Reifen wechseln muß, während er, auf dem leichten Bugatti, eigentlich keine Reifensorgen hat. Und schon geht prompt die Misere los:

3. Runde: Stuck rollt an die Box. Reifenschaden. Ein wegfliegendes Protektorteil hat ihm ein Loch in den Unterarm gerissen. Er blutet stark, aber er beißt die Zähne zusammen und fährt weiter.

4. Runde: Brauchitsch rumpelt an die Box. Reifenwechsel.

6. Runde: Schon wieder hat es Stuck erwischt. Am rechten Hinterreifen ist die weiße Leinwand zu sehen. Er reißt den Wagen allzu tollkühn durch die Kurven. Bei einem kurzen Bergrennen ist das richtig. Aber auf der Avus kann das ins Auge gehen.

7. Runde: Gleich drei Fahrer bleiben auf offener Strecke mit einem »Platten« liegen und scheiden aus.

8. Runde: Stuck hat Defekt an der Wasserpumpe. Er gibt auf.

9. Runde: Brauchitsch muß erneut Reifen wechseln.

Weit vor dem Feld liefern sich noch immer Rudi und von Morgen ein Privatduell. Unglaublich, wie der Caratsch fährt. Wie auf Filzpantoffeln gleitet er sanft durch die Kurven, nimmt rechtzeitig das Gas weg, gebraucht fast überhaupt nicht die Bremsen, schaltet weich und beschleunigt zügig und schont damit die Reifen. Von Morgen liegt nur 30 Meter zurück. Er wartet auf Rudis Reifenwechsel.

11. Runde: Rudi spielt va banque. Er fährt eine neue Rekordrunde – 195 Stundenkilometer. Das kann doch nicht gut gehen; wann werden seine Reifen den Geist aufgeben? Ich halte ein Schild mit einem Rad hinaus, Caratsch jagt vorüber und – schüttelt deutlich mit dem Kopf. Er denkt gar nicht ans Wechseln.

12. Runde: Von Morgen kommt mit einem zerfetzten Hinterreifen an die Box gefahren. Rudi hat ihn mit seinen eigenen Waffen geschlagen. Das ist unser Sieg. Fünf Minuten Vorsprung hat Rudi, als er in die letzte Runde geht. Ich gebe ihm das Signal zum Langsamfahren. Und Rudi fährt gemütlich seinen Sieg nach Hause. Nur Caracciola mit seinem unnachahmlichen Fahrstil kann sowas zuwegebringen: in einem Rennen, wo allen Fahrern die Fetzen ihrer Reifen um die Ohren fliegen, fährt er von Anfang bis Ende mit den gleichen Reifen.

Aber am nächsten Morgen, als ich die Berliner Presse studiere, gibt es Überschriften, die meinen Blutdruck auf 180 treiben. »Reifenschiebung« ... »Skandal« ... »Günstlingswirtschaft« – sind die Schlagworte, die mir ins Auge stechen. Ein Reporter will's genau per Fernglas gesehen haben: Neubauer hat Hans Stuck viel kleinere Reifen gegeben, hat seinen Liebling Caracciola den andern Fahrer vorgezogen ...

Gerade will ich mich ans Telefon hängen, um diesen Presseleuten eine kleine Rede zu halten, da läutet der Apparat.

»Herr Neubauer«, sagt ein Herr, »Sie werden gebeten, noch heute bei Ministerialrat Brandenburg im Reichsverkehrsministerium vorzusprechen. Es handelt sich um das gestrige Rennen ...«
Zwei Stunden später sitze ich mit unserem Chefkonstrukteur Dr. Nibel im Zimmer des Ministerialrats.
»Meine Herren«, sagt Brandenburg. »Gestern auf der Avus haben sich ungewöhnlich viele Reifenpannen ergeben. In der Presse sind gewisse Vorwürfe gegen Herrn Neubauer erhoben werden ... Wie kommt es zum Beispiel, daß Stuck zweimal und Brauchitsch dreimal die Reifen wechseln mußten – Caracciola aber nicht ein einziges Mal?«
»Weil er versteht, seine Reifen zu schonen. Weil er mit Fingerspitzengefühl in die Kurven fährt!« sage ich.
»... nicht auch, weil er die besten Reifen hatte, Herr Neubauer?«
»Die besten Reifen für den besten Fahrer! Und wenn morgen ein Herr Piefke kommen sollte, der besser fährt als Caracciola, dann wird fortan Herr Piefke die besten Reifen erhalten!«
Jetzt stellt sich auch Dr. Nibel an meine Seite. »Ich mache darauf aufmerksam«, sagt er, »daß Herr Neubauer nicht die privaten Interessen irgendeines Fahrers vertritt, sondern allein die Interessen unserer Firma. Bei jedem Rennen steht ein Vermögen auf dem Spiel: Herr Neubauer riskiert unser Prestige bestimmt nicht nur um der schönen Augen eines Caracciolas willen. Und im übrigen, Herr Neubauer hat das volle Vertrauen unserer Firma. Wir protestieren daher energisch gegen irgendwelche Unterstellungen ...«
Und damit löst sich der Ärger in Wohlgefallen auf. Noch oft wird man mir unterwerfen, Caracciola bevorzugt zu haben. Zu Unrecht. Denn ich habe nie einen Fahrer als besonderen »Liebling« gehabt. Der liebste Fahrer war für mich stets – der beste Fahrer. Ganz gleich, wie er heißen mochte.

*

Das Jahr 1931 geht zu Ende. Und als wir »Geschäftspartner« des Einmann-Rennstalls zusammenzählen, da kommt die runde Summe von 180 000 Reichsmark an Prämien, Startgeldern und Preisen zusammen.
Jetzt, da die Zeit der großen Rennen vorüber ist, kommen wir zum Atemholen. Jetzt erst wird uns bewußt, wie sich die Welt ringsum verändert hat. Wir sehen die Not, die Arbeitslosigkeit, die Unruhen – und keinen Silberstreifen am Horizont. Und wir sehen kaum mehr Leute, die sich ein Auto leisten können. Von den paar Filmstars, Bankiers und Prinzen kann keine Fabrik der Welt leben. So kommt es, wie es kommen muß: Daimler-Benz muß die Beteiligung an Rennen für das Jahr 1932 endgültig aufgeben.
Wie sieht die Zukunft aus?
Caracciola hüllt sich in Schweigen. Aber zum Abschied lädt er mich und meine Frau Hansi auf vier Wochen nach Arosa ein. Bei mancher Flasche Wein frischen wir die Erinnerungen an sieben Jahre auf, die wir gemeinsam die Rennpisten Europas unsicher gemacht haben.

Es ist ein kalter Wintertag. Ich habe ganz allein einen Spaziergang unternommen. Als ich zurückkomme und mich aus meinem dicken Pelzmantel schäle, höre ich Stimmengewirr in Rudis Zimmer. Gerade will ich eintreten, als sich die Tür von innen öffnet. Ein kleiner, zierlicher Mann steht vor mir, stutzt eine Sekunde – und hängt mir gleich darauf am Hals vor Begeisterung.

»Oh ... Signor Neubauer!« sprudelt er. »Das sein eine große Freud ... Sie ssu sehen ...« Es ist Signor Giovannini – der Rennleiter von Alfa Romeo.

»Was machen Sie denn hier?« frage ich verdutzt.

»Oh ...« sagt er und zieht ein allzu harmloses Gesicht. »Nur eine kleine Geschäft ... sonst nix ...«

Ich blicke in der Runde herum. Rudi tritt ungemütlich von einem Bein aufs andere. Charly murmelt etwas von »Abendessen vorbereiten« und entschwindet in die Küche. Und auch Signor Giovannini hat es plötzlich furchtbar eilig.

»Meine Zug gehen in eine halbe Stund ... arrivederci, Signor Neubauer ... auf Wiedersehen!« Weg ist er.

»Raus mit der Sprache«, sage ich heiser zu Rudi. »Sie haben also bei Alfa einen Vertrag unterschrieben?«

Rudi studiert die Spitzen seiner Stiefel. »Ja«, brummt er dann. »Was sollte ich denn sonst tun? Etwa Hunger leiden? Nur weil es in Deutschland keine einzige Firma mehr gibt, die sich noch einen Rennstall leistet?«

Was soll ich dagegen sagen?

CARATSCH UND DIE MUSKETIERE

Im März 1932 beginnt in Europa die neue Rennsaison. Überall in England, in Frankreich, in Italien regen sich die Monteure, die Mechaniker. Überall drehen die Fahrer ihre ersten Proberunden. Nur in Deutschland herrscht Totenstille auf den Rennbahnen. Der Nürburgring liegt verlassen. Die Avus dient dem Privatverkehr.

Eines Tages fährt Caracciola nach Mailand. Giovannini hat ihm geschrieben, daß es da noch ein par Kleinigkeiten wegen des Vertrages zu regeln gibt. Er muß lange im Vorzimmer warten. Der Chef hat gerade eine wichtige Besprechung. Rudi hört aufgeregte Stimmen durch die Tür. Ein paarmal klingt es, als schlage jemand mit der Faust auf den Tisch.

Dann öffnet sich die Tür. Drei Männer treten heraus. Der eine ist klein und fast zierlich. Der zweite hat einen Brustumfang wie ein Heldentenor der Mailänder Scala. Der dritte hat ein scharfgeschnittenes Ledergesicht. Und alle drei haben sie rote Köpfe vor Erregung.

Rudi erkennt sie sofort. Es sind die berühmten »Drei Musketiere«. Es sind Borzacchini, Campari und Nuvolari – seine neuen Teamkameraden. Als sie Caracciola erblicken, stutzen sie einen Augenblick. Rudi steht auf, um sie zu begrüßen. Die drei drücken ihm flüchtig die Hand, murmeln ein »Buon giorno« und – sind verschwunden.

Giovannini rückt verlegen an seiner Krawatte. »Ja... hm...« druckst er herum. »Die Geschichte ist mir furchtbar peinlich... aber – Nuvolari, Borzacchini und Campari bestehen darauf, daß Sie nicht in unserem Team fahren ...«
»Was soll das heißen?«
»Unter den Fahrern besteht eine Abmachung, wonach alle Gewinne in einen Topf geworfen und dann gleichmäßig aufgeteilt werden. Damit keiner leer ausgeht, wenn er einmal Pech in einem Rennen hatte.«
»Ich verstehe. Aber warum will man mich an diesem ›Eintopf‹ nicht beteiligen?«
»Nun – Sie sind bisher Ihr Leben lang nur auf den überschweren Mercedes-Wagen gefahren. Man fürchtet, daß Sie sich auf unseren Alfas nicht so leicht zurechtfinden werden.«
»Aha! Und man will das Risiko nicht tragen, daß ein gewisser Caracciola ständig unter ›ferner liefen‹ landet – ohne seinen Teil zu den Gewinnen beizutragen, nicht wahr?«
»So ist es«, sagt Giovannini und blickt an Rudi vorbei auf einen Fleck an der Wand. »Und noch etwas«, sagt er dann. »Es tut mir leid – aber die drei Musketiere bestehen darauf, daß Ihr Wagen nicht die rote Farbe unseres Teams erhält, sondern weiß lackiert wird.«
Rudi Caracciola braucht kein Jahr, um sich von dem weißen Mercedes-Elefanten auf den nur halb so schweren, eleganten Alfa umzustellen. Er braucht nicht einmal eine Woche – ein paar Trainingsrunden genügen ...
Das erste Rennen des Jahres sind die Tausend Meilen von Brescia, das Rennen, das er im vergangenen Jahr als erster Ausländer gewonnen hat. Und wieder schafft Caracciola bei diesem Rennen eine Sensation: er fährt dem gesamten Feld davon. Er führt in Florenz und in Siena und trifft mit sieben Minuten Vorsprung vor allen andern in Rom ein. Er gewinnt die Coppa Mussolini. Das hat er nicht einmal im letzten Jahr auf Mercedes fertiggebracht.
Der Deutsche Rudolf Caracciola führt! Er fährt die ganze Elite des Landes in Grund und Boden. Vom dicken Campari, vom »fliegenden Teufel« Nuvolari ist weit und breit nichts mehr zu sehen. Nur der zähe Borzacchini hält noch mit.
In Bologna, beim Reifenwechsel und Tanken, tritt ein Mann an Rudis Wagen heran und drückt Rudi herzlich die Hand. Es ist der berühmte Alfa-Romeo-Konstrukteur Jano.
»Gratuliere!« sagt er. »Wie Sie ist noch keiner auf meinem Wagen gefahren!«
Aber dann, knapp 50 Kilometer vor dem Ziel, erwischt Caracciola das Pech: Ventilbruch! Das Rennen ist verloren, Rudis italienischer Beifahrer kann nicht mehr helfen. Betrübt muß Rudi mit ansehen, wie Borzacchini dem Sieg entgegenfährt.
Die »Drei Musketiere« sind von diesem Tage an um einige Grade freundlicher zu dem »Neuen«. Sie werden bald noch viel freundlicher sein ...

Monaco 1932. Es geht um den Großen Preis. Hundertmal durch hundert Kurven. Die Hexenjagd durch das Straßenlabyrinth von Monte Carlo. Vom Start weg geht Nuvolari mit seinem roten Alfa an die Spitze. Er will die Scharte der »Tausend Meilen« auswetzen und will beweisen, daß er zu Recht der »Campionissimo« Italiens ist.

Aber – an seinen Hinterrädern hängt ein anderer Alfa-Wagen, allerdings nicht rotlackiert, sondern blütenweiß. Der Fahrer im weißen Wagen läßt sich nicht abschütteln, um keinen Zentimeter. Er treibt Nuvolari fast zur Verzweiflung, jagt ihn erbarmungslos vor sich her. Sein Name: Rudolf Caracciola.

So geht der Kampf sechzig, siebzig, neunzig Runden lang. Dann, fünf Runden vor dem Ziel, geschieht das Unerwartete: Am Casino-Berg sieht Rudi, wie der Wagen Nuvolaris plötzlich langsamer wird, wie der Motor bockt und rüttelt, wie der Italiener verzweifelt mit der rechten Hand unter dem Armaturenbrett sucht ...

Benzinmangel, erkennt Rudi. Kostbare Sekunden vergehen, bevor das Benzin aus dem Reservetank in den Vergaser kommt, bevor der Motor wieder auf vollen Touren läuft. In diesen Sekunden schießt Rudi an Nuvolari vorbei und geht an die Spitze des Feldes. Nun kann keiner ihm den Sieg mehr nehmen ...

Aber Caracciola sieht im Vorbeifahren das verzerrte, schweißüberströmte Gesicht des Italieners, sieht den Zorn, die Wut, die Enttäuschung. Mitleid überkommt Rudi einen Augenblick. Mitleid – dann die kühle Überlegung: Wenn er Nuvolari jetzt den Sieg vor der Nase wegschnappt, wird er ihn und auch die beiden andern »Musketiere« für immer zu Feinden haben. Dann werden sie sich stets gegen ihn verbünden ...

Er sieht im Rückspiegel, daß Nuvolari ihm dichtauf folgt. Einen Moment zögert Caracciola, verlangsamt dann ein wenig das Tempo, fährt scharf rechts ran und – gibt mit der linken Hand ein Zeichen. Nuvolari versteht. Und Sekunden später zieht der rote Alfa wieder an Rudi vorbei an die Spitze.

Nuvolari siegt. Rudolf Caracciola wird um eine Wagenlänge zurück Zweiter. Als Caracciola aus seinem Sitz klettert, kommt ein drahtiger Mann in blauem Overall auf ihn zu. Er trägt eine kleine goldene Schildkröte an der Brust – Tazio Nuvolari. Der Italiener mit dem Ledergesicht drückt Rudi lang und fest die Hand. Seine Lippen bewegen sich, aber er bringt kein Wort hervor.

Am nächsten Morgen steht Rennleiter Giovannini schon am frühen Morgen in Caracciolas Zimmer. »Einen schönen Gruß von den drei Musketieren«, sagt er. »Sie lassen fragen, ob Sie nicht Lust hätten, künftig mit im Team zu fahren ...«

»Ach nee«, sagt Rudi. »Wohl gar rückwirkend noch für das gestrige Rennen?«

»Wenn's Ihnen recht ist ...«

»Nichts ist mir recht«, sagt Rudi. »Der Eintopf ist wohl mager ausgefallen – hunderttausend Franken für Nuvolari, geteilt durch drei, abzüglich die hohen Spesen. Da bleibt nicht viel ... Hören Sie, diesmal behalte ich die fünfzigtausend von meinem zweiten Platz noch für mich. Was die Zukunft betrifft – da laß ich gerne mit mir reden ...«

Von diesem Tage an gibt es bei Alfa Romeo nicht drei, sondern vier Musketiere – und auch vier rotlackierte Wagen.

DÜSTERE PROPHEZEIUNG

Der Mai 1932 ist alles andere als ein »Wonnemond«. Es gibt Katastrophen am laufenden Band: In Paris wird Präsident Doumer ermordet. In Tokio gibt es einen Militärputsch. Im Reichstag schlagen sich Abgeordnete die Köpfe blutig. In den USA wird die Leiche des entführten Lindbergh-Babys gefunden.
Trotz alledem aber hat die Avus wieder einen ganz großen Tag. Seit zwei Wochen sind alle Tribünenkarten für das Rennen am 22. Mai ausverkauft. Fahrer aus ganz Europa kommen nach Berlin: Varzi und Chiron, die Stars von Bugatti; der elegante Franzose Dreyfus; der englische Weltrekordmann Campbell; der Italiener Fagioli und der böhmische Fürst Lobkowicz. Nicht zu vergessen ein gewisser Rudolf Caracciola, der auf einem Alfa starten wird.
Mir blutet das Herz bei dem Gedanken, meinen alten Schutzbefohlenen als Gegner zu haben. Zwar beteiligt sich Mercedes nicht offiziell am Rennen, aber zwei Eisen haben wir inoffiziell im Feuer: den langen Hans Stuck und den jungen Manfred von Brauchitsch, beide als Privatfahrer. Und der dicke Neubauer wird sie – ebenfalls ganz privat – betreuen.
Das Training läßt sich prächtig an. Hans Stuck fährt einen neuen Rundenrekord – zum erstenmal über 200 Stundenkilometer. Den größten Rummel aber verursacht das Küken Brauchitsch mit seiner »Zigarre«. Die »Zigarre« ist ein ganz ordinärer SSKL, der von einem Freiherrn von König-Fachsenfeld mit einer besonderen Karosserie verkleidet worden ist. Zum erstenmal hört und sieht die Öffentlichkeit etwas von dem damals unbekannten Begriff »Stromlinie«. Ganz Berlin lacht über dieses seltsame Ungetüm. Alles was recht ist – aber mit so einem Karren kann der Manfred nie und nimmer gewinnen...
Am Abend vor dem Rennen sitzen wir in der Roxy-Bar in der Joachimstaler Straße. Hier ist der Treffpunkt aller prominenten Sportler. Hier kann man Max Schmeling und seine blonde Frau Anni Ondra treffen, hier sieht man Gottfried von Cramm und Sonja Henie, Boxer, Rennfahrer, Reiter. Wir hocken an einem Tisch: Hans Stuck, Manfred von Brauchitsch, Réne Dreyfus, dann Sir Malcolm Campbell mit den graumelierten Schläfen, Rudi Caracciola und Fürst Lobkowicz, der erst vor ein paar Monaten einen neuen Weltrekord gefahren hat.
In unserer Gesellschaft ist ein Mann, der nicht recht zu uns passen will. Er hat dunkles, wirres Haar und tiefe Schatten unter den Augen und wirkt ein bißchen unheimlich. Es ist Hanussen – der berühmte Hellseher. Er gibt zur Zeit ein Gastspiel in der Berliner Scala. Man munkelt von dem Mann, er habe das »zweite Gesicht«.
Da ich nicht viel von Aberglauben und Hexenspuk halte, klopfe ich dem Herrn im Spaß auf die Schulter.

»Hören Sie, großer Meister«, sage ich, »wenn Sie so genau die Zukunft lesen können, dann sagen Sie uns gleich einmal, wer morgen auf der Avus siegen wird – damit wir ruhig schlafen können!«
Hanussen zögert ein wenig, bevor er antwortet: »Ich glaube, Sie werden die Zukunft schneller erleben, als manchem von uns lieb ist . . .«
Dann nimmt er ein Stück Papier und schreibt zwei Namen drauf, steckt den Bogen in einen Umschlag und versiegelt ihn sorgfältig. »Ich werde diesen Umschlag hier beim Barkeeper hinterlegen. Er darf unter keinen Umständen vor morgen abend geöffnet werden . . .«
»Schon gut«, sage ich. »Aber nun heraus mit Ihrer Prophezeiung!«
Hanussen scheint mich gar nicht zu hören. Sein Blick geht ins Weite, als er weiterspricht: »Einer von uns an diesem Tisch wird morgen siegen – und ein anderer wird sterben müssen. Die beiden Namen stehen in dem Kuvert . . .«

*

Heiß und drückend lastet der 22. Mai 1932 über Berlin. Auf der Ehrentribüne der Avus ist kein freier Platz mehr. Staatssekretär Meißner begrüßt Finanzminister Dietrich. Das scharfe Profil des Kronprinzen taucht auf. In weißem Burnus prunkt Emir Feisal, Vizekönig von Mekka.
An der Bugatti-Box gibt es lange Gesichter. Varzi und Chiron haben in letzter Minute Startverbot erhalten, weil sie heute eigentlich für ein Rennen in Casablanca gemeldet waren.
Rudi Caracciola klettert gerade in seinen schnittigen Alfa. Ich klopfe ihm auf die Schulter, küsse Charly die Hand und schiebe dem Dackel Moritz aus alter Gewohnheit ein Stück Zucker zwischen die Zähne.
Sieben Jahre sind wir gemeinsam durch dick und dünn gegangen. Heute stehen wir uns zum erstenmal als Gegner gegenüber. Die düstere Prophezeiung Hanussens fällt mir ein, aber ich wische sie rasch wieder fort. Ich muß jetzt einen klaren Kopf behalten.
Manfred von Brauchitsch sitzt bereits in seinem Wagen. Dank der Stromlinie sind wir genau um 20 Stundenkilometer schneller als die Alfas und Bugattis auf den Geraden.
Ich gebe Manfred meine letzten Anweisungen. »Merken Sie sich, Sie können Caracciola nicht einfach wegfahren. Dazu ist er in den Kurven viel zu schnell. Außerdem müssen wir unsere Reifen schonen. Halten Sie sich also immer hübsch hinter Rudi. Erst in der letzten Runde dürfen Sie an ihm vorbeigehen – und dann heißt's den Vorsprung ins Ziel retten . . .«
Manfred nickt. Er ist zu aufgeregt, um zu sprechen. Ein hübscher Junge aus alter Offiziersfamilie – sollte eigentlich eine Zierde eines Kasernenhofes oder Kasinos werden. Aber dann hatte er mit seinem Schädel bei einem Motorradunfall einen Chausseebaum gerammt. Der Baum war stärker, und die Reichswehr mußte Manfred als dienstuntauglich entlassen. Jetzt versucht er sein Glück als Rennfahrer. Ein paar kleine Preise hat er schon gesammelt. Mal zweiter hier, mal dritter da. Und auch ein Sieg in irgendeinem Bergrennen.

Kein Zweifel, der Junge hat Talent. Wenn er nur nicht so cholerisch wäre! Ein bißchen weniger Temperament und mehr Köpfchen könnte nicht schaden. Erst kürzlich hatte unsere Direktion seine Bewerbung als Fabrikfahrer erneut abgelehnt: »Sie sollten sich wirklich einen weniger gefährlichen Beruf wählen ...«
Zum Glück hat Manfred einen reichen Gönner, Baron Zimmermann, der ihn finanziert – und einen gutmütigen Monteur, der ihm heimlich 500 Mark pumpt, damit er den Bau der Stromlinien-Karosse bezahlen kann. Dieser Monteur heißt Zimmer – der gleiche »Fridolin«, der vor einem Jahr Rudi Caracciola den Sieg in der »Mille Miglia« gerettet hatte ...

Die Wagen stehen am Start. Der Sunbeam des Weltrekordmannes Campbell rattert verdächtig. Die Bugattis röhren wie Löwen vor der Fütterung. Fürst Lobkowicz winkt noch einmal zur Tribüne herüber. Dort sitzt seine Mutter. Die alte Dame mit dem weißen Haar ist aus Prag gekommen, um den Sohn siegen zu sehen ...

16.00 Uhr – Start! Die Wagen brausen in einer Wolke aus Öldunst und Staub davon und verschwinden in Richtung Süden.

Nach der ersten Runde fährt das Feld noch ziemlich dicht aufgeschlossen an den Boxen vorbei. Plötzlich packt mich Zimmer am Arm. »Herr Neubauer ... ich glaube, zwei Bugattis fehlen bereits!«

»Vielleicht Defekt«, sage ich gleichgültig. Aber dann überläuft es mich siedendheiß. »Einer aus unserer Tafelrunde wird siegen«, hatte Hanussen gesagt. »Und einer stirbt ...«

Erst nach einer Viertelstunde erfahre ich, was in dieser ersten Runde geschehen ist: Bei Kilometer 7,6 – kurz vor der Südkehre – kommt ein Wagen von der Bahn, rast über den Mittelstreifen, quert die Gegengerade, schießt wie ein Torpedo zwanzig Meter durch die Luft, knickt drei Bäume und schlägt krachend auf den Bahndamm der S-Bahn. Ein Mann liegt mit zerschmettertem Schädel unter den Trümmern: Fürst Lobkowicz ...

Das Rennen geht weiter. Die meisten ahnen nichts von der Tragödie, die sich bei Kilometer 7,6 ereignet hat. Und keiner bemerkt den leeren Platz auf der Tribüne, wo eben noch eine vornehme alte Dame gesessen hat ...

7. Runde: Das Rennen ist nur noch ein Duell zwischen zwei Männern, zwischen dem großen Favoriten Rudolf Caracciola – und dem Nachwuchsfahrer Manfred von Brauchitsch. Die Berliner toben. Die »Volksmeinung« schlägt im Nu um. Die deutsche »Zigarre« ist plötzlich nach ihrem Geschmack. Am Steuer sitzt schließlich ein Berliner Junge! Caratsch aber fährt »nur« einen italienischen Wagen.

Alles geht planmäßig. In den Kurven zieht zwar Rudi mit überlegener Technik davon, aber in den Geraden schließt Manfred mit der Stromlinie stets wieder auf.

9. Runde: Wieder höre ich das Heulen der Kompressoren näherkommen. Aber diesmal höre ich auch das Brüllen aus zehntausend Kehlen: »Maaanfred! Maanfred!«

Und dann traue ich meinen Augen nicht. Tatsächlich – Manfred hat's nicht lassen können. Er ist an Rudi vorbeigezogen. Er versucht, davonzufahren.

»Dieses Riesenrindvieh!« brülle ich. Aber niemand kann das hören. Schon gar nicht Manfred von Brauchitsch, dem dieser Kosename zugedacht war. Als Caracciola an meiner Box vorüberrauscht, glaube ich, sekundenlang ein Lächeln auf seinem Gesicht zu erkennen – trotz der Geschwindigkeit. Oh, ich kenne ihn, den alten Fuchs! Ich weiß genau, was er jetzt denkt: Laß doch das junge Grünhorn seine Reifen zuschanden fahren. Dann ist der Weg zum Sieg frei!
Wütend hol ich die grüne Flagge hervor und schwenke sie beschwörend, als Manfred in der nächsten Runde vorüberzischt. Grün heißt langsam, heißt Reifen schonen. Aber Manfred kümmert sich nicht um mein Drohen und Flehen, mein Fluchen und Winken und Fäusteschütteln.
Schon will ich resignieren, will ich das Rennen verloren geben, da kommt Manfred doch noch zur Vernunft. Es ist in der 12. Runde, als er Rudi wieder die Führung überläßt und sich folgsam an das Heck des Alfas hängt. Wenn nun bloß die Reifen halten ...
In der letzten Runde führt immer noch Rudi. Zehn Meter dahinter Manfred. So gehen sie in die Südkehre. Nun die letzte, endlose Gerade zurück nach Norden.
Manfred steigt ins Gaspedal. Der Kompressor brüllt auf ... 3000 Touren ... 3500 ... Rudi wehrt sich verzweifelt. Aber die »Zigarre« ist schneller, ist windschlüpfriger, schiebt sich Meter um Meter nach vorn. Fast nebeneinander liegen nun die Wagen bei einer Geschwindigkeit von 220 Stundenkilometern. Da ... den Menschen stockt der Atem. Der Alfa macht einen Schlenker nach links. Ein Versehen? Ein seitlicher Windstoß? Oder – absichtliche Behinderung ...? Manfred reagiert blitzschnell. Sein linkes Vorderrad fährt auf dem Randstreifen. Gras, Erde wirbelt hoch. Ein Druck aufs Gaspedal ... Manfred ist an Caratsch vorbei, Manfred führt, Manfred siegt!
Nur 3,6 Sekunden hinter ihm schießt Caracciolas Alfa Romeo durch das Ziel. Rudi steigt heraus, müde, abgekämpft. Charly ist bei ihm, und Moritz wedelt mit dem Schweif. Sonst kümmert sich kein Mensch um den Caratsch. Alles reißt sich nur noch um den jungen Sieger, den neuen Star. So ist nun mal die wankelmütige »Bestie Publikum«.
Minuten später geschieht etwas sehr Häßliches: Rudi und Charly wollen mit ihren Wagen heimfahren ins Hotel. Die Berliner erkennen ihn. Und – sie pfeifen den Mann aus, der bisher »ihr« Liebling, »ihr« Caratsch war. Warum mußte er auch zu den Italienern überlaufen? Als Deutscher – auf einem Alfa Romeo fahren? Und überhaupt – hatte er Manfred von Brauchitsch nicht behindert ...?
»Pfui!« rufen sie. »Nieder mit Caratsch!«
Rudis Gesicht ist wie versteinert. Polizisten müssen ihm den Weg freimachen. Charly packt die Wut. Sie kurbelt ein Fenster herunter – und streckt den Berlinern die Zunge heraus ...
Ich aber habe es plötzlich furchtbar eilig, in die Roxy-Bar zu kommen. Der Gedanke an Hanussens Prophezeiung läßt mich nicht mehr los. Der Mann an der Theke erwartet mich bereits. Wortlos hält er mir den versiegelten Umschlag entgegen, den Hanussen hier gestern hinterlegt hat.

Avus-Rennen 1937. Die berühmte Nordkurve. Es führt Caracciola (35) vor Rosemeyer (31), der gerade überholt wurde.

Großer Preis von Monaco 1937. Nach dem Kampf: Brauchitsch (links), der Sieger, und Caracciola, der Zweite.

Nürburgring 1938. Das Mercedes-Team nach dem Doppelsieg im Großen Preis von Deutschland. Von links: Brauchitsch, Neubauer, Sieger Seaman, Hermann Lang, Rudolf Caracciola.

Das Lachen des Siegers. Caracciola nach dem Regensieg im Großen Preis der Schweiz 1938 in Bern.

Meine Hände zittern, als ich das Papier entfalte. Ich lese in seltsam steilen Buchstaben zwei Namen: »LOBKOWICZ – BRAUCHITSCH.«
Hanussen hatte also wirklich in die Zukunft gesehen. Wie war das möglich? Und warum hatte Hanussen den Fürsten nicht gewarnt? Ich nehme mir vor, mit Hanussen zu reden.
Aber es kommt nicht dazu. Als ich am Montag, dem 23. Mai, die »Berliner Nachtausgabe« aufschlage, lese ich unter einer Balkenüberschrift:
ADAC WAR GEWARNT!
Es ist eine merkwürdige Tatsache, daß der Hellseher Hanussen einige Tage vor dem Rennen sich bei der Pressestelle des ADAC eingefunden und dort Voraussagen über den Verlauf des Rennens zu Protokoll gegeben hat.
Von diesen Prophezeiungen ist eine eingetroffen – leider die schwärzeste.
Hanussen hat mit aller Bestimmtheit erklärt, daß das Rennen für einen Fahrer einen verhängnisvollen Ausgang nehmen werde: für den Fürsten Lobkowicz.
Er hat wiederholt in eindringlicher Weise beteuert, daß er die allerschlimmsten Befürchtungen für den Fürsten hege, und hat wiederholt gebeten, es möge vom ADAC eine Warnung an Lobkowicz ergehen. Die maßgebenden Stellen im ADAC haben jedoch von dieser, von Hanussen erbetenen Mitteilung an den Fürsten Lobkowicz Abstand genommen.
Knapp ein Jahr später wird man in einer Schonung, nahe der Autobahn Berlin – Dresden, Hanussens Leiche finden. Rätselhaft wie sein Leben war sein Tod.

*

Der Sieg auf der AVUS macht Manfred von Brauchitsch in Deutschland populär. Zum erstenmal kommt viel Geld in seine chronisch leeren Taschen. Es gibt Heiratsanträge, Autogrammbitten – und sogar einen Filmvertrag. Der Film heißt »Kampf«, behandelt das Schicksal eines Rennfahrers – und wird ein Kassenschlager.
Aber auf der Rennbahn haben wir keine allzu großen Erfolge. Schneller als Manfred ist stets ein anderer Fahrer, ein Mann, der Revanche für die Niederlage auf der AVUS haben will: Rudi Caracciola.
Rudi zeigt, daß er noch siegen kann. Er zeigt es gründlich. Er gewinnt beim Eifelrennen, er siegt beim Großen Preis von Deutschland, er holt sich den Grand Prix von Monza.
Dann geht die Rennsaison 1932 zu Ende und mit ihr die Zeit der »freien Formel«, in der man sozusagen mit jedem Omnibus oder Lastwagen und mit jedem »Selbstbau« an einem Autorennen teilnehmen durfte. Da fuhren die Mercedes-SSK mit 1500 Kilo Gewicht und 7 Litern Hubraum gegen die Alfas mit 2,3 Litern und 900 Kilo, gegen Bugattis mit acht Zylinder und 4,9 Litern Hubraum im gleichen Rennen. Und niemand dachte sich etwas dabei.
Am 12. Oktober 1932 aber beschließt die Internationale Sportkommission in Paris eine neue Formel für Autorennen: Das Gewicht der Wagen wird auf 750 Kilogramm begrenzt – ohne Sprit, Öl, Reifen, Kühlwasser. Es ist nämlich

höchste Zeit, den Rausch der Geschwindigkeit ein wenig einzudämmen. Schon sind 240 km/h auf den Geraden keine Seltenheit mehr. Schon häufen sich die Unfälle auf Bahnen, die für solches Tempo nicht geschaffen wurden.
Zunächst sind über die neue Pariser Ordre vor allem die Ingenieure und Konstrukteure verzweifelt. Wer traut sich schon, einem Wagen von nur 750 Kilo Gewicht runde 300 Pferdekräfte unter die Motorhaube zu zaubern?
Aber es findet sich einer. Er sitzt in Stuttgart, führt ein Konstruktionsbüro in der Kronenstraße, hat einen wirren Schnauzbart und einen stets zerdrückten Filzhut und heißt Dr. h. c. Ferdinand Porsche.
Diesem Doktor Porsche liegt eine Handvoll Rennfahrer mit einer ganz verrückten Idee in den Ohren: einen nationalen Rennwagen zu bauen. Die ganze deutsche Industrie soll sich zusammentun. Da ist vornweg Adolf Rosenberger, der wohlhabende Geschäftsmann aus Pforzheim, der sein halbes Leben am Steuer schneller Wagen verbracht hat. Da ist auch Wilhelm Sebastian, der erfindungsreiche Mechaniker, der einst bei Rosenberger seine Sporen verdiente und neben Caracciola im Wagen saß, als er die »Mille Miglia« gewann. Da ist Hans Stuck und da ist auch der Prinz zu Leiningen. Sie alle lassen nicht locker, bis Dr. Porsche Feuer gefangen hat. Bis er am 1. November 1932 die erste flüchtige Skizze zu einem Rennwagen-Motor anfertigt.
Schon eine Woche später wird in Stuttgart die »Hochleistungs-Fahrzeugbau G. m. b. H.« ins Leben gerufen. Dr. Porsche ist ihr Chef, Adolf Rosenberger der Geschäftsführer. Das Ziel der Gesellschaft: Bau eines Rennwagens nach der 750-kg-Formel. Bereits am 15. November liegen die Grundzüge dieses neuen Wagens fest. Er wird einen 16-Zylinder-Motor haben, 4,4 Liter Hubraum und 280 PS. Das Tollste aber ist: Dieser Motor liegt hinten, wo normalerweise der Benzintank liegt.
Aber ein Rennauto zu bauen kostet Geld. Die Fahrer kratzen ihre Ersparnisse zusammen. Sie geben, was sie haben – jeder 15 000 Mark, Adolf Rosenberger noch ein bißchen mehr. Und doch ist das nur ein Tropfen auf den heißen Stein. So einen Rennwagen zu entwickeln, kostet viele Millionen . . .
Die Porsche-Leute sprechen mit Direktoren und Bankiers, sie fahren zu Fabrikanten von Zubehörteilen, zu den Reifenfirmen und den Zündkerzenwerken. Aber die Zeiten sind miserabel, und die Begeisterung der Industrie für den nationalen Renngedanken ist mehr als lau. Man hat ganz andere Sorgen.
Da wagen die Porsche-Männer sogar einen Vorstoß in das »Braune Haus« in München, die Residenz des Parteiführers Hitler. Aber sie dringen nicht bis zum »Chef« vor. Man rät ihnen abzuwarten, bis »wir an der Macht sind«. Aber das kann noch lange dauern . . .
Vorläufig sieht es also noch traurig aus in Europa. Mercedes denkt nicht an den Bau eines neuen Wagens, Bugatti kämpft um die nackte Existenz. Und auch Alfa Romeo schickt blaue Briefe aus.
Ich muß für Mercedes Kunden betreuen, muß bei Ausstellungen in Brüssel und Paris, in London, Rom und Genf die Honneurs machen und atme an Stelle des geliebten Parfums aus Ölgestank, Benzindunst und angesengtem Gummi nur staubige Büroluft.

Eines Abends sitze ich mit meinem Freunde Herzing bei einem Schoppen »Äppelwoi« in einem Frankfurter Weinstübchen. Herzing war einst Verkaufsleiter bei Daimler-Benz in Dresden und pflegte einem gewissen Autoverkäufer namens Caracciola die besten Kunden vor der Nase wegzuschnappen – um ihm andererseits den Start als Rennfahrer bei Mercedes zu erleichtern. Er ist inzwischen bei der Auto-Union gelandet. Vor knapp einem Jahr haben sich unter dem Zwang der Wirtschaftskrise vier sächsische Betriebe zu dieser Vereinigung zusammengeschlossen: die Horch-Werke und die Audi-Werke in Zwickau, die Wanderer-Werke in Chemnitz und schließlich die Rasmussen-Werke in Zschopau, die DKW-Motorräder und Kleinwagen fabrizieren.

Nach dem dritten Glas Wein öffnet sich mein Herz, und mein Mund läuft über. Ich klage Herzing mein Leid. Der hört sich meinen Singsang geduldig an.

»Kommen Sie doch zu uns«, sagt er dann. »Wir sind eine junge Firma. Da weht ein frischer Wind!«

Die Worte gehen mir im Kopf herum. Ich verbringe ein paar schlaflose Nächte. Ich bin mit Daimler-Benz eng verwachsen in all den Jahren. Aber – was ist die ganze Herrlichkeit ohne einen Caracciola, ohne Rennen . . .?

Es kommt der 5. November 1932, der Tag, an dem ich in Zwickau mit Generaldirektor Klaus von Oertzen verhandele. Recht verlockend klingt sein finanzielles Angebot. Noch verlockender seine Rede, daß die Auto-Union große Pläne habe. Aber ich zögere noch. »Und . . . Rennen?«

»Vielleicht«, sagt Oertzen. »Vielleicht eines Tages auch – Rennen!«

Das ist ein Wort. Ich setze mich an meinen Schreibtisch und verfasse am 30. November 1932 ein Kündigungsschreiben an Daimler-Benz. Der Kündigungsbrief ist keine 24 Stunden alt, als ich zu unserm Generaldirektor Dr. Wilhelm Kissel gerufen werde. Er kommt mir schon an der Tür entgegen. Sein Gesicht ist leicht gerötet vor Erregung.

»Mein lieber Neubauer«, sagt er dann, »was in aller Welt ist denn in Sie gefahren? Sie wollen uns verlassen? Das ist doch nicht Ihr Ernst!«

»Doch«, sage ich mit belegter Stimme. »Mein voller Ernst.«

»Aber – was paßt Ihnen nicht?«

Ich blicke auf das Bild über Kissels Schreibtisch, bevor ich antworte. Das Bild über dem Tisch des Generaldirektors von Mercedes-Benz zeigt nicht etwa den Reichspräsidenten von Hindenburg. Auch nicht den Kaiser Wilhelm. Es zeigt – Rudi Caracciola.

»Ich brauche Rennen«, sage ich dann. »Sonst bin ich nur ein halber Mensch. Ich bin nicht als Staubsauger von Büroluft geboren . . .«

Dr. Kissel versichert mir: »Sobald die wirtschaftliche Lage es gestattet, werden wir wieder Rennwagen bauen. Das verspreche ich Ihnen.«

»Aber ich habe nun schon einen Vorvertrag mit der Auto-Union unterschrieben . . . ich bin doch gebunden!« sage ich.

Dr. Kissel überfliegt den Vertrag. Als er das vereinbarte Gehalt liest, hebt er kurz die Brauen. Dann faltet er das Schriftstück sorgfältig zusammen.

»Lassen Sie die Regelung dieser Angelegenheit bitte meine Sache sein«, sagt er.

»Und – was Ihr Gehalt betrifft: Was die Auto-Union Ihnen bietet, können Sie bei uns auch verdienen. Und noch ein bißchen mehr. Ab sofort!«

*

In jenen Jahren, als Mercedes dem Rennsport fernbleibt, sind es die Italiener, die das Feld beherrschen – mit ihren schnellen Alfas und Maseratis. Vor allem aber mit ihren meisterhaften Fahrern. Ihnen ist das Gefühl für Kurventechnik angeboren, und sie sind – wie die meisten Romanen – unglaublich reaktionsschnell.

Allerdings habe ich auch noch keine Fahrer irgendeiner Nation gesehen, die so plötzlich von Windstille auf Sturm, von Begeisterung auf Verzweiflung umschalten können.

In Monza habe ich italienische Meisterfahrer erlebt, wie sie weinend und jammernd, auf zwei Monteure gestützt, davonschwankten wie ein schwachgewordenes Weib – nur weil sie Zweite geworden waren statt Erste ...

Vielleicht hat es nur zwei Ausnahmen gegeben: Achille Varzi, den Mann aus Galliate mit dem Pokergesicht, und Tazio Nuvolari, den »roten Teufel« von Mantua.

Man kann kein Buch über den Automobilrennsport jener Zeit schreiben, ohne diese beiden außergewöhnlichen Erscheinungen zu schildern und auf ihre Triumphe und Niederlagen einzugehen.

Da ist Nuvolari, mit spitzem Kinn, Glutaugen, der Lederhaut eines Indianers und einem Profil wie dem des Mönches Savonarola, gebürtig aus Mantua in Norditalien.

Da ist Achille Varzi, zwölf Jahre jünger, dunkelblond, sorgfältig gescheiteltes Haar, blaue Augen, das Gesicht von tausend kleinen Fältchen durchzogen, Sohn eines reichen Fabrikanten und Gutsbesitzers aus Galliate, ebenfalls Norditalien.

Beide beginnen ihre Laufbahn als Motorradfahrer – so wie später auch Bernd Rosemeyer. Auf dem Motorrad liefern sie sich ihre ersten, erbarmungslosen Schlachten.

Im Jahr 1928 satteln sie dann auf Rennwagen um. Sie gründen sogar zusammen eine Renngemeinschaft, eine »Scuderia«. Vereint wollen sie die alte Garde aus dem Felde schlagen. Aber es geht nicht gut. Ihre Charaktere sind zu verschieden, ihre Rivalität ist zu groß.

Da ist Varzi, der kühle Taktiker, der mit Verstand, mit Berechnung fährt. Der Ganghebel, Steuerrad und Pedale gelassen bedient, der nie die Herrschaft über sich selber verliert. Und da ist Nuvolari – dunkel, dämonisch fast. Von Leidenschaften getrieben, der Fahrer mit dem sechsten Sinn, dem untrüglichen Instinkt. Nuvolari, der nie aufsteckt, der auf verlorenem Posten noch wilde Schlachten liefert.

Es sind zwei Welten, die nicht zueinander passen wollen: der vornehme, penible Varzi, der immer mit tadellosen Bügelfalten in seinen Rennwagen steigt und der rauhe Geselle Nuvolari, der mit hochgekrempelten Ärmeln und

gefletschten Zähnen sich hinter das Steuer klemmt. Die Scuderia platzt, kaum daß sie gegründet wurde.
Der Keim zu einer Rivalität ist gelegt, die jahrelang die Rennbahnen Europas in Atem halten wird. Denn nun beginnt ein Kampf bis aufs Messer und mit allen Mitteln. Und diese Mittel sind nicht immer fein.
Über diese beiden Kampfhähne sollen Sie nun einiges erfahren.

VARZI CONTRA NUVOLARI

Wir schreiben das Jahr 1930. Staub steht unter der glutheißen Sonne Italiens. Die besten Fahrer kämpfen bei Alessandria um den Bordino-Pokal. Zwei Dutzend Wagen wirbeln um die Rundstrecke: hochbeinige Alfa Romeos, blaue Bugattis. Ein weißer Mercedes mit singendem Kompressor ist auch darunter. Zwei Wagen liegen an der Spitze des Feldes, weit vor den anderen. Zwei Wagen kommen nur noch für den Sieg in Frage, die beiden knallroten Alfas von Nuvolari und Varzi.
Zehn Runden schon jagt Varzi den »Fliegenden Teufel«. Zehn Runden lang versucht er zu überholen. Aber Nuvolari läßt ihn nicht vorbei.
Es ist in der vorletzten Runde. Varzi greift an, schiebt sich näher, Meter um Meter. Und dann trennt nur noch eine knappe Manneslänge die beiden Wagen, als sie mit 150 Stundenkilometern durch die lange Gerade schießen.
Die Menschen reißt es von den Sitzen. Aber sie schreien nicht, sie verkrallen ihre Hände in die Arme des Nachbarn, sie zerbeißen ihre Lippen vor Aufregung. Dort, auf der weißen Linie der Straße, die wild dahinrasenden roten Wagen, so unheimlich dicht aufeinander, ein Druck aufs Gaspedal, ein Tritt auf die Bremse, ein falscher Steuereinschlag, und es muß zum Zusammenstoß, zur Katastrophe kommen ... Aber noch geschieht nichts.
Nach der langen Geraden kommt eine gefährliche Spitzkehre. Varzi weiß: hier kann man nicht schneller als 60 fahren. Hier ist seine Chance. Die letzte in diesem Rennen ...
Da ist die Kurve. Fast gleichzeitig steigen Nuvolari und Varzi in die Bremsen, drosseln das Tempo. Dieses Bremsmanöver bringt die Wagen noch näher aufeinander. Die Zuschauer an der Kurve stöhnen auf wie unter Qualen. Nur noch eine Armeslänge trennt die Wagen ...
Und dann geschieht es. Varzi visiert: nur Zentimeter trennen sein rechtes Vorderrad vom linken Hinterreifen Nuvolaris. Er preßt die Lippen zusammen, seine Hände schließen sich eisern ums Steuerrad.
Jetzt! Varzi gibt Gas. Eine Winzigkeit nur, der Wagen schnellt vor ... Ein Ruck. Die beiden Reifen stoßen zusammen. Ein Zischen, ein sirrendes Reiben. Der Gestank von verbranntem Gummi. Nuvolaris Wagen wankt, schleudert, stellt sich quer. Staub wirbelt auf.
Varzi hört ein Splittern, ein Krachen. Dann ist er vorbei, fährt dem sicheren Sieg entgegen.

Als Nuvolari dreckverschmiert, in zerfetztem Overall und zu Fuß am Ziel eintrifft, wird Achille Varzi gerade der Lorbeerkranz umgehängt. Nuvolaris Zähne blitzen.
»Gratuliere!« sagt er. »Das war Maßarbeit.«
Er geht zu seiner Boxe. Varzi sieht, wie er das rechte Bein schleifen läßt.
»Ein Riß im Oberschenkelknochen«, sagt der Arzt, als er Nuvolari später untersucht. »Sie müssen in Gips!«
Dieses Hinaus-Boxen des Gegners in einer langsamen Kurve, wo nicht viel passieren konnte, soll damals vor allem bei Südländern ein beliebter Sport gewesen sein.
Später allerdings sind den Fahrern diese Unarten vergangen. In den dreißiger Jahren, als die Motoren immer stärker, die Wagen im schneller, die Rennen immer gefährlicher wurden, als die Räder einzeln und lose aufgehängt wurden und nicht mehr starr und steif, als die Geschwindigkeiten auf über 200 und 300 Sachen stiegen – da hätte ein solches Manöver den sicheren Tod für beide Fahrer bedeutet.
Damals aber, 1930, lauerte Tazio Nuvolari nur auf die Gelegenheit, an dem Rivalen Varzi Revanche zu nehmen. Die Gelegenheit sollte bald kommen: und zwar beim 1000-Meilen-Rennen von Brescia 1930.
Nuvolari und Varzi fahren für Alfa Romeo. Sie fahren in der gleichen Mannschaft. Einzeln, mit Minuten-Abstand werden die Wagen auf die Reise geschickt. Varzi startet mit seinem Mechaniker Carlo Canavesi als Beifahrer um 13.12 Uhr. Und zehn Minuten später wird Nuvolari abgelassen.
Italien ist in zwei Lager gespalten: hie Nuvolari – hie Varzi. Millionen sitzen an den Lautsprechern, fiebernd, gespannt, warten auf Meldungen, die von der Strecke eingehen.
Einmal führt Varzi, dann wieder Nuvolari, dann liegen sie gleich.
In Ancona hält Varzi am Ersatzteillager von Alfa Romeo. Tanken, Reifenwechsel. Signor Jano, Konstrukteur und Rennleiter, reicht Varzi ein Glas Orangensaft. Der Beifahrer Canavesi reicht ihm eine brennende Zigarette. Gierig saugt Varzi den Rauch in die Lungen.
Vittorio Jano klopft ihm die Schulter. »Gut gemacht, Achille. Ihr habt schon sechs Minuten Vorsprung vor den anderen herausgefahren. Von jetzt ab: gleichmäßig fahren. Sonst macht ihr die Maschinen sauer.«
Varzi nickt. »Und Tazio?«
»Liegt in der Gesamtberechnung eine Minute hinter dir. Auch er bekommt die Anweisung ›regulare‹.«
»Schön«, sagt Varzi zufrieden. Dann gibt er Gas.
Pesaro . . . Rimini . . . Forli . . . heißen die nächsten Stationen. Der Nachtwind weht vom Meer herüber. In den Dörfern, den Städten stehen die Menschen auf den Straßen und jubeln den Fahrern zu.
Varzi lehnt sich zurück. Der Motor summt gleichmäßig. Beifahrer Canavesi glaubt noch einen anderen Laut zu hören. Er betrachtet Achille, seinen Chef, verstohlen von der Seite. Richtig – er bewegt die Lippen: Varzi singt!

Als die Sonne blutrot im Osten aufgeht, geschieht das Unfaßbare: Hinter ihnen, aus einer eben passierten Kurve heraus, jagt ein Wagen heran, schiebt sich immer näher. Ein roter Alfa ... Nuvolari!
Varzi unterdrückt einen Fluch. Wie ist das möglich?
Hat Jano die Anweisung zum gleichmäßigen Fahren nicht an Nuvolari weitergegeben? Hat Tazio sich nicht daran gehalten? Tazio, der mit abgeblendeten Scheinwerfern, ja, sogar ohne Licht gefahren sein muß und sich so im Schutz der Nacht an ihn herangeschoben hat, um ihn zu überraschen ...
Für Varzi ist das Rennen verloren. Da Nuvolari zehn Minuten nach ihm startete und ihn jetzt eingeholt hat, liegt Nuvolari also in der Gesamtberechnung des Rennens ganze zehn Minuten vor ihm!
Kein Muskel rührt sich in Varzis Gesicht, als Nuvolari kurz vor Peschiera an ihm vorbeischießt.
Der Sieger heißt Nuvolari. Varzi wird Zweiter. Aber er schwört Rache für den Betrug von Brescia.
Varzi kündigt den Vertrag mit Alfa Romeo. Mit anderen Wagen will er Nuvolari schlagen. Erst mit einem Maserati, dann mit einem der neuen Bugattis, mit einem französischen Wagen also.
Die Italiener verzeihen ihm das nicht. Sie werfen ihm »Landesverrat« vor, sie schmähen ihn und pfeifen ihn aus. Varzi kümmert sich nicht darum.

*

Die Rivalität macht auch vor ganz privaten Dingen nicht halt.
Achille will eleganter sein als Tazio. Er geht zu einem der besten Schneider von Mailand, zu Signor Rossini. Er läßt sich aus bestem englischem Stoff einen azurblauen Renndreß fertigen.
»Was kostet es?« fragt er und zückt die Brieftasche.
»3000 Lire, Signor.«
»Ich gebe Ihnen 4000 – unter einer Bedingung: Sie dürfen diesen Stoff nicht an Nuvolari verkaufen – verstanden?«
»Gewiß, Signore!« Der Schneider dienert bis zur Tür.
Eine Woche drauf ist Training in Monza. Varzi trägt seinen neuen, blauen Overall. Die Bügelfalte sitzt messerscharf. Gerade will er in den Wagen steigen, als er zur Salzsäule erstarrt. In der Boxe nebenan ist Tazio Nuvolari erschienen, winkt freundlich herüber. Auch er trägt – einen blauen Overall!
»Woher hast du diesen Stoff?« fragt Varzi.
»Von Rossini, genau wie du!« lächelt Nuvolari honigsüß. »Für 8000 Lire, wenn es dich interessiert!«

*

Varzi und Nuvolari sind die Helden dieser Jahre, in denen es noch keine Auto-Union-Wagen gibt, in denen Mercedes an keinem Rennen teilnimmt und in denen das Gespenst der Wirtschaftskrise über Deutschland, über der ganzen Welt lastet.

Varzi und Nuvolari siegen. Der eine in Tunis, in Pescara, auf der Avus und in Monza, der andere in Rom, in San Sebastian, in Pau und in Monte Carlo. 1930 wird Varzi italienischer Meister – und zwei Jahre später Tazio Nuvolari. Immer wieder treffen sie aufeinander und bald werden sie beide nicht mehr siegen. Denn so erbittert ist ihr Kampf, daß sie sich gegenseitig zu Tode hetzen, ihre Motoren überdrehen, ihre Wagen zuschanden fahren und ausscheiden müssen.

Andere sind die lachenden Dritten. Franzosen, Engländer, Deutsche. In Rom aber legt man Wert auf italienische Siege, denn der Faschismus braucht Aushängeschilder.

Es ist die Zeit, in der Marschall Balbo im Geschwaderflug den Atlantik überquert, in der ein Boxer namens Primo Carnera nach dem Weltmeister-Gürtel greift, der 50 000 Tonnen Superliner »Rex« erbaut wird und Benjamino Gigli sich in alle Herzen singt. Es ist die Zeit, in der im italienischen Tripolis, in Nordafrika, das schnellste Autorennen der Welt geplant wird, bei dem italienische Wagen selbstverständlich ihre Überlegenheit beweisen sollen.

Doch schon wanken die großen »imperialen« Hoffnungen. Aus Deutschland kommt schlimme Kunde. In den Konstruktionsbüros von Mercedes-Benz und von der neugeschaffenen Auto-Union sollen neue Rennwagen entworfen worden sein, Wagen, die den Italienern, die einem Nuvolari, einem Varzi gefährlich werden können – wenn sie nicht zusammenhalten.

Aber sie tun es nicht, obwohl Rom schon sehr deutlich geworden war. Beim Großen Preis von Irland . . .

Natürlich bin ich mit von der Partie – als stiller Beobachter einstweilen. Denn unsere neuen Formel-Rennwagen sind noch nicht reif zum Start.

Ich seh mir die Konkurrenz aus der Nähe an. Es ist nicht viel, was sie zeigen. Die Herren Varzi und Nuvolari sind so ineinander verbissen, daß sie auf keinen grünen Zweig kommen können. Wieder einmal werden ihre Motoren sauer. Sie enden unter »ferner liefen«.

Nach dem Rennen treffe ich den Signor Giovannini, den Rennleiter von Alfa Romeo und Betreuer der beiden Rivalen. Giovannini ist klein, immer lustig, quecksilbrig mit blanken, braunen Augen. Heute jedoch blickt er kummervoll, hockt mit bitterer Miene bei nicht minder bitterem englischem Bier.

Er reibt mir ein zerknittertes Telegramm unter die Nase. Ich lese:

> *»Signores Varzi und Nuvolari.*
> *Setzt persönlichen Ehrgeiz hinter die Ehre der Nation!*
> *Kämpft künftig nicht für eigenen, sondern Italiens Sieg!*
>
> *Turatti*
> *Staatssekretär«*

Giovannini rauft sich verzweifelt die Haare. »Sie haben sich einen Dreck darum gekümmert. Wenn das so weitergeht, sehe ich schwarz. Die beiden hetzen sich noch gegenseitig in den Tod . . .«

Aber zum Glück kommt es nicht soweit. Italiens berühmtester Sportjournalist, Giovanni Canestrini greift rechtzeitig ein. Canestrini ist ein glühender Patriot. Wo andere rot sehen, sieht er grün-weiß-rot: die italienischen Farben. Ca-

nestrini vermittelt zwischen den Rivalen. Er arrangiert ein Treffen in aller Heimlichkeit und Stille.
An einem schönen Apriltag im Jahr 1933 parken an einer einsamen Kreuzung, zehn Kilometer südlich von Bergamo, drei Wagen. Daneben, im tiefen Gras, hocken drei Männer: Canestrini, Nuvolari und Varzi.
In einem stundenlangen Palaver gelingt es Canestrini, die beiden Rivalen miteinander auszusöhnen.
Zwar hat es auch später noch manchen harten Strauß zwischen dem Fliegenden Teufel aus Mantua und dem Grandseigneur aus Galliate gegeben, aber nie wieder Kampf bis zur Selbstvernichtung.

MILLIONENCOUP VON TRIPOLIS

Damals, im Frühjahr 1933, haben die beiden Helden ihren jungen Bund gleich auf die Probe gestellt – allerdings nicht so, wie sich's der gute Signor Canestrini hätte träumen lassen. Die beiden haben sich an einen Tisch gesetzt und wohl den größten Coup ausgeheckt, von dem die Renngeschichte zu berichten weiß. Einen Coup, bei dem es um blanke Millionen ging . . .
Erinnern Sie sich noch an das Frühjahr 1933?
In diesem Jahr versinkt das amerikanische Riesenluftschiff »Akron« mit Mann und Maus im Atlantik. Die Vereinigten Staaten feiern nach dreizehn Jahren Prohibition die erste »nasse« Nacht, in der die Amerikaner den lang entbehrten Alkohol gleich literweise in die ausgedörrten Kehlen stürzen. Eine gewisse Elly Beinhorn fliegt im Nonstop von Berlin nach Istanbul. Prinz Wilhelm von Preußen, jüngster Sohn des Kronprinzen, heiratet ohne Genehmigung des Herrn Papa ein Fräulein Dorothea von Salviati. Im Berliner »Deutschen Theater« spielt Heinrich George den Geßler im »Wilhelm Tell« und Attila Hörbiger spielt die Titelrolle. Und nur wenige Zuschauer ziehen Vergleiche zwischen dem Hut des Tyrannen Geßler und dem Hakenkreuz Hitlers . . .
In Deutschland zählt man um die Zeit noch Millionen Arbeitslose. Da wird »Reichshilfe-Butter« für zwei Groschen das Kilo an alle Rentner ausgegeben. Da kostet das Paar Herrenschuhe – letzter Schick – runde 8,40 RM, und das Kännchen Kaffee beim Tanztee im Berliner Mokka-Efti bloße 31 Pfennige.
Da wird der Hellseher Hanussen in einer Schonung unweit der Autobahn Berlin–Dresden tot aufgefunden. Im Reich wird die Todesstrafe durch Erhängen eingeführt. Panzerkreuzer »Admiral Scheer« läuft von Stapel, Goebbels verhängt den Boykott über jüdische Geschäfte, die ersten Konzentrationslager werden eingeführt . . . und die Berliner Volksbühne spielt: »Viel Lärm um nichts . . .«
Damals auch eröffnete Marschall Italo Balbo, der Gouverneur der italienischen Kolonie Libyen, die neu erbaute Rennbahn von Tripolis, die schnellste Bahn der Welt.
Diese Bahn ist das Gegenteil des Hexenkarussells von Monte Carlo. Sie ist

13,1 Kilometer lang und besteht aus einer einzigen Kette langgestreckter Kurven. Hier kann man einen Schnitt von 200 Stundenkilometern fahren – und sich das Genick brechen.
Die Fahrer wissen das. Und auch die Veranstalter. Die smarten Herren nutzen diesen Reiz. Sie brauchen Wirbel und Publicity für Italien, für Mussolinis »Imperium Romanum«. Und ganz besonders für Marschall Balbo, den frischgebackenen Gouverneur, den charmanten Sportsmann, der seine eigenen, geheimen ehrgeizigen Pläne hat.
Eine Lotterie wird veranstaltet. Monate vor dem Rennen werden überall in Italien die Lose verkauft. Das Stück kostet elf Lire. Und mit diesen lächerlichen elf Lire kann man Millionär werden ...
Drei Tage vor dem Rennen werden die Lose der dreißig Hauptgewinner gezogen. Jedes Los trägt die Nummer eines der dreißig startenden Wagen. Wer die Nummer des späteren Siegers gezogen hat, ist Gewinner der Lotterie. Er darf 7,5 Millionen Lire kassieren. Das ist damals weit über eine Million Reichsmark. Beste Friedenswährung ...
Am Abend vor dem Start läßt sich Enrico Riva, Holzkaufmann aus Pisa, bei Varzi melden. Er müsse ihn dringend sprechen.
»Warum?« fragt Varzi.
»Ich möchte Ihnen ein Angebot unterbreiten, Signore«, sagt Riva. »Ich bin der Inhaber des Loses, das die Nummer Ihres Wagens trägt!«
Das Angebot, das er Varzi macht, ist in der Tat höchst ungewöhnlich. Er bietet dem Mann aus Galliate mehr als ein Drittel seines Gewinns, falls er das Rennen gewinnen sollte: drei Millionen Lire.
Nun liegt es natürlich nicht allein in der Hand Varzis, ob er das Rennen gewinnt oder nicht. Immerhin sind alle Stars des italienischen Rennsports am Start versammelt. Nuvolari, Campari, Borzacchini – von dem Franzosen Chiron ganz zu schweigen. Das weiß Varzi, das weiß auch Signor Riva. Also deutet der Holzkaufmann diskret an, daß man drei Millionen notfalls auch durch drei teilen könne – und daß noch immer eine ansehnliche Summe für jeden übrigbleiben würde ...
Riva hat einen notariell beglaubigten Vertrag über diese seltsame Abmachung bereits mitgebracht. Varzi steckt ihn zu sich. Und setzt sich noch am gleichen Abend mit Nuvolari und Borzacchini zu einer geheimen Besprechung an einen Tisch ...

*

7. Mai 1933. Der heiße Wind der Wüste, der Ghibli, weht über die Ebene von Tripolis. Wie ein weißes Band liegt die neue Rennstrecke zwischen Palmenhainen und gelbem Sand. Die Luft flirrt über dem Beton. 38 Grad im Schatten zeigt das Thermometer.
Auf der Tribüne schwitzen die feinen Leute. Offiziere in prächtigen Uniformen, würdige Kolonialbeamte, Parteifunktionäre im Schwarzhemd, dicke Plantagenbesitzer, reiche Araber im weißen Burnus. Und immer wieder – schöne, elegante Frauen.

In einer Logie sitzt eine seltsame Gesellschaft beieinander, die Besitzer der dreißig Lose: Ein biederer Metzgermeister aus Mailand. Eine verhärmte Rentnerin aus Florenz. Ein Postbeamter, ein Kaufmann, ein Student. Handwerker, Arbeiter. Eine reiche Witwe, ein vertrottelter Baron. Mitten darunter schnauft ein rundlicher Herr mit geröteter Glatze vor Erregung: Signor Enrico Riva, Holzkaufmann aus Pisa. Dreißig Menschen, vom Schicksal zusammengewürfelt, bangen und hoffen um den Sieg ihres Fahrers. Dreißig Menschen, für die ein kleines, bedrucktes Stück Papier die große Hoffnung ihres Lebens bedeutet ...
Dreißig Wagen stehen am Start. Motorenlärm von zehntausend Pferdekräften dröhnt über die Wüste. Marschall Balbo, in Gala-Uniform, mit gepflegtem Vollbart, hebt die grün-weiß-rote Flagge. Das Rennen beginnt.

Es wird ein seltsames Rennen, voll aufregender, voll unerklärlicher Zwischenfälle. Drei Wagen schießen davon wie losgelassene Pfeile: Nuvolari mit seinem roten Alfa, dicht dahinter der kleine Borzacchini, dann Campari, der dicke Meisterfahrer, der nebenbei Tenor an der Mailänder Scala ist und dessen Onkel eine berühmte Likörfabrik besitzt.

Auch andere mischen noch kräftig mit: der elegante Franzose Chiron, der hünenhafte Fagioli und der kühle Engländer Sir Henry Birkin auf seinem grünen Maserati.

Nur einer hält sich zurück: Achille Varzi, der große Favorit. Er fährt, gut plaziert, im Mittelfeld. Was ist mit ihm? staunen die Zuschauer. Indisponiert? Oder – Taktik?

5. Runde: Campari führt vor Nuvolari und Birkin. Der blaue Bugatti Varzis liegt bereits 57 Sekunden zurück. Auf der Ehrentribüne tupft sich ein rundlicher Herr mit nervös zitternden Händen den Schweiß von der Glatze.

12. Runde: Campari liegt neun Sekunden vor Nuvolari. Auch Borzacchini ist aufgerückt. Der Engländer Birkin hält den vierten Platz. Von Varzi ist nichts zu sehen.

14. Runde: Camparis Wagen spuckt ganz fürchterlich. Er hält an den Boxen. Mechaniker wühlen aufgeregt im Motor. Die Menschen machen lange Hälse. Minuten vergehen. Dann steigt der Dicke aus. Fluchend, mit wutverzerrtem Gesicht.

Als Campari sich wenig später in der Kantine einen Schluck Chianti genehmigt, ist er gar nicht mehr so wütend. Im Gegenteil, er lächelt stillvergnügt vor sich hin. Seltsam ...

20. Runde: Nuvolari führt vor Borzacchini. Auch Chiron und Birkin liegen noch gut im Rennen. Noch zehn Runden sind zu fahren. Jetzt dreht Varzi mächtig auf.

25. Runde: Chiron und Birkin fallen zurück. Varzi liegt bereits an dritter Stelle, hinter Nuvolari und Borzacchini.

Da – der Motor von Varzis blauem Bugatti geht unregelmäßig, holpert, rumpelt, bockt. Zwei Zylinder fallen aus. Kerzenschaden!

Varzi beißt sich auf die Lippen. Verdammt! Das hatte noch gefehlt! Jetzt halten – Kerzen wechseln? Ausgeschlossen. Das würde drei bis vier Minuten kosten, das würde die sichere Niederlage bedeuten. Also – weiterfahren ...

26. Runde: Zwei Wagen liegen noch vor Varzi. Der Glatzkopf auf der Ehrentribüne wird abwechselnd rot und blaß und zerrt nervös an der Uhrenkette. Die Massen jubeln Nuvolari zu.
»Tazio ... Tazioooo!« Der fliegende Teufel aus Mantua legt schnell noch eine Rekordrunde auf den Beton, überdreht fast den Motor, droht Varzi schon zu überrunden.
27. Runde: Borzacchini wird sichtlich nervös. Immer wieder blickt er sich um. Seltsam, seltsam ...
Wenn Borzacchini den hinter ihm liegenden Varzi fürchtet, warum drückt er dann nicht aufs Gaspedal? Er fährt doch den Wagen nicht voll aus, und Varzis Motor geht – für alle hörbar – sehr unregelmäßig. Seltsam, seltsam ...
Da geschieht etwas, was einem Meisterfahrer wie Borzacchini eigentlich nicht passieren dürfte: Er schneidet eine Kurve an und streift mit dem linken Vorderrad eine der leeren Öltonnen, die als Markierung aufgestellt sind. Die Tonne wirbelt durch die Luft. Der Wagen schleudert, Borzacchini steuert gegen, fängt den Wagen ab, bremst ...
Mit zerbeulter Karosserie und zerfetztem Pneu rumpelt der rote Alfa vor die Boxen. Borzacchini gibt auf. Trotz allem Pech aber scheint er recht vergnügt, der kleine Mann mit den lustigen Augen.
Die letzte Runde: Nuvolari führt 30 Sekunden vor Varzi. Noch zwei Kilometer bis zum Ziel. Jetzt sehen die Zuschauer das gleiche, was sie schon bei Borzacchini verwundert bemerkten: immer wieder blickt Nuvolari sich um. Dabei kraucht Nuvolaris Verfolger Varzi dahin wie eine lahme Ente ...
»Tazio ... Tazio!« brüllen zehntausend Menschen im Rhythmus. Sie klettern auf die Bänke, sie schwenken Hüte, Taschentücher. Jetzt taucht der rote Alfa Nuvolaris fern am Anfang der Zielgeraden auf. Tazios kanariengelber Pullover leuchtet.
Da ... Der Wagen wird langsamer, ganz langsam ... der Motor setzt aus. Nuvolari hält!
Den Zuschauern stockt der Atem. Warum fährt Nuvolari nicht weiter – die letzten paar hundert Meter bis zum Ziel? Sie sehen, wie Nuvolari aus dem Wagen klettert, wie er wild gestikuliert.
»Gasolina!« brüllt er klagend. »Niente Gasolina!«
Mechaniker rennen mit Kanistern von den Boxen heran, kippen Benzin in den Tank. Nuvolari springt wieder hinters Steuer.
Jetzt taucht am Anfang der Zielgeraden der blaue Bugatti von Varzi auf – und dicht dahinter der rote Alfa von Chiron. Aber beide Wagen schleichen hintereinander her wie klapprige Pferdedroschken. Eine groteske Situation!
Wer wird siegen? Varzi? Chiron? Oder doch noch Nuvolari, dessen Wagen gerade wieder angeschoben wird? Der Dicke mit der Glatze auf der Ehrentribüne springt auf den Sitz, reißt sich den Kragen auf und brüllt mit überschlagender Stimme: »Varzi! Varzi!«
Noch fünfzig Meter, noch zehn – wie Schnecken krauchen alle drei Wagen nebeneinander her! Das gibt's doch nicht, das ist doch glatt unmöglich, da stimmt doch etwas nicht ...

Mit sage und schreibe einer Reifenbreite Vorsprung gewinnt Achille Varzi den Großen Preis von Tripolis vor Nuvolari. Den dritten Platz belegt fast drei Minuten zurück der Engländer Birkin. In der Aufregung hatte man nämlich völlig übersehen, daß Chiron längst überrundet war.

Die Mechaniker heben einen schweißüberströmten, total erschöpften Varzi aus dem Wagen, tragen ihn im Triumphzug auf den Schultern davon. Ein dicker Herr mit schweißnasser Glatze, den niemand kennt, herzt und küßt Varzi, als sei er sein heimgekehrter, verlorener Sohn.

Eine Stunde später sitzen in einem Hotelzimmer in Tripolis frisch gewaschen und im Tropenfrack die Signores Varzi, Nuvolari und Borzacchini und leeren selbdritt mehrere Flaschen vom allerfeinsten Champagner.

Der kleine Borzacchini hat Freudentränen in den Augen. »Mein Gott«, stöhnt er, »ich kann's kaum fassen – jetzt bin ich ein richtiger Millionär!«

Varzi nippt an seinem Glas. »Was wirst du mit dem vielen Geld anstellen?«

»Ein Häuschen bauen – für meine Frau und meine Kinder. Mit einem kleinen Garten – und sonst nichts. Da werd ich mich zur Ruhe setzen!«

»Und keine Rennen mehr fahren?« fragt Nuvolari skeptisch.

»Nie wieder! Ich hab die Nase voll. Darauf könnt ihr Gift nehmen ...«

Am gleichen Abend beginnt ein großes Raunen und Wispern in den Redaktionen der Sportpresse, in den Büros der Rennleitungen, in den Hotelhallen, in den Werkstätten und Ersatzteillagern. Man flüstert von Schiebung, von Wettschwindel, von Lotteriebetrug ...

Am nächsten Morgen tritt die oberste Sportbehörde in Tripolis zu einer Sondersitzung zusammen. Der Präsident, ein kleiner Herr mit Pomadenscheitel, hat einen krebsroten Kopf.

»Ein Skandal!« wettert er. »Die Fahrer haben eine Absprache getroffen, daß nur Varzi siegen darf. Sie haben Defekte und Unfälle vorgetäuscht, um ihre Pläne durchzusetzen.«

»Wer ist daran beteiligt gewesen?« will ein Funktionär wissen.

»Mit Sicherheit Varzi, Nuvolari und Borzacchini. Aber es besteht dringender Verdacht auch gegen Campari und Chiron ...« Der Präsident holt tief Luft: »Ich beantrage, sämtliche beteiligten Fahrer zu disqualifizieren und ihnen sofort die Lizenz zu entziehen!«

Die Kommissare und Funktionäre machen lange Gesichter. Wer soll noch Autorennen fahren, wenn Nuvolari und Varzi, Campari, Chiron und Borzacchini gesperrt sind? Die besten Fahrer, die Europa in jener Zeit besitzt. Der Antrag des Präsidenten fällt unter den Tisch. Ein Verweis ist die einzige Strafe für die Sündenböcke.

In Tripolis aber werden fortan strenge Bräuche eingeführt. Die Ziehung der dreißig Lose wird auf einen Zeitpunkt fünf Minuten vor dem Start verlegt, wenn alle Fahrer in ihren Wagen sitzen. Sie wissen künftig nicht, für wessen Glück sie fahren, welchen armen Schlucker sie durch ihren Sieg zum Millionär machen werden.

Damals, 1933, wurde der große Coup der »Drei Musketiere« Varzi, Nuvolari und Borzacchini mit dem Mantel stiller Nächstenliebe zugedeckt. Und Cane-

strini, der große italienische Sportjournalist, urteilt 25 Jahre später: »Was wollen Sie? Die Sache war völlig rechtens. Es gab sogar einen notariellen Vertrag. Alles diente nur einem guten Zweck: der Förderung des Motorsports.«
Achille Varzi hat damals den Millionenbrocken gut verdaut, und auch Nuvolari konnte die Beute von Tripolis gelassen einstecken. Er hatte sich im Laufe der Jahre bereits ein üppiges Bankkonto zusammengesiegt.
Anders der kleine, immer lustige Borzacchini. Er war in Tripolis erstmals im Leben zu dickem Geld gekommen. Seinen Schwur, nie wieder Rennen zu fahren, hat er kaum vierzehn Tage gehalten. Dann saß er bereits wieder am Steuer eines Maserati und brauste mit zweihundert Sachen durch die Geraden.
Später, im Frühherbst 1933, bin ich ihm mal in Mailand begegnet. »Alter Knabe«, frag ich neckend. »Ihre Brieftasche hat, wie ich höre, seit Tripolis die Fettsucht? Was in aller Welt machen Sie eigentlich mit so einem Haufen Geld?«
Verschmitzt kneift er die Äuglein zu. »Ihnen will ich's verraten, Signor Neubauer: Wenn ich allein bin, wenn niemand mich belauscht, dann schließ ich alle Türen ab, laß die Vorhänge herunter – und zähle die Moneten. Und wenn die Tausender alle beisammen sind, dann ...«
»Na, was dann?«
»... dann«, flüstert er, »knips ich den Ventilator an und tanze in den wirbelnden Scheinen ein Solo ...«
Ein paar Wochen nach diesem Gespräch ist der kleine Borzacchini ein toter Mann.
Es geschieht am 10. September 1933, als der Automobil-Rennsport seine erste schwere Katastrophe erlebt. Es ist bei den Vorläufen zum Großen Preis von Monza. Als der zweite Vorlauf gestartet werden soll, streiken die Fahrer. In der Südkurve blinkt ein großer Ölfleck. Die Fahrer fordern, daß die Strecke gereinigt wird.
Das Publikum wird ungeduldig. Die Leute wollen etwas sehen für ihr Geld. Kronprinz Umberto auf der Ehrentribüne blickt ungnädig auf die Uhr. Die Rennleitung schickt Arbeiter, die ein paar Schaufeln Sand über das Öl streuen. Dann melden sie: Die Strecke ist frei!
Der zweite Vorlauf beginnt. Mit 200 Sachen brausen die Wagen durch die Gerade, in die Südkurve hinein. Voran Campari. Dann der kleine Borzacchini. Dann Graf Castelbarco, dann Barbieri.
Der Sand ... das Öl ... Camparis Wagen schleudert, überschlägt sich, fliegt dreißig, vierzig Meter durch die Luft, schlägt dumpf auf den Rand der Böschung.
Und noch zwei, drei andere Wagen wirbeln empor – ein Krachen, ein Bersten von Einzelteilen, das gellende Schreien der entsetzten Zuschauer ...
Campari, der dicke, gutmütige Campari, liegt mit eingequetschtem Brustkorb unter seinem Wagen. Er ist tot.
Der kleine Borzacchini lebt noch einige Minuten, mit gebrochener Wirbelsäule. Dann schließen sich die lustigen braunen Augen für immer.

Graf Castelbarco wird schwerverletzt abtransportiert. Barbieri liegt betäubt unter den Trümmern. Er kommt mit dem Schrecken davon.
Soll man das Rennen fortsetzen? Die Fahrer wollen aufgeben. Aber das Publikum verlangt sein Rennen, seine Sensationen – seine Opfer. Es tobt und schreit, bis endlich sich die Flagge zum Start des Entscheidungsrennens senkt. Nach zehn Runden tönen Alarmsirenen aus der Südkurve. Ein Wagen ist von der Bahn gekommen, gegen einen Baum geprallt, steht in Flammen. Zuschauer zerren den Fahrer vom Sitz. Graf Czaykowski, ein gebürtiger Pole, jetzt französischer Staatsbürger, ist tot. Schädelbruch.
Auf allen Rennbahnen der Welt wehen in diesem September die Flaggen auf halbmast. Drei große, beliebte Fahrer sind nicht mehr . . .

*

Im Jahre 1934 steht der Stern von Achille Varzi am Zenit des Rennfahrerhimmels. Er eilt von Sieg zu Sieg. Und auch an Geld mangelt es ihm nicht: Startgelder, Siegesprämien, Werbezuschüsse und Prozente von Reifenfirmen, Autokerzenfabriken, von der Benzinindustrie gestatten ihm das Leben eines Fürsten. Mit vollen Händen gibt er sein Geld aus. Er trägt erlesene, kostbare Kleidung. Ein ganzer Hofstaat von Nutznießern, der sich an seine Fersen heftet, wird von ihm großzügig unterhalten. Schöne Frauen schwärmen ihn an. Von Heirat ist nicht die Rede.
Achille Varzi hält sich einen eigenen Sekretär, Pietro Vigano. Er besorgt Blumen und Geschenke für die Damen, denen Varzi ritterliche Aufmerksamkeit erweist, und Fürstenappartments für Achille. Er achtet darauf, daß des Meisters Bügelfalten stets messerscharf sind, daß täglich zwei frische Hemden bereit liegen, daß kein Stäubchen den Hochglanz des Rennwagens trübt, daß der Motor seines Privatwagens keine lauten Geräusche macht, denn Varzi haßt alles Laute.
Vigano sorgt für die schneeweiße Rennkappe und den berühmten Seidenschal, ohne den Achille nicht fährt. Vigano sorgt dafür, daß zwei Ersatzbrillen stets bereit liegen, er sorgt für die todschicken Rennhandschuhe, Marke »Fowler Special«, die eigens für Varzi angefertigt werden. Vigano steht bei jedem Boxenaufenthalt mit einem Glas Mineralwasser – und einer brennenden Zigarette für seinen Chef bereit.
Ohne Zigarette kann Achille nicht leben, ohne Zigarette ist er kein Mensch. Schon das Dienstmädchen im Haus der Familie Varzi mußte einst den zwölfjährigen Achille mit zwei Zigaretten bestechen, damit er zur Schule ging.
Ich werde über das tragische Schicksal dieses ungewöhnlichen Mannes später noch ausführlich berichten. Denn er wird eines Tages zu den größten Gegnern meines Teams gehören.

*

Am 2. Februar 1933 starte ich in Stuttgart zu einer großen Winterfahrt des ADAC nach Garmisch. Die Fahrt ist das reinste Eisballett auf Rädern. Das Thermometer zeigt 20 Grad unter Null. Ich habe Mühe, meinen schweren Mercedes auf der Straße zu halten.

Auf der Schwäbischen Alb geht's nur im Schritt voran. Es ist nicht gestreut. An einer Steigung begegne ich einem Motorradfahrer. Sein Kopf ist mit einem Wollschal vermummt. Nur die rote Nase schaut heraus. Immer wieder muß er absteigen und schieben. Seine Sportmaschine kommt auf der vereisten Straße nicht voran. Als er mich sieht, winkt er eifrig. Ich halte.

»Können Sie mich ein Stück mitnehmen?« bittet er. »Ich muß heute noch nach Garmisch. Wenn das so weitergeht, bin ich in einer Woche noch nicht da!«

»Nach Garmisch?« frage ich. »Dahin will ich auch. Aber – wo packen wir Ihre Maschine hin? Aufs Verdeck vielleicht?«

»Nee«, sagt er. »Ich setze mich in den Sattel und halte mich mit einer Hand an Ihrem Wagen fest. So wird's schon gehen.«

Aber es geht nicht. Immer wieder rutscht die schwere BMW-Maschine auf dem Eis hinten weg. Trotzdem muß ich die Fahrkunst, die Zähigkeit, den Eifer des jungen Mannes bewundern. Er fängt die Maschine unglaublich geschickt ab, aber es ist eine Schinderei. Ein anderer hätte längst aufgegeben oder sich das Genick gebrochen.

»Es hat keinen Sinn«, sagt er nach einer halben Stunde keuchend. »Ich halte Sie nur auf. Fahren Sie allein weiter. Ich werde schon eine andere Möglichkeit finden.«

»Wie heißen Sie denn?« forsche ich.

»Bernd Rosemeyer«, sagte er. »Rennfahrer aus Lingen!«

Na ja, denke ich beim Weiterfahren, halt so ein Motorrad-Sportfex, wie's viele gibt. Und dann habe ich wieder alle Hände voll zu tun, um den Wagen auf der vereisten Straße zu halten.

Ich brauche für die 300 Kilometer nach Garmisch volle acht Stunden. Als ich mich abends im Hotel bei einem Grog aufwärme, kommt mir strahlend ein junger Mann entgegen. Natürlich – es ist der Motorradfahrer aus Lingen!

»Wie haben Sie es denn so schnell geschafft?« frage ich.

»Ich hab mich von 'nem schweren Lastzug mitnehmen lassen«, gibt er zu, »sonst wär ich nämlich wirklich erst zu Ostern hier gewesen. Und das wär schade um die ganze Prüfung gewesen – ohne einen Rosemeyer!«

*

Zur gleichen Zeit sitzen in Arosa vier Menschen bei einer Flasche Sekt. Rudi Caracciola mit seiner Charly und der Franzose Louis Chiron mit seiner Gefährtin, Madame Alice Hoffmann, die wir alle nur »Baby« nennen.

Rudi und Louis sind seit ein paar Wochen arbeitslos. Alfa Romeo hat Rudi gekündigt, und auch Bugatti hat seinen Rennstall vorerst zugemacht.

Es sind traurige Aussichten für das Jahr 1933. Rudi und Louis werden sich nach

einem anderen Job umsehen müssen. Als Rennfahrer sind sie arbeitslos. »Wie wär's, wenn Ihr ein Hotel für pensionierte Fahrer aufmacht?« schlägt Baby scherzhaft vor. »Einschlägige Erfahrungen besitzt Ihr ja!«
Sie hat nicht unrecht. Rudi Caracciola stammt aus einer alten Hoteliersfamilie, und Louis Chirons Vater war Hoteldirektor in Monaco, Louis selbst hatte seine Laufbahn als Page, Liftboy und Kellner begonnen – bevor er auf »Rennfahrer« umsattelte.
Der Vorschlag von Baby findet keine Gegenliebe. Dafür hat Caracciola eine bessere Idee: »Wie wär's, wenn wir unser erspartes Geld in einen Topf werfen und eine Renngemeinschaft gründen würden?«
Chiron ist begeistert: »Scuderia Caracciola-Chiron: SCC. Das klingt nicht schlecht. Aber welche Wagen fahren wir? Die Mercedes-SSK sind veraltet. Der Bugatti ist zu schwer ...«
»Wir kaufen uns zwei Alfa-Romeos«, schlägt Rudi vor. »Sie sind leicht, rasant und schnittig.«
In den nächsten Wochen sitzen Rudi und Louis, Charly und Baby über Plänen und Kostenvoranschlägen, über Bankauszügen und über ganzen Stapeln von Briefen. Sie kaufen zwei Rennwagen von Alfa Romeo, und sie holen sich zwei Monteure aus Mailand. Die Rennwagen werden frisch lackiert: blau mit weißen Streifen für Chiron, und weiß mit blauen Streifen für Rudi. Dazu das Zeichen: zwei mit dem Rücken gegeneinandergestellte »C«. Und im April 1933, beim Großen Preis von Monaco, in der Heimat von Louis Chiron, will die neue »Scuderia CC« zum erstenmal starten.
Seit Tagen sind Rudi und Louis beim Training im Kurven-Labyrinth von Monte Carlo. Louis hat Schwierigkeiten mit dem neuen Wagen. Rudi »lernt ihn an«, fährt Runde für Runde vor seinem Rennkameraden her, damit er sich Rudis Fahrtechnik abgucken kann. Charly und Baby stehen an der Box. Baby stoppt die Zeiten. Die beiden Frauen haben längst Freundschaft geschlossen – genau wie ihre Männer.
Manchmal beobachtet Baby nicht ohne einen Anflug von Wehmut, wie Rudi und Charly miteinander leben. So hatte sie sich immer eine ideale Ehe vorgestellt. Aber Louis Chiron, der Mann, den sie liebt, will von so bürgerlichen Anwandlungen wie einer Eheschließung nichts wissen. Man kann sich auch ohne Trauschein lieben, behauptet er.
Auch Charly hat Sorgen.
Charly hat Rudi heimlich ein Horoskop stellen lassen. Und darin heißt es, daß vom Jahr 1934 der Einfluß der Frau in seinem Leben für lange Zeit aufhören wird. Einmal vertraut sie Baby dies Geheimnis an.
»Das ist doch Aberglauben«, lacht Baby. »Ihr werdet euch doch nicht nach sieben Jahren glücklicher Ehe scheiden lassen!«
»Das ist es nicht«, sagt Charly. »Niemand denkt an Scheidung. Aber ...« Plötzlich greift sie nach Babys Hand. »Versprich mir – du mußt dich um Rudi kümmern, wenn ich einmal nicht mehr bei ihm bin. Ich weiß genau – du bist die einzige Frau, die ihn richtig verstehen und behandeln könnte ...«
Jahre später wird sich Baby an diese ahnungsvollen Worte erinnern ...

UNGLÜCK IN MONACO

Es ist der 21. April 1933, zwei Tage vor dem großen Rennen von Monaco. Rudi Caracciola ist zufrieden. Alles hat vorzüglich geklappt. Er fühlt sich verwachsen mit dem schnellen, eleganten Wagen wie nie zuvor. Er geht als heißer Favorit an den Start, und auch sein Rennkamerad Chiron hat große Chancen.

Noch nie hat die Sonne so hell gestrahlt, noch nie haben Charlys Augen so geleuchtet, noch nie war die Zeit so schön wie an diesem Frühlingsmorgen, da die neue Renngemeinschaft Caracciola-Chiron ans Licht der Öffentlichkeit tritt. Rudi winkt Charly ausgelassen zu, als er an der Box vorüberbraust. Noch eine letzte Runde, dann ist Schluß für heute mit dem Training. Rudi fährt durch die Gasometer-Kurve, den Casino-Berg hinauf, durch die Tunnel-Kurve, entlang am Meer. Eine kurze Gerade, dann ein kleiner Knick ...

Ein Tippen auf die Bremse ... Was ist das? Das Pedal gibt nach, Rudi tritt ins Leere. Die Bremse versagt!

Mit 120 Sachen schießt Rudi in den Knick hinein. Zu schnell, viel zu schnell ... Blitzschnell packt er den Ganghebel, schaltet herunter ... 4. Gang ... 3. Gang ... der Motor heult auf wie ein gepeitschtes Tier, das Getriebe kracht.

Jetzt – die Kurve ... Rudi reißt das Steuer nach links. Der Wagen schleudert, stellt sich quer, rutscht seitlich über die Bahn, direkt auf einen Stahl-Kandelaber zu ...

Mein Gott, denkt Rudi und schließt die Augen. Dann ein Splittern und Krachen. Das ist das Ende, denkt er noch. Dann fühlt er einen stechenden Schmerz wie glühendes Feuer durch den Körper zucken. Und dann fühlt Rudolf Caracciola nichts mehr.

An der Box blickt Baby ungeduldig auf die Stoppuhr. Längst hätten Rudi und Louis zurück sein müssen. Charly trommelt nervös auf ihrer Handtasche. Merkwürdig – der Dackel Moritz ist von seinem gewohnten Platz aufgestanden, streicht unruhig hin und her. Das tut er sonst nie; er wartet immer geduldig, bis sein Herrchen aus dem Wagen steigt.

Da – ein blauer Wagen mit weißen Streifen und einem doppelten C auf der Motorhaube schießt heran und hält vor der Box. Es ist Chiron. Aber – er ist leichenblaß unter der Ölschicht, die sein Gesicht überzieht.

»Was ist mit Rudi?« fragt Charly.

Chiron weicht ihren Blicken aus. »Oh ... nur ein kleiner Unfall ... nichts Ernstes ... hat sich die Nase eingepufft ... das ist alles ...«

Doch Baby kennt das Gesicht dieses Mannes zu gut. Sie kann in seinen Augen lesen, sie versteht jede Schwingung seiner Stimme. Ihr ist klar: Louis will Charly nicht erschrecken ...

»Wie ist es passiert?« fragt Charly mit gepreßter Stimme.

Louis zuckt die Achseln. »Ich war dicht hinter ihm. Er hatte zuviel Fahrt in der Tunnelkurve. Vielleicht ist er geblendet worden, vielleicht hat die Bremse versagt ... er ist gegen eine Laterne gefahren und mit dem Kopf gegen das Lenkrad geprallt. Man hat ihn schon ins Krankenhaus gebracht.«

Charly steht starr. Sie bringt kein Wort über die Lippen. Hilflos starrt sie Baby

an. Seit sieben Jahren hatte sie sich vor diesem Augenblick gefürchtet – und hatte doch gewußt: einmal würde er kommen. Hundert-, nein tausendmal hatte sie sich ausgemalt, wie sie Rudi eines Tages bringen würden. Auf einer Bahre, blutend, ohnmächtig oder gar ... tot. Ich werde tapfer sein, hatte sie sich vorgenommen. Ich werde nicht jammern und weinen.
Plötzlich fühlt Charly fest und kühl Babys Hand in der ihren.
»Komm«, sagt Baby. »Komm – wir gehen zu ihm. Er wird uns brauchen. Und – du mußt sehr tapfer sein ...«
Caracciola liegt regungslos auf dem Operationstisch in der Mitte des hellen Saales. Über seine Nase spannt sich ein Verband. Auf seiner Stirn perlt Schweiß. Seine Augen sind weit aufgerissen und voll Angst. Der rechte Oberschenkel ist entblößt und in Höhe des Hüftknochens blutunterlaufen und geschwollen.
Also nicht die Nase ... das Bein!
Rudi versucht ein Lächeln. »Keinen Schreck bekommen, Charly«, sagt er leise. »Alles halb so schlimm ... nur ein Bruch ...«
Charly sinkt auf einem Stuhl zusammen und bedeckt ihr Gesicht mit beiden Händen. Rudi soll die Tränen nicht sehen, die unaufhaltsam über ihre Wangen rinnen.
Jetzt kommt auch Baby mit dem Arzt in den Operationssaal. Sie hat Charly vorausgeschickt. Rudi streckt den Arm aus, greift nach Babys Hand, hält sie eisern fest, preßt sie so fest zusammen, daß Baby einen Schmerzensschrei unterdrücken muß.
»Baby«, keucht er, und wieder ist die riesengroße Angst in seinen Augen. »Baby – sag ihnen, sie sollen ziehen ... das Bein darf nicht kürzer werden ... sonst kann ich nie mehr fahren ... verstehst du ...?«
»Ja«, sagt sie heiser. »Sei nur ruhig, Rudi. Du wirst wieder fahren können. Bestimmt, ganz bestimmt ...«
Das vertraute »Du« kommt zum ersten Male über ihre Lippen, ganz unbewußt. Denn Baby denkt nur immer wieder an die schrecklichen Worte des Arztes, als er ihr vorhin, draußen auf dem Flur, die Röntgenaufnahmen zeigte. »Dieser Mann«, hat der Arzt gesagt, »wird nie wieder ein Rennen fahren ...«
Seltsam, denkt sie, als sie längst wieder in ihrem Hotelzimmer ist. Warum hat er mich zu Hilfe gerufen – und nicht Charly, seine Frau?
Am nächsten Morgen kommt ein kleiner Mann mit lebhaften Augen in Caracciolas Zimmer. Es ist Giovannini, der ehemalige Rennleiter von Alfa Romeo. Einst waren sie erbitterte Gegner, wenn die roten Alfas gegen die weißen Mercedes kämpften. In jenem Jahr, als Rudi für das Team der Italiener fuhr, hatten sie jedoch gute Freundschaft geschlossen.
»Ich traue diesen Knochenflickern von Monaco nicht über den Weg«, sagt Giovannini. »Die können einen Blinddarm nicht von einem Mammutzahn unterscheiden. Aber ich kenne einen Spezialisten in Bologna. Ich werde noch heute mit ihm telefonieren. Er soll kommen und Sie untersuchen.«
Vierundzwanzig Stunden später trifft Professor Putti in Monaco ein. Er sieht die Röntgenaufnahmen. Er untersucht Caracciolas Verletzungen, lange und sorgfältig.

»Können Sie mir helfen, Professor?« fragt Rudi, und seine Stimme zittert vor verhaltener Angst.
Der Arzt überlegt lange, bevor er antwortet. »Signor Caracciola – ich will Ihnen nichts vormachen. Ihre Chancen stehen nicht allzu rosig. Der Schenkelhals-Knochen ist völlig zerschmettert. Die halbe Gelenkkugel des Oberschenkels ist abgesplittert. Unter diesen Umständen ist eine Operation völlig unmöglich.«
»Aber, Professor ... meine ganze Zukunft steht auf dem Spiel ... mein Leben hat für mich keinen Wert mehr, wenn ich keine Rennen fahren kann ...«
Putti zuckt die Achseln. »Ich bin kein Zauberer. Aber ich will sehen, was ich tun kann. Kommen Sie in meine Klinik nach Bologna.«
Rudi wird nach Bologna gebracht. Professor Putti versucht, den Bruch zu richten, er beschwert das Bein mit Gewichten, er legt es in Gips.
Wochen vergehen. Wochen der Sorge, der Ungewißheit, des Wartens, Wochen, in denen sich Rudi in seinem schweren Gipspanzer kaum zu rühren vermag. Er erträgt all die Unbequemlichkeiten mit größter Geduld. Aber in seinem Denken kreisen die ewig gleichen Fragen, sie quälen ihn, sie verfolgen ihn: Wird der Knochen heilen? Wird sich genügend neues Knochengewebe bilden? Oder – wird er zum Krüppel werden? Wird er nie wieder fahren können? Ist dies das Ende seiner Laufbahn? Niemand weiß es. Und von Tag zu Tag, von Stunde zu Stunde wachsen Rudis Ängste und Zweifel.
Aber auch die Rechnungen für den Arzt, für Verbände, für das Krankenhaus werden täglich größer ... Kranksein kostet Geld. Viel Geld sogar. Mehr als selbst ein Caracciola besitzt. Damals wäre Rudi finanziell verloren gewesen, wenn sich nicht kurz vor seinem Sturz etwas ereignet hätte, woran ein gewisser Alfred Neubauer nicht ganz unbeteiligt war.
Es war am Abend vor dem letzten Training in Monaco. Ich saß in meinem Büro in Untertürkheim und unterschriebe Briefe. Die Uhr zeigte fünf vor fünf, und ich hatte es eilig. Meine Frau, die Hansi, kann es gar nicht leiden, wenn ich zu spät heimkomme.
Da klingelte das Telefon. »Ein Ferngespräch aus Monaco«, sagte meine Sekretärin, die Heinze. »Frau Caracciola möchte Sie dringend sprechen.«
»Lieber Herr Neubauer«, hörte ich gleich darauf die vertraute Stimme. »Sie müssen uns helfen. In drei Tagen ist unser erstes Rennen. Aber wir haben noch keine Versicherung gefunden, die uns aufnehmen würde.«
Ich kenne den Kummer mit den Rennfahrer-Versicherungen nur allzugut. Schauen Sie einmal in Ihre eigenen Versicherungspapiere. Sie werden sehen: Unfälle bei sportlichen Veranstaltungen sind zumeist von der Leistung ausgeschlossen. Das Risiko ist viel zu groß. Besonders damals, in den schlechten Zeiten, wollte sich keine Gesellschaft auf das Geschäft einlassen. Oder sie schraubte die Prämien derart hoch, daß einem schwindlig werden konnte.
Anders sieht es aus, wenn man eine Millionenfirma im Rücken hat, wenn man einen Fahrer im Rahmen eines Werkvertrages unterbringen kann.
Rudi fuhr damals zwar nicht für Daimler-Benz, aber das Wort eines Generaldirektors Kissel wog schwer bei den Versicherungsgesellschaften ...

Ich rief also sofort bei Direktor Kissel an. Er war gerade im Begriff, sein Büro zu verlassen. Er zögerte keine Sekunde, Rudi zu helfen. Er hatte ihn ja ganz besonders in sein Herz geschlossen.

»Hoffentlich erreiche ich jetzt noch einen Versicherungsvertreter«, sagte er nur.

Am nächsten Morgen schrillte um acht Uhr früh das Telefon in meiner Wohnung. Es war Charly. Sie berichtete mir aufgeregt von Caracciolas schwerem Sturz.

Ich konnte sie beruhigen: Die Versicherung war abgeschlossen worden – gerade noch zur rechten Zeit!

BEI REGEN: TOD

Da liegt nun also einer der besten europäischen Rennfahrer auf seinem Schmerzenslager und weiß nicht, ob er künftig überhaupt noch fahren kann. Die Nachricht von seinem schweren Sturz geht durch alle Länder. Keiner, der Caracciola nicht von ganzem Herzen bedauern und ihm baldige Genesung wünschen würde.

Die Rennsaison beginnt ohne den berühmten Caratsch und es wird ein trauriger Rennbeginn. Denn keine vier Wochen vergehen, da schlägt das Schicksal erneut zu: grausam, sinnlos und unverständlich für uns alle. Und wieder wird es sich einen der unseren als Opfer aus. Die Stunde des großen, alten Otto Merz hat geschlagen.

Es ist Ende Mai 1933.

In Berlin soll das »Internationale Avus-Rennen« gestartet werden.

Seit drei Jahren ist Otto Merz in keinem großen Rennen mehr gefahren. Er ist jetzt vierundvierzig Jahre alt und nach Rennfahrerbegriffen gehört er bereits zum »Alten Eisen«. Aber er drängelt und quengelt und läßt nicht locker: einmal noch möchte er starten, nur ein einziges Mal, als Abschluß seiner Laufbahn.

Wir lassen uns erweichen.

»Tun wir halt dem Merz die Freude«, meint Direktor Sailer. Und wir sind alle einverstanden.

Otto Merz erhält einen neuen Stromlinienwagen zur Verfügung gestellt. Das ist ein plumper Riesenkasten, der nicht zu vergleichen ist mit den rassigen, windschnittigen »Silberpfeilen«, die in späteren Jahren die Rennbahnen Europas beherrschen werden. Freiherr von Fachsenfeld hat die neuartige Aluminium-Verkleidung entworfen, die man dem guten, alten Mercedes-SSKL überstülpt. Vor einem Jahr hat Manfred von Brauchitsch die »Zigarre«, wie die Berliner sie liebevoll tauften, auf der Avus zum Sieg gegen stärkste ausländische Konkurenz geführt. Seither ist »Stromlinie« Mode geworden.

Am 17. Mai, knapp vier Tage vor dem Rennen, wird der Wagen für Otto

Merz fertig. Einen Tag darauf beginnt das Training. Schon am frühen Morgen donnern die Motoren über die endlosen Geraden der Avus, quer durch den Berliner Grunewald.

Otto Merz legt auf Anhieb ein paar großartige Rekordrunden hin. Er will beweisen, daß er doch noch nicht zum »Alten Eisen« zählt, sondern daß man ernsthaft mit ihm rechnen muß. Dabei ist er die ganze Nacht hindurch auf der Achse gewesen. Er hat persönlich den Wagen von Stuttgart nach Berlin überführt. Obwohl die »Zigarre« für den Straßenverkehr gar nicht zugelassen ist. Obwohl sie nicht einmal über eine Lichtanlage verfügt.

Aber Otto Merz hat Glück. Es herrscht Vollmond und klares Wetter. Und die Polizei nimmt's mit den Vorschriften nicht so genau. Zumal, wenn der Herr am Steuer Otto Merz heißt und ein bekannter deutscher Rennfahrer ist.

Otto Merz hat also die ganze Nacht kein Auge zugetan, hat fast neun Stunden lang am Steuer gesessen. Obendrein hat er gleich nach der Ankunft in Berlin seinen Wagen selbst gewaschen und poliert. Um keinen Preis der Welt würde er einen Fremden an seine geliebte »Zigarre« lassen, die er hegt und pflegt, als wäre sie ein lebendes Wesen.

Nun, beim Training, geschieht etwas Merkwürdiges.

Zwischen den einzelnen Runden, beim Aufenthalt an den Boxen, mustert Otto Merz immer wieder mit zusammengekniffenen Augen den Horizont. Drüben, über der Havel, segeln ein paar bleigraue Schlechtwetterwolken. Sonst ist der Himmel klar und rein.

»Regnen sollt's halt«, seufzt der Merz mit einemmal. »Wenn's regnet, dann gewinn i das Rennen bombensicher!«

Kaum hat er das ausgesprochen, da klatschen tatsächlich ein paar dicke Tropfen auf die Bahn, werfen richtige kleine Fontänen auf. Eine »Husche« zieht herauf, wie es der Berliner nennt.

»Herr Neubauer«, frohlockt Otto Merz, »jetzt schnell die Regenreifen her! I muß gleich eine Runde drehen! Darauf han i nur g'wartet!«

Mir reißt die Geduld. »Herrgottsakra, seit Tagen hör ich nun schon Ihre Regengebete, Merz! Nun verraten Sie mir endlich, was es damit auf sich hat!«

Er druckst ein bißchen herum. Dann nimmt er mich ein paar Schritte beiseite, damit uns niemand hören kann.

»Wisset Sie«, sagt er geheimnisvoll, »bei Kilometer 1,5 ischt an Buckel in der Bahn. Da müsse alle den Fuß vom Gaspedal nehme, wenn die Straße schlüpfrig ischt! Alle – nur net der Otto Merz!«

»Warum Sie nicht?«

Er beugt den Arm und zeigt mir stolz seinen Bizeps, groß wie ein Kinderkopf.

»Sehet Sie, Herr Neubauer – i han's in den Arme! Mir kommt der Wagen net aus der Kontrolle! Mir net! I laß den Fuß aufm Gas. So gewinn i drei bisch vier Sekunde in jeder Runde. Das musch reiche für den Sieg – so wahr i Otto Merz heische!«

Ich schüttelte skeptisch den Kopf. »Mein lieber Merz, Sie leiden an einer fixen Idee! Doch Sie sollen Ihren Willen haben. Ich fahre rasch ins Ersatzteillager

und hole die Spezial-Regenreifen. Aber warten Sie, bis ich zurückkomme, und machen Sie inzwischen keine Dummheiten!«
Das Ersatzteillager liegt in einem kleinen Kiefernwäldchen hinter der Nordschleife. Als ich dort eintreffe, pladdert bereits ein regelrechter Wolkenbruch vom Himmel. Die Monteure flüchten sich unter Zeltplanen und in die Bretterbuden der Funktionäre.
Auch ich muß warten.
Zehn Minuten vergehen. Der Regen rauscht. Und plötzlich höre ich mitten in dem Prasseln der Tropfen das helle Aufjauchzen eines Kompressors drüben auf der Bahn ...
Verdammt!
Ist denn der Merz von Sinnen? Will er jetzt auf der nassen Straße mit Reifen ohne Profil Rekorde fahren? Der Kerl bringt's fertig und bricht sich das Genick!
Ich rase zurück zur Box.
Dort stehen sie bereits, die Monteure, Helfer, Fahrer, mit blassen Gesichtern und hängenden Köpfen.
»Was ist los?« brülle ich wütend. »Wo steckt der Merz?«
Schweigen.
Ich sehe von einem zum andern. Sie weichen scheu meinen Blicken aus. Eine fürchterliche Ahnung steigt in mir auf. Ich packe Manfred von Brauchitsch an den Schultern und rüttele ihn.
»Wo ist Merz? Los, zum Teufel – raus mit der Sprache!«
Er sieht an mir vorbei.
Ich lasse ihn los. Meine Arme sinken schlaff herab. Jetzt kenne ich die Antwort. Ich weiß genau, was geschehen ist: Otto Merz ist gefahren, ohne Regenreifen, und er hat nicht das Gas weggenommen ...
»Es war bei Kilometer 1,5 ...« höre ich Brauchitsch wie durch einen Nebel sagen. »Er liegt ganz ruhig da, der Otto ..., als ob er schläft ... Wollen Sie ihn noch einmal sehen ...?«
Nein.
Ich will ihn nicht mehr sehen – tot. Ich will ihn vor Augen behalten, wie ich ihn kannte in all den langen Jahren: den guten Kameraden, den starken Bären mit dem lachenden Gesicht und den gutmütigen Augen.
Eine Stunde später habe ich die Unglücksstelle am Kilometerstein 1,5 aufgesucht. Dort lag der Wagen, alle vier Räder nach oben, umgestürzt. Dicht daneben auf dem Beton ein dunkler, unregelmäßiger Fleck.
Blut ...
Und am Himmel lacht schon wieder hell und strahlend die Sonne. Sie lacht an diesem Donnerstag, an all den folgenden Tagen und auch beim Rennen selbst. Als habe es nie einen Otto Merz gegeben, der sich Regen wünschte.
Das Avus-Rennen vom 21. Mai 1933 bringt eine vernichtende Niederlage für die deutschen Wagen. Die Ausländer machen den Sieg unter sich aus. Achille Varzi gewinnt. Manfred von Brauchitsch, den ich wieder »privat« zu betreuen habe, muß in 15 Runden fünfmal die Reifen wechseln – und landet abgeschla-

gen auf dem 6. Platz. Als bester Deutscher ... Die halbe Reichsregierung, voran der neue Vizekanzler von Papen, sieht dieses Rennen, diese Niederlage der deutschen Wagen, diesen Untergang des berühmten Mercedes-SSKL.

NEUER START

Jetzt endlich wird in Untertürkheim der Entschluß gefaßt, einen Rennwagen nach der neuen 750-kg-Formel zu bauen. In den Konstruktionsbüros, hinter Stacheldraht und verschlossenen Türen arbeiten bereits die Ingenieure mit Hochdruck. Sie arbeiten an einem Projekt, das Millionen kosten wird.

Wir setzen auf die Unterstützung der neuen Reichsregierung. Direktor Jakob Werlin, Mitglied unseres Vorstandes und Leiter unserer Münchner Niederlassung, hat gute persönliche Beziehungen zu Hitler. Er spricht mit ihm und erinnert ihn an sein Versprechen, den Autosport zu unterstützen – wenn er an der Macht sei.

Nun ist er an der Macht.

Hitler rät Direktor Werlin, ein Gesuch an das zuständige Reichsverkehrsministerium zu richten. Das geschieht.

Das Ministerium beschließt, jährlich 450 000 Mark für den Rennwagenbau zur Verfügung zu stellen; dazu noch Prämien: je 20 000 Mark für den Sieger, 10 000 Mark für den Zweiten und 5 000 Mark für den Dritten bei Grand Prix-Rennen.

Das ist nicht viel, wenn man bedenkt, daß die Kosten für ein einziges Rennjahr sich auf rund sechs Millionen Mark belaufen. Aber selbst um diese »Tropfen« von 450 000 Mark setzt hinter den Kulissen ein heißer Kampf ein.

Denn wir sind nicht mehr die einzigen, die in Deutschland Rennwagen bauen. In Zwickau, dem Sitz der jungen Firma »Auto-Union«, Zusammenschluß der vier Werke Audi, Horch, DKW und Wanderer, hat auch Generaldirektor von Oertzen eine Schwäche für schnelle Wagen.

»Wir müßten einen Auto-Union-Rennwagen bauen«, sagt er im Frühjahr zu seinem Mitarbeiter, dem Konstrukteur Dr. Porsche. »Das wäre eine gute Werbung für unsere Firma!«

Auto-Union besitzt die geeigneten Werkanlagen. Und Dr. Porsche hat – wir erinnern uns – den fertigen Plan für einen P-Rennwagen bereits in der Tasche. Als Fahrer des neuen Wagens werden Hans Stuck, Prinz zu Leiningen, August Momberger und Wilhelm Sebastian unter Vertrag genommen.

Fehlt nur noch das Geld.

Wer wird die 450 000 Mark erhalten: die altbewährten Männer aus Untertürkheim – oder die jungen Leute aus Sachsen?

Hin und her geht das Tauziehen. Jeder möchte alles für sich allein haben. Doch schließlich entscheidet der Ministerialdirektor Brandenburg wie weiland König Salomon: Jede Firma bekommt die Hälfte. Und dabei bleibt es.

Während in Untertürkheim und Zwickau die neuen Rennwagen entworfen werden, während die Italiener Nuvolari und Varzi die internationalen Rennbahnen beherrschen, während Rudolf Caracciola in Bologna auf Heilung hofft, habe ich beim Kesselbergrennen, im Juni 1933, eine Begegnung mit einem alten, jungen Freund.
Ich bin mit einem todschicken Mercedes-Sportwagen unterwegs. Er hat eine neuartige Karosserie: Holz, mit Leder bespannt, besitzt 3,8 Liter Hubraum und einen Kompressor.
Wie ich so über die Strecke gondele, steht da ein junger Mann im Lederdreß am Straßenrand, mit einer auf Hochglanz polierten NSU-Rennmaschine. Diese Nasenspitze, dieses freche Jungengesicht mit den hellen Augen kommen mir irgendwie bekannt vor.
»Hallo, Sie«, rufe ich und halte an. »Wir kennen uns doch, ja natürlich, damals bei der Garmischer Winterfahrt ... Rosenberger, Rosenheimer oder so ähnlich, stimmt's?«
»Rosemeyer aus Lingen ...«, sagt der junge Mann.
»Na, wie geht's? Wie ich sehe, haben Sie das Rennfahren noch immer nicht satt?«
»Ganz im Gegenteil. Ich bin hungriger als je zuvor. Und wenn ich einen Wagen wie den Ihren sehe, wächst der Appetit ins Sagenhafte ...«
»Na«, sage ich gönnerhaft. »Ich will nicht schuld sein an Ihrem Hungertod. Wollen Sie mal 'ne Proberunde drehen?«
»Worauf Sie sich verlassen können!« sagt der junge Mann fast beleidigt. »Schließlich habe ich jetzt schon Erfahrung. Bin seit Anfang des Jahres Mitglied der Rennmannschaft von NSU!«
Er fährt, und er ist kaum noch zu bremsen. Ein bißchen ungeschliffen noch, gewiß – doch nicht ohne Talent.
Anerkennend klopfe ich ihm auf die Schulter. »Aus Ihnen, junger Mann, kann noch mal etwas werden ...«
Hätte ich damals genauer und interessierter hingeschaut, wer weiß, vielleicht wäre ich derjenige gewesen, der das junge Fahrgenie Bernd Rosemeyer entdeckt und zu uns in den Rennstall gebracht hätte. Viel Kummer wäre uns dann erspart geblieben.

*

Im August 1933 glüht Berlin wie ein Backofen. Man räumt das Feld. Man macht Ferien und vertauscht den Kurfürstendamm mit – Heiligendamm an der Ostsee.
Dort ist der Treffpunkt der Prominenz. Der Großherzog von Mecklenburg haut beim Golf einen Ball in den Teich. Der Flugzeugkonstrukteur Ernst Heinkel schießt statt Tontauben Löcher in die Luft. Der König von Dänemark schlägt Prinz Hubertus von Preußen beim Tennis in zwei Sätzen. Der Duke of Cumberland versucht mit einer unbekannten Blondine anzubandeln. Ein kleiner Mann in roter Badehose marschiert zum Strand, eine Cognacflasche unterm Arm: Ernst Udet, der berühmte Flieger ...

Der Schlager der Saison ist die Auto-Schönheitskonkurrenz. Das ist damals große Mode. Es gibt glitzernde Mercedes, geschniegelte Austro-Daimler, chromglänzende Buick und ehrwürdige Rolls Royce. Es gibt Stimmzettel für das Publikum und – Tribünenplätze für zehn Mark.

Da ist Hans Stuck mit seiner Frau Paula, geschiedene von Recznicek – sie haben vor einigen Monaten geheiratet – in einem schwarz-weißen Horch-Coupé. Da sind der Kronprinz und die Kronprinzessin mit einem azurblauen Mercedes-Cabriolet. Da ist Tenniscrack Gottfried von Cramm mit seiner Frau Lisa in einem roten MG. Da ist auch ein kleiner Mann mit einem scharfgeschnittenen Gesicht und einem Klumpfuß in einem beigefarbenen Mercedes: der frischgebackene Reichsminister für Volksaufklärung und Propaganda, Dr. Josef Goebbels ...

Nur einer fehlt, einer kann nirgendwo mit dabeisein – Rudolf Caracciola. Alle fragen nach ihm – Achselzucken, bedauernde Mienen, man weiß nichts Genaues, es soll ihm nichts weiter fehlen, der Bruch heilte eben ein bißchen langsam, wird schon wieder werden. Dann wendet man sich wieder interessiert dem Auto-Korso zu.

Es wird abgestimmt. Die Preise werden verteilt: Hans Stuck hat gesiegt, knapp vor dem Kronprinzen. Erst dann folgt der Herr Reichsminister ... Der gratuliert mit süßlichem Lächeln. Aber dann hört Paula Stuck, wie er mit seinem Begleiter, Graf von der Schulenburg, flüstert: »Die Sache war schlecht organisiert. Im nächsten Jahr nehmen wir das in die Hand. Der Unfug mit den Stimmzetteln muß aufhören ...«

Von all diesen Ereignissen hört Rudi Caracciola nur durch Briefe und Zeitungen. Er liegt in seinem Krankenzimmer in Bologna und wartet auf Heilung. Endlich, nach all den langen Wochen voller Qualen, Ängste und Zweifel kommt der Tag, an dem Rudi zum ersten Male aufstehen soll. Der Gips von seinem rechten Bein wurde schon vor einigen Tagen abgenommen.

Rudi setzt sich auf den Rand des Bettes. Charly und der Arzt sind an seiner Seite. Vorsichtig stützt Rudi sich hoch. Er geht ein paar Schritte. Wankend, zitternd, wie ein Kind, das gehen lernt. Die Muskeln sind steif geworden in der langen Zeit. Er humpelt zwar, doch er geht auf beiden Füßen.

Schon will Rudi aufatmen. Schon tritt er fester auf – da, ein Knirschen in der Hüfte, ein jäher, stechender Schmerz. Rudi taumelt, stürzt ... Der Arzt springt hinzu, eine Schwester, Charly – sie tragen ihn zum Bett. Er stöhnt vor Schmerzen.

»Sofort zum Röntgen«, sagt der Arzt. Sein Gesicht ist bleich. Eine halbe Stunde später steht die folgenschwere Wahrheit fest: Der Knochen ist nicht verheilt. Beim Auftreten ist die verbliebene, halbe Gelenkkugel abgebrochen. Der Schenkelknochen hat sich verschoben.

»Wir müssen operieren«, sagt der Arzt. »Ich sehe keine andere Möglichkeit. Sonst bleibt Ihr rechtes Bein um Zentimeter kürzer ...«

»Werde ich dann wenigstens wieder gehen können?« fragt Rudi. Der Arzt senkt den Blick. »Vielleicht, Herr Caracciola: die Chancen stehen fünfzig zu fünfzig ...«

»Dann will ich lieber krepieren ... noch einmal monatelang in Gips liegen – noch einmal die Qual des Wartens, des Zweifelns, hier im Krankenhaus – nein, das halte ich nicht aus. Dann mach ich lieber gleich Schluß!«

Rudi wird nicht operiert. Der Bruch wird so eingerichtet, daß der Oberschenkelknochen direkt auf dem Beckenknochen aufliegt. Ernst sagt der Arzt: »Ich mache das auf Ihr Drängen, aber ohne viel Hoffnung. Ich fürchte, daß die ganze Hüfte versteift. Oder aber der Knochen heilt überhaupt nicht an ...

Rudi verläßt das Krankenhaus. Er verbringt lange Wochen in Arosa. Vom Morgen bis zum Abend liegt er in der Sonne und betet, daß sich die Befürchtungen des Arztes nicht bewahrheiten mögen.

Und es geschieht tatsächlich ein kleines Wunder. Es kommt der Tag, an dem Rudi zum ersten Male wieder gehen will. Vorsichtig, auf Charly gestützt, und auf einen Stock. Jeder Schritt wird ihm zur Qual. Doch der Knochen hält, die Hüfte ist nicht versteift. Nur – das rechte Bein des großen Rennfahrers Rudolf Caracciola ist um fünf Zentimeter kürzer als sein linkes!

*

Im November 1933 entstehen in Untertürkheim die neuen Rennwagen der 750-kg-Formel. Tag und Nacht arbeiten die Konstrukteure, die Monteure, Mechaniker und Ingenieure. Ich aber sitze an meinem Schreibtisch, brüte über den Rennergebnissen des letzten Jahres und überlege, welche Fahrer ich unter Vertrag nehmen soll. Da ist Manfred von Brauchitsch, der Nachwuchsmann, der sich bereits die Sporen auf der Avus verdiente. Da ist der Italiener Luigi Fagioli, ein Mann von internationaler Klasse. Und da wäre noch Rudi Caracciola ...

Aber Rudi ist ein kranker Mann. Kann er jemals wieder Rennen fahren? Die Briefe, die mir Charly aus Arosa schreibt, klingen recht optimistisch. Doch wie sieht die Wahrheit aus? Stimmen die Gerüchte, daß Rudi sich mit Selbstmordgedanken trägt, daß er sich nur nachts aus seinem Hause wagt, weil niemand seine Krücken sehen soll? Daß nur der Zuspruch Charlys ihn durchhalten läßt ...? Ich muß wissen, wie es wirklich um ihn steht. »Kommen Sie nach Stuttgart«, schreib ich ihm. »Zwecks Vertragsverhandlung.«

An einem nebligen Novembertag sehen wir uns wieder. Ich werde diesen Morgen nie vergessen. Es ist in einem Zimmer im Hotel »Graf Zeppelin«.

»Hallo, Rudi«, sage ich. »Ich hoffe, Sie sind wieder gesund und munter?«

»Ich war noch nie so gut in Form«, sagt er.

»Na also«, sage ich und empfinde selbst die Brutalität meiner Worte, »jetzt marschieren Sie mir einmal etwas vor. Ich muß doch sehen, ob Sie überhaupt noch laufen können!«

Wortlos steht Caracciola auf und geht ein paar Schritte im Zimmer auf und ab. Er lacht dabei. Aber ich sehe die kleinen Schweißperlen auf seiner Stirn. Ich sehe das Zucken der Mundwinkel, wenn er das verletzte Bein belastet, und die besorgten Blicke, mit denen Charly seine Bewegungen verfolgt und dann zu mir herübersieht. Und ich sehe, daß Rudi, der Sieger so vieler Rennschlachten, humpelt, daß seine rechte Körperseite nach unten sinkt, wenn er aufs rechte Bein tritt . . .

O Gott, denke ich, und mein Herz wird noch schwerer. Dabei wußte ich nicht einmal, daß er immer noch einen Gipsverband tragen mußte.

Eine Zeitlang sitzen wir da und schweigen. Dann raffe ich mich auf: »Rudi, nun mal im Ernst: Sie wissen, ein Rennen ist eine schwere körperliche Anstrengung. Viele hunderte Male bremsen und wieder Gas geben mit dem kranken Bein . . .«

»Ich werde es schaffen, ganz bestimmt . . .«

»Es tut mir leid, Rudi, aber wer garantiert mir dafür, daß Sie nicht mitten im Rennen schlappmachen?«

Da fährt Charly wütend hoch. »Wer garantiert denn uns, Herr Neubauer, daß Ihre vielgerühmten neuen Wagen durchhalten . . .?«

Rudi ist mein Freund, gewiß. Aber – ich habe eine Verantwortung zu tragen. Millionen stehen auf dem Spiel. Millionen, die in den neuen Wagen investiert worden sind. Und ein Versager kann alle Arbeit, alle Anstrengung von tausend fleißigen Köpfen und Händen zunichte machen . . .

»Gut«, sage ich endlich. »Wir werden einen Vertrag mit Ihnen machen. Unter einer Bedingung allerdings –, er wird erst dann rechtsgültig, wenn Sie zum ersten Male trainiert haben.«

Meine Beine sind schwer und müde, als ich die Treppen zur Hotelhalle hinuntergehe. Ich fühle – in der Freundschaft zwischen Rudolf Caracciola und mir ist zum ersten Male ein Riß.

CHARLYS TOD

Weihnachten kommt, das neue Jahr. Und langsam, unendlich langsam verspürt Rudi eine Besserung. Der Gipsverband wird entfernt – nach fast neun langen Monaten. Rudi wird massiert. Er bekommt Bestrahlungen. Er muß an Krükken gehen . . .

Oft sitzt er am Fenster und sieht den Kindern zu, die draußen übermütig im Schnee umhertollen. Und er sieht die Skiläufer in den bunten Anoraks und mit lachenden Gesichtern. So wie sie ist einst auch Rudi im eleganten Schwung über die weißen Hänge gefegt. Das ist nun vorbei – für alle Zeiten.

Tiefe Traurigkeit überkommt Rudi. Er verzweifelt, er will resignieren. Aber immer wieder ist es Charly, die ihn aufmuntert, die ihn Tag und Nacht umsorgt, die voll liebender Geduld versucht, ein Lächeln auf seinen Lippen zu wecken. Charly ist es, die ihm neuen Lebensmut, die ihm Vertrauen in die Zukunft gibt.

Aber dann, am 2. Februar 1934, holt das Schicksal zum zweiten Schlag gegen Rudolf Caracciola aus.

An diesem Tag ist Rudi zum ersten Male seit langer Zeit allein. Freunde haben Charly zu einer Skitour eingeladen. Der prominente Bergführer Zogg aus

Arosa wird die Gruppe führen. Charly hatte gezögert, die Einladung anzunehmen. Sie wollte Rudi nicht sich selbst und seinen Sorgen überlassen – einen ganzen langen Tag.
»Geh schon«, hatte Rudi ihr zugeredet. »Ich komme schon zurecht. Du brauchst ein wenig Abwechslung. Die frische Luft wird dir guttun. Ich hole dich abends von der Bahn ab.«
Der Tag vergeht. Es ist kurz nach fünf, als Rudi auf dem Bahnsteig steht und wartet. Der Weg über die glatte Straße mit den unförmigen Krücken war eine Anstrengung gewesen.
Der Zug fährt in die Halle. Eine bunte Schar von Touristen quillt aus den Waggons, strömt über den Bahnsteig, drängt sich durch die Sperren. Aber Charly und ihre Freunde sind nicht dabei. Hatte er sie verpaßt? War sie vielleicht schon auf dem Weg nach Hause?
Rudi humpelt zurück in das kleine Chalet, das er mit Charly bewohnt. Aber auch dort ist Charly nicht.
Es wird dunkel. Die Schatten kriechen aus den Winkeln. Die Uhr in der Ecke tickt monoton. Es wird acht, es wird neun. Aber Charly kommt nicht. Und plötzlich steigt würgende Angst in Rudi auf ...
Es ist kurz vor Mitternacht, als die Hausglocke läutet. Draußen steht ein junger Mann im Skianzug. Das Licht der Flurlampe fällt grell auf sein Gesicht.
»Zogg ...« sagt Rudi. »Wo ist Charly ...?«
Der Bergführer streicht sich über die Stirn. Sie ist schweißnaß, trotz Februarkälte. Die Hand, die den Hut hält, zittert. Endlich fallen die Worte, schwer wie Hammerschläge: »Es war am Urdenfürkli ... eine Lawine ... sie wurde mitgerissen ... nur vierzig Meter ... wir haben sie gleich gefunden ... tot.«

*

Caracciola verschließt sich in seinem Chalet in Arosa. Er will niemand sehen. Er ißt kaum einen Bissen. Tiefste Depression hält ihn umfangen. Er spielt mit dem Gedanken, endgültig Schluß zu machen, das Leben wegzuwerfen. Ein Leben, das ihm nichts mehr bedeutet, das Leben als Krüppel, ohne den Beruf, den er liebt, ohne die Frau, die ihm alles bedeutete.
Zu dieser Zeit verbringt Louis Chiron, Rudis alter Freund und Rivale, seinen Skiurlaub in Zürs mit seiner Gefährtin Baby Hoffmann. Eines Abends wird Baby am Telefon verlangt. Ein Ferngespräch aus Stuttgart. Es ist Dr. Warth, der Hausarzt Caracciolas.
»Ich war gestern bei Rudi in Arosa«, sagt Dr. Warth. »Es steht sehr schlecht um ihn. Ich fürchte, daß er sich wirklich was antut. Sie sind die einzige, die helfen kann. Fahren Sie nach Arosa. Sprechen Sie mit ihm. Bleiben Sie in seiner Nähe – bis er über den Berg ist.«
»Natürlich will ich gerne helfen, Doktor«, sagt Baby. »Aber wieso kommen Sie eigentlich gerade auf mich?«
»Es ist Charlys ausdrücklicher Wunsch gewesen. Sie wissen, Charly war herzleidend. Bei einem ihrer Anfälle – vor ein paar Wochen erst – sagte sie zu mir:

Lieber Doktor, wenn ich einmal sterben sollte, dann rufen Sie sofort Madame Hoffmann aus Paris . . . sie ist die einzige Frau, die Rudi helfen kann.«
Baby kommt nach Arosa. Sie findet einen Caracciola, der wortlos, stumpf und dumpf vor sich hinstarrt. Baby bleibt in Arosa. Sie umsorgt Rudi, kocht für ihn, erledigt seine Post. Sie geht mit ihm abends, im Dunkeln, spazieren, damit niemand sieht, daß Rudi hinkt, daß er ein armseliger Invalide ist. Beim Bridgespielen läßt sie Rudi gewinnen, denn sie weiß, er verliert nicht gern. Und langsam, unendlich langsam löst sich Rudi aus seiner Lethargie.
»Es ist schön, daß du da bist«, sagt er eines Abends. »Ich wünsche mir, daß du noch recht lange bleibst.«
»Nun«, sagt Baby, »Louis ist ja noch beim Skilaufen. Auf diesem Gebiet bin ich keine Meisterin, und er wird mich wohl nicht vermissen.«
»Wirklich nicht?« fragt Rudi »Ist es ihm denn gleichgültig, wenn du bei mir bist – bei einem andern Mann?«
»Wieso?« fragt Baby erstaunt. »Wieso soll Louis etwas dabei finden, wenn ich einem guten Freunde helfe?«
»Ja«, sagt Rudi bitter. »Was soll er schon dabei finden, wenn du mir hilfst . . . einem Krüppel!«
Baby ergreift seine Hand. »So was darfst du nicht sagen. Ich weiß genau – der Tag wird kommen, an dem du wieder Rennen fahren und auch siegen wirst. Ich glaube an dich, Rudi, hörst du? Du darfst mich nicht enttäuschen . . .«
Er sieht sie mit großen Augen an. »Ich werde dich nicht enttäuschen, Baby«, sagte er dann. »Das verspreche ich Dir!«

*

Am 6. März 1934 rast über die Avus ein silberglänzender Wagen. Er dreht Runde auf Runde in einem Tempo, das selbst die Berliner aus der Fassung bringt.
In einem Gebüsch hockt ein Mann mit zerfranstem Schnauzbart und nestelt nervös an dem Bindfaden, der eine Stoppuhr an seiner Weste festhält. Der Mann läßt keinen Blick von den kreisenden Zeigern. Jedes Mal, wenn der Wagen vorüberbraust, nickt er zufrieden, und sein zerknittertes Gesicht wird einige Grade freundlicher. Es ist Dr. Ferdinand Porsche, der die erste Feuerprobe seines neuen Auto-Union-Rennwagens überwacht.
Endlich hält der Wagen. Ein blonder Hüne klettert lachend aus dem Sitz. Monteure heben ihn auf die Schultern. Auch Dr. Porsche umarmt ihn freudestrahlend: »Großartig, Stuck! Wir haben es geschafft! Dreimal Weltrekord! 275 Kilometer!« Zwei Stunden später weiß es ganz Berlin und bald darauf ganz Deutschland. Und auf der Internationalen Automobil-Ausstellung am Kaiserdamm drängen sich 300 000 Zuschauer um den neuen Fabelwagen.
Ich gönne der Auto-Union den Erfolg. Aber es schmerzt mich doch erheblich, daß meine Firma Mercedes es für diesmal nicht geschafft hat . . .
In Monza, Ende Februar 1934, sollte Manfred von Brauchitsch die erste Probe mit unserm neuen »Silberpfeil« machen. Ein eleganter Leib aus Leichtmetall,

Schwingachsen, 8 Zylinder. Über 300 Pferdekräfte hat unser Chefkonstrukteur Dr. Nibel in diesen Motor gezaubert, der bei 7000 Touren wie eine Herde Löwen brüllt. Aber schon von der ersten Probefahrt kam Manfred mit langem Gesicht zurück. Es stimmte was nicht mit dem Kompressor.
»Versuchen Sie's noch mal«, sagte ich. »Wir müssen wissen, wo der Fehler steckt.«
Er brauste davon und ich sah ihm nach. Plötzlich – ein scharfer Knall. Das Heulen des Kompressors riß jäh ab ... Der Wagen wirbelte um die eigene Achse, raste den zwei Meter hohen Damm hinab, flog wie ein Geschoß zwischen eine Weidengruppe ...
Einen Augenblick lähmende Stille. Dann saß ich auch schon in meinem Wagen und raste zur Unglücksstelle hin.
Ein trauriger Haufen Metall zwischen den Bäumen ... ich wagte kaum hinzusehen. Armer Brauchitsch, dachte ich. So jung und schon ... Aber dann rieb ich mir die Augen, dann dachte ich zu träumen. Da kam dieser Brauchitsch ganz quietschvergnügt herbei und konnte es selbst noch gar nicht fassen, wie er diesen Sturz mit 250 Sachen ohne Kratzer überstanden hat.
»Der linke Hinterreifen ist geplatzt«, sagte er. »Da hat's mich aus der Bahn geschmissen!«

*

Noch ein anderer Mann hört mit wehem Herzen vom Weltrekord der Auto-Union und von unserem Pech in Monza. Dieser Mann heißt Rudolf Caracciola.
»Eigentlich wäre es meine Sache gewesen, diese Versuche zu unternehmen«, sagt er zu Baby. »Aber man traut mir nichts mehr zu – weil ich ein Krüppel bin!«
»Fängst du schon wieder an, Rudi?« sagt Baby. »Hast du vergessen, was ich dir letzthin sagte?«
Aber Rudi schüttelt den Kopf. »Nein, Baby. Ich weiß, du meinst es gut – aber ich habe kein Selbstvertrauen mehr. Ohne Charly, mit einem verletzten Bein ... da ist für mich nichts mehr zu gewinnen.«
Auch Louis Chiron ist bei diesem Gespräch dabei. Er ist gekommen, um Baby abzuholen. Bald beginnt die neue Rennsaison ... Jetzt legt er seinen Arm freundschaftlich um Caracciolas Schultern. »Du darfst dich nicht so gehen lassen«, sagt er. »Hör zu: nächsten Monat geht's um den großen Preis von Monaco, in meiner Heimatstadt. Ich werde dafür sorgen, daß du eingeladen wirst, eine Ehrenrunde zu drehen. Das wäre ein guter Beginn!«
Und so geschieht es. Am 12. April 1934 sitzt Rudi nach zwölf Monaten zum ersten Male wieder am Steuer eines Wagens. Er fährt eine Ehrenrunde, und hunderttausend Franzosen und Italiener jubeln ihm, dem Deutschen, zu. Selten ist ein Fahrer in Monte Carlo so gefeiert worden wie Rudolf Caracciola an jenem Tag.

Es ist Donnerstag, der 24. Mai 1934, der Tag des ersten Trainings für das Avus-Rennen am kommenden Sonntag. Noch liegen Morgennebel über Berlin. Ein Milchwagen rattert über die menschenleere Kantstraße. Der Scheinwerfer auf dem Funkturm erlischt. Sechs dünne Schläge hallen von der kleinen Holzkirche am Lietzensee zur Avus herüber. Die breite Piste liegt um diese frühe Stunde verlassen. Nur an der Box von Mercedes herrscht geschäftiges Treiben. Dumpf brummt der Motor eines »Silberpfeils«. Er wird warmgelaufen.
6.10 Uhr. Ein rotes Cabriolet hält an der Box. Ein Mann steigt aus. Er trägt schneeweißen Renndreß. Schwerfällig humpelnd kommt er auf mich zu – Rudolf Caracciola. Er hat sich selber diese Herrgottsfrühe erbeten. Niemand soll dabeisein, wenn er zum erstenmal nach dreizehn Monaten eine Trainingsrunde fährt. Niemand soll Zeuge sein, falls Rudi diese erste Probe nicht bestehen sollte ... Alles hängt von dieser Probe ab, sein Vertrag, seine ganze Zukunft, sein Lebensglück.
Immerhin: die Avus ist ein guter Start. Zwei Gerade – und zwei Kurven. Das heißt, nur zweimal bremsen und zweimal beschleunigen. Ob das verletzte Bein durchhalten wird?
Hell zerreißt der Ton des Kompressors die morgendliche Stille. Der Wagen zieht davon, verschwindet in Richtung Süden. Die Uhren ticken. Zwei Minuten ... drei ... vier ... Da – der Wagen fliegt heran auf der Gegengeraden, zieht durch die Nordschleife, fegt an den Boxen vorbei, verschwindet wieder nach Süden. Ich sehe auf die Uhr: 5,27 Minuten ... eine Klassezeit! Aber ich wage noch nicht zu jubeln. Wird Rudi dieses Tempo, diese Anstrengung durchhalten können ...?
Er hält durch. Er wird von Runde zu Runde schneller. Er fährt absolute Weltklassezeiten: 5,10 Minuten ... 5,07 ... 5,02 ...
Mein Herz macht einen Riesenhüpfer. Mein Rudi ist wieder da! Mein guter, alter Rudi Caracciola, der Kampfgefährte aus hundert Motorenschlachten!
Nach der fünften Runde hält Rudi an der Box. Ich bin sofort an seiner Seite. »Rudi, ich gratuliere! Sie haben's geschafft! Der Vertrag ist perfekt!«
Rudi will aussteigen. Er stützt sich am Rand der Karosserie hoch. Aber er sinkt stöhnend wieder zurück. Ich winke zwei Mechaniker heran. Sie heben Rudi aus dem Sitz – und tragen ihn auf ihren Schultern davon. Fünf Traningsrunden hat Rudi durchgehalten. Wie aber wird es im Rennen sein – wenn es über fünfzehn Runden geht? Wird sein zerschmettertes Bein diese Belastung aushalten?
Die Zeitungen posaunen mit Schlagzeilen hinaus: »Caracciola trainiert wieder!« ... »Caracciola fährt Rekord« ... Und ganz Berlin strömt am 27. Mai hinaus zur Avus. Alle wollen den Caratsch sehen, den Stuck und auch den Brauchitsch. Vor allem jedoch die neuen deutschen Rennwagen, von denen man sich wahre Wunderdinge erzählt.
Aber – die Mercedes-Boxen bleiben leer. Wo ist Caratsch? Wo sind Brauchitsch, Fagioli – und die neuen »Silberpfeile«?
Beim letzten Training hat es Pannen gegeben. Die Wagen sind noch nicht ganz

fit. Es gibt einen Fehler an der Benzinzufuhr. Nur eine Kleinigkeit, aber leider nicht schnell zu beheben. Die Direktion hat noch am Morgen vor dem Rennen getagt. Soll man starten – oder nicht? Aber man will nichts riskieren. In letzter Minute sagt Mercedes ab . . .

Eine Woche später heulen die Kompressoren auf dem Nürburgring. Es ist beim Internationalen ADAC-Eifelrennen, als die Mercedes-Silberpfeile zum ersten Male über die 172 Kurven dieser männermordenden Strecke brausen. 172 Kurven – das heißt in zehn Runden viele hundert Mal Schalten, Kuppeln, Bremsen und wieder Gas geben. Das heißt, die Kondition eines Preisboxers besitzen.

Vor diesem Rennen erhalte ich zweimal einen Tiefschlag. Nummer eins: Rudi Caracciola sagt ab. »Ausgerechnet beim Eifelrennen mein Debut – das ist zuviel verlangt«, sagt er. »Wenn ich nicht durchhalte mit dem verletzten Bein – es wäre furchtbar für mich. Ich könnte es nicht verwinden.«

Rudi hat Hemmungen. Und mit Hemmungen hat noch nie ein Fahrer ein Rennen gewonnen. Es ist besser, Rudi bleibt zu Hause. Tief in meinem Herzen aber regen sich wieder die Zweifel – wird er's überhaupt jemals wieder schaffen . . .?

Tiefschlag Nummer zwei: Am Abend vor dem Rennen werden die Wagen gewogen und – zu schwer befunden. Nur 750 Kilogramm dürfen die »Silberpfeile« nach der neuen Formel wiegen – ohne Sprit, Kühlwasser, Öl und Reifen. Aber als die Mechaniker den ersten Wagen auf die Waage schieben, zeigt sie auf 751 Kilogramm.

Was tun? Morgen ist das Rennen. Ich kann keine lebenswichtigen Teile ausbauen lassen. Alles ist aufs Gramm genau berechnet.

»Lassen Sie sich doch einen Ihrer berühmten Tricks einfallen«, sagt Brauchitsch. »Sonst sind wir die Lackierten . . .«

»Lackiert?« frage ich, und im gleichen Moment fällt auch schon der Groschen. »Natürlich – der Lack, das ist die Lösung!«

Die ganze lange Nacht schrubben die Mechaniker den schönen weißen Lack von unsern Silberpfeilen. Und als sie morgens nochmals auf die Waage kommen – da wiegen sie haarscharf 750 Kilogramm.

Wir sind mit Manfred von Brauchitsch und dem italienischen Vertragsfahrer Fagioli am Start.

Manfred von Brauchitsch gewinnt das Rennen vor Hans Stuck. Das war der erste Start der »Silberpfeile« von Mercedes – und ihr erster Sieg. Doch Rudi Caracciola war nicht dabei.

*

Drei Wochen später, am 1. Juli 1934, geht es um den großen Preis von Frankreich auf der Bahn von Montlhéry. 100 000 Franken sind zu gewinnen. Zum ersten Male treffen alle neuen Wagen der internationalen Auto-Industrie im Wettkampf aufeinander. Die silbernen Mercedes und Auto-Union, die blauen Bugattis, die roten Alfas und Maseratis. Chiron ist am Start, der zwanzigjährige Algerier Guy Moll, Achille Varzi – und auch Rudolf Caracciola.

Sein Gesicht ist unbewegt, als er am Start in seinem Wagen sitzt. Sein erster großer Start – nach 14 Monaten. Wird es einen Sieg geben? Oder – eine Blamage?
Sofort nach dem Start ist Caratsch vorn. Mit Stuck, mit Fagioli und mit seinem alten Freund Louis Chiron kämpft er um die Spitze. Neun Runden hält er durch. Jeder Tritt auf die Bremse, aufs Gaspedal, jede Bewegung des Beins löst Qualen im zerschmetterten Hüftgelenk aus. Rudolf Caracciola hat nicht nur mit dem Wagen zu kämpfen, sich mit der schwierigen Rennstrecke zu messen, seine Gegner sind nicht nur die anderen Fahrer – er muß auch noch mit seinem eigenen Körper kämpfen, mit dem um fünf Zentimeter verkürzten Bein, den rasenden Schmerzen, die der frei in Muskeln und Fleisch liegende Oberschenkelknochen verursacht.
In der 9. Runde hält er an der Box. »Was ist los, Rudi? Können Sie nicht mehr?«
»Ich schon«, sagt er. »Aber nicht der Wagen. Die Benzinzufuhr ist defekt.«
Rudi scheidet aus. Wie bitter müssen seine Gedanken sein: jetzt, da er über seinen zerschlagenen Körper schon zu siegen schien, versagt der Wagen. Es kann kein Trost für ihn sein, daß kurz nach seinem Ausscheiden ein wahres Massensterben unter den deutschen Wagen beginnt. Nur vier Fahrer beenden das Rennen, drei Alfas, ein Bugatti. Chiron siegt vor Achille Varzi und Guy Moll.
Abends sitzen wir mit langen Gesichtern im feudalen Hotel »Astoria« und lesen die ersten Berichte über unsere Niederlage. Aber daneben gibt es noch Meldungen über die Ereignisse des 30. Juni 1934 in Deutschland. Über die Erschießung des »Stabschef der SA« Röhm und anderer SA-Führer, über die Ermordung des Generals Schleicher . . .
Einer sitzt unter uns, dessen Gesicht bleich ist und dessen Lippen zittern. Es ist der Obergruppenführer und Major a. D. Hühnlein – Chef des NSKK. Dieser Hühnlein ist zwar ein hoher Nazi-Führer, aber er ist im Grunde seines Herzens kein schlechter Mensch. Ein grober Klotz aus Bayern – mit einem gutmütigen Kern.
»Sakradi«, stöhnt Hühnlein, als er die Nachrichten aus Deutschland hört. »Da hab i no amal Schwein ghabt, daß i bei euch da heroben in Paris gwesen bin. Sonst hättens mi als Freind vom Röhm auch gleich an d' Wand gstellt in München . . .«

*

Zwei Wochen später, beim Training für den Großen Preis von Deutschland auf dem Nürburgring, fliegt Manfred von Brauchitsch gleich bei den ersten Trainingsrunden aus der Bahn, bricht sich den Schädel und drei Rippen. Er fällt für den Rest des Jahres aus. Aber Rudolf Caracciola hat diesmal nicht abgesagt. Diesmal will er auch den Kampf gegen die schwerste Strecke Europas mit ihren 172 Kurven aufnehmen. Schon beim Training fährt er die schnellste Runde, kommt als einziger unter elf Minuten. Von Beschwerden im verletzten Bein ist nichts zu merken.
Das Rennen selbst wird ein Duell zwischen Stuck auf Auto-Union und Caracciola auf Mercedes. Elf Runden lang liegt Stuck in Führung. Doch zäh und ver-

bissen klemmt sich der Caratsch an sein Hinterrad. Er läßt nicht locker, er jagt ihn vor sich her.
Doch oben, auf dem Boxendach, findet eine sehr merkwürdige Besprechung statt. Da stehen die Direktoren von Auto-Union und Daimler-Benz zusammen. Unser Direktor Sailer winkt mich hinauf aufs Boxendach und ich höre: Direktor Klaus von Oertzen von der Auto-Union hat ein »Gentleman Agreement« vorgeschlagen. Mercedes habe doch das Eifelrennen gewonnen. Und nun solle man – da Hans Stuck doch gerade führt – der Auto-Union den Sieg im Großen Preis überlassen. Man würde sich zu späterer Gelegenheit erkenntlich zeigen ...
Da platzt mir fast der Kragen vor Zorn. Ich – meinen braven Rudi bremsen? Rudi, der sich jeden Meter in diesem Rennen mit Schweiß und unendlichen Schmerzen erkämpfen muß ...?
»Meine Herren«, sage ich. »Sie vergessen, daß wir erst knapp die Hälfte des Rennens hinter uns haben. Noch ist's ja nicht sicher, ob Stuck oder Caratsch überhaupt durchhalten. Wozu also schon jetzt ein solches Abkommen? Damit binden wir uns an Ketten, die uns später noch sehr lästig werden könnten!«
Das sehen die Herren ein.
In der 13. Runde greift Rudi an. Auf der Zielgeraden tritt er das Gaspedal bis zum letzten Millimeter runter, treibt den Motor auf allerhöchste Touren, und – rast an Stuck vorbei!
Aber schon in der nächsten Runde folgt die kalte Dusche. Rudis Ehrgeiz, der unbändige Wille zum Sieg, hat ihn mitgerissen. Er hat den Motor überdreht. Rumpelnd und polternd rollt der »Silberpfeil« nun an die Box. Festgefressene Kolben, lautet die Diagnose. Aus ...
Vorn aber braust Hans Stuck einem verdienten Sieg entgegen.

*

Am 5. August sind wir am Klausenpaß. Hier hält Caracciola seit Jahren den Rekord. Hier will er wieder starten, obwohl er weiß, daß nirgends soviel gebremst und wieder beschleunigt werden muß wie bei einem Bergrennen. Nirgendwo anders wird sein krankes Bein eine solche Belastung aushalten müssen. Es regnet schon seit Tagen. Das ist Rudis Chance. Er ist der große Regenfahrer. Niemand fährt so weich, so zügig über nasse Straßen wie er. Rudi startet – und siegt. Er fährt neuen Rekord. 3,2 Sekunden zurück erst folgt sein Rivale, der Bergmeister Hans Stuck. Das Duell der »großen Alten« steht nun eins zu eins ...
Am 15. August 1934 sind wir in Pescara. Es geht um die Coppa Acerbo. Siebzehn Wagen sind am Start. Und wieder hat sich Caracciola etwas vorgenommen. Er erobert sich sofort die Spitze. Von Runde zu Runde wächst sein Vorsprung. Keiner hält mit, nicht Stuck, nicht Varzi und Fagioli.
Dann, in der 11. Runde, passiert es. Rudi geht eine Kurve zu schnell an. Er kommt mit dem Vorderrad auf den Rasenstreifen. Der Wagen wird herum-

gewirbelt wie ein Federball. Hart schlägt er auf den Beton wieder auf, bleibt seitlich liegen. Sanitäter stürzen hinzu. Sie befreien Rudi aus dem Sitz. Es ist wie ein Wunder – er ist völlig unversehrt. Aber als er vorsichtig auf das verletzte Bein tritt, stöhnt er laut und gequält auf. Ein glühender Schmerz brennt in der rechten Hüfte. Das freiliegende Ende des Oberschenkelknochens wurde beim Sturz tief in Gewebe und Muskeln gepreßt.

Caracciola ist gestürzt. Wer stürzt, trägt in der Regel einen Schock davon. Und wer einen Schock erlitten hat, fährt schlecht. Ich gehe also mit gemischten Gefühlen zum nächsten Rennen – dem Freiburger Bergrekord.

Es fängt schon böse an. Beim Training sind zwei Tote zu beklagen. Dann fängt Stucks Wagen in voller Fahrt Feuer. Mit einem kühnen Satz kann Hans sich retten. Und Fritzel Matthey, sein treuer Mechaniker, bastelt die ganze Nacht an Stucks »Silberfisch«, wie der Volksmund die Auto-Union-Renner nennt.

Am Renntag gibt es einen Riesenskandal. Als die Motorradfahrer morgens nochmals zur Probe über die Strecke brummen, finden sie große Aufschriften hinter Kurven auf die Bahn gemalt: STUCK – PFEIFT IHN AUS! EIN JUDENKNECHT! KEIN START FÜR STUCK! Hans Stuck wird leichenblaß, als er davon erfährt. Er weiß, wem dieser gemeine Hieb gilt: Paula, seiner jungen Frau, die nach den Gesetzen Hitlers eine »Halbarierin« ist ...

»Nun gut«, sagt Hans. »Wenn die Dinge so liegen – werde ich nicht starten.«

»Dann starten wir eben alle nicht!« sagt da ein junger Mann. Es ist Walfried Winkler, der Star unter den Kollegen von der zweirädrigen Fakultät. Alle Rennkameraden stimmen ihm zu. Eine Viertelstunde später meldet sich Winkler beim Chef des NSKK, Hühnlein.

»Wenn diese Schmiererei nicht entfernt wird, fällt für uns das Rennen flach, Herr Obergruppenführer. Wir machen so etwas nicht mit.«

Hühnlein gibt seinen NSKK-Leuten den Befehl, mit Benzin die Strecke sofort von allen Inschriften zu reinigen.

Und Hans Stuck, der »Judenknecht«, gewinnt den »Preis des Führers« ...

Caratsch wird nur Zweiter. Jetzt steht das Duell der beiden alten Kämpen 2:1 für Stuck.

*

Das Pech bleibt Caracciola treu. Beim Großen Preis der Schweiz erwischt er bei der Verlosung der Plätze nur einen Startplatz in der vierten Reihe. Stuck dagegen steht ganz vorn. Es gibt einen Kampf über 70 Runden. Rudi zieht an elf Wagen vorbei, die vor ihm liegen. Er schiebt sich in riskanten Manövern bis zum vierten Platz nach vorn, aber er hat sich zuviel zugemutet. Er kämpft einen aussichtslosen Kampf gegen das Schicksal, gegen das Pech und – gegen die stechenden Schmerzen in der Hüfte. Er fällt erneut zurück. Dann gibt er endgültig auf. Die Mechaniker heben ihn aus seinem Sitz. Er stützt sich schwer auf meine Schulter, als er zur Boxe humpelt. Sein Gesicht ist grau.

Hans Stuck führt 70 Runden lang – und siegt unangefochten. Nun steht es 3:1 im Duell zwischen Hans Stuck und Rudolf Caracciola.

Rudis letzte Möglichkeit, diese Scharte auszuwetzen, bietet der Große Preis von Italien in Monza. Beim Training zu diesem Rennen findet eine recht merkwürdige Probefahrt statt. Niemand bekommt sie zu sehen – nicht einmal ich erfahre etwas davon.

Der Chef, der sogenannte »Capo« der Monteurmannschaft von Luigi Fagioli ist damals ein tüchtiger junger Mann, untersetzt, kräftig und mit der Bierruhe des biederen Schwaben. Dieser Mann bekommt von mir am Tag vor dem Rennen den Auftrag, an Fagiolis Wagen neue Bremsbeläge anzubringen.

»Fahren Sie den Wagen dann gleich ein«, sage ich. »Damit beim Rennen morgen alles stimmt.«

»Schon recht, Herr Neubauer«, sagt er und macht sich an die Arbeit. Ich sehe noch, wie er sich später in den Wagen setzt und im vorschriftsmäßigen Tempo – nicht mehr als 120 km/h – in Richtung Rennstrecke verschwindet. Was ich übersehe, sind die verdächtig ausgebeulten Hosentaschen seines Overalls.

In diesen Taschen stecken acht neue Rennkerzen – speziell für höchste Geschwindigkeiten entwickelt. Und was sich weiter mit Fagiolis Wagen an jenem Tage abspielt, habe ich erst Jahre später herausbekommen: der junge Mann aus Schwaben fährt die neuen Bremsbeläge vorschriftsmäßig ein. Dann aber lenkt er den »Silberpfeil« in einen Seitenweg, wo ein hohes Kornfeld jede »Feindeinsicht« verwehrt. Er steigt aus, öffnet die Motorhaube – und setzt die Rennkerzen ein. Dann fährt er los. Jetzt hat er 100 Sachen drauf. Jetzt 120. Und nun reitet ihn der Geschwindigkeits-Teufel. Er drückt tiefer aufs Gaspedal. Der Tourenzähler klettert. Schon hat er 180 . . . schon 190 . . . und dann fährt der unbekannte junge Monteur zum erstenmal in seinem Leben schneller als 200 Stundenkilometer, auf einem Mercedes Grand Prix-Wagen. Der junge, unbekannte Monteur heißt – Hermann Lang. Vier Jahre später wird er der beste Rennfahrer Europas – und das heißt damals: der Welt – sein.

Am 9. September 1934 stehen 15 Wagen am Start zum Großen Preis von Italien. Es geht über 116 Runden und 501 Kilometer unter glühendheißer Sonne. Noch 20 Sekunden . . . 20 Sekunden, die Rudi Caracciola zur Ewigkeit werden. Er blickt starr geradeaus auf die Bahn, wo die heiße Luft flimmert. Er weiß, in diesem Rennen geht es um seine Zukunft, seine Existenz. Sturz . . . Niederlage . . . Aufgabe . . . das ist die Bilanz seiner letzten Rennen. Wenn er heute nicht siegt, wird man ihm die Rechnung ohne Gnade präsentieren. Dann wird im nächsten Jahr der Spitzenfahrer bei Mercedes nicht mehr Rudolf Caracciola heißen.

Start! Mit einem Panthersatz setzt sich ein Wagen an die Spitze: Hans Stuck mit seinem Auto-Union-»Silberfisch«. Doch Caracciola ist auf dem Posten. Sofort hängt er am Heck des alten Rivalen, fährt geschickt im Windschatten, spart Sprit und Motorkräfte.

Ein wahres Nerven-Marathon durch die 1276 Kurven und 928 »Schikanen« beginnt. Hierbei handelt es sich um künstliche Tore, mit Hilfe von Strohballen auf den Geraden errichtet. Nur im ersten Gang können sich die Wagen hindurchschlängeln.

In der 2. Runde rollt Ernst Henne an die Box, steigt aus – Kühlerschaden. Ich hab mich von meinem Schreck noch nicht erholt, da hält bereits der nächste

»Silberpfeil«. Fagioli schüttelt resigniert den Kopf: die Kerzen! Schweiß perlt auf meiner Stirn. Nicht nur wegen der glühenden Hitze – nein, nun trägt Rudi Caracciola allein die Hoffnungen des Sterns von Mercedes. Und dieser Rudi ist ein kranker Mann ...

Aber wie er fährt, das läßt mich meine Sorge beinahe vergessen. Er lenkt die 300 Pferdekräfte mit unnachahmlichem Fingerspitzengefühl durch Schikanen und Kurven. Bei ihm gibt es kein hartes Bremsen, kein wildes Drauflosfahren, Herumreißen des Steuerrades. Mehr noch als früher, vor seinem Sturz, fährt Rudolf Caracciola mit Kopf, Augen und – Hintern. So hält er Runde um Runde den zweiten Platz hinter Stuck.

Nach fünfzehn Runden sieht Caracciola kaum noch die Zeichen von der Boxe. Durchhalten, hämmert es in seinen Schläfen. Durchhalten ... du mußt! Er ahnt nicht, daß andere, gesunde Männer längst das Rennen aufgegeben haben oder sich nur noch mühsam in den Wagen halten – bezwungen von der Hitze, vom pausenlosen Schalten, Kuppeln, Bremsen durch Kurven und Schikanen ...

57. Runde: Alles wartet auf Stuck, auf den führenden Wagen. Aber Stuck kommt nicht. Die Uhren ticken. Was ist los? Da! Ich reiße die Arme hoch. In meinen Ohren klingt ein mir unendlich wohlgefälliger Ton: der Kompressor eines Silberpfeils. Rudi liegt in Führung! Er hat Stuck überholt! Er hat das Duell für sich entschieden ... den Kampf gegen den Gegner und gegen sich selbst ... Gleich darauf rollt Stuck an die Box. Zerfetzte Hinterreifen sind die Quittung für seine Kurventechnik, für die eckige Manier, den Wagen um die Schikanen zu reißen.

Nebenan, bei der Auto-Union, laufen plötzlich die Menschen zusammen. Willy Walb ist zusammengebrochen. Willy Walb, einst Ingenieur und Fahrer bei Mercedes-Benz, ist nun Rennleiter bei der Auto-Union – der Freund von gestern, Gegner von heute. Eine Nierenkolik. Auf einer Bahre tragen sie ihn davon.

Caracciola führt. Aber jetzt schwinden auch seine Kräfte in diesem furchtbaren Kampf gegen die Hitze, gegen die mörderische Strecke. Er kann kaum noch das Steuer halten, die Beine sind schwer wie Blei. Er rollt an die Box. Sein Gesicht ist von kleinen Schweißperlen benetzt, von Öl und Dreck überzogen.

»Aus«, sagt er. »Ich kann nicht mehr, bin fertig. Laßt Fagioli weiterfahren ...«

Wir heben, nein, zerren Rudi aus dem Sitz, schon springt Fagioli in den Wagen und schon braust er davon. Die Stoppuhr tickt. 24 Sekunden nach dem Fahrerwechsel fegt Stuck vorbei. Alle anderen Wagen sind weit abgeschlagen, ohne Chance. Fagioli geht als Sieger durchs Ziel – auf Rudis Wagen. Stuck wird Zweiter.

Alles jubelt. Nur einer hockt in einer Ecke, den Kopf in die Hände gestützt, und starrt stumm vor sich hin – Rudi Caracciola. Wieder nur ein halber Sieg, denkt er. Wieder habe ich nicht durchgehalten. Werde ich je wieder siegen lernen – wie einst, als noch Charly an meiner Seite stand?

*

Es ist Oktober. Ein naßkalter Wind weht über die Autostraße bei Gyon, südlich von Budapest. Wir fürchten diese Nässe, diesen Wind. Wir wollen nämlich Weltrekorde erobern.

Wer soll den Wagen fahren, der mit Plexiglas und Aluminium in eine »Rennlimousine« verwandelt und windschlüpfriger gemacht worden ist? Brauchitsch liegt mit seinem Schädelbruch noch immer im Krankenhaus. Fagioli ist Italiener. Wir sind zwar keine Nationalisten, aber wir möchten es doch lieber, wenn ein deutscher Fahrer auf einem deutschen Wagen den Rekord erobert. Und Caracciola? Nun, wir trauen dem Frieden mit seinem Bein noch immer nicht. Bleibt Ernst Henne. Er ist Spezialist für Rekorde – auf dem Motorrad. Mehr als ein halbes Dutzend hat er schon mit seiner BMW gesammelt. Ihm vertrauen wir unsern Wagen an.

Am Morgen vor dem Start sitzen wir gerade beim Frühstück im Hotel, als ein Herr in blütenweißem Renndreß an unsern Tisch tritt und freundlich »Guten Morgen« wünscht. Es ist – Rudolf Caracciola.

Er ist gekommen, um sich »ganz privat« die Rekordversuche mitanzusehen. Und hat sich – dem Anlaß entsprechend – in seinen Renndreß gekleidet. »Falls ein zweiter Fahrer benötigt werden sollte«, wie er sagt.

Henne hört es – und ist nicht gerade begeistert. Schließlich soll – und will – *er* ja den Rekord fahren.

Aber beim ersten Versuch bleibt Henne mit Kompressorschaden liegen. Beim zweiten lockert sich die Haube über dem Fahrersitz. Beim dritten löst sich die Haube ganz, Henne verliert die Sicht und fährt um ein Haar das Zeitnehmerhäuschen samt Inhalt um.

Mit wackligen Beinen klettert er aus seinem Sitz. »Alle guten Dinge sind drei«, sagt er. »Ich hab genug für heute. Wenn Sie ihr Glück versuchen wollen, Herr Caracciola – bitte sehr...«

Und ob der Rudi will! Er hat ja nur darauf gewartet. Er will die Rekorde holen über die Meile und den Kilometer mit stehendem Start, jene Rekorde, die Hans Stuck vor einer Woche auf der Avus in Berlin aufgestellt hat.

Es ist ein schwerer Irrtum zu glauben, daß Rekordversuche eine verhältnismäßig leichte Sache sind: nur Gas geben und geradeaus fahren, den Rest erledigt der Motor alleine.

Ein Rekord mit stehendem Start – das ist nur etwas für Könner. Da heißt es nämlich in knapp 30 Sekunden viermal kuppeln, viermal schalten, den Wagen von null auf weit über zweihundert Stundenkilometer beschleunigen. Der Wagen darf um keinen Sekundenbruchteil langsamer während des Schaltens werden. – Außerdem: eine winzige Bewegung am Lenkrad, jeder kleinste Windstoß kann den Tod bedeuten.

Rudi fährt. Und er fährt über 300 Stundenkilometer, schneller, als je ein Mensch auf einer normalen Straße in einem gewöhnlichen Rennwagen gefahren ist. Caracciola fährt Weltrekord. Das ist sein größter Sieg in diesem Jahr. Das ist ein neuer Beginn...

Ernst Henne dagegen klettert auf sein Motorrad und hört nicht eher auf zu fahren, bis er 23 Weltrekorde sein eigen nennen kann...

LIEBE, LORBEER, LEIDENSCHAFT

Das Jahr 1935 beginnt. Wir haben in Deutschland hervorragende Wagen: die »Silberpfeile« von Mercedes-Benz, die »Silberfische« der Auto-Union.
Wir haben Wagen – aber wir haben nicht genügend routinierte Fahrer. Ich hole mir zu meinen Kämpen Caracciola und Manfred von Brauchitsch noch den Italiener Luigi Fagioli hinzu. Bei der Auto-Union steht der lange Hans Stuck als Spitzenfahrer zur Verfügung. Sein Kollege, der kleine Momberger, kommt mit den langen Heckmotorwagen nicht zurecht, ebensowenig wie der Prinz zu Leiningen. Also versucht man es mit einem Mann, dessen Ruhm in ganz Europa leuchtet. Man holt einen Italiener: Achille Varzi.
Allein seine Jahresgarantie beträgt 80 000 Reichsmark. Von anderen Zuschüssen, Prozenten und dem Spesenfixum ganz zu schweigen ...
Aber der Aufwand macht sich bezahlt. Schon bei seinem ersten Rennen auf Auto-Union, dem Großen Preis von Tunis, wird Varzi Sieger. Acht Tage später, beim Großen Preis von Tripolis, kann Caracciola den Italiener nur mit Mühe, Not und einer Wagenlänge auf den zweiten Platz verweisen. Weitere zwei Wochen später wird Varzi im Berliner Avus-Rennen ehrenvoller Dritter – noch vor seinem Rivalen Stuck.
Es ist ein kleines Wunder. Die meisten Fahrer brauchen ein volles Jahr, um sich auf die Auto-Union-Wagen mit den ungewohnten Heckmotoren umzustellen, die eine ganz besondere Fahrtechnik erfordern. Varzi schaffte es auf Anhieb.
Doch Achille Varzi, der große Italiener, beherrscht nicht nur die Kunst des Rennfahrens. Er versteht es auch, die Frauenherzen im Sturm zu erobern.
Beim Training zum Eifelrennen 1935 werde ich Augenzeuge, wie Varzi dem jungen deutschen Nachwuchsfahrer Peter Paulsen begegnet. In Gesellschaft Peters befindet sich seine junge und zauberhaft schöne Frau Lil.
Es gehört nicht viel Scharfsinn dazu, um zu bemerken: schon bei dieser Begegnung springt ein Funke zwischen Varzi und Lil über: ein Funke, der schnell einen gefährlichen, ja zerstörerischen Brand auslösen wird.
Peter Paulsen und Lil heißen natürlich in Wahrheit anders. Aber es gibt Gründe, die dafür sprechen, ihre wahren Namen zu verschweigen: es sind die einzigen Namen in diesem Buch, die ich geändert habe, obwohl jedes Wort, das ich über sie berichte, der vollen Wahrheit entspricht.
Aber ich möchte nicht, daß die Schatten einer längst vergessenen Vergangenheit noch einmal aufstehen und die Gegenwart dieser beiden Menschen – Jahrzehnte danach – verdunklen.
Am Nürburgring, gleich bei ihrem ersten Zusammentreffen, versteht es der berühmte Varzi elegant, die schöne Lil von der Seite ihres Mannes Peter wegzulocken: er bietet Peter eine Probefahrt auf seinem Rennwagen an. Und während Peter glücklich eine Runde nach der anderen dreht, widmet Varzi sich sehr intensiv der jungen Frau. So intensiv, daß er sogar seinem Erzrivalen und Stallgefährten Hans Stuck den Vortritt beim Kampf um die beste Trainingsrunde überläßt.
Wer es am Nürburgring noch nicht gemerkt hat, dem wird es bald darauf in

Paris offenbar, daß zwischen Varzi und Lil etwas gezündet hat. Es ist kurz vor dem »Großen Preis von Frankreich«.
Wir wohnen im Hotel »George V.«. Hier trifft sich der Prince of Wales inkognito mit einer gewissen Mrs. Simpson aus den USA. Hier raucht der Zeitungskönig Hearst die Zigarren eines Aga Khan. Hier hocken Hoteldetektive und Hochstapler einträchtig nebeneinander an der Bar. Mitten darunter wirbelt das Rennfahrervölkchen, voran der »Diplomat im Renndreß«, Hans Stuck, mit seiner Frau Paula, die abwechselnd den Tennisschläger an der Riviera, den Füllhalter in Berliner Redaktionen und die Stoppuhr an der Rennbox in der Hand hält.
Auch Peter, der Nachwuchsfahrer ist zur Stelle, und seine hübsche junge Frau Lil. Und es entgeht uns nicht, daß Lil häufig in Gesellschaft von Achille Varzi gesehen wird – während Peter nur Sinn und Augen für seine Rennwagen hat. Er sieht nichts – oder will er nichts sehen?
Vier Wochen später, beim Training zum Großen Preis von Deutschland, merken es auch die Letzten, daß zwischen dem Italiener und der jungen Deutschen mehr als nur ein harmloser Flirt im Gange ist.
An der Box der Auto-Union herrscht Hochbetrieb. Peter ist da, Lil, Rennleiter Walb hantiert mit den Stoppuhren. Varzi ist gerade auf der Strecke. Da schrillt das Telefon.
»Hier Schwalbenschwanz«, meldet sich der Streckenposten. »Varzi ist gestürzt ...«
Eine Uhr fällt zu Boden. Sie ist der leichenblassen Lil entglitten. Stuck führt sie zu einem Stuhl.
Varzi ist zum Glück unverletzt. Aber Peter, der Ahnungslose, weiß nun endlich, woran er mit Lil ist ...
Einen Tag später, beim Start zum Rennen, herrscht eine seltsam gespannte Atmosphäre in den Boxen der Auto-Union, eine Spannung, die ansteckend wirkt. Stuck macht einen Bogen um seinen Erzrivalen Varzi. Peter geht Varzi aus dem Weg. Rennleiter Walb ist quittengelb vor Nervosität. Er hat mit der Galle zu tun. Seine Nerven vibrieren.
Die Startflagge senkt sich. Das Feld jagt davon. Drei Wagen kommen nicht vom Platz: Stuck – Varzi – Peter ...
Das Feld ist längst hinter der Hatzenbach-Kurve verschwunden, als Varzi, Stuck und Peter endlich das Rennen aufnehmen.
Stuck macht alles wieder gut. Er fährt wie der Teufel und holt sich noch einen ehrenvollen zweiten Platz.
Zwei Fahrer aber zuckeln weit hinter dem Felde her. Sie liefern sich eine Art Privatrennen – zäh, verbissen, wütend. Und sie vergessen darüber alle Fahrkünste. Sie schalten unsauber, bremsen falsch, verreißen das Steuer. Sie fahren hundsmiserabel schlecht. Weit hinter dem Sieger Nuvolari kommen sie ans Ziel. Sie belegen den 8. und 9. Platz. Die beiden Fahrer heißen Achille Varzi und Peter ...
An diesem Abend bleiben zwei Plätze frei, als die Auto-Union eine kleine Feier für Hans Stuck veranstaltet. Varzi und Peter sind nicht erschienen. Sie

sitzen ein paar Kilometer weiter in einem stillen Eifel-Gasthof bei einem Schoppen Wein. In einem ernsten Gespräch unter vier Augen sprechen sie sich miteinander aus und machen reinen Tisch, wie es sich zwischen Gentlemen und Sportkameraden gehört.

Sechs Wochen später werden Peter und Lil geschieden.

Niemand sieht Peter an, daß in ihm etwas zerbrochen ist: die erste Liebe seines Lebens. Aber – Rennwagen kann man nicht täuschen. Rennwagen sind oft feinfühliger als Menschen. So kommt es, daß Peter in diesem Jahr auf keinen grünen Zweig gelangt. Er fährt unkonzentriert und mit schwerem Herzen.

Nur einmal noch reicht es zu einem dritten Platz: beim Großen Preis von Italien. In diesem Rennen wechselt Peter sich mit einem andern jungen Fahrer ab, dessen Name damals noch unbekannt ist. Er heißt Bernd Rosemeyer.

*

Wer ist eigentlich diese geheimnisvolle Lil?

Nun, Lil stammt aus gutem Haus.

Mit 17 Jahren heiratet sie einen Großkaufmann aus Frankfurt. Sie hat einen Fehpelz, eine gutbürgerliche Wohnung in der Bel-Etage, und ein bequemes Leben. Aber oft ist sie allein – der Herr Gemahl befindet sich auf Geschäftsreisen, bringt viel Geschenke, aber auch den Duft eines fremden Parfüms mit.

Eines Nachmittags sitzt Lil auf der Veranda im Flughafen-Restaurant. Draußen brummen die Motoren schwerer Wagen. Ein Flugplatz-Rennen steht bevor.

Der junge Mann am Nebentisch, im weißen Rennfahrerdreß, mit dem langen, schmalen Gesicht, blickt zu Lil herüber. Lil erwidert den Blick.

Da ist es schon geschehen. Der junge Mann, schlank und groß, steht an ihrem Tisch. Charly Jellen, Rennfahrer, aus Wien . . .

Einen Monat später reicht Lil die Scheidung ein. Die Sache wird schnell und diskret erledigt.

Jellen ist flott, unterhaltsam und nimmt das Leben leicht. Er liebt Lil – auf seine Art. Aber noch mehr liebt er seine Rennen. Heiraten? Davon träumt er nicht einmal.

Peter ist dagegen ein ganz anderer Typ. Peter, Rennfahrer aus Leidenschaft, ist ruhig und beherrscht, ein junger Mann aus reicher Familie. Peter verliebt sich in Lil – und als er sie um seine Hand bittet, sagt Lil »Ja«.

Jellen ist seit der Trennung von Lil nicht mehr der gleiche. Er fährt unkonzentriert. Drei Monate später, beim Training im Forstenrieder Park bei München, verliert er die Herrschaft über sein Fahrzeug und prallt gegen einen Baum. Jellen ist tot.

Lil vergißt den Schmerz bald. An Peters Seite lernt sie zum erstenmal die große Welt der Rennfahrer kennen. Sie trifft die Prominenz, die Stars von Mercedes, Auto-Union und Alfa. Sie sieht den schweigsamen Caracciola, den charmanten Hans Stuck, den cholerischen Manfred von Brauchitsch. Sie hört die Komplimente des galanten Franzosen Louis Chiron, sie läßt sich von Prinz zu Leiningen hofieren.

So ist Lil, als ihr eines Tages Achille Varzi begegnet, der Grandseigneur am Volant, der wie ein Fürst auftritt, umgeben von einem Gefolge von Schmeichlern, Verehrern, Freunden, Dienern, ein Mann, um den der verlockende Hauch der Weite, der großen Welt des berühmten Namens ist. Ein Mann, der mehr verspricht, als Peter, der stille, bescheidene, junge Nachwuchsfahrer halten kann ...

Die Liebe zu Lil verzaubert Varzi. In diesem Jahr 1935 wird Varzi der erfolgreichste Fahrer der Auto-Union. Er gewinnt zwei Große Preise, er wird einmal Zweiter und einmal Dritter. Er ist sogar besser als der Spitzenfahrer Hans Stuck.

Varzi lebt mit Lil zusammen. Er überhäuft sie mit Geschenken: ein Nerzmantel, Brillant-Ohrringe, elegante Kleider von den besten Couturiers in Rom. Er schenkt ihr einen schneeweißen amerikanischen Packard. Er nimmt sie mit zu allen seinen Rennen, in die besten internationalen Hotels. Und wenn sie einmal nicht zusammen sind, dann schickt er Telegramme, Eilbriefe, telefoniert täglich zweimal, dreimal mit ihr.

Es ist keine Liebe mehr. Es ist eine alles zerstörende Leidenschaft, die seine Karriere vernichten wird.

Doch darüber wird später noch zu berichten sein ...

*

Nicht nur die Auto-Union hat ihr »italienisches Problem«. Uns geht es nicht viel besser. Was Varzi für die Konkurrenz ist, das ist Luigi Fagioli für uns. Während zwischen Varzi und Stuck auf der einen Seite offene Rivalität aufflackert, gibt es bei uns ein internes Duell zwischen Fagioli und Caracciola.

Für Caracciola läßt sich das Jahr 1935 recht gut an. Er gewinnt den Großen Preis von Tripolis, er siegt im Eifelrennen und holt sich die Siegprämie von 100 000 Franken im Großen Preis von Frankreich.

Fagioli versucht es ihm gleichzutun. Er siegt in Monaco und auf der Avus und schnappt im Großen Preis von Spanien in Barcelona Rudi den Sieg vor der Nase weg.

Sie sind zwei Fahrer und zwei Welten: auf der einen Seite Fagioli: heißblütig und unbeherrscht, auf der anderen Caracciola: still, beherrscht und diszipliniert.

Luigi ist ein großer Fahrer – aber er will von Stalldisziplin nichts wissen. Er kümmert sich den Teufel um meine Anweisungen und Zeichen, er mißachtet meine beiden Grundregeln:

1. Jeder fährt in Kenntnis seiner Maschine und Fähigkeiten vom Start weg so schnell er kann. Kein Überdrehen der Motoren, kein Verausgaben der Kräfte schon in den ersten Runden.

2. Der Fahrer, der auf diese Weise als erster einen Vorsprung von einer Minute vor der Konkurrenz errungen hat, darf von den eigenen Stallgefährten nicht mehr angegriffen werden. Er hat sich das Recht auf den Sieg erworben.

Luigi Fagioli fährt auf Abwarten. Er läßt andere die Kastanien aus dem Feuer

holen und die Konkurrenz niederkämpfen. Er wartet, bis ich das Beruhigungszeichen gebe. Dann greift er an, dann schießt er an dem entsprechend meinem Zeichen »regelmäßig« fahrenden Caratsch vorbei und – stiehlt ihm den Sieg.
So ist es in Barcelona und vielen anderen Rennen. Ich nehme Luigi ins Gebet.
»Signor Neubauer«, sagt er. »Ich glaube, Sie wollen nicht, daß ich siege – weil ich Italiener bin . . .«
»Unsinn«, sage ich. »Mir ist jeder lieb, der etwas kann. Ich frage nicht nach Paß oder Taufschein. Aber – ich verlange Disziplin!«
Luigi gelobt Besserung. Aber ich traue dem Frieden nicht. Ich muß einen Trick ersinnen, um den Italiener zu überlisten. Das geschieht beim Großen Preis der Schweiz in Bern.
Nach der offiziellen Fahrerbesprechung nehme ich Rudi Caracciola noch einmal beiseite. »Hören Sie, Rudi – wenn Fagioli Sie wieder angreifen sollte, nachdem ich das Beruhigungszeichen gegeben habe, dann werde ich Ihnen in jeder Runde den Abstand zwischen Ihren beiden Wagen anzeigen. Sie können sich danach richten – und sind vor einem Überraschungsangriff sicher.«
Am Sonntag, dem 25. August 1935, regnet es in Strömen. So ist es Tradition in Bern. So ist es ganz nach Rudis Geschmack.
70 Runden lang führt Caracciola. Als ich das »Beruhigungszeichen« gebe – da greift prompt Fagioli an, der sich an die zweite Stelle geschoben hat. Ich aber zeige Rudi den Abstand zu dem Italiener an. Und so sehr Luigi sich bemüht – er kommt keinen Zentimeter näher an Caratsch heran, der seinen Sieg nach Hause fährt . . .
Vor diesem Rennen, beim Training, hat es einen Sturz gegeben, den ich mein Lebtag nicht vergessen werde. Da rast Hanns Geier, unser Reservefahrer, an den Tribünen und den Boxen vorbei in die langgestreckte Kurve. Plötzlich rutscht das Heck seines Wagens seitlich weg, wirbelt um die eigene Achse, kommt von der Bahn und knallt krachend gegen einen Baum.
Unser Rennarzt Dr. Gläser läuft mit seinem Köfferchen quer über die Bahn. Warum er nur so rennt, denke ich. Da kommt doch jede Hilfe zu spät. Einen solchen Sturz überlebt kein Mensch . . .
Dr. Gläser findet den armen zerschundenen Körper vierzig Meter weiter. Geier ist hochgeschleudert worden, wieder aufgeprallt, noch einmal durch die Luft geflogen, gegen den Kotflügel eines parkenden Wagens geknallt, hat den Rückspiegel eines zweiten abgerissen – und ist unter der Hinterachse eines dritten Autos gelandet. Aber er ist nicht tot! Schwerer Kieferbruch und zwei angeknackte Rückenwirbel, lautet die Diagnose. Der Hanns wird weiterleben.

*

Das Jahr 1935 wird ein Triumph für Mercedes-Benz. Wir erobern fünf der sieben klassischen Grand Prix-Rennen Europas. Und vier dieser fünf Siege erkämpft Rudolf Caracciola. Er wird Europameister 1935.
Einer aber resigniert. Es ist Luigi Fagioli. Er kann es Rudi nicht verzeihen, daß er der Stärkere, der Schnellere, der Bessere ist.

Fagioli trennt sich von Mercedes-Benz. Er geht zur Auto-Union. Und schon bei seinem ersten Rennen auf dem Porsche-Wagen trifft er auf seinen Gegner Rudolf Caracciola. In Tripolis 1937 liefern sich die beiden Rivalen ein rundenlanges Duell. Mal führt Rudi, mal Luigi. Sie vergessen das ganze Rennen über diesem privaten Kampf. Fagioli wird Fünfter, Caratsch gar nur Sechster.
Nach dem Sieg sitzen wir in der Box. Rudi hockt erschöpft in einer Ecke. Plötzlich höre ich wildes Fluchen von nebenan. Da kommt auch schon ein Hüne im blauen Overall angerannt, schwitzend, mit wutverzerrtem Gesicht. Er schwingt drohend einen schweren Kupferhammer in der Hand – Fagioli.
»Wo ist Caracciola?« brüllt er in rasendem Zorn. »Dieses Schwein hat mich behindert . . . !«
Er hebt den Hammer, . . .
»Rudi!« schreie ich. »Achtung!«
Blitzschnell hat Rudi sich gebückt, und schon zischt der schwere Hammer an seinem Kopf vorbei. Zwei Zentimeter tiefer . . . und Rudi wäre ein toter Mann.
Sekunden später stürzen wir uns auf den rasenden Fagioli. Ich packe seine Rechte, auch Sebastian von der Auto-Union ist heran, hängt sich an seinen linken Arm. Noch einmal bäumt sich Fagioli auf, . . . dann sackt er zusammen, läßt sich willenlos abführen.
Fagioli verschwindet von den Rennbahnen Europas nach jenem Hammerwurf von Tripolis. Es kommt der Krieg. Es kommt die Zeit der Not. Und eines Tages gibt es wieder Rennen. Da steht auch ein gewisser Luigi Fagioli wieder mit am Start. Nach zwölfjähriger Pause setzt er sich wieder an das Steuer eines Rennwagens. Mit 52 Jahren ist er weit über das normale Alter eines aktiven Rennfahrers hinaus.
Aber Fagioli fährt und – siegt. Bei den 1000 Meilen von Brescia 1952 trifft er noch einmal auf seinen alten Rivalen Rudolf Caracciola. Wieder gibt es einen heißen Kampf – und diesmal gelingt Luigi die späte Revanche. Er hält den 3. Platz – vor Caracciola.
Nach dem Rennen begrüßen wir uns herzlich.
»Signor Neubauer«, sagt er. »Ich möchte mich bei Ihnen noch einmal entschuldigen . . . damals, wegen der Sache in Tripolis . . . Ich hatte mich sehr schlecht benommen.«
Ich drücke seine Hand. »Kein Wort darüber, Luigi. Die Sache ist schon längst vergessen . . .«
Ich sehe, wie er mit sehnsüchtigen Augen über die glitzernden Linien unserer Wagen blickt.
»Es war eine schöne Zeit, mit Mercedes«, sagte er. »Trotz allem . . . und ich wünschte, ich könnte noch einmal am Steuer eines solchen Wagens sitzen . . .«
»Warum nicht?«, sage ich, ohne lange zu überlegen. »Wir könnten gern eine Probefahrt arrangieren.«
Es kommt nicht mehr dazu.
Acht Tage später – beim Training zum Großen Preis von Monaco – prallt

Luigi Fagioli mit seinem Lancia-Wagen in der berüchtigten Tunnel-Kurve gegen den Felsen. Drei Wochen kämpft der Hüne aus den Abruzzen um sein Leben. Dann schließt er seine Augen für immer.

EIN NEUER STERN

Im Jahre 1935 erringt Rudi Caracciola die Europameisterschaft der Formel I-Klasse. Aber schon taucht ein neuer Rivale auf, ein junger Mann, mit blitzenden Augen, und blondem Haar: Bernd Rosemeyer.

Ich muß ein wenig zurückblenden, um Ihnen zu berichten, wie dieses einmalige Talent unter den Rennsportlern der Welt seinen Weg machte:

1934 ist Bernd Werkfahrer bei der Motorradmannschaft von DKW, das zur gleichen Auto-Union gehört, die auch die neuen Rennwagen baut. Beim Eilenriede-Rennen in Hannover erkämpft er sich einen ehrenvollen zweiten Platz.

Im November 1934 erhält eine Handvoll junger Rennfahrer eine Einladung von der Auto-Union zu Nachwuchsprüfungen auf dem Nürburgring. »Overall, Brille, Handschuhe und Rennhaube sind mitzubringen«, steht in den Briefen.

Die eingeladenen Fahrer erscheinen pünktlich im vorschriftsmäßigen Dreß. Nur einer kommt einen vollen Tag zu spät – in einem blauen Sonntagsanzug. Ohne Brille, ohne Haube, ohne Overall und Handschuhe: Bernd Rosemeyer.

Bernd fährt also im Sonntagsanzug los. Er schleudert um die Kurven, daß es Rennleiter Walb und Sebastian angst und bange wird. Aber als Walb auf die Stoppuhr sieht, pfeift er durch die Zähne: 11 Minuten und 20 Sekunden. Das ist für einen Anfänger eine großartige Zeit.

Rosemeyer erhält auf Anhieb einen Jahresvertrag.

Ein paar Monate später sind die Vorbereitungen zum großen Avus-Rennen 1935 in vollem Gange. Willy Walb sitzt in seinem Büro in Zwickau und teilt die Fahrer ein: Stuck ... Momberger ... Varzi ... aber keinen Rosemeyer.

Bernd stürmt zu Walb. »Und ich? Was ist mit mir? Ich denke, ich sollte dieses Jahr meine Chance bekommen?«

»Was Sie denken, ist mir egal«, sagt Walb. »Ich will nicht die Verantwortung übernehmen, wenn Sie sich das Genick brechen. Die Avus ist nichts für Grünhörner.«

Aber Bernd gibt nicht auf. Als Willy Walb am nächsten Morgen auf seinen Kalender sieht, stutzt er. Da steht mit steilen Buchstaben und Rotstift hingekrakelt: »Noch 20 Tage bis zum Avus-Rennen. Wird Rosemeyer starten?« Und so geht es weiter, Tag für Tag: »Noch 19 Tage ... noch 18 Tage ...« Und dahinter immer wieder die Frage: »Wird Bernd Rosemeyer starten?« Erst ist Walb wütend. Aber dann muß er lachen. Und endlich, wenige Tage vor dem Rennen, reißt ihm die Geduld. Er nimmt einen Rotstift in die Hand und schreibt hinter Bernds Frage nur ein Wort: »Ja!«

Rosemeyer hält sich glänzend. Doch in der vierten Runde, gerade als er durch die Nordkurve fegt, gibt es einen scharfen Knall. Der Protektor an seinem

Hinterreifen fliegt weg! Die meisten Kraftfahrer sind schon verkauft und verraten, wenn nur bei 80 km/h ein Reifen platzt. Bernd Rosemeyer aber fährt in diesem Augenblick 180 Stundenkilometer. Doch er fängt den schleudernden Wagen ab und bringt ihn sicher zum Stehen, als sei das die selbstverständlichste Sache der Welt.
Das Rennen ist verloren. Doch Rennleiter Walb sagt kein Wort des Tadels. Sogar Dr. Porsche unterdrückt seinen Ärger, ja, er klopft Bernd sogar auf die Schulter. Wie der Junge den schweren Wagen in dieser gefährlichen Situation beherscht hat – das war eine Meisterleistung.
Bald darauf bekomme auch ich das großartige Können dieses Nachwuchstalents zu spüren . . .

*

Über die Eifel und am Nürburgring weht am 16. Juni 1935 ein kalter Wind. Meine Hände an den Stoppuhren sind klamm. Es ist wie im April, nicht wie im Juni.
In den Wäldern ringsum wimmelt es von Menschen. Mit Sonderzügen, Omnibussen, Lastwagen und auf Motorrädern sind sie gekommen, aus Köln und aus dem Ruhrgebiet, aus München, Hamburg und Berlin. Es mögen 200 000 Zuschauer sein, die Kopf an Kopf die Strecke säumen. Schon nachts hat der Anmarsch begonnen. Zehntausende haben im Freien kampiert. In Zelten, in Autos, auf dem nackten Boden, in Decken gehüllt, fröstelnd um Lagerfeuer gedrängt, nur um sich rechtzeitig die besten Plätze zu sichern: am Karussell, am Flugplatz, am Schwalbenschwanz.
Ganz Deutschland ist vom Rennfieber gepackt. An den Lautsprechern daheim sitzen die Menschen und warten gespannt auf die Berichte, die laufend vom Stand des Rennens in das Programm der Sender eingeblendet werden. Und die Zuschauermassen kommen an diesem Junitag auf ihre Kosten.
Das Rennen ist in vollem Gang. Elfmal jagen die Wagen um den Nürburgring, elfmal 22,81 Kilometer. Undm in jeder Runde lauern Tod und Gefahr.
Bei diesem Eifelrennen des Jahres 1935 liegt eine Sensation in der Luft. Keiner der Favoriten hält die Spitze, weder der Altmeister Caracciola noch der verwegene Manfred von Brauchitsch. Kein Stuck, kein Chiron und auch kein Nuvolari. An der Spitze kurvt ganz dreist ein junger, fast unbekannter Mann. Er fährt, als hätte er das Einmaleins des Rennfahrens mit der Muttermilch eingesogen. Sein Auto-Union-Heckwagen schleudert um die Kehren, daß einem angst und bange werden kann.
Ich bin mir noch nicht ganz klar: ist das nun bodenloser Leichtsinn oder Mut oder der Ausbruch eines Naturtalents? Der Name dieses Mannes ist auch unter den Fachleuten kaum ein Begriff. Selbst seine Stallgefährten von der Auto-Union hätten keinen Pfennig auf ihn gewettet. Aus lauter Gnade und Barmherzigkeit hat man ihm überhaupt einen Wagen anvertraut. Und nun fährt er allen auf und davon. Er heißt Bernd Rosemeyer.
Noch vier Runden sind zu fahren. Immer noch führt Bernd Rosemeyer. Caracciola liegt an zweiter Stelle, rund dreihundert Meter zurück. Ich komme mir

vor wie ein Signalmast der S-Bahn in der Hauptverkehrszeit, so muß ich Signale geben und Fähnchen schwenken.
»Schneller!« befehle ich. »Noch ein Zahn mehr!«
Aber Caracciola fährt seinen Stiefel weiter, als gäbe es keinen Neubauer weit und breit. Er kommt nicht an Rosemeyer vorbei. Er versucht's nicht einmal.
Caracciola sieht den silbernen Wagen vor sich dahinrasen. Er sieht, wie Rosemeyer tollkühn durch die Kurven schlenkert, wie er das Heck mit dem schweren Motor fast rechtwinklig herumreißt. Bernd Rosemeyer geht mit dem Wagen um, als wäre es ein Motorrad. Fast in jeder Biegung rutscht ein Rad über den Straßenrand hinaus.
Caracciola denkt, dieser Junge kann fahren! Der hat's in den Fingerspitzen! Den muß ich mir genau besehen. Und Caracciola läßt keine Sekunde lang seinen Gegner aus den Augen. Er studiert seine Fahrweise genau. Wo Rosemeyer das Gas wegnimmt, wo er bremst, schaltet und beschleunigt.
Dieses Studium des Gegners, während man selbst auch noch an sein eigenes Fahren denken muß, verlangt eine geradezu unmenschliche Konzentrationsfähigkeit. Aber Caracciola macht das Runde um Runde. In einer der letzten Runden ist es soweit: Caracciola kennt jetzt jedes kleinste Detail von Rosemeyers Fahrweise.
Während ich an der Boxe verzweifelt bin, daß Rudi so gar nicht auf meine Zeichen zu reagieren scheint, hat er in Wirklichkeit etwas entdeckt, was mehr wert ist als hundert zusätzliche Pferdestärken im Motor seines Wagens: nämlich, daß es auf der ganzen Strecke des Nürburgringes nur eine einzige Stelle gibt, an der sein junger Gegner einen Fehler macht, eine Stelle, an der Rosemeyer einzuholen ist. Und diese Stelle liegt keine zwei Kilometer vor »Start und Ziel«.
Noch zwei Runden sind zu fahren. Caracciola wartet auf seine Chance. Kühl, eiskalt, wie ein Pokerspieler mit undurchdringlichem Gesicht.
Die letzte Runde: Über den Lautsprecher kommen heiser vor Erregung die Stimmen der Rundfunkreporter an den verschiedenen Kurven der Strecke:
»Adenauer Forst: Rosemeyer führt 250 Meter vor Caracciola ... Ich übergebe meinem Kollegen am Kesselchen ...«
»Hier Kesselchen: Caracciola noch 180 Meter hinter Rosemeyer ... Ich rufe das Karussell ...«
»Hier Karussell: Rosemeyer führt noch mit 50 Meter Vorsprung ...«
Millionen in Deutschland, in Europa, sitzen vor ihren Rundfunkgeräten. Am Anfang haben sie manchmal vielleicht nur mit halbem Ohr der Übertragung des Rennens zugehört, jetzt aber, in den letzten Runden, vergessen sie, ihren Kaffee zu trinken oder an den Zigaretten zu ziehen. Mäuschenstill ist es plötzlich in allen Stuben. Was geht vor sich? Rosemeyer führte bisher unangefochten, und jetzt kommt plötzlich der Caratsch auf ...
Vor der Antonius-Buche, vor der letzten Kurve, bevor es in die große Zielgerade geht, liegt Rosemeyer immer noch vorn.
Die Zuschauer rasen vor Begeisterung. Ein krasser Außenseiter wird gewinnen. Und Bernd, der blonde Junge, lacht jetzt schon über das ganze staubverkrustete Gesicht. Er winkt den Menschen zu, er fährt mit einer Hand.

Dramatischer Zwischenfall beim Großen Preis von Deutschland 1938. Der Wagen von Brauchitsch gerät in Brand. Neubauer rennt mit einer Decke herbei, um die Flammen zu ersticken (rechts, ohne Hut).

Sekunden später. Schaumlöscher haben die Flammen erstickt. Gleich wird Brauchitsch weiterfahren.

Großer Preis von Deutschland 1938. Neubauer gibt Anweisungen an Brauchitsch (nach dem Brand).

Warte, denkt Caracciola hinter ihm. Warte nur, mein Junge, die Trauben hängen höher, als du glaubst: Jetzt kommt deine schwache Stelle!
Und dann ist Rudolf Caracciola ein Bündel reinster Konzentration. Er verwächst geradezu mit seinem Wagen. Er schießt in die letzte Kurve, läßt den vierten Gang Sekunden länger drin als Bernd Rosemeyer, der bereits wieder auf den fünften Gang geschaltet hat – der Fehler, den Caracciola entdeckt hatte. Und Caracciola drückt das Gaspedal noch tiefer, wie wütend brummt der Motor auf, der Tourenzähler zittert über den roten Warnungsstrich. Fast sprungweise schiebt sich der Mercedes näher und näher an Bernds Auto-Union-Wagen heran.
Wir an den Boxen wissen nichts von Caracciolas Manöver. Und die Zuschauer auf der Start- und Zieltribüne stehen auf. Die letzte Meldung von der Strecke lautete: »Rosemeyer zwanzig Meter vor Caracciola ...«
Drüben, an der Box der Auto-Union, bereitet man sich schon auf die Siegesfeier vor. Ich sehe keine Chance mehr, daß Caracciola Rosemeyer noch erwischt.
Jetzt hört man die beiden Wagen heranorgeln, von der Nürburg her. Zehntausend Hälse recken sich. Gleich müssen sie erscheinen.
»Herr Neubauer!« Der lange Monteur Zimmer packt mich am Arm, daß ich blaue Flecken krieg, und zeigt auf die Strecke – dorthin, wo jetzt zwei silberne Pfeile heranzischen.
Ich gucke einmal, gucke zweimal – dann reiß ich mir den Hut vom Kopf und schleudere ihn mit wildem Gebrüll vor den Wagen, der da mit 260 Sachen als erster über die Ziellinie braust: Rudolf Caracciola auf Mercedes-Benz vor Bernd Rosemeyer auf Auto-Union!
In der allerletzten Kurve, auf den letzten paar hundert Metern hat Caracciola seinen jungen Gegner abgefangen. Viel zu spät hat der blonde Bernd den Angriff des alten Rennfuchses erkannt, zu spät, um ihn abwehren zu können.
Bernd stehen Tränen in den Augen, als er Minuten danach Caratsch zu seinem Siege gratuliert.
Später, bei der Siegesfeier geht Caracciola zu Bernd an den Tisch. »Gut gemacht, mein Lieber«, sagt Caracciola. »Du mußt in Zukunft aber nicht nur auf der Strecke herumquirlen, sondern auch mit Köpfchen fahren.« Und dann drückt Caracciola dem verblüfften Bernd zur Erinnerung einen kleinen Sektquirl in die Hand.
Ich habe Bernd Rosemeyer in den nächsten zwei Jahren stets nur mit diesem Quirl im Knopfloch seines Rockaufschlages gesehen.

*

Damals auf der Eifel hab' ich zum erstenmal einen Vorgeschmack von jener Suppe bekommen, die uns Bernd Rosemeyer später noch so oft einbrocken sollte, denn dieser Tausendsassa brachte ein Kunststück fertig, das ihm bis heute noch keiner nachgemacht hat: Vom Motorrad wechselte er auf den Rennwagen über, fuhr ein paar wenige Trainingsrunden, holte sich ein paar Tips von Meister Hans Stuck, dann gab er Gas und – gewann.

Rosemeyers werden nur alle Jubeljahre geboren. Man kann sie nicht nachmachen, man kann sich an ihnen auch kein Beispiel nehmen. Entweder man ist es – oder man ist es nicht.

Seinem Husarenritt auf der Eifel im Juni 1935 folgt allerdings zunächst kein zweiter. Caracciola fährt im gleichen Jahr vor dem jungen Bernd unbehelligt seiner Europameisterschaft entgegen. Er kassiert die Großen Preise am laufenden Band: Frankreich, Belgien, Schweiz, Spanien. Aber Bernd Rosemeyer taucht immer häufiger unter den ersten dreien auf. Fürs nächste Jahr mache ich mich auf manchen harten Strauß gefaßt. Doch der Kampf beginnt schon früher, schon im Herbst 1935, beim letzten Rennen des Jahres.

Es ist in Brünn, beim Rennen um den Masaryk-Preis. Wir von Mercedes fahren gar nicht hin. Caratsch hat seine Europameisterschaft längst in der Tasche. Zehn Starts und neun Siege kann unsere Firma in diesem Jahr für sich verbuchen. Die Auto-Union steht allein gegen die Alfas, Bugattis und Maseratis der Italiener und Franzosen. Hans Stuck, der Spitzenfahrer, ist heißer Favorit.

Aber ein kleiner, harmloser Spatz ist daran schuld, daß es mit Hänschens Siegeslorbeer diesmal nichts ist. Der arme Vogel ist gerade dabei, am Rand der Straße ein paar Körnchen aufzupicken, als Hans Stuck mit 200 Sachen heranfegt. Der Spatz hat wenig Erfahrung mit Rennwagen. Er unterschätzt erheblich die Geschwindigkeit. Als er aufflattert, ist es schon zu spät. Er knallt gegen Stucks Brille. Und weil man mit Glassplittern im Auge kaum noch gewinnen kann, fährt Hans Stuck gleich von der Strecke weg nach Hause zum Arzt.

Das Rennen gewinnt der junge Bernd Rosemeyer in Rekordzeit. Während man ihm den Lorbeerkranz um den Hals legt, tritt plötzlich eine schlanke Frau mit gebräuntem Gesicht vor ihm ins Scheinwerferlicht der Öffentlichkeit.

Diese Frau hat mit einer winzigen Sportmaschine die Welt umflogen, hat einen Rundflug um Afrika gemacht und um Nordamerika. Reichspräsident von Hindenburg hat sie empfangen, und ihr Bild, ihr Name, ihre Reiseberichte stehen schon seit Jahren in vielen Zeitungen. Sie heißt Elly Beinhorn.

Der Pressechef der Auto-Union, Dr. Micheler, hat den nötigen Sinn für Publikumswirkung. Er überredet die prominente Elly, die eigentlich für Hans Stuck die Daumen gedrückt hatte, dem unbekannten Herrn Rosemeyer zu seinem Sieg zu gratulieren.

Bernd strahlt vor Glück. Und wer genau hinsieht, der entdeckt manchmal einen Seitenblick, den der junge Sieger auf die berühmte Frau neben sich wirft. Aber Elly nimmt davon keine Notiz.

Plötzlich sprudelt Bernd heraus: »Übrigens ich wollte Sie schon immer um ein Autogramm bitten. Mit Foto, versteht sich. Nicht wahr, ich darf's mir doch in Berlin bei Ihnen abholen? Bitte, bitte!«

»Ja«, sagt Elly, ohne sich dabei etwas zu denken. »Ja, natürlich . . .«

Die Siegesfeier findet im Hause von Fritz von Rohrer statt. Er ist Besitzer der größten böhmischen Zeitung und ein bekannter Davis-Pokal-Spieler. Alle Rennfahrer sind versammelt und viele Herren und Damen aus dem böhmischen Adel: die Dietrichsteins und die Lobkowicz', die Fürstenbergs und die Kinskys.

»Einen Ehrentanz für den Sieger im Rennen«, ruft Fritz von Rohrer.
Bernd steht auf – verbeugt sich vor Elly. »Darf ich bitten, Fräulein Beinhorn?«
Sie tanzen einen Walzer. Sie tanzen noch oft an diesem Abend. Elly läßt es sich gefallen, daß Bernd den Platz an ihrer Seite dauernd in Beschlag nimmt. Sie hört sein eifriges Plaudern. Und sie bemerkt halb spöttisch, halb amüsiert, wie der junge Sieger an einer – Orangenlimonade nippt.
Pünktlich um elf erhebt sich Bernd. »Zeit für mich, in die Falle zu gehen«, sagt er und beugt sich galant über ihre Hand. »Auf Wiedersehen – in Berlin.«
Als sie am nächsten Tag mit ihrer Sportmaschine nach Berlin zurückfliegt, wird sie von Dr. Gläser, dem Rennarzt, begleitet. Und während sie über dem Erzgebirge schaukeln, meint der Arzt unvermittelt: »Na, Fräulein Beinhorn, haben Sie gestern eigentlich bemerkt, wie sehr der junge Rosemeyer sich für Sie interessiert hat?«
»So –?« entfährt es Elly. Und dann, als fürchte sie, der Ton in ihrer Stimme könnte irgendein verborgenes Interesse verraten haben, meint sie sarkastisch: »Mein lieber Doktor, wo denken Sie denn hin! Schließlich habe ich nicht die Absicht, einen Kindergarten aufzumachen ...«
Elly hat Bernd schon halb vergessen, als er eines Tages vor ihrer Wohnungstür am Berliner Kaiserdamm steht. »Da bin ich«, sagt er vergnügt. »Ich wollte mir das versprochene Foto abholen!«
Elly hatte an diesem Nachmittag etwas ganz anderes vor. Aber dann siegt ihre Gutmütigkeit: »Wenn Sie schon mal da sind – kommen Sie halt rein.«
Nach einer halben Stunde wird die Unterhaltung stockend. Elly sucht krampfhaft nach Gesprächsstoff, der einen jungen Nachwuchs-Rennfahrer interessieren könnte. Und weil ihr gar nichts besseres einfallen will, schlägt sie vor, ein Wettschießen mit dem Kleinkalibergewehr zu veranstalten.
»Prima!« meint Bernd, und fünf Minuten später ist in dem kleinen Appartement das reinste Schützenfest im Gange. Da ergibt es sich dann, daß Bernd – ein ganz moderne Amor – statt mit Pfeil und Bogen sozusagen mit dem Schießgewehr einen symbolischen Volltreffer im Herzen der Elly Beinhorn erzielt ...
Bei der Knallerei geht auch der bleierne Kugelfang im Korridor in die Brüche. Ein Grund für Bernd, am nächsten Tag erneut bei Elly zu erscheinen. Als erstes Gastgeschenk hält er statt Blumen einen – Lötkolben in der Hand und beginnt sofort, den vertrackten Kugelfang zu reparieren.
Bernds 5-Liter-Horch steht in diesen Wochen oft vor dem weißen Appartement-Haus am Kaiserdamm.
Aber schließlich muß Bernd zurück nach Zwickau zur Auto-Union, und Elly geht auf eine Vortragsreise. Eines Tages führt diese Tournee Elly auch nach Zwickau. Bernd erfährt davon. Er überredet Sebastian, ihn zu dem Vortragsabend zu begleiten.
»Hm«, brummt Sebastian. »Findest du das wirklich so interessant?«
»Den Vortrag nicht«, sagt Bernd. »Aber – die Frau. Ich habe nämlich vor, diese Frau zu heiraten. Sie weiß allerdings noch nichts von ihrem Glück ...«
Als Elly an diesem Abend ihren Vortrag beginnen will, verliert sie einen Au-

genblick den Faden. Sie verspricht sich, stottert ein wenig, verhaspelt sich erneut – und muß noch einmal von vorn anfangen. Und das hat seinen guten Grund: Dort unten, in der ersten Reihe, sitzt ein junger Mann im dunklen Anzug und mit blondem Haar und feixt vergnügt zu ihr herauf. Er macht Zeichen, er winkt, schneidet Grimassen – Bernd Rosemeyer.
So ergeht es ihr überall in Sachsen, wo sie spricht: in Leipzig, Chemnitz, Dresden ... stets sitzt Bernd Rosemeyer in der ersten Reihe und hört andächtig zu.
Es kommt der Tag, an dem Elly die Waffen streckt. Sie läßt es zu, daß Bernd sie an einem Abend in seinem todschicken Horch zurück nach Zwickau fährt, in ihr Hotel. Es ist wie in einem kitschigen Roman, denkt sie unterwegs. Fehlt nur noch, daß wir eine »Panne« haben und er versucht, mich zu küssen ... Aber Bernd hat keine Panne. Er sagt nur ganz unvermittelt: »Ich möchte immer weiter so mit dir fahren ...«

RAUSCHGIFT

Das erste Rennen der Saison 1936, das Hexenkarussell von Monaco, liegt hinter uns. Caracciola hat gesiegt. Hinter ihm hat es einen erbitterten Kampf um den zweiten Platz zwischen Varzi und Stuck gegeben. Varzi hat ihn für sich entschieden. Jetzt geht es nach Tripolis, zum Millionenrennen rings um den Salzsee El Mellaha. In Tripolis begegnen sich zwei Kontinente: Auf der einen Seite breite Boulevards, Kinos, Kaffeehäuser, die blendend weißen Fassaden italienischer Verwaltungsbauten. Auf der anderen Seite die schattigen Bazare im Eingeborenenviertel, der Geruch von Garküchen und überreifen Melonen, das Lärmen der Verkäufer, der eintönige Singsang der Muezzins von den Zinnen der Minaretts, das Wiehern der Mulis vor den Karren der Dattelverkäufer. Am breiten Quai leuchtet die pompöse Kulisse des Hotels »Uaddan«, in orientalisierendem Stil erbaut, mit Rundbögen, zierlichen Säulen, mit Mosaikböden, endlosen, kühlen Korridoren und mit Springbrunnen auf den vier Lichthöfen: das Hauptquartier der Rennfahrer.
Der Große Preis von Tripolis 1936 wird ein Rennen zwischen Hans Stuck und Achille Varzi, den Rivalen.
Heute hat Hans Stuck seinen großen Tag. Heute fährt er allen davon – auch Achille Varzi. Heute straft er alle bösen Zungen Lügen, die behaupten, er gehöre bereits zum alten Eisen. Der lange Hans lacht und strahlt, wenn er mit 270 Sachen an den Boxen und der gewaltigen Betontribüne vorüberrauscht. Er freut sich schon auf Sieg und Festbankett.
Seit drei, vier Runden zeigt ihm Dr. Feuereissen immer wieder die grüne Flagge. Das heißt in der Geheimsprache der Auto-Union – die ich natürlich längst kenne – soviel wie »langsamer fahren«.
Aha, man will auf Nummer sicher gehen. Ich wundere mich nur über eins: Seit eben diesen drei, vier Runden ist Varzi immer näher an Stuck herangerückt, hat Meter um Meter, Sekunde um Sekunde aufgeholt.

Merkwürdig – warum gibt der neue Auto-Union-Rennleiter Dr. Feuereissen dem Hans Stuck keine Warnung?
Letzte Runde: tausend Meter vor dem Ziel zuckt der sorglos fahrende Stuck zusammen. In seinem Rückspiegel taucht die Schnauze eines silbergrauen Wagens auf, ganz dicht bereits, in einer Affenfahrt – Varzi!
Hans Stuck weiß sofort um seine aussichtslose Position. So schnell kann er den gedrosselt fahrenden Wagen nicht mehr auf Touren bringen, um den heranrasenden Gegner noch abzufangen ...
Achille Varzi geht zwei Zehntelsekunden vor Hans Stuck über das Ziel und gewinnt als erster Rennfahrer der Welt zum dritten Mal den Großen Preis von Tripolis.
Hans Stuck rollt langsam an die Boxen. Er ist bleich vor Zorn.
»Eine Gemeinheit!« zischt er, als sein alter Mechaniker Fritzel Matthey ihm aus dem Wagen hilft. »Dieser verdammte Italiener hat mir den Sieg glatt gestohlen!«
»Nein«, sagt Matthey. »Varzi kann nichts dafür.«
»Wieso? Er hat mich doch überholt – obwohl Feuereissen ›langsam‹ befohlen hatte!«
»Irrtum«, sagt Fritzel. »Ich hab's genau gesehen: Ihnen hat Dr. Feuereissen die grüne Flagge gezeigt, Varzi aber – rot!«
Rennleiter Dr. Feuereissen weicht verlegen dem Blick von Hans Stuck aus, als der ihn Minuten später zur Rede stellt. Er fingert umständlich nach einer Zigarette, bevor er antwortet.
»Mein lieber Stuck – das ist so eine Sache. Mir ist das alles höchst unangenehm. Aber ich hatte strikte Anweisungen ...«
»Von wem? Etwa von Korpsführer Hühnlein?«
»Ach wo – der hat doch nichts zu sagen.« Feuereissen blickt sich vorsichtig um. Es ist niemand in der Nähe. »Nein, Befehl von ganz oben. Ribbentrop und so – Sie verstehen? Es ist der Wunsch gewisser deutscher Stellen, daß bei Rennen in Italien nach Möglichkeit ein Italiener gewinnen soll – wenn schon ein deutscher Wagen in Führung liegt.«
Stuck schmettert das Steuerrad, das er immer noch in der Hand hält, zu Boden
»Also Schmieröl auf die Achse Rom–Berlin, pfui Teufel ...«
Am Abend sind wir zum Festbankett im Palast des Gouverneurs, Marschall Balbo, geladen. Es ist wie im Märchen aus Tausendundeiner Nacht. Kalkweiße maurische Fassaden, zierliche Zinnen, Torbögen und Pfeiler heben sich wie Filigran vom samtenen Sternenhimmel ab. Spiegelnde Marmorböden reflektieren das Licht von Fackeln und Kerzen. Im offenen Vorhof gibt es ein Schwimmbassin, von unsichtbaren Tiefstrahlern erleuchtet. In dem Becken schwimmen zehn, zwanzig Nymphen, prachtvoll gewachsene junge Mädchen, nackte Körper im hellgrünen Wasser. Araber auf ihren graziösen Schimmeln halten die Ehrenwache. In ihren Fäusten blitzen die geschliffenen Türkensäbel.
An der Hufeisentafel haben 150 Gäste Platz genommen: Rennfahrer, Direktoren der Automobilfirmen, dazu Diplomaten, Offiziere, Parteifunktionäre und ihre Damen – die Creme der jungen Kolonie.

Am Kopfende sitzt Marschall Balbo in Gala-Uniform, mit dem massigen Kopf eines römischen Condottiere. Er klopft an sein Glas. Das Stimmengewirr verebbt. Seine Stimme klingt weich und melodisch, als er sagt: »Ich trinke nun auf den Sieger dieses Tages!«
Er hebt sein Glas. Aber er trinkt nicht Varzi zu, der ihm gegenübersitzt, er neigt sich zu – Hans Stuck an seiner Rechten.
Die Stille ist peinlich. Ich sehe, wie es nervös in Varzis Gesicht zuckt, wie seine Hände den Sektkelch umkrampfen. Stuck räuspert sich verlegen.
»Herr Gouverneur ... das ist ein Irrtum ... der Sieger bin nicht ich ... er sitzt dort drüben!« Er deutet auf Varzi.
Balbo lächelt überlegen. Dann sagt er so laut, daß jeder es hören kann: »Mein lieber Herr Stuck, ich weiß genau, wer dieses Rennen gewonnen hat – und ich weiß auch, warum mein Landsmann, Signor Varzi, als erster durchs Ziel gehen mußte. Ich aber trinke auf den wahren Sieger von Tripolis ...«
Noch eine Sekunde lang ist alles still. Und in diese Stille hinein höre ich deutlich das Zerbrechen eines Glases.
Wenig später ist Achille Varzi verschwunden.
Wir feiern bis zum Morgengrauen. Es gibt Sekt und Gin und Whisky, es gibt feurigen italienischen Wein, soviel man will. Wir trinken und tanzen unter Palmen und Sternen. Und wir vergessen Zeiten und Stoppuhren, Rundenrekorde, Tabellen und Motorendonner.

*

Acht Tage sind seit dem Tag von Tripolis vergangen. Wieder dröhnen in Nordafrika die Motoren. Es geht um den Großen Preis von Tunis 1936.
Glühende Sonne knallt auf den Beton. Der Wind wirbelt den feinen Wüstensand auf, nimmt den Fahrern die Sicht, verursacht festgefressene Kolben, zerfetzte Reifen und brennende Vergaser. Von elf gestarteten Wagen liegen nur noch sechs im Rennen. Achille Varzi führt vor dem Nachwuchsfahrer der Auto-Union, Bernd Rosemeyer.
Varzi fährt wie ein Verrückter. Der gerissene Taktiker, der kühle Rechner ist wie verwandelt. Er, der sich stets zurückhält, der auf Abwarten fährt, braust vom Start weg an die Spitze. Er will gewinnen um jeden Preis. Er will die Schmach von Tripolis rächen.
Es ist in der 14. Runde. Varzi geht in eine weite Rechtskurve. Er nimmt den Fuß keinen Millimeter vom Gaspedal. Mit 220 Stundenkilometern jagt der »Silberfisch« dahin.
Plötzlich fegt eine Windbö vom Meer herüber. Sie trifft den Wagen mit voller Wucht und wirft ihn seitlich aus der Bahn. Verzweifelt steuert Varzi gegen, steigt in die Bremsen – vergebens: der Wagen schleudert, stellt sich quer, überschlägt sich und landet wieder auf allen vier Rädern. Er rollt aus und kommt mitten in einem Kakteenfeld zum Stehen.
Sekundenlang ist Varzi wie betäubt. Dann klettert er mühsam aus dem Sitz. Er taumelt. Sanitäter fangen ihn auf, legen ihn auf eine Bahre.

Der Rennarzt Dr. Gläser ist schon zur Stelle und untersucht Varzi. Er findet keine äußerlichen Verletzungen. Achille Varzi zittert am ganzen Körper, trotz der Hitze. Die Zigarette entgleitet seinen Fingern.
»Wohl ein Schock«, sagt Dr. Gläser zu Varzis Mechaniker Bignami. »Bringen Sie ihn ins Hotel. Ruhe ist jetzt die beste Therapie.«
In den folgenden Wochen geht eine auffällige Veränderung mit Varzi vor sich. Seine bisher markanten Züge wirken schlaff und aufgedunsen, das Haar hängt wirr in die Stirn, die Bügelfalte ist verschwunden. Manchmal sind sogar die Hemden des sonst so peniblen Mannes angeschmutzt.
Und allmählich verwandelt sich der große Schweiger in einen leeren Schwätzer. Er redet viel und redet Unsinn. Mal will er Mittelpunkt der Gesellschaft sein, dann wieder versinkt er in dumpfe Lethargie.
Was ist bloß in den Italiener gefahren? fragen alle, die ihn kennen. Starallüren, meinen die einen. Das liegt an dieser blonden Hexe, der Lil, behaupten die andern. Keiner kennt die Wahrheit.
Varzi fährt auch nicht mehr so beherrscht, so überlegt wie einst. Er ist unkonzentriert, fast gleichgültig. Dann wieder überfordert er den Motor und die Bremsen, Varzi wirkt überlastet und nervös.
Sein Stern verblaßt. Beim Großen Preis von Spanien fährt für den angeblich erkrankten Varzi der Nachwuchsfahrer Ernst von Delius. Beim Eifelrennen wird Varzi nur noch Siebenter. In Budapest langt es zu einem dritten Platz gegen schwache Konkurrenz. Beim Großen Preis von Deutschland heißt es: »Hasse startet für Varzi.« Bei der Coppa Ciano in Livorno gibt Varzi vorzeitig das Rennen auf.
Dann steht die Coppa Acerbo in Pescara bevor. Die schnelle, gefährliche Strecke ist wie geschaffen für einen Varzi. Schon zweimal hat er hier gesiegt. Zuletzt im vergangenen Jahr – vor Rosemeyer.
Es sind nur noch knappe acht Tage bis zum Rennen. Aber Varzi ist verschwunden. Er beantwortet keine Briefe, keine Telegramme, er läßt sich am Telefon verleugnen.
Rennleiter Dr. Feuereissen bittet den Rennarzt Dr. Jakob Gläser nach Zwickau, ins Hauptquartier der Auto-Union. »Lieber Doktor«, sagt Feuereissen, »Sie müssen uns helfen. Irgend etwas stimmt mit Varzi nicht. Fahren Sie zu ihm, untersuchen Sie ihn auf Herz und Nieren und berichten Sie uns, ob er überhaupt fahren kann.«
»Gut. Mache ich. Wo finde ich ihn?«
»Wenn ich das wüßte, wäre mir wohler. Spielen Sie ein wenig Detektiv. Sie haben alle Vollmachten. Nehmen Sie Flugzeug, Eisenbahn, Dampfer oder Wagen – auf unsere Kosten. Nur: finden Sie Varzi!«
Dr. Gläser ist mehr als ein Arzt, der nur gebrochene Beine schient oder Wunden versorgt. Er hat einen sechsten Sinn für Leiden, die nicht allein mit Pflastern oder Pillen zu heilen sind. Er schaut auch ein bißchen in die Seelen der Menschen, die er zu betreuen hat. So nimmt er den Auftrag Feuereissens an, weil er ahnt, einer menschlichen Tragödie auf der Spur zu sein, und hofft, helfen zu können.

Dr. Gläser fährt nach Galliate, zu Varzis Eltern. Der Vater zuckt die Achseln. »Achille hat sich seit Monaten nicht mehr bei uns sehen lassen. Versuchen Sie's doch in Mailand, in seiner Wohnung . . .«
Dr. Gläser fährt nach Mailand. Aber die Wohnung ist verschlossen, und niemand öffnet auf sein Klingeln.
Dr. Gläser fährt zu Signor Ricordi. Signor Ricordi ist italienischer Vertreter der Auto-Union und kennt auch den letzten Klatsch hinter den Kulissen der Rennen. Ricordi gibt Dr. Gläser einen Tip: »Achille könnte in Rom sein. Dort hat er sich kürzlich eine prächtige Villa gemietet . . .«
Dr. Gläser fährt nach Rom. Die Villa Francesco liegt hoch über der Ewigen Stadt. Sie hat schlanke Marmorsäulen, von Efeu umrankt, und eine große Terrasse, von der man in der Ferne das Meer erahnen kann.
Dr. Gläser findet Varzi in Begleitung dandyhaft gekleideter junger Männer vor. Er ist mit einem langen seidenen Morgenrock bekleidet und begrüßt den Arzt mit überschwenglicher Freundlichkeit.
Widerstrebend willigt er in eine gründliche Untersuchung ein.
Dr. Gläser hört Herz und Lunge ab, er mißt den Blutdruck, prüft die Reflexe, sucht nach Symptomen verborgener Krankheiten. »In Ordnung«, sagt er schließlich. »Organisch fehlt Ihnen nichts.«
Am gleichen Abend schreibt er seinen Bericht an die Auto-Union. Über den Inhalt dieses Berichts will Dr. Gläser auch heute, nach mehr als dreißig Jahren, nichts Näheres sagen. Andere aber erinnern sich noch von damals her, daß in diesem Untersuchungsbericht etwas von einer »seltsamen Wesensänderung« bei Varzi gestanden haben soll, einer Wandlung der Persönlichkeit Varzis, für die der Arzt vorläufig keine Erklärung habe . . .
Jedenfalls – Varzi startet in der Coppa Acerbo und wird nur Dritter in einem Rennen, das für ihn wie geschaffen ist, an dem sich außerdem keine nennenswerte Konkurrenz beteiligt. Und immer noch kann sich kein Mensch diesen seltsamen Abstieg des großartigen Fahrers, seine erschreckende Wesensänderung erklären . . .

*

Zwei Tage vor dem Großen Preis der Schweiz in Bern, am 22. August 1936, ist im Hotel Bellevue keine freie Badewanne mehr zu haben. Hier ist das Mekka der Rennfahrer aus Deutschland und Italien, aus Frankreich, England und den USA.
Für neun Uhr morgens ist der Beginn des Trainings angesetzt. Alle Fahrer der Auto-Union sind bereit: der neuaufgestiegene Stern am Rennfahrerhimmel, der blonde Bernd Rosemeyer, der erfahrene Meister Hans Stuck und das »Küken« der Mannschaft, der Sachse Rudi Hasse. Nur einer kommt fast eine volle Stunde zu spät, heiter, unbesorgt, als kümmere ihn das ganze Rennen nicht: Achille Varzi.
Mit einem Achselzucken wedelt er die Vorwürfe des Rennleiters Dr. Feuereissen beiseite. Gelassen steigt er in den Wagen, gelassen dreht er ein paar Trainingsrunden.

Kaum ist Varzi auf der Bahn, übergibt Dr. Feuereissen die Aufsicht an seinen Stellvertreter und läßt seinen Wagen kommen. »Zum Hotel Bellevue«, befiehlt er. »Aber schnell!«

Im Hotel Bellevue ist Dr. Feuereissen gut bekannt. Der Portier findet nichts dabei, als der Rennleiter der Auto-Union die Schlüssel zu Varzis Zimmer verlangt.

Dr. Feuereissen eilt hinauf, öffnet die Tür. Vor ihm steht eine junge, blonde Frau: Lil, Varzis ständige Begleiterin. Sie ist gerade dabei, Injektionsnadeln in einem Elektrokocher zu sterilisieren. Auf dem Nachttisch von Varzi liegt eine Ampulle: Morphium . . .! Das also ist die Erklärung für die seltsame Veränderung im Wesen des Italieners. Später wird es sich herausstellen: die hübsche Deutsche hat Varzi mit dem Rauschgift vertraut gemacht, dem sie selbst bereits verfallen war . . .

Als Varzi von dem Zwischenfall auf seinem Zimmer erfährt, packt ihn die kalte Wut. Er ist verärgert, weil man ihm »nachspioniert«. Und er ist entschlossen, zu beweisen, daß er noch immer der große Varzi ist – mit oder ohne Morphium.

Und er beweist es.

Das Rennen um den Großen Preis der Schweiz gewinnt Bernd Rosemeyer. Aber hinter ihm, fünfzig Sekunden zurück, fährt jetzt ein Mann, mit dem niemand mehr gerechnet hat. Er fährt mit zerquältem Gesicht, er kurbelt verwegen am Steuerrad, und er hält bis ins Ziel einen sicheren 2. Platz: Achille Varzi. Es ist ein letztes Aufflackern vor dem endgültigen Verlöschen.

*

Das Jahr 1936 geht zu Ende. Ich habe den Platz in der Rennbox wieder mit dem Schreibtischsessel in Untertürkheim vertauscht. Den Winter über muß die Rennabteilung umorganisiert werden. Die nächste Saison ist gründlich vorzubereiten. Die neuen Verträge mit den Fahrern werden ausgehandelt.

Ich höre, daß die Auto-Union künftig auf Achille Varzi verzichtet.

Jeder, der Augen hat zu sehen, sieht es – es geht bergab mit Achille Varzi. Nichts interessiert ihn mehr: Freunde, Familie, sein guter Ruf, der Ehrgeiz, der ihn einmal antrieb, zu einem der Großen der Rennbahn zu werden. Er ist dem Rauschgift – aber auch seiner blonden Lil – hemmungslos verfallen.

Er hat seine Mailänder Wohnung aufgegeben. Er hat für Lil und sich ein Appartement im Hotel »Cavour« gemietet. Hier empfängt er eines Morgens einen Brief von Signor Canestrini, dem großen alten Mann des italienischen Sports.

So lautet dieses Schreiben:

»Lieber Achille . . . machen Sie sich keine Illusionen. Der Weg, den Sie gewählt haben, ist ohne Ende, wenn man nicht sofort umkehrt.

Glauben Sie ernsthaft, daß eine Firma oder eine Renngemeinschaft Sie wieder als Fahrer verpflichten könnte – wenn man weiß, in welchem Zustand Sie augenblicklich leben?

Ich bitte Sie als Ihr Freund: vergessen Sie alles – ich meine wirklich: alles – und versuchen Sie, die alte Selbstbeherrschung und Selbstkontrolle wiederzufinden, die Sie verloren haben . . .«

Viele Wochen später geschieht etwas, wovon wir alle auch heute noch voller Verwunderung und Staunen sprechen – aber auch voller Achtung gegenüber einem Mann, der sich gegen sein selbstverschuldetes Schicksal auflehnte . . .

September 1937: In wenigen Tagen beginnt das Training zum Großen Preis von Italien. Die Rennmannschaft der Auto-Union hat in Livorno Quartier gemacht. Dr. Feuereissen sitzt gerade mit Bernd Rosemeyer im Hotel, als Varzi sich melden läßt.

»Achille Varzi«, murmelt Rosemeyer. »Die Toten stehen wieder auf . . .«

Dieser Varzi, der ihnen gleich darauf gegenübersteht, ist sichtlich gealtert. Seine Haare sind grau geworden, durch sein Gesicht ziehen sich jetzt tiefe Falten. Aber seine Bewegungen sind souverän wie einst.

Man spricht über dies und das. Und plötzlich läßt Varzi die Katze aus dem Sack: Er berichtet von der freiwilligen Entziehungskur, die er hinter sich hat. Er sagt, daß er sich von Lil getrennt hat – von Lil, die sich in einer Schweizer Klinik aufhält. Er entschuldigt sich für den Ärger, den er einst Dr. Feuereissen gemacht hat. Und er bittet ihn: »Vertrauen Sie mir noch einmal einen Wagen an, Dottore!«

Der Rennleiter ist skeptisch. Immerhin ist Varzi ein volles Jahr kein Rennen mehr gefahren. Ob man ihm da gleich einen Grand Prix-Wagen überlassen kann?

Varzi hebt beschwörend die Hände: »Gewiß doch, Dottore. Vor zwei Wochen bin ich in einem kleinen Rennen gefahren, um den Gran Premio die San Remo. Und ich habe gesiegt. Ich bin wieder in Form. Bitte – helfen Sie mir!«

Jetzt mischt sich auch Bernd Rosemeyer ein. Er ist zwar ein alter Rivale des Italieners, aber er empfindet eine ehrliche Sympathie für diesen Mann, dessen Fahrstil dem seinen so auffallend ähnelt. Er legt ein gutes Wort für Varzi ein. Und schließlich gibt Dr. Feuereissen zögernd seine Zustimmung.

Am gleichen Tage unterzeichnet Achille Varzi einen Vertrag, der ihn verpflichtet, in den letzten drei Rennen der Saison 1937 für die Auto-Union zu starten: in Livorno beim Großen Preis von Italien, in Brünn auf dem Masaryk-Ring und in England beim Donington-Park-Rennen.

Das Training für den Großen Preis von Italien in Livorno bringt eine Sensation: Achille Varzi, dem man keinen Wagen mehr anvertrauen wollte, fährt eine Rekordrunde nach der anderen. Er fährt schneller als Stuck, von Brauchitsch, Lang, Nuvolari und Seaman, ja, er fährt sogar schneller als Bernd Rosemeyer. Nur einem gelingt es, Varzi noch zu übertreffen: dem Altmeister Rudolf Caracciola. Aber auch er muß sich gewaltig anstrengen, um die Zeiten Varzis noch zu unterbieten.

Die Leute vom Bau, die Rennleiter, die Mechaniker, die Fahrer und die Experten der Sportpresse stehen kopf. Sollte es tatsächlich ein grandioses Comeback des Grandseigneurs aus Galliate geben?

Ein solches Durcheinander hab ich selten vor einem Rennen erlebt wie damals

am 12. September 1937 in Livorno. Dreimal wird der Start verschoben. Eine Panne jagt die andere.
Panne Nummer eins: Ein Wolkenbruch überflutet die Strecke. Die Feuerwehr muß die Wasserlachen absaugen. Der Start verzögert sich.
Panne Nummer zwei: Viertausend fanatische Italiener stürmen die Strecke, um Tazio Nuvolari zuzujubeln, der auf verlorenem Posten immer wieder mit seinem alten Alfa Romeo den Kampf gegen die überlegenen deutschen Wagen aufnimmt, der mit Schneid und Fahrkunst wettmacht, was ihm an Pferdestärken fehlt.
Panne Nummer drei: Ein Zuschauer stürzt von einem Baum auf die Bahn und bleibt mit gebrochenem Genick tot liegen.
Endlich ist es soweit. Das Rennen kann beginnen. In der ersten Reihe stehen Rudolf Caracciola und Bernd Rosemeyer. Dazwischen leuchtet wie einst das blaue Seidenhemd des Achille Varzi.
Start! Die Wagen heulen davon. Unsere Augen hängen an Varzi. Er kann seinen guten Startplatz nicht auswerten. Wie Blitze fliegen Caracciola und Lang an ihm vorbei, dann Rosemeyer und Brauchitsch. Erst an fünfter Stelle folgt der Italiener. Wir sehen ihm mit sorgenvollen Blicken nach. Wird er's schaffen, wird er sich den Platz an der Sonne zurückerobern?
4. Runde: Nuvolari, der alte Rivale aus früheren Zeiten, schiebt sich an Varzi heran. Der Kampf der beiden ist kurz und erbittert. Ich sehe das verzerrte Gesicht Varzis. Dann zieht Nuvolari mit seinem Alfa Romeo in einer Kurve am Auto-Union-Wagen Varzis vorbei.
Es geht über schlechte Landstraßen, durch enge Dorfgassen, durch Schikanen und Spitzkehren. Brauchitsch gibt auf, bald darauf Stuck, und auch Farina hält. Varzi kämpft verbissen. An der Spitze liegt Caracciola vor Lang. Rosemeyer hat eine Halsentzündung und kann kaum den Kopf wenden, aber er fährt wie der Teufel. Hinter ihm jagen sich Dick Seaman von Mercedes und H. P. Müller, der Nachwuchsmann der Auto-Union.
17. Runde: Nuvolari greift Müller an. So dicht fährt er an den jungen Mann aus Bielefeld heran, daß sich die Reifen beider Wagen berühren. Müller, das Grünhorn, bekommt einen Heidenschreck. Er läßt sich bluffen. Nuvolari nutzt das aus. Blitzschnell schießt er an dem »Silberfisch« vorbei. Das Publikum jubelt. Eine Runde später stottert Tazios Motor. Er fährt an die Box, steigt aus. Kerzenschaden – Schluß der Vorstellung! Sein nächstes Rennen wird auch er auf einem deutschen Wagen fahren.
20. Runde: Seaman hält am Ersatzteillager zum Reifenwechsel und Tanken. Er verliert zehn Sekunden, weil der elektrische Starter nicht anspringen will. Varzi überholt ihn. Wird er's doch noch schaffen, der Mann, der zu sich zurückgefunden zu haben scheint? Sein Seidenhemd ist naßgeschwitzt. Kein gutes Zeichen, das weiß ich aus Erfahrung. Wer schwitzt, hat Angst, und wer Angst hat, ist verloren.
22. Runde: Dick Seaman hat Varzi wieder überholt. Auch H. P. Müller zieht an dem Italiener vorbei. Ich sehe, wie Dr. Feuereissen resigniert den Kopf schüttelt. Armer Achille, denk ich. Deine Chance steht nicht mehr gut.

Caracciola siegt nach erbittertem Kampf mit Hermann Lang. Dann folgen Rosemeyer, Seaman, Müller. Erst an sechster Stelle kommt der Wagen Varzis ans Ziel. Der Mann im blauen Seidenhemd sinkt erschöpft zusammen. Die Mechaniker müssen ihn aus dem Wagen heben.

Mit weichen Knien, den Kopf gesenkt, geht Achille Varzi von der Bahn. Niemand ruft ihm zu, niemand grüßt ihn. Er ist allein, sehr allein . . .

Am gleichen Abend sitzt Dr. Feuereissen mit Achille Varzi bei einem Wermut zusammen in dem Hotelzimmer in Livorno. Der Rennleiter sucht eine Weile nach den richtigen Worten. Er will nicht wehe tun, will nicht unnötig verletzen, aber die bittere Wahrheit muß doch ausgesprochen werden.

»Ich denke«, sagt er schließlich, »Sie haben heute selbst gesehen, daß Sie nicht in bester Verfassung sind, Achille. Ich rate Ihnen als Ihr Freund: Legen Sie eine Pause ein! Lassen Sie ein Jahr lang die Finger von allem, was Rennwagen heißt, und kurieren Sie sich aus.«

Achille sieht an Feuereissen vorbei. »Das heißt mit anderen Worten: ich bekomme für das nächste Jahr keinen Vertrag mit der Auto-Union?«

»Nein. Ich könnte es nicht verantworten. Weder vor meiner Firma, deren Interessen ich vertreten muß, noch vor Ihnen!«

Für die Auto-Union ist Achille Varzi endgültig erledigt. Die Firma hält sich noch an den Vertrag, solange er läuft, und meldet Varzi zum Start beim Masaryk-Rennen in Brünn und auch zum Rennen im Donington-Park in England. Aber Varzi versagt endgültig. Er kommt zwar nach Brünn, erscheint aber nicht am Start. Als man ihn sucht, ist er bereits ohne Nachricht aus dem Hotel abgereist . . .

Das blonde Gift, die Lil, steckt wieder dahinter – so wird gemunkelt. Angerufen habe sie ihn, aus Zürich, und es habe allerlei Gejammer gegeben. Das Endergebnis jedenfalls: weg war Varzi, wahrscheinlich zurück zu Lil und Morphium . . .

Es gibt heute noch Leute, die für Lil nur Verachtung übrig haben. Ich kann diese Leute sehr wohl verstehen, aber eine ganze Portion Mitleid habe ich doch mit ihr. Ihre Schönheit war ihr zum Verhängnis geworden. Und ich bin nicht dafür, Menschen moralisch zu verdammen, die ihrer Schwäche zum Opfer fallen.

Das Schicksal selbst aber sollte Lil in seine harte Schule nehmen . . .

*

März 1939: Vor dem Regina-Hotel in München hält ein weißes Horch-Coupé. Ein hochgewachsener Mann steigt aus: Hans Stuck. Er will gerade das Hotel betreten, als jemand seinen Namen ruft. Stuck blickt sich um.

Oben, an einem Fenster, steht eine Frau. Sie winkt eifrig herab. Es ist Lil.

Minuten später sitzen Hans Stuck und Lil nebeneinander im Wagen. Lil hat sich erschreckend verändert. Sie trägt einen schäbigen, alten Kamelhaarmantel. Ihre Augenlieder sind entzündet. Sie ist zu stark geschminkt. Die blonden Haare haben ihren Glanz verloren.

Sie berichtet: Varzi ist erneut in einer Entziehungsanstalt. Man hat ihm den Paß entzogen. Und ihr, Lil, wird die Einreise nach Italien verweigert. Sie will sich falsche Papiere besorgen. Aber das kostet Geld. Und Geld hat sie nicht. Ihr Schmuck, ihre Pelze sind verkauft oder versetzt, sie kann kaum mehr die Hotelrechnung bezahlen. Sie bittet Stuck um Hilfe: tausend Mark ...

Aber Stuck lehnt ab. Er weiß genau: Lil würde das Geld nur für Morphium ausgeben. Er verspricht, mit seiner Frau zu reden. Vielleicht weiß Paula einen Rat. Er verabredet sich mit Lil für den nächsten Vormittag im Hotel.

Am nächsten Morgen sitzen drei Menschen in einem Luxus-Appartement des Hotels »Continental« beim gemeinsamen Frühstück, die der Zufall hier zusammengeführt hat: Hans Stuck mit seiner Frau Paula und ein Mann mit schmalem, rassigem Kopf und einer scharfen Nase. Seine Schläfen sind angegraut. Aber die hellen Augen leuchten jugendlich. Der Mann ist – der deutsche Kronprinz.

Er kennt die Stucks seit mehr als zehn Jahren. Er hat sogar ein wenig dazu beigetragen, daß aus dem bayerischen Gutsbesitzer und Autoliebhaber Hans Stuck ein richtiger Rennfahrer wurde, damals in den zwanziger Jahren.

An jenem Märzmorgen des Jahres 1939 sprechen der Kronprinz und die Stucks über ein Problem, das sie alle bewegt – über das Schicksal der blonden, unglücklichen Lil. Der Kronprinz kennt ihre Geschichte.

»Die Lil«, sagt er, »habe ich gestern abend noch in der Regina-Bar gesprochen. Sie saß ganz mutterseelenallein bei einem Gläschen Sekt und wartete auf Nachricht aus Mailand, von Achille ...«

In diesem Augenblick bringt der Hausdiener die Morgenzeitung. Er ist bekannt dafür, daß kein Ereignis in vier Kilometer Umkreis ihm entgeht, daß er stets den neuesten Klatsch aus den Salons und Boudoirs der oberen Fünfhundert zu berichten weiß.

»Heute früh um vier«, sprudelt er los, »ist hier in der Nähe eine junge Frau auf der Straße ohnmächtig aufgefunden worden. Sie trug nur ein rosa Nachthemd. Die Pulsadern waren durchschnitten.«

»Typischer Fall von unglücklicher Liebe«, sagt Paula kaltschnäuzig. »So was kommt alle Tage vor.«

Der Kronprinz wirft ihr einen vorwurfsvollen Blick zu. »Kennt man den Namen dieser Frau?«

»Nein, Kaiserliche Hoheit. Sie ist sofort ins Krankenhaus gebracht worden. Sie hat nur immer wieder so 'nen komischen griechischen Namen gemurmelt.«

Hans Stuck setzt seine Tasse zurück, ohne zu trinken. »Griechisch, sagen Sie?«

»Na ja – Achilles oder so ...«

Fünfzehn Minuten später hält der Wagen von Hans Stuck vor dem Krankenhaus rechts der Isar. Der Arzt vom Dienst bedauert: »Ich kann Sie leider nicht zu der Patientin lassen. Der starke Blutverlust hat sie sehr geschwächt. Jede Aufregung muß vermieden werden.«

An diesem Abend müssen Hans und Paula Stuck nach Berlin weiterfahren. Sie werden Lil niemals wiedersehen ...

Ein halbes Jahr später stürmen die Furien des Krieges über Europa und die Welt. Die Kompressoren schweigen. Die Kanonen haben das Wort. Es gibt keine Rennen mehr. Die Menschen zerstieben in alle Winde. Freundschaften und Bindungen werden zerrissen. Haß, Feindschaft und Not regieren die Stunde.
Jahre vergehen. Jahre, in denen man wichtigere Sorgen hat, als sich über das Schicksal eines Achille Varzi und seiner blonden Lil den Kopf zu zerbrechen ...
Doch dann verebbt die fürchterliche Sturmflut, und das Chaos beginnt sich zu lichten.
Und da taucht auch Achille Varzi wieder empor, den viele für vom Gift ausgelaugt oder tot hielten. Aber er sieht wohl und gesund aus, ein wenig älter geworden freilich, doch seine Züge sind männlich straff, von der Sonne des Südens gebräunt. An seiner Seite steht Sophia, seine Frau. 1941 hat er sie, die zu ihm hielt, als alle Freunde ihn verlassen hatten, geheiratet. Von Lil hat ihn der Krieg endgültig getrennt. Er weiß nichts mehr von ihr. Sie soll irgendwo in Deutschland leben, wieder geheiratet haben und ein bürgerliches Leben führen – endgültig geheilt von ihrer unseligen Leidenschaft ...
Varzi hat während des Krieges in Galliate eine Speditionsfirma geführt, Lebensmitteltransporte organisiert, dem greisen Vater und seinem Bruder bei der Leitung der Fabriken zur Seite gestanden – bis eines Tages die Waffen schwiegen, bis auf den großen Rennbahnen wieder die Motoren der schweren Wagen dröhnten. Bis auch in Achille Varzi die alte Leidenschaft zum Rennsport wiedererwachte.
Im Jahr 1947 ist es wieder so weit, daß Achille am Steuer eines Alfa Romeo sitzt. Und der Stern eines Totgelaubten leuchtet noch einmal strahlend auf. Varzi siegt in den Großen Preisen von Interlagos, Rosario und Bari. Er wird Zweiter bei den Großen Preisen der Schweiz, von Italien und von Europa. Und auch 1948 setzt sich die Kette seiner Erfolge fort ...

*

Es ist der 7. Juli 1948, die Zeit, da die neue D-Mark vorerst noch auf papierenen Beinen durch das zerrissene, geteilte Deutschland hinkt, die Zeit der Trümmerhaufen, des Hungers und des Schwarzen Marktes. In dieser Zeit hat man bei uns anderes zu tun, als an Autorennen zu denken.
Weil ich damals gertenschlank bin, gelingt es mir, mich zwischen den streng bewachten Grenzpfählen hindurch ins Ausland zu zwängen, mit Visa, Stempeln, Sonderausweisen und »Persilscheinen« reichlich versehen.
Beim Großen Preis der Schweiz 1948 stehe ich zum erstenmal nach neun langen Jahren wieder in einer Rennbox – wenn es auch eine fremde Firma ist – und sauge genüßlich den Gestank von Benzin in meine Lungen, als sei's der Duft von Parfüm oder weißem Flieder. Und ich habe alle Hände voll zu tun, um Schultern zu klopfen und kräftige Männerfäuste zu drücken.
Da sind sie alle, die lieben bekannten Gesichter von einst. Und es ist eine Lust, zu sehen, wie dieser Krieg an uns Sportlern vorübergegangen ist, ohne daß

auch nur ein Quentchen Haß zurückblieb. Da ist der alte Chiron aus Monaco, Held ungezählter Motorenschlachten. Das Haar ist reichlich schütter geworden, aber die dunklen Augen blitzen lebhaft wie einst im Mai. Da ist Graf Trossi, der uns auf seinem unterlegenen Maserati tapfere Kämpfe lieferte. Da ist der bullige Fagioli, der mir einst manchen Kummer bereitet hatte, weil er durchaus nicht auf meine Zeichen hören wollte. Da ist auch ein Herr im azurblauen Overall, mit sorgfältig gezogenem Scheitel und einem auf Hochglanz polierten roten Alfa Romeo – Achille Varzi.

Stimmt's also doch, was ich in Untertürkheim gehört hatte, daß der Grandseigneur aus Galliate wieder auferstanden ist von den Totgeglaubten, daß er wie einst seine sauber gestochenen Runden fährt, daß ihm gelang, was vor ihm keiner schaffte: ein erfolgreiches Come-back nach zehn langen Jahren ...

Gerade will ich ihn gerührt an meine Brust drücken, da stockt mein Schritt. Ich gucke einmal, gucke zweimal – nein, es ist kein Irrtum: der seriöse Herr im braunen Tweed-Anzug, der sich angeregt und lachend mit Achille unterhält, ist niemand anders als – Peter!

Jener Nachwuchsfahrer, der sich Anno 1935 bei der Auto-Union die Sporen verdienen wollte, der damalige Ehemann der blonden Dame Lil – bis eines Tages Achille Varzi auf der Bühne erschien, Lil sah und sie entführte.

Nun, dreizehn Jahre später, stehen sich die beiden Rivalen wieder gegenüber und tun, als sei nie etwas zwischen ihnen gewesen. Zeit heilt wohl auch die größten Wunden ...

»Wo bleibt ihr Deutschen denn? Wo habt ihr nur eure Wagen gelassen?« fragt Achille teilnahmsvoll. »Es wäre so viel schöner, wenn auch Mercedes und Auto-Union wieder an unseren Rennen teilnehmen könnten!«

»Unsere Wagen«, sage ich, »nehmen schon an diesem Rennen teil.«

»Wo sind denn Ihre Wagen? Ich sehe keinen.«

»Können Sie auch gar nicht. Unsere Wagen sind nämlich so schnell, daß man sie gar nicht mehr sehen kann!«

Er winkt mir lachend zu und steigt in seinen Alfa, um noch eine letzte Trainingsrunde zu fahren. Sophia, Peter und ich schauen ihm nach, wie er in schneller Fahrt in der Eymattkurve verschwindet. Ich sehe auf die Uhr.

Es ist genau zwanzig Minuten vor sieben. Ein leiser Regen hat eingesetzt. Der Kurs in Bremgarten ist schlüpfriger denn je. Man muß höllisch aufpassen, um nicht aus den Kurven getragen zu werden.

Die meisten Fahrer haben das Training bereits aufgegeben an diesem Donnerstagabend, nur Graf Trossi und der Franzose Pierre Wimille sind noch auf der Strecke. Dahinter liegt Varzi. Weiter zurück folgt sein alter Freund Louis Chiron, der bereits die Fahrt verlangsamt.

Varzi fährt durch die langgestreckte S-Kehre im Norden. Es ist nicht besonders schnell, als er die anschließende Linkskurve anschneidet. Louis Chiron sieht es genau. Varzi schlittert auf allen vier Rädern elegant durch die Kurve. Jetzt ist er im Scheitelpunkt, jetzt nähert er sich der Außenkante. Jetzt wird er Gas geben, beschleunigen, um den Wagen in die gerade Richtung zu ziehen, denkt Chiron noch.

Doch da geschieht es ... Der Wagen rutscht weiter, unaufhaltsam auf die Holzplanken zu, die die Kurve begrenzen ... Um Gottes willen, durchzuckt es Chiron, gib doch Gas, Varzi!
Zu spät ... Varzis Wagen knallt mit dem Heck gegen die Holzbarriere, prallt zurück, schleudert, rast frontal erneut gegen die Planken. Ein Bersten, ein Splittern, der Wagen kippt und rollt seitwärts. Varzi wird unter seinem Alfa Romeo begraben, der sich noch zweimal seitlich überschlägt, bevor er zertrümmert auf der Piste liegenbleibt.
Chiron hält, springt aus dem Wagen und läuft quer über die Bahn zu dem leblosen Körper der ausgestreckt auf dem nassen Asphalt liegt.
Chiron kniet nieder. Er nimmt den Kopf, den blutenden, zerschundenen Kopf, in beide Hände. Er spürt nicht das warme Blut, das über seine Finger rinnt. Er sieht nur Achilles Augen. Sie sind weit geöffnet. Das Grau des Himmels spiegelt sich leer in ihnen. Chiron murmelt ein Gebet, während Tränen über seine Wangen rinnen und sich mit dem Blut des toten Freundes mischen.
Wie Chiron, so weinen wir alle um einen Mann, der ein Leben lang einem Phantom nachgejagt war und es nie erreichen konnte. Auch nicht mit aller Geschwindigkeit dieser Erde ...
Ich habe gesehen, wie Sophia die Nachricht vom Tode ihres Mannes erhielt. Sie hat es tapfer getragen. Die Tränen hat sie nicht zurückhalten können, aber kein Laut ist über ihre Lippen gekommen. Und als Alfa Romeo die Nennung seiner Fahrer zum Großen Preis der Schweiz zurückziehen will, da ist es die stille, tapfere Sophia, die als erste protestiert.
In allen italienischen Zeitung ist ihr Aufruf zu lesen:
»Die Witwe Achille Varzis wünscht, daß der Name des verstorbenen Meisters dadurch würdig geehrt wird, daß Alfa Romeo den Kampf für Italiens Sieg im Großen Preis von Europa fortsetzt. Alfa Romeo und seine Fahrer werden ihre Pflicht erfüllen.«
Drei Tage und drei Nächte steht der Sarg Varzis in der Kirche von Galliate aufgebahrt, auf dem Chassis eines Rennwagens, und seine Freunde halten ihm die Totenwacht. Dann tragen sie ihn zu Grabe.
Zwölftausend Menschen leben in dem Städtchen Galliate. Aber fünfzehntausend kommen, um Achille Varzi das letzte Geleit zu geben.
Im Leben hat Achille Varzi nie viele echte Freunde gehabt. Er war zu sehr Einzelgänger. Ihm fehlte der heroische Glanz eines Nuvolari. Er war kein Volksheld wie dieser, sondern ein Künstler, ein Individualist. Er war im Grunde stets allein. Im Tode aber folgte ganz Italien seinem Sarg.
An seinem Grabe hält Canestrini, der große Sportsmann und Journalist, Varzis lebenslanger Freund, die Leichenrede. Er findet Worte, wie ein Marcus Antonius sie für einen Caesar kaum schöner finden konnte:
»Vielleicht mußtest du verunglücken, Achille, weil deine Kunst zu fahren an die letzten Geheimnisse der Natur rührte und weil die Natur all jene zu vernichten trachtet, die es wagen, sie zu ergründen.
Diese Natur hat einen Beethoven mit Taubheit geschlagen, als er an die Grenzen musikalischer Ausdruckskraft des Menschen rührte.

Zweimal Mercedes. Europameister Caracciola siegt im Großen Preis von Deutschland auf dem Nürburgring. Über der Bahn LZ 130 mit Mercedes-Motoren.

T 80. Der Weltrekordwagen, der niemals fuhr.

1939 beherrschten Deutschlands Silberpfeile die Szene vollkommen: Die großen Kontrahenten Mercedes und Auto-Union.

Diese Natur ließ einen Galilei erblinden, als er die Unendlichkeit des Alls und seine Gesetze zu erforschen suchte.
Diese Natur lähmte die Hände eines Leonardo da Vinci, als er die vollkommensten Werke der Menschheit schaffen wollte.
Und diese grausame Natur vernichtete auch dich, Achille, als du die Grenzen menschlicher Geschwindigkeit zu Lande bezwingen wolltest.
Nun bereitest du dich auf ein anderes, letztes großes Rennen vor. Ein Rennen ohne Gefahren, gelassen und heiter ... das in den Armen deiner Mutter enden wird, die dich dort oben längst erwartet mit offenen Armen, um dich für immer an ihr Herz zu schließen ...«

Am Grabe des Achille Varzi steht ein junger Mann, dessen Namen kaum einer in Europa kennt. Er ist mit einigen Freunden von weit her, aus Südamerika gekommen, um hier, auf dem alten Kontinent, die hohe Kunst des Rennfahrens von einem Achille Varzi zu erlernen.
Nun, nach dem Tode des Meisters, wird er in Galliate bleiben und eine Renngemeinschaft gründen, die er zu Ehren des Verstorbenen »Scuderia Varzi« nennt. Sophia wird die jungen Männer aus Argentinien betreuen, und Varzis alter Monteur Bignami wird ihr Chefmechaniker sein.
Der junge Mann aus Südamerika aber wird den Automobil-Rennsport einer neuen und vielleicht letzten großen Blüte entgegenführen. Sein Name ist Ihnen allen längst bekannt. Er lautet: Juan Manuel Fangio.
Mit ihm wird eine Epoche enden, die vier Jahrzehnte zuvor begann, als der Stern eines anderen großen Fahrers erstmals aufleuchtete: der Stern eines Rudolf Caracciola.

BERND UND ELLY

Für das Rennjahr 1936 haben sich unsere Mercedes-Konstrukteure etwas Neues einfallen lassen. Der Wagen ist kleiner und kürzer geworden. Aber sein Hubraum beträgt 4,7 Liter – und der Motor leistet weit über 420 PS. Wir versprechen uns Wunderdinge von diesen Flitzern.
Das erste Rennen der Saison ist in Monte Carlo – am Ostersonntag. Und es beginnt für Mercedes mit einer Katastrophe. Es ist ein trüber Regentag. Selbst die Mole des Hafens verschwindet im grauen Dunst. Die Riviera hält nicht, was die Prospekte von ihr versprechen.
Start ... achtzehn Wagen heulen in das Kurvenlabyrinth. Und sofort setzt sich Caratsch an die Spitze.
2. Runde. Am Quai de Plaisance, kurz vor einer gefährlichen Schikane, schillert plötzlich tückisch eine Lache ... Öl! Ein Streckenwärter springt vor, hebt wie beschwörend die Arme. Aber schon schießt ein weißer Wagen heran aus der Kurve, sieht nicht die Warnung ... er schleudert, dreht sich um die eigene Achse ... und knallt gegen die Sandsack-Barrikade. Es ist Louis Chiron, der in diesem Jahr zum erstenmal auf Mercedes fährt.

Gleich darauf kommt ein Alfa herangeschossen, rutscht ... kracht ebenfalls in das Hindernis. Sekunden später ein zweiter Silberpfeil: Manfred von Brauchitsch. Er sieht die blockierte Strecke, er zögert einen Sekundenbruchteil zu lange und – fährt auf das Heck des Alfas auf.

Jetzt schießt Bernd Rosemeyer heran. Er sieht das Unglück, sieht eine winzige Lücke, gerade breit genug, um seinen Wagen durchzulassen ... und steuert darauf zu. Ein Splittern, ein Kreischen von Metall auf Metall ... dann orgelt der »Silberfisch« davon. Ein Stück von Brauchitschs Heck hat er mitgerissen, aber Bernd Rosemeyer fährt weiter.

Noch zwei andere Wagen geraten in die Ölpfütze und krachen gegen die Sandsäcke. Ein Mann nimmt Sand, will ihn in weitem Schwung auf die Öllache streuen ... da schießt aus der Kurve wieder ein Mercedes heran, Luigi Fagioli. Der Sand fliegt ihm ins Gesicht, er kann nichts sehen ... und knallt ebenfalls gegen das Hindernis.

Jetzt kommt als einziger übriggebliebener Mercedes der führende Caratsch herangejagt – aber Rudi verliert die Ruhe nicht. Er schlängelt sich geschickt durch die Lücke an der Unglücksstelle.

Rudolf Caracciola beweist in diesem Rennen wieder mal seine überragende Meisterschaft, trotz zerschmetterter Hüfte, trotz verkürztem Bein. Er überrundet einen nach dem anderen. Nur Varzi, Nuvolari, Stuck halten mit. Und – Bernd Rosemeyer ...

Etwa tausend Kilometer weiter nördlich, in einer kleinen Wohnung am Kaiserdamm in Berlin, sitzt zu dieser Stunde eine junge Frau vor ihrem Radio und verfolgt atemlos die Reportage des Deutschlandsenders vom Großen Preis in Monaco. Elly Beinhorn hört, daß Bernd an dritter Stelle liegt ... daß er in der 6. Runde halten muß ... daß er das Rennen nach 45 Sekunden wieder aufnimmt ... Und plötzlich ist von Bernd keine Rede mehr. Um Gottes willen ... was ist mit Bernd? Vielleicht zum erstenmal in ihrem Leben hat die große, berühmte Elly Beinhorn Angst. Ganz jämmerliche Angst – um einen Menschen, den sie liebgewonnen hat.

In der 13. Runde ist Bernd Rosemeyer in der gefährlichen Casino-Kurve in eine zweite Öllache geraten. Der Wagen wirbelt um die eigene Achse – und schlägt krachend mit dem Heck gegen ein Brückengeländer. Eine steinerne Verzierung, eine überdimensionale Vase, poltert dumpf von ihrem Sockel. Fünf Minuten später erscheint Bernd mit zerfetztem Overall, mit dreckverschmiertem Gesicht – aber heil und gesund an seiner Box. Unter dem Arm schleppt er die Steinvase.

»Wenn ich schon nicht 'nen richtigen Pokal bekomme, dann will ich wenigstens diesen Topp mit nach Hause nehmen ...« sagt er grinsend. Rudolf Caracciola aber siegt vor Varzi und Stuck. Er kassiert 100 000 Franken in bar.

Eine zierliche, blonde Frau ist die erste, die ihm gratuliert: Baby Hoffmann. Nun, da ihr Gefährte Louis Chiron für Mercedes fährt, steht auch sie in unserer Box und registriert mit ihrer Stoppuhr alle Rundenzeiten. Ich sehe, wie Rudi bei der Siegerehrung seinen Arm um Babys Schultern legt.

Niemand ahnt, daß Rudis Geste nur Tarnung ist. Daß er sich auf Baby stützen muß, um nicht zusammenzubrechen. Die Anstrengung des Rennens war zu groß für das kranke Bein. Die Schmerzen in der Hüfte brennen wie Feuer.

*

Unsere neuen Mercedes-Wagen scheinen ein voller Erfolg zu werden. Caratsch siegt in Tunis, wird Zweiter in Barcelona und Vierter in Tripolis. Er sammelt Punkte für die nächste Europameisterschaft. Sein junger Rivale dagegen, Bernd Rosemeyer, steckt bis über den Kragen im Pech: in Monaco ist er gestürzt, in Tripolis gerät sein Wagen in Brand, und eine Woche später geschieht ihm in Tunis das gleiche Mißgeschick. Beim Großen Preis von Barcelona landet er abgeschlagen auf dem 5. Platz.

Aber dann wendet sich das Blatt: Beim Eifelrennen 1936 gießt es in Strömen. Dichte Nebelfetzen hängen über den Wäldern rings um die Hohe Acht. Da hat Rosemeyers Chefmonteur Sebastian zehn Minuten vor dem Start einen Geistesblitz. In fliegender Hast wechselt er sämtliche 16 Kerzen aus. Er ist überzeugt: die 340er Kerzen werden das feuchte Wetter besser überstehen als die üblichen 370er.

Bei diesem Rennen erleben wir von Mercedes die erste große Pleite. Fast alle Wagen fallen aus. Was nutzt es, daß Caratsch wie der Teufel an die Spitze geht? Nach 4 Runden gibt er auf: Stoßdämpferschaden. Vorn aber liefern sich der alte Tazio Nuvolari und der junge Rosemeyer eine wahre Nebelschlacht. Und Bernd bestätigt, daß sein gutes Abschneiden vor einem Jahr kein Zufall war. Er siegt vor Nuvolari.

Eine Woche später, beim Großen Preis von Budapest, nimmt Tazio, der Mann mit dem Ledergesicht, Revanche. Da siegt er – und Bernd wird Zweiter. Sämtliche Mercedes-Wagen aber bleiben auf der Strecke. Mit unsern Wagen stimmt etwas nicht.

Bernd Rosemeyer aber strahlt. Ein Sieg, ein zweiter Platz – jetzt hat er mit Rudolf Caracciola gleichgezogen. Beim nächsten Rennen geht es um die Wurst. Das ist beim Großen Preis von Deutschland auf dem Nürburgring.

Vorher aber nimmt Bernd sein privates Schicksal entschlossen in die Hand. Da steht er eines schönen Tages wieder vor Ellys Wohnungstür und schwenkt ein Bündel Papiere: »So, jetzt helfen keine faulen Ausreden mehr. Nimm Impf-, Tauf- und Geburtsschein und vergiß auch die arische Großmutti nicht. Wir marschieren jetzt zum Standesamt, um das Aufgebot zu bestellen. Noch ein Rennen ohne dich – das wäre zu viel für meine Nerven!«

Und Elly kommt. Bernd Rosemeyer und Elly Beinhorn heiraten am 13. Juli 1936. Weil die »13« ihre Glückszahl ist. Es gibt Blumen, Geschenke, eine kleine Feier – und dann flüchten die beiden jungen Leute in die Waldeinsamkeit. Weit vor den Toren Berlins besitzt Elly ein romantisches Blockhaus, am Ufer eines verträumten Sees.

Schon am nächsten Morgen schrillt das Telefon. Am anderen Ende meldet sich ein Werkpilot der Bayrischen Flugzeugwerke. »Herzlichen Glückwunsch«, sagt er zu Elly. »Ich bin soeben mit Ihrer neuen Maschine in Tempelhof gelandet. Auch Ihre Papiere sind jetzt vollständig. Alles klar für ihren Flug.« Der seit Monaten geplante Drei-Erdteile-Flug, Europa – Asien – Afrika, an einem Tag, mit einer einmotorigen Sportmaschine. Das Fliegerherz in Elly jubelt auf ...

Bernd freut sich gar nicht. »Was? Du willst fliegen – ohne mich? Kommt ja gar nicht in Frage!«

»Aber Bernd«, sagt Elly. »Ich habe doch einen Vertrag. Sei doch vernünftig!«

»Ich liebe dich«, sagt er schlicht. »Dazu brauche ich keine Vernunft!«

Bernd und Elly sind zwei ausgeprägte Persönlichkeiten. Zwei Menschen mit eigenen Plänen, Vorstellungen, Liebhabereien. Zwei Menschen, zwei Berufe und – zwei ziemlich dicke Köpfe.

Aber dann begleitet Bernd Elly doch nach Tempelhof, um das neue Flugzeug zu besichtigen. Er kriecht unter den Tragflächen umher, steckt die Nase unter die Motorhaube und klettert selbst in den Pilotensitz. Er hat Freude an allem, was schnell ist und mit Technik oder Sport zusammenhängt. Er ist so fasziniert, daß er spontan beschließt, ebenfalls fliegen zu lernen.

Für Fliegen und Liebe ist zunächst aber wenig Zeit. Der Große Preis von Deutschland steht bevor. Bernd muß zum Nürburgring. Jeden Abend meldet er Elly telefonisch neue Rundenrekorde nach Berlin. Da hält es Elly nicht mehr aus. Sie steigt in ihre »Taifun« – und fliegt in die Eifel.

Am 13. Juli haben Elly und Bernd geheiratet. 13 Tage später findet der Große Preis von Deutschland statt.

Am Morgen vor dem Start sind die Straßen rings um die Hohe Acht verstopft. 350 000 Menschen sind aus allen Teilen Deutschlands gekommen, um die Wunderwagen von Mercedes und Auto-Union siegen zu sehen.

Bernds Quartier liegt 30 Kilometer vom Start entfernt. Die Fahrt zum Startplatz ist kein Vergnügen. Er schimpft pausenlos vor sich hin: über die »Affen«, die nicht rechts, sondern in der Straßenmitte fahren, über die »Idioten«, die mit 25 Stundenkilometern schläfrig durch die Gegend gondeln und ganze Kolonnen aufhalten, über die »Rindviecher«, die sich beim Abbiegen nicht rechtzeitig einordnen – jene Sorte Kraftfahrer, die unsere tägliche Fahrt zur Arbeit durch ihre Unachtsamkeit, Rücksichtslosigkeit oder ganz schlicht – Dummheit gefährlicher machen als ein Grand Prix-Rennen.

Elly läßt Bernd ruhig schimpfen. Sie weiß – der Mann am Steuer braucht ein seelisches Ventil. Ein paar handfeste Flüche ins Unreine sind besser als ein unbeherrschter Tritt aufs Gaspedal.

Aber dann, unmittelbar vor dem Start zum Rennen, wird auch die große Fliegerin nervös. Sie hat Premiere an der Box – als »Frau Rosemeyer«, als Frau eines Rennfahrers.

Elly fühlt sich plötzlich grenzenlos verlassen in dem Durcheinander an der Box, zwischen fluchenden Monteuren, aufgeregten Direktoren und brüllenden Funktionären. Niemand kümmert sich um sie. Alle starren den Wagen nach, die jetzt auf der Gegengeraden vorüberorgeln und in der Hatzenbachkurve verschwinden. Da steht sie nun, die große, berühmte Elly Beinhorn-Rosemeyer, umklammert hilflos die Stoppuhr und fühlt die Tränen in ihre Augen steigen.

»Komm Elly«, sagt plötzlich jemand neben ihr. »Denk nicht so viel nach. Hilf mir lieber, die Rundenlisten führen. Das lenkt ab!«
Es ist Paula Stuck. Paula hat schon hundert Rennen erlebt. Sie hat Fahrer siegen, stürzen, sterben sehen. Sie hat einen Panzer um ihr Herz gelegt, nur um nicht selbst in jeder Runde tausend Tode erleiden zu müssen. Tausend Tode der Sorge um ihren Mann, um Hans Stuck, der es immer schwerer hat, sich gegen den Ansturm der Jüngeren durchzusetzen. Paula stoppt, registriert und – lächelt. Elly versucht es ihr gleichzutun, nur Zahlen, Ziffern, Zeiten zu kennen, und keine Gefühle. Aber es gelingt ihr nur halb.
In der 7. Runde rollt Bernd mit abgestelltem Motor an die Boxe. Er hat alle Gegner niedergerungen und liegt klar an der Spitze. Elly legt die Uhr aus der Hand, sie läuft auf Bernd zu und will ihn für Sekunden nur umarmen.
»Weg!« brüllt Dr. Feuereissen, der neue Rennleiter der Auto-Union. »Sind Sie verrückt geworden?«
Elly bleibt wie angewurzelt stehen. Sie versteht die Welt nicht mehr. Bernd ist doch ihr Mann ... Die Monteure flitzen durcheinander. Reifenwechsel, Tanken. 36 Sekunden. Neuer Rekord! Schon jagt Bernd wieder davon.
»Entschuldigen Sie meine Grobheit«, sagt Feuereissen später zu Elly. »Wußten Sie denn nicht: wenn jemand außer den Monteuren einen Wagen berührt, wird er disqualifiziert. Sie hätten Bernd um ein Haar alle Chancen versiebt.«
Bernd fährt einen phantastischen Rundenrekord. Er kommt als erster auf dem Nürburgring unter zehn Minuten. Er liegt klar an der Spitze. Vier Runden lang hat Caracciola Widerstand geleistet. Dann bleibt er auf der Strecke liegen: defekte Benzinpumpe. Enttäuscht humpelt er zurück zur Box.
10. Runde: Lang hält zum Reifenwechsel an unserer Box. Mit verzerrtem Gesicht streckt er mir die rechte Hand entgegen. Der kleine Finger ist geschwollen und steht in seltsamem Winkel seitlich weg. Gebrochen – durch einen Ausschlag des Steuerrades oder bei einem zu kräftigen Ruck am Schalthebel. Verdammt! Da taucht wie vom Himmel gesandt Caracciola auf.
»Los, Rudi – fertig machen!« kommandiere ich. »Sie übernehmen den Wagen!« Rudi hat viele Kilometer zu Fuß zurückgelegt von jener Stelle, wo sein Wagen liegen blieb, bis zu den Boxen. Er ist müde, und sein verletztes Bein schmerzt. Aber er steigt wortlos ein und fährt. Doch da bricht die Hölle los. Die Zuschauer auf den Tribünen johlen und pfeifen. Sie denken, ich will dem jungen Lang die Chance nicht gönnen. Erst als seine Verletzung bekanntgegeben wird, legt sich der Sturm.
Caratsch greift an. Er verfolgt Rosemeyer. Es gibt ein kurzes, hartes Duell. Aber Mercedes hat heute Pech. Nach ein paar Runden stellt Rudi den Wagen ab. Der Motor macht nicht mehr mit.
Jetzt versucht Chiron sein Glück. Er dreht sofort mächtig auf. Er will beweisen, daß er noch lange nicht zum alten Eisen gehört.
Doch dann, in der 13. Runde, warten wir vergeblich auf Chiron. Baby wird nervös. Sie legt die Stoppuhr aus der Hand. Da – eine Meldung: »Achtung ... Chiron ist an der Antoniusbuche gestürzt ... zum Glück nur leichtere Verletzungen ... befindet sich bereits auf dem Weg ins Krankenhaus ...«

15. Runde: Caratsch greift noch einmal ein, zum drittenmal in diesem Rennen. Er löst Fagioli ab, setzt alles auf eine Karte, fährt wie in seinen besten Tagen. Zu spät! Bernd Rosemeyer siegt überlegen. Seine letzte Runde gleicht einer Triumphfahrt. Er lenkt mit einer Hand, winkt mit der anderen den Massen zu. Und diesmal wird ihm kein Caracciola den Sieg wegschnappen. »Das war ein Ding!« strahlt Bernd, als er Elly in seinen Armen hält. »Ein schöneres Hochzeitsgeschenk hättest du dir kaum wünschen können, oder? Ach du liebe Zeit, warum weinst du denn?«
Elly sagt nichts. Aber sie schämt sich auch nicht ihrer Tränen.

*

Bei Mercedes gibt es lange Gesichter. Eine Niederlage folgt der anderen: in Tripolis und Barcelona, im Eifelrennen, in Budapest – und nun auch beim Großen Preis von Deutschland. Auto-Union gewinnt die Rennen. Vorneweg ihr junger Star: Bernd Rosemeyer.
Doch auch bei Bernd geht nicht alles nach Wunsch. Da ist dieser verflixte Drei-Erdteile-Flug, auf den Elly sich eingelassen hat und der nun unabwendbar näherrückt.
Am Morgen des 2. August 1936 startet Elly Beinhorn-Rosemeyer mit ihrer »Taifun« von Berlin nach Istanbul, zur ersten Etappe ihres großen Fluges.
An diesem Morgen sitzt Bernd Rosemeyer in seinem Hotel in Livorno an der Mittelmeerküste und nuckelt mißmutig an einer Orangenlimonade. Heute soll er in der »Coppa Ciano« starten. Ausgerechnet heute, wo seine Gedanken ganz woanders sind ...
»Es ist scheußlich«, sagt er zu Dr. Feuereissen, dem Rennleiter der Auto-Union. »Mir ist ganz flau im Magen, wenn ich an Elly denke. Wie das arme Mädel zwischen Türken und Hottentotten umherschwirrt, ganz allein! Wenn ihr nur nichts passiert!«
Dr. Feuereissen sieht die Schatten unter seinen Augen – Spuren einer schlaflosen Nacht. Er legt ihm fast väterlich die Hand auf die Schulter. »Sie sind heute nicht in Form. Sie sollten nicht zuviel riskieren. Drehen Sie ein paar Runden – und dann stellen Sie die Kiste an die Box!«
Selten hat ein Rennleiter einem Fahrer einen ähnlichen Rat gegeben, selten hat ein Rennleiter so viel Verständnis für menschliche Schwäche gezeigt. Aber Dr. Feuereissen sind Leben und Gesundheit Bernd Rosemeyers wichtiger als der Sieg.
Bernd fährt tatsächlich nur sechs Runden und gibt auf. Es geht einfach nicht – ohne Elly. Es wird das einzige Mal in seiner Laufbahn bleiben, daß er ein Rennen vorzeitig aufsteckt, daß er nicht unter den ersten endet und – daß er Nerven zeigt, weil er liebt ...
Ellys Flug wird zu einem großen Erfolg. An einem Tag fliegt sie mit einer winzigen einmotorigen Sportmaschine von Damaskus über Kairo und Athen nach Berlin. Dabei legt sie 3750 Kilometer zurück. Damals eine großartige fliegerische Leistung.

Bernd Rosemeyer aber tritt in diesem Jahr einen beispiellosen Siegeszug an. Er gewinnt die Coppa Acerbo, er holt sich den Großen Preis von Italien, er siegt am Feldberg, beim Freiburger Bergrennen und er wird Zweiter beim Großen Preis von Budapest.

Unsere Wagen sind wirklich vom Pech verfolgt. Deshalb fahren wir bei vielen Rennen gar nicht mehr mit. Nur einmal noch, beim Großen Preis der Schweiz in Bern, treten wir an. Da prallen der alte Fuchs, Rudi Caracciola und der junge Spund, Bernd Rosemeyer, zum erstenmal wieder nach längerer Pause aufeinander.

Schon vor dem Start fällt mir auf: Beim frischgebackenen Ehepaar Rosemeyer, in der Boxe nebenan, hängt ganz offensichtlich der Haussegen schief. Elly läuft ganz unglücklich herum, und die Tränen sind nicht mehr weit. Bernd schmollt wie ein bockiger Junge, dem man das Spielzeug weggenommen hat. Kein Wort wechseln die beiden miteinander.

Es wäre ja auch ein Wunder, wenn zwei so ausgeprägte Persönlichkeiten wie Elly und Bernd sich reibungslos zusammengefunden hätten. Da stieben mehr als einmal die Funken. So ist es also auch heute. Ein bißchen nachdenklich schaue ich von meiner Box aus zu ihnen hinüber und sehe, mit welch finsterem Gesicht Bernd gerade in seinen Wagen klettert.

Da, im letzten Moment, kommt die Elly doch noch angelaufen, ganz atemlos, und dann gibt's einen kurzen, heißen Kuß.

Ich freue mich, daß diese beiden prächtigen Menschenkinder doch noch vernünftig geworden sind. So ein Abschied vor dem Rennen, das ist keine Kleinigkeit. Man weiß ja nie, ob man sich noch einmal wiedersieht. Ob man nicht schon eine halbe Stunde später an dem zerfetzten, blutenden, leblosen Körper des geliebten Menschen stehen muß ...

Dann senkt sich die Startflagge zum Großen Preis der Schweiz.

Caracciola zieht rasant davon. Bernd hängt sich an. Und dann bekommt das Publikum einen Kampf zu sehen, den die Zuschauer wohl nie vergessen werden. Über dieses Duell zwischen Caratsch und Bernd ist viel geschrieben und noch mehr gestritten worden. Runde um Runde passiert Rosemeyer, seinem Gegner mit so gut wie keinem Abstand folgend, die Boxen. Es ist offenbar: Hier geht es um mehr als den Sieg. Hier tragen zwei Männer einen Zweikampf auf ihre Weise aus. Zwar nicht mit dem Degen oder Pistole – aber doch mit Einsatz ihres Lebens. Alle – selbst wir in der gegnerischen Boxe – atmen auf, als Rosemeyer endlich an der Spitze liegt, die er bis Ende des Rennens hält. Aber schon vor dem tatsächlichen Ende des Rennens, in der 29. Runde, ist dieser unvergeßliche Kampf zwischen den beiden Männern zu Ende. Rudi kommt lendenlahm in die Box gehumpelt – Bruch einer Hinterradstrebe. Den Rest kann Rosemeyer unangefochten nach Hause fahren.

Aber damit ist für die beiden Rivalen der Kampf noch nicht zu Ende. Abends im Fahrstuhl des Hotels »Bellevue« gibt es zwischen Bernd und Caratsch noch eine Auseinandersetzung, an der wohl »alles dran« war, und es muß manch zerbrochenes Porzellan mühsam gekittet werden, bevor es in Bernds Berliner Wohnung zu einer handfesten Versöhnungsparty kommen kann.

Der Krach von Bern ist nur ein kleiner Höhepunkt in der Kette der Kämpfe zwischen Rudi Caracciola und Bernd Rosemeyer, Kämpfe, die erbittert waren – und nicht nur auf der Rennbahn ausgetragen wurden. Aber nie hat es dabei Unfairneß gegeben. Denn hier standen sich zwei wirkliche Ritter vom Steuer gegenüber, zwei Menschen übrigens, die verschieden waren wie Tag und Nacht. Im Aussehen, im Wesen, Temperament und auch in ihrer Fahrweise.
Nach diesem Rennen in Bern erholen sich die erhitzten Gemüter im Hotel bei eisgekühltem Sekt. Da zieht der Sieger Rosemeyer plötzlich einen Sektquirl aus seiner Brusttasche und überreicht ihn Rudi mit feierlicher Verbeugung.
»Ich glaube, Herr Caracciola, nun sind wir quitt. Und künftig sollten Sie nicht nur auf der Strecke herumquirlen, sondern auch mit Köpfchen fahren!«
Diese Worte haben wir schon einmal gehört, damals, beim Eifelrennen 1935. Damals sagte sie der Sieger Caracciola zum jungen Verlierer Rosemeyer. Und damals überreichte Caracciola Rosemeyer jenen Quirl »zur Erinnerung« ...
Der Tag der Revanche war gekommen. Aus dem Schüler Rosemeyer war ein Meister geworden. Die Rivalität zu Caracciola aber bleibt erhalten. Wo immer diese beiden Kämpen aufeinandertreffen – da knistert es ...

*

Bernd Rosemeyer holt sich im Jahr 1936 sieben Siege, drei Große Preise, er wird deutscher Berg- und Straßenmeister und erringt im zweiten Jahr seiner Karriere bereits die Europameisterschaft.
Bei einem Empfang des Reichsministers Dr. Goebbels treffen sich alle deutschen Rennfahrer, auch Bernd und Rudi – feierlich im Frack. Es gibt Diener in Eskarpins, es gibt Minister, Diplomaten und Schauspieler in jeder Menge. Es gibt ein üppiges Kaltes Büfett und Champagner nach Belieben. Und zum Schluß gibt es einen besonderen Leckerbissen: die unvergeßliche Maria Cebotari trägt Opernarien vor.
Wer weiß, daß der dicke Neubauer eigentlich mal Opernsänger werden wollte, der wird verstehen, daß er in diesem Augenblick für die Welt verloren war. Andere aber berichten, was hinter seinem breiten Rücken an jenem Abend weiter vorgegangen ist:
»Kinder«, sagt da Manfred von Brauchitsch leise, »das ist nichts für uns. Ich schlage vor, wir verdrücken uns zum Dittgens in die Roxy-Bar!«
Gleich darauf schleichen auf Zehenspitzen Stuck und Caratsch, Henne, Elly und Bernd aus dem Saal und brausen zur Joachimstaler Straße, zum Treffpunkt aller prominenten Sportler jener Tage.
»Du«, sagt Bernd, als er mit Elly allein im Wagen ist. »Das halte ich nicht aus – mit Rudi an einem Tisch sitzen, wenn wir uns böse sind! Ich werde mit ihm sprechen.«
An diesem Abend halten Bernd und Rudi ein ernstes Männergespräch unter vier Augen an der Bar. Dann knallt ein Sektpfropfen und zwei Gläser klirren aneinander. Es wird eine lange, vergnügte Nacht.

Ein paar Wochen später kommt Bernd mit gerötetem Gesicht von einer Besprechung nach Hause. Er stürmt durch die Diele, packt Elly und wirbelt sie dreimal im Kreise, bevor er sich atemlos in einen Sessel fallen läßt.
»Geliebtes Schäfchen«, prustet er, »pack die Zahnbürsten ein und hol den Tropenhelm aus der Mottenkiste! In vierzehn Tagen fliegen wir nach Kapstadt – zum Großen Preis von Südafrika. Ich muß gleich zum Schneider und mir weiße Sachen machen lassen, Shorts und so. Ich freß dich auf vor Wonne!« Schwupps – ist er schon wieder verschwunden.
Am 2. Dezember 1936 starten Elly und Bernd mit der »Taifun« gen Süden. Sie fliegen über den Balkan und das Mittelmeer, über Ägypten, den Sudan, über Wüsten und Dschungel quer über den Schwarzen Kontinent. Elly sitzt am Steuerknüppel, und Bernd spielt »zweiter Pilot« und Bordmonteur. Und weil es ihm zu heiß wird in der Maschine, bastelt er schnell eine neuartige Tropenentlüftung. Sie funktioniert so gut, daß die Bayerischen Flugzeugwerke sie später für den Serienbau übernehmen werden.
Nach acht Tagen landen sie in Südafrika. Sie treffen Wilhelm Sebastian, der als Rennleiter amtieren soll und auch den Nachwuchsfahrer Ernst von Delius, Bernds besten Freund. Er verehrt Bernd, der sein großes Vorbild ist, der all das hat, was ihm selber fehlt: das gute Aussehen, den Schwung, die Selbstsicherheit. Ernst ist kein Typ für Frauen. Er ist klein, ein wenig untersetzt, und er hat trotz seiner Jugend schon viel Haare verloren. Er ist still, bescheiden, fast schüchtern – und der beste Kamerad, den man sich wünschen kann. Seine Eltern besitzen eines der größten Braunkohlenbergwerke in Sachsen. Sie sehen es nicht gern, daß ihr Sohn und Erbe bei Autorennen Kopf und Kragen riskiert. Doch Ernst hat die Leidenschaft zu schnellen Wagen gepackt. Ob er stürzt, ob er hoffnungslos geschlagen wird, ob ihm die Haut in blutigen Fetzen von den Händen hängt – er fährt immer wieder. Es ist sein Traum, einmal ein zweiter Rosemeyer zu werden.
Es wird ein Traum bleiben. Ernst von Delius, der »Kleine«, ist ein feiner Sportsmann, ein guter Klassefahrer. Aber ihm fehlt der geniale Funken, der ihn zu einem der »ganz Großen« machen würde.
In Südafrika hagelt es Einladungen, Empfänge und Cocktailparties für die deutschen Fahrer. Elly sieht sich gezwungen, ihren drei burschikosen Trabanten Bernd, Ernst und Sebastian die Hohe Schule des Benehmens beizubringen. Doch eines Tages überschlagen sich die Drei plötzlich von selbst vor Vornehmheit. Da stolzieren die sonst so gern salopp Gekleideten plötzlich geschniegelt und gebügelt einher wie bei einer Modenschau. Elly wundert sich. Aber dann sieht sie, wie Ernst und Sebastian mit hungrigen Augen zur Box nebenan hinüberschauen. Und sogar Bernd, der Jungverheiratete, riskiert einen Blick.
Dort nebenan steht eine zierliche Person im azurblauen Overall. Sie hat große, dunkle Augen, einen verlockenden Mund, knallrot lackierte Fingernägel, und ein paar kastanienbraune Locken schauen kokett unter der weißen Rennhaube vor. Die Dame heißt Kay Petre, stammt aus Kanada und ist wohl das hübscheste Wesen, das je hinter dem Steuer eines Rennwagens gesessen hat.
Bald beginnt eine solide Rennkameradschaft zwischen Kay Petre und den deut-

schen Fahrern. Täglich hocken sie zusammen: an der Box und – in der Bar. Kay versteht sich nicht nur auf Kurventechnik. Sie legt einen unerhörten Swing auf das Parkett. Sie beherrscht die Kunst des Flirtens, daß es allen Männern den Atem verschlägt. Manchmal allerdings auch – Elly. Doch Kay kann man nicht böse sein. Sie spielt mit offenen Karten.

»Wissen Sie, daß ich Sie beneide?« sagt sie eines Abends zu Elly, als die beiden Frauen alleine sind. »Einen Mann wie Bernd hätte ich mir gewünscht. Und – wenn's nicht gerade Ihr Mann wäre, dann . . .«

Sie spricht nicht aus, was »dann« wäre. Aber ihre Augen sagen alles. Elly lächelt. Aber ihr ist gar nicht sehr nach Lächeln zumute . . .

Die Rennen in Südafrika bringen Bernd einen Sack voll Rekorde – aber keinen Sieg. Dafür holt sich der kleine Ernst von Delius den Grosvenor-Grand Prix in Kapstadt.

Der Abschied von Kay wird allen schwer: Bernd und Ernst und Sebastian und sogar – Elly. »Im Herbst sehen wir uns wieder!« sagt Kay. »Beim Großen Preis von Donington in England!«

Es sollte ein Wiedersehen geben – doch anders, als diese glücklichen, ahnungslosen jungen Menschen es sich damals vorstellten.

RENNFAHRERSCHULE

Damals, im Jahr 1936, sind Spitzenfahrer reinste Mangelware. Ich suche junge Leute, denen das richtige Gefühl fürs Kurvenschlittern im Steißbein angeboren ist.

Angebote von Leuten, die sich zum Rennfahrer geboren fühlen, hatte ich mehr als genug. An die viertausend Gesuche flattern alljährlich auf meinen Tisch. Gesuche von jungen Leuten, angelockt vom vielen Geld, vom Ruhm, vom Ehrgeiz – oder vom Rausch der Geschwindigkeit; da schreiben junge Leute, tapfere Leute, spleenige Leute.

In allen Briefen steht der eine Satz: *». . . und fürchte ich nicht den Tod!«*

Worauf dann meine Antwort lautet: *»Wir brauchen keine toten Rennfahrer – wir brauchen Sieger!«*

Da ist neben all den Briefeschreibern auch noch ein anderer junger Mann, der mir dauernd in den Ohren liegt, ein untersetzter Bursche, der vor Kraft kaum laufen kann. Er heißt Johann Wolf, arbeitet in unserer Auslieferungs-Abteilung und ist gerade einundzwanzig Jahre alt. Ein 750er-BMW-Motorrad hat er sich von seinem Gehalt erspart. Damit gibt er gewaltig an. Schon im Stand läßt er das Ding mit Vollgas heulen, daß das Hinterrad fast vor dem Vorderrad abbrausen will. Das macht er besonders gern direkt vor meinem Bürofenster in Untertürkheim.

Und bald wird es mir auch zugetragen, was er so im Freundeskreis, vor allem vor Mädchen, erzählt: »Mich müßten sie halt mal ranlassen an so 'nen Silberpfeil. Ha, die würden staunen, wie ich die Kiste quälen würde . . .«

Im stillen beschließe ich, dem frechen Dachs eine Lektion zu erteilen, die er nicht so leicht vergessen wird. Ein Einfall, den ich später noch bitter bereuen sollte ...

Es wird Ernst mit der Rennfahrerschule. Ich verschicke Einladungen zur Nachwuchsfahrerschulung auf dem Nürburgring. Ich schreibe an Männer, die sich im Motorsport bereits bewährt haben: Meister aller Motorradklassen, Privatfahrer auf kleinen Rennwagen bis zu 1,5 Liter, erfolgreiche Tourenfahrer und Könner von der Sandbahn.

Aber da gibt's noch andere Leute auf der Liste, Herren mit Beziehungen. Herren mit einem Onkel im Aufsichtsrat, Herren mit Empfehlungsschreiben von einem Parteifunktionär. Da kann man nicht so einfach »nein« sagen – wenn man's vielleicht manchmal auch möchte.

Einer der Leute mit »Beziehungen« ist mir später allerdings doch ein bißchen ans Herz gewachsen. Er heißt Christian Kautz, geboren 1913 in Brüssel, Schweizer Staatsbürger. Geld wie Heu, Diplom für Literaturgeschichte der Universität Oxford, flott, elegant, gut aussehend, der Schrecken aller Vorsteherinnen von Mädchenpensionaten.

Die Familie besitzt eine Luxusvilla am Zuger See. Der Papa ist Mitglied des Aufsichtsrats der Deutschen Bank. In diesem Aufsichtsrat sitzt auch Staatsrat Dr. h. c. Georg von Stauß, der so nebenbei noch im Aufsichtsrat der UFA und – der Daimler-Benz-AG zu finden ist.

»Herr Neubauer«, sagt eines Tages der Herr von Stauß zu mir. »Erfüllen Sie doch dem Sohn meines Freundes Kautz einen Lieblingswunsch. Sie wissen doch – der Christian möchte so brennend gern Rennfahrer werden. Er hat schon ein paar kleine Rennen gewonnen. Der Junge hat Schneid und Talent.«

Ich setze also seufzend auch den Herrn Christian Kautz auf die Liste der Anwärter für die Rennfahrerschule.

29 Plätze sind vergeben, dreißig »Schüler« haben wir vorgesehen. Ein Platz ist also noch frei. Und da reitet mich der Teufel. Ich wähle Johann Wolf, den Mann aus unserer Auslieferungsabteilung.

Es ist früh am Morgen des 8. Oktober 1936. Die Nebel haben sich verzogen, die blasse Sonne hat die Straße getrocknet. Die Tribünen an Start und Ziel liegen gespenstisch leer. Die Rennstrecke ist abgesperrt, die Posten sind verteilt. Vor den Boxen stehen drei Tourenwagen der 2,3 Literklasse, ein wenig auf »Sport« frisiert, mit Zweisitzer-Karosserie, Spitzengeschwindigkeit 120 Stundenkilometer. Das reicht für den Anfang.

Ich versammle meine »Schüler«. »Meine Herren«, sage ich. »Sie sind keine Anfänger. Fast alle unter Ihnen sind bewährte Fahrer. Die erste Aufgabe ist ein Kinderspiel für Sie: Fahren Sie drei Runden im Durchschnitt von 60 Kilometer pro Stunde um den Kurs. Die Runde ist 22,8 km lang – also benötigen Sie je 22 Minuten. Ist das klar?«

Die Männer schauen mich ein wenig verwundert an. Nun, die gestellte Aufgabe scheint wirklich kinderleicht. Ich selbst pflege im gewöhnlichen Tourenwagen in 17 Minuten um den Ring zu zuckeln, ohne ins Schwitzen zu geraten. In doppelter Vorsicht sag ich noch: »Und daß mir keiner schneller fährt als

22 Minuten. Wer vor der Zeit hier ankommt, der kann gleich wieder die Koffer packen!«

Der erste, der sich mit aller Gewalt zum Start drängt, ist Johann Wolf, der Mann aus Stuttgart. Er schafft mit Mühe die ersten beiden Runden in je 28 Minuten. Nach zwei Runden lasse ich ihn halten und kontrolliere die Reifen. Irgendwas an dem Jungen gefällt mir nicht ganz. »Na«, frage ich, »wollen Sie nicht lieber aussteigen?«

»Nein!« faucht er wütend. »Nun gerade nicht! Die Runde zu 22 Minuten muß ich noch schaffen!«

Johann Wolf gibt wieder Gas und fährt los. Ich schau ihm nach und verwünsche innerlich meine Gutmütigkeit. Und während ich noch überlege, schrillt das Telefon.

»Herr Neubauer«, meldet der Streckenposten aufgeregt. »Ein Wagen ist gestürzt ... am Karussell!«

Wir rasen hin. Am äußeren Rand dieser Spitzkehre liegt ein Wagen, die Räder in die Luft. Und gleich daneben, in seinem Blut, Johann Wolf – tot.

Das Karussell ist die langsamste Stelle am Nürburg-Ring, ein enge, S-förmige Schleife. Der innere Teil der Straße hat starke seitliche Neigung, um das Regenwasser abzuleiten. Der äußere Teil ist nur leicht geneigt. Gerissene Fahrer nutzen das aus. Sie fahren im inneren Teil wie an einer Todeswand, der von allen Jahrmärkten bekannten Sensation. Die Fahrer kommen dabei im 2. Gang auf 80 Stundenkilometer. Aber – sie müssen Nerven haben. Denn der innere Teil der Strecke im Karussell ist nur knapp so breit wie der ganze Wagen ...

Johann Wolf hatte diese Nerven nicht. Er hat den Wagen nicht in der Steilstrecke halten können, ist über den Rand auf den flacheren Bahnteil hinausgekommen, und der Wagen hat sich überschlagen.

*

Am nächsten Tag startet als erster ein bullenstarker Hüne in schwarzer SS-Uniform. Wenn der zupackt, denke ich, verbiegt er das Steuerrad. Er braust ab wie der Teufel.

Nach drei Minuten kommt eine Meldung von der Strecke: »Wagen an der Fuchsröhre gestürzt!«

Die »Fuchsröhre« macht ihrem Namen Ehre. Die Straße führt steil bergab, dann steil bergauf – mit einem Knick nach links am Ende. Wir finden den Wagen hinter dem Knick, in einem Graben, mit zerbeulter Karosse. Daneben liegt ein ausgerissener Ärmel einer SS-Uniform.

Sonst nichts. Der Fahrer ist verschwunden. Davongelaufen. Die Angst im Nacken. Wir haben ihn nie wiedergesehen ...

Drei, vier, fünf Tage lang geht diese »wilde Schule« so weiter. Die Wagen schleudern, drehen sich, kommen von der Bahn. Es gibt Schrammen, blaue Flecken, Beulen. Es gibt überdrehte Motoren, zerplatzte Kupplungen. Die Monteure schuften in Überstunden, um die Kisten wieder fahrbereit zu machen. Und die Fahrer, alle diese Männer, die von Ruhm und Ehre am Steuer schwerer Rennwagen träumten, sie verlieren schon in einem einfachen Tourenwagen den Kampf gegen den Nürburgring. Einer nach dem andern packt sein Bündel und zieht davon. Nur zehn bleiben übrig, und diese zehn setze ich jetzt in richtige Rennwagen.

*

Der Name Gunzenhauser hat einen guten Klang auf den Motorrad-Rennbahnen Europas. Gunzenhauser ist Träger des »Goldenen Helms« von Pardubitz, ein erfahrener Sandbahnfahrer, der den Teufel nicht fürchtet. Jetzt, im Oktober 1936 ist er Teilnehmer der Rennfahrerschule.

Gunzenhauser sitzt im Wagen. Der Motor brummt. Er gibt mehr Gas. Noch mehr . . .

»Zuviel!« will ich noch rufen. Da ist es schon passiert – die Hinterräder drehen durch, als Gunzenhauser anfahren will. Der Wagen rutscht hinten seitlich weg. Gunzenhauser nimmt sofort das Gas weg, jetzt fassen die durchgehenden Räder und – es geht direkt auf den Straßengraben zu.

Bremsen quietschen. In letzter Sekunde hält der Wagen. Der Motor würgt ab. Gunzenhauser steigt aus, mit weichen Knien, käsig im Gesicht. Aber tapfer versucht er es gleich darauf noch einmal. Dreht eine Runde und noch eine. Dann hält er.

»Nun?« fragt er siegessicher. »Wie ist meine Zeit?«

»13 Minuten 50 Sekunden«, sage ich.

Das ist nicht toll. Ein Klassefahrer muß die Nürburgrunde mit einem richtigen Rennwagen in 10.15 Minuten absolvieren. Ganz Große machen es damals sogar unter 10 Minuten.

»Herr Neubauer«, sagt Gunzenhauser wütend. »Das kann unmöglich stimmen . . .«

Ich zeig ihm die Uhren. Nicht nur ich selber habe gestoppt, auch Kontroll-Uhren laufen. »Glauben Sie's nun?«

Da reißt Gunzenhauser seine Kappe vom Schädel, steigt mit steifen Beinen aus der Kiste.

»Für mich ist Feierabend«, sagt er wehmütig. »Jetzt bin ich gefahren wie der reinste Selbstmordkandidat – und dann solche Zeiten? Nee – das ist nichts für mich. Ich gehe zurück zur Sandbahn.«

Als nächster folgt der lange Köppen aus Berlin, deutscher Meister auf dem Motorrad, Sieger auf der Targa Florio, bewährter Tourenfahrer.

Mit dem Rennwagen landet er auf einer Wiese, fliegt ein Dutzend Meter durch die Luft und fällt in die Büsche. Er nimmt seinen Lederhelm, reibt sich den Hintern und brummt: »Nee . . . ick sehe ein, det is nischt for mich.«

Herr Briem, ein umsichtiger und vielgerühmter Fahrlehrer aus Ludwigsburg, landet als nächster auf der Nase. Er zieht den Hut und geht.

Ein Einfahrer aus unserm Werk steigt nach zwei Runden aus: »Ja mei . . . das Rennfahren hab ich mir anders vorgestellt. Ich danke bestens . . .«

Zwei Wochen sollte der Kursus dauern. Nach einer Woche schon steh ich fast mutterseelenallein auf dem Nürburgring. Nur zwei sind noch nicht gefahren:

Ein baumlanger Schlaks aus England und ein schlanker junger Herr, hübsch wie ein Prinz im Märchenbuch.
Der junge Herr heißt Christian Kautz: der Schützling unseres Aufsichtsrats Georg von Stauß.
Ich sehe seinem Debut mit offenem Mißtrauen entgegen. Aber siehe da – das junge Herrchen fährt glatt, zügig und in guter Zeit über die Runden.
»Bestanden . . .«, gratuliere ich.
Dann wende ich mich um zu dem Engländer, der mit Christian Kautz befreundet ist. Gelassen steigt er in den Wagen, winkt Christian zu und – ist mit einem glänzenden Start abgebraust, bevor ich noch genau hinsehen kann.
Seine beste Rundenzeit: 10.03 Minuten.
Später erzählt er ganz nebenbei, daß er auf einem englischen MG-Wagen schon mal in der 1,5 Liter-Klasse im Preis von Bern gewonnen hätte und auf einem Maserati beim Großen Preis von Deutschland immerhin Achter geworden sei . . .
Sein Name: Richard Seaman.
Die dramatische und tragische Geschichte dieses sympathischen und hochbegabten Fahrers werde ich später noch berichten müssen.
Gerade will ich unsere Zelte am Nürburgring abbrechen lassen, da kommen zwei Jungen mit ihren Sportwagen angebraust. Der eine lang, mit schmalem Gesicht und dunklem Haar, der andere klein und brünett, mit Schlitzaugen und einem vergnügten Schmunzeln.
»Kerls«, sag ich, »wer hat euch denn herbestellt?«
»Niemand«, sagt der Lange. »Aber wir hörten, Sie könnten gute Fahrer gebrauchen . . .«
Ich halte mir die Ohren zu. Diese Töne kenn ich zur Genüge.
»Jungens«, sag ich, »hier sind gerade zwei Dutzend starke Männer mit trübsten Erfahrungen wieder abgezogen. Da wollt ausgerechnet ihr zwei Grünhörner mir zeigen, was 'ne Harke ist?«
Die beiden lassen nicht locker. Und weil ein alter Mercedes-Meister mit viel Autoverstand ein gutes Wort für beide einlegt, schau ich mir die Fahrkünste der ungebetenen Gäste einmal an.
Der Lange heißt Hans-Hugo Hartmann und kommt aus Dortmund, der Kleine heißt Heinz Brendel und stammt aus Frankfurt. Und siehe da – die beiden Grünschnäbel von kaum zwanzig Jahren drehen ein paar wunderschöne Runden. Keine Weltklassezeiten, aber sauber und gestochen. Das ist Stoff, aus dem sich was schneidern läßt.
Ich stehe gerade am »Schwalbenschwanz«, einer doppelten Rechtskurve, als der kleine Brendel angebraust kommt. Weiß der Teufel, was in den Burschen gefahren ist. Will er mir besonders imponieren, wird er übermütig – jedenfalls kommt er mit viel zu hoher Fahrt in die Kurve. Er merkt's zu spät, will bremsen, der Wagen schleudert, bricht aus, wirbelt durch die Luft – und landet an einem Baum. Brendel wird herausgeschleudert, fällt auf den weichen Wiesenboden, bleibt regungslos liegen . . .
Im Nu sind wir heran. Der Streckenposten, zwei Monteure, ein Landjäger. Plötzlich zuckt eine Stichflamme auf. Der Wagen brennt.

Ich weiß leider nur zu gut, was nun geschehen kann. Durch die Einwirkung der Hitze dehnen sich die Benzingase im Tank aus. Und wenn der Druck zu stark wird, wenn die Gase zünden, fliegt das ganze Ding erbarmungslos in die Luft.
»Halt«, brülle ich. »Zurück! Explosionsgefahr!«
Alles springt in volle Deckung. Nur der kleine Brendel liegt dort, zehn Meter weiter, neben dem brennenden Wagen, ohnmächtig, hilflos der Gefahr ausgeliefert.
»Pistole her!« schrei ich den Posten von der Landpolizei an.
»Was?«
Er guckt verständnislos. Ich reiße ihm das Schießinstrument aus der Ledertasche, lade durch, ziele kurz ...
Zwei, drei Schüsse, ein metallischer Laut, ein Zischen – und zwei Löcher klaffen im Benzintank des Wagens. Am Heck, tief unten. Jetzt hat das Benzin einen Abfluß, und es kann sich kein Überdruck im Tank bilden. Die Explosionsgefahr ist vorüber.
Sekunden später ziehe ich Brendel aus dem Bereich der Flammen. Ich untersuche ihn, befühle vorsichtig seine Knochen und atme auf. Ein Schock, ein paar Schrammen, blaue Flecke – sonst nichts. Am Nachmittag dreht er bereits wieder seine Runden.
Aber – das Gesamt-Ergebnis der Rennfahrer-Schule 1936 ist niederschmetternd. Ein Experiment, das nie mehr wiederholt wird.
Die Auto-Union, die im gleichen Jahr einen solchen Versuch unternimmt, gewinnt aus der »Schule« nur einen einzigen jungen Mann, der schon auf dem Motorrad manchen Lorbeer erworben hat: H. P. Müller. Er wird uns später noch manche Nuß zu knacken geben.
Wir, von Mercedes, haben einen Toten zu beklagen. Wir sind um 500 000 Mark ärmer – und nur um einen Weltklassefahrer reicher. Er heißt Dick Seaman.
Aber da ist noch der junge Mann mit dem hübschen Gesicht und der schlaksigen Nonchalance des Oxford-Studenten: Christian Kautz.
Das Schicksal dieses jungen Mannes aus gutem Hause ist ein Drehbuch wert. Es ist die Geschichte eines Mannes, der nie einer der ganz Großen der Rennbahn wurde und dennoch mit ganzem Herzen am Beruf des Rennfahrers hing.
Ein Jahr lang ist Christian Kautz als Nachwuchsfahrer bei uns. Aber er steht ganz hinten auf der Liste; vor ihm sind andere dran, ältere Fahrer wie Caracciola, Brauchitsch, Lang und sogar noch Dick Seaman.
Nach einem Jahr hat Christian genug. Er wechselt über zur Auto-Union. Dort hat man große Fahrersorgen. Christian Kautz übernimmt Varzis Stelle. Er fährt für Auto-Union, doch nur kurze Zeit. Dann kommt der Krieg.
Christian, der Schweizer, geht in die USA. Er wird Testpilot bei den Lockheed-Werken in Kalifornien. Im Sommer fliegt er, im Winter geht er nach Chile – zum Fischfang. Und zwischendurch angelt er Frauenherzen in Manhattan ...
Da ist eine junge, blonde Amerikanerin, Jane Hearst, Schwiegertochter des Zeitungskönigs und Multimillionärs Hearst. Jane verläßt ihren Mann, Christian seine Frau. Und sie leben fortan zusammen. Es ist eine große, überwältigende Liebe.

Erst 1948 sehe ich Christian Kautz wieder, beim Training zum Großen Preis der Schweiz, auf dem berühmten, berüchtigten Bremgartenkurs von Bern.
Christian hat einen Maserati geliehen. Einen Leihwagen, den ein geschäftstüchtiger Italiener an leichtsinnige junge Herren vermietet, die gerne Autorennen fahren. 600 Dollar pro Rennen kostet das Vergnügen.
Es fällt mir auf, daß Christian nur wenig trainiert. Sein Wagen ist dauernd defekt. Mal sind es die Bremsen, mal die Lenkung, mal die Stoßdämpfer ...
Ich mache mir Gedanken. Um keinen Preis der Welt hätte ich mich in diese Kiste gesetzt. Der Italiener wollte nur seine Dollars. Die Wagen und die Fahrer sind ihm völlig schnuppe. Ich sage Christian, was ich denke.
»Ach was«, meint der leichthin. »Es wird schon schiefgehen.«
Dann zeigt er mir die grazile, junge, hübsche Frau in seiner Boxe, und seine Augen leuchten glücklich.
»Mrs. Jane Hearst ...« stellt er vor. »Sie putzt meine Brillen.«
»Natürlich«, sagt Jane schlagfertig. »Schließlich ist die Brille die Hauptsache beim Rennen. Ohne sie kann man nichts sehen ...«
Den Abend verbringen wir gemeinsam im Hotel Bellevue, wo sich bei Rennen die Motorsport-Kanonen aller Länder die Schultern reiben, wo Schlachtenbummler mit Weltmeistern fachsimpeln und Autogrammjäger erbarmungslos ihre Opfer suchen.
Die kleine blonde Jane schwenkt mich mit solchem Temperament übers Parkett, daß ich mir ein Bein verstauche.
Dann kommt das Rennen. Schon eine Runde nach dem Start fehlt Christian Kautz. Ich höre die Sirene des Krankenwagens aus der Richtung Eymatt-Kurve heulen.
Mein Gott, denke ich ahnungsvoll. Jetzt hat sich das Schicksal den armen Christian gegriffen ...
Meine Ahnung bestätigt sich: viel zu schnell war Christian die gefährliche Kurve angegangen, war aus der Bahn gekommen und gegen einen Telegrafenmast gerast.
Eine junge, blonde Frau weinte an Christians Grab der großen Liebe ihres Lebens nach.

VANDERBILT-POKAL

Die Saison 1937 beginnt. Wir von Mercedes haben inzwischen festgestellt, daß die Gründe des Versagens im letzten Jahr zum größten Teil Konstruktionsfehler waren. Ein genialer junger Mann hat nun unseren Wagen einen neuen Schliff gegeben. Er heißt Uhlenhaut und ist der einzige Konstrukteur, der es je verstanden hat, einen schweren Grand Prix-Wagen eigenhändig im Renntempo über eine Bahn zu steuern. Er braucht sich nicht auf die Urteile der Fahrer zu verlassen. Er lernt aus eigener Erfahrung. Er leitet eine völlig neue Epoche im Rennwagenbau ein.

Bis dahin hieß die Devise aller Konstrukteure: »Hart federn – wenig dämpfen.« Die Wagen holperten über die Bahnen, daß die Fahrer herumgeschüttelt wurden wie ein Cocktail im Mixbecher. Uhlenhaut macht es nun genau umgekehrt. Er federt weich – und dämpft stark. In unserm neuen Wagen fährt man einher wie in einem Klubsessel. Und im Motor schlummern 600 PS. Das ist fast eine volle Pferdekraft für jedes Kilogramm Gewicht...

Das Rennjahr beginnt mit einem Paukenschlag. Der Sieger des Millionenrennens von Tripolis heißt nicht Caracciola und nicht Rosemeyer. Er heißt Hermann Lang. Drei Wochen später, auf der Avus, hat dieser unbekannte junge Mann schon wieder klar den Kühler vorn...

Zwei Wochen darauf, beim Eifelrennen, ist von Lang allerdings nicht viel zu sehen. Da liefern sich die beiden Kampfhähne Rosemeyer und Caracciola ein Duell bis aufs Messer. Und wieder einmal siegt der Jüngere, der Mann mit den unverbrauchten Kräften, der Fahrer, der nicht mit ständigen Schmerzen in einem verletzten Bein kämpfen muß – Bernd Rosemeyer.

Er hüpft aus seinem Wagen, als hätte er nicht eines der schwersten Rennen, sondern eine gemütliche Sonntagsfahrt hinter sich. Dann schwenkt er Elly in wilder Freude umher, läßt sich einen Lorbeerkranz überstülpen und – steigt direkt von der Rennbahn aus mit seiner einmotorigen Sportmaschine in die Lüfte. Seit kurzem hat er den B-Schein als Pilot in der Tasche. Nun hat er Ellys letzte Vorherrschaft gebrochen. Ganz zahm und klein ist die große Beinhorn an der Seite dieses Blondschopfes geworden.

Vor lauter Übermut fährt Bernd Rosemeyer bald darauf auch noch unwahrscheinliche Weltrekorde auf der Autobahn Frankfurt–Darmstadt: 389,2 km/h für die Meile mit fliegendem Start.

Ich mache mir Gedanken über das Phänomen Rosemeyer. Neun Jahre Altersunterschied zwischen Bernd und Rudi sind nicht wegzuleugnen. Ich muß mir künftig ein paar Tricks einfallen lassen, um Rudi psychologisch unter die Arme zu greifen. Rudi hat ein seelisches Tief. Seit Chiron nicht mehr für Mercedes fährt, ist auch die blonde Baby Hoffmann nicht mehr an unserer Box. Dafür ist Rudi um so häufiger in Paris zu finden. Und wenn er nicht persönlich Baby schöne Augen macht, dann schickt er wenigstens Blumen – körbeweise. Mir ist klar, Rudi hat das Alleinsein gründlich satt. Er braucht die lenkende Hand einer Frau. Es ist schon wahr: Baby wäre genau die richtige für ihn.

Aber – was denkt Baby...?

Da ist die Sache mit Chiron. Es war eine große Romanze. Aber Romanzen pflegen selten im Hafen einer Ehe zu enden. Louis hat seine Rennen im Kopf. Er liebt seinen Sport. Und vernachlässigt darüber seine Liebe zu Baby.

Baby ist in USA geboren, hat einen schwedischen Vater, eine deutsche Mutter, lebt in Frankreich und liebt – Italien. Sie ist eine seltsame Mischung aus französischem Charme, deutscher Tüchtigkeit, amerikanischem Geschäftssinn, schwedischem Sex-Appeal und italienischem Temperament. Sie spricht sechs Sprachen perfekt, und ich weiß heute noch nicht genau, welches davon wirklich ihre Muttersprache ist. Baby ist in der stinkigen Box genauso zu Hause wie in einem eleganten Pariser Salon.

Zweimal hat Baby zu Caracciolas Heiratsanträgen »nein« gesagt. Aber nun, da sie wieder einmal Rudis bittende Augen sieht, gibt sie nach: »Es hat keinen Sinn, daß ich mir etwas vormache. In meinem Herzen weiß ich es schon lange: Ich habe dich sehr lieb. Und – ich will versuchen, dir eine gute Frau zu sein ... Es gibt nur eine Bedingung: wir dürfen Louis Chiron nicht wehtun. Er ist dein Freund. Und du weißt, wie ich zu ihm stehe. Du mußt mit ihm sprechen. Auch ich werde ihm schreiben ...«

Rudi und Baby schreiben an Chiron. Sie erklären ihm, wie alles gekommen ist. Und sie warten auf Antwort. Tage vergehen. Tage, in denen Rudi keine Ruhe findet, in denen er bei jedem Läuten an die Wohnungstür läuft, in der Hoffnung auf Nachricht aus Paris. Dann kommt Chirons Antwort. Sie ist kurz und fast ein wenig sachlich: »Baby est le juge de sa vie«, schreibt Louis. »Baby muß selber wissen, was sie tut ...« Am 19. Juni 1937 heiraten Rudi Caracciola und Baby Hoffmann auf dem Standesamt von Castagnola in Lugano. Drei Tage später stehen sie an Bord des deutschen Ozeanriesen »Bremen«. Ihre »Hochzeitsreise« führt sie nach New York – zum großen Rennen um den Vanderbilt-Pokal.

Sie ahnen nicht, daß irgendwo in Paris ein Mann zurückbleibt, der an seinem Leben verzweifeln will, der rast und wütet, der sein Schicksal verwünscht – weil er viel zu spät entdeckt, daß er die größte Liebe seines Lebens verloren hat.

Diese Überraschungs-Hochzeit aber hat für mich zwei Fliegen mit einer Klappe geschlagen: Rudis Seelentief ist überwunden, und Baby wird künftig die Zeitnahme an unserer Box übernehmen.

*

Rudi und Baby und mit ihnen die Rennmannschaften von Mercedes und Auto-Union, gondeln über den Großen Teich.

Vier Tage faulenzen wir an Deck der »Bremen« herum. Wir bilden eine große Familie, und aller Konkurrenzneid ist vergessen zwischen dem Stern von Untertürkheim und den vier Ringen von Chemnitz. Endlich taucht am Horizont die Silhouette von New York auf.

Aber als der Riesendampfer an die Mole geht, als unsere silbernen Rennwagen ausgeladen werden, da kommen grelle Pfiffe unten aus der Menge, da hören wir Schimpfwörter gegen uns Deutsche, gegen die »Nazis« ... und plötzlich fliegen verfaulte Kohlköpfe klatschend gegen unsere Wagen.

Ich kann viel vertragen – aber wehe, irgend jemand wagt auch nur den Finger gegen meine Wagen zu erheben! »Halunken!« brülle ich und will die Kohlkopfwerfer persönlich am Schlafittchen greifen. Aber die New Yorker Polizisten haben die Kerle bereits gepackt. Nun müssen sie eigenhändig die beschmutzten Wagen auf Hochglanz polieren. Und da Schadenfreude die beste aller Freuden ist, haben wir die Lacher am Ende auf unserer Seite.

Wenig später besichtigen wir die Rennbahn. Sie liegt 25 Kilometer vor der Stadt, auf dem ehemaligen Flugplatz von Long Island, wo einst Lindbergh zum ersten Ozeanflug startete. Die Bahn ist kurz, schmal und kurvenreich. 91

Runden sind beim Vanderbilt-Pokal zu fahren. In diesem Kurvenlabyrinth sind die amerikanischen Wagen im Vorteil. Ihre Stärke liegt im unteren Drehzahlbereich. Sie fahren nicht sehr schnell, aber sie haben eine ungeheure Beschleunigung. Unsere Brummer hingegen fühlen sich erst richtig wohl, wenn sie mit 200 bis 300 Sachen dahinflitzen können, wie es auf europäischen Rennstrecken üblich ist.

Ich studiere die Technik der amerikanischen Rennfahrer, messe Bremsspuren nach, prüfe den Winkel, mit dem sie die Kurven anschneiden. Dann belehre ich Caracciola und Dick Seaman, unseren jungen, englischen Nachwuchsfahrer.

Es stellt sich heraus, daß der Tankinhalt unseres zweiten Wagens nicht ganz ausreicht. Nach meiner Kalkulation kommen alle Fahrer mit einmaligem Tanken durch das Rennen. Nur bei Dick Seaman geht die Rechnung nicht auf. Ihm fehlen knapp zwei Liter Sprit, um über die 91 Runden zu kommen. Wegen dieser elenden zwei Liter muß Dick ein zweites Mal tanken. Das kann den Sieg kosten.

Ich liege Ingenieur Uhlenhaut in den Ohren: »Wir müssen etwas tun!« Aber auch Uhlenhaut findet keine Lösung. So bleibt nur die Hoffnung auf unser Glück. Vielleicht kann Dick durch vorsichtiges Fahren den Verbrauch niedrig halten.

5. Juli 1937. Die Luft über New York ist zum Schneiden. Am Startplatz sieht es aus wie in einem Zirkus. Die amerikanischen Monteure tragen Cowboyhüte und grellbunte Texashemden. Fehlt nur, daß sie mit Pistolen statt mit Schraubenschlüsseln herumfuchteln.

Start!

Sofort schießt Bernd Rosemeyer an die Spitze. Mit seinem grünen Salon-Tirolerhütl ist er der Liebling der Reporter. Jetzt will er der Schlagzeile Ehre machen, die ihn mit Elly Beinhorn zum »schnellsten Ehepaar der Welt« ernannte.

Aber schon nach drei Runden zischt Caracciola an ihm vorbei, nach sieben Runden hat der alte Fuchs seinen jungen Rivalen bereits 170 Meter abgehängt. Er will Baby den Siegerscheck über 20 000 Dollar nachträglich auf den Hochzeitstisch legen!

Aber wir freuen uns zu früh. In der zehnten Runde macht Rosemeyer einen Zwischenspurt. Unglaublich, wie er den schwerfälligen Wagen durch die Kurven schlenkert und mit 260 Sachen durch die Gerade fegt. Jetzt liegt er neben Caratsch, läßt den Fuß einen Sekundenbruchteil länger auf dem Gaspedal, riskiert Kopf und Kragen, fliegt um ein Haar aus der Kurve und – liegt wieder in Führung!

Was Rosemeyer da macht, ist Genie plus Schneid plus Leichtsinn. Genie und Schneid hat Caracciola auch. Aber wenn man zehn Jahre älter ist, überlegt man doch ein bißchen länger, ob man Leben und Gesundheit für Geld und Ehre aufs Spiel setzen soll . . .

In der 16. Runde rollt Rudis Silberpfeil an die Box. Die Monteure reißen die Motorhaube hoch, wühlen mit ihren Werkzeugen. Rudi verliert eine Runde, eine zweite, eine dritte . . . Dann kommt das Todesurteil der Mechaniker:

»Kompressor-Schaden!« Wütend feuert Caracciola die Handschuhe in die Ecke. Aus der Traum von 20 000 Dollars!
17. Runde: Ein Entsetzensschrei übertönt sekundenlang das Dröhnen der Motoren. Ein roter Alfa-Romeo zieht eine dunkle Qualmwolke hinter sich her. Flammen schlagen aus dem Motor, züngeln schon nach dem Fahrer.
Es ist Nuvolari! Er bremst verzweifelt. Die Hitze versengt sein Gesicht, der Overall fängt Feuer. Noch hat der Wagen 140 Sachen drauf, noch 120 ... Nuvolari klettert auf den Sitz, will abspringen, um sich zu retten – da rast der Wagen plötzlich auf die Tribüne zu, wie ein tödliches Geschoß. Die Menschen schreien, wollen flüchten, stürzen übereinander ... Da reißt Nuvolari mit letzter Kraft das Steuer herum. Der Wagen stellt sich quer, schrill quietschen die Reifen, ein Körper wirbelt durch die Luft, landet dumpf auf dem Rasen. Der Wagen zerschellt an einer Holzbarriere und brennt aus.
Jetzt schrillt eine Sirene, laufen Sanitäter auf den Platz ... aber da: Tazio Nuvolari richtet sich auf, mühsam zwar, aber er ist unverletzt! Die Massen jubeln ihm zu – dem Mann mit dem Ledergesicht, der ihnen durch seinen Mut das Leben gerettet hat.
Und weiter geht die rasende Jagd. Vorn greift Dick Seaman an. In jeder Runde holt er ein paar Sekunden gegen Bernd Rosemeyer auf. Der blonde Bernd hat einen toten Punkt. Ich sehe, wie sein Mechaniker Ludwig Sebastian beschwörend die Hände reckt – vergebens! Dick kommt näher. Erst trennt ihn noch eine halbe Minute Abstand vom führenden Bernd. Dann sind es nur noch 20 Sekunden, dann 15. In der 79. Runde liegen die Wagen nur noch 9 Sekunden auseinander ... Wenn nur das Benzin reichen wird!
Noch fünf Runden. Noch vier, noch drei ... da ... blubb-blubb macht Dicks Motor ... der Sprit ist alle! Dick muß halten, muß tanken ... Die Chancen sind vertan. Bernd Rosemeyer siegt vor Dick Seaman. Erst fünf Minuten später folgt der Amerikaner Rex Mays, dann der kleine Ernst von Delius auf Auto-Union. Es gibt einen Lorbeerkranz, einen mannshohen Pokal und den 20 000-Dollar-Scheck für Bernd.
48 Stunden später lichtet die »Europa« ihre Anker und nimmt Kurs zurück zum alten Kontinent. Ich habe noch Bauchgrimmen vom Abschieds-Diner im feudalen Waldorf-Astoria-Hotel, als die Freiheitsstatue am Horizont verschwindet. Bernd Rosemeyer aber schwenkt vergnügt sein grünes Hütchen: »Auf Wiedersehen – im nächsten Jahr!«
»Ich weiß nicht recht«, sagt Ernst von Delius. »Für Rennfahrer ist ein Jahr eine lange Zeit. Man soll keine Versprechungen geben, die man vielleicht nie halten kann.«
»Alte Unke«, lacht Bernd sorglos. »Was ist nur in dich gefahren?«
Ernst tritt an die Reling. Der Horizont ist diesig und verhangen. Die Dünung des Atlantik klatscht monoton gegen den Leib des Schiffes.
»Manchmal«, sagt Ernst leise, »manchmal fürchte ich, ich werde mein Ziel nie erreichen: ein wirklicher Spitzenfahrer zu werden, wie du!«
»Unsinn, Kleiner! Du bist doch in New York ganz prima gefahren und hast sogar 3500 Dollar Prämie kassiert!«

»Ein vierter Platz – und volle fünf Minuten hinter dir!« sagt Ernst. »Nennst du das prima fahren?«
Bernd zögert. Natürlich weiß er längst, daß seinem Freund der letzte, geniale Funke zum großen Fahrer fehlt.
»Hör mal, Ernstchen – du hast dein Abitur, dein Studium. Deine Eltern warten nur darauf, daß du ihren Betrieb in Plessa übernimmst. Du hast's doch gar nicht nötig, dich bei Autorennen herumzuschinden. Warum machst du nicht Schluß?«
Ernst von Delius zuckt die Achseln: »Ich glaube, wir alle müssen den Weg zu Ende gehen, der uns einmal vorgezeichnet ist . . .«
»Vielleicht hast du recht«, sagt Bernd nachdenklich. Aber gleich darauf lacht wieder sorglose Fröhlichkeit aus seinem Jungengesicht. »Und nun komm – wir wollen auf ein Wiedersehen in New York 1938 trinken!«

*

Ein paar Wochen später beim Training zum Großen Preis von Deutschland fährt Bernd Rosemeyer eine sagenhafte Rekordrunde auf dem Nürburgring: 9 Minuten 46,2 Sekunden! Das ist 18 volle Sekunden schneller als Caracciola, von andern Fahrern ganz zu schweigen.
Es ist mir klar: ich muß meinem alten Caratsch mit andern Mitteln unter die Arme greifen. Ich beschließe einen psychologischen Feldzug gegen Bernd Rosemeyer. Denn auch Ärger macht den Gegner mürbe!
Der blonde Bernd tappst schon gleich darauf ahnungslos in meine erste Falle.
»Na, Kinder!« kommt er strahlend an unsere Box. »Da staunt ihr, was? So eine Zeit soll mir erst mal einer nachmachen!«
»Pah!« sage ich und winke voll Verachtung ab. »Solche Zeiten schütteln wir nur aus dem Handgelenk!«
»Was!« fährt Bernd auf. »2000 Mark zahle ich jedem auf die Hand, der eine Runde unter 9:50 fährt.«
»Die Wette gilt!« sage ich und blinzele Lang verstohlen zu. »Los, Hermännle, fertig machen!«
Lang fegt los, als gelte es das Leben. Die Stoppuhr tickt. Schon jubelt Langs Kompressor von der Hohen Acht herab, schon flitzt er heran . . .
»Es langt für Lang!« brülle ich und drücke auf die Uhr – absichtlich ein wenig zu früh. Dann halte ich sie Bernd unter die Nase. »Na, sehen Sie? 9:49!«
Bernd bleibt die Spucke weg. »Unmöglich! Das kann nicht stimmen!«
Er läuft zum Zeitnehmerturm, kommt gleich darauf zurück. »Natürlich! Ihre Uhr geht falsch! die offizielle Zeit ist nur 9:52,2!«
»So?« sage ich ungerührt. »Dann sind Sie noch einmal davongekommen. In Zukunft sollten Sie vorsichtiger mit Ihren Spargroschen umgehen!«
Wutschnaubend stapft Bernd von dannen. Der Pfeil hat gesessen.
Zwei Jahre später wird auch Hermann Lang einen unwahrscheinlichen Rekord auf der Nürburg fahren: 9:43,1 – und ganz ohne Schummeln. Aber da ist Bernd Rosemeyer nicht mehr unter uns . . .

Ich habe noch manches Mal den blonden Bernd gefoppt und bis zur Weißglut hochgekitzelt – nur um ihm den Nerv zu rauben. Kein Wunder, daß er mich bald zu seinen größten Gegnern rechnet. Einmal klopft unser Direktor Sailer ihm nach einem Rennen anerkennend auf die Schultern: »Na, Bernd – im nächsten Jahr machen Sie mit Mercedes einen Vertrag, was?«
»Nee«, winkt Bernd ab. »Daraus wird nie etwas. Ihr Neubauer kann mich doch auf den Tod nicht leiden!«
Das Gerücht, ich hätte Rosemeyer nie leiden mögen, hat sich leider bis heute gehalten, jedoch ganz und gar zu Unrecht. Denn Bernd war mir ans Herz gewachsen, als wäre er einer von unserer eigenen Equipe gewesen. Ich habe diesem Jungen meine ganze Hochachtung entgegengebracht und habe oft manchen unserer Fahrer mit ihm verglichen, zu seinen Gunsten. Nur in einem Punkte war ich hart: ich war dagegen, Bernd für Mercedes zu ködern. Mein Standpunkt war klar: »Wir dürfen die Auto-Union nicht dadurch besiegen, daß wir ihr den besten Mann wegschnappen. Das schadet dem Konkurrenzkampf – und schmälert unsere eigenen Erfolge!«
So blieb ein Wunschtraum Bernds für immer unerfüllt: auch einmal in einem Mercedes-Silberpfeil über die Pisten zu brausen ...

ERFÜLLTE AHNUNGEN

Am 25. Juli 1937 ist es wieder einmal soweit: Großer Preis von Deutschland auf dem Nürburgring. 350 000 Menschen sind gekommen, um 10 deutsche Wagen gegen 16 Alfas, Maseratis und Bugattis siegen zu sehen.
Die Fahrer sitzen schon in den Wagen. Die Frauen warten in den Boxen. Diese letzten Minuten vor dem Start sind die schlimmsten für sie. Man ist sich greifbar nache – und doch schon unerreichbar fern, getrennt, vielleicht sogar für alle Zeiten ...
Paula Stuck legt ihre Stoppuhren zurecht. Elly Beinhorn starrt unverwandt hinüber zu Bernd. Ihm darf nichts passieren – gerade jetzt nicht, wo es bald eine »Familie« Rosemeyer geben wird. Baby Caracciola besänftigt Dackel Moritz, der eifersüchtig seine Zähne gegen ihr Maskottchen, den Affen Anatol, fletscht. Lydia Lang, mit den blanken Augen und dem gütigen Gesicht, hält ihre Handtasche umklammert wie einen Rettungsring.
Drüben, bei den Engländern und Franzosen, lassen ein paar braungebrannte Girls kokett die nackten Beine baumeln. Sie bringen viel Leben in die Boxen – und abends viel Geld in die Bars. Aber sie sind ein Dorn im treudeutschen Auge des Korpsführers Hühnlein. Und ausgerechnet heute hat er beschlossen, etwas gegen die »Weiberwirtschaft« zu unternehmen.
Bei der Fahrerbesprechung vorhin hat er eine gewaltige Predigt vom Stapel gelassen und gegen die »Abknutscherei« vor dem Start zum Rennen gewettert. »Die Fahrer sollten sich auf den Kampf konzentrieren«, fordert er, »anstatt in letzter Sekunde ihre Frauen und Bräute in den Arm zu nehmen und Zärtlich-

keiten auszutauschen. Und überhaupt: der deutsche Mann und die deutsche Frau küssen nicht in der Öffentlichkeit ...«

Mir schwant Böses, da ich die vielen finsteren Gesichter der Rennfahrer und ihrer Frauen sehe. Und tatsächlich – kaum zeigt sich Hühnlein auf der Tribüne, da springen wie auf ein Kommando alle Fahrer aus ihren Wagen und sprinten über den Startplatz zurück zu den Boxen. Caracciola und Rosemeyer, Stuck und Lang und alle anderen. Sie greifen sich ihre Frauen und küssen sie lange und stürmisch ... Das Volk auf den Tribünen rast vor Begeisterung über diese »spontane Kundgebung«. Von Korpsführer Hühnlein aber ist plötzlich weit und breit nichts mehr zu sehen.

Wir lachen – doch das Lachen soll uns bald darauf vergehen. Unsichtbar steht der Tod unter uns, um sein nächstes Opfer zu holen.

Es ist in der 7. Runde, an der Antoniusbuche, am Beginn der großen Geraden, wo die Wagen mit 260 Stundenkilometern dahinfegen. Dick Seamans Mercedes erreicht die Gerade, und dicht dahinter der Auto-Union-Wagen von Delius. Der »Kleine« hat von der Box aus das Zeichen zum Halten bekommen, um Reifen zu wechseln. Da, knapp zwei Kilometer vor der Box, macht er etwas völlig Unbegreifliches: er versucht Dick Seaman zu überholen! Es ist ein sinnloses, ein wahnwitziges Manöver, denn Sekunden später wird er doch wieder bremsen und Seaman vorüberlassen müssen, um an der Box zu halten.

Und doch – er greift an! Die Wagen liegen nebeneinander, fegen mit rasender Fahrt die Gerade entlang, werden plötzlich wie von einer unsichtbaren Kraft zusammengezogen, berühren sich ... ein Krachen, ein Bersten ... die Wagen schnellen auseinander, der eine nach rechts, der andere nach links ... 400 Meter weit schleudert der Auto-Union-Wagen, überschlägt sich zwei-, dreimal, rasiert 50 Meter weit mannshohe Zaunpfähle ab und landet krachend auf einer Wiese.

Auf der anderen Seite hebt sich der Mercedes von Seaman wie ein Flugzeug in die Luft, dreht sich um die eigene Achse, landet rückwärts wieder auf den Rädern, rollt aus und bleibt quer zur Bahn stehen. Dick ist aus dem Sitz geschleudert worden, landet mit dem Gesicht zuerst auf dem Beton, springt sofort auf, schiebt den schweren Wagen mit Hilfe zweier Posten von der Strecke, noch bevor der nächste Fahrer herangebraust kommt. Dann erst bricht er zusammen. Sanitäter tragen ihn fort. Es ist nur der Schock. Seine Verletzungen sind leicht: Bruch des linken Daumens und des Nasenbeins.

Aber wo ist Ernst von Delius? Man findet ihn neben dem umgestürzten Wagen, seltsam verrenkt, fast schlafend wie ein Kind. »Grüßt die andern«, murmelt er, als sie ihn in dem Ambulanzwagen heben. »Sie sollen sich keine Sorgen machen ... mir geht's gut ...«

Die Ärzte im Krankenhaus von Adenau notieren einen Bruch des Unterschenkels, zweier Rippen, eine Verletzung der Wirbelsäule und eine Gehirnquetschung! Ein Sonderflugzeug bringt ihn noch am selben Abend nach Bonn, in die Universitätsklinik. Aber es ist zu spät. Ernst von Delius wird den nächsten Tag nicht mehr erleben.

Bernd Rosemeyer hat in diesem Rennen kein Glück. Er führt zwei Runden lang, dann kommt er von der Bahn und verbeult eine Radkapsel an einem Begrenzungsstein. Mit zerfetztem Hinterreifen rollt er an die Box. Er verliert volle drei Minuten, bevor das verklemmte Rad gewechselt ist. Aussichtslos abgeschlagen liegt er an 12. Stelle, als er das Rennen wieder aufnimmt.

Jeder andere Fahrer hätte in dieser Situation resigniert, hätte aufgegeben oder den Wagen einem Nachwuchsfahrer überlassen – aber nicht Bernd Rosemeyer! Er fährt weiter, wie besessen. Er fährt fast jede Runde unter zehn Minuten – schneller als alle andern. Er kommt wieder von der Bahn, reißt einen Heustadel um und – fährt weiter. Er muß noch zweimal Reifen wechseln, verliert erneut Sekunden, und holt wieder auf. Er fährt vielleicht das tapferste Rennen seines Lebens. Bis auf den dritten Platz kämpft er sich vor, aber es langt nicht mehr zum Sieg.

Ein anderer fährt keine Rekorde. Aber er fährt gleichmäßig wie eine Uhr, kühl und berechnend, mit kluger Taktik, verschenkt keinen Millimeter Boden in den Kurven, schont Reifen und Motor und gewinnt – Rudolf Caracciola. Er legt den Sieg im Großen Preis von Deutschland 1937 seiner blonden Baby nachträglich auf den Hochzeitstisch – genau wie im vergangenen Jahr Bernd Rosemeyer seiner Elly. Es war der 10. Große Preis von Deutschland. Fünf dieser Rennen hat Mercedes gewonnen – und alle fünfmal war Caracciola der Fahrer unserer Wagen.

Am nächsten Morgen sitzt Bernd Rosemeyer auf dem Rand seines Bettes im Hotelzimmer und weint wie ein Kind. Er weint um seinen besten Freund, Ernst von Delius. Die Todesnachricht ist soeben aus Bonn übermittelt worden.

*

Rudi und Baby verbringen ihre Flitterwochen daheim in ihrer schönen Villa am See von Lugano. Aber es gibt einen Mann, in dem Eifersucht und Haß wüten: Louis Chiron.

Gewiß – Baby und Rudi hatten mit offenen Karten gespielt. Und er, Chiron, hatte großzügig auf Baby verzichtet, hatte sich vielleicht sogar in der Rolle des selbstlosen Kavaliers gefallen. Aber dann, nach der Trennung, war die Ernüchterung gekommen. In Louis waren Erinnerungen wachgeworden an jene Jahre, die er glücklich mit Baby verbracht hatte. Warum hatte er sie gehen lassen? Warum hatte er sie nicht geheiratet? Chiron sucht nicht den Fehler bei sich selbst. Er sucht ihn bei Baby und Rudi. Und er sinnt auf Rache . . .

Es ist in Monte Carlo, der Heimatstadt von Louis Chiron, und wir schreiben den 8. August 1937. Es geht um den Großen Preis von Monaco. Es gibt einen Kampf über hundert Runden zwischen Caracciola und Manfred von Brauchitsch, dem ewigen Pechvogel unseres Stalls.

So wütend sind die beiden ineinander verbissen, daß sie meine Zeichen nicht mehr beachten. Rad an Rad fegen sie durch die Kurven. Wenn bloß die Motoren durchhalten! Ein Glück nur, daß die Auto-Union an diesem Tag nichts zustande bringt. Bernd Rosemeyers Zylinder blockieren, Hasse knallt gegen eine Mauer und Stuck hat Ärger mit den Bremsen.

Mal führt Caratsch, mal Brauchitsch. Dann muß Rudi halten – und Manfred gewinnt fast eine volle Runde. Doch Rudi gibt sich nicht geschlagen. Er fährt eine Rekordrunde nach der andern, aber er kommt nicht an Brauchitsch vorbei. Es ist, als ahne Brauchitsch jeden Angriff Caracciolas schon vorher.
Was ich nicht wissen kann: hinter einer Kurve hockt ein Mann im eleganten Zweireiher und signalisiert Manfred stets den Abstand zu Caratsch. So weiß Manfred immer, wann es wieder Zeit ist, aufs Gaspedal zu treten ... Der Signalgeber ist – Louis Chiron, der sich geschworen hat, Rudi den Sieg in diesem Rennen zu vermasseln.
Seine Rechnung geht auf. Manfred von Brauchitsch rettet sich um Haaresbreite ins Ziel, und Chiron herzt und küßt ihn vor Begeisterung wie einen Bruder. Es war seine Art, sich an Rudolf Caracciola für den Verlust von Baby zu rächen.
Louis Chiron verschwindet von diesem Zeitpunkt an von den internationalen Rennstrecken.
Jahre vergehen. Es ist im Sommer 1939. Kriegswolken stehen am Horizont. Immer unerträglicher werden die Spannungen. Am 25. August läutet in der »Casa Scania«, der Villa Caracciolas in Lugano, das Telefon. Baby nimmt den Hörer ab. Sie erschrickt, als sie die Stimme erkennt ... Louis Chiron.
»Baby«, sagt er, »du weißt, was heute für ein Datum ist?«
»Ja«, sagt sie. »Ich weiß – dein 40. Geburtstag, nicht wahr?«
»Ja, und ich habe zu diesem Tag einen Wunsch. Ich möchte dich einmal wiedersehen ... dich und auch Rudi, ja?«
Sie sehen sich wieder, in Mailand, in einer romantischen Taverne. Und für eine lange, herrliche Nacht ist alles wieder schön wie einst.
Tage später kommt Chiron nach Lugano. Er ist blaß und erregt. »Ich bin gekommen, um Abschied zu nehmen«, sagt er. »Ich habe meinen Gestellungsbefehl bekommen.« Dann sagt er: »Du bist Deutscher, Rudi und ich bin Franzose. Es wird Krieg geben zwischen unseren Völkern. Aber wir beide, Rudi, du und ich, wir sollten vorher unsern Frieden schließen.«
Er streckt Rudi die Hand entgegen. Rudi drückt sie lange und fest.
Der Krieg geht zu Ende. Eines Tages werden wieder Autorennen veranstaltet. Da taucht auch der Name Louis Chiron wieder auf. Er ist alt geworden, sein Haar ist gelichtet – aber er zeigt immer noch, was für ein großer Fahrer in ihm steckt. Er gewinnt zweimal den Großen Preis von Frankreich, bei starker Konkurrenz. Er findet sein Glück mit einer jungen, hübschen Frau. Noch heute aber kann es geschehen, daß spät in der Nacht das Telefon in der »Casa Scania« in Lugano schrillt und Louis Chiron sich meldet, aus irgendeinem Bistro zwischen Mailand und Monte Carlo.
»Ach, Baby«, pflegt er dann zu seufzen, »ich wollte nur noch einmal deine Stimme hören. Ich kann dich nicht vergessen. Warum hab ich dich damals gehen lassen ... warum ...?«

ROSEMEYERS LETZTE FAHRT

Das Rennen von Brünn um den Masaryk-Grand Prix 1937 bringt wieder einen Höhepunkt im Duell Caracciola—Rosemeyer. Da führt der kalte Nervenkrieg fast zu einer handfesten Prügelei zwischen dem dicken Neubauer und dem guten Bernd.

Die Strecke in Brünn ist 29 Kilometer lang und voll tückischer Kurven. Sie führt durch enge Ortsdurchfahrten, durch Dörfer und Städtchen, und über lange Abschnitte ist sie so schmal, daß jeder Überholversuch nach Selbstmord riecht. Am Start stehen die Wagen so dicht nebeneinander, daß es mich schaudert: kaum dreißig Zentimeter trennen einen von dem andern.

Und dann — die Organisation! Mir sträuben sich die Haare, wenn ich sehe, wie sich die Zuschauer da dicht am äußeren Kurvenrand niederlassen, als wollten sie einem Seifenkistl-Rennen beiwohnen und nicht einem Kampf, bei dem es mit 200 Stundenkilometern durch die Kurven geht! Die Lautsprecher plärren zwar Warnungen in die Luft, aber niemand kümmert sich darum, und Absperrungen gibt es kaum. Ich habe böse Ahnungen. Und diese Ahnungen werden, eher als mir lieb ist, zu einer entsetzlichen Wirklichkeit.

Es kommt noch hinzu: daß wir als Deutsche hier, in der Tschechoslowakei, in jenen spannungsreichen Zeiten alles andere als beliebt sind und nicht gerade freundlichen Blicken begegnen.

Wie ich befürchtet habe, geht in diesem Rennen von Anfang an eine ganze Menge schief. Zwischen mir und Caracciola und Brauchitsch gibt es Krach wegen der Startplätze, ja es entsteht sogar eine geheime Verschwörung gegen mich, von der ich erst sehr viel später erfahren werde.

Rosemeyer erwischt wieder einmal den besten Start. Die Motoren der Auto-Union sind elastischer, ziehen schneller an als unsere, daran gibt's nichts zu rütteln. Caracciola macht sich auf die Verfolgung. Und dann gibt es einen Zwischenfall nach dem andern.

Hermann Lang stürzt. Sein Wagen tötet zwei Zuschauer.

Paul Pietschs Maserati gerät in Brand, aber der tapfere Mann kommt noch mit heiler Haut davon.

Nuvolari will den jungen H. P. Müller von der Auto-Union nach bewährter Methode aus der Kurve »schubsen«, aber diesmal kommt er selbst bei dem Manöver von der Bahn.

Und Rosemeyer, gehetzt von Rudi Caracciola, verliert ein bißchen die Nerven. Er riskiert zu viel und landet prompt im nächsten besten Kartoffelacker, ohne sich weh zu tun.

Ich reibe mir stillvergnügt die Hände, denn nun ist Caratsch und Mercedes der Sieg nicht mehr zu nehmen.

Oder doch . . .? Plötzlich kommt schwitzend ein Mann im zerfetzten Overall querfeldein gelaufen und wedelt schon von weitem mit den Armen: Bernd Rosemeyer!

Zwei Kilometer ist der Junge von der Unfallstelle bis hierher gelaufen. Und schon haben die Männer an der Box von der Auto-Union verstanden, schon

geben sie dem Nachwuchsfahrer Müller das Zeichen zu halten: Bernd Rosemeyer will den Wagen übernehmen.
Da hätten Sie den alten Neubauer sehen sollen! Ich scheuche die Monteure durcheinander, verlange nach Fahnen, nach Signalen. Ich muß Caracciola warnen, denn ich hab ihm doch bereits das Zeichen zum Langsamfahren, zum Motorenschonen gegeben. Er muß wissen, daß Rosemeyer wieder ins Rennen steigt.
Ich sehe auf die Uhr. Noch zehn Sekunden, dann wird Caracciola an den Boxen vorüberrauschen. Ich nehme die rote Fahne. Das heißt: »Feuer am Dach ... Volldampf voraus!«
Da — ein silberner Punkt schießt heran, wird größer, ich will den Arm heben ... was zum Teufel ist das?!
Jemand hält mich eisern fest, umklammert meine beiden Arme, ich kann mich nicht mehr rühren. Ich will mich losreißen, brülle vor Wut wie ein Stier. Schwups — ist der Caracciola schon vorbei.
Jetzt komm ich frei, fahre blitzschnell herum und blicke — in das lachende Gesicht von Bernd Rosemeyer.
»'tschuldigen Sie, Herr Neubauer«, ruft er und läuft schon hinüber zu seiner Boxe. »Das war Notwehr!«
Gleich darauf schwingt er sich in den Wagen von H. P. Müller und rauscht davon, dem ahnungslosen Rudi Caracciola auf den Fersen.
Rosemeyer fährt wie ein Irrer. Er schleudert um die Kurven, daß ich keinen Sechser mehr für sein Leben geben möchte. Er holt auf. Sekunde um Sekunde ...
Aber dann endlich kann ich Caracciola warnen. Jetzt legt der Rudi noch einmal los, fährt zügig wie gestochen seine Kurven, daß es ein ästhetischer Genuß ist, ihn dahinbrausen zu sehen.
Caracciola läßt Bernd keine Chance mehr. Er siegt. Zweiter wird mit knapper Mühe Manfred von Brauchitsch. Dichtauf folgt schon Bernd Rosemeyer, der Mann, der mitten im Rennen einen Dauerlauf zu Fuß absolviert hatte.
Ich kenne nur einen Fahrer in der Welt, der Ähnliches leistet. Dieser Fahrer heißt Rudolf Caracciola.

*

Caracciola ist schon damals so etwas wie eine Legende, wie ein Denkmal. Aber wie das so mit Denkmälern ist: Man staunt sie an, blättert in Katalogen, redet darüber — aber ansonsten lassen sie uns ein wenig kalt. Caracciola jedoch ist kein gewöhnliches Denkmal. Er ist ein Mensch aus Fleisch und Blut, wie Sie und ich, ein Mensch, dessen Leben übervoll ist an Glück und Tragik.
Er kämpft allein vom ersten Tag an, zuerst gegen die alten Recken Lautenschlager, Werner, Salzer und auch — gegen mich, den dicken Neubauer, damals, in den zwanziger Jahren, als er zum erstenmal zu Mercedes kommt, ein kleiner, unscheinbarer Autoverkäufer. Er kämpft allein, später, als er schon einen großen Namen hat, als Deutschland keine Rennwagen baut und sich Caracciola mit der gesamten Renn-Elite Italiens, Frankreichs und Eng-

lands herumschlagen muß — mit einem Alfred Neubauer als Schildgenossen. Und endlich kämpft er, wieder ganz allein, gegen die jungen Leute, die seinen Thron bestürmen — in erster Linie gegen Bernd Rosemeyer, aber auch gegen einen Hermann Lang und all die anderen.

Rudolf Caracciola ist kein »Held« wie Bernd Rosemeyer, der die Leuchtkraft eines ganzen Lebens in zwei, drei kurzen Jahren verstrahlen mußte. Aber es ist schwerer, sich seinen guten Namen über drei Jahrzehnte hinweg zu bewahren, in denen es an Niederlagen und Mißerfolgen nicht fehlen kann. Caracciola hat es also schwerer als der strahlende Bernd mit dem lachenden Jungengesicht, der zum Idol einer ganzen Generation werden sollte.

So verrückt es klingt: Der Rheinländer Caracciola hat es allein schon wegen seines vertrackten, italienisch klingenden Namens schwerer, der den Leuten längst nicht so geläufig über die Zunge geht wie etwa »Bernd Rosemeyer«. Die Berliner haben das gleich gemerkt. Und mundfertig wie sie nun mal sind, nannten sie ihn bald nur noch den »Caratsch«. Und dabei sollte es bleiben — ein ganzes Leben lang.

Im Jahr 1937 sind die Mercedes-Silberpfeile den Wagen der Auto-Union einwandfrei überlegen. Rudolf Caracciola übertrifft sich selbst. Er kassiert die Großen Preise am laufenden Band — und wird zum zweitenmal Europameister. Nur ein Mann stemmt sich verzweifelt gegen unsere Übermacht: Bernd Rosemeyer.

Bernd gibt sich nicht geschlagen. Als in Rennen kaum noch etwas zu gewinnen ist, setzt er sich in einen Stromlinienwagen der Auto-Union und fährt die schnellste Zeit, die je ein Mensch auf einer Autobahn gefahren ist. Bernd Rosemeyer erreicht als erster die sagenhafte 400-Stundenkilometer-Grenze. Er schraubt den Rekord für Meile und Kilometer mit fliegendem Start auf 406 km/h.

Noch ein letztes Rennen soll in diesem Jahr stattfinden, der Große Preis von Donington-Park in England. Noch einmal versammeln sich die Fahrer aus Europa zum großen Kampf.

Bernd muß Elly zu Hause lassen. Es wird bald Familienzuwachs geben. Für Bernd steht es fest: es wird natürlich ein Junge. Und mit der Stoppuhr in der Hand hört er die Herztöne des Kindes ab, weil jemand ihm gesagt hat, daß man so das Geschlecht ermitteln könne . . .

Elly bringt Bernd zum Flugplatz nach Tempelhof. Es ist das erstemal seit langer Zeit, daß er allein zu einem Rennen fliegen wird.

»Ich habe eine Überraschung für dich in London«, sagte Elly, als sie schon an der Gangway stehen. »Jemand wird dich am Flugplatz erwarten. Eine Frau, die dir einmal fast zu gut gefallen hat . . .«

Bernd lacht. »Kay Petre, nicht wahr?«

»Ja«, sagt Elly. »Deine Freundin aus Südafrika!«

Elly spürt einen winzigen Stich in der Herzgrube, als sie die unverhohlene Freude Bernds bemerkt. Und fast bereut sie schon das Telegramm, das sie heimlich an Kay geschickt hat. Aber Bernd soll in England nette Gesellschaft haben, wenn sie selber schon nicht mit dabei sein kann.

»Geht hübsch aus miteinander — und trinkt ein Gläschen auf mein Wohl!« ruft Elly ihm nach. »Aber vergiß nicht, mich anzurufen, wenn du gut gelandet bist!«

Bernd winkt ihr lachend zu. Minuten später ist die schwere Ju 52 am diesigen Oktoberhimmel verschwunden.

Elly wartet den ganzen Abend auf Bernds Anruf. Vergebens. Es wird zehn Uhr, es wird Mitternacht. Elly findet keinen Schlaf, sie läßt kaum einen Blick von dem kleinen, schwarzen Apparat auf dem Tisch neben der Couch. Warum bloß ruft Bernd nicht an?

Endlich, gegen ein Uhr morgens schrillt das Telefon. Elly hört Bernds Stimme.

»Warum rufst du erst jetzt an?« fragt sie. »Ich habe den ganzen Abend gewartet . . .«

»Tut mir leid«, sagt Bernd. »Da war eine technische Störung . . .«

»Technische Störung nennt man das? Wollen wir die Dinge nicht beim richtigen Namen nennen, etwa — Kay Petre?«

Einen Augenblick Stille.

»Kay Petre?« sagt Bernd nach einer kleinen Pause. »Ich habe sie gesehen . . . aber frag nicht wie!«

Und Bernd berichtet. Kay war nicht am Flugplatz. Sie war nicht zu Hause. Sie hatte Ellys Telegramm überhaupt nicht erhalten. Die schöne Kay war 24 Stunden zuvor bei einem Rennen auf der Brooklands-Bahn schwer gestürzt. Und nun lag sie auf Leben und Tod in einem Londoner Hospital.

»Ich war bei ihr«, sagt Bernd. »Sie hat mich nicht erkannt. Sie ist noch immer bewußtlos. Sie hat schwere Kopfverletzungen. Das Gesicht ist ganz in Bandagen gehüllt. Ich habe ihr Blumen gebracht — das war alles . . .«

Bernd Rosemeyer gewinnt das Rennen in Donington-Park vor Brauchitsch und Rudolf Caracciola. Er nimmt den Siegeskranz und die Blumen, die man ihm schenkt, und bringt sie in das Londoner Hospital, stellt sie schweigend neben das Bett von Kay Petre, die noch immer mit dem Tode ringt.

»Auf Wiedersehen«, sagt Bernd leise, als er das Zimmer verläßt. »Auf Wiedersehen, Kay.«

Bernd Rosemeyer ahnt nicht, daß es nie ein Wiedersehen mit Kay Petre geben wird — und daß er ihr die Blumen des letzten Sieges seines Lebens schenkte.

*

Junge Menschen haben taube Ohren für die Mahnungen des Schicksals, und auch Bernd ist zu jung, zu lebensfroh, um düstere Ahnungen zu haben. Es gibt andere Dinge, die all sein Denken in Anspruch nehmen. Da ist die neue elegante Wohnung in der stillen Bayernallee in Berlin-Westend. Da sind die zwei Flugzeuge und drei Autos, die nun schon zum Hausstand der Familie Rosemeyer gehören: Ellys »Taifun« und Bernds »Klemm«-Sporteinsitzer. Eines aber läßt Bernd in jenem Herbst 1937 keine Ruhe finden: die bevorstehende Ankunft eines »Dritten im Bunde«.

Am 12. November 1937 wird Bernd Rosemeyer junior geboren. Und Bernd

senior findet kaum Worte vor Glück, als er den winzigen Siebenpfünder in den Armen hält.
»Du hättest auch noch einen Tag warten können, mein Sohn«, sagt er in einer feierlichen Begrüßungsrede. »Der 13. wäre dann ein doppelter Glückstag für deine Eltern gewesen . . .«
Bernd junior ist ganz der Papa: Kopfform und Gesichtsausschnitt, die noch etwas spärlichen blonden Härchen, und vor allem die großen, dunkelblauen Augen. Am 30. Dezember ist Taufe. Tazio Nuvolari, Italiens größter Rennfahrer, kommt eigens aus dem Süden, um als Pate zu amtieren.
Silvester feiern Bernd, Elly und Tazio im Hotel »Esplanade«, machen einen Bummel durch die Bars am Kurfürstendamm und landen schließlich in der Wohnung ihres Freundes Ernst Udet. Es geht sehr feucht und sehr fröhlich zu. Udet zeigt eins seiner Meisterstücke: er jongliert mit fünf Schnapsgläsern und — wirft sie mit dem Glockenschlag zwölf alle an die Wand.
»Prosit Neujahr!« ruft er. »Diese Scherben sollen uns allen Glück bringen!«
Elly küßt erst das Photo ihres Jüngsten, der daheim selig in seiner Wiege schlummert, und dann küßt sie auch ihren großen Bernd.
»Komm«, sagt er. »Jetzt tanzen wir ins neue Jahr hinein. Es muß uns sehr viel Schönes bringen!«
Wenige Tage später läutet das Telefon in Rosemeyers Wohnung. Es ist ein Ferngespräch aus Zwickau, und Rennleiter Dr. Feuereissen meldet sich.
»Wissen Sie das Neueste?« sagt er. »Mercedes hat einen neuen Wagen fertiggestellt, und Caracciola soll in Kürze einen Angriff auf Ihren Weltrekord unternehmen!«
»Jetzt mitten im Winter? Ich denke, die Oberste Nationale Sportbehörde will diese Fahrten nur noch im Rahmen der offiziellen Rekordwoche im Herbst zulassen?«
»So steht's auf dem Papier«, sagt Feuereissen. »Aber von Untertürkheim führt über Direktor Werlin ein guter Draht nach Berlin, in die Reichskanzlei. Ich nehme an, Korpsführer Hühnlein hat sich breitschlagen lassen! So leid es es mir tut, aber jetzt müssen auch wir wieder ran. Auf keinen Fall dürfen wir zulassen, daß uns Mercedes kurz vor Eröffnung der Auto-Ausstellung die Rekorde wegschnappt. Das wäre ein Reinfall für die Werbung.«
»Schön«, sagt Bernd. »Aber was wollen wir tun? Einen neuen Wagen bauen? Dazu ist es jetzt zu spät.«
»Wir haben Versuche gemacht. Wenn wir dem alten Rekorwagen eine neue Stromlinienverkleidung geben, könnte er gut um 30 Stundenkilometer schneller sein.«
»Hm . . . wenn Sie erwarten, daß ich Ihnen vor lauter Freude um den Hals falle, irren Sie sich. Ein Duell mit Caratsch bei 400 Sachen — das ist kein Kinderspiel!«
»Ich weiß. Aber Sie dürfen uns jetzt nicht im Stich lassen, Bernd!«
»Ein Rosemeyer hat noch nie gekniffen«, sagt Bernd. »Anruf genügt — und er fährt Weltrekord!«
Dieser Anruf kommt am 25. Januar 1938. Zwei Stunden später trennen sich

Elly und Bernd. Sie fährt nach Sachsen zu einer lange arrangierten Vortragsreise, die sie nicht mehr absagen kann. Er aber fliegt nach Frankfurt, wo der Rekordwagen schon auf ihn wartet. Es ist ein Abschied wie tausend andere. Mit einem kleinen, traurigen Lächeln und einem innigen Kuß. Ein Abschied ohne Tränen und — ohne Ahnungen ...

*

Unsere Rekordversuche im Oktober 1937 waren wenig glücklich verlaufen. Damals hatte sich unser Mercedes-Wagen bei einer Geschwindigkeit von 400 Stundenkilometern in die Luft gehoben wie ein Flugzeug. Wir mußten aufgeben. Unsere Konstrukteure ließ diese Schmach nicht ruhig schlafen. Sie machten Versuche im Windkanal, verbesserten die Stromlinie und sie kamen auf eine geniale Idee: um den Luftwiderstand zu verringern, bauten sie die Kühleröffnungen zu.

Ein Motor ohne Kühlung? Bei dieser Geschwindigkeit? Das gibt doch festgefressene Kolben und durchgebrannte Ventile. Nun, wir ersetzten den Kühler durch einen großen Kasten, der mit einem halben Kubikmeter Eis gefüllt wurde. Durch diesen »Eisschrank« wurde das heiße Kühlwasser geleitet und wieder auf die richtige Temperatur gebracht. Da unser Rekordversuch nur über die Meile und den Kilometer mit fliegendem Start gehen sollte, brauchten wir nicht zu befürchten, daß das Eis in dieser kurzen Zeitspanne ganz schmelzen würde.

27. Januar 1938: Ich bin bereits in Frankfurt. Bei mir ist Rudolf Caracciola, der den Wagen fahren soll, und, für alle Fälle, als Ersatzmann Manfred von Brauchitsch. Unser Hotel gleicht einem Stabsquartier vor der Schlacht. Offiziere der Wehrmacht, Führer des NSKK, Vertreter der ONS und Zeitnehmer wimmeln durcheinander. Natürlich ist auch die Presse alarmiert. Militär steht bereit, um die Strecke abzusperren. Telefonleitungen sind gelegt und die elektrische Zeitmessung ist vorbereitet.

Nur einer spielt nicht mit: der Wettergott. Seit Tagen fegt ein kalter Wind über die Rheinebene, und eine tückische Glatteisschicht bedeckt die Autobahn. Da kann man kaum mit 40 Stundenkilometer fahren, geschweige denn mit 400 ... Die Strecke an sich ist ideal für unsere Versuche. Schnurgerade und tief zwischen Waldungen und Böschungen eingelagert. Nur an einer Stelle gibt eine trichterförmige Schneise dem gefährlichen Seitenwind eine Chance. Das ist bei der Zufahrt Langen-Mörfelden, am Kilometer 9,2 ... Aber — wer wird schon bei Seitenwind Rekordversuche machen?

Am Nachmittag besuche ich noch einmal den Wetterdienst auf dem Flughafen Frankfurt am Main. Der Meteorologe kommt mir mit den letzten Wettermeldungen entgegen.

»Die Lage ist günstig!« sagt er. »Wir erwarten heute nacht einen Föhneinbruch. Gegen fünf Uhr morgens dürfte die Bahn eisfrei sein, gegen sieben Uhr abgetrocknet.«

»Großartig, dann können wir ja morgen starten!«

»Ja«, sagte er, »aber Sie müssen sich beeilen. Ab neun Uhr früh müssen wir mit Aufkommen von heftigen Winden rechnen. Die weitere Entwicklung ist ungewiß.«

Minuten später hänge ich am Telefon und spreche mit unserem Direktor Sailer in Untertürkheim, wo die Monteure noch fieberhaft arbeiten, um unserem Wagen den letzten Schliff zu geben. »Der morgige Tag bietet die große Chance!« sage ich. »Wir haben allerdings nur zwei Stunden Zeit. Spätestens um 6 Uhr früh muß der Wagen startklar sein!«

Direktor Sailer überlegt einen Moment. Dann sagt er: »Wir können den Wagen bis gegen 2 Uhr morgens fertig haben. Dann schicken wir ihn mit Eiltransport hoch. Hoffentlich kommt er noch zurecht ...«

Von Schlaf kann für uns in dieser Nacht keine Rede sein. Nur Caratsch gähnt pünktlich wie die Uhr um zehn und legt sich seelenruhig ins Bett. Wir andern sitzen noch lange im Hotel, und ich greife tief und tiefer in die umfangreiche Mottenkiste meiner Anekdoten. Da kommt plötzlich Dr. Gläser, unser Rennarzt an den Tisch und meldet: »Gestern abend ist Bernd Rosemeyer im dichten Nebel auf dem Militärflugplatz Frankfurt gelandet ...«

Wenig später wird es zur Gewißheit: auch die Auto-Union will Rekordversuche machen.

Der Morgen des 28. Januar 1938 bricht herein. Frierend stehen ein paar Dutzend Männer auf der Autobahn und blicken in Richtung Süden. Wird der Wagen aus Stuttgart rechtzeitig kommen?

Kurz vor sieben Uhr trifft er ein. Der Wagen wird abgeladen und verschwindet sofort in einem großen Zelt, verborgen vor allen neugierigen Blicken.

Ich schiele verstohlen zu den Herren von der Auto-Union hinüber, die als »Späher« erschienen sind. Ich fange einen erstaunten Blick von Wilhelm Sebastian, dem technischen Rennleiter, auf.

»Gell, da staunen Sie!« sage ich triumphierend. »Nun möchten Sie gar zu gerne wissen, was dort im Zelt geschieht?«

»Das kann ich mir an den Knöpfen abzählen«, sagt Sebastian gelassen. »Kühler zu und Eis als Ersatz, nicht wahr? So helle sind wir in Sachsen auch!«

Mir verschlägt's die Sprache. Da haben also die Konstrukteure in Zwickau und Stuttgart unabhängig voneinander das gleiche Kolumbus-Ei gefunden!

8.10 Uhr. Caracciola drückt seine Zigarette aus. Er gibt Baby, die in einen dunklen Nerz gehüllt ist, einen letzten Kuß und streichelt Dackel Moritz. Dann steigt er in den Wagen.

»Alles fertig!« melden die Streckenposten. »Bahn ist frei!«

Ich klopfe Rudi noch einmal auf die Schulter. Die Haube aus Plexiglas wird über den Fahrersitz gestülpt. Der Motor heult auf.

8.20 Uhr. Der alte Dienemann, Rennleiter der ONS, gibt das Zeichen: »Achtung — Start!«

Der Wagen fegt davon. Wir blicken ihm nach. Wie ein silberner Punkt verschwindet er am Horizont, schneller, immer schneller. Nur das helle Singen des Kompressors steht noch in der Luft. Ich sehe auf die Uhr. Jetzt muß er die Meßstrecke erreicht haben.

Eine halbe Stunde später ist alles vorbei. Hin- und Rückfahrt haben geklappt. Rudolf Caracciola hat die Weltrekordmarke über Meile und Kilometer mit fliegendem Start für Mercedes zurückerobert. Er fährt 432 Stundenkilometer. Kein Mensch ist jemals so schnell über eine gewöhnliche Straße gebraust.
»Der Wagen ist zu hoch übersetzt«, erklärt er. »Ich komme viel zu schnell auf Touren. Mit einer anderen Übersetzung würde der Motor spielend 450 Sachen schaffen!«
»Gut«, sage ich. »Dann lassen wir ihn in unserer Frankfurter Werkstätte umbauen und versuchen es morgen noch einmal!«
Plötzlich drängelt sich ein junger Mann durch die Menge der Gratulanten. Er trägt einen sportlichen braunen Anzug und ein Tiroler Hütl keck auf dem rechten Ohr. Es ist Bernd Rosemeyer.
»Fein gemacht, Rudi!« strahlt er. »Wollte dir nur meinen Glückwunsch sagen. Aber nun bin ich wieder an der Reihe!«
»Du, Bernd«, sagt Rudi ernst, »an deiner Stelle würde ich bis morgen warten. Der Seitenwind ist ziemlich unangenehm!«
»Ach was«, lacht Bernd. »Mir kann nichts passieren. Man muß nur den inneren Schweinehund an die Kette legen!«
Er steigt in sein Horch-Coupé, um noch einmal genau die Strecke abzufahren. Wir kehren ins Hotel zurück, um gründlich zu frühstücken und unseren Rekord zu feiern. Aber ich finde keine Ruhe. Selbst meine traditionelle Morgenspeise — Schwarzbrot, Braunschweiger Mettwurst, Tee und Jamaika-Rum — will mir nicht munden. Meine Gedanken sind draußen, auf der Autobahn.
Manfred von Brauchitsch scheint diese Gedanken zu erraten. »Kommt«, sagt er. »Wir fahren wieder raus. Ich muß doch wissen, ob Rudis Rekord diesen Tag noch überlebt.«
10.30 Uhr. Bernd macht sich fertig zur ersten Probefahrt mit dem neuen Wagen. Wilhelm Sebastian gibt ihm die letzten Anweisungen: »Achte auf den Seitenwind in der Schneise!«
Man kann diesen Rekordwagen kaum noch lenken. Fast bis zur Erde herab zieht sich vor den Vorderrädern die Stromlinien-Verkleidung. Aber das will nichts bedeuten. Bei Geschwindigkeiten von über 400 Stundenkilometern legt der Wagen weit über 110 Meter in der Sekunde zurück. Da genügt ein Lenkradausschlag von wenigen Millimetern, um den Wagen aus der Bahn zu bringen oder die Richtung zu korrigieren. Wenn zu einer Korrektur überhaupt noch Zeit sein sollte . . .
Bernd macht seine erste Probefahrt. Er fährt den Wagen nicht voll aus. Die Uhren zeigen 430 Stundenkilometer an. Es sieht böse aus für Caracciolas frisch gebackenen Rekord.
»Na, wie war die Fahrt?« fragt Brauchitsch und tritt an Bernds Wagen heran. »Alles glatt?«
Bernd lacht verlegen, wie jemand, der gerade einer Gefahr entronnen ist, und sagt: »Junge, Junge, mich hat's an der Schneise bei Mörfelden ganz schön verrissen.«
Noch einmal Kerzenwechsel, Benzin wird nachgefüllt. Dann ist alles klar zum

Start. Sebastian blickt hinüber zum Flugplatz. Die schlauchartige Fahne auf dem Dach der Zeppelinhalle steht plötzlich steif im Wind.
»Mensch, Bernd«, sagt Sebastian. »Diese verdammten Böen gefallen mir nicht. Schau mal hinüber zu der Halle!«
»Eil dich!« sagt Bernd ungeduldig. »Wir dürfen keine Zeit verlieren!«
Sebastian zögert immer noch. »Bernd«, sagt er fast flehend. »Pfeif auf die ganzen Rekorde! Laß uns Schluß machen für heute. Morgen ist auch noch ein Tag!«
»Unsinn! Ich weiß, was ich tue!«
»Gut«, sagt Sebastian. »Wenn du unbedingt willst!«
Er steigt in seinen Wagen, um zum Ende der Meßstrecke vorauszufahren. Auch Dr. Feuereissen tritt noch einmal zu Bernd heran.
»Ich höre, daß wir bis zu 18 Meter in der Sekunde Seitenwind haben, Bernd, — wollen Sie's nicht lieber bleiben lassen?«
»Na, was denn«, sagt Bernd, »es gibt nur eine Stelle, wo der Wind gefährlich werden kann. Ich kenne sie genau. Ich brauche nur gegensteuern — dann kann gar nichts schiefgehen!«
Es ist kurz vor 12 Uhr am 28. Januar 1938, als der Motor des Rekordwagens der Auto-Union aufbrüllt und Bernd mit einem Blitzstart davonschießt. Ich stelle mich zu Dr. Feuereissen, der mit klammen Fingern den Hörer des Feldtelefons ans Ohr hält. Wir hören die Meldungen von der Strecke in kurzen Abständen: »Kilometer 3 . . . durch!« »Kilometer 7,6 . . . durch!« Das ist der Beginn der Meßstrecke. Jetzt hat Bernd weit über 400 Stundenkilometer drauf. Die nächsten Sekunden werden alles entscheiden.
»Kilometer 8,6 . . . durch!«
Pause.
Ich sehe, wie Dr. Feuereissen erregt die Lippen anfeuchtet.
Dann dieser Schrei: »Kilometer 9,2 — Wagen gestürzt!« Feuereissen wird kreidebleich. Er läßt den Hörer fallen, läuft hinüber zu seinem Horch. Aber der Motor will nicht anspringen.
»Nehmen Sie meinen Wagen, Doktor!« rufe ich. Er steigt ein. Mit Dr. Feuereissen fährt unser Rennarzt, Dr. Gläser und Ludwig Sebastian, Bernds Chefmonteur.
Inzwischen ist Wilhelm Sebastian auf der linken Fahrbahn vorausgefahren. Er gibt kräftig Gas, denn er weiß: Bernd würde ihn auf der fünf Kilometer langen Auslaufstrecke bestimmt wieder einholen. Aber Bernd überholt ihn nicht. Vergebens wartet Sebastian auf das Heulen des Kompressors. Hat man den Start verschoben? Ist es Bernd doch zu windig geworden?
Da ist der letzte Posten. Das Montagezelt, Benzinkanister und Eisblöcke zur Füllung des Kühlers stehen bereit. Sebastian hält. Ein Mann in brauner Uniform läuft ihm entgegen.
»Was ist los?« fragt Sebastian. »Ist der Wagen nicht gestartet?«
»Doch, aber es soll etwas passiert sein, bei Kilometer 9,2 . . .«
Sebastian jagt auf der Autobahn zurück. Zur Brücke von Langen-Mörfelden. Dort — die Schneise. Und dort — Sebastian ersarrt das Blut in den Adern —

dort liegen die Trümmer des Wagens, viele hundert Meter weit zerstreut. Verbogenes Blech, Teile der Karosserie — auseinandergefetzt wie Papier, und — am Damm der Brücke wie ein Geschoß in die Erde gebohrt, das völlig entblätterte Fahrgestell ...

Zwei Waldarbeiter kommen Sebastian entgegengelaufen. Ihre Gesichter sind blaß vor Schreck.

»Wo ist Rosemeyer?« brüllt Sebastian.

Der eine Arbeiter macht eine unbestimmte Handbewegung. »Herausgeschleudert ...«

Sebastian findet Bernd. Der Körper liegt halb an einen Baum gelehnt. Das Gesicht Bernds friedlich, die Augen weit geöffnet. Kein Blut, nichts.

Die Sonne bricht durch und zaubert ein Lächeln auf das blasse Antlitz. Ist Bernd nur bewußtlos?

»Bernd!« ruft Sebastian und kniet neben ihm nieder. »Bernd ... was ist?«

Aber Bernd antwortet nicht. Bernd wird nie wieder antworten. Bernd Rosemeyer ist tot.

Wir stehen am Startplatz herum, dumpf, betäubt, noch immer fassungslos.

»Was sollen wir machen?« fragt Brauchitsch. »Fahren wir hin?«

»Nein«, sage ich.

Ich habe viele Fahrer sterben sehen in meinem Leben — große und berühmte Männer, liebe Freunde und tapfere Gegner. Aber nie habe ich einen von ihnen angesehen, wenn er tot neben den Trümmern seines Wagens lag ... Ich wollte sie im Gedächtnis behalten, wie sie lebten. Und in meinem Gedächtnis leben sie noch heute weiter. Auch Bernd Rosemeyer.

Für mich ist der blonde Bernd mit dem lachenden Jungengesicht, mit den blitzenden Augen, dieser strahlende junge Siegfried und Draufgänger nie gestorben. Für mich hat er sich ganz einfach eines Tages in seinen silbernen Wagen gesetzt und ist davongefahren, einem unbekannten Ziel entgegen. Gestartet zu einer Fahrt, die wir alle einmal antreten müssen ...

*

Die Zeitungen bringen Extrablätter, der Rundfunk unterbricht sein Programm und gibt eine Sondermeldung durch. Es geht wie ein Lauffeuer durch ganz Deutschland: Bernd Rosemeyer ist tot!

Nur Elly Beinhorn weiß es noch nicht. Sie wartet in ihrem Hotel irgendwo in Sachsen ungeduldig auf Bernds Anruf. Er hatte versprochen, ihr sofort nach den Rekordversuchen telefonisch Nachricht zu geben.

Elly bemerkt nicht die Blicke, die ihr die Menschen zuwerfen, sie hört nicht das Tuscheln hinter ihrem Rücken. Sie denkt an Bernd und wartet.

Endlich ... »Frau Rosemeyer — bitte ans Telefon!« ruft der Page aus. »Ferngespräch aus Frankfurt!«

Elly nimmt den Hörer ab. »Hallo, Bernd — bist du's?«

Ein Räuspern. »Nein ... hier spricht Eberan ...«

»Sie, Direktor? Warum kommt Bernd nicht an den Apparat?«

»Bernd ... Er kann nicht ...«
»Warum denn nicht?« Plötzlich fühlt Elly den Boden unter ihren Füßen wanken. »Um Gottes willen ... sagen Sie ... ist etwas geschehen? Ein Unfall? So antworten Sie doch!«
Der Direktor stammelte ein paar Worte, die Elly nicht versteht. Dann hört sie ein Knacken in der Leitung. Als sie aus der Zelle stürzt, sieht sie die Gesichter der Menschen und begreift ...
Ein Sonderflugzeug bringt Elly noch am gleichen Abend nach Frankfurt. Wilhelm Sebastian erwartet sie am Flugplatz. Er wagt ihr kaum in die Augen zu sehen. »Es tut mir so unendlich leid ...« flüstert er heiser. »Wir hätten ihn nicht starten lassen sollen ...«
»Kein Wort darüber, Bastl«, sagt Elly. »Ich weiß — es ist nicht eure Schuld. Die Verantwortung trägt allein jener Mann, der mitten im Winter diese wahnwitzigen Versuche zugelassen hat ...«
Sie nennt keinen Namen. Sebastian aber weiß, wen Elly Beinhorn meint. Sie meint den Korpsführer des NSKK, Major a. D. Hühnlein.
Sebastian reicht Elly ein kleines Päckchen. »Das hat mir Bernd zur Aufbewahrung gegeben.«
Es ist Bernds Brieftasche, mit dem Photo seines Jungen. Und es ist der Ehering, den er vor jedem Rennen ablegte, weil er fürchtete, damit am Steuer hängen zu bleiben.
Elly steckt das Päckchen ein. »Wo ist er?«
»Die SS hat ihn in ihrer Dienststelle aufgebahrt«, sagt Sebastian.
»Ich will zu ihm«, sagt Elly. »Aber nicht gleich. Fahr mich ein wenig durch die Stadt, Bastl ... Ich brauche Zeit ...«
Sie fahren lange durch das abendliche Frankfurt. Sebastian starrt unverwandt auf die Straße. Er wendet keinen Blick. Auch dann nicht, als er neben sich ersticktes Schluchzen hört. Dann, nach einer Ewigkeit, fühlt er eine Hand auf seinem Arm. »Komm«, sagt Elly. »Fahr mich hin ...«
Bernd ist in einem großen, leeren Raum aufgebahrt. Zwei Männer in schwarzer Uniform halten die Totenwache. Ein Blumenmeer umgibt den Mann, der wie schlafend in dem offenen Sarg liegt. Der rötliche Schein der Fackeln zuckt über das bleiche Gesicht.
Elly will allein sein. Sie will ohne Zeugen Abschied nehmen von ihrem Bernd, von der größten Liebe ihres Lebens. Die Männer warten draußen, vor der Tür. Da ist Direktor von Eberan, da ist Wilhelm Sebastian und auch sein jüngerer Bruder Ludwig, Bernds Chefmechaniker. Als Elly Beinhorn nach einer Viertelstunde aus dem Totenzimmer kommt, sieht Sebastian, daß der Sarg geschlossen ist ...
Tausende säumen die Straßen Frankfurts, als Bernd Rosemeyers Sarg am nächsten Tag zum Bahnhof geleitet wird. Und Tausende stehen stumm, mit entblößtem Haupt, als der Trauerkondukt tags darauf quer durch Berlin zum Waldfriedhof Dahlem führt.
Alle sind gekommen, die ihn kannten und liebten. Die Rennfahrer im weißen Overall, mit schwarzem Trauerflor: Caracciola und Brauchitsch, Lang, Stuck

und all die andern. Um das Grab stehen Minister und Offiziere, der Generaloberst Udet, der Verkehrsminister Dr. Dorpmüller. Neben Elly steht Bernds Vater, und auch sein Onkel, der spätere Erzbischof von Osnabrück.
Auch Korpsführer Hühnlein ist zur Stelle.
»Wenn Hühnlein kommt und spricht«, so hatte Elly Beinhorn vorher zu Sebastian gesagt, »dann gibt es einen Skandal! Dieser Mann ist an allem schuld ...«
Hühnlein spricht! Seine rauhe Stimme hallt durch die kleine Kapelle. Aber plötzlich begegnet er Ellys Blick. Er wird unsicher, bricht mitten im Satz ab und tritt vom Podium zurück ... Später will er Elly sein Beileid ausdrücken und ihr die Hand reichen. Aber sie wendet ihm brüsk den Rücken zu.

*

Wenige Tage später treffe ich am Stuttgarter Hauptbahnhof zufällig Professor Porsche.
»Hallo, Herr Neubauer!« sagt er und zieht aufgeregt ein Photo aus der Tasche. »Was sagen Sie dazu? Das ist doch Wahnsinn — den Bernd mit einem verbeulten Wagen auf Rekordfahrt zu schicken! Kein Wunder, daß ein Unglück geschah!«
Ich sehe das Bild. Mir verschlägt es fast die Sprache. Tatsächlich: ganz deutlich kann man erkennen, daß die Flanken des Wagens völlig verbogen und eingebeult sind.
»Das verstehe ich nicht«, sage ich. »Ich habe den Wagen doch noch kurz vor dem Start gesehen — da war er einwandfrei!«
»Vor dem Start«, sagt Porsche. »Aber dieses Bild ist offensichtlich nach dem Start aufgenommen. Da könnte der Luftdruck schon eingewirkt haben ...«
Das Photo geht durch die Presse, und schwere Vorwürfe werden gegen die Auto-Union erhoben.
»Das Photo ist eine Fälschung!« schwört Sebastian. »Der Wagen hatte keinen Kratzer, als er startete!«
Auch andere können das bezeugen. Sebastian gelingt zwar der Nachweis, daß das fatale Bild wenige Sekunden nach dem Start aufgenommen wurde, als der Wagen noch ganz niedrige Geschwindigkeit hatte. Aber die Gerüchte wollen nicht verstummen, man habe Bernd Rosemeyer leichtsinnig in den Tod gejagt.
Die Auto-Union entschließt sich zu einem Experiment. Sie läßt die Karosserie des Unglückswagens noch einmal nachbauen und führt sie an einem regenfeuchten Tag der Presse vor. Die Reporter schießen ihre Bilder — und erkennen: die vermeintlichen »Beulen« sind auch auf dieser, nachweislich einwandfreien Karosse zu erkennen. Es handelt sich um Reflexe auf der spiegelglatt polierten Metalloberfläche ...
Es gibt viele Theorien für die Ursachen von Rosemeyers Todessturz. So entdeckt eine englische Zeitung auf einem andern Photo Bremsspuren. Sie behauptet: ein Klassefahrer wie Rosemeyer hätte gewußt, daß bremsen bei einer

solchen Geschwindigkeit glatter Selbstmord wäre. Er hätte nicht gebremst. Also könnten die Bremsspuren nur eine Ursache haben: die Kolben des Motors hätten sich festgefressen und damit die Hinterräder blockiert.
Aber das ist kaum anzunehmen. Denn hätte der festgefressene Motor die Hinterräder blockiert, dann wäre die Gummischicht auf den Reifen in Sekundenbruchteilen abradiert gewesen. Ich habe die Reifen gesehen. Sie waren einwandfrei.
Wilhelm Sebastian setzt alle Hebel in Bewegung, um die Ursache für den Todessturz herauszufinden. Er erhält die Genehmigung, die geheimen Wetterunterlagen des benachbarten Militärflugplatzes einzusehen und vergleicht die automatisch aufgezeichneten Windmessungen mit den elektrischen Zeitmessungen von Bernds letzter Fahrt. Und er bringt ein grausiges Spiel des Zufalls an den Tag: Genau in der gleichen Sekunde des 28. Januar 1938, als Bernd sich mit annähernd 450 Stundenkilometer der Schneise von Mörfelden näherte, trat eine plötzliche Seitenböe auf, die fast Orkanstärke hatte. Dieser Windstoß muß Bernds Wagen wie ein Spielzeug aus der Bahn geschleudert und den Sturz herbeigeführt haben!
Wäre Bernd nur den Bruchteil einer Sekunde früher oder später an die kritische Stelle gekommen — er hätte nicht sterben müssen. Aber Bernd war pünktlich beim Rendezvous mit dem Tod ...
Mit dieser Erklärung gibt man sich damals zufrieden. Nur einer glaubt nicht daran. Das bin ich – der dicke Neubauer.
Ich behaupte: Bernd Rosemeyer wußte, daß an der Brücke von Mörfelden Gefahr lauerte. Er war auf den Seitenwind gefaßt. Er wußte, daß er gegensteuern mußte. Das beweisen seine letzten Worte an Dr. Feuereissen vor dem Start. Ein genialer Fahrer wie Bernd hätte den Wagen mit Sicherheit abgefangen, wenn dieser Wagen nicht buchstäblich zerplatzt wäre!
Um das zu beweisen, muß ich ein wenig technisch werden. Aber auch der blutigste Laie kann meine Rechnung mit ein wenig gesundem Menschenverstand verstehen: Bernd fuhr 450 km/h, als er die Schneise erreichte. Bei dieser Geschwindigkeit beträgt der Luftwiderstand an der Stirnfläche des Wagens — günstige Stromlinienform vorausgesetzt — etwa 1000 Kilogramm pro Quadratmeter. Zu diesem Druck kam nun ganz plötzlich der Seitenwind mit einer Geschwindigkeit von etwa 18 Metern pro Sekunde hinzu – was einer zusätzlichen Belastung von 200 Kilogramm pro Quadratmeter entspricht. In diesem kritischen Moment wirkten also volle 1200 Kilogramm Druck auf den Quadratmeter Karosserie ein. Das ist mehr, als dünnes Aluminiumblech vertragen kann ...
Was geschah, muß sich im Bruchteil einer Sekunde abgespielt haben: die Karosserie gab dem Druck nach, beulte sich ein, verlor die Stromlinienform — und im gleichen Maße wuchs der Druck auf die eingebeulten, also nicht mehr stromlinienförmigen Stellen blitzschnell von 1000 auf über 1200 Kilogramm pro Quadratmeter an ... bis die Karosserie buchstäblich zerplatzte! Es war, als wäre der Wagen mit 450 km/h gegen eine Mauer geknallt. Gegen eine »Mauer«, die in diesem Fall aus Luft bestand.

Es gibt noch einen zweiten Beweis für die Richtigkeit meiner Theorie. Das seitliche Drehen des Wagens im Augenblick des Sturzes, und der Umstand, daß man das Fahrgestell 600 Meter vom Unfallsort entfernt fand — ohne die geringste Spur der Karosserie! In jedem andern Fall wäre zwar auch die Karosserie zerbeult und zerquetscht worden — aber zumindest große Teile doch am Fahrgestell hängen geblieben.
Für mich steht es heute fest: Bernd Rosemeyer mußte sterben wegen einer technischen Unzulänglichkeit. Alle Fahrkunst der Welt hätte ihn nicht retten können.

RIVALEN

Bernd Rosemeyer ist tot. Für Caracciola, Brauchitsch, Stuck und all die andern, geht das Leben, gehen die Rennen und die Kämpfe weiter.
Schon wächst ein neuer junger Mann heran, bereit, Bernd Rosemeyers Platz einzunehmen und den »großen Alten« den Kampf anzusagen, in deren Schatten er so lange gestanden hat. Dieser Mann wird in den nächsten zwei Jahren Rudolf Caracciolas schärfster Gegner sein. Eine Rivalität entsteht, die fast zur persönlichen Feindschaft wurde und die ein ganzes Leben lang anhalten sollte. Eine Rivalität, die auch mich in manchen ernsten Gewissenskonflikt stürzen sollte. Denn der neue junge Mann fährt nicht für die Konkurrenz, für Auto-Union oder Alf Romeo. Er fährt für — Mercedes-Benz.
Er heißt Hermann Lang.
Hermann Lang ist seit seinem sensationellen Sieg beim Rennen in Tripolis im Mai 1937 und drei Wochen später auf der Avus der »kommende junge Mann« unter den Rennfahrern.
Lang war 1933 als Motorenschlosser bei Daimler-Benz angestellt worden, erst in der Versuchsabteilung, dann in der Rennabteilung. Und als 1934 die neuen Silberpfeile zum erstenmal eingesetzt wurden, war auch das Hermännle dabei.
Er wurde »Kapo« der Monteurmannschaft des berühmten Italieners Luigi Fagioli. Hermann Lang kennt jede Schraube, jede Feder am Wagen. Er hat einen sechsten Sinn für jedes Geräusch am Motor. Er sieht die Stärken der großen Fahrer und auch ihre Schwächen. Es gibt nichts, was man dem Monteur Lang vormachen könnte.
Eines Tages hört der Meister Krauß zufällig eine Unterhaltung zwischen Lang und seinem Kumpel Zimmer, dem Chefmechaniker von Brauchitsch. Sie sprechen über Motorradrennen früherer Jahre.
»Moment mal, Lang«, unterbricht Krauß. »Sind Sie identisch mit dem Motorradfahrer Lang, der 1931 die deutsche Bergmeisterschaft für Beiwagenmaschinen gewonnen hat?«
»Ja«, sagt Lang. »Aber des isch lang her. Heut fahr i nimmer. Koi Zeit, Sie wisset ja. Und au koi Geld ...«

Krauß sagt nichts. Ein paar Tage später aber läßt er Lang in sein Büro kommen. »Es ist ein Jammer«, sagt er, »daß Ihr Fahrtalent ungenutzt verrostet. Wenn Sie Lust haben, schlage ich Sie der Direktion zu Probefahrten vor!«
Und ob Lang Lust hat!
Wer keine Lust hat, das bin ich, der dicke Neubauer. Da kann ja jeder kommen, der irgendwann einmal einen Silberlöffel gewonnen hat und behaupten, er sei der neue große Champion! Ich lasse Lang warten. Aber Meister Krauß gibt nicht nach, und eines Tages laß ich mir Lang in mein Büro kommen.
»Na«, sage ich herablassend, »da sind Sie ja! Habe gehört, Sie möchten gern Rennfahrer werden? Haben Sie denn keine Angst?
»Noi«, sagt Lang, und sein Kopf glüht wie eine Tomate im Abendrot. »Angscht han i koine.«
»Na schön«, sag ich. »Dann borgen Sie sich mal von Ihrer Oma 'ne alte weiße Unterhose, dazu 'ne Nachthaube und 'ne Brille, damit Sie wenigstens wie ein richtiger Rennfahrer aussehen!«
Bald darauf sollte mir der Spott jedoch vergehen. Da legt der Monteur Lang ein paar blitzsaubere Proberunden auf die Bahn von Monza. Nicht, daß er Bäume ausreißt, aber er fährt klar und sauber, er »zaubert« nicht durch die Kurven, er ruckt nicht mit Bremsen und Gaspedal, er behält die Ruhe.
»Gut so«, sag ich gnädig und merke ihn mir zur weiteren Ausbildung vor.
Beim Eifelrennen 1935 ist es dann so weit, daß er zum erstenmal die heiße Luft des Kampfes mit tausend Pferdekräften als Fahrer und nicht nur als Monteur erlebt. Es ist das gleiche Rennen, bei dem auch ein anderer junger Mann zum erstenmal von sich reden macht: Bernd Rosemeyer . . .
Sie erinnern sich, wie Caratsch damals dem blonden Bernd den sicher geglaubten Sieg vor der Nase weggeschnappt hat. Hermann Lang aber kommt von der regenfeuchten Bahn. Der Wagen dreht sich dreimal um die eigene Achse und bleibt stehen. Zuschauer schieben ihn zurück auf die Strecke. Lang fährt tapfer weiter — aber es langt nur zu einem 5. Platz. Was aber schlimmer ist: von Stund an hat er Heidenrespekt vor nassen Straßen.
Zunächst also sehe ich den jungen Mann sehr skeptisch an. Denn mit Lang ist kein Staat zu machen. In seinen ersten zwei Rennjahren kommt er nie unter die ersten Drei eines Rennens. Ende 1936 sage ich zu Direktor Sailer: »Ich fürchte, für Lang langt's nie. Es hat kaum Sinn, ihn noch mal unter Vertrag zu nehmen.«
Heute gebe ich offen zu: ich habe mich damals geirrt. 1937 gewinnt Lang auf Anhieb die beiden ersten Rennen der Saison. Doch es bleiben seine beiden einzigen Siege in diesem Jahr. »Lang ist ein Raser«, schreiben die Kritiker. »Er fährt nur schnell. Auf kurvenreichen, schwierigen Strecken ist er nicht zu gebrauchen.«
Die Leute wissen nicht, was hinter meinem Rücken an der Box geschehen ist. Damals haben die beiden Alten, Caracciola und Brauchitsch, sich regelrecht gegen Lang verschworen. Sie wollen sich nicht die Rosinen von einem Mann wegnaschen lassen, der fast zehn Jahre jünger ist und der deshalb auch mehr riskiert.

In Livorno fängt der Ärger an. Da gibt es ein zähes, verbissenes Duell zwischen Caracciola und Lang. Sie fegen allein vor dem Feld daher. Sie hetzen sich gegenseitig. Mir wird angst und bange. Wenn bloß nicht die Motoren sauer werden ...

Ich winke, ich gebe Zeichen: »Langsamer!« Ich tobe, ich brülle, ich drohe mit der Faust.

Sie hören nicht. Caratsch liegt vorn. Lang jagt ihn, greift an, will vorbei. Caracciola weicht nicht aus, tritt ins Gaspedal, überdreht gefährlich den Motor — ganz gegen seine Gewohnheit. Er braucht den Sieg, er braucht die Punkte für die Europameisterschaft. Caratsch siegt, Lang wird Zweiter, Rosemeyer Dritter.

Ich halte Lang eine Gardinenpredigt, weil er gegen meine Zeichen verstoßen hat. Er macht ein bockiges Gesicht. Und nach dem Rennen gibt es offene Vorwürfe gegen Caracciola. Er habe Lang behindert, habe ihn absichtlich nicht überholen lassen.

»Mensch«, ereifert sich Rosemeyer, »Hermann, laß dir das nicht bieten ... hau dem Kerl doch eine ...!«

Kunststück, daß Bernd die Wut im Leibe hat. Mit diesem Sieg hat Caracciola ihm endgültig den Titel des Europameisters abgenommen!

Ich sehe überhaupt nicht gerne, daß der blonde Bernd immer wieder mit unserm Lang zusammen ist. Ich weiß genau, was das bedeutet: er will Lang für die Auto-Union »keilen«. Aber Lang ist ein feiner Kerl.

»Sie könnet sich auf mi verlasse, Herr Neubauer«, sagte er. »I bleib Mercedes treu. Da bin i groß g'worde — und do will i bleibe.« Viele Worte machte der wackre Schwabe nicht. Aber was er sagt — das hält er.

Hier in Livorno ist der Keim zu seiner Rivalität mit Caracciola gelegt worden, die sich immer weiter steigern, die fast zu einer regelrechten Feindschaft entarten sollte. Dieser schwelende Konflikt im eigenen Lager wird mir manchen Kummer machen, denn ich werde sehr bald zwischen den Fronten stehen. Zwei Männer, die mir beide gleich lieb sind, die beide in ihrer Art großartige Sportsleute sind, werden mir eines Tages sogar einen Vorwurf machen, der mich am tiefsten verletzen wird — weil er unberechtigt ist. Sie werden mir vorwerfen, parteiisch zu sein.

Lang sagt: »Sie sind für Caratsch«, und Caratsch sagt: »Sie sind für Lang!« Sie sagen es noch nach mehr als zwanzig Jahren. Sie haben mit ihren Dickschädeln nie begriffen: Ich war immer nur für einen: für den Besten — und für Mercedes-Benz.

Der Name des besten Fahrers aber war mir gleichgültig, ob er nun Caracciola lautete, oder Lang, Brauchitsch, Seaman oder Fagioli. Hauptsache war und blieb für mich stets der Sieg des »Sterns von Untertürkheim«.

Damals, 1937, hieß der Beste nun einmal: Caracciola. Aber dieser Caracciola hatte es immer schwerer, sich gegen den Ansturm der Jugend zu verteidigen. Gegen Männer, die zehn Jahre jünger waren — und vor allem eins besaßen: gesunde Knochen!

Niemand ahnt, bis heute, mit welchen Schmerzen sich Rudolf Caracciola seine

Siege erkaufen mußte, daß er fast jeden Winter wochenlang mit schwerer Knochenhaut-Entzündung darniederlag, aber er stand immer wieder auf, fuhr, kämpfte – siegte.

*

Das Avus-Rennen 1937 hatte es bewiesen: Die Rennen wurden immer schneller, immer gefährlicher. Es war Zeit, einen Riegel vorzuschieben. Die Oberste Internationale Rennbehörde in Paris beschloß für die Jahre 1938 bis 1940 eine neue Formel: »Das Gewicht bleibt auf 750 Kilogramm begrenzt. Zusätzlich wird nun der Hubraum auf 3 Liter *mit*, beziehungsweise 4,5 Liter *ohne* Kompressor beschränkt.«

Das war ein schweres Handikap für die deutschen Kompressor-Fanatiker. Die Italiener und Franzosen rieben sich die Hände. Jetzt endlich würde ihre große Stunde schlagen, auf die sie jahrelang vergeblich gewartet hatten!

Doch unsere Konstrukteure waren nicht von gestern. Die Sailer, Wagner und Uhlenhaut verstanden ihr Handwerk. Sie entwickelten einen Wagen, der jedem Autofreund das Herz im Leibe höher schlagen ließ. Der neue Mercedes hatte 12 Zylinder, in V-Form im Winkel von 60 Grad angeordnet. Der Motor hatte einen Hubraum von 2,96 Litern und leistete runde 450 PS bei 8000 Umdrehungen in der Minute. Eine Spezialflüssigkeit ließ Kühlertemperaturen bis 120 Grad zu. Neue Ölpumpen jagten 100 Liter Schmieröl pro Minute durch Motoren, Lager und Wellen. Der Wagen hatte eine neuartige Stromlinienform. Er ähnelte mehr einem Silberrochen als einem Silberpfeil, mehr der Tragfläche eines utopischen Düsenjägers als einem Auto.

Beim Großen Preis von Pau, dem ersten Rennen der Saison, kommen wir noch nicht zum Zug. Auf der schmalen, kurvenreichen, ölverschmierten Straße können wir unsere Superkräfte nicht spielen lassen.

Aber der Sieger im Großen Preis von Tripolis 1938 heißt Hermann Lang. Eine volle Runde zurück erst folgen seine beiden Erzrivalen: Caracciola und Brauchitsch. Drei erste Plätze für Mercedes! Zum zweitenmal hat der einstige Monteur aus dem Schwabenland das Millionenrennen gewonnen.

Wochen später, beim großen Preis von Frankreich, drehen die beiden »Alten« den Spieß um. Da gewinnt Brauchitsch vor Caracciola, und beide hängen Lang eine volle Runde ab.

Die französischen Sektfabrikanten lassen sich nicht lumpen. Bei der Siegesfeier baden wir förmlich in Champagner. Unter der Tafel führt eine gläserne Leitung, in Eis gebettet, bis zu jedem Platz. Man braucht nur einen Hahn zu öffnen, und frischer Sekt perlt in den Kelch. Wie im Schlaraffenland! Ich zapfe ganz gewaltig die dicksten Fässer an und freue mich, daß ich Rennleiter und nicht Rennfahrer bin, also auf übertriebene Abstinenz nicht zu achten brauche ...

Die Duelle Lang contra Caracciola im Jahr 1938 gehen weiter. In Livorno siegt Lang, in Pescara hat Caratsch den Kühler vorn. In der Schweiz regnet es, und bei Regen hat Lang keinen Mut, Caracciola um so mehr, er siegt. Bei jedem Rennen schwinden und steigen die Chancen für den begehrten Titel des »Europameisters«. Ob es zum drittenmal für den 37jährigen Caratsch langen wird . . .?

GEHEIMNIS DES T 80

Noch ein »Alter« hat es in diesem Jahr schwer. Es ist der blonde, immer elegante Hans Stuck. Dessen Stern scheint Ende 1937 zu verblassen. Er steht ganz im Schatten seines einstigen Musterschülers — Bernd Rosemeyer. Und weil die Auto-Union ihn 1938 nicht wieder als Spitzenfahrer mit einer Garantie von 150 000 Mark unter Vertrag nehmen will, wirft Stuck erbost den ganzen Laden hin.
Hans Stuck verlegt seine sportliche Laufbahn zunächst vom festen Boden der Rennbahn auf — das Wasser. Er baut unter erheblichen finanziellen Opfern ein Renn-Motorboot, mit dem er später einen neuen Geschwindigkeits-Weltrekord aufstellt und auch eine Europameisterschaft auf dem Starnberger See erringt.
Aber Wasser ist kein Asphalt, und im Grunde seines Herzens sehnt sich Hans Stuck zurück an das Steuer eines Automobils.
Da hat er eines Tages eine Idee: er will den absoluten Geschwindigkeits-Weltrekord für Automobile für Deutschland erobern. Dieser Rekord wird 1938 von dem Engländer Captain Eyston gehalten. Er steht auf 575,1 km/st. Hans Stuck hat den Ehrgeiz, als erster Mensch die sagenhafte 600-Stundenkilometer-Grenze zu Lande zu durchbrechen.
Die Idee ist gut. Hans Stuck ist der richtige Mann für ein solches Unternehmen. Seine große Stärke waren seit je die kurzen, schnellen Rennen. Dort, wo er ohne große Rücksichtnahme auf den Motor wie ein Husar davonbrausen konnte. Dort, wo auch seine eigene körperliche Leistungsfähigkeit nicht über Gebühr strapaziert wurde. Hans Stuck ist der »Sprinter« unter den deutschen Rennfahrern. Er ist der »König der Bergrennen«.
Warum soll dieser Geschwindigkeitsteufel, dieser elegante Sausewind nicht eine Art deutscher Major Campbell werden?
Zu einem absoluten Geschwindigkeits-Weltrekord gehört mehr als nur gutes Reaktionsvermögen, als Wagemut und ein Kopf voller Pläne. Dazu gehört vor allem sehr viel Geld. Mehr Geld, als selbst ein »Großverdiener« unter den Rennfahrern wie Hans Stuck aus eigener Tasche aufbringen kann.
Nur ein Beispiel: Der Weltrekordwagen Captain Eystons hat 1938 einen Wert von schätzungsweise 280 000 Mark. Nicht gerechnet die beiden schweren britischen Flugzeugmotoren, die Eyston von der Industrie seines Landes aus nationalen Prestigegründen praktisch umsonst erhalten hat.
Ohne Übertreibung kann man sagen, daß ein solcher Weltrekordversuch die runde Summe von einer Million Mark verschlingen würde.
Nun, Hans Stuck hat keine Million. Er hat nicht einmal die Hälfte. Aber was

er hat, sind ausgezeichnete Beziehungen. Zum Beispiel zum General-Luftzeugmeister Ernst Udet, mit dem er gut befreundet ist. Udet ist sofort Feuer und Flamme, als er von Stucks Plan erfährt. Auch andere prominente Persönlichkeiten des Dritten Reichs begeistern sich für die Idee. Sie sagen Hilfe zu.
Hilfe kann Hans Stuck gut gebrauchen. Denn es gibt manche Schwierigkeiten zu überwinden. Es fängt schon mit der Frage nach dem Motor für seinen Über-Rennwagen an.
Bisher waren alle Rekordwagen mit jeweils zwei der berühmten britischen Rolls-Royce-Flugzeugmotoren ausgestattet. Aber ein deutscher Wagen muß selbstverständlich auch mit deutschen Motoren fahren.
Stuck kennt einen Motor, der für diesen Zweck ausgezeichnet geeignet wäre: den Daimler-Benz-Flugmotor »DB 601« mit einem Hubraum von 44 Litern und einer Leistung, die sich auf 3000 PS steigern ließe.
Die Sache hat nur einen Haken: dieser Motor wird im Auftrag der deutschen Luftwaffe gebaut. Man kann nicht einfach hingehen und ihn kaufen, selbst wenn man das nötige Kleingeld dazu hätte — rund 90 000 Mark.
Da schaltet sich Ernst Udet ein. Er sorgt dafür, daß die Luftwaffe zwei dieser wertvollen Motoren für Hans Stucks Rekordwagen freigibt. Der Motor ist da. Noch fehlt jedoch das Fahrgestell, noch fehlt die gesamte Konstruktion.
Stuck macht Daimler-Benz das Angebot: »Wollt ihr nicht den Wagen bauen?«
Generaldirektor Dr. Kissel ist nicht begeistert. Er hat kein großes Vertrauen in das Gelingen des Projekts. Am liebsten würde er absagen. Aber er zögert. »Wenn wir nein sagen, nimmt Stuck unsere Motoren und geht damit zu einer anderen Firma, um den Wagen konstruieren zu lassen«, überlegt Dr. Kissel. Nur ungern gibt er zwei wertvolle Motoren in die Hände der Konkurrenz ...
Unser Konstruktionschef Wagner drängt, das Angebot von Stuck zu akzeptieren: »Es wäre ja gelacht, wenn wir keinen Rekordwagen auf die Räder stellen könnten ...«
Auch ich beschwöre Dr. Kissel, die große Chance nicht aus der Hand zu geben, den absoluten Geschwindigkeitsrekord für Deutschland zu erobern.
Nach langem Überlegen findet Dr. Kissel einen Kompromiß: der Auftrag zum Bau des Über-Rennwagens wird an das Büro Dr. Porsche in Stuttgart gegeben, mit dem Daimler-Benz seit 1938 einen Konstruktions-Vertrag abgeschlossen hat.
Wir schlagen zwei Fliegen mit einer Klappe: denn wir behalten die Motoren unter unserer Kontrolle — und können uns notfalls doch von dem phantastischen Unternehmen ein wenig distanzieren ...
Porsche macht sich mit Feuereifer an die Arbeit. Er will einen Wagen bauen, der die unglaubliche Geschwindigkeit von 650 km/st erreichen soll. So schnell sind damals nicht einmal die Jagdflugzeuge der Luftwaffe und selbst modernste Turbo-Prop-Flugzeuge von heute erreichen nur mit Mühe diese Geschwindigkeit.
Ein völlig neuartiges Fahrzeug entsteht auf Porsches Reißbrett und in unseren Werkstätten. Es hat mit einem normalen Auto kaum noch die Form gemein. Es sieht aus wie eine Rakete oder ein Flugzeug der Zukunft.

Die aerodynamische Gestaltung hat der bekannte Flugzeugkonstrukteur Messerschmidt übernommen.
Nicht nur die Form, sondern alles an dem Modell T 80 ist im Vergleich zu früheren Weltrekordwagen britischer Herkunft neu: Nur ein Vergleich: der »Eyston Special« hatte zwei Motoren, die zusammen 6000 PS leisteten. Der Wagen hatte zwei Achsen, wurde über vier Räder angetrieben und wog mehr als sechs Tonnen.
Dagegen der T 80: er hat nur einen Motor, der auf eine Leistung von 3000 PS hochgezüchtet worden ist, er hat drei Achsen, zwei zum Antrieb, eine zur Lenkung, und wiegt nur zwei Tonnen. Im vorderen Drittel sitzt der Fahrer, in der Mitte ist der Motor und hinten das Getriebe, das nur einen Gang besitzt. Der T 80 ist 8,50 Meter lang und 1,80 Meter breit. Er hat zwei stumpfe, flügelartige Höhenruder, die 3,20 Meter breit sind. Sie dienen dazu, den Wagen mit Hilfe des Fahrtwindes fest auf die Straßenoberfläche zu drücken, um zu vermeiden, daß er bei hohen Geschwindigkeiten zu »fliegen« beginnt. Der Wagen erhält Spezialreifen mit einem Durchmesser von 1,16 Meter. Auf dem Prüfstand der Continental-Werke in Hannover haben sie hinter Panzerglas bereits eine Geschwindigkeit von 700 Stundenkilometern ohne Schaden überstanden.
Wir haben den Fahrer, wir haben den Wagen — aber noch fehlt eins: eine für derartige Geschwindigkeiten geeignete Bahn.
Bisher wurden alle Rekorde in den USA gefahren, auf der berühmten Strecke am Salzsee von Utah, die eine Länge von 21 Kilometern hat. Gerade noch lang genug, um dem Amerikaner Cobb zu gestatten, den neuen Weltrekord im Frühjahr 1939 auf 595 km/st zu schrauben — während wir noch mitten in unseren Vorbereitungen stecken. Um jedoch eine Geschwindigkeit von annähernd 650 km/st zu erreichen, von der Porsche träumt, würde man nach Ansicht des erfahrenen Rekordspezialisten Captain Eyston eine Bahn von mindestens 40 Kilometern Länge benötigen.
Porsche ist anderer Ansicht: »Für uns genügen 22 Kilometer. Der T 80 ist leichter, hat eine bessere Beschleunigung und stärkere Bremsfähigkeit als alle bisherigen Rekordwagen.«
Eine Strecke von 22 Kilometern ohne jede Biegung und von der erforderlichen Breite ist in Deutschland nicht so leicht zu finden. Aber der Chef des NSKK, Korpsführer Hühnlein, besteht darauf: »Ein deutscher Weltrekord muß selbstverständlich auf deutschem Boden erzielt werden!«
Endlich findet man eine Straße, die sich mit einigen Kunstgriffen in eine Rekordstrecke verwandeln ließe: ein Abschnitt der Reichsautobahn zwischen Dessau und Halle. Hier verläuft die Bahn schnurgerade. Hier gibt es nur pfeilerlose Überführungen, so daß die Strecke nicht eingeengt wird. Hier kann man den Mittelstreifen betonieren und die Bahn leicht auf die doppelte Breite bringen.
Man vergißt, daß die Straßendecke wellig ist wie eine Achterbahn auf dem Rummelplatz. Schlimmer noch: man übersieht, daß die neue Rekordstrecke nicht ganz die erforderliche Länge besitzt. Es fehlt ein winziges Stück an den

22 Kilometern. Man kann es nicht »anflicken«. Denn dann würde die Autobahn mitten in der Tagebau-Grube eines Braunkohlenbergwerks enden ...
Man findet einen Ausweg: man führt die Bahn in einer langen, weitgestreckten Kurve an dem Kohlenflöz vorbei.
Aber — selbst die kleinste Krümmung kann bei einer Geschwindigkeit von mehr als 600 Stundenkilometern verhängnisvoll werden.
Es bleibt also keine andere Wahl: der Rekordversuch mit dem T 80 muß in den USA auf der Salzseestrecke veranstaltet werden.
Wenn man könnte ...
Aber man kann nicht mehr. Denn über all dieser Vorbereitung sind Jahre vergangen und ist der zweite Weltkrieg ausgebrochen. Die Menschen haben jetzt andere Sorgen, als Rekorde zu brechen. Alle Träume von Professor Porsche und Hans Stuck verfliegen im großen Sturm der Zeit.
Der T 80 wird nie über eine Rennstrecke fahren. Von der Montagebank wandert er direkt ins Museum der Daimler-Benz AG. Dort ist er noch heute zu besichtigen. Ein Riese, der seine Kraft nie unter Beweis stellen durfte.
Nach 1945 gibt es Stimmen, die an den »T 80« erinnern. Stimmen, die fragen: »Warum versucht ihr es nicht heute noch einmal mit ihm?«
Aber: zunächst beschlagnahmten die Alliierten laut Kontrollratsgesetz alle Flugzeugmotoren in Deutschland. Auch den des T 80. Dann schraubt John Cobb den Weltrekord im Jahre 1947 auf 633,8 km/st — also genau bis zu jener Grenze, die auch der T 80 kaum mehr hätte überbieten können. Und letztlich hat man in Untertürkheim andere Sorgen als die brotlose Kunst des Rekordefahrens zu üben ...
So bleibt eins der größten Ziele von Hans Stuck für immer unerreicht: den absoluten Weltrekord für Landfahrzeuge an sich zu reißen. Schade drum. Denn ich bin überzeugt: Hans Stuck und der T 80 hätten es bestimmt geschafft ...

DUELL MIT 450 PS

Zurück in das Jahr 1938, in dem Hans Stuck sich vorübergehend vom aktiven Rennsport zurückgezogen hat, obwohl sein Herz weiter an den schnellen Wagen hängt. Es vergeht kein Rennen, das er nicht daheim am Radio verfolgen würde.
Da hört er wenig Gutes: In Pau und Tripolis geht die Auto-Union nicht an den Start. In Reims gibt es eine Katastrophe, alle vier Nachwuchsfahrer fallen aus, teils im Training, teils im Rennen. Kein Zweifel — die Lücke, die Bernd Rosemeyers Tod gerissen hat, ist nicht zu schließen. H. P. Müller und Schorsch Meier sind zwar erfahrene Motorrad-Hasen. Aber mit zwei Rädern kommt man doch leichter um die Kurven als mit vieren. Christian Kautz und Rudi Hasse fehlt es an Routine. Und Tazio Nuvolari, der ebenfalls zur Auto-Union abgewandert ist, benötigt fast ein volles Jahr, um sich auf die besondere Fahrweise umzustellen, die ein Wagen mit Heckmotor verlangt.

Eines Tages läutet das Telefon bei Stuck. Es ist Dr. Feuereissen. »Sie haben doch von unserem Pech in Reims gehört«, sagt er. »Unsere jungen Fahrer behaupten, der neue Wagen habe keine gute Straßenlage. Wir wollen auf dem Nürburgring Probefahrten machen. Würden Sie so nett sein und teilnehmen?«
»Darüber läßt sich reden«, sagt Stuck. »Unter einer Bedingung: Sie geben mir für 1938 meinen alten Vertrag als Spitzenfahrer.«
»Unmöglich«, sagt Feuereissen. »Ihre Leistungen im vergangenen Jahr haben unseren Erwartungen nicht entsprochen.«
»Ich will nichts geschenkt«, sagt Stuck. »Sie brauchen mir den Vertrag nur zu geben, wenn es mir gelingt, mit dem neuen Wagen einen Streckenrekord aufzustellen.«
Dr. Feuereissen nimmt den Vorschlag an.
Mitte Juni finden die Proben auf dem Nürburgring statt. Eine hohe Kommission hat sich versammelt. Direktoren, Rennleiter, Ingenieure und — viele Fahrer. Da ist Louis Chiron, da ist Tazio Nuvolari, da ist Luigi Fagioli und natürlich sind da auch die jungen Leute der Auto-Union.
»Wollen Sie den Anfang machen?« fragt ihn Feuereissen.
»Nein«, sagt Stuck. »Die Jugend hat den Vortritt. Ich fahre als letzter.«
Die Tests beginnen. Die Zeiten werden schlecht und schlechter, die Gesichter der Direktoren lang und länger. Nur einer lächelt still vor sich hin: Hans Stuck. Er hat das Fiasko kommen sehen. Auch Klassefahrer wie Chiron oder Fagioli können sich unmöglich so schnell auf den Wagen mit dem ungewohnten Heckmotor umstellen.
Dann, als es schon dämmrig wird, steigt Stuck in den Sitz und braust davon. Dr. Feuereissen registriert die Zeiten. Die erste Runde: mäßig. Die zweite: nicht viel besser. Die dritte: auch nicht toll . . . Die Direktoren sehen sich vielsagend an. Natürlich, war ja zu erwarten. Was kann man von dem *alten* Stuck denn noch verlangen!
Aber dann, in der vierten Runde, wetzt der lange Hans um den Ring wie ein geölter Blitz. Jetzt kennt er den Wagen, seine Mucken, seine Tücken. Er fährt wie in seinen besten Tagen und geht die 172 Kurven an, als sei der Nürburgring irgendein lächerliches Bergrennen . . . Hans Stuck fährt die schnellste Zeit des Tages — unter 10 Minuten — und verdient mit dieser einen Runde mehr als 150 000 Mark. Denn nun bekommt er seinen Vertrag wieder.
Schon beim ersten Rennen, beim Großen Preis von Deutschland 1938, holt er sich einen großartigen dritten Platz. In diesem Rennen liefern sich zwei meiner Fahrer ein Privatduell — und im Mittelpunkt steht eine junge, strahlend schöne Frau.

*

23. Juli 1938. Der Tag des Großen Preises von Deutschland.
An diesem Sonntagmorgen sitzt ein baumlanger Engländer in einer Badewanne des Hotels »Eifeler Hof« in Adenau.

Es ist John Richard Beattie Seaman, genannt »Dick«.
Dick Seaman räkelt sich bereits seit einer Stunde in der Wanne. Läßt ab und zu Warmwasser nachlaufen und liest die »Berliner Nachtausgabe«.
Auf der ersten Seite brüllen die Schlagzeilen: *Araber rufen zum heiligen Krieg gegen Juden und Engländer auf ... Rotspanische Front bei Valencia bricht zusammen ... Lord Runciman als Vermittler nach Prag ...*
Politik ist nichts für Dick.
Der junge Mann blättert weiter zum Sportteil: *250000 Teilnehmer beim Turn- und Sportfest in Breslau ... Neusel schlägt Lazek nach Punkten ... XI. Großer Preis auf dem Nürburgring ...*
Das ist es, was Dick interessiert. Zeile für Zeile liest er die Vorschau auf das heutige Ereignis. In großen Lettern wird da vermeldet, daß Brauchitsch Trainingsrekord fuhr und daß Caracciola indisponiert zu sein scheint. Und ganz hinten im Bericht wird auch der Name »Seaman« genannt. Na ja — noch ist Dick kein Lang, kein Stuck, kein Nuvolari. Noch ist Dick Seaman der kleine Nachwuchsfahrer von Mercedes. Dick knüllt die Zeitung zusammen.
Einmal einen Grand Prix gewinnen! Am besten gleich heute, wo unter 350000 Zuschauern das schönste, das bezaubernste Mädchen der Welt sitzt: Erika aus München.
Erika Popp ist die Tochter des BMW-Generaldirektors, eine bekannte Turnierreiterin und — noch zu haben. Vor ein paar Wochen hat Dick sie kennengelernt. Nur einen einzigen Abend waren sie zusammen, der fünfundzwanzigjährige Engländer und die erst achtzehn Jahre alte Deutsche. Aber an diesem Abend haben die beiden keinen Tanz ausgelassen.
Was hatte doch die Kapelle auf Erikas Wunsch immer wieder gespielt? Dick fängt an zu pfeifen: »Ich tanze mit dir in den Himmel hinein ...« Und seine Gedanken gehen auf Reise. Zu einer jungen Dame mit tiefblauen Augen und goldblonden Haaren.
In diesem Augenblick klopft es an die Tür ...
Der da klopft, das bin ich, der dicke Neubauer.
Dick fällt aus einem himmelblauen Traum. »What's the matter?« fragt er. »Was ist los?«
»Hier ist Neubauer. Wollte nur mal nachschauen, ob Sie ertrunken sind.«
»Keine Angst, Sir! Schwimme noch oben. Bin in prächtiger Form!«
Ich schiebe mich zur Tür hinein. »Mein lieber Mister Seaman, Sie bringen mich noch ins Grab. In zwei Stunden ist Start, und Sie plätschern in Ihrer Wanne wie eine Ente im Dorfteich. Kommen Sie schleunigst aufs Trockene!«
»Nur wenn ich eine Tasse englischen Tee kriege.«
»Alles sollen Sie haben, wenn Sie endlich voran machen. Wenn Sie nachher im Rennen auch so trödeln, werden Sie keinen Blumentopp gewinnen!«
»Aber vielleicht einen Lorbeerkranz mit Schleife!« ruft der Frechdachs hinter mir her.
Ich hämmere schon mit beiden Fäusten gegen die Tür des Nebenzimmers, in dem der gute Hermann Lang schnarchend in den Tag hineinpennt.

Sie können sich nicht vorstellen, was ein Rennleiter am Morgen des Großen Preises für Sorgen hat. Erst die Schäflein aus Betten und Badewannen trommeln, dann am Frühstückstisch die Sonderwünsche erfüllen ...

Heißer, süßer Tee für Dick Seaman. Marke »Twining«. Sonst wird der Knabe nicht richtig wach. Ein riesiges Beefsteak, außen hübsch knusprig und innen schön blutig, für Rudolf Caracciola. Er braucht das, um in Fahrt zu kommen. Lang dagegen vertilgt vor jedem Rennen ein halbes Pfund Würfelzucker. Er meint, das stärkt die Nerven.

Würfelzucker, englischer Tee, Beefsteak — für alles ist gesorgt. Im Speisesaal des »Eifeler Hof« hocken meine Schäfchen im weißen Rennfahrerdreß.

Was über den Schlachtplan zu sagen war, habe ich gestern abend bei der Rennbesprechung schon gesagt. Die Order lautet wie stets: »Jeder fährt so gut, wie er und sein Motor können. Jeder hat vom Start weg die gleiche Chance. Wenn wir eine Minute Vorsprung vor dem ersten Fahrer der Konkurrenz haben, kommt das Beruhigungszeichen. Dann hält jeder nur noch seinen Platz.«

*

Es ist 10.45 Uhr. Noch eine Viertelstunde bis zum Start der Formel-Rennwagen um den XI. Großen Preis von Deutschland auf dem Nürburgring.

Ich hab schon wieder eine Menge Arbeit hinter mir. Es ist eine Wissenschaft für sich, die Wagen für das Rennen fit zu machen, und ich weiß nur zu gut, woher ich frühzeitig meine grauen Haare bekam.

Die Wagen sind launisch wie die Primadonnen. Sie fressen nicht jedes Öl, nicht jeden Sprit, und sie vertragen schon gar nicht jede Kerze.

Da gibt es dickflüssig-zähes Spezialöl. Die halbe Nacht lang steht es auf dem Ofen, bevor es eingefüllt werden kann. Da gibt's Warmlauf-Kerzen, mit denen die Motoren auf die richtige Temperatur gebracht werden, fünfzehn bis zwanzig Minuten lang. Dann werden Wolldecken über die Wagen gezogen, damit sie ja nicht auskühlen bis zum Start. Ganz wie bei edlen Rennpferden.

Da gibt es Spezial-Rennkerzen, die nur für höchste Wärmewerte richtig sind und die bei langsamer Fahrt sofort verölen würden. Da gibt es Spezial-Betriebsstoffe für heißes oder kaltes Wetter, von einem Fachmann zurechtgemixt. Und erst wenn wir ganz genau wissen, wie Petrus gelaunt ist, wird der Saft in den Tank geschüttet.

Dort stehen sie nun, nach ihren Trainingszeiten aufgebaut: Unsere Silberpfeile, die weißen Fische der Auto-Union, die roten Maseratis und Alfa-Romeos, die blauen Delahayes ... Der Lautsprecher sagt an: »Noch zehn Minuten bis zum Start.«

Frau Alice Caracciola legt in der Zeitnehmerbox ihre Stoppuhren und Rundentabellen zurecht.

Drüben, bei der Auto-Union, sehe ich Hans Stuck mit rotem Kopf seine Monteure durcheinanderscheuchen. Tazio Nuvolari, der sympathische Italiener mit dem ledernen Gesicht, sitzt auf dem Boxenrand und blinzelt seelenruhig in die Sonne. Sein zitronengelber Pullover leuchtet herüber. An der

linken Schulter ein Glücksbringer, eine goldene Schildkröte mit einem N auf dem Rücken. Gabriele d'Annunzio hat sie ihm geschenkt, der berühmte italienische Dichter, der Liebhaber der Schauspielerin Duse. Ich selbst habe d'Annunzio noch erlebt, als er sich als Rennfahrer versuchte ...
An einer unserer Boxen hämmert wer. Natürlich die Lydia — Langs nette, kleine Frau mit den vollen, braunen Haaren und dem lustigen schwäbischen Mundwerk. Sie nagelt das unvermeidliche Hufeisen an die Boxenwand ihres Göttergatten.
Viele von den großen Helden am Volant sind furchtbar abergläubisch. Nuvolari hat eine Schildkröte. Caracciola schwört auf den Zwergaffen Anatol, den er in einer knallroten Lackledertasche zu jedem Rennen mitschleift. Lang ist versessen auf sein Hufeisen, seit er im Masaryk-Rennen stürzte. Damals hatte die Lydia das Hufeisen vergessen.
Auch Dick Seaman spinnt auf seine Art. Er hat es mit der »13«. Er hat Angst vor jeder 13. Runde, vor jeder Gesellschaft mit 13 Personen. Er bezieht kein Hotelzimmer mit der Nummer 13 und fährt keinen Wagen mit der Startnummer 13. Oft hab ich ihn ausgelacht, unsern Sonny Boy, wegen dieser Marotte. Später ist mir das Lachen allerdings vergangen ...

*

Noch acht Minuten bis zum Start.
Manfred von Brauchitsch blickt hinauf zur Ehrentribüne.
Prominente Gesichter. Braune, schwarze, graue Uniformen, Herren im Sportanzug, Herren im Cut. Die Damen präsentieren ihre neuesten Sommerkleider. Ihre Hüte sind Gedichte — gereimte und ungereimte.
Dort, mit hellem Panamahut: Hans Albers. In der zweiten Reihe ein kleiner Herr im dunklen Anzug: Staatsrat Dr. h. c. Georg von Stauß, einer der ganz Großen in der deutschen Industrie, Aufsichtsrat von Mercedes, von der Deutschen Bank, von der UFA. Und bei den Industriekapitänen sitzt auch Generaldirektor Franz Popp von den Bayerischen Motoren-Werken mit seiner Tochter Erika.
Die große, schlanke Erika ist jung, ist hübsch und eine blendende Partie: Villa in München, Landhaus in Garmisch, Jagdhütte in Ruhpolding ... So hatten wohlmeinende Freunde Manfred vorgeschwärmt. Sie wollten ihn unter die Haube bringen. Bei der Siegesfeier heute abend soll Erika Manfreds Tischdame sein. So hatten es die Freunde und Gönner arrangiert.
Auf der Ehrentribüne nestelt Erika Popp an ihrer Handtasche und holt ein kleines Opernglas hervor. Sie blickt hinüber zu den Wagen. Einen Augenblick lang schaut sie Brauchitsch ins Gesicht. Gut aussehen tut er wirklich, denkt Erika. Ein Mann auf der Höhe seiner Laufbahn ... guter Name, gute Familie ... Dann wandert ihr Blick weiter zu Dick Seaman. Erika vergleicht die beiden Männer. Vor Brauchitsch hat sie allen Respekt, den ein junges Mädchen gegenüber einem erfahrenen, angesehenen Mann empfindet. Aber in Dick Seaman spürt sie instinktiv die gleichen Wünsche, die gleichen Sehnsüchte.

Die Uhr zeigt 10.59. Ich hebe den rechten Zeigefinger, schwenke ihn im Kreise. Das ist das Zeichen. Die Fahrer schalten die Zündung ein.
Noch eine Minute . . .
Die Motoren brüllen auf. Die Monteure mit den elektrischen Anlassern laufen zurück zu den Boxen. Jetzt sind die Fahrer allein mit ihren vielhundertpferdigen Wagen.
Noch zehn Sekunden.
Der Starter hebt die weiße Fahne. Ich zeige unsern Jungen die Sekunden mit den Fingern: acht . . . sieben . . . sechs . . . fünf . . . Lauter heulen die Motoren. Langsam, Millimeter um Millimeter, lassen die Fahrer die Kupplung kommen, steigern die Drehzahl. Jetzt nur keinen Fehler! Jetzt nur nicht abwürgen, jetzt nicht die Räder durchdrehen lassen!
Gelbes Licht an der Ampel flammt auf. Drei . . . zwei . . . eins! Der Starter senkt die Flagge. Brüllend schießen die Wagen davon, zweiundzwanzig entfesselte Ungeheuer. In einer Wolke von Staub und Qualm verschwinden sie in Richtung Südkehre. Ich renne wie Nurmi rüber zu den Boxen. In 55 Sekunden kommen sie auf der Gegengeraden zurück. Da muß ich wieder auf dem Posten sein.
»Lang ist vorne!« brüllt mir der lange Zimmer zu, der Vormann von Brauchitschs Monteuren. »Kapo« heißt so ein Vormann im Rennjargon.
Kaum habe ich die Boxen erreicht, da heulen sie schon heran. An der Spitze: Lang!
Klick, macht meine Stoppuhr.
Zwei . . . drei Sekunden . . . dann kommen die anderen in wilder Jagd: Seaman/Mercedes ... Nuvolari/Auto-Union ... Caracciola/Mercedes ... Brauchitsch/Mercedes . . . und der Rest. Schon sind sie in der Hatzenbachkurve verschwunden.
Die Stoppuhren ticken erbarmungslos. Die Rundfunkfritzen quasseln, was die Strippen halten. Überall in Deutschland sitzen die Leute nun in ihren guten Stuben, verdrücken vor dem Volksempfänger ihren Pflaumenkuchen und hören die Berichte vom Nürburgring.
Ich lasse die Signaltafeln bereitlegen. Die Fahrer müssen wissen, wie sie im Rennen liegen, wie schnell oder wie langsam sie fahren.
2. Runde: Ich bin mehr als zufrieden. Meine vier Silberpfeile liegen vorne. Nur ein Auto-Union-Wagen ist mit dabei. Weil ich gnädig bin, schieb ich Caracciolas Affen Anatol ein Stück Zwieback ins Maul. Da trifft mich der Blitz aus heiterem Himmel . . .
»Herr Neubauer!«
Eine harte, metallische Stimme. Vor mir ein hagerer Mann mit dem Kopf eines Nußknackers. Braune Uniform. Auf den Kragenspiegeln blitzen die Rangabzeichen eines NSKK-Obergruppenführers.
»Was gibts, Herr Krauß?« sage ich.
»Sie müssen sofort Ihre Wagen stoppen!«
Ich denk, ich hör nicht richtig: »Die Wagen stoppen? Warum denn das, um Himmels willen?«

»Ihre Wagen verlieren Öl. Nuvolari hat eine ganze Ladung ins Gesicht bekommen und wurde schwer behindert. Der Schaden muß sofort behoben werden.«
Mir wird heiß und kalt. Die Wagen jetzt anhalten — das heißt das Rennen aufgeben, bevor es recht begonnen hat.
Ich zwinge mich zu eiserner Ruhe: »Herr Krauß — das ist nur eine vorübergehende Sache. Beim Start ist manchmal zu viel Druck auf den Öltanks. Da kann mal ein Deckel aufspringen. In ein paar Minuten ist das von allein wieder gut!«
»Darauf kann ich mich nicht verlassen«, schnarrt der NSKK-Obergruppenführer Krauß.
Jetzt wird mir schwach um die Magengrube. »In fünf Runden ist Reifenwechsel. Dann müssen die Wagen sowieso halten. Dann wird alles in Ordnung gebracht. Seien Sie doch vernünftig!«
»Ich bin vernünftig, Herr Neubauer. Und gerade darum bestehe ich darauf, daß Sie halten lassen!«
Aus ist's mit meiner Beherrschung. So laß ich uns den Sieg nicht nehmen. So nicht! Im gleichen Augenblick donnert das Spitzenfeld an den Boxen vorbei, und ich brülle los: »Herr Krauß — schauen Sie doch mal genau hin! Wo wird denn der Nuvolari behindert? Meine Fahrer lassen ihm Platz, und trotzdem kommt er nicht vorbei. An seinem Wagen liegt's und nicht an irgendeinem Ölspritzer. Vier Mercedes liegen an der Spitze, und die wollen Sie jetzt aufhalten lassen. Damit ist für uns das ganze Rennen verloren!«
Ganz käseweiß wird Krauß. »Wollen Sie vielleicht behaupten, ich sei parteiisch? Gegen Mercedes und für Auto-Union? Herr Neubauer — antworten Sie!«
Ich sage nichts. Da macht er auf der Stelle kehrt. Seine Stiefel knallen hart auf den Beton, als er wütend zurück zur Rennleitung läuft.
3. Runde: Der führende Hermann Lang hat Kerzenschaden, fällt aussichtslos zurück und muß aufgeben. Jetzt führt Seaman. Er fährt großartig. Zehntelsekunde um Zehntelsekunde vergrößert er seinen Vorsprung.
7. Runde: Brauchitsch hält an den Boxen zum ersten Tanken und Reifenwechsel. Die Monteure arbeiten wie rasende Teufel, die Menschen auf den Tribünen recken die Hälse. 44 Sekunden für Tanken und Wechseln der vier Reifen — dann heult der Wagen mit dem roten Kühler davon.
9. Runde: Der Delahaye von Comotti und der Alfa Romeo von Dr. Farina werden sauer. An der Boxe von Ferrari bekommt Konstrukteur Bleue einen Tobsuchtsanfall. Die ersten Wagen werden überrundet. Paul Pietsch auf seinem 1,5 Liter Maserati kämpft tapfer in aussichtsloser Position.
Da rollt Caracciolas Wagen vor die Boxen. Ganz grün ist Rudi im Gesicht. Er krümmt sich vor Schmerzen.
»Mein Magen«, jammert er. »Ich kann nicht mehr . . .«
Monteure lösen das Steuerrad, heben ihn aus dem Wagen. Er torkelt in eine Ecke und erbricht sich stöhnend.
Ich winke Lang herbei, der seit seinem Ausscheiden durch Kerzenschaden mit

traurig hängenden Ohren in der Boxe sitzt. Lang versteht sofort. Mit zwei Sätzen ist er heran, sitzt am Steuer von Caracciolas Wagen. Gleich darauf heult er davon.

12. Runde: Jetzt führt Brauchitsch.

In der Zwischenzeit jedoch ist etwas geschehen, was mir ganz und gar nicht in meinen Plan paßt. Ich hatte längst Beruhigungszeichen gegeben, entsprechend der General-Order. »Wenn genügend Vorsprung vor der Konkurrenz herausgefahren ist, dann hält jeder seinen Platz.« Brauchitsch aber hat sich nicht an die Anordnung gehalten und hat den führenden Seaman noch nach meinem Signal überholt.

Doch Dick läßt nicht locker. Er fährt im Windschatten von Brauchitsch. Er fährt bestechend elegant, zügig, gleichmäßig wie eine Uhr. Und er verliert keine Zehntelsekunde, ganz gleich, wie stark Brauchitsch aufs Gas drückt. Und ich merke, daß Brauchitsch immer nervöser wird.

Als ehemaliger Rennfahrer kann ich Seaman nicht verdenken, daß er hinter Brauchitsch herjagt. Aber als Rennleiter ist mir unbehaglich zumute. Ein solches Jagen kann auf die Dauer den Motoren und Reifen nicht gut bekommen.

16. Runde: An den Boxen schwirren unsere Monteure durcheinander. Tanken und Reifenwechsel für Brauchitsch und für Seaman, die beiden Rivalen.

Brauchitsch stoppt als erster. Und dann höre ich ihn auch schon brüllen: »Ich halte das nicht mehr aus! Dieser Seaman macht mich noch wahnsinnig mit seinem ständigen Dichtauf-Fahren.« Brauchitsch mit seinem cholerischen Charakter konnte es nicht vertragen, daß ihm einer im Nacken hing. Ich rufe zurück: »Manfred, warum regen Sie sich auf. Ich werde gleich mit Seaman reden!«

Ich kann jetzt keinen Streit unter meinen Fahrern gebrauchen. Wenige Sekunden nach Brauchitsch fährt Seaman vor. Schnell laufe ich hin und beuge mich über ihn: »Dick, lieber Junge, ich flehe Sie an! Lassen Sie Brauchitsch heute den Vortritt! Bleiben Sie nicht so dicht hinter ihm, der fährt mir sonst den Wagen zuschanden!«

Dick antwortet nicht. Ich wische mir den Schweiß vom Gesicht. »Dick, tun Sie mir die Liebe, bitte, lassen Sie mir den Brauchitsch heute in Frieden!«

Dicks Hände krampfen sich fester um das Steuer und er sagt: »All right, Sir.«

Erleichtert laufe ich wieder zum Wagen von Brauchitsch, wo gerade ein Monteur den Füllstutzen in die Öffnung des Benzintanks hinter dem Fahrersitz führt. Mit Druck wird der Sprit hineingejagt. 25 Liter pro Sekunde.

Gerade will ich Brauchitsch zurufen, daß er in Ruhe seinem Sieg entgegenfahren kann, da passiert das Unglück. Den Bruchteil einer Sekunde ist der Monteur am Tank abgelenkt. Zu spät schließt er den Hahn. Vier, fünf Liter Benzin laufen über das Heck des Wagens.

»Halt!« brülle ich entsetzt.

Zu spät! Der Anlasser heult auf. Brauchitsch schaltet ahnungslos die Zündung ein. Im gleichen Augenblick zucken Flammen auf, bleiche, gespenstische Benzinflammen. Dann wölkte sich weißer und schwarzer Rauch. Ein Schrei aus tausend Kehlen. Die Monteure stehen wie gelähmt. Jede Sekunde kann der

Wagen explodieren ... Verzweifelt versucht Brauchitsch, sich aus seinem Sitz zu befreien. Er kann den Verschluß des Steuers nicht lösen. Er kommt nicht frei ...

Ich springe hinzu, ohne lange zu überlegen, packe Brauchitsch am Kragen, zerre ihn aus dem Wagen, werfe ihn zu Boden, wälze ihn auf der Erde, ersticke die Flammen, die bereits seinen Overall ergriffen haben. Da sprühen auch schon die Schaumllöscher drauflos und hüllen den Wagen in einen dicken, weißen Mantel. Zischend verlöscht der Brand.

Ich sehe mich um. Dort — ich traue meinen Augen nicht — dort steht noch immer Seamans Wagen vor der Boxe. Mit ein paar Sätzen bin ich bei Dick. »Was stehn Sie denn noch hier herum? Nun fahren Sie doch endlich ab!«

Da lächelt Dick: »Ich dachte, ich soll Brauchitsch den Vortritt lassen ...«

»Sie sollen nicht denken, sondern fahren!« brülle ich. Und das läßt Seaman sich nicht zweimal sagen.

Manfred steht fassungslos da. Der Ärmel seines Overalls ist angesengt. Sonst ist gottlob nichts passiert.

Ein kleiner Mann mit markantem Gesicht kommt von der Rennleitung herüber: NSKK-Korpsführer Hühnlein. »Na, Brauchitsch«, ruft er. »Sie fahren doch weiter, nicht wahr?«

Und bevor ich etwas sagen kann, klappt Manfred die Hacken zusammen wie auf dem Kasernenhof: »Jawoll, Herr Korpsführer!«

Plötzlich zupft mich jemand am Ärmel. Es ist der Zimmer, der Kapo von Brauchitschs Monteuren. »Herr Neubauer«, flüstert er aufgeregt, »um Gottes willen, lassen Sie den Mann nicht fahren! Der zittert ja am ganzen Leib! Ich kenne ihn genau — der landet im Graben!«

Recht hat er, der Zimmer! Aber bevor ich eingreifen kann, heult auch schon der Motor von Brauchitschs Wagen auf. Sekunden später ist der angekohlte Silberpfeil verschwunden.

»Ob wir den je wiedersehen?« murmelt Zimmer.

Minuten vergehen. Wir bekommen keine Meldung von der Strecke. Mir wird heiß unter dem Hut. Da fährt ein Polizeiwagen an den Tribünen vor. Ein Mann im weißen Overall klettert heraus. Es ist Manfred. Er winkt mit seinem Steuerrad zu uns rüber.

Kurz darauf sitzt Manfred von Brauchitsch neben mir auf dem Boxenrand und berichtet, was geschehen ist: Nach dem Brand ein sehr vorsichtiger Start. Die Gerade entlang. Durch die Südkehre. Die Bremsen funktionieren, der Motor läuft rund. Also ran ans Gas! Mit heulendem Motor in die Hatzenbach-Kurve. Vorbei am Flugplatz. Der Tacho klettert in die Höhe. 180 ... 190 ... 200 Stundenkilometer zeigt er an. Dort das Schwedenkreuz mit der berüchtigten Bodenwelle ... Weg mit dem Gas! Der Wagen macht einen Satz. Jetzt nur das Steuer nicht verstellen, sonst gibt es einen Sturz! Aber — was ist das? Das Lenkrad ist lose ... der Bajonettverschluß hat sich geöffnet ... steuerlos rast der Wagen weiter. Also mit der Geschwindigkeit eines geölten Blitzes das Lenkrad rausgeschmissen, mit beiden Händen die Lenksäule umklammert und versucht, den Wagen in der Bahn zu halten. Nur nicht stürzen!

Nur nicht stürzen! Zehn Meter ... zwanzig Meter ... endlich wirken die Bremsen. Dreck spritzt auf. Lieber Himmel — ein Graben! Wieder die Straße ... noch mal ein Graben ... und dann ist alles still ... »Diese verfluchten Ölfritzen«, schimpft Brauchitsch am Ende seines Berichtes, »diese Monteure haben mich fast auf dem Gewissen. Sie haben glatt vergessen, nach dem Brand das Steuerrad wieder fest anzuschließen.«

Das ist die Story des Herrn von Brauchitsch. So hat er sie jedem erzählt, der sie hören wollte. Und er erzählte sie noch Jahre später so, in Gesprächen und in Büchern.

Wenn Sie mich fragen — ich kauf sie ihm nicht ab. Denn der Monteur Zimmer, der gute, zuverlässige, treue Zimmer schwört noch heute Stein und Bein: »Ich hab selbst das Lenkrad damals festgemacht, und zwar richtig. Ich hab ja noch extra das Einschnappen des Bajonettverschlusses geprüft.«

Und es sieht verdammt danach aus, als ob der gute Manfred das angeblich lose Steuer nur als Ausrede benutzte. Weil er nicht zugeben wollte, daß er nach all der Aufregung mit dem Brand die Nerven und — die Kontrolle über den Wagen verloren hatte.

Inzwischen geht das Rennen weiter.

Dick Seaman fährt wie in Trance. Runde um Runde. Adenauer Forst ... Breidscheid ... Karussell ... Dettinger Höhe ... und wieder hinein in die lange Gerade beim Start und Ziel ...

Die Füße brennen wie Feuer. Die Schuhsohlen auf dem Gaspedal schmoren an. Die Hände schmerzen. Sie sind mit Blutblasen bedeckt. Egal! Zähne zusammenbeißen! Immer wieder lenken, schalten, bremsen, kuppeln ...

Dick Seaman fährt das Rennen seines Lebens. Und er gewinnt den XI. Großen Preis von Deutschland mit drei Minuten Vorsprung vor Hermann Lang. Dann erst folgen zwei Auto-Union-Wagen, dann der Franzose Dreyfuß auf Delahaye, der Deutsche Paul Pietsch auf Maserati.

*

Siegerehrung.

Schulterklopfen, Händedrücke, Umarmungen, lachende Gesichter, Autogramme. Ein Lorbeerkranz. Und Reden ...

Dick hört kaum hin. Er denkt an Hyde, den armen Kerl. An seinen Landsmann, seinen Kameraden, der mit einem Maserati verunglückte und jetzt mit zerschmetterten Knochen im Krankenhaus von Adenau liegt. Und auch an Erika denkt Dick. An die blonde, schlanke Erika aus München.

Endlich die Hymnen. Mit jeder Strophe sinken tausend Arme um Zentimeter tiefer. So lange kann selbst ein trainierter Nationalhymnen-Sänger den Hitlergruß nicht durchhalten.

Noch einmal Schulterklopfen und Händedrücke. Dann der Siegespreis: ein kolossaler Bronzevogel.

Ein Sektpfropfen knallt. Dick will mir zutrinken. Aber ein Monteur zupft mich am Ärmel: »Der Wagen von Brauchitsch ist beschlagnahmt worden. Obergruppenführer Krauß hat eine Untersuchung angeordnet«, meldet er.

Zehn Minuten später stehe ich vor drei Herren in Braun. Korpsführer Hühnlein, Prinz Max von Schaumburg-Lippe, Obergruppenführer Krauß — die Untersuchungskommission. Ich sehe das Gesicht von Krauß und weiß Bescheid. Das ist die Rache des kleinen Mannes. »Herr Neubauer«, schnarrt er. »Sie haben einen beschädigten Wagen ins Rennen geschickt. Sie sind schuld an Brauchitschs Sturz.«
»Irrtum«, sage ich. »Der Befehl kam von Korpsführer Hühnlein. Ich hätte die Weiterfahrt verweigert.«
Hühnlein räuspert sich verlegen. »Jawohl, das stimmt . . .«
Aber so schnell gibt Krauß nicht nach. »Sie hätten den Wagen untersuchen lassen müssen, Herr Neubauer.«
»Mitten im Rennen? Dazu hätten wir einen halben Tag gebraucht. Darf ich fragen, was an dem Wagen nicht in Ordnung gewesen sein soll?«
»Die Bremsen«, sagt Krauß. »Die Bremsschläuche aus Gummi sind bei dem Brand vermutlich angekohlt worden. Als Brauchitsch bremsen wollte, sind sie geplatzt, und er ist von der Bahn gekommen.«
Wenn das stimmt, bin ich geliefert. Mir ist gar nicht wohl, wie wir so um den kaputten Wagen herumstehen. Aber siehe da, nach fünf Minuten steht es fest: die Bremsschläuche sind noch alle wohlerhalten.

*

An diesem Abend stellen die Kellner im »Eifeler Hof« einen Schwitzrekord auf. Im großen Speisesaal kann keine Stecknadel mehr zu Boden fallen. Die Männer von Mercedes feiern ihren Sieg. Nur oben, am Kopf der großen Tafel, ist noch ein Stuhl frei. Der Stuhl neben einer begehrenswerten junge Dame. Erika Popp wartet vergeblich auf ihren Tischherrn Manfred von Brauchitsch. Der ewige Pechvogel ist nicht zur Feier erschienen. Zu tief ist seine Enttäuschung über den entgangenen Sieg.
Jetzt kommt ein junger Hühne durch den Saal. Dick Seaman. Am leeren Stuhl neben Erika zögert der Engländer und bleibt stehen. Erika blickt auf. »Gratuliere Dick«, sagt sie, »das haben Sie gut gemacht . . .«
Und dann verstößt die junge Dame gegen die Etikette. »Bitte«, sagt sie und deutet auf den leeren Stuhl neben sich. »Setzen Sie sich doch zu mir!«
Dick setzt sich neben Erika. Fast unbewußt ergreift er die Tischkarte mit dem Namen jenes Mannes, der laut Tischordnung eigentlich hier sitzen sollte — und zerreißt sie in hundert kleine Fetzen.
Der Name auf der Karte lautete: »Manfred von Brauchitsch . . .«

*

»Ewiger Pechvogel« — so hatte man Brauchitsch stets genannt. Das stimmt nicht ganz. Manfred hatte das Pech meist sich selbst zuzuschreiben, seinem Temperament, seinem Charakter. Er war Choleriker. Wenn er in Wut geriet, dann vergaß er alle Lehren, dann schonte er weder Reifen noch Motor. Dann sah er nur noch rot — rot, wie die traditionelle Farbe seiner Rennhaube war. Manfred geriet oft und leicht in Wut. »Ihnen fehlt nur eins«, hab ich oft zu ihm gesagt, »eine Frau, die Sie gründlich an die Kandare nimmt ...«

Einmal ist es fast soweit: Es ist bei einem Fest im Haus des Reichsministers Goebbels, auf der Pfaueninsel. Alles, was Rang und Namen hat, ist geladen. Künstler, Diplomaten, Politiker und — Rennfahrer. Kurz vor Mitternacht bahnt sich ein breitschultriger Mann mit kantigem Gesicht, buschigen Augenbrauen und tadellos sitzendem Frack einen Weg durch die Menge. Er hält ein kleines, zierliches Geschöpf an der Hand, ein blondes Gedicht in lavendelblauem Tüll, mit hohen schlanken Beinen und großen, lockenden Augen.

Der Mann ist Max Schmeling, und er steuert direkt auf Manfred von Brauchitsch zu, der in einer Ecke an seinem Sekt nippelt. »Hier, Manfred«, sagt Max, »ich hab soeben eine passende Frau für dich gefunden. Mady Rahl. Sie hat sogar schon in einem Film mitgespielt!«

Manfred beugt sich über ihre Hand. Sie tanzen zusammen, sie flirten und — sie sind von diesem Abend an fast unzertrennlich.

Anfangs ist Manfred noch skeptisch. Frauen vom Film sind Luxusgeschöpfe, verwöhnte Porzellanpüppchen, nicht das Richtige für einen rauhen Rennfahrer. Er stellt Mady Rahl auf die Probe. Er lädt sie in den »Groschenkeller« ein. Der »Groschenkeller« ist ein Kellerlokal in der Berliner Kantstraße, wo Kutscher, Straßenkehrer, halbseidene Damen, Tanzstundenmädchen, Pennäler und — Prominente verkehren. Da kostet die Molle 30 Pfennige und der Korn einen Groschen, und die Bockwurst mit Sauerkraut, die von der rundlichen »Mutti« Hopmann bereitet wird, ist ohne Konkurrenz an der Spree.

Da sitzt Ringelnatz und schmiedet seine Verse, da knobelt der prominente Pferdemaler Professor Paul Casberg die zehnte Runde Pils mit Offizieren des OKH aus, da plaudert Gottfried von Cramm mit Max Schmeling, und ein junger, unbekannter Mann namens Conny Rux hört andächtig zu, wie Zarah Leander ein Lied zum besten gibt. Da fetzt der Komponist Norbert Schultze in Muttis Küche zwischen Sauerkohl und Eisbein die Noten zu seiner »Lilli-Marleen« auf fettiges Papier, und eine rothaarige Dame namens Lale Andersen trällert sie erstmals in die rauchgeschwängerte Luft.

Manfred führt seine Mady beim ersten Rendezvous hier ein — und stellt befriedigt fest: Mady findet es einfach »knorke«. Die Probe ist bestanden.

Die beiden sind wie Kinder. Sie schubsen sich gegenseitig bei einer Party in der Villa von Ernst Henne am Starnberger See vom Bootssteg ins Wasser. Mady im eleganten Strohhut, neuen geblümten Sommerkleid und Stöckelschuhen, Manfred in heller Flanellhose, meerblauem Hemd und weißbraunen Golfschuhen. Sie schlucken literweise Wasser und — finden es wunderbar ... Später, bei Tisch, veranstalten Henne und Manfred, der blonde Hans Stuck und der nicht minder blonde Hans Albers ein — Wettrülpsen. Mady findet es schrecklich aber — macht mit!

Mady und Manfred vertelefonieren täglich quer durch Europa ein kleines Vermögen und Mady fleht in Briefen, Telegrammen und per Telefon vor jedem Rennen: »Bitte — fahr schön langsam!«

Manfred schickt Mady ein Riesen-Osterei — und als sie es öffnet, bellt ihr ein winziger Scotch-Terrier entgegen, der fortan ihr ständiger Begleiter wird.
Am Großglockner, beim Training zum Rennen um den Bergpreis von Deutschland, geschieht es, daß ich Manfred dabei erwische, wie er mit seiner Mady in unserem Silberpfeil über die Rennstrecke kurvt.
Die Romanze währt nicht lange. Mama Rahl ist gegen die Ehe ihrer Tochter mit einem Rennfahrer. Ihr Veto steht wie ein Eiserner Vorhang zwischen den beiden jungen Menschen. Sie beschließen darum das gleiche, was viele ihrer Altersgenossen in diesem Falle beschließen würden. Sie beschließen, gemeinsam zu sterben. Sie setzen sich in Manfreds Wagen, sie kneifen entschlossen die Augen zu und geben Gas, um in den Rennfahrer-Tod zu fahren. Aber es passiert nichts. Manfred muß im entscheidenden Moment wohl doch ein wenig geblinzelt haben ...
Später heiratet Mady einen anderen Mann, und Manfred ist drei Tage lang kaum zu gebrauchen. In der Hochzeitsnacht ruft er bei Mady an: »Es ist eine Gemeinheit«, schimpft er in den Apparat. »Du hättest mich vorher wenigstens fragen können!« Am nächsten Morgen aber schickt er 100 rote Rosen ...
Eines ist für mich gewiß: an der Seite dieser schönen und energischen Frau wäre Manfred von Brauchitsch manches tragische Abenteuer seines Lebens erspart geblieben.

*

Der 18. August 1938 ist der Tag vom »Großen Preis der Schweiz«. Die Rennstrecke, der Bremgarten, liegt vor den Toren von Bern, ist sieben Kilometer lang und eine der schnellsten Bahnen Europas. Aber sie hat schwere Tücken. Diese Bahn wurde zum Schicksal von Caracciola, Achille Varzi, Geier und Christian Kautz.
Am Start steht in der ersten Reihe Dick Seamans Silberpfeil, gleich neben Rudolf Caracciola und Hermann Lang.
Pünktlich beginnt das Rennen. Aber auch ebenso pünktlich, wie stets in Bern, ist Petrus mit seiner Gießkanne zur Stelle. Es regnet Bindfäden.
Um 15.00 Uhr senkt sich die Startflagge. Mit einem ausgezeichneten Start flitzt Dick Seaman davon, dahinter Stuck von der Auto-Union, dann Rudolf Caracciola.
Ein Wagen aber hängt immer noch am Start. Mir verschlägt's den Atem: es ist Hermann Lang! Eine Kleinigkeit hat er zuviel Gas gegeben und die Räder drehen durch.
Hermann Lang ist eben kein Regenfahrer. Bei Sonnenschein ist er am Start kaum zu schlagen. Aber sowie es regnet, ist sein Schneid dahin. Später habe ich ihn kuriert. Doch davon wird später noch zu berichten sein.
An diesem Tag allerdings rollt er erst davon, nachdem schon sechs Konkurrenten an ihm vorbeigefahren sind. Ich seh's an seinem Gesicht: jetzt hat er eine Wut. Und wer eine Wut hat, ist noch nie ein guter Fahrer gewesen. Der mißhandelt Gaspedal und Bremsen, der verreißt die Steuerung, der überdreht den Motor und ist Anwärter auf einen Platz im Straßengraben ...

Ein paar Runden geht es gut. Aber dann muckt Hermanns Motor. Dann bokken die Kerzen. Und schließlich klatscht ein Stein, beim scharfen Bremsen hochgeschleudert, gegen seine Brille.

Lang rollt an die Boxe. Er gibt auf. Und unser Rennarzt Dr. Gläser hat viel Arbeit, dem Lang ein halbes Dutzend feinster Glassplitterchen aus dem Auge zu ziehen.

Dick Seaman führt indessen immer noch. Dicht hinter ihm jagt Caracciola her. Der alte Rennfuchs gegen den jungen, patenten Grünschnabel!

Mich reißt es hoch von meinem Sitz. Zum Teufel mit aller Taktik und Strategie des Rennleiters Neubauer. Das ist ein Rennen für mein altes Fahrerherz, da sehe ich mich wieder selber hinter einem dieser brüllenden Motoren sitzen, da steuere ich mit, da zuckt mein rechter Fuß, als ob er nach dem Gaspedal tasten wollte.

Immer dichter schiebt sich Caracciola an Seaman heran. In jeder Runde sind es nur wenige Meter, die er aufholt, Zehntelsekunden. Er schneidet die Kurven wie mit dem Lineal, dosiert genau Gas und Bremsen. Keine Sekunde lang zerreißt die Bodenhaftung zwischen Reifen und Straße.

Neunte Runde, zehnte Runde. Pausenlos sprüht Wasser in Caracciolas Gesicht, von Seamans Hinterreifen aufgewirbelt. So dicht ist Rudi jetzt heran. Der alte Meister läßt nicht locker. Elfte Runde. Vor den Tribünen trennt nur noch eine Handbreit beide Wagen. Jetzt ist es soweit. Mit einem grandiosen Satz läßt Caracciola seinen Wagen vorschnellen, an Dick Seaman vorbei, an die Spitze. Unnachahmlich dieses Vorschnellen – das ist Caracciolas Trick, mit dem er so viele Gegner niedergerungen hat.

Verbissen kämpft Dick. Jetzt fährt er im Windschatten von Rudi, in dem Wassernebel, den Caracciolas Hinterräder versprühen.

Dreißig, vierzig, fünfzig Runden geht der Kampf. Caracciola hält eisern die Spitze. Mehr noch: mit jeder Runde vergrößert er seinen Vorsprung. Dick kämpft tapfer, aber vergeblich. Da winkt, wie eine Erlösung, die Zielflagge.

Der Sieger: Rudolf Caracciola. 26 Sekunden hinter ihm rast Richard Seaman über die Ziellinie. Dann folgen abgeschlagen Brauchitsch, Stuck und der Rest des Feldes.

Hier in Bern zeigt sich wieder einmal, daß Caracciola ein Regenfahrer wie kein zweiter ist. Schon oft hab ich darüber nachgedacht, woran es liegen mag. Am Fingerspitzengefühl, mit dem er durch die regennassen Kurven gleitet? An seiner zügigen, besonnenen Art zu fahren?

Nein – sein Geheimnis, das sind seine »Seehund-Augen«. Mag ihm der Regen literweise ins Gesicht klatschen – Caracciola braucht keine Brille, kein Schutzschild. Wenn andere aufgeben, weil sie die Hand vor den Augen nicht mehr sehen – dem Caracciola macht es überhaupt nichts aus.

Die Fachleute murmelten etwas von besonderem Bau des Auges, von Unempfindlichkeit des Glaskörpers, von abnormer Lichtbrechung der Linse, womit die Trübung durch das aufklatschende Wasser wieder ausgeglichen würde. Was es auch immer war – »Heute regnet es« hieß soviel wie: »Heute siegt der Caracciola.«

Aber hier in Bern hat sich gezeigt, daß auch ein Junger etwas von der Kunst des Regenfahrens versteht, und der heißt Dick Seaman. Daß dieser Junge uns ins Haus schneite, war schon ein besonderer Glücksumstand!

Dick Seaman hatte es keine Amme an der Wiege gesungen, daß er einmal Rennfahrer werden würde. Für ihn hätte es nach dem Wunsch seiner Eltern nur eine Wahl gegeben: Richter, Diplomat oder – Parlamentsmitglied. Denn sein Papa war ein schwerreicher Bankier, seine Mama eine Dame aus der großen Welt, ebenfalls mit viel Geld.

Für Dickie, den einzigen Sohn, gab es natürlich eine echt englische Erziehung: Schule in Rugby, Universität in Cambridge. Studium der neuen Sprachen.

Allerdings – Dicks Freizeitbeschäftigung bestand vorwiegend im Üben perfekter Kurventechnik auf einem rostigen Motorrad.

Später schenkte Mama ihrem autobesessenen Sprößling alle Jahre das neueste Sportwagenmodell. Und als Dick sich gar ein Flugzeug wünschte, griff Mama prompt zum Scheckbuch . . .

Da passierte die erste Panne. Papa und Mama Seaman saßen eines Abends vor dem Kamin und lasen die »Times«, als es klopfte. Der Butler trat ein.

Er meldete mit allen Zeichen würdigen Entsetzens: »Soeben kommt die Nachricht, Sir, daß Master Dick vom Dorfanger zu einem Flug nach Südafrika gestartet ist . . . zu einem Auto-Rennen . . .«

Vater Seaman, 76 Jahre alt, traf vor Schreck ein Schlaganfall.

So war Dick Seaman nun eben: Flog rasch mal nach Afrika – nur um ein Autorennen zu fahren und dabei nach 15 Kilometern im Graben zu landen.

Ein Jahr später hat er dann bewiesen, daß er etwas vom »Powerslide«, vom »Drifting«, »Kontern« – dem Großen Einmaleins der Rennfahrer versteht.

Damals, 1934, fuhr Dick Seaman sein erstes großes Rennen, und zwar in Bern. Wie immer, es regnete. Aber wildverwegen schlidderte Dick mit seinem schwarzen, kleinen MG über den Bremgarten-Kurs, überholte Wagen um Wagen, setzte sich an die Spitze des Feldes. Keiner traute sich wie Dick Seaman über die regenfeuchte Strecke zu kurven. Er gewann damals den Preis von Bern in der Klasse der Wagen bis 1,5 Liter.

Von der Boxe aus betrachtete er anschließend das Rennen der schweren Formel-Rennwagen um den Großen Preis der Schweiz. In diesem Rennen kam der Wagen des Engländers Hamilton in einer Kurve von der Bahn und prallte gegen einen Baum. Hamilton wurde getötet.

Die Nachrichten von Seamans Sieg und von Hamiltons Tod wurden verwechselt. Englische Zeitungen berichteten falsch. Und Zeitungen mit diesen irrtümlichen Meldungen kamen auch in die Hände eines alten Mannes, dessen ganzes Herz an einem Menschen hing: an seinem Sohn Dick . . .

Der Vater erlitt einen schweren Schock.

Am nächsten Tag kehrte Dick nach London zurück, glücklich über den Sieg. Die Mutter erwartete ihn. Um ihre Augen lagen Schatten, aber sie sagte nichts. Als Dick fragte: »Wie geht's Vater? Noch immer draußen auf dem Lande?« sagte sie nur: »Ja, draußen . . . auf dem Lande . . .« Und nichts ahnend sagte Dick: »Ein Freund hat mich eingeladen, zur Jagd auf sein Gut in Yorkshire.

Wir wollten noch heute weiterfahren. Ist's dir recht, Mutter?«
»Fahr nur, mein Junge. Und paß auf dich auf.«
Dick sollte nicht die Wahrheit wissen. Und – die Mutter wollte nicht, daß es Streit gäbe mit dem todkranken Vater, der Dick das Autorennen verboten hatte.
Die Mutter meinte es gut. Sie glaubte, die Zeit würde alles heilen. Aber der Tod war schneller. Der Vater starb, ohne seinen Sohn noch einmal gesehen zu haben. Seine letzten Worte, im Hinüberdämmern gemurmelt, waren voller Versöhnung und unendlicher Liebe für seinen Jungen.
Ich habe es später selber von Dick gehört, wie schwer ihn der Tod des Vaters getroffen hat. Aber trotz aller Trauer – das Rennen konnte er nicht mehr aufgeben. Ihn hatte nun einmal der Rausch der Geschwindigkeit gepackt, er war fasziniert von der Macht über starke Motoren.
Nun, im Jahr 1938, darf Dick Seaman sich selbst schon zu den Großen des Automobilrennsports zählen. Gleichzeitig ist er jener Frau begegnet, die er sich erträumt hat: Erika Popp.
Zunächst gibt es allerdings Schwierigkeiten – mit der Liebe. Dick hat seinen Freund, den prominenten englischen Sportjournalisten George Monkhouse gebeten, mit seiner Mutter wegen Erika zu sprechen. Aber Mrs. Seaman reagierte kühl auf die Heiratspläne ihres Sohnes. Sie hält nichts von den Deutschen, und schon gar nicht von einer Ehe zwischen den Völkern.
Dick Seaman aber ist finanziell vorerst noch von seiner Mutter abhängig. Sein Erbteil wird ihm erst mit 27 Jahren ausbezahlt – also muß er darauf noch zwei Jahre warten.
Gewiß – sein Einkommen als Fahrer bei Mercedes ist nicht schlecht: 12 000 Mark Fixum pro Jahr, zuzüglich Siegerprämien – im Durchschnitt 20 000 Mark für den Ersten, 15 000 Mark für den Zweiten und 10 000 Mark für den Dritten eines Rennens, dazu noch 40 Mark Spesen pro Tag. Ein Privatwagen wird vom Werk gestellt.
Aber damit kann man keine Bäume ausreißen, wenn man das halbe Jahr lang beruflich in den teuersten Hotels von Monaco, Mailand, London oder Spa verbringen muß. Dick ist von Hause aus verwöhnt. Und auch Erika Popp, Tochter eines Generaldirektors, stammt nicht gerade aus dem Hinterhaus – sondern lebt mit ihren Eltern in einer eleganten Villa im Münchner Prominentenviertel Bogenhausen.
Und genau wie Mama Seaman ihren Sohn keiner Deutschen anvertrauen will, hat Papa Popp verständliche Bedenken, seine Tochter einem Rennfahrer als Frau zu geben . . .
Aber Erika Popp ist eine junges und kluges Mädchen, sie versteht es, ihren Vater zu überzeugen – und er gibt sein Ja-Wort zur Verbindung mit Dick Seaman. Zwei Tage später gibt es um 5.30 Uhr morgens für Frühaufsteher am Hauptbahnhof in Mailand eine rührende Szene zu sehen. Auf dem Bahnsteig 4 steht ein baumlanger Kerl. Ein bißchen verschlafen um die Augen sieht er aus, einen Riesen-Rosenstrauß in der Hand. Nervös blickt er auf die Uhr.
Jetzt ist soweit: Der FD-Zug aus Zürich läuft ein. Nur wenige Reisende stei-

gen aus. Dort, aus dem Abteil 1. Klasse, klettert eine elegante junge Dame im Tweed-Kostüm.

Mit zwei Sätzen ist der Mann heran, packt die Dame, wirbelt sie herum, bedeckt ihr Gesicht mit Küssen.

»Erika«, sagt Dick Seaman strahlend, »ich freue mich ja so, daß du gekommen bist. Nun wird alles gut!«

Nichts ist gut geworden. Gar nichts – soweit es jenes Rennen um den Großen Preis von Italien am 11. September 1938 betrifft, zu dem Erika Popp eigens nach Mailand gekommen ist.

Es ist eines jener Rennen, bei dem von der ersten Runde an alles gegen uns läuft. Hermann Lang verpatzt den Start. Caracciola knallt in der zweiten Runde gegen einen Strohballen und fällt auf den letzten Platz zurück. Dick Seaman, voller Liebe und voll Temperament, strapaziert so lange den Motor, bis er in der elften Runde sauer wird. Manfred von Brauchtisch, der Choleriker, macht es nicht viel besser. In der 19. Runde gibt er auf.

Nur noch Rudolf Caracciola tuckert unentwegt irgendwo im Feld herum. Für den Sieg kommt er nicht mehr in Frage, aber er braucht Platz und Punkte, um auch in diesem Jahr wieder Europameister zu werden.

Da zeigt der alte Fuchs wieder einmal, daß er nicht nur zu fahren, sondern auch zu kämpfen versteht. Nach seinem Aufprall gegen den Strohballen ist sein Wagen von der Bahn gekommen. Er springt heraus, schiebt den schweren Wagen trotz der Höllenschmerzen in seinem verletzten Bein zurück auf die Strecke. Er legt den hohen Gang rein, stemmt sich gegen das Heck, schiebt . . . der Motor gluckert, ruckt . . . Rudi will in den Sitz klettern, als ein glühender Schmerz sein rechtes Bein durchfährt. Heiße Gase zischen durch ein undichtes Auspuffrohr, versengen seinen Overall, verbrennen seine Haut. Rudi ist halb ohnmächtig vor Schmerz. Aber er schwingt mühsam sich in den Sitz, schaltet, gibt Gas, fährt weiter, mit Tränen in den Augen, mit zusammengebissenen Zähnen . . . Er muß sich ein paar Runden lang von Brauchitsch ablösen lassen. Dr. Gläser legt ihm notdürftig einen Verband um das verletzte Bein. Dann fährt Rudi weiter, rettet einen dritten Platz und – wird dadurch zum drittenmal Europameister!

Die Konkurrenz aber hat den Sieg nach Hause gefahren: Vorneweg der große Meister Tazio Nuvolari auf Auto-Union.

Innerlich gönne ich diesem fairen Sportsmann von ganzem Herzen den Sieg, diesem Mann mit dem Römerkopf und dem Ledergesicht, dem ewigen Rivalen des großen Achille Varzi. Äußerlich aber spucke ich Gift und Galle über unsere Niederlage.

Dick Seaman ist der erste, über den sich mein gerechter Zorn entlädt. Kommt doch der lange Lulatsch nach dem Rennen ganz harmlos lächelnd angeschlendert und meint: »Nun, Herr Neubauer – machen wir heute abend wieder eine schicke Party?«

»Hat sich was!« schnaufe ich ärgerlich. »Ihr könnt mich alle gern haben – verstanden? Ich geh mit meiner Frau ins ›La Grocetta‹ essen. Aber ganz alleine – basta!«

So sag ich's jedem, der mich noch wegen der Party anspricht. Dann stiefele ich davon, Rauch und Schwefel hinter mir herziehend.

Sie müssen wissen: das rennfahrende Völkchen ist kein Freund von Traurigkeit. Parties und Festivitäten werden bei uns großgeschrieben.

Die Jungens von der Auto-Union beispielsweise hatten ihren eigenen Dreh entwickelt. Alljährlich, wenn die Rennfahrer-Verträge neu unterschrieben waren, mußte jeder der vier Auto-Musketiere reihum seinen drei Kollegen ein »Liebesmahl« spendieren. Da hockten sie dann zusammen, der schwarze Riese Rudi Hasse, der tollkühne Tausendsassa H. P. Müller, das junge Küken aus der Schweiz, Christian Kautz, und – der alte, weise Tazio Nuvolari.

Und auf ging's ins nächste Luxusrestaurant. Dann kamen die Kellner nicht mehr zur Ruhe. Rauf und runter die Speisekarte wurde bestellt: Vorspeisen, Hauptspeisen, Desserts, zehn Dutzend Austern, ein Kilo Kaviar, sechs Portionen Pfirsich-Melba, Spitzenweine. Ohne Rücksicht auf die Kosten ...

Der jeweilige Gastgeber dieses Liebesmahles aber durfte sich für je 500 Mark Kosten eine rote Nelke ins Knopfloch stecken.

Ich entsinne mich noch genau, wie ich vor dem Rennen in Mailand die vier Kerle im Restaurant Gianini matt in ihren Stühlen hängen sah, vor einer Galerie leerer Teller und Flaschen. Nur einer war noch vernehmungsfähig: der Gastgeber Tazio Nuvolari. Auf seinen Lippen lag ein stolzes und glückliches Lächeln, in seinem Knopfloch steckten – drei rote Nelken. Zu viert waren bereits 1500 Mark verspeist und vertrunken worden.

»Meine Güte«, sage ich, »Tazio, die Burschen werden Sie noch pleite fressen!«

»Keine Bange«, lächelt er. »Beim Rennen hole ich mir das Geld zurück. In Gestalt der Siegesprämie!«

Für uns Mercedes-Leute aber gibt es am Abend des 11. September 1938 nichts zu feiern. So glaube ich wenigstens und gehe also mit meiner Frau, der Hansi, in »La Grocetta«. Kaum haben wir unsere Vorspeise, Omelettes à la Fiorentina, mit feurigem Chianti hinuntergespült, als die Tür sich öffnet und Hermann Lang seinen Schwabenschädel hereinschiebt.

»Da schau her«, tut er erstaunt. »Unser Herr Neubauer – welch ein Zufall!«

Er setzt sich gleich an unsern Tisch und bestellt ein umfangreiches Abendessen für sich und sein schwarz-braun gelocktes Weib, die Lydia.

Was soll ich Ihnen sagen – binnen einer halben Stunde ist das Restaurant zum Brechen voll! Einer nach dem andern kommen sie angeschlichen: Ingenieur Uhlenhaut, unser genialer Konstrukteur, mit seiner charmanten Ehehälfte, Manfred von Brauchitsch im Tropensmoking, Rudolf Caracciola humpelnd auf seine Frau »Baby« gestützt. Dazu kommen schließlich noch eine Handvoll Direktoren und andere Mitglieder unserer Italienvertretung.

Und natürlich auch Dick Seaman mit seiner blonden Erika.

Alle murmeln sie was von »Zufall«, setzen sich hin und bestellen in einer Manier, die wirklich ein wenig unverschämt ist. Selbst Caratsch, der sonst jeden Pfennig dreimal umdreht, tut so, als ob es heute Freibier gäbe.

Na, denk ich, auf die Gesichter bin ich mal gespannt, wenn's erst ans Berappen geht ...

Als die Uhr auf zwölfe geht und meine Frau mich am Ärmel zupft, weil es Zeit ist, Schluß zu machen, fragt Caratsch mich mit Unschuldsmiene: »Don Alfredo, dieses Mahl geht doch auf Ihre Rechnung?«
»Kein Gedanke«, wehre ich ab. »Wenn man sich so mit Ruhm bekleckert wie ihr heute im Rennen, ist an eine Feier auf Spesenkonto nicht zu denken!«
Das Theater hätten Sie erleben sollen! Es war die reinste Meuterei. Gerade will ich das Schlachtfeld räumen, als Chiron, das große Fahrer-As aus Monaco, mir vernehmlich zuflüstert: »Lieber Monsieur Neubauer, ick wissen eine Gründ ssu feiern . . . Dick Seaman aben sich heute verlobt mit seine Erika.«
Wie ich noch schwanke, sieht mich meine Frau so merkwürdig an. Und wenn die Hansi diesen Blick in den Augen hat, kann ich einfach nicht mehr »nein« sagen. Also zücke ich ein wenig seufzend die dicke Brieftasche: »Ober, zahlen. Alles auf meine Rechnung . . .«

SPIONAGE

Die Bilanz der Rennsaison 1938 ist großartig für uns. Wir siegen, wo immer wir auch starten. Wir kassieren die Großen Preise en gros. Und was wir übrig lassen, schnappen sich die Männer der Auto-Union.
Nicht einen einzigen Preis können die rennbegeisterten und einst so sieggewohnten Italiener nach Hause bringen. Schon in den Jahren 1934 bis 1937 sah es schlimm für sie aus: nun ist es völlig trostlos geworden.
Von 23 klassischen Grand Prix-Rennen siegte Mercedes in 12, die Auto-Union in 7 und nur 4 blieben für die Italiener übrig. Jetzt scheint das Maß für sie voll zu sein.
Nach dem Rennen von Monza kommt der Sportpräsident Italiens, im Zivilberuf Fallschirmfabrikant, mit honigsüßem Lächeln auf mich zu und teilt mir mit: »Die italienische Sportkommission hat soeben beschlossen, das Tripolis-Rennen 1939 nur für Wagen der 1,5-Liter-Klasse auszuschreiben!«
Ich habe es kommen sehen. Ich habe schon lange das Raunen und Flüstern an den Boxen vernommen, wie man den Deutschen ihre Siege versalzen könnte. Schon lange war die Rede von den kleinen Wagen der 1,5-Liter-Klasse.
Diese Rennen wurden seit jeher von den Italienern und Engländern beherrscht. Wir hatten uns um diese »Kinderwagen«-Klasse nie recht gekümmert. Und doch war mir nicht entgangen, daß immer mehr Fahrer und Firmen in diese kleine, inoffizielle Klasse abwanderten, weil die Wagen billiger waren und weil hier die übermächtige deutsche Konkurrenz nicht vertreten war.
Ich hatte meine Gedanken schon vor einiger Zeit in einem Memorandum zusammengefaßt. Ich hatte vorgeschlagen, auch kleinere Wagen zu konstruieren — um der Gefahr vorzubeugen, daß wir eines Tages allein am Start der Grand Prix-Klasse stehen würden.
Direktor Sailer hatte mein Memorandum geprüft — und es nach wenigen Tagen zurückgegeben mit dem Vermerk: »Kein Interesse!«

Dipl.-Ing. Uhlenhaut, Dr.-Ing. Fritz Nallinger und Alfred Neubauer besprechen eine Neukonstruktion für 1954.

Großer Preis von Frankreich 1954. Erster großer Auftritt nach dem Zweiten Weltkrieg. Neubauer gibt Zeichen: »Kling führt vor Fangio«.

Nun aber, nach dem Rennen von Monza, war eingetreten, was ich schon lange befürchtet hatte. Man wollte uns ausbooten. Vorerst einmal in Tripolis – und später auch anderswo.
Direktor Sailer ist nicht gerade erfreut, als ich ihm die Hiobsbotschaft mitteile. Das ist verständlich, denn es ist völlig unmöglich, in den acht Monaten, die uns noch bis zum Start in Tripolis verbleiben, einen neuen Wagen zu entwickeln.
Drei Jahre rechnet man für die Entwicklung eines Tourenwagens, bevor er in Serie gehen kann. Anderthalb Jahre müssen Konstrukteure, Ingenieure und Monteure arbeiten, um einen neuen Rennwagen auf die Räder zu stellen. Aber – acht Monate? Das ist zuviel verlangt. Hätte er auf meine Warnung gehört, denke ich im stillen. Dann hätten wir wertvolle Zeit gewonnen . . .
Aber Direktor Sailer ist nicht der Mann, der sich geschlagen gibt. Er trommelt in Stuttgart alle Konstrukteure, Ingenieure, Techniker und Mechaniker zusammen. »Meine Herren«, sagt er. »Wir dürfen uns von den Italienern nicht ausbooten lassen. Heute ist der 15. September. Ich frage Sie: Können wir bis Mai nächsten Jahres einen 1,5-Liter-Wagen bauen?«
»Kaum«, sagen die Konstrukteure. »Das wäre in der Hälfte der normalen Zeit!«
»Es muß gehen!« sagt Sailer. »Unser Prestige steht auf dem Spiel! Arbeiten Sie Tag und Nacht, wenn's sein muß. Ich setze Sonderprämien aus. Aber – schaffen Sie einen neuen Wagen!«
In jenem Winter beginnt geschäftiges Treiben in den Konstruktionsbüros und Werkstätten von Untertürkheim. Tag und Nacht, an Sonntagen und Feiertagen, brüten die Ingenieure und Konstrukteure über ihren Plänen und Reißbrettern, stehen die Werkmeister und Mechaniker an den Prüfständen.
Die Versuchsabteilung wird verbotenes Gebiet. Nur Sonderausweise öffnen die Türen. »Streng geheim«, steht auf allen Zeichnungen und Schriftstücken. Stacheldraht hält alle Unbefugten von den Hallen fern.
Und doch gibt es Leute, die hören das Gras wachsen, Leute die einen Riecher haben und – gute Informationsquellen. Einer von ihnen ist Wilhelm Sebastian, der früher einmal zu Mercedes gehörte, doch nun technischer Rennleiter bei der Konkurrenz, der Auto-Union in Zwickau, ist.
Eines Tages wird Sebastian durch einen Anruf seines Mannheimer Vertreters alarmiert: »Es tut sich was in Untertürkheim. Man munkelt, ein völlig neuer Wagentyp stehe kurz vor der Erprobung . . .«
Daraufhin schickt Sebastian seine »Späher« aus. In den stillen Kneipen rings um Stuttgart tauchen alsbald freundliche Herren auf, die lustige Gesellschaft lieben, die gern eine Lage springen lassen und die ein offenes Ohr haben für alles, was bei Daimler-Benz geschieht. Doch sie erfahren nicht viel. Die Männer von Untertürkheim halten dicht.
Sebastian wird nervös. Immer näher rückt die neue Rennsaison. Und noch immer hat er keine Informationen über den geheimnisvollen neuen Wagen, den Mercedes entwickelt haben soll. Da, eines Morgens flattert ein vertraulicher Bericht auf seinen Schreibtisch: »Der Straßendienst am Hockenheimring

ist in den letzten Tagen auffallend verstärkt worden. Die Strecke wird sorgfältig gereinigt, wie es sonst nur kurz vor einem Rennen üblich ist.«
Sebastian blättert in seinem Terminkalender. Das nächste Rennen am Hockenheimring ist noch weit entfernt, jedoch ein anderes Rennen steht kurz bevor: Der Große Preis von Tripolis, am 15. Mai ... Aber Tripolis ist in diesem Jahr nur für 1,5-Liter-Wagen ausgeschrieben. Die Auto-Union wird nicht starten. Sie hat nicht versucht, in so kurzer Zeit und wegen eines einzigen Rennens einen neuen Wagen zu konstruieren.
Sollte Mercedes ... ?
Sebastian überlegt. Es gibt nur zwei Männer, die Auto-Union und Mercedes gemeinsam betreuen, die bei jedem Rennen und bei jeder Versuchsfahrt zugegen sein müssen. Der eine ist Reifenmeister Dietrich von der Firma Continental, der andere ist Rennarzt Dr. Gläser.
Sebastian ruft die Conti-Werke in Hannover an. »Verbinden Sie mich bitte mit Herrn Dietrich!«
»Bedaure«, sagt die Sekretärin. »Herr Dietrich ist für ein paar Tage verreist.«
Minuten später spricht Sebastian mit der Haushälterin von Dr. Gläser in dessen Wohnung. »Es tut mir leid«, sagt sie. »Aber Herr Doktor ist gestern abend nach Süddeutschland gefahren.«
Sebastian weiß genug. Er ist kaum noch überrascht, als er an diesem Abend die Meldung aus Hockenheim erhält: »Mercedes wird morgen früh um 7 Uhr Versuchsfahrten unternehmen!« Noch in der gleichen Nacht fährt er von Zwickau nach Stuttgart. Pünktlich um 7 Uhr früh ist er in Hockenheim. Harmlos als Spaziergänger getarnt steht er in einem Gebüsch am Rand der Strecke und beobachtet. Er sieht das Depot, und er sieht Caracciola, Brauchitsch und Lang rennfertig im weißen Overall. Er sieht, wie sein alter Freund, der lange Monteur Zimmer, an einem silberglänzenden kleinen Wagen hantiert. Und er sieht und hört natürlich auch mich, wie ich mit Stentorstimme Ordnung in das Durcheinander bringe.
Nur ich – ich sehe ihn nicht. Ich ahne nicht, daß der gute Bastl keine 200 Meter entfernt mit der Stoppuhr steht und staunend die Rundenzeiten notiert, die das blitzsaubere Wägelchen herunterschnurrt. Sebastian sieht, daß wir 500 Kilometer hintereinander wegfahren. Und es steht für ihn fest: das ist Training für ein Grand Prix-Rennen. Und dieser kleine Wagen gehört zur 1,5-Liter-Klasse. Mercedes hat die Herausforderung der Italiener angenommen!
Ich bin zufrieden mit der Generalprobe. Alles hat geklappt. Ich gebe das Zeichen zum Abbauen. Da bleibt mein Mund vor Schrecken offen stehen, als ein Mann aus dem Gebüsch hervortritt, der von weitem wie ein Wilddieb, aus der Nähe aber wie unser alter Sebastian aussieht. »Mann, Bastl!« schreie ich. »Was haben Sie denn hier verloren?«
»Ich fürchte«, sagt der Bastl mit einem wehmütigen Zug um den Mund, »ein ganzes Rennen: den Großen Preis von Tripolis!«
Er drückt mir die Hand. Und dann sagt er, mit einem bewundernden Blick auf unseren neuen Wagen: »Alle Achtung, Herr Neubauer! In acht Monaten

einen neuen Wagen fertigstellen – das macht Mercedes so leicht keiner nach! Und eines verspreche ich Ihnen: bei diesem einen Rennen wird auch die Auto-Union für Mercedes alle Daumen drücken. Vom Generaldirektor bis zum letzten Stift!«

*

Es ist nicht das einzige Mal, daß Sebastian bei uns »spioniert« hat. Er hat mir, dem »Mann mit den tausend Tricks«, selbst dies und jenes Schnippchen geschlagen:

So war es zum Beispiel bei einer Probefahrt in Monza, vor Beginn der Saison. Wir wollten unseren neuesten Wagen testen. Den ganzen Tag verbrachte unser Team draußen auf der Strecke und an den Boxen: die Fahrer, die Monteure und die Ingenieure. Wir hatten Hunger, und wir suchten einen Koch, der uns mittags versorgen sollte. Signor Ricordi, der Mailänder Repräsentant der Auto-Union, empfahl uns wärmstens einen jungen Mann.

»Er versteht zwar kein Deutsch, aber er bereitet die besten Spaghetti und Ravioli Italiens!« versicherte Ricordi.

»Gut«, sagte ich. »Der Mann ist engagiert!«

Ich ahnte nicht, welches Kuckucksei ich damals ins Nest setzte. Denn erst viel später habe ich erfahren, daß jener Mann viel mehr von Autos als von Spaghetti verstand. Er war Chauffeur beim Vatikan und sprach sogar ausgezeichnet Deutsch. Er machte lange Ohren, wenn wir beim Mittagessen ahnungslos über Fehler, Defekte und allerlei Konstruktionsgeheimnisse unseres neuen Wagens plauderten. Noch am gleichen Abend meldete er brühwarm nach Zwickau, was er auf diese Weise erfahren hatte. Ich aber wunderte mich später ungemein, wie gut die Konkurrenz über unsere Stärken und Schwächen unterrichtet war.

Noch ein zweitesmal, in Tripolis, haben die beiden bösen Buben Sebastian und Ricordi mich gewaltig übers Ohr gehauen. Damals gab es noch keine Kabelverbindung zwischen Tripolis und Rom. Unsere Ferngespräche mit der Heimat wurden von Afrika bis Italien über UKW geleitet – und nur zu ganz bestimmten Stunden an jedem Tag. Da fiel es Sebastian auf, wie ich mit Ingenieur Uhlenhaut nach jedem Training ins Hotel Uaddan eilte, um zu telefonieren.

»Was wir brauchen«, sagte Sebastian, »ist ein Radio mit UKW-Zusatz!«

»Kleinigkeit«, sagte Ricordi. »Das besorge ich ...«

Am nächsten Tage, nach dem Training, hockten sie in ihrem Hotelzimmer am Radio und stellten die Welle der italienischen Post ein. Sie brauchten nicht lange zu warten, bis es aus ihrem Lautsprecher tönte: »Hallo, hier Neubauer! Verbinden Sie mich mit Daimler-Benz in Untertürkheim!«

Sebastian nahm Bleistift und Papier zur Hand und schrieb mit, was zwischen Stuttgart und Tripolis gesprochen wurde: Drehzahl . . . Reifengröße . . . Profil . . . Übersetzung . . . und allerlei wissenswerte technische Daten.

FLUCHT AUS ENGLAND

Im September 1938 – mitten in den Vorbereitungen zum Donington-Park-Rennen um den Großen Preis von England, der letzten Veranstaltung der Saison – bricht die Zeit der großen Krise an.

Zum erstenmal heulen die Luftschutzsirenen. Noch ist es Übung, noch ist es nicht Ernst. Wir werden aufgerufen, Dachböden zu entrümpeln, Volksgasmasken zu kaufen – das Stück für 5 Mark. Es riecht brenzlig in Europa.

Dabei haben wir Rennleute ganz andere Sorgen als die hohe Politik. Unsere Welt ist der Sport. Unsere Welt, das ist der Beton der Rennbahnen, das ist der Gestank von Auspuffgasen, das Donnern der Motoren.

Am Samstag, dem 24. September, reise ich mit meinem Assistenten Geier, der selbst ein alter Rennhase ist, bei Straßburg über die französische Grenze, um über Paris und Calais nach England zu kommen.

Auf den sonst so ruhigen Straßen Frankreichs sehen wir überall Soldaten, Militärkolonnen, Geschütze, die in Stellung gehen, Leiterwagen, mit Hausrat voll bepackt. Wir kommen durch Dörfer, die evakuiert werden.

Zwischen Nancy und Toul zockelt ein Lastwagen vor uns her. Er will uns nicht überholen lassen. Fahren wir links, drückt er nach links herüber, fahren wir rechts, lenkt auch er nach rechts. So geht das zwanzig Kilometer lang.

Endlich reißt mir der Geduldsfaden. Links seh ich eine Lücke, einen breiten Sommerweg.

»Los jetzt!« sage ich zu Geier. »Drück auf die Tube ...«

Der Motor heult auf. Es wirbelt Staub und Dreck. Im Vorbeiflitzen seh ich im Führerhaus des Lastwagens eine Frau sitzen. Sie hält einen Kohlkopf wurfbereit in der Hand. Als wir auf gleicher Höhe sind, holt sie aus, zielt – und, pffft, saust der Kohlkopf über uns hinweg, schlägt aufs Dach, prallt ab und landet im Graben ...

Der Hoteldirektor in Paris macht ein trauriges Gesicht. »Es sieht nach Krieg aus, Messieurs. Ich rate Ihnen gut – fahren Sie möglichst bald weiter!«

Wir kaufen deutsche Zeitungen. Die Schlagzeilen sind wenig angenehm: *»Schüsse an der Grenze . . . 100 000 Flüchtlinge aus dem Sudetenland . . . Ultimatum an Prag. Rückgabe des Sudetenlandes bis zum 1. Oktober ...«*
Wir fahren trotzdem nach London.

Im Hyde-Park werden Splittergräben ausgehoben, Flakgeschütze, Scheinwerferbatterien gehen in Stellung. Vor dem Buckingham-Palast schichten Soldaten Sandsack-Barrikaden auf.

Und dann lese ich die Schlagzeilen in den englischen Zeitungen: *»Weltfriede in Gefahr ... Diktator Hitler stellt Ultimatum an Prag ... Noch vier Tage Frist . . .«*

Ausgerechnet in dieser Krisenzeit sitzen die Rennmannschaften von Mercedes und Auto-Union vollzählig versammelt in England, um das Donington-Park-Rennen zu fahren.

Ich ziehe meinen Freund und Gegenspieler Dr. Feuereissen, den Rennleiter der Auto-Union, in einen stillen Winkel. Vor den Boxen, wenn es um große Prei-

se geht, sind wir Gegner. Jetzt aber sitzen wir gemeinsam in der Tinte. Jetzt müssen wir zusammenhalten.
»Was sollen wir bloß machen?« frage ich Dr. Feuereissen. »Bleiben wir – oder fahren wir zurück nach Hause?«
»Ich hab heut früh mit der deutschen Botschaft telefoniert«, sagt er. »Sie meinen, es würde sich alles beruhigen. Wir sollten unbesorgt zum Donington-Park nach Nottingham fahren.«
»Hm. Da droben sind wir aber doch von Gott und Welt abgeschnitten.«
Feuereissen überlegt einen Augenblick. Dann sagt er: »Wissen Sie was – ich bleibe hier in London zurück und halte Kontakt mit der Botschaft. Sie fahren nach Nottingham. Sowie es Ernst wird, geb ich Ihnen telefonisch Nachricht durch.«
»Einverstanden. Und ich werde meine Fittiche so lange auch über Ihre Jungens ausbreiten.«
Am Mittwoch, dem 28. September 1938 regnet es in Nottingham »Katzen und Hunde«, wie die Engländer zu sagen pflegen. Das Stimmungbarometer steht auf Null. Kein Mensch ist zum Training zu bewegen.
Gestern abend ist zum Überfluß auch noch Erika Popp aus München eingetroffen.
Ich sitze im leeren Frühstückszimmer unseres Quartiers und werde langsam fusselig über das lähmende Gefühl von Unsicherheit und Nichtstunkönnen.
Da kommt Hermann Lang mit umwölkter Miene an. Er war mit seinem Wagen rasch mal vor die Stadt gefahren, um mit dem Autoradio einen deutschen Sender einzufangen.
»Es sieht schlecht aus«, sagt er. »Die spielen schon seit Stunden Marschmusik!«
Mittags um zwölf schrillt das Telefon in meinem Zimmer. »Hier Feuereissen«, klingt es aufgeregt vom anderen Ende. »Es wird Ernst! Befehl von oben: Sofort abrücken. Notfalls gesamtes Material zurücklassen!«
Klick, macht es in der Leitung. Dann ist alles still.
In der nächsten halben Stunde ist der Teufel los. Wie eine wildgewordene Dampfwalze sause ich von Tür zu Tür, donnere meine Schäflein aus dem Mittagsschlaf, gebe Großalarm: »Fertigmachen! Wir rücken ab – in zwei Stunden marschbereit!«
Dann telefoniere ich, bis die Drähte glühen. Mit dem Spediteur in Harwich. Mit dem Monteurlager in Castle Donington, vor der Stadt. Ich laß Plätze auf dem Abendschiff nach Holland reservieren. Berechne die kürzeste Route nach Harwich. Zahle Hotelrechnungen. Stelle Kolonnen zusammen: Pkw ... Lkw ... Materialwagen ... Spezialtransporter für die Rennwagen.
Und dann hole ich mir unsern Vizemeister, den Monteur Lindemeier, zu einem ernsten Gespräch unter vier Augen.
»Lindemeier, wenn euch unterwegs jemand aufhalten, die Wagen beschlagnahmen will – dann nix wie Löcher in die vollen Tanks, und ein Streichholz ran, klar?«
»Klar!« sagt der Lindemeier. »Unsere Wagen bekommen die Tommies nie!«
Dann kommt noch mein schwerster Gang. Mein Herz wiegt hundert Kilo-

gramm, als ich Dick Seaman und Erika gegenüberstehe. Wie ein Paar verscheuchter Hühnchen sitzen diese beiden jungen Menschenkinder da.
»Machen Sie's gut, alter Junge«, sag ich zu Dick. »Und gesundes Wiedersehen . . . irgendwo und irgendwann . . .«
Als Dick mir die Hand drückt, glitzert es in seinen Augenwinkeln, und Erika sieht sehr blaß um die Nasenspitze aus.
»Und Sie, Mädchen?« frag ich. »Was wird aus Ihnen? Wollen Sie nicht mitkommen?«
Sie schüttelt den Kopf. »Nein, Herr Neubauer. Mein Platz ist hier bei Dick, was auch immer geschehen mag.«
Tapferes Mädel, denk ich und drück sie an mich. Wer weiß, wie viele Wochen, Tage, Stunden ihr noch für ihre junge Liebe bleiben . . .
Im Hafen Harwich ist Hochbetrieb.
Es wimmelt von Deutschen: Kindermädchen und Köchinnen, Arbeiter, Studenten, Touristen. Alle wollen sie die Schiffe zum rettenden Ufer erreichen, Schiffe zum neutralen Holland.
Unsere Wagen sind Gott sei Dank wohlbehalten an Bord, und auch die Monteure. Vizemeister Lindemeier steht mit strahlendem Gesicht an der Reling. Auch mir ist ein Zentnerstein vom Herzen gefallen. Nicht auszudenken, was alles hätte geschehen können, wenn die Wagenkolonne unterwegs etwa von einem übereifrigen englischen Polizisten angehalten und meine Order befolgt worden wäre. Rennwagen im Wert von Millionen Mark in Flammen . . . mich schauert's heute noch, wenn ich an jene Möglichkeit denke.
Nun, es ist alles gutgegangen, und ich will am nächsten Morgen mit dem Rest der Mannschaft nachfolgen.
Gerade ist das Schiff in der Dunkelheit verschwunden, gerade gehe ich zum Hotel zurück, da rennen Zeitungsboys mit Extrablättern durch die Straßen. Ich kaufe mir eins, lese: *»Hitler, Mussolini, Chamberlain und Daladier treffen morgen in München zusammen!«*
Der Friede ist noch einmal gerettet . . .
Vier Wochen später, am 22. Oktober 1938, findet doch noch das Rennen von Donington-Park statt. Es ist ein feuchter, naßkalter Tag. Wieder sind wir alle da: die Männer von Mercedes und von der Auto-Union. An den Masten flattern die Fahnen der teilnehmenden Nationen: die Trikolore, der Union Jack, das Banner Italiens, und natürlich auch die deutsche Fahne.
Eben hatte ich die Freude, unsern Dick an meine breite Brust zu drücken und seine blonde Erika, die tapfer bei ihm ausgehalten hat. Dick hat heute seinen großen Tag. Er muß die Honneurs machen für Seine Königliche Hoheit, den Herzog von Kent, den jüngeren Bruder des Königs.
Der Herzog läßt sich Wagen und Motoren erklären. Er ist ein bißchen leichtsinnig: er bittet Dick, mit ihm ein paar Proberunden um den Kurs zu drehen. Bei Runde eins winkt der Herzog noch dem Volke zu. Bei Runde zwei hält er sich seine Mütze fest. Bei Runde drei ist kaum noch was von ihm zu sehen. Als sie vor den Boxen halten, ist der Herzog weich in den Knien. Es ist nicht jedermanns Sache, im Renntempo durch die Kurven zu brausen. Den Herren

vom Gefolge stehen die Haare zu Berge, aber der Herzog lächelt tapfer: »Es war großartig, Mr. Seaman.«

Und dann wird es Ernst. Es wird ein Rennen voller Zwischenfälle. Der junge Kautz von der Auto-Union landet als erster im Graben. Ein paar Kratzer – sonst nichts.

In Runde 30 geht ein alter Alfa in die Brüche. Eine Öllache verschmiert die Straße.

Als erster kommt Nuvolari an die Unglücksstelle. Er sieht die gelbe Fahne des Streckenwärters, die Fahne, die »Gefahr« bedeutet. Mit fast zweihundert Sachen braust Tazio heran.

Nuvolari gleitet über das Öl, dreht nach rechts, steuert entgegengesetzt, dreht links, steuert wieder gegen, gibt erst dann Gas, als die Ölschmiere von den Reifen abgefahren ist, tritt ganz weich ins Gaspedal, auf die Bremse überhaupt nicht – dann hat er's geschafft, der erfahrene Rennhase.

Jetzt kommt Hasse von der Auto-Union über den Ölfleck. Dreht sich dreimal um die Achse, kommt von der Straße, fährt krachend in ein hölzernes Kontrolleur-Häuschen – gottlob ist niemand drin – und steigt unverletzt aus dem zerbeulten Wagen.

Nun rast Dick heran. Ich drücke beide Daumen. Hinter mir schließt Erika entsetzt die Augen. Der Wagen schliddert übers Öl wie eine Eislauf-Künstlerin bei der Kür. Wumm ... landet Dick neben der Fahrbahn auf dem Grünstreifen. Nichts passiert. Aber der Motor seines Wagens ist abgewürgt.

Rennwagen haben keinen Selbststarter. Elektro-Anlasser gibt es nur an den Boxen. Auf der Strecke heißt es anschieben. Das ist kein Kinderspiel für einen Mann allein, denn jede fremde Hilfe ist verboten.

Für Dick heißt es darum jetzt: Raus aus dem Wagen . . . Zündung einschalten ... Anschieben ...

Langsam rollt der Wagen. Ein Sprung – und Dick sitzt hinter dem Steuer, kuppelt aus, legt den fünften Gang ein, lenkt zugleich so, daß er die leichte Wölbung der Straße zum Weiterrollen ausnutzt, und kuppelt ein. Es müßte mit dem Teufel zugehen, wenn nicht zwei oder drei der zwölf Zylinder zünden würden. Und wirklich ... blubb ... blubb ... macht der Motor. Und bevor er noch wieder absterben kann, schaltet Dick blitzschnell herunter: 4. ... 3. ... 2. Gang, gibt Gas ... Der Motor heult auf, und Dick braust davon!

Wenig später ist das Rennen vorbei: Tazio Nuvolari hat gesiegt. Hermann Lang macht den Zweiten. Und der glückstrahlende Dritte schließt seine Erika in die Arme: Dick Seaman.

Zwischen Dick Seaman und seiner Mutter Lillian kommt es bald darauf zu einer entscheidenden Auseinandersetzung wegen seiner Liebe zu Erika, der jungen Deutschen. Lillian kämpft mit allen Mitteln um ihren Sohn. Und nicht immer sind diese Mittel fair. Sie droht sogar, Dick zu enterben, und sie stellt ihn schließlich vor die Wahl: »Entweder ich, deine Mutter – oder diese Deutsche!«

Doch Dick hat seine Wahl längst getroffen. Es gibt für ihn kein Zurück. Er verläßt das Haus seiner Mutter nach dieser letzten Auseinandersetzung.

Er wird sie nie mehr wiedersehen.
Am 7. Dezember 1938 heiraten Dick Seaman und Erika Popp auf dem Standesamt von Caxton Hall in London, und wieder gibt es kleine Zwischenfälle: Erika verspätet sich um eine Viertelstunde – sie hatte die Adresse des Standesamtes vergessen. Dick seinerseits hat das Hochzeitsgeschenk – ein Paar Diamanten-Clips – daheim im Safe liegen lassen.
Wenige Tage später ist das junge Paar in Davos. Sonne, blauer Himmel, Schnee – Tage, die wie im Flug vergehen, losgelöst vom Einerlei des Alltags, voll Lachen und Zärtlichkeit. Noch nie ist Erika so glücklich gewesen. Das Leben kann nicht mehr schöner sein ...
Aber am 15. März 1939 reißt ein Paukenschlag die Welt aus ihrem Winterschlaf.
Am Morgen dieses Tages überschreiten deutsche Truppen die tschechoslowakische Grenze, rücken in Prag, Brünn, Olmütz ein, entwaffnen die tschechische Armee. Der Friede hängt an einem seidenen Faden ...
Fieberhaft wird in London verhandelt. Im Foreign Office summt es wie im Bienenhaus. Die Botschafter geben sich gegenseitig die Türklinke in die Hand. Man erwägt Gegenmaßnahmen, Proteste.
Da kommt der nächste Streich: Am 24. März erscheinen deutsche Kriegsschiffe auf der Reede von Memel, besetzen deutsche Truppen das Memelgebiet.
In jenen Tagen kriselt es auch in meinem Team, unter meinen Rennfahrern.
Ich habe Besuch in meinem Direktionsbüro in Stuttgart. Dick Seaman stapft mit langen Schritten auf und ab. Sein Gesicht ist gerötet.
»Herr Neubauer«, sagt er, »wenn das so weitergeht, seh ich schwarz für die Zukunft. Ich kann dann als Engländer nicht mehr für eine deutsche Firma starten. Nicht unter diesen Umständen.«
»Mein lieber Dick«, sage ich, »was hat der Sport mit Politik zu tun?«
»Mehr als uns beiden lieb ist, fürchte ich. Haben Sie das Theater bei der letzten Auto-Ausstellung in Berlin vergessen?«
Natürlich habe ich es nicht vergessen. Wie wir mit unseren Rennwagen zur Reichskanzlei bestellt wurden, wie wir zu Hitlers Vergnügen die Kompressoren heulen lassen mußten – bis der Marmor von den Wänden bröckelte. Und was es sonst bei solchen Gelegenheiten alles gibt: dem Führer die Hand drücken und ins treudeutsche Blauauge schauen, dann im Gefolge Hitlers über die Ost-West-Achse hinaus mit Fahnen und Tschingbumm zu den Messehallen am Funkturm fahren. Wie ein Zirkusclown bin ich mir damals vorgekommen und hab mich vor Dick, unserem Engländer, fast ein wenig geschämt.
»Ja«, seufze ich, »das war ein Riesenrummel.«
»Eine große Schau«, sagt Dick. »Hollywood hätte sie nicht besser inszenieren können. Hitlers Worte klingen mir noch im Ohr: von den kühnen Rennfahrern, die nicht aus bloßer Liebe zu ihrem Sport ihr Leben riskieren, sondern zur Ehre Deutschlands!«
»Hitler sagt vieles ...« brumme ich. »Sie müssen nicht alles so wörtlich nehmen.«

»Allerdings«, lacht Dick, »im September hat er gesagt, daß er keine territorialen Forderungen mehr in Europa hat. Und sechs Monate später schluckt er die Tschechoslowakei und das Memelland. Für mich ist eines sonnenklar: Herr Hitler lügt, wenn er den Mund aufmacht.«
Ich wisch mir den Schweiß von der Stirn. Zum Glück sind wir allein. Und meine Sekretärin, die Heinze, hat in solchen Momenten stets Watte in den Ohren.
»Dick, guter Junge, Ihre Meinung in Ehren. Aber behalten Sie die gefälligst für sich. Sie reden mich noch um einen meiner besten Fahrer und sich selbst um Kopf und Kragen.«
»Ich bin Engländer«, sagte er kühl. »Ich sage, was ich denke.« Und er geht mit wütenden Schritten davon.

*

Die Frühlingssonne malt helle Kringel auf den Schreibtisch von Dick Seaman. Im Garten trocknet der Föhn die letzten Schnee-Reste vom Rasen. Und von draußen tönen lustiges Bellen und Zurufen einer hellen Frauenstimme: Erika tollt mit den beiden Cocker-Spaniels herum.
Dick hat heute keinen Blick für den Frühling, keinen Sinn für lustiges Jagen. Er hat Sorgen. Das Gespräch mit Neubauer liegt ihm im Magen. Er überlegt: Deutschland ist seine zweite Heimat geworden. Er hat eine deutsche Frau. Er liebt dieses Land, seine Berge, Wälder, Seen, seine Menschen. Und er liebt die starken Rennwagen, die hier gebaut werden, die besten in Europa.
Soll er das alles aufgeben? Nur wegen dieser verdammten Politik? Dick seufzt. Er findet sich nicht mehr zurecht, er braucht Rat, Hilfe.
Dick kennt einen Mann, der helfen könnte: Lord Howe, den Präsidenten des britischen Rennfahrer-Klubs, den großen Mann des englischen Sports. Er würde eine Antwort wissen.
Dick schreibt ihm am 27. März 1939:
»... Die deutsch-englischen Beziehungen sind alles andere als rosig. Unter diesen Umständen muß ich mir überlegen, ob ich noch weiter für eine deutsche Firma fahren soll ...
Aus zwei Gründen habe ich meine Entscheidung bisher hinausgeschoben:
1. Ich wehre mich dagegen, Sport und Politik miteinander zu verquicken. Ich erwarte davon mehr Schaden als Nutzen.
2. Ich stehe mit allen meinen Kollegen von Mercedes-Benz in besten freundschaftlichen Beziehungen.
Nun aber, da die Behörden dazu übergehen, deutsch-englische oder deutsch-französische Sportveranstaltungen zu mißbilligen oder gar zu verbieten, muß ich mir natürlich überlegen, ob es nicht an der Zeit ist, das Fahren für Mercedes aufzugeben. Ich brauche wohl kaum zu betonen, daß ich dies ... sehr bedauern würde ...
Bitte helfen Sie mir, die richtige Entscheidung zu fällen ...«
Wochen vergehen. In diesen Wochen der politischen Unruhe, der Ungewißheit

in der ganzen Welt geht Lord Howe mit Dick Seamans Brief zu führenden britischen Persönlichkeiten. Er spricht mit Ministern und Marineoffizieren, mit Geschäftsleuten und Abgeordneten des Unterhauses.
Dann, am 5. Mai, antwortet er:
»... Jeder persönliche Kontakt mit Deutschland sollte so lange wie möglich aufrechterhalten bleiben. Schließlich unterhalten wir noch immer freundschaftliche Beziehungen mit dem Reich ... Wir sind daher der Meinung, daß es besser wäre, wenn Sie in Deutschland bleiben und weiterhin für Mercedes starten würden ...«
Dick atmet auf, als er den Brief erhält. Das ist die Entscheidung, auf die er gehofft hat. Dick ahnt nicht, daß es zugleich sein Todesurteil ist.

DAS WUNDER VON TRIPOLIS

Für mich gibt es im Jahre 1939 andere Sorgen als die Politik. Mich hetzt der Terminkalender kreuz und quer durch Europa. Die Rennsaison hat begonnen. Am 8. April: Großer Preis von Pau in Frankreich. Der Sieger heißt Hermann Lang. Dick startet nicht.
Es ist Mai 1939: Die Italiener, die Franzosen und Engländer können es gar nicht fassen: Mercedes hat in letzter Minute zwei 1,5-Liter-Wagen zum Großen Preis von Tripolis gemeldet!
Mercedes hat das Unmögliche möglich gemacht. Mehr noch: in jenen acht Wintermonaten des Jahres 1938/39 ist in Untertürkheim das klassische Vorbild aller modernen Rennwagen geschaffen worden. Unter der schnittigen Monoposto-Karosse verbirgt sich ein 8-Zylinder-V-Motor mit Zweistufengebläse, in dem 250 Pferdestärken schlummern. Dazu ein Fünf-Gang-Getriebe, ein Oval-Rohrrahmen, einzeln aufgehangene Räder vorn und Parallel-Radachse hinten. Mächtige Bremstrommeln, die fast das ganze Innere der Räder füllen.
Nur zwei Wagen haben wir in dieser kurzen Zeit bauen können. Der eine ist niedrig übersetzt, das heißt, der Wagen hat eine gute Beschleunigung, einen schnellen Start – doch keine allzu hohe Spitze, weil der Motor schnell auf höchsten Touren dreht. Caracciola wird ihn fahren.
Der andere ist hoch übersetzt: das bedeutet eine nicht so gute Beschleunigung, einen langsameren Start – dafür aber eine sehr hohe Spitzengeschwindigkeit ohne Gefahr für den Motor. Diesen Wagen fährt Hermann Lang. Er mault zwar ein bißchen, aber schließlich gibt er nach – weil er der Jüngere ist. Und vielleicht auch, weil er sich gerade mit diesem Wagen auf der verteufelt schnellen Bahn von Tripolis eine gute Chance ausrechnet. Denn einmal hat Caratsch erst das Millionenrennen gewonnen, zweimal aber bereits Lang.
Zunächst allerdings sieht es gar nicht rosig für uns aus. Nicht Mercedes fährt die schnellste Trainingszeit, sondern Villoresi mit seinem Stromlinien-Maserati.

Ich habe Sorgen mit den Reifen. Werden sie halten – bei einer Bodentemperatur von 52 Grad? Oder werden sie uns nach wenigen Runden um die Ohren knallen? Die äußere Gummischicht, die Protektoren, scheinen mir reichlich dick. Man müßte eine Probe machen. Ich gebe Lang ein Zeichen.
»Fahren Sie drei bis vier Runden, was das Zeug hält!«
»Ist recht«, sagt Lang und klettert in seinen Wagen.
Plötzlich steht Caracciola neben mir. »Herr Neubauer«, sagt er, »was wird hier hinter meinem Rücken gespielt? Morgen soll es wohl wieder in der Presse heißen: Lang ist der Schnellste ... Da mache ich nicht mit. Noch bin ich der Spitzenfahrer, und ich lasse mir die ewigen Zurücksetzungen nicht gefallen!«
»Himmelherrgott«, sage ich. »Nun wird's mir zu bunt! Hier geht's doch nicht um Trainingsrekorde, sondern um eine Reifenprobe!«
»Das glaube ich Ihnen nicht!«
Rudi war nie primadonnenhaft. Er hat immer Disziplin gehalten. Aber nun? Ist's die Hitze, ist's die Eifersucht auf den Jüngeren oder was sonst? »Ich weiß nicht, was in Sie gefahren ist«, sag ich. »Selbst wenn Lang nun die schnellste Runde fahren würde – Ihnen würde das gar nicht wehe tun, denn den Rekord hält ohnehin Villoresi!«
Rudi brummt etwas vor sich hin und ist verschwunden. Aber verschwunden ist mit einemmal auch Lang.
»Lang!« brülle ich. »Wo stecken Sie?«
Keine Antwort. Wir finden ihn – auf einer Bank in einem Palmenhain, hinter den Boxen versteckt. An seiner Seite, in Tränen aufgelöst, seine Frau Lydia.
»Was zum Teufel, ist mit Ihnen los?« frage ich. »Warum fahren Sie nicht, wie ich es angeordnet habe?«
»Wir machen nicht mehr mit!« faucht Lydia wütend. »Wir haben gehört, was Herr Caracciola gesagt hat. Wir haben seine Star-Allüren satt! Er ist eifersüchtig auf meinen Mann, er gönnt ihm keinen Erfolg. Lange genug haben wir alles geschluckt. Aber jetzt ist Schluß! Ich hab meinem Mann verboten, noch einmal zu fahren – basta!«
»Frau Lang«, sage ich, mühsam beherrscht, »Hier geht es nicht um Lang oder Caracciola, sondern um Mercedes! Los, Lang – fahren Sie!«
Er bockt. Auch Direktor Sailer kommt nun hinzu. Gemeinsam bitten, flehen, drohen wir. Lydia schluchzt, Lang hat Wasser in den Augen, und selbst Direktor Sailer ist der Verzweiflung nahe.
»Na schön«, sagt das Hermännle endlich. »Ich fahre. Aber das sag ich Ihnen: Rekord fahr ich nicht!«
»Gut«, sag ich. »Aber fahren Sie so, daß Sie Ihre Reifen abnutzen. Dann brauchen Sie im Rennen nicht zu fürchten, daß Ihnen die zu dicken Protektoren abfliegen!«
So geschieht es. Lang fährt zwar keinen Rekord – aber doch genau eine Sekunde schneller als Caratsch und schiebt sich vor ihn auf den Startplatz Nummer zwei.

Am Abend vor dem Rennen ist Fahrerbesprechung im Hotel »Uaddan«. Die Stimmung ist noch immer gespannt. Caratsch und Lang vermeiden es, sich anzusehen. Auch die beiden Frauen machen das Theater mit: die blonde Baby und die schwarz-braune Lydia.

Ich gebe meine Anweisungen: »Lang ist auf hohe Geschwindigkeit übersetzt. Er bekommt abgefahrene Reifen, die nicht so schnell heiß werden und höheres Tempo zulassen. Dafür muß er aber einmal Reifen wechseln.«

»Und ich?« fragt Rudi.

»Ihr Wagen ist besser beschleunigt, aber in der Spitze langsamer. Sie können daher die Reifen mit dickeren Protektoren fahren und sparen die Zeit des Reifenwechsels ein.«

»Hm«, brummt Caratsch, »wäre es nicht besser, wenn ich auch mit dünneren Reifen fahren würde?«

Da platzt mir der Kragen, und ich werde grob. »Das haben Sie sich ja mit Ihrer Meckerei vermasselt, Herr Caracciola! Jetzt haben wir nur vier abgefahrene Reifen – und die bekommt Lang!«

Rudi schweigt. Ich gebe meinen Feldzugsplan für das Rennen bekannt: »Lang hetzt die Konkurrenz. Er fährt, was der Wagen hergibt und wechselt einmal Reifen. Caratsch deckt Lang. Er fährt schonend auf Abwarten. Falls Lang ausfällt, geht er an die Spitze und kann mit seinem noch frischen Motor die zermürbte Konkurrenz leicht niederkämpfen. So hat jeder seine Chance.«

Lang und Caratsch sagen kein Wort. Ich sehe es ihren Gesichtern an – mein Plan paßt ihnen gar nicht.

Da greift Direktor Sailer ein. »Meine Herren!« sagte er, »ich verstehe – Sie wollen beide gewinnen. Aber bedenken Sie bitte: es steht mehr auf dem Spiel als Ihr persönlicher Ruhm! Es geht um die Krönung der monatelangen Arbeit der Konstrukteure und Monteure! Es geht um den Mercedes-Stern!«

Die beiden Kampfhähne sehen das ein – und versprechen Stalldisziplin. Aber Freunde werden sie nicht ...

Am 15. Mai 1939 ist es soweit. Wie verloren stehen unsere beiden Wagen unter der Übermacht von 28 erprobten Italienern, Franzosen, Engländern. Die Sonne knallt unbarmherzig auf die Wüstenstrecke von El Mehalla. Noch drei Minuten bis zum Start. Gouverneur Balbo steht mit seiner Fahne bereit, das Feld auf die Reise zu schicken. Die Ampel gleich daneben zeigt noch »rot«. Die Fahrer sitzen schon in ihren Wagen. Da winkt mich Lang heran. »Was gilt eigentlich, Herr Neubauer?« fragt er. »Die Ampel – oder Balbos Fahne?«

»Moment!« sag ich und haste hinüber zur Rennleitung. In zwei Minuten bin ich zurück. »Die Ampel gilt!« brülle ich Lang ins Ohr.

Noch eine Minute. 29 Augenpaare blicken wie gebannt auf Balbos Flagge, die er langsam hebt. Nur Hermann Lang scheint teilnahmslos. Er blickt hinüber zu der Ampel, wo nun ein gelbes Licht nach dem andern in Sekundenabständen verlischt.

5 Sekunden ... 4 ... 3 ... 2 ... 1 ... Der Offizier hinter dem Gouverneur zupft Balbo am Rock. Er zupft ein bißchen zaghaft. Balbo hat Spätzündung. Und ebenso 29 Fahrer, die nur auf seinen erhobenen Arm mit der Flagge

achten, der sich nun senkt. Aber einer ist bereits davongeschossen – Hermann Lang! Es hagelt Proteste. »Lang ist 1,5 Sekunden zu früh gestartet! Er muß zwei Strafminuten bekommen!« behaupten die Leute von Alfa Romeo. Aber Fotos und Filme beweisen: Lang hat sich genau nach der Ampel gerichtet. Und sie allein war maßgebend für den Start. Pech für die andern, daß sie es nicht wußten.

Lang übernimmt die Führung und gibt sie 40 Runden lang, bis ins Ziel nicht mehr ab. Er überrundet einen Wagen nach dem andern. Am Ende hat er sogar Caracciola eingeholt, der hinter ihm den zweiten Platz erobert hat – und einen Augenblick packt ihn der Ehrgeiz, der Übermut, als er das Heck von Rudis Wagen vor sich auftauchen sieht: das ist die Chance, dem alten Fuchs zu zeigen, wer der Schnellere ist. Das ist die Chance, ihm manchen Ärger heimzuzahlen ...

Aber dann zögert Lang. Hat Caracciola diese Demütigung verdient? Dieser Caracciola, der trotz seiner achtunddreißig Jahre unübertrefflich fährt, der nun dem Alter und seiner schweren Verletzung den Tribut zahlen muß, und der – wie alle Menschen – den Grund für sein Versagen dann nicht bei sich, sondern bei andern sucht. Bei den Konstrukteuren, bei den Mechanikern, bei den andern Fahrern, ja sogar bei seinem alten Freund, dem dicken Neubauer, Caracciola, der ungerecht wird gegen seine Freunde, seine Kollegen und – gegen sich selbst ...

Nein. Hermann Lang will Caracciola nicht überrunden. Er stoppt ein wenig ab, läßt Caratsch davonziehen. Dann fährt Lang, ein überlegener Sieger, mit drei Minuten Vorsprung vor Caracciola durch das Ziel. Er gewinnt zum drittenmal hintereinander das Millionenrennen von Tripolis. Kein anderer Fahrer der Welt hat das vor ihm geschafft, kein Nuvolari und kein Varzi, kein Stuck und selbst kein Caracciola.

Mercedes triumphiert. Die beiden »Kinderwagen« haben auf Anhieb ihr erstes Rennen gegen die gesamte internationale Konkurrenz gewonnen.

Es wird ihr einziger Sieg und ihr einziges Rennen bleiben ...

EINE FREUNDSCHAFT ZERBRICHT

Zwei Wochen sind seit Tripolis vergangen. Wir haben die Sonne Afrikas mit den Nebelschleiern rings um die Nürburg vertauscht. Das internationale Eifelrennen steht bevor.

Wir fahren mit den 3-Liter-Formelrennwagen, und zum erstenmal in diesem Jahr treffen wir auf unsern Erzrivalen – die Auto-Union. Wir haben fünf Mercedes-Wagen am Start, und einer von diesen Wagen ist mit einem Doppelstufen-Kompressor und einem Zusatzvergaser versehen, der ihm Superkräfte verleiht. Man braucht nur auf das Gaspedal zu tippen – schon drehen die Hinterräder durch.

Keiner will diesen Wagen fahren. Caratsch, Brauchitsch, Seaman und der

Nachwuchsfahrer Hans Hugo Hartmann – alle lehnen ab: »Zu gefährlich!« Nur einer läßt sich überreden: Hermann Lang.
Beim Training fällt mir auf: Tazio Nuvolari mit seinem Auto-Union-Wagen dreht Runden, nach denen man die Uhr stellen könnte: eine jede haarscharf 10.03 Minuten. Da wird mir klar: die Auto-Union will ohne Reifenwechsel die zehn Runden des Rennens durchstehen. Nun drillen sie Tazio auf die richtigen Zeiten ein. Wenn ich nur wüßte, wie groß ihr Reifenverschleiß bei Zehn-Minuten-Runden ist ... Ich spitze die Ohren und knöpfe mir Reifenmeister Dietrich von Continental vor.
»Wie wär's mit einem Löwenessen – auf meine Kosten?« flöte ich.
»Von Herzen gern«, sagt Dietrich, den wir wegen seines wilden Schnauzbartes den »Schnurrbiber« nennen. Das Löwenessen ist seine Leib- und Magenspeise. Beefsteak-Tatar mit Kapern, Sardinen, Pfeffer, Paprika, Salz und Ei, dazu noch Pils und Korn.
Während der Schnurrbiber pfundweise rohes Fleisch in seinen Rachen schiebt und ein zufriedenes Schmunzeln seine Züge verklärt, stelle ich ein paar »harmlose« Fragen, wie es denn mit den Reifen bei der Auto-Union stünde. Doch selbst im Angesicht seiner Lieblingsspeise bleibt Dietrich hart wie eine deutsche Eiche und – schweigt.
Ich sagte es schon – in puncto Spionage war ich kein Meister. Dafür um so mehr in puncto Strategie. Ich trommle meine Schäfchen zur Lagebesprechung zusammen. »Für uns gibt es nur eine Lösung: Wir müssen auf Schnelligkeit vertrauen. Die Minute, die wir durch unseren Reifenwechsel gegenüber Nuvolari verlieren, müssen wir durch größeres Tempo wieder einholen.«
Und ich teile ein: Lang ist der schärfste Fahrer – er wechselt in Runde 4. Dann kommt Brauchitsch, der größte Reifenräuber. Dann Caracciola und zuletzt Dick Seaman, der die Reifen schont, als fahre er auf rohen Eiern.
Schon beim Training herrscht dicke Luft. Wie besessen jagen sich Dick Seaman und Manfred von Brauchitsch – noch bevor das Rennen überhaupt begonnen hat. Die alte Rivalität zwischen ihnen ist wieder hell aufgelodert. Ich ahne Böses. Und meine Ahnung trügt mich nicht.
Das Rennen beginnt mit einer kalten Dusche für mich. Als der Starter die Flagge senkt, bleibt ein Silberpfeil klein und häßlich am Startplatz stehen – der Wagen von Seaman. Kupplungsschaden ...
Seaman scheidet also aus, bevor es richtig begonnen hat. Ich merke schon bald – Caracciola hat sich vorgenommen, die Niederlage von Tripolis zu rächen. In Runde 2 liegt er bereits an der zweiten Stelle. Und aus Runde 3 kommt er als erster zurück ... Er fährt die schnellste Zeit. Doch hinter ihm lauern Lang und auch Nuvolari, der Brauchitsch bereits abgehängt hat.
4. Runde: Lang hält. Reifenwechsel. Die Monteure arbeiten wie in Trance. Jeder Handgriff klappt. 33 Sekunden, dann zieht Lang mit seiner »Superkraft« davon. Doch er hat mit Bremsen, Halten und Wiederanfahren insgesamt eine volle Minute verloren. Er ist auf den 3. Platz zurückgefallen. Noch führt Caratsch 15 Sekunden vor Nuvolari und fast 50 Sekunden vor Lang ...

7. Runde: Jetzt muß Caratsch an die Box. Reifenwechsel. Schnell noch 100 Liter extra in den Tank, auf alle Fälle. Sekunden verrinnen. Nuvolari zieht vorbei, dann Lang. Plötzlich blicke ich in Caracciolas wutverzerrtes Gesicht. Er gestikuliert wie wild. Auch Baby schreit mir etwas zu.

»Genug!« ruft Caratsch. »Ihr macht den Tank zu voll! Aufhören!«

Bevor ich recht begreife, was geschehen ist, schießt Caratsch schon mit einem Blitzstart davon, hinter den beiden Führenden her.

Nuvolari führt. Lang greift an. Er fährt neuen Rundenrekord. Phantastisch, wie er den »gefährlich« schnellen Wagen beherrscht, wie nie die Bodenhaftung der Räder zerreißt. Jetzt liegt er neben Nuvolari, jetzt treibt er den Motor hoch, der Tourenzeiger schnellt über den roten Strich ... Lieber Motor, halte durch, nur dieses eine Mal wenigstens ...

Lang zieht vorbei an Nuvolari, vergrößert den Abstand – da, der Motor ruckt, knallt ... mein Gott, was ist das? Ein durchgebrannter Kolben? Oder ... nur glühende Kerzen? Lang nimmt Gas weg. Sekunden vergehen. Schon rückt Nuvolari wieder auf, schon kommt der Italiener näher. Da gibt Lang wieder Gas, vorsichtig, nicht zuviel. Und dann heult der Mercedes mit vollem, klarem Orgelton auf, zieht davon – dem Sieg entgegen.

In diesen Sekunden ist das Rennen entschieden worden. Die glühenden Kerzen haben sich abgekühlt, der Motor tut wieder seinen Dienst. Tazio Nuvolari aber kann Lang nicht mehr einholen. Er muß seine Reifen schonen. Er darf keinen Aufenthalt an der Box riskieren, sonst verliert er sogar den zweiten und den dritten Platz an Caracciola und Brauchitsch, die ihm dichtauf folgen.

Lang siegt – vor Nuvolari und Caratsch. Ich juble auf. Doch ich juble zu früh. Denn an diesem Sieg wird eine jahrzehntealte Freundschaft fast zerbrechen. Caracciola klettert aus dem Wagen, mit wütend verzerrtem Gesicht, übersieht meine ausgestreckte Hand, läuft zu unserem Generaldirektor Dr. Kissel, seinem väterlichen Freund.

»Jetzt habe ich genug!« höre ich Caracciola schreien, sehe, wie er die Rennfahrerkappe von seinem Kopf reißt, in die Ecke pfeffert. »Ich schmeiße den Laden hin. Ich fahre nicht mehr mit. Man hat mich sabotiert!«

»Wieso?« fragt der Direktor. »Haben Sie Grund, sich zu beklagen?«

»Man hat mich beim Tanken und Reifenwechsel viel langsamer abgefertigt als Lang«, tobt Rudi. »Das ist mir in Tripolis passiert und heute wieder!«

»Gewiß nur ein Zufall.«

»Mag sein! Aber es sind Zufälle, die mir nicht passen. Von gewissen anderen Dingen ganz zu schweigen!«

Kissel legt Rudi die Hand auf die Schulter. »Beruhigen Sie sich, lieber Rudi! Morgen, im Werk, werden wir alles besprechen ...«

Die Siegesfeier an diesem Abend im Hotel »Eifeler Hof« ist eine trübe Angelegenheit. Man spürt, es liegt zentnerweise Zündstoff in der Luft. Caracciola brütet dumpf in einer Ecke vor sich hin und meidet meinen Blick. Direktor Kissel gratuliert mir nicht so herzlich wie sonst nach einem Siege, und Lang scheint Caratsch nicht zu kennen. Seine Lydia stochert verbissen in dem

Halbgefrorenen herum. Baby, sonst stets die Seele einer Party, hüllt sich in Schweigen.
Am nächsten Tag im Sitzungszimmer von Dr. Kissel. Die Lederpolster an der Tür können kaum verhindern, daß unsere Stimmen ins Vorzimmer dringen und den Sekretärinnen kalte Schauer über den Rücken jagen. Jetzt wird abgerechnet! Da sitzt Rudi Caracciola, das sitzt Oberingenieur Uhlenhaut, da sitze ich — und noch weiß keiner von uns, wer eigentlich auf dem Armesünder-Bänkchen sitzt.
»Meine Herren«, sagt Generaldirektor Kissel, der am Kopfende des langen Tisches thront, »Herr Caracciola hat eine Reihe von Behauptungen aufgestellt, die geklärt werden müssen. Wollen Sie sich bitte äußern!«
»Lang hat beim Eifelrennen den besseren Wagen mit dem Zusatzvergaser und dem Zweistufenkompressor bekommen«, sagt Caracciola. »Das war eine Bevorzugung!«
»Unsinn . . .« sage ich. »Ihr Gedächtnis scheint Sie im Stich zu lassen. Sie selbst hatten abgelehnt, mit diesem Wagen zu fahren, weil er Ihnen zu gefährlich war!«
»Jawohl!« pflichtet Uhlenhaut bei. »Wir mußten Lang diesen Wagen förmlich aufdrängen, damit wenigstens einer ihn ausprobiert!« Rudi schweigt.
»Punkt Nummer zwei«, sagt Dr. Kissel. »Herr Caracciola behauptet, man habe seinen Boxen-Aufenthalt ungebührlich in die Länge gezogen . . .«
»Es kann passieren, daß einmal eine Radnabe klemmt — das kostet wertvolle Sekunden«, sage ich. »Aber absichtlich ist Caracciola nie behindert worden.«
»Aber«, sagt Rudi, »gestern, beim Tanken in der 7. Runde, haben Sie mir statt 100 Liter Benzin gleich 300 in den Tank gejagt. Dadurch habe ich Zeit verloren und bin in der Kurve beinahe auf die Nase geflogen!«
»Ausgeschlossen«, sage ich. »Herr Uhlenhaut hat selbst die richtige Menge zugewiesen. Sie müssen sich irren!«
»Ist der Tankinhalt nach dem Rennen geprüft worden?« fragt Direktor Kissel.
»Nein«, sagt Uhlenhaut. »Der übrige Sprit wird nach jedem Rennen sofort wieder abgelassen, weil er sonst die Vergaser zerfrißt.«
Es gibt noch viele andere Vorwürfe und Behauptungen. Es ist die Rede von schlechteren oder falschen Reifen, von schwächeren Motoren, von schlechten Startplätzen. Rudi redet sich all seinen Zorn vom Herzen. Er behauptet, Lang sei unser »Liebkind« — weil er jünger ist, weil er aus dem Arbeiterstand komme, daher dem Regime angenehmer sei als er, Caracciola, der Mann mit dem italienischen Namen und dem Wohnsitz in der Schweiz . . .
Schließlich wird es Direktor Kissel zu bunt. Er steht auf. »Meine Herren, unterhalten Sie sich ohne mich weiter. Meine Zeit ist mir zu schade. Ich hoffe, daß Sie sich im Interesse unserer Sache wieder vertragen werden!« Die Tür knallt hinter ihm ins Schloß. Wir reden noch lange miteinander. Wir reichen uns endlich die Hand.
Aber als ich nach Hause fahre, bin ich voller Trauer. Mehr als ein Jahrzehnt war ich mit Rudolf Caracciola durch dick und dünn gegangen. Und jetzt das.

Rennen der Leiden: Carrera Panamericana. Karl Kling und Hans Klenk beim Reifenwechsel auf ihrer Siegesfahrt.

Targa Florio 1955. Es geht um alles. Moss kommt mit zerstörter Karosserie nach einem Sturz zurück an die Boxen.

Großer Preis von Schweden 1955. Juan Manuel Fangio nach dem Sieg mit Alfred Neubauer.

Ich habe nie in meinem Leben einen Fahrer geduzt, aus Prinzip nicht. Hinter dem kühlen »Sie« konnte ich meine Gefühle verbergen, konnte ich mich selbst davor bewahren, irgendeinen meiner Männer vorzuziehen und damit ungerecht zu sein. Bei keinem war ich wohl dem vertrauten »Du« so nahe wie bei Rudolf Caracciola. Doch nun war irgend etwas in mir kaputtgegangen.

Jahrzehnte sind seither vergangen. Wir sind älter geworden und reifer. Ich verstehe Rudi heute sehr viel besser als damals. Ich weiß jetzt, wie schwer es ist, abzutreten von der großen Bühne, einem Jüngeren Platz zu machen. Nicht, weil Lang ein besserer Fahrer war, weil ich oder weil die Mechaniker ihn bevorzugten, sondern ganz einfach, weil er gesund war, zehn Jahre jünger war als Caracciola, weil er weniger zu verlieren und mehr zu gewinnen hatte. Darum siegte er.

Caracciola kann diese Zeilen nicht mehr lesen. Er ist tot. Und er konnte auch nicht mehr hören, was Hermann Lang, der inzwischen auch nicht mehr der Jüngste ist, kürzlich von ihm sagte: »Was immer zwischen Caratsch und mir gewesen sein mag – eines muß ich offen zugeben: Er war für mich das ideale Vorbild, der größte Meister am Steuer. Er konnte traumhaft schön fahren, mit unnachahmlichem Stil. Ich habe ihn immer wieder studiert und bewundert ...«

Gibt es ein schöneres Lob für einen großen Gegner?

SEAMANS TOD

Der Juni 1939 ist heiß und schön. Das Thermometer zeigt schon morgens um zehn Uhr 24 Grad im Schatten. Wer kann, der packt die Koffer und fährt in Urlaub. Der kleine Mann geht an die Ostsee – Vollpension ab fünf Mark pro Tag und Nase in Warnemünde. Man fährt ins Riesengebirge, nach Marienbad, an die Kurische Nehrung, nach Helgoland.

Wir gehen nach Wien. Hier wird allerhand geboten: VI. Reichstheaterwoche, Reichskleingärtnertag, Richard Strauß feiert seinen 75. Geburtstag. Und oben auf dem Kahlenberg dröhnen die Motoren unserer Silberpfeile: Training zum ersten Lauf um die Großdeutsche Bergmeisterschaft.

Zwei Eisen haben wir im Feuer: den zügigen Lang und den zackigen Brauchitsch. Meister Caracciola bleibt zu Hause. Er fährt keine Bergrennen mehr seit seinem schweren Sturz in Monaco, vor sechs Jahren.

Bergrennen sind eine anstrengende Sache. Da heißt es pausenlos kuppeln, schalten, bremsen und beschleunigen. Für Caracciola mit seinem lädierten Hüftknochen wäre die Gefahr einer Überanstrengung zu groß gewesen. Er bleibt zu Hause in der Schweiz, liest in der Zeitung, wer gewonnen hat, und ruht sich auf den verdienten Lorbeeren aus.

Anders Dick Seaman: er ist mit von der Partie. Er verfolgt mit hungrigen Augen jedes Rennen, selbst wenn für ihn kein Wagen zur Verfügung steht, wie hier am Kahlenberg. Dick will sehen, prüfen, lernen. Er hat großen Ehrgeiz, unser junger Mann. Vielleicht, daß ein Wunder geschieht, daß doch noch ein Wagen für ihn frei wird ...

Und fast scheint es, als habe er richtig gerechnet.

Am nächsten Tag ist Fronleichnam; jedes Training fällt aus. Meine Jungen und ich sind bei einem guten, alten Freund eingeladen. Wir sitzen im Garten der Villa Spitzhüttl in der Hinterbrühl und lassen uns die Sonne auf den Bauch scheinen.

Der Spitzhüttl ist ein Grandseigneur alter Schule, mit einer charmanten jungen Frau – und einem dicken Sack voll Geld. Ein paar Dutzend Häuser nennt er sein eigen, jedes Kind in Wien kennt die Firma »Spitzhüttl, Stoffe und Seiden en detail«.

Die Jungen toben herum wie die Lämmer auf der Weide. Lang und der Brauchitsch haben allen Streit begraben und jagen sich gegenseitig um das Schwimmbassin.

»Wart nur!« johlt der Lang. »Wenn ich dich erwisch ...«

Mit einem Panthersatz jagt er hinter dem Manfred her. Der Manfred wiederum rennt, als gälte es sein Leben, will kopfüber ins Wasser, rutscht aus, stolpert ...

»Paßt auf!« rufe ich.

Aber schon liegt er da – nicht auf der Nase, sondern auf dem Gegenteil. Er heult auf vor Schmerzen. Im Nu bin ich bei ihm, taste ihm die Knochen ab. Es scheint nichts gebrochen. Offenbar nur Prellungen. Aber ausgerechnet am Hintern, der für einen Rennfahrer so wichtig ist ...

Wir tragen Manfred auf ein Sofa. Kalte Kompressen sollen den Schaden beheben.

Ich knöpf mir den Lang vor und stauche ihn zusammen, daß die Fensterscheiben klirren. Solche Dummheiten – zwei Tage vor einem Rennen! Lang zieht ab wie eine beleidigte Leberwurst. »Ha no, hätt er halt besser uffpaßt!« brummt er im schönsten Schwäbisch. »So soudomm fällt mer au net no.«

Drüben aber grinst Dick Seaman halb mitfühlend, halb vergnügt vor sich hin. Ich kenne meinen Pappenheimer und weiß genau, was er jetzt denkt: Wenn Brauchitsch ausfällt, ist Dick an der Reihe ...

Es ist sieben Uhr morgens. Das Rennen rückt näher. Wir sind bereit zum Training: die Rennwagen und Sportwagen, die Motorräder, Solomaschinen und Beiwagengespanne. Es wimmelt von Männern in Lederdreß und weißen Overalls. Auch Manfred von Brauchitsch ist dabei, sehr zum Kummer von Dick Seaman. Manfred humpelt noch ein wenig, aber er beißt die Zähne zusammen. Er will fahren, um jeden Preis.

Der Start liegt bei einer Gartenwirtschaft unten in Grinzing. Von dort geht's bergan auf der neuen Prachtstraße, durch Kurven und Serpentinen nach oben, wo das Schloßhotel Cobenzl liegt. Hier sind hohe Gäste einquartiert: der Reichsminister Dr. Goebbels und sein italienischer Kollege Dino Alfieri, die zur VI. Reichstheaterwoche in Wien sind.

Im Büro der Rennleitung summt es wie in einem Bienenschwarm. Draußen röhren bereits seit einer Viertelstunde die Motoren. Die Stimme des NSKK-

Korpsführer Hühnlein übertönt alles. Plözlich baut sich eine Ordonnanz vor ihm auf: »Herr Reichsminister Goebbels wünscht Sie zu sprechen.«
Er geht ans Telefon. Ich sehe, wie sein Gesicht rot und röter wird. Dann höre ich ihn zwischen zusammengepreßten Lippen »Jawohl, Herr Minister ...« murmeln.
Zornig legt er auf und kommt mühsam beherrscht zu uns herüber. Seine Backenmuskeln mahlen vor Wut. Man merkt ihm an, daß er dicht vorm Platzen ist.
»Alles herhören!« schreit er. »Das Training ist sofort abzubrechen! Herr Minister Goebbels wünscht nicht, so früh im Schlaf gestört zu werden ...«
Dann steigt er in seinen Wagen, und verschwindet in einer Staubwolke.
Das Wiener Höhenstraßen-Rennen am Kahlenberg gewinnt Hermann Lang. Es ist sein vierter Start, sein vierter Sieg in diesem Jahr. Der Junge ist in großer Form, ist einfach nicht zu schlagen. An zweiter Stelle folgt der junge, tollkühn fahrende H. P. Müller von der Auto-Union, dahinter, mit Schmerzen am Popo und mit zusammengebissen Zähnen, Manfred von Brauchitsch.

*

Der 25. Juni 1939 ist ein Tag, den ich nie vergessen werde.
Das Wetter ist grau und neblig. Von der schönen Ardennenlandschaft ist nicht viel zu sehen. Dünner Regen nieselt herab. Zehntausende säumen schon morgens den Dreiecks-Kurs von Francorchamps, die Strecke vom »Großen Preis von Belgien«. Viele Deutsche sind unter ihnen. Mit dem Zug, mit Omnibussen, Autos, ja sogar mit Fahrrädern sind die Schlachtenbummler aus dem nahen Rheinland über die Grenze gekommen. Da stehen sie nun unter Zeltplanen, Regenhäuten und Schirmen und warten auf den Start.
Der Startplatz liegt ungünstig, an einem abfallenden Straßenstück. Da können die Wagen leicht von selbst ins Rollen kommen. Und wer vorzeitig die weiße Linie überfährt, erhält pro Sekunde eine volle Strafminute aufgebrummt. Er hat das Rennen schon vor dem Start verloren.
Natürlich haben Rennwagen auch eine Handbremse. Aber beim Start kommt es auf Sekundenbruchteile an. Da haben die Fahrer alle Hände voll zu tun: linke Hand am Steuer, rechte am Ganghebel, linker Fuß auf der Kupplung, rechter auf dem Gaspedal. Da bleibt keine Zeit mehr zum Lösen einer festgestellten Handbremse.
Ich habe mir da einen Trick ausgedacht: Ich will Holzstückchen vor die Vorderräder legen. Aber meine Monteure, die hellen Jungen, sind noch mehr auf dem Damm. »Holz splittert«, meinen sie. »Das kann gefährlich für die Reifen werden. Nehmen wir lieber Kreide – die wird beim Anfahren zu Staub zermahlen ...« Und so wird's gemacht.
Noch drei Minuten zum Start. Es regnet immer heftiger. Die Strecke mit dem schlüpfrigen Teer-Makadam ist schon bei gutem Wetter voller Tücken: schmale Bahn, Steigungen, Gefälle, spitze Kurven ... wenn das nur gutgeht!
Die Monteure sind auf ihren Plätzen, pro Fahrer drei Mann. Wagenheber,

Ersatzreifen, Werkzeuge – alles ist bereit. Hinten in unserer Boxe stehen die Frauen. Lydia Lang und Erika Seaman unterhalten sich. Es geht um die neue Mode und um ein Rezept für Spätzle.

Baby Caracciola hat ihre Stoppuhren und Rundentabellen zurechtgelegt. Sie ist meine rechte Hand bei der Zeitabnahme.

Die Startplätze sind ausgelost worden. In der ersten Reihe leuchtet hellrot der Alfa von Dr. Farina, daneben Hermann Lang, dann der Auto-Union-Wagen von H. P. Müller. Dick Seaman hat einen Platz in Reihe zwei erwischt. Er dreht sich um und winkt ein wenig spöttisch seinen Hintermännern zu: Caracciola und, noch eine Reihe zurück, Manfred von Brauchitsch.

14.30 Uhr: Die Startflagge senkt sich. Das Rennen beginnt.

Die Kreide hat glänzend funktioniert. Lang kommt gut ab. Dicht hinter Müller schießt er in die erste Kurve. Die andern folgen dichtauf. Alle dreizehn Wagen sind im Rennen.

Dreizehn? Ach du meine Güte! Ich bin nicht abergläubisch. Aber – unser Dick! Für ihn ist an diesem Tage alles »13«: Das Alter – 26 Jahre. Die Startnummer – 26. Und 26 ist nach Adam Riese zwomal 13. Sein Name steht an 13. Stelle der Meldeliste. Sein Geburtsjahr 1913. Und nun – 13 Wagen im Rennen ... Ich ertappe mich dabei, wie ich dreimal an Holz klopfe. Wenn ich auch nicht an solchen Humbug glaube – schaden kann's schließlich nicht.

Es ist in der 3. Runde. Müller führt noch immer. Der Junge hat sich etwas vorgenommen. Aber schon ist Lang dichtauf. Noch fünfzig, noch vierzig Meter. In der gefährlichen Stavelot-Kurve setzt er zum Überholen an. Vergeblich ... Er versucht es ein zweites, ein drittes Mal. Müller läßt ihn nicht vorbei. Verdammt – will er nicht? Sieht er nicht den Verfolger im Rückspiegel?

4. Runde: Wieder greift Lang an. Wieder gibt Müller die Straße nicht frei. Es ist zum Auswachsen. Lang packt kalter Zorn. Seine Maschine ist schneller, ist besser. Aber er kommt nicht vorbei ...

5. Runde: Das Feld schiebt sich dichter hinter Müller zusammen. Hinter Lang folgt Caracciola, dann Seaman. Bald wird das ganze Feld in Kolonne hinter Müller fahren.

6. Runde: Lang droht mit der Faust, als er an der Boxe vorbeikommt. Das ist das Zeichen: »Ich werde behindert.« Ich koche vor Wut. Schlafen denn die Herren Sportkommissare? Ich wetze hinüber, zum nächsten Streckenkommissar. Ein kleines Männlein ist das, mit traurigen Augen und einem zerfransten Schnurrbart unter einer steifen »Melone«.

»Verehrter Herr!« brüll ich über heulende Kompressoren hinweg. »Sehen Sie nicht, daß Müller uns behindert? Zeigen Sie ihm doch die blaue Flagge!« Die blaue Flagge bedeutet: »Rechts ran – überholen lassen!« Wenn das nicht wirkt, wird die schwarze Flagge geschwenkt. Das heißt: »Anhalten – Verwarnung!«

»Mais oui«, stottert das Männlein mit der Melone und sieht mich hilflos an. Von Autorennen hat der Herr, im Zivilberuf offenbar Steuerbeamter, wohl keinen blassen Schimmer.

7. Runde: Die Spitzengruppe braust heran. Vier Wagen dichtauf: Müller –

Lang – Caracciola – Seaman. Das Männlein greift zur Fahne. Aber als er das Fähnchen hebt, ist Müller längst vorbei. Er zeigt die Fahne ausgerechnet ... Lang!
Ich stelle mich neben ihn. Ich lasse kein Auge von meiner Uhr. Ich weiß, wieviel Minuten, Sekunden die Fahrer für eine Runde benötigen. Ich lese auf der Uhr ab, wann sie wieder vorbeikommen müssen. Die Uhr tickt.
Dort ... eine graue Wasserwand, mitten darin ein paar silberne Schemen ...
»Jetzt!« Ich gebe dem Kommissar einen Rippenstoß, daß er vor Schreck die Fahne fallen läßt. Aber nur zwei Wagen sind an uns vorbeigebraust. Seaman vor Lang. Es fehlt Müller. Und es fehlt Caracciola! Was ist geschehen?
In dieser 9. Runde hat Lang die Nase voll bekommen. Ihm ist es nicht gelungen, Müller zu überholen. Sollen die anderen ihr Glück versuchen. Er winkt Caracciola und Seaman heran, gibt Zeichen: »Fahrt vor!« Er läßt sie passieren.
Caracciola, Meister der Regenfahrer, greift an. Jetzt liegt er hinter Müller. Verwegen zischt er durch die Kurven. Wahre Sturzbäche peitschen sein Gesicht.
Da ist die Kurve von Stavelot. Spitz, eng, gefährlich ... Müller läßt sich weit hinaustragen. Ganz dichtauf folgt Caracciola. Jetzt sieht er eine Chance, innen vorbeizustoßen, also rechts zu überholen. Er gibt Gas – aber da rutschen die Hinterräder weg und drehen durch. Verzweifelt steuert Caracciola gegen, versucht den Wagen auszubalancieren ... vergebens!
Der Wagen rutscht seitlich über die Bahn, durchschlägt einen Drahtzaun, rast durch eine Hecke – und bleibt auf einer sumfigen Wiese stehen.
Für Caracciola ist das Rennen aus. Dreckverschmiert, durchnäßt, mit blasser Nasenspitze kommt er zurück zu den Boxen. Der Schock sitzt ihm in der Magengrube ...
Nach diesem mißglückten Überholmanöver stellt sich bei Müller ein Motorschaden ein. Er fällt weit zurück.
In der 12. Runde führt Seaman vor Lang. Seaman fährt wie der Teufel. Zügig, elegant und – frech. In den Kurven hat er einen verwegenen Trick. Die Bahn ist an beiden Seiten mit Klinkersteinen eingefaßt. In den Kurven fährt Dick mit dem inneren Vorderrad um eine Reifenbreite über den Straßenrand hinaus, hängt sich mit der Innenkante des Rades hinter den Klinkersteinen ein, läßt sich gleichsam an diesem einen Rad durch die Kurve schleudern. Und jedesmal gewinnt er dabei kostbare Sekunden. Ein verwegenes, ein gefährliches Spiel ...
Georg Maier stürzt in der 14. Runde mit seinem Auto-Union-Wagen.
In der 17. Runde halten Dick Seaman und Hermann Lang fast gleichzeitig an den Boxen: Tanken, Reifenwechsel! Die Monteure arbeiten fieberhaft, vergessen fast zu atmen vor Anspannung.
Es geht wie auf dem Exerzierplatz: Mit abgeschaltetem Motor – damit die Kerzen nicht verölen – rollt der Wagen die letzten 200 Meter zu den Boxen und hält auf den Zentimeter genau an der vorgeschriebenen Stelle. Das ist wichtig. Wenn er nur einen halben Meter über die Marke hinausfährt,

muß der Fahrer ihn allein zurückschieben. Niemand darf ihm dabei helfen. Seaman und Lang halten auf den Punkt genau. Für jeden Wagen gibt es drei Monteure. Jeder Handgriff, jeder Schritt ist eingeübt und sitzt noch im Schlaf: Monteur 1 legt das linke Hinterrad bereit, Monteur 3 reicht dem Fahrer schnell eine saubere Brille, ein Stück Leder, um den Windschutz zu reinigen, ein Glas Wasser zur Stärkung. Dann füllt er Betriebsstoff auf. Inzwischen bocken die Monteure 1 und 2 den Wagen auf. Einer wechselt das linke, der andere das rechte Hinterrad. Schon springt Monteur 1 nach vorn, zum Elektroanlasser, der Motor heult auf ...

Ich sehe auf die Stoppuhr: »25 Sekunden ...« Lang schießt als erster davon. »30 Sekunden ...« Jetzt ist auch Seaman startklar. Die Radkappe hinten rechts war verklemmt. Das hat kostbare Sekunden gekostet.

Eine Runde später liegt Dick bereits wieder an der Spitze.

22. Runde: Noch dreizehn Runden bis zum Schluß des Rennens. Schon wieder diese elende Dreizehn. Mir ist ganz flau im Magen. Dick Seaman führt – fünfzig Meter vor Hermann Lang. Die Wagen nähern sich der Kurve von La Source. Ein Belgier hat 100 000 Franken für die schnellste Runde gestiftet. Und Dick, der junge Ehemann, kann das Geld gebrauchen. Mit 220 Stundenkilometern jagt er über den regennassen Teer.

Da ist die Kurve. Hermann Lang sieht, wie Dick scharf links hinausschleudert. Natürlich – der Trick mit dem Einhängen. Eine Frechheit bei diesem Wetter, bei dieser Geschwindigkeit ...

Dick kämpft mit seinem Wagen, zerrt am Steuer, bekommt ihn nicht herum. Verdammt, denkt Lang und steigt in die Bremsen. Verdammt ...

Dann spielt sich alles in Sekunden ab: Dicks Wagen schleudert, dreht sich, kommt von der Bahn ... ein Splittern, ein Krachen ... er knallt mit der Breitseite gegen einen Baum!

Dann ist Lang schon vorbei. Im Rückspiegel sieht er noch roten Feuerschein aufzucken. Er beißt die Zähne zusammen – jetzt nur nicht nachdenken ...

Als Dick die Augen öffnet, schlagen ihm die Flammen entgegen. Glühende Hitze frißt in sein Gesicht. Er zerrt am Steuer. Der Verschluß öffnet sich nicht. Er hat sich verklemmt.

»Hilfe!« brüllt Dick, wahnsinnig vor Schmerz. »Hilfe ...« Dann sieht und hört er nichts mehr.

Entsetzt starren die Menschen auf den brennenden Wagen, auf die weiße Gestalt hinter dem Steuer, die sich verzweifelt windet, dann wie leblos zusammensinkt. Jede Sekunde kann der Tank explodieren. Niemand wagt zu helfen.

Niemand – ? Zwei Männer stürzen vor, belgische Offiziere. Sie klettern über den trennenden Zaun. Flammen zucken ihnen entgegen, versengen Kleider, Hände, Augenbrauen, Haare. Egal. Es geht um ein Menschenleben. Die beiden Offiziere packen Dick, zerren ihn aus dem Wagen, wälzen ihn auf der feuchten Erde und ersticken die Flammen, die den Overall versengen. Eine Sirene heult auf. Der Unfallwagen rast heran. Ein Mann läuft herbei, einen kleinen Koffer in der Hand: Dr. Gläser, der Rennarzt.

Dr. Gläser hat viel Blut, viel Elend gesehen, gräßliche Wunden, sterbende, tote Menschen. Was er hier sieht, wird er sein Lebtag nicht vergessen. Das Gesicht, der Oberkörper, die Unterschenkel, fast zwei Drittel der Körperoberfläche von Dick Seaman sind verbrannt. Und dieser zerschundene Mensch ist jetzt wieder bei vollem Bewußtsein. Er schreit in irrem Schmerz.
Der Arzt füllt eine Injektionsnadel und sticht sie in Dicks Hüfte. Das Schreien wird leiser. Minuten später rast eine Ambulanz ins Krankenhaus von Spa.
Ich sehe, daß Dick in der 23. Runde fehlt. Ich sehe das Zeichen von Lang, sehe sein bleiches Gesicht – und ich ahne alles ...
Minuten später kommt die Meldung durch den Lautsprecher: »Wagen 26 in der La-Source-Kurve gestürzt und in Brand geraten. Fahrer schwer verletzt.«
La Source – das ist bei Kilometer 13! Oh, dreimal verfluchte Zahl. Dicks Ahnung hat also nicht getrogen ...
Ich möchte hin. Aber ich kann und darf meinen Posten nicht verlassen. Lang und Brauchitsch fahren noch. Sie brauchen mich. Das Rennen läuft weiter.
Ich schicke Hanns Geier, meinen Assistenten, zur Unfallstelle. Dann wende ich mich um zu Erika. Ich sehe, wie zwei Herren Erika Seaman wegführen. Sie geht sehr gerade, sehr aufrecht. Sie will sehr tapfer sein ...
Armes Mädel, denk ich erschüttert. Mein Gott, warum muß es gerade die beiden glücklichen jungen Menschen treffen?
Dann schalte ich ab. Dann drücke ich meine Stoppuhren, dann notiere ich Rundenzeiten, hebe Signaltafeln, gebe Kommandos. Ich denke nicht, ich fühle nicht. Ich bin wie ein Automat.
43. Runde: Noch zwei Runden zum Ziel. Lang führt vor Hasse, dem jungen Riesen von der Auto-Union, und vor Manfred von Brauchitsch. Ich blicke auf meine Uhr. Jede Sekunde muß Lang an den Boxen vorbeikommen. Die Signaltafeln liegen bereit. Die Sekunden verticken. Lang kommt nicht.
Fünf ... zehn ... fünfzehn Sekunden vergehen. Mein Gott – laß es nur einen Reifendefekt sein oder einen sauren Motor, aber nicht noch ein Unglück, nicht noch einen Schwerverletzten ...
»Mannschaft Lang fertigmachen!« brülle ich, um mich und die anderen abzulenken. »Reifen, Betriebsstoff bereitstellen ...« und sehr viel leiser setze ich hinzu: »Ersatzfahrer her ...«
Walter Bäumer steht schon fertig mit Brille und Overall neben mir. Wir warten. Ein Dutzend Augenpaare durchbohren das neblige Grau, das über der Strecke liegt. Ein paar Wagen dröhnen vorüber, zwei Delahayes, ein Alfa Romeo – Wagen, die längst überrundet sind.
»Er kommt!« ruft Lydia Lang plötzlich.
Mit abgestelltem Motor rollt Lang heran, zeigt von weitem hinter sich, auf den Tank. Gott sei Dank – nur der Sprit ist alle! Wir tanken bei nasser Straße nach Möglichkeit nicht voll, weil dann der hinten überlastige Wagen noch mehr zum Schleudern neigt.
Mit gewaltigem Druck jagt der Betriebsstoff in den Tank. Die Monteure schieben an, Lang dreht die Zündung an, der Wagen kommt in Fahrt. Und dann ...

»Blubb ... blubb ...« macht der Motor. Und alles ist still. Der letzte Tropfen Benzin im Vergaser reicht nicht mehr aus, den Motor in Gang zu bringen.
»Kuppeln!« brülle ich. »Pumpen!«
Aber Lang weiß auch so, was er machen muß. Wie ein Verrückter drückt er das Gaspedal auf und nieder, um die Saugwirkung der Benzinpumpe zu erhöhen. Er kuppelt aus – und der Wagen rollt lautlos. Noch zwanzig, noch zehn Meter, dann beginnt eine Steigung. Dann ist alles aus, das Rennen buchstäblich in letzter Minute verloren.
Ein letzter, verzweifelter Versuch – und da: ein dumpfes Dröhnen, ein Aufheulen von 475 Pferdekräften, und Lang braust davon. Nur vier Sekunden später jagt der Zweite, Rudolf Hasse, mit seinem Auto-Union an uns vorbei. Vier Sekunden, die über Sieg und Niederlage entscheiden ...
Hermann Lang gewinnt den Großen Preis von Belgien 1939, Manfred von Brauchitsch wird hinter Hasse Dritter.
Aber das ist jetzt nicht mehr wichtig. Das Rennen ist gefahren, jetzt gibt's nur eines: »Ins Krankenhaus«, sag ich zu Geier. »Fahr zu, was die Kiste hergibt!«
Das Zimmer 39 liegt im ersten Stock. Es riecht nach Karbol und Äther. Die Vorhänge sind zugezogen. Eine Kerze brennt vor dem Heiligenbild in der Ecke. Am Bett sitzt eine Schwester in Ordenstracht. Sie erhebt sich, als Erika und ich eintreten.
Dort liegt Dick. Sein Kopf, sein Oberkörper, die Arme, die Hände sind in weiße Bandagen gehüllt. Erikas Hand krampft sich um meinen Arm. Ich fühle, wie sie zittert.
Dick ist bei Bewußtsein. In den schmerzgequälten Augen flackert Erkennen.
»Darling«, murmelt er kaum hörbar. »Wie gut ... daß du da bist ...«
Wir stehen stumm. Das Gesicht von Dr. Gläser ist wie eine Maske. Keine Minute ist unser Rennarzt von Dicks Seite gewichen.
»Darling«, sagt Dick noch einmal, »verzeih mir ... ich ... ich ... habe dich wohl sehr ... erschreckt ...«
Dieser großartige, prächtige Junge, voller Beherrschung, trotz aller Schmerzen, obwohl er wissen muß, wie schlecht es steht ...
Erika bringt kein Wort hervor. Tränen rinnen über ihre Wangen.
»Nun ...« Dick stockt, sein Atem rasselt. »Nun ... wirst du heut abend ... allein ins Kino gehen müssen ...«
Ein erstickter Laut, ein Schluchzen. Erika wankt. Es ist zuviel. Die Schwester nimmt sie am Arm und führt sie behutsam hinaus.
Ich trete an das Bett.
»Herr Neubauer ...«
»Mein Junge«, sag ich heiser. »Mein lieber guter Dick ...«
Ich setze mich zu ihm. Stockend, in abgerissenen Sätzen schildert er mir noch einmal, wie alles gekommen ist.
Es ist das alte Lied. Ich kenne es aus tausend Rennen. Ich habe es immer wieder erlebt, in all den Jahrzehnten meines Lebens, auf allen Rennbahnen der Welt: Da nimmt ein Fahrer neunundneunzigmal eine gefährliche Kurve,

zwar mit aller Raffinesse, aber doch vorsichtig, mit genau dosierter Geschwindigkeit. Und dann, beim hundertstenmal, will er schneller sein, eine noch bessere Rundenzeit herausfahren, kommt an jene Kurve, macht den gleichen Trick, drückt aber eine Idee mehr aufs Gas und – fährt dem Tod in die Arme.

Dick ist verstummt. Nur noch sein Atem ist zu hören. Dieser röchelnde Atem eines Sterbenden – ich kenne ihn nur zu gut, aus dem Krieg, von anderen, deren Leben zu Ende ging ...

Dr. Gläser gibt mir ein Zeichen. Ich gehe hinaus, auf Zehenspitzen, ganz leise. Wir sitzen auf dem kahlen Korridor. Blaß, weinend, in sich zusammengesunken Erika Seaman, dann Hanns Geier, selbst ein alter Rennhase, und ein englischer Freund von Dick. Die anderen habe ich zurück in unser Hotel geschickt. Aber auch sie finden keinen Schlaf. Sie sitzen zusammen, sie sprechen leise, bedrückt miteinander. Es gibt keine Siegesfeier an diesem Abend. Das sind Stunden, in denen ich alle Rennen dieser Erde, alle Konstrukteure, Fahrer, Rennleiter verfluche – und nicht zuletzt mich selbst. Vor allem aber verwünsche ich die Wagen, diese kalten, glänzenden, seelenlosen Ungeheuer, die wir zugleich lieben – und hassen. Diese verdammten Kisten, aus denen kein Mensch lebend herauskommt, wenn sie einmal zu brennen begonnen haben.

Rennwagen werden nämlich nach Maß gemacht. Sie müssen passen wie ein Schneideranzug. Der Fahrer darf keinen Milimeter in seinem Sitz verrutschen. Also werden die Körperformen der jeweiligen Rennfahrer sorgfältig in Sand abgenommen und der Sitz entsprechend nachgeformt. Also werden mit Schublehre und Metermaß die Gas-, Brems- und Kupplungspedale haargenau jedem einzelnen Fahrer angemessen und eigens für ihn eingestellt. Also wird auch das Lenkrad für ihn handgerecht angebracht.

In einem modernen Rennwagen sitzt man wie in einem engen Käfig. Bis auf den letzten Milimeter ist jeder freie Raum ausgenutzt. Man kann nicht ein- oder aussteigen, ohne das Steuerrad zu lösen. Ein Handgriff genügt zwar – doch wehe, wenn der Verschluß bei einem Sturz verbogen, verklemmt oder beschädigt wird und sich nicht öffnen läßt. Dann wird der eben noch umjubelte und bestaunte Rennwagen zur Todesfalle, so wie bei Dick Seaman ...

Wir warten immer noch im Korridor des Krankenhauses von Spa. Es wird zehn, es wird elf Uhr. Dick ist bewußtlos. Die Herztätigkeit wird unregelmäßig. Wird er die Nacht überstehen ... ?

Es ist kurz nach Mitternacht, der 26. Juni 1939 ist angebrochen, als Dr. Gläser bleich und übernächtigt aus dem Krankenzimmer kommt. Wir stehen auf, wir blicken ihn an, stumm, voller Erwartung, voller Angst.

»Aus,« sagt er.

Dann geht er davon über den endlosen Korridor, langsam, mechanisch. Seine Schritte klingen hart auf dem Linoleum.

Ich halte Erika Seaman in beiden Armen, halte sie fest. Stumm weint sie. Ich kann sie nur halten, kann ihr kein Wort des Trostes sagen. Auch ich weine um John Richard Beatti Seaman, meinen Freund.

Noch nie habe ich eine so gefaßte Mutter gesehen wie Lillian Seaman nach dem Tode ihres einzigen Sohnes.
Es ist zwei Tage nach dem Unglücksrennen von Spa, als ich Lillian Seaman in ihrem düsteren Londoner Haus aufsuche. Sie ist bleich, und unter ihren Augen liegen Schatten. Aber sie steht sehr aufrecht, sehr gerade in der Halle, als sie mich empfängt. Sie führt mich nach oben, in das Zimmer von Dick. Ich kenne es aus seinen Erzählungen: den Glasschrank mit den Siegespokalen, die geliebte Sammlung mit Jazzplatten. Hier also hat Dick seine Kindheit verbracht. Hier ist er herangewachsen, hat er gelebt ...
Und hier steht schwarz und schlicht, von brennenden Kerzen und Blumen umrahmt, sein Sarg aufgebahrt.
»Mein Sohn ist heimgekehrt ...« sagt Lillian Seaman leise. »Heim ... nach England – zu mir ...«
Unten, in der Halle, will ich mich verabschieden. Ich suche nach Worten des Mitgefühls. Lillian Seaman hebt die Hand und unterbricht mich.
»Ich wußte, wie es enden würde. Ich habe es immer gewußt. Vom ersten Tag an ...«
Und dann erzählt sie mir von einem Traum, den sie als junges Mädchen hatte: Sie träumte, daß sie einen Sohn haben und daß dieser Sohn einmal in den Flammen umkommen würde.
Was für eine Frau, denke ich, als ich in mein Hotel zurückfahre. Sie hat also immer geahnt, daß ihr Sohn den Tod eines Rennfahrers sterben würde. Sie hat es gewußt – und doch hat sie ihm Rennwagen gekauft, hat seine große Leidenschaft zu starken Motoren unterstützt, selbst gegen den Willen des Vaters. Sie hat Dick geholfen, sein junges, überströmendes Leben so zu leben, wie er es liebte: kurz und inhaltsreich.
Ich werde Dick Seaman und seine Mutter Lillian nie vergessen.
Auf dem Friedhof von Putney Vale, im Südwesten Londons, hat sich eine kleine Trauergemeinde versammelt.
Hermann Lang und Manfred von Brauchitsch sind mit mir zusammen zur Beisetzung von Dick herübergeflogen. Auch die Auto-Union hat einen Vertreter nach London entsandt. Hier, am offenen Grabe des Renn-Kameraden, ist alle Rivalität vergessen.
An der Seite ihres Vaters, tief verschleiert, steht Erika.
Die monotonen Worte des Pfarrers ... ein Choral ... das dumpfe Poltern der Erde auf dem Sarg ... und dann ist alles vorüber.
Ich drücke Erika noch einmal die Hand. »Nicht weinen, Erika ... Sie sind doch noch jung. Die Zeit heilt alle Wunden, glauben Sie mir!«
Erika schüttelt müde den Kopf.
»So wie es war, wird es nie wieder ...« sagt sie leise. »Ich war zum erstenmal in meinem Leben voll und ganz glücklich ... dreihundertdreißig Tage lang ...«
Jahre gehen ins Land. Jahre des Krieges, des Hasses, der Zerstörung. Es ist 1953, als ich Erika Seaman wiedersehe, in Stuttgart, bei einem Treffen alter Rennfahrer aus vergangenen Zeiten.

Erika ist reifer geworden, fraulicher – und noch schöner. Sie erzählt mir, was sie in all jenen Jahren erlebt und erlitten hat:
Erika blieb im Land des Mannes, den sie so sehr geliebt hatte, in England. Sie blieb auch, als der Krieg ausbrach. Und sie hatte es furchtbar schwer. Durch die Heirat mit Dick war sie zwar der Staatsangehörigkeit nach Engländerin geworden. Aber alle sahen in ihr nur die ehemalige Deutsche.
Dazu kam die Feindschaft von Lillian Seaman, die Erika nie vergessen konnte, daß sie die Liebe Dicks gewonnen hatte ...
Das alles trieb Erika schließlich aus England weg. Sie ging nach Amerika. Dort wurde die verwöhnte Erika, die Tochter aus reichem Hause, Verkäuferin in einem Warenhaus. Sie arbeitete sich hoch bis zur Abteilungsleiterin. Und dann, eines Tages, kehrte Erika nach Deutschland zurück, in die Heimat, zum Wiedersehen mit ihrem alten Vater, kurz vor seinem Tod.
Das Leben ist weitergegangen. Die Zeit hat viele Wunden geheilt. Heute lebt Erika als glückliche Frau und Mutter irgendwo in Deutschland. An ihrer Hand glitzert ein kostbarer Brillantring – das Verlobungsgeschenk des John Richard Beattie Seaman, genannt »Dick«.

DER 6. SINN DES HERMANN LANG

Juli 1939: Fünf Rennen sind gelaufen. In Pau und Tripolis, in der Eifel, in Wien und beim Großen Preis von Belgien. Fünfmal hat Mercedes gesiegt. Und alle fünfmal saß Hermann Lang am Steuer. Es ist eine Erfolgsserie ohne Beispiel.
Wir sind in Reims, zum Großen Preis von Frankreich. Rudolf Caracciola hat noch immer die Wut im Leib. Heute will er's mit Gewalt erzwingen. Ich sehe das Unglück förmlich kommen, als er mit einem Blitzstart von dannen fegt. Schon in der ersten Kurve knallt er seitlich gegen einen Stein, reißt ein Loch in seinen Tank und – scheidet aus!
Lang kämpft Nuvolari nieder und sieht schon wie der sichere Sieger aus. Da – in der 31. Runde – bockt plötzlich sein Motor. Er hält, steigt aus, wirft die Kappe in die Ecke. Noch bevor die Mechaniker es bestätigen, sagt er, was geschehen ist: »Durchgebrannter Kolben! Dieser verdammte Zusatzvergaser!«
Gewiß: ein solcher Vergaser leiht dem Wagen »Superkräfte«, er macht ihn schnell und – gefährlich. Er versorgt die Zylinder mit einer Extradosis Benzin. Doch das vermindert auch die Schmierung, verdünnt das Öl. Die Folge: Kolben fressen sich leichter fest ...
Mercedes hat einen rabenschwarzen Tag. Alle Wagen fallen aus. Endlich hat die Auto-Union ihre Chance, die seit dem tragischen Tod Bernd Rosenmeyers von einem Unglücksstern bestrahlt zu sein scheint. Es siegt Müller vor Meier – zwei ehemalige Motorradmeister, die von zwei auf vier Räder umgestiegen sind.
Da strahlt NSKK-Korpsführer Hühnlein, als wir abends die Nase tief in den

Champagner stecken: »Nun, da schon Müllers und Meiers Rennen gewinnen, ist der Autosport ein wahrer Volkssport geworden!«
Er drückt Direktor Hahn von der Auto-Union die Hand, und plötzlich ist auch Ernst Henne, vielfacher Motorrad-Weltrekordler, zur Stelle. Ein gewitzter Pressemann schießt alle drei auf einem Bild: Hahn, Henne und Hühnlein ...
Haben wir gegackert vor Vergnügen!
Andere gackerten nicht. Andere verstanden keinen Spaß: die Reichspressestelle. Sie greift ein. Sie verbietet die Veröffentlichung des Bildes – weil es nach Verächtlichmachung riecht. So streng sind damals die Bräuche.
Zwei Wochen später röhren die Motoren durch die Eifelwälder wie die Hirsche bei der Brunft. Wir sind beim Training zum Großen Preis von Deutschland. Da legt Hermann Lang eine Trainingsrunde hin, daß wir alle glauben, unsere Uhren spielen uns einen Schabernack. Aber es stimmt: 9,43 Minuten. Das ist ein Stundendurchschnitt von 140,8 Kilometern. Schneller, viel schneller, als der alte Rekord von Bernd Rosemeyer! Noch zehn Jahre werden ins Land gehen, bevor ein anderer Fahrer kommt, um mit einem modernen, besseren Wagen diese Märchenzeit zu unterbieten: Juan Manuel Fangio. Aber das ist eine andere Geschichte.

*

Am 23. Juli 1939 steigt das Rennen um den Großen Preis von Deutschland. Ein kalter Wind weht über die Eifel. Ab und zu geht ein Regenguß nieder. Oben, am wolkenverhangenen Himmel, kreuzt eine Riesenzigarre: das Luftschiff »Graf Zeppelin«. Der Große Preis von Deutschland beginnt mit einer Sensation. Wir haben kaum die Uhren gedrückt – da kommt bereits ein Silberpfeil aus der ersten Runde zurückgeflogen. Es ist – Hermann Lang! Hinter ihm kommt 27 Sekunden lang – nichts!
Es ist unfaßbar! Hat es einen Massensturz gegeben? Eine unvorstellbare Katastrophe? Oder ...? Nein, Hermann Lang hat ganz einfach das gesamte Feld deklassiert. Ein Feld mit großen, berühmten Fahrern – wie Caracciola, wie Nuvolari, Stuck und Brauchitsch.
2. Runde: Jetzt führt Lang bereits mit 40 Sekunden, und er hat den Sieg halb in der Tasche.
3. Runde: Ich traue meinen Augen nicht. Da rollt Lang gemütlich an die Box und klettert aus dem Sitz.
»Sind Sie verrückt?« brülle ich. »Warum fahren Sie um Himmels willen nicht weiter?«
»Da isch ebbes los mit 'm Wage, an osauberer Ton im Auspuff«, sagt der Hermann ruhig. »'s ischt g'nau wie in Reims. 's hat koi Zweck weiterz'fahre. Sonscht isch 's Wägele ganz hee ...«
»Unmöglich«, sag ich.
»Der Lang hat Langeweile, das ist alles«, murmelt einer spöttisch hinter mir.
Wir horchen den Motor ab. Aber wir hören nichts. Auch Uhlenhaut schüttelt den Kopf.

»Mein lieber Lang«, sage ich finster, »das gibt morgen noch eine Untersuchung. und gnade Ihnen Gott, falls der Motor in Ordnung sein sollte!«
»Noi, noi, i woiß, was i sag. D'r Motor isch net en Ordnung ...«
Ich habe keine Zeit zu Diskussionen. Ich werde im Rennen gebraucht, in diesem Rennen voller Zwischenfälle. Nuvolaris Wagen brennt. Brendel war bereits im Training gestürzt. Villoresi kommt ohne Heck an die Box. Brauchitsch gibt auf. Hasse fliegt aus der Kurve. Schorsch Meier, der »gußeiserne Feldwebel«, macht's nach. Stuck hat Pech mit dem Motor und bleibt auf der Strecke liegen. Sommers Wagen holpert auf vier Zylindern wie ein lahmer Gaul.
»Zwei Mann in einem Wagen!« meldet der Sprecher vom »Schwalbenschwanz«.
»Der sieht schon doppelt!« denken Millionen Hörer an den Lautsprechern daheim. »Der hat ein Glas zuviel erwischt!« Aber er sieht nicht doppelt, sondern ganz richtig – wie Raymond Sommer seinem Freund, Rivalen und Leidensgefährten Stuck einen »Lift« an die Boxen gibt ...
»Caracciola führt!« meldet der Sprecher, oben in der Gondel des »Graf Zeppelin«, an alle deutschen Sender. Er hat einen idealen Rundblick über den gesamten Nürburgring.
Caracciola führt weiter – Runde um Runde wie in alten Zeiten. Es regnet – und bei Regen ist Rudolf Caracciola auf dem Nürburgring nicht zu schlagen. Noch immer nicht ...
Er siegt.
Er ahnt nicht, daß er zum letztenmal auf der Nürburg, zum letztenmal in einem großen Rennen überhaupt siegen sollte.
Am Morgen nach dem Rennen gibt es eine hochnotpeinliche Untersuchung. Der damalige Leiter der Rennabteilungswerkstatt, Oberingenieur Uhlenhaut, schraubt Tourenkerzen in den Wagen von Hermann Lang, steigt ein, fährt ein paar Runden, hält und steigt aus.
»Ich weiß nicht, was Sie wollen, Herr Lang«, sagt er. »Nach meinem Gefühl ist der Wagen in Ordnung!«
»Heiliges Herrgöttle von Biberach«, sagt Lang aufgebracht. »Wenn Sie mir net glaube wolle – dann lasset Sie den Zylinderkopf abhebe und schauet nach!«
Ich zucke die Achseln. »Gut – das ist Ihre letzte Chance! Wenn wir nichts finden, hat's gebumst!«
Es bumst nicht. »Verdammt«, sagt Uhlenhaut, als der Motor auseinandergenommen ist, »da haben wir den Salat: im dritten Zylinder zwei Kolbenringe festgefressen!«
Ich drücke Lang entschuldigend die Hand.
Hermann Lang hat tatsächlich das Gefühl für Motoren in den Fingerspitzen. Ihm kann man nichts vormachen. Er weiß, was eine Maschine gerade noch aushält und – was nicht. Er ist kein Herrenfahrer, wie Stuck, wie Caracciola, wie Brauchitsch, die Auto fahren können, aber den technischen Kram im Grunde doch lieber den Monteuren überlassen.
Hermann Lang, geboren am 6. April 1909, hat eine harte Schule durchge-

macht. Knapp dreizehn Jahre ist er alt, da stirbt der Vater. Die Mutter muß als Köchin ihre vier Buben durchbringen. Hermann, der Jüngste, geht in die Lehre bei einem Maschinenschlosser. Von seinen ersten verdienten Groschen gibt er brav sein Drittel an die Mutter ab.

Er hat nur ein Hobby – Motorradfahren. Er fährt auf einer selbst zusammengebastelten Maschine sein erstes Rennen auf der Solitude und – gewinnt.

Zwei seiner Brüder stürzen tödlich mit dem Motorrad. Hermann fährt weiter Rennen. Auch er stürzt. Er bricht sich Schädel, Knöchel, Schulterblatt und – fährt weiter. Mit einem Gipsfuß wird er deutscher Bergmeister 1931. Da fährt er bereits stolz am Sonntagvormittag mit seiner Braut, der schwarzbraun gelockten Lydia, durch das geliebte Schwabenland mit seinem ersten Auto: einem hochbeinigen Dixi-Coupé.

Es kommt die Wirtschaftskrise. Hermann muß stempeln gehen wie Millionen andere auch. Er macht Aushilfsarbeiten. Er wird Führer einer Diesellok in einer Kiesgrube. Und eines Tages wird er Mechaniker bei Daimler-Benz.

Sie wissen wie es weitergegangen ist. Wie Hermann Lang zum großen Rivalen eines Rudolf Caracciola wurde. Aber auch als er das Geld wie Heu scheffelt, bleibt er der bescheidene, sparsame Schwabe wie in alten Zeiten. Er baut sich keine Traumvilla in Lugano, wie Caracciola, sondern ein schlichtes Einfamilienhaus auf Stuttgarts Höhen. Er spielt nicht Golf oder Tennis wie Hans Stuck, sondern er kegelt. Er liebt keinen Jazz, wie unser junger Engländer Dick Seaman, sondern der Kindergesangsverein bringt ihm ein Ständchen, wenn er nach einem Sieg nach Hause kommt. Er heiratet keine Dame von Welt, wie etwa eine Baby Hoffmann, sondern das einfache, brave Schwabenmädel, dem seine erste große Liebe gehörte. Er fliegt nicht kreuz und quer durch Afrika wie Bernd Rosemeyer, und er spielt keine Hauptrolle in einem Film wie Manfred von Brauchitsch.

Er nimmt die alte Mutter zu sich ins Haus, damit ihre Hände endlich ruhen können. Er kauft ein Wochenendhäuschen im schönen Remstal, nennt es »Schwabenheimat« und ackert in seinem Garten herum. Er erntet Äpfel, Zwetschgen, und er pflanzt Salat, auf den er ganz besonders stolz ist. Und abends betrachtet er zufrieden die Kollektion von Sieges-Pokalen, die er sich im Laufe der Jahre erobert hat.

Eines Tages geht er mit Lydia in eine Hundeausstellung. Ein großer, schwarzer Schäferhund fletscht sie wütend an, als sie vor seinem Zwinger stehen.

»Den nehmen wir«, sagt Lydia entschlossen. »Der ist wenigstens ehrlich.«

So kommt »Volko« in das Haus und wird Hermanns bester Freund und Gefährte – weil er »ehrlich« ist.

Hermann Lang kämpft sich nach oben, mit aller Verbissenheit, Energie und allem Fleiß seines Schwabenblutes. Die Monteure vergöttern ihn, den Mann, der aus ihren Reihen kommt. Kein Wunder, daß Hermann Lang auch manchen wertvollen Tip erhält, von dem ein Caracciola oder Brauchitsch nichts erfährt. Etwa, ob der Reservemotor, den wir stets bei uns führen, ein »lahmer Schinken« ist – oder ob es sich lohnen würde, ihn in letzter Minute einbauen zu lassen ...

Da gibt es einmal sogar Krach und Ärger. Das ist beim Großen Preis der Schweiz in Bern 1939, als Lang ein paar superschnelle Trainingsrunden noch am Abend vor dem Rennen dreht. Plötzlich hält er an der Box.

»Herr Neubauer«, sagt er. »'s tut mer leid, aber Sie müsset mir einen neuen Motor eibaue.«

»Was soll denn das?« knurre ich. »Ihr Motor ist doch tadellos in Ordnung. Sie sind ja gerade erst damit Rekord gefahren!«

»Ha no, des isch es ja«, sagt Lang. »Grad beim schnelle fahre merk i, wenn ebbes net stimmt. s'hängt wieder einer von dene Kolbenring fest wie damals in der Eifel. Der Motor muß raus.«

Ich rede mit den Monteuren. Sie wissen, was das bedeutet: eine schlaflose Nacht. Sie murmeln etwas von »Starallüren«.

»Die ganze Woche haben wir geschuftet«, schimpft unser Wagenmeister Lindemeier. »Und jetzt verlangt der Lang, daß wir auch noch den einzigen freien Abend opfern. Er ist doch selbst einmal Monteur gewesen und weiß, was das heißt ...«

Ich berate mich mit Uhlenhaut und Direktor Sailer. »Es hilft nichts«, sag ich dann. »Der Wunsch des Fahrers ist oberstes Gebot. Wenn wir morgen verlieren, tragen wir sonst die Verantwortung.«

Noch einer macht ein finsteres Gesicht, als er erfährt, daß Lang einen neuen Motor bekommt. Es ist Rudolf Caracciola. Ich weiß genau, was er denkt: Da seht ihr's, wie der Lang bevorzugt wird!

*

20. August 1939: Über dem Bremgarten geht ein kurzer Regenguß nieder. Die Strecke schimmert feucht und tückisch.

»Das ist Caracciola-Wetter«, sagen die Monteure. Und Walz, Kapo von Rudis Monteurmannschaft, blickt spöttisch zu Hermann Lang hinüber. »Heut werden wir's dem Büble aber einmal zeigen!«

Lang hört es. Böse blickt er auf. »Halt dei domme Gosch, nach 'm Renne derfscht schwätze ...«

Jahrelang war mit Hermann Lang bei Regenwetter nichts anzufangen, seit er einmal, gleich bei seinem ersten Rennen, bei feuchter Witterung gestürzt war. Noch weiß niemand, daß ich inzwischen in aller Stille den Hermann psychologisch aufgerüstet hatte.

Es war bei Probefahrten auf dem Nürburgring. Es goß Strippen. Da winkte ich Lang heran. »Los, Lang – das ist Ihr Wetter! Drehen Sie ein paar Runden, was das Zeug hergeben will!«

Er war ein bißchen blaß, aber er fuhr. Er fuhr keine Rekorde. Doch ich drückte die Stoppuhr heimlich ein wenig früher ab ... »Großartig!« log ich ihm frech ins Gesicht. »Sie können das Regenfahren besser, als Sie glauben! In Zukunft brauchen Sie keine Angst mehr vor Pfützen zu haben!«

Nun in Bern wird sich zeigen, ob diese »Spritze« gewirkt und ihm die Hemmungen genommen hat.

Es zeigt sich. Vom Start weg schießt Hermann Lang an die Spitze — und gibt sie nicht wieder ab. Hinter ihm jagen die beiden großen Alten, Caracciola und Brauchitsch, mit verbissenen Gesichtern.
Immer näher rückt Caratsch auf. Nur wenige Meter trennen beide Wagen. So geht es rundenlang, fast Rad an Rad. Es ist ein atemberaubender Kampf zwischen dem alten und dem jungen Meister. Mir wird himmelangst. Das ist Wahnsinn. Das ist glatter Selbstmord, auf nasser Straße, auf engen Schlängelkurven ist an Überholen nicht zu denken. Aber Caratsch läßt nicht locker, er sitzt Lang im Nacken, er hetzt ihn gnadenlos ...
Ich halte Caratsch das Zeichen raus: »Gleichmäßig fahren!«
Da packt mich jemand am Wickel. Ich sehe in ein Paar wütend blitzende Augen — Lydia, Hermann Langs Frau.
»Sie, Herr Neubauer!« faucht sie mich an. »Das lasset Se sei ... wenn Sie dem Caratsch Zeiche gebe, dann au meinem Mann ...« Mir verschlägt's fast die Sprache. Der Caratsch meint, ich bin für Lang, der Lang meint, ich bin für Caratsch ... es ist zum Aus-der-Haut-fahren!
»Ja sehen Sie denn nicht, daß ich dem Caratsch nur zeige, er soll gleichmäßig fahren und das unsinnige Hetzen bleibenlassen?« sage ich und dazu ein paar wenig feine Sachen, die zum Glück im Donnern der Motoren untergehen.
Dann ist das Rennen aus. Lang siegt — drei Sekunden vor Caracciola. Eine Minute zurück wird Manfred von Brauchitsch Dritter. Es ist der letzte Grand Prix dieses Jahres und der siebente Sieg von Hermann Lang. Er wird Europameister 1939.
Bei der Siegerehrung stehen Hermann und Rudi, noch atemlos, nebeneinander wie zwei Schulbuben, die man bei einer Rauferei ertappt hat. Rudi versucht ein Lächeln, und plötzlich hält er Lang die Hand entgegen. »Gratuliere«, sagt er. Und dann: »Weißt du ... eigentlich hatten wir diese Hetzerei doch gar nicht nötig, was ...?«
»Ja«, sagt Lang und schlägt ein. »Da hast du wirklich recht ...«
Ich höre diese Worte — und ich atme auf. Ich weiß, fortan ist das Kriegsbeil zwischen diesen zwei Rivalen begraben. Sie werden niemals Freunde sein. Aber — sie haben Achtung voreinander. Was kann man mehr verlangen?

OHRFEIGEN FÜR BRAUCHITSCH

Einer erntet auch in diesem Jahr keinen Siegeslorbeer. Immer wieder langt es nur zum zweiten, dritten oder vierten Platz. Es ist Manfred von Brauchitsch, der ewige Pechvogel.
Ich habe Ihnen bereits von seiner Romanze mit Mady Rahl berichtet und von manchem Streich. Sie wissen — er ist ein »verrücktes Huhn«. Ein hübscher Junge, groß, schlank, blond, mit einem leicht tänzelnden Gang. Die Mädchen lecken sich die Finger nach ihm. Doch er geht manchmal mit Scheuklappen durch die Welt.

Der gleiche Manfred von Brauchitsch bringt es fertig, nachts um eins seine Freunde anzurufen, um per Telefon mit verteilten Rollen Goethes »Faust« zu lesen. Er hat in seiner Wohnung am Berliner Hohenzollerndamm ein privates »Rennfahrermuseum« eingerichtet und deklamiert mit Vorliebe klassische Gedichte. Er lernt bei Altmeister Samson-Körner das Boxen, er will von seinem Onkel, dem berühmten Generalfeldmarschall von Brauchitsch, wenig wissen und sagt von sich selbst mit Ironie: »Das beste an mir ist meine – weiche Birne!« Womit er seinen mehrfach gebrochenen Schädel meint.
Seine Boxkünste sollten ihm bei einem Abenteuer im Sommer 1939 allerdings nur wenig helfen. Diese Geschichte fängt am Walchensee, im Wirtshaus »Jäger am See« an. Dort sitzt Manfred mit seinem Bruder Harald eines Abends bei einem Schoppen Wein. Er trinkt ein Glas und noch ein Glas, und bald ist der gute Manfred sternhagelvoll.
Da kommt ein dralles, hübsches Mägdelein in die Stube. Manfred wirft sich in die Brust. »Na, schönes Fräulein – woher kommen Sie so spät gelaufen?«
Die Kleine bekommt einen roten Kopf. »Ich bin die Hausangestellte der Frau von Schirach, der Gattin des Reichsjugendführers!«
»So?« staunt der Manfred, und der Alkohol löst seine Zunge. »Da habt ihr zwei Frauen wohl sturmfreie Bude, der Alte ist doch in Berlin, wie . . .?«
Er redet noch ein paar dumme Dinge, die ihm der Weingeist gerade einfallen läßt. Das Mädchen macht ein böses Gesicht und geht.
Am nächsten Morgen sitzt Manfred mit einem Brummschädel und einem lädierten Gedächtnis auf der Terrasse und knabbert an seinem Honigbrötchen. Da kommt eine blonde Dame an seinen Tisch, mit blitzenden Augen und roten Wangen. Bevor der Manfred weiß, wie ihm geschieht, hat er – peng! – rechts und links eine Maulschelle empfangen.
»Das ist für Ihre Frechheit von gestern abend!« sagt die Dame. »Eine Henriette von Schirach beleidigt man nicht!«
Manfred packt die Koffer und verläßt die Stätte seiner Schmach. Er fährt zurück nach Berlin.
Zwei Tage später klingelt es früh an seiner Wohnungstür. Manfred öffnet, noch verschlafen, im Pyjama. Er traut seinen Augen nicht. Vor ihm stehen sechs stämmige Männer in SS-Uniform, Reitgerten in der Hand. Noch bevor Manfred etwas sagen kann, erhält er einen Stoß vor die Brust, daß er taumelt. Und dann regnet es fürchterliche Hiebe mit Reitpeitschen auf ihn ein.
Zum Abschied sagt einer der Bullen: »Das merken Sie sich – so geht's allen, die unseren Reichsjugendführer beleidigen!«
Manfred tobt und flucht und schwört Rache. Er ruft mich in Stuttgart an. »Herr Neubauer – diesen Kerl fordere ich zum Duell! Korpsführer Hühnlein muß ihm meine Forderung überbringen!«
Aber – der Korpsführer lehnt ab. Lassen Sie die Finger davon, Herr von Brauchitsch. Sie machen sich fürs Leben unglücklich!«
Manfred packt seinen Koffer und fährt nach Lugano, in die Schweiz, zu seinen beiden besten Freunden: Rudi und Baby Caracciola, die er »Brumm« und »Entlein« nennt und die ihn wie einen Pflegesohn betreuen. In der »Casa

Scania« toben Manfred und Rudi ausgelassen wie zwei Kinder im Garten umher und veranstalten wahre Wasserschlachten mit Gießkannen und Gartenschlauch. Sie hören keine Nachrichten, sie lesen keine Zeitungen. Sie vergessen die Welt und ahnen nichts von dem Gewitter, das sich über Europa zusammenbraut.

Rudi spricht davon, daß er das Rennfahren an den Nagel hängen will. »Die Rennen werden immer mehr zu einem politischen Rummel, mit Fahnen, Ansprachen, Aufmärschen«, sagt er. »Das paßt mir nicht. Ich habe den Klimbim gründlich satt. Ich fürchte, das wird eines Tages noch ins Auge gehen . . .«

Wie es dann uns Deutschen wirklich »ins Auge ging« – nun, das wissen Sie ja alle selbst zur Genüge.

Damals, 1939 – Lebensmittelkarten werden eingeführt, Butter, Öl und Fleisch werden in Deutschland rationiert, Schuhe werden nur gegen Leder-Bezugsscheine besohlt . . .

*

Zu dieser Zeit sind wir mit unseren Wagen in Belgrad. Das große Straßenrennen, die letzte Konkurrenz des Jahres, steht bevor. Auch Manfred von Brauchitsch ist dabei. Er hat seinen Koffer mit Wäsche in Lugano gelassen. »Wer weiß, ob du ihn hier nicht noch mal gut gebrauchen kannst«, hat Baby ihm zum Abschied gesagt.

Caratsch wird diesmal nicht starten. Sein Bein ist wieder schlimmer geworden. Er will in Zukunft nur noch bei den wichtigsten Grand Prix-Rennen fahren.

Wir alle in Belgrad sind mit unseren Gedanken nur halb beim Rennen. Wir wissen nicht, was daheim in Deutschland geschieht. Die Nachrichten fließen spärlich, die Gerüchte wuchern um so üppiger. Unser Hotelportier will's genau wissen. »Danzig kaputt!« radebrecht er, als ich am Samstag zum Essen komme. »Polski machen bumm-bumm . . .«

Ich rufe unsere Gesandtschaft an. »Wir wissen von nichts«, sagen die Herren. »Warten Sie ab!«

Wir warten. Manfred von Brauchitsch und Hermann Lang haben Nerven wie Taue. Sie kümmern sich um nichts. Sie tragen ein Privatduell schon im Training aus, dabei haben sie längst die beiden ersten Startplätze sicher . . .

Abends, im Hotel, will ich gerade Trost bei einem Gläschen Dalmatiner-Wein suchen, als Reifenmeister Dietrich ins Zimmer stürzt. Seine Augen blitzen und seine Schnurrbart-Haare sind gesträubt. »Kinder!« ruft er. »Es geht los . . . deutsche Truppen rücken seit gestern früh in Polen ein!«

Ein paar Mechaniker rufen »Hurra« und »Haut den Lukas«. Aber die meisten sind ernst und still. Ich habe einen faden Geschmack im Mund. Ich habe schon einen Weltkrieg mitgemacht. Ich weiß, was das bedeutet: Blut, Not, Tränen und unsagbares Elend . . . für die ganze Welt.

Ich verbringe eine schwere Nacht, gequält von bösen Träumen und schlimmen Ahnungen. Als ich morgens lustlos an meinem Frühstücksei herumklopfe, kommt Hermann Lang an meinen Tisch.

»Ich soll Ihnen einen Gruß von Herrn von Brauchitsch ausrichten«, sagte er.

»Er ist abgeflogen . . .«
Ich fahre hoch wie von der Tarantel gestochen. »Abgeflogen? Ist der Kerl denn total verrückt? Er muß doch heute noch das Rennen fahren!«
»Er sagt, wenn das Vaterland ruft, darf ein Brauchitsch nicht fern bleiben.«
»Und wenn ein Neubauer ruft, dann hat Herr von Brauchitsch hierzubleiben!« brülle ich.
Minuten später jage ich hinaus zum Flugplatz. Die Maschine der Lufthansa steht startbereit. Die Motoren laufen bereits. Ich klettere persönlich in die Maschine. Da sitzt der Manfred und traut sich kaum mir in die Augen zu sehen, als ich wie ein Donnergott auf ihn zuschieße. »Ich will Sie Mores lehren!« wettere ich. »Wenn Sie partout in den Krieg ziehen wollen, dann werden Sie die paar Stunden auch noch warten können . . .«
Bald darauf merke ich jedoch, daß es dem guten Manfred mit der Vaterlandsverteidigung gar nicht so eilig gewesen sein konnte. Die Maschine flog nämlich nicht heim ins Reich, sondern in die neutrale Schweiz. Dorthin, wo Manfred noch einen Koffer stehen hatte – nach Lugano . . . weit vom Schuß!
Doch jetzt zurück zum letzten Rennen vor dem zweiten Weltkrieg: Brauchitsch hetzt los wie ein Irrer. Diesmal will er gewinnen. Er will Lang nicht vorüberlassen. Er jagt vor ihm her, schneidet die Kurven. Lang kommt nicht vorbei.
Aber Manfred, der Choleriker, rutscht in der ersten Runde ein wenig von der Straße. Das Hinterrad kommt auf ein Bankett, wirbelt Steine und Kiesel hoch . . Klack . . . Lang spürt einen stechenden Schmerz im linken Auge, verliert sekundenlang jede Sicht, fährt blind, mehr mit Instinkt, tritt in die Bremse . . . Dann rollt er langsam an die Box, steigt aus . . . die Brille ist zerschmettert, Blut sickert aus dem linken Auge. Unser Rennarzt, Dr. Gläser, untersucht ihn. »Glassplitter im Auge«, sagt er dann. »An Weiterfahren ist nicht zu denken!«
Manfred, der diesen Unfall verschuldet hat, kurvt indessen einsam vor dem Feld einher.
Nuvolari sitzt ihm im Nacken, hetzt ihn. Das kann Manfred nicht vertragen. Er wird nervös. Er reißt den Wagen unbeherrscht durch die Kurven, er schleudert, die Reifen kreischen ängstlich auf. Ich seh ein Unglück kommen, und es kommt auch mit dem Glockenschlag fünf – direkt vor dem Gebäude der französischen Botschaft. Genau zu der Minute, da Frankreich Deutschland den Krieg erklärt . . .
Brauchitsch schleudert, bremst, schlägt falsch ein, der Wagen wirbelt um die eigene Achse, rollt mit dem Heck in Fahrtrichtung aus . . . Zum Glück hat er den Motor nicht abgewürgt. Aber – jetzt muß er auf der engen Bahn wenden, muß ein paar Meter entgegen der allgemeinen Fahrtrichtung fahren. Das ist gegen die Regel! Brauchitsch versucht es trotzdem. Vielleicht hat er Glück, vielleicht sieht es kein Funktionär der Rennleitung. Er fährt an, will wenden – in diesem Augenblick fegt Nuvolaris Auto-Union heran . . . Das ist das Ende . . . Aber Nuvolari bringt das Kunststück fertig, den Wagen zwischen einer Hausmauer und dem Mercedes gerade noch durchflitzen zu lassen.

Jeder andere hätte nicht die Geistesgegenwart, das sichere Reaktionsvermögen besessen. Tazio, der Mann mit dem Ledergesicht, rettet sich und Brauchitsch in dieser Sekunde das Leben. Minuten später hält Nuvolari an der Box. Reifenwechsel. Ich sehe, wie die Monteure seinen Wagen anschieben, anstatt ihn elektrisch anzulassen, wie die Rennordnung es verlangt ...
»Protest!« brülle ich. Das war die Chance, Brauchitsch doch noch den Sieg zu retten – wenn Nuvolari disqualifiziert werden muß!
»Nee, Herr Neubauer!« sagt da Sebastian kalt lächelnd. »Wenn Sie gegen uns Protest einlegen, dann erheben wir Einspruch gegen Brauchitsch, weil er gegen die Fahrtrichtung gefahren ist!«
Ich verkneife mir meinen Protest. Und verwünsche mich, daß ich Brauchitsch aus dem Flugzeug geholt habe. Hätte er in Teufels Namen sonstwohin abschwirren sollen – dann hätten wir dies Rennen gewonnen! So aber hat er Lang verletzt und mir durch seine »Extratour« vor Frankreichs Gesandtschaft den Sieg vermasselt ...
So endet für uns das letzte Friedensrennen mit einem Mißton. Aber er geht im großen Konzert der Mißtöne unter, das nun die ganze Welt erschüttern wird ...

KRIEG

An jenem 3. September 1939 bricht der zweite Weltkrieg aus.
An jenem Abend treten wir müde und bedrückt die Heimfahrt an. Es ist eine Fahrt in eine unsichere Zukunft, die uns eine traurige Gewißheit bringt: die Zeit der großen Rennen, der großen Siege ist vorbei.
Ein Jahr glänzender Erfolge für den deutschen Automobilsport ist abgeschlossen worden. Zehn große Rennen wurden gefahren. Zehnmal siegten deutsche Wagen. Achtmal Mercedes, zweimal die Auto-Union.
Der neue Europameister heißt Hermann Lang. Wie ein Komet ist der ehemalige Monteur der Daimler-Benz AG an die Spitze der Weltklasse-Fahrer geschossen. Siebenmal durfte er sich mit dem Lorbeerkranz des Sieges schmücken.
3. September 1939.
An diesem Tage stehen deutsche Truppen tief auf polnischem Gebiet in schweren Kämpfen. An diesem Tage erklären Frankreich und Großbritannien dem Deutschen Reich den Krieg. An diesem Tag bricht für Millionen Menschen in Ost und West eine friedliche Welt zusammen.
Nun übertönt das Donnern der Kanonen das Geheul unserer Kompressoren. Die siegreichen »Silberpfeile«, die fünf Jahre lang alle Rennbahnen Europas beherrschten, werden eingemottet. Nürburgring und Avus, Monza und Montlhéry veröden. In den großen Werken der Auto-Industrie werden statt Autos jetzt Panzer, Sturmgeschütze, Bomber hergestellt.
Der Sturm der Zeit verweht das lustige Völkchen der Rennfahrer in alle

Winde. Aus Freunden und sportlichen Rivalen von gestern werden Feinde von heute – nur weil eine Handvoll Politiker und Militärs es so will.
Es kommt die Zeit der verdunkelten Städte, der Lebensmittelkarten, der Luftschutzwarte und der Sondermeldungen. Und bald erfüllen die Todesanzeigen mit Eisernen Kreuzen immer mehr Seiten in unseren Zeitungen ...
Wo sind sie damals geblieben, meine alten Freunde und Gegner – die Männer von Mercedes-Benz und Auto-Union, von Alfa Romea, von Maserati und Bugatti?
Ihr Pech von einst wird nun oft zu ihrem Glück, ja zu ihrer Lebensrettung. Die schweren Verletzungen, die sich fast alle großen Fahrer bei manchen Stürzen holten, lassen sie nun für den Wehrdienst untauglich erscheinen.
Da ist zum Beispiel Hans Stuck, der Diplomat im Renndreß, der Veteran unter unseren Grand Prix-Fahrern. Er hat keine Lust, seine Haut für einen Hitler zu riskieren. Er will auf »Numme Sicher« gehen.
Er eilt zu seinem Freund, dem großen Arzt Professor Sauerbruch, der ihn nach manchem schweren Sturz wieder zusammenflickte.
Und er bestätigt Hans Stuck auf Grund seiner vielen Schädelbrüche: »Zum Tragen eines Stahlhelms völlig ungeeignet ...«
Vor dem Attest eines Sauerbruch muß selbst die preußische Musterkommission kapitulieren. Hans Stuck wird »dienstuntauglich« geschrieben und zur »Wehrmachtsbetreuung« eingesetzt. Er reist kreuz und quer durch Europa von Kirkenes bis Biarritz. Er hält Lichtbildervorträge vor Landsern über seine Rennen.
Die »weiche Birne« rettet auch Manfred von Brauchitsch vor der Uniform. Er wird Sekretär eines Generaldirektors in Berlin.
Hermann Lang wird Reise-Inspekteur für Mercedes-Benz-Flugmotoren bei Messerschmitt. Louis Chiron fährt in Frankreich bis zur Kapitulation einen General spazieren. Das hatte er schon im ersten Weltkrieg als Fahrer des Marschall Pétain gemacht ...
Achille Varzi, der Grandseigneur unter Italiens Rennfahrern, wird im Krieg endgültig von seiner verzehrenden Leidenschaft zum Rauschgift und zu einer schönen blonden Deutschen geheilt. In seinem Heimatort Galliate eröffnet er ein Transportgeschäft. Sein Landsmann Luigi Fagioli sitzt in seinem heimatlichen Abruzzen-Nest Gubbio und fabriziert Spaghettis.
Doch vielen ehemaligen Rennfahrern schlägt dieser Krieg Wunden, die nie wieder zu heilen sind.
Da ist der blonde, immer lachende Engländer Williams. Er fällt in Frankreich als Widerstandskämpfer. Das ist Robert Benoist, einer der größten Fahrer Frankreichs. Er gerät als Résistance-Chef in deutsche Gefangenschaft, wird im KZ Buchenwald hingerichtet. Da ist René Dreyfuss, sein berühmter Freund und Rivale. Seine leichtsinnige, schöne junge Frau verläßt ihn, als die Deutschen kommen, weil er – »Nichtarier« ist. Da ist Jean-Pierre Wimille, der sich als Hilfsmechaniker bei einer deutschen Nachschubeinheit durchschlägt. Da ist Walter Bäumer, der tödlich verunglückt, und Rudi Hasse, der lustige Sachse, der einer tückischen Krankheit zum Opfer fällt. Da ist Monsieur

d'Ahetz, Rennfahrer und Hemdenfabrikant, der ehrlich an die Zusammenarbeit zwischen Deutschen und Franzosen glaubt – und später als Kollaborateur von seinen Landsleuten geächtet wird. Da ist schließlich Paula Stuck, die ein Jahrzehnt bei keinem Rennen fehlte, die wir alle verehrten und die ihren Hans offiziell nur noch als »Wagenwäscherin« begleiten darf. Denn als »Nichtarierin« darf sie nur »niedrige Hilfsarbeiten« verrichten.

An einem Mann gehen die Ereignisse scheinbar spurlos vorüber: an Rudolf Caracciola. Er sitzt in Lugano in seiner Villa in der neutralen Schweiz wie auf einer Insel.

Er ist abgeschnitten von der Außenwelt. Er verläßt fast nie in diesen Jahren sein Haus. Er empfängt kaum Besuche. Nur selten durchbrechen Briefe die Mauer des Schweigens rings um die »Casa Scania«. Es sind Briefe, die von fremden Augen gelesen wurden, vom Rotstift und vom Stempel der Zensoren gezeichnet. Briefe, in denen mehr zwischen den Zeilen zu lesen steht als in den dürren Worten selbst.

Statt Palmen, Tulpen und Kakteen pflanzt Rudi nun Kartoffeln und Tomaten in seinem Garten. Der schöne Wagen steht aufgebockt in der Garage, und Baby strickt Pullover für die Freunde daheim in Deutschland. Zuweilen nur hören sie von fern das dumpfe Donnern der alliierten Bombenteppiche, die ohne Gnade auf Mailand und Turin herniederregnen.

Einmal erhalten sie auch Besuch aus Frankreich. Es ist Louis Chiron, der alte Freund und Rivale. Er ist blaß und hager. Die Not hat sein Gesicht gezeichnet. Aber in seinem Herzen glüht das alte Feuer. In der stillen »Casa Scania« findet er Ruhe und Erholung, bevor er in seine besetzte Heimat zurückkehrt. Der große Krieg hat die alte Rivalität zwischen Louis und Rudi vergessen lassen, hat den Franzosen Chiron und den Deutschen Caracciola wieder zu Freunden gemacht, über alles Trennende hinweg.

Noch hat Rudi keine Sorgen. Noch erhält er regelmäßig jeden Monat einen Scheck von Daimler-Benz in Höhe des Ruhegehaltes für einen Direktor überwiesen.

Aber dann, im Frühjahr 1942, wird alles anders.

Da klingelt eines Morgens das Telefon in meinem Büro in Untertürkheim. »Führungs-Blitzgespräch aus Berlin«, sagt das Fräulein vom Amt. »Ich verbinde mit der Reichskanzlei . . .«

Was in aller Welt wollen die hohen Herren von einem einfachen Rennleiter außer Diensten? »Hier Reichsleiter Bormann«, sagt gleich darauf eine kalte Stimme. »Sagen Sie mal, Neubauer – alle Ihre ehemaligen Rennfahrer sind in Deutschland im kriegswichtigen Einsatz. Nur Herr Caracciola drückt sich in der Schweiz herum. Wie kommt das eigentlich?«

»Weil er ein Krüppel ist«, sage ich. »Er braucht Ruhe, Sonne, Pflege. Und mit seinem verletzten Bein kann er wohl kaum Militärdienst leisten . . .«

»So?« knurrt Bormann. »Ich habe Informationen, daß er Beziehungen zu feindlichen Ausländern unterhält, zu Franzosen und Engländern. Er weigert sich, Spenden für die deutsche Winterhilfe zu zahlen. Ja, er macht ganz offen defaitistische Äußerungen!«

Ich weiß, was Rudi über den Nazirummel, über diesen ganzen verdammten Krieg denkt. Er hat sich in der neutralen Schweiz einen viel klareren Blick für die wahre Lage bewahrt.
»Ich glaube nicht, daß Caracciola etwas Unrechtes tut«, sage ich. »Vergessen Sie nicht, daß er hundertmal Leben und Gesundheit für den deutschen Sport eingesetzt hat!«
»Und dabei ganz gut auf seine Kosten kam!« erwiderte Bormann. »Nun aber, wo es brenzlig wird, verdrückt er sich ins neutrale Ausland!«
»Das stimmt nicht«, sage ich. »Er hat schon seit 15 Jahren seinen Wohnsitz in Lugano!«
»Aber nun scheint er sich sogar um die Schweizer Staatsangehörigkeit zu bemühen!«
»Ausgeschlossen! Das ist bloßes Gerede von neidischen Kollegen!«
»Wir werden ja sehen. Jedenfalls – unsere kostbaren Devisen brauchen wir für wichtigere Dinge, als einem Drückeberger in der Schweiz ein gemütliches Leben zu garantieren!«
Klick, macht's am anderen Ende der Leitung ...
Die Sache mit der Staatsangehörigkeit hat damals viel Wirbel gemacht. Es gibt noch heute Leute, die Caracciola vorwerfen, er sei »desertiert«.
Das ist ungerecht. Rudi hat erst lange Jahre nach dem Krieg einen Schweizer Paß erworben. Doch er hat seine deutsche Heimat nie vergessen. Und niemand kann Rudi einen Vorwurf machen, daß er früher als andere die Nazis durchschaute, daß er sich weigerte, für die »Winterhilfe« zu spenden – und damit Kanonen Hitlers zu finanzieren.
Im April 1942 werden auf Anordnung der Reichskanzlei sämtliche Bezüge Caracciolas gesperrt. Nun muß er von seinen Ersparnissen leben.
Der Krieg geht weiter.
Eines Tages läßt Professor Nallinger mich in sein Büro rufen.
»Wir haben eine neue Aufgabe für Sie«, sagt er. »Sie sollen die Organisation der gesamten Flugmotoren-Instandsetzung beim Afrika-Korps übernehmen! Sie werden erst mal angelernt. Und zwar an der Kanalküste, beim Jagdgeschwader Mölders ...«
Ich komme nach Holland. Ich sehe viele junge Menschen kämpfen und sterben. Deutsche und Engländer. Damals werden meine Haare grau.
Es wird nichts mit Afrika. Denn unser ehemaliger Direktor Werlin ist inzwischen zum Generalinspekteur des Führers für das Kraftfahrzeugswesen avanciert. Er hat große Pläne für den Osten.
»Wir verlieren zu viel Zeit und verschwenden zu viel Transportraum, wenn wir jeden defekten Panzer oder Lkw erst nach Deutschland zurückschicken«, meint er. »Wir werden in Rußland große Reparaturwerke errichten ...«
Damals entstehen die drei sogenannten »Groß-Werke« mit kilometerlangen Hallen, in denen an die zehntausend Arbeiter beschäftigt sind. Sie entstehen in Pleskau, bei Minsk und bei Dnjepropetrowsk. Aggregate und Werkzeugmaschinen, Spezialgeräte, Heizungsanlagen und Dampfkessel werden aus Deutschland dorhin geschafft.

Werlin holt sich führende Männer der Auto-Industrie, um seinen Plan in die Tat umzusetzen. So lande auch ich eines Tages nicht in Tobruk, sondern in Berlin-Dahlem, bei der Organisations-Abteilung der Groß-Werke.
Ich lande nicht allein. Bei mir ist, wie stets in all den Jahren, meine Sekretärin, die alte Heinze, die damals noch gar nicht alt, sondern jung und recht knusprig ist.
Wir wohnen feudal im Hotel »Kaiserhof«, gleich gegenüber der Reichskanzlei.
Der »Kaiserhof« hat drei unbezahlbare Vorteile: einen gut bestückten Weinkeller, eine fast friedensmäßige Küche und — einen bombensicheren Bunker.
Punkt eins und zwei sind für mich lebenswichtig — ich geb's ehrlich zu. Ohne mein tägliches Schinkenbrot, ohne meine tägliche Flasche Rhein oder Mosel schnurrte ich nur auf halben Touren. Was für den Rennmotor Sprit und Schmieröl, sind für mich der Wein und die Butter ...
Eines Tages wissen wir auch den Wert des Bunkers zu schätzen. Es ist im Herbst 1943, als wieder einmal die Sirenen uns vom Abendtisch direkt in den Keller jagen. Kaum hat die schwere Stahltür sich hinter uns geschlossen, da hören wir das dumpfe Geräusch einschlagender Bomben. Kalk rieselt von der Decke, die Wände scheinen zu zittern, das Licht verlöscht, und die flakkernde Notbeleuchtung geht an. Ein paar Frauen schreien auf, Kinder weinen, und die Heinze krallt sich fest an meinem Arm ...
Plötzlich stürzt ein Hotel-Koch zu uns herunter. »Es hat eingeschlagen«, sagt er. »Unser linker Flügel brennt ...«
Im linken Flügel liegt mein Zimmer — und in meinem Zimmer liegt mein größter Schatz: ein Freßpaket von meiner Frau, der Hansi. Mit einer Pulle Original Gumpoldskirchner, mit einer Braunschweiger Mettwurst ...
Ich stürze hoch, über Treppen und Flure, in den zweiten Stock. Überall züngeln Flammen, beißender Qualm raubt mir den Atem. Ich presse ein feuchtes Taschentuch vor das Gesicht.
Ein Feuerwehrmann versperrt mir den Weg. »Halt! Lebensgefahr!«
Ich wische ihn beiseite. Dort — mein Zimmer. Ich reiße die Tür auf. Schon brennen die Vorhänge, der Teppich, die Betten ...
Auf einem Tisch das Paket mit der Wurst. Ich greife zu. Ich öffne den Schrank, klemme mir ein paar Anzüge unter den Arm. Dort oben sind noch meine Hüte.
Ich habe nun einmal eine Schwäche für Kopfbedeckungen.
Soll ich meine geliebten Hüte den Flammen überlassen? Nie!
Ich greife also meine Deckel und drücke mir einen nach dem anderen aufs Haupt. Fünf Stück hoch türmen sie sich auf meinem Schädel. Dann laufe ich um mein Leben.
Ich weiß heute nicht mehr, wie ich heil zurück auf die Straße gekommen bin. Fünf Hüte, zwei angesengte Anzüge, eine angebratene Mettwurst und eine Pulle Wein habe ich gerettet. Unter Einsatz meines Lebens.
Da steh ich nun, in Nacht, Qualm und Nebel. Dort ist auch die Heinze, noch ein bißchen blaß. Und plötzlich taucht von irgendwoher Direktor Werlin auf.

»Los, ihr Ausgebombten – ich hab Quartier für euch in der Reichskanzlei gemacht!« sagt er. »Dort seid ihr für heut' nacht erst mal gut aufgehoben!«
Sie werden kaum erraten, wo die Heinze und ich damals kampierten – im Arbeitszimmer von Adolf Hitler.
Es ist ein großer Raum, mit einem Schreibtisch und einer mächtigen Couch. Die Tür führt hinaus zum Balkon. Drüben zucken noch immer die Flammen aus dem »Kaiserhof«.
»Herr Neubauer!« sagt da die Heinze. »Sehen Sie mal!«
Sie zeigt auf eine Neben-Kammer, die vollgefüllt ist mit Flaschen. Ich lese die Etikette. Feinster Mosel ... Cointreau ... und hier ... französischer Sekt!
»Kommen Sie, Heinze«, sag ich, »auf diesen Schrecken müssen wir 'nen Schluck trinken. Es ist nur recht, wenn das auf Hitlers Kosten geht. Er ist an all dem Ärger schuld ...«
Der Sektpfropfen knallt angenehmer als Flak und Bomben. Ich werde langsam wieder Mensch.
Die Heinze gähnt. Sie macht sich's auf der Couch bequem, während ich in einer Ecke ein Radio entdecke.
»Passen Sie auf«, sage ich, »jetzt werden die Wände dieses Zimmers vielleicht zum erstenmal die Wahrheit hören!«
Ich stelle einen englischen Sender ein. Es gibt Nachrichten in deutscher Sprache. Von den Niederlagen im Osten. Von versenkten U-Booten. Von Korruption in höchsten deutschen Führungsstellen. Von Arbeiterunruhen im Ruhrgebiet.
Hier sitze ich, der Rennleiter Alfred Neubauer, im Arbeitszimmer eines Adolf Hitler und höre den BBC ... während draußen die Flammen des brennenden Hotels »Kaiserhof« den Nachthimmel über Berlin rot und violett färben.
Ich bemerke kaum, wie die Tür zum Nebenzimmer geöffnet wird. Und bevor ich weiß, was geschieht, stehen vier baumlange SS-Männer in schwarzer Uniform vor mir.
Eine Sekunde denke ich, mich trifft der Schlag.
Denn hinter mir tönt es noch immer laut und deutlich aus dem kleinen Teufelskasten: »London calling ... hier spricht London ...«
Und ich stehe hilflos da, und erwarte mein Urteil.
Ich warte vergebens.
Denn nun geschieht ein kleines Wunder. Der kleinste der SS-Männer knufft seinem Scharführer plötzlich in die Rippen, deutet in eine Ecke und – wiehert laut los vor Vergnügen.
Dort, neben ihrer Couch, steht ängstlich und schlotternd meine gute Heinze in ihrer engen Kostümjacke und unten ... im blauseidenen Unterhöschen!
Vergessen ist Radio London und Todesangst. Ich habe nur einen Gedanken: diese Blamage! Ich ringe vergeblich nach Worten – und das passiert einem Neubauer gewiß nicht oft.
Der Scharführer aber blinzelt mir verständnisvoll zu. »Tut mir leid, Herr Neubauer, daß wir gestört haben. Aber – wir benötigen leider diese Couch.

Wir müssen noch einige prominente Gäste unterbringen, die ebenfalls im Hotel ausgebombt worden sind heute nacht. Aber ich denke, das kleine Sofa dort drüben wird für Ihre Zwecke wohl auch genügen?«
Und die Männer ziehen samt der Couch von dannen.
Mit einem schnellen Griff bringe ich Radio London zum Verstummen. Dann nehme ich mir die Heinze aufs Korn.
»Sind Sie wahnsinnig!« brülle ich. »Sie haben mich blamiert bis auf die Knochen! Was werden nun die Leute von uns denken!«
»Aber«, stottert sie, »ich hab doch nur den Rock ausgezogen, um ihn beim Schlafengehen nicht zu zerdrücken ...«
»Dann bleiben Sie gefälligst liegen!« poltere ich. »Wenn ich in Unterhosen bin, dann hüpfe ich auch nicht herum wie ein Tiller-Girl!«
»Entschuldigen Sie«, schluchzt da die Heinze, »ich hab mir doch gar nichts Böses dabei gedacht. Dem Reinen ist eben alles rein!«
Alles kann ich sehen – nur keine Tränen in Frauenaugen. Ich brummle noch ein bißchen in meinen Bart, und dann ertränken wir gemeinsam Ärger und Schrecken in Adolf Hitlers Sekt und Schnaps. Es wird noch eine feuchte, wenn auch keine so recht fröhliche Nacht ...

*

Wir siegten in Polen, Holland und Belgien. Wir siegten in Frankreich, Dänemark und Norwegen. Wir siegten in Afrika, in Griechenland und Jugoslawien. Wir siegten in Rußland, zu Lande, in der Luft und auf der See.
Wir siegten uns zu Tode.
Es kam, wie es kommen mußte: es kam Stalingrad, es kam der Zusammenbruch in Nordafrika, die Landung in Italien und die Invasion in der Normandie.
Unsere prächtigen Groß-Werke im Osten gehen verloren. Ich werde arbeitslos. Eines Tages erhalte ich einen neuen Auftrag und einen klingenden Titel: ich werde zum »Bevollmächtigten für die Kfz-Instandsetzung der Ostmark« ernannt.
Nach mehr als zwanzig Jahren feiere ich ein kurzes, aber trauriges Wiedersehen mit meinem geliebten alten Wien.
Aber – was nützt mir die elegante Wohnung, wenn ich die Nächte heulend und zähneklappernd im Luftschutzkeller verbringen muß? Was nützt mir das ganze schöne Wien, wenn ich jeden Morgen in aller Herrgottsfrühe mitsamt meinem Stab hinaus, zwanzig, dreißig Kilometer vor die Tore der Stadt in den Wienerwald fahren muß – weil wir nur dort ungestört von Angriffen und Alarmen arbeiten können?
Und was nützt mir schließlich das nette kleine Wirtshaus, in dem wir unsere Diensträume etablieren, wenn es weit und breit kaum einen Tropfen meines geschätzten Gumpoldskirchner mehr aufzutreiben gibt für meine ewig durstige Kehle?
Das Intermezzo in Wien dauert nicht lange. Bald wird mein Stab nach Mattig-

hofen in Oberösterreich verlegt. Dort sind wir sicher vor den Bomben. Dort sitzen wir in angenehmer Nähe von Kuhställen und Hühnerhöfen, die unser Versorgungsproblem auf das angenehmste lösen helfen ...

Und auch zu meiner Frau, der Hansi, hab ich's von hier nicht mehr weit. Denn längst hat sie das gefährdete Stuttgart verlassen, hat sich nach Uttendorf am Inn abgesetzt. Dort hilft sie im Kaufladen ihrer Nichte hinter der Theke fleißig mit.

Und die anderen?

Manfred von Brauchitsch kehrt Berlin rechtzeitig den Rücken, um in einem Sanatorium in Garmisch Unterschlupf zu finden.

Hans Stuck zieht sich an den Arlberg, dicht an der Schweizer Grenze zurück, damit er notfalls seine »rassisch« unliebsame Paula vor dem SD in Sicherheit bringen kann. Hermann Lang aber wird zu einer geheimen Sonderaktion in das Lager Lechfeld abkommandiert.

Lang traut seinen Augen nicht, als er dort einen Mercedes-Rennwagen vorfindet. Der Wagen ist seltsam verändert. Das Heck mit dem Tank ist verkürzt und durch eine ausklinkbare Anhängevorrichtung ersetzt.

»Wir benötigen Ihre Hilfe für einen Versuch. Wir wollen feststellen, ob es möglich ist, eine V 1 mit einem Düsenjäger hochzuschleppen.«

»Und was soll ich dabei?« fragt Lang. »Ich bin doch Rennfahrer und kein Pilot!«

»Eben. Wir können keinen Piloten und kein Flugzeug für einen Versuch riskieren ...«

»Aha«, sagt Lang. »Dann soll ich das Ding mit diesem Wagen anschleppen?«

»Sehr richtig. Wir müssen die exakten Meßwerte für die Geschwindigkeit ermitteln, die erforderlich ist, um eine V 1 vom Boden abheben zu lassen. Nur ein Rennwagen kann solche Geschwindigkeiten erreichen. Wir haben eine V 1 auf Räder montiert. Sowie Sie merken, daß sie abhebt, müssen Sie ausklinken, sonst ...«

» ... fliege ich mit gen Engelland, wie?« sagt Lang.

Der Offizier schweigt.

Am nächsten Morgen ist alles zum Start bereit. Hermann Lang sitzt bereits in seinem Wagen. Schon wird die V 1 aus einem Schuppen herangeschoben, als eine Ordonnanz über den Flugplatz gelaufen kommt.

Er baut sich vor dem Major auf und überreicht eine Depesche. Der Offizier liest und faltet das Papier zusammen. »Berlin hat die Versuche abgeblasen ...«

Hermann Lang nimmt den Rennwagen, kehrt zurück ins Schwabenland und stellt ihn in einer Werkstatt in der Nähe von Stuttgart unter.

In jenen Apriltagen des Jahres 1945 wird es auch den letzten Wunderwaffengläubigen klar, daß es mit dem Endsieg Essig ist. Für uns ist es nur noch eine Frage, wer als erster Mattighofen erreichen wird – die Russen oder die Amerikaner.

Auf alle Fälle hole ich meine Frau, die Hansi, aus dem nahen Uttendorf zu mir herüber. Und dann mache ich mir Gedanken, wie es nach dem Einmarsch der Alliierten mit uns weitergehen soll.

»Paßt auf«, sag ich eines Tages zu meinen Leuten. »Eins ist sicher: kaputte Autos wird es immer geben. Wenn nicht bei der Wehrmacht, dann eben bei der US-Army oder im Zivilverkehr. Wir reparieren einfach weiter – damit können wir unsern Lebensunterhalt verdienen!«

»Ganz schön«, sagen die Jungens. »Aber – womit sollen wir arbeiten? Wir brauchen Ersatzteile und Werkzeuge!«

»Dann holt sie euch!« sage ich. »Fahrt ins Heeresdepot nach Salzburg und ladet unsere Wagen voll!«

So geschieht es. Wir saugen uns mit allem voll, was damals gut, teuer und selten ist. Mit Reifen und Kardanwellen, mit Kurbelgehäusen, Zylinderblöcken, Schrauben, Felgen – mit allem, was man zur Reparatur von Kraftfahrzeugen benötigt.

Wir stapeln in Uttendorf unsere Ersatzteile, wir errichten einige Lager und warten ab, was da kommen wird.

Was kommt, ist zunächst ein amerikanischer Panzer vom Typ Sherman.

Es ist an einem schönen Frühlingsmorgen, als ein Rasseln und Rattern den Gesang der Vögel unterbricht. Ich biege gerade um die Ecke vom Haus des alten Obermeier und will gemütlich die Landstraße überqueren, die nach Mattighofen führt, als wir uns plötzlich gegenüberstehen ...: Der Panzer und ich.

Ich gucke geradewegs in ein Geschützrohr, dessen Mündung wie ein düsteres Zyklopenauge auf mich gerichtet ist. Ich muß gestehen, ich fühle mich nicht ganz wohl in meiner Haut bei dieser Begegnung. Wer weiß, was passiert, wenn jetzt da drinnen irgendein Yankee die Nerven verliert, auf den falschen Knopf drückt. Dann können sie die Überreste des dicken Neubauer von der Hauswand kratzen.

Aber der Panzerkommandant bewahrt bei meinem Anblick zum Glück die Ruhe und steckt alsbald seinen behelmten Kopf aus der Luke im Turm. Er mustert mich wie ein seltenes Insekt. Einen Moment scheint er zu überlegen, ob er mich einfach überwalzen soll, wie eine Wanze. Dann scheint ihm jedoch was besseres einzufallen.

»Hey, you!« ruft er. »You speak English?«

»Nix«, sage ich spontan. »Mais – Francais ... aber Französisch, wenn's gefällt ...«

Der Mann versinkt wieder in seinem Turm. Eine Minute vergeht. Dann taucht er wieder auf. Und aus einer Klappe klettern zwei, drei khakibraune Landser hervor, die mich umzingeln.

Einer piekt mir die Mündung seiner Maschinenpistole in die Rippen und grinst mich freundlich an.

»Ich bin Kanadier«, sagt er. »Mein Kommandant möchte Sie etwas fragen. Ich werde übersetzen.«

Dann geht das Verhör los.

»Sind deutsche Soldaten hier im Ort?«

»Nein!«

»Gibt es Werwölfe?«

»Nein.«
»Waffenlager?«
»Ja«, sage ich. »Dort drüben – im Bach. Dort haben gestern die letzten Landser auf dem Rückzug ihre Karabiner reingeworfen.«
»Hm.« Der Ami scheint erleichtert. »Sonst irgendwelche militärischen Anlagen?«
»Nichts. Nur – ein kleines Lazarett, dort drüben, in dem weißen Haus!«
Kaum hab ich's gesagt, da öffnet sich drüben im Spital die Tür und heraus kommt, kreideweiß im Gesicht, aber mit zackig glänzenden Stiefeln der Leiter des Lazaretts, ein Oberarzt.
Er marschiert geradewegs auf den Panzer zu, bleibt drei Meter vor der Geschützmündung stehen, baut ein Männchen, daß jeder General seine Wonne dran gehabt hätte, und meldet laut und schnarrend:
»Melde gehorsamst: Oberarzt Müller vom Feldlazarett 613, belegt mit acht Leichtverwundeten und zwölf Kranken ...«
Während sich die Amis mit diesem komischen Onkel beschäftigen, nütze ich die Gelegenheit, um das nächste Eck zu verduften. Zu Hause schließt mich meine liebe Frau gerührt wie einen verlorenen Sohn in die Arme. Sie hatte die ganze Szene vom Fenster aus mit angesehen und um mein Leben gebangt.
Wir bekommen Einquartierung. Vier GIs. Nachdem sie gebadet und sich rasiert haben, sehen sie ganz manierlich aus. Sie spendieren Zigaretten und Schokolade, ich eine Pulle Wein, und bald sind wir uns einig, daß Deutsche und Amerikaner ganz nette Menschen sein können. Solange sie nicht mit Schießprügeln aufeinander losgehen.

NACHKRIEG

Der Krieg ist zu Ende.
Die Zeit der Bomben ist vorbei. Die Zeit des Hungers, der Not und des Elends jedoch geht weiter ...
Die Amerikaner rücken ab. Dafür zieht die Zivilverwaltung ein. Mit der geplanten Autoreparatur wird es vorläufig nichts. Wer hat schon Autos, damals, in jenen ersten Wochen und Monaten nach der Kapitulation?
Ich sitze in Uttendorf und bin als Deutscher in meiner alten österreichischen Heimat plötzlich zum Ausländer geworden. Ohne Sondergenehmigung darf ich mich nicht weiter als sechs Kilometer von meiner Wohnung entfernen.
So geht es in jenen Wochen und Monaten Tausenden von Reichsdeutschen, die gestern noch Landsleute waren und heute unerwünschte Ausländer in der frischgebackenen Republik Österreich geworden sind.
Wir halten uns über Wasser, wie es eben geht. Die gute Heinze, meine Sekretärin, verdient ihr Frühstücksei, indem sie Bauernweibern aus Karten die Zukunft prophezeit.
Meine Frau klebt Tag für Tag säuberlich die Lebensmittelmarken im Ge-

schäft ihrer Nichte. Meiner Wenigkeit bleibt nichts anderes übrig als der – Milchhandel. Ich organisiere die Milchverteilung in Uttendorf, schenke viertelliterweise den weißen Saft an die Menschen aus und verdiene ein paar Groschen. Tiefer kannst du wohl nimmer sinken, denke ich bei mir. Der ehemaliger Rennleiter Neubauer – als Milchmann.

Aber es kommt noch schlimmer ...

Eines Abends hält ein Jeep vor meiner Tür. Vier baumlange Amis springen heraus und fuchteln mit der Mündung ihrer Maschinenpistolen vor meiner Nase herum.

»You are arrested«, sagen sie.

Sie bringen mich zum CIC. Der Chef des CIC ist ein hageres Männlein mit einer Warze auf der Nase. Er hat böse, stechende Augen. Er spricht Deutsch mit amerikanischem und Englisch mit deutschem Akzent. Er nennt sich »Dr. Horlitz«.

»Sie haben Wehrmachtsgut gestohlen!« sagt er schlicht. »Das kann Sie Ihren Kragen kosten! Sie haben Ersatzteile für Kraftfahrzeuge in Uttendorf verborgen?«

»Ja, allerdings. Aber – nur um diese Ersatzteile vor der sinnlosen Zerstörung zu bewahren.«

»Sie hätten das Lager den Alliierten melden müssen«, sagt Horlitz. »Sie haben sich strafbar gemacht. Sie bleiben in Haft.«

Rumms – knallt die Zellentür hinter mir zu. Ich bin gefangen.

Zur gleichen Zeit erwischt es auch Hermann Lang in Stuttgart. Die Amerikaner holen ihn aus seinem Häuschen. Sie stecken ihn im Lager Ludwigsburg für zehn Monate hinter Stacheldraht.

Weil er »NSKK-Staffelführer« war. Das reicht zum »automatischen Arrest«. Der Hermann hatte das Pech, zu oft zu siegen. Mit jedem Erfolg auf der Rennbahn wurde er – völlig »automatisch« – vom Korpsführer Hühnlein einen Rang nach oben befördert ... Aber ein Nazi war der Hermann nicht.

Auch Dr. Porsche geht es damals schlecht. Die Franzosen locken ihn nach Paris, traktieren ihn mit Sekt und – verhaften ihn als »Kriegsverbrecher«.

Zwei Jahre bleibt der geniale Konstrukteur hinter Gittern. Zwei Jahre, in denen seine Gesundheit ruiniert wird, in denen er an den Rand des Grabes kommt. Dann gelingt es seinem Sohn Ferry, eine Kaution von einer Million Franc aufzubringen. Ein italienischer Industrieller überweist die Summe nach Paris. Zwei Franzosen, der Rennfahrer Raymond Sommer und der Fachjournalist Faroux setzen sich für Porsche ein.

Der Doktor kommt frei.

Der Prozeß gegen ihn findet niemals statt. Aber auch die Million Franc wird nie zurückbezahlt.

Die Zelle im Gefängnis von Mattighofen ist kahl und schmal. Sie gleicht einem Handtuch. Es gibt zwei eiserne Bettgestelle mit Strohsäcken, deren Inhalt von ganzen Generationen unbekannter Galgenvögel längst zu Häcksel zerdrückt worden ist.

Es gibt einen zerkratzten, wackeligen Tisch, einen Spucknapf und ein Nachtgeschirr, obszöne Kritzeleien an den Wänden und zolldicke Eisenstäbe vor dem winzigen Fensterchen.

Zwei Tage verbringe ich in dieser ungemütlichen Behausung. Niemand kümmert sich um mich. Kein Verhör. Keine Untersuchung. Draußen, auf dem Gang, hören wir zuweilen barsche Kommandos, Flüche, und einmal auch den Angstschrei eines Menschen in höchster Not ...

Es herrschen strenge Bräuche damals hinter den Gefängnismauern in Ost und West und überall in unsern Landen. Obwohl gerade damals die Zellen mehr denn je zuvor in der Geschichte der Justiz mit Menschen gefüllt sind, die alles andere als Verbrecher sind und deren größtes und oft auch einziges Delikt darin besteht, ganz einfach ... deutsch zu sein.

Aber meine Haft in Uttendorf währt zum Glück keine Ewigkeit. Nach drei Wochen werde ich freigelassen.

Dafür wandert der »Doktor Horlitz« hinter schwedische Gardinen. Weil er gar kein Doktor ist. Und weil er sich allzu smart auf dem schwarzen Markt betätigt hat.

Die Zelle habe ich verlassen. Aber auch das idyllische Uttendorf wird mir auf die Dauer zu eng. Ich fühle mich nicht wohl zwischen den Milchtöpfen. Etwas fehlt mir. Etwas, das nach Benzin und Öl duftet, das auf vier Rädern über die Landstraßen braust, etwas, dem mein ganzes Leben gehört hat: Das Auto ...

Nicht nur ich sehne mich nach neuen Aufgaben, neuen Taten, sehne mich zurück an die Stätte meines alten Wirkens in Stuttgart-Untertürkheim. Noch ein anderer Mensch bekommt allmählich Hummeln.

Es ist die treue Heinze.

Sie hat die Nase voll vom Kartenschlagen bei den Bäuerlein von Uttendorf und Mattighofen. Eines Tages klettert sie auf einen Lastwagen, fährt nach Salzburg, entert einen Zug – und landet nach abenteuerlicher Fahrt daheim im Schwabenländle, bei Daimler-Benz, wo sie mit offenen Armen empfangen wird.

Die Heinze wäre nicht die Heinze, wenn sie es auf die Dauer ohne ihren alten Herrn und Meister aushalten könnte. Und so bohrt und quengelt sie, bereitet sie mit weiblicher List und Schläue den Boden für mich vor.

Und eines Tages hält ein Jeep vor unserer Tür in Uttendorf.

Ich sehe mit gemischten Gefühlen, wie ein amerikanischer Sergeant herausspringt und auf unser Haus zumarschiert. Au weih, denke ich. Das kann nichts Gutes bedeuten. Warum wollen sie dich nun schon wieder holen?

Im Geiste bete ich mein Sündenregister herunter. Ich finde nichts Ernstes. Schließlich war ich kein Pg, habe nie eine Uniform getragen, und auch sonst ist meine Weste von allzu bräunlichen Flecken ziemlich rein ...

Da steht der Ami schon vor mir in der guten Stube. Ein baumlanger Bursche, mit breiten Schultern, einem Stiftenkopf und fröhlichen Jungensaugen.

»Are you Mr. Neubauer?« fragt er.

»Ja«, sage ich. »Was kann ich für Sie tun?«

»Ihre Koffer packen«, sagt er. »Ich soll Sie nach Untertürkheim bringen.

Am besten gleich«.
Er hält mir einen Brief unter die Nase. Ich entfalte ihn, und meine Hände zittern ein wenig, als ich die Unterschrift von Direktor Dr. Haspel lese.
»Wir bauen wieder auf«, schreibt er. »Wir benötigen Sie hier, für unsere Reparaturen. Kommen Sie möglichst sofort ...«
Das lasse ich mir nicht zweimal sagen.
»Ich eile!« jauchze ich. »Nur eine Stunde Geduld!«
Doch aus der Stunde wird ein Tag, aus dem Tag ein Monat und aus dem Monat fast ein ganzes Jahr. Denn Österreichs Uhren gehen damals wirklich anders, von denen der Besatzungsmächte ganz zu schweigen.
Wir bekommen keine Ausreisegenehmigung. Wir laufen vom Gemeinderat zur Kommandantur, von Pontius zu Pilatus, aber wir werden vertröstet oder gar hinausgeschmissen. Auch unser freundlicher Sergeant kann da nichts tun. Und wir hätten wohl noch lange Jahre in Uttendorf verbracht, wenn die Nichte meiner Wirtsleute nicht so verteufelt hübsch und noch viel verteufelt smarter gewesen wäre.
Sie nimmt eines Tages unser Schicksal in die Hand. Sie macht dem zuständigen US-Offizier hübsche Augen, hält ihm den kleinen Finger hin, und als er sich vor ihren Füßen zu Knoten windet — da luchst sie ihm die Ausreisegenehmigung für einen gewissen Alfred Neubauer nebst Frau heraus.
So kommt es, daß wir eines Tages doch noch heim ins Reich fahren können.
Es ist eine traurige Heimkehr. Denn in unserem Haus sind fremde Menschen einquartiert. Nur die Mädchenkammer in der Mansarde bleibt für die Hansi und mich übrig. Es gibt Pappscheiben an den Fenstern, Lebensmittelkarten, Schlangen vor den Läden und keine Kohlen im Winter. Und, was für mich am schlimmsten ist — keine Autos. Wir leben vom Schwarzen Markt. Wir marschieren kilometerweit über Land, um einen Sack Kartoffeln einzuhamstern. Wir tauschen Perser, Klaviere und manchmal auch ein bißchen Ehre gegen Zigaretten, Schnaps oder einen Klacks Butter ein.
Daimler-Benz ist ein Trümmerhaufen. Die Werke der Auto-Union in Chemnitz und Zwickau sind zerstört, und was noch heil geblieben ist, wird von den Russen ohne Gnade demontiert. Wir alle stehen vor dem Nichts: der ehemalige Mechaniker Hermann Lang, der Offiziers-Sproß Manfred von Brauchitsch, der Gutsbesitzer a. D. Hans Stuck, und auch ich, der gar nicht mehr dicke Neubauer.
Und doch sind wir entschlossen, das Rennen nicht aufzustecken. Wir wollen irgendwie über die schlimmsten Runden kommen — um noch einmal neu anzufangen. Ganz von vorn. Wie Millionen andere Menschen in diesem zerstörten, zerschundenen, zerrissenen Deutschland auch.
Wir haben Hände, die zupacken können, wir haben Köpfe, die voller Pläne stecken, und wir haben Herzen voller Mut und voller Willen, eine neue Zukunft zu schaffen. Wir machen uns ans Werk, ein jeder auf seine Weise.
Wir kaufen Benzin auf dem Schwarzen Markt, wir basteln uralte Maschinen zusammen, besorgen auf krummen Wegen Lizenzen — dann geht es los!
In Garmisch organisiert Manfred von Brauchitsch winzige Motorradrennen

Le-Mans-Start in Le Mans 1955. Moss liebte, Fangio haßte ihn.

Die Katastrophe von Le Mans. Noch ahnt niemand die Ausmaße des Unglücks.

zur Belustigung amerikanischer GIs. In Grainau werkelt Hans Stuck an einem geheimnisvollen neuen Rennwagen, Marke »Eigenbau«, herum. In Stuttgart versucht sich Hermann Lang, kaum aus der Internierungshaft entlassen, mit einem klapprigen BMW.
Über all unserm Eifer haben wir alle nur eins vergessen: daß wir um sieben Jahre älter geworden sind, seit wir zum letzten Mal ein Rennen fuhren. Und diese verflixten, tragischen, entsetzlichen sieben Jahre werden nun manchem von uns noch zum Schicksal, zum Verhängnis.

*

Für einen Rennfahrer aber scheint das Glück zunächst etwas Besonderes in petto zu haben: für Rudolf Caracciola.
Im März 1946 erhält Rudi in Lugano ein Telegramm aus New York: »Erbitten Teilnahme am Indianapolis-Rennen 30. Mai.« Rudi vergißt vor Freude sein lädiertes Bein und führt einen Indianertanz auf. Endlich wieder am Steuer eines Rennwagens sitzen, mit 300 PS um Sieg und Ehre kämpfen wie einst ...
Aber dann läßt sich Rudi in einen Sessel fallen und macht ein langes Gesicht. »Alles schön und gut«, klagt er. »Aber womit soll ich fahren? Etwa mit einem Seifenkistl?«
»Nein«, sagt Baby. »Aber wie wär's mit einem 1,5-Liter-Mercedes, Modell Tripolis?«
»Du machst Witze«, sagt Rudi. »Die Dinger sind doch von der Schweiz beschlagnahmt — als deutsches Eigentum!«
»Ach was«, sagt Baby. »Wir werden mit den Leuten reden. Sie müssen die Wagen freigeben. Und wenn es nur für ein paar Wochen ist. Komm, wir fahren noch heute nach Zürich.«
Ich habe bereits erzählt, wie Mercedes-Benz im Winter 1938/39 im Rekordtempo zwei blitzsaubere 1,5-Liter-Rennwagen entwickelt hatte, nur um den Italienern den Großen Preis von Tripolis wegzuschnappen. Einmal nur waren diese Wagen gestartet, einmal hatten sie gesiegt — dann wurden sie »eingemottet«.
Es kam der Krieg, es kam der Zusammenbruch. Aber kurz vor Torschluß waren die beiden Wagen still und heimlich in die Schweiz gebracht worden, um sie vor Bomben, Brand und — Alliierten zu retten.
Umsonst.
Kaum waren sie in Zürich bei unserer Tochterfirma eingetroffen, da wurden sie auch schon als »deutsches Eigentum« beschlagnahmt. Zwecks Verkauf — für alliierte Rechnung.
Doch die Schweizer sind gar nicht so. Als sie von Rudolf Caracciolas Rennplänen in USA hören, drücken sie beide Augen zu und rücken die Wagen heraus — leihweise, für zwei Monate wenigstens.
Auch Daimler-Benz in Untertürkheim genehmigt den Start in Indianapolis. Und eines Tages trifft Rudis alter Monteur Walz in Zürich ein. Er bringt

zwei Kisten mit, vollgestopft mit Blechen, Schrauben, Schläuchen. Kostbare Spezial-Ersatzteile, irgendwo zwischen Schutt und Trümmern zusammengekratzt.
Rudi und Walz machen sich an die Arbeit. Sie schuften Tag und Nacht, um den Wagen fit zu bekommen.
Indessen geht Baby den steilen Weg der Instanzen. Sie braucht ein Visum für die USA. Aber damals, 1946, fällt jeder Konsul glatt in Ohnmacht, wenn ein Deutscher in die Vereinigten Staaten will.
Man braucht Stempel, Bürgen, Dokumente. Man braucht Impfscheine, Leumundszeugnisse, eidesstattliche Versicherungen und die Genehmigung der Militärregierung. Man braucht Geld und — sehr viel Zeit.
Bis Indianapolis bleibt nicht mehr viel Zeit. Geld ist nur sehr wenig vorhanden, aber — Baby hat sehr viel Charme. Sie erhält das Visum und die Flugkarten — genau acht Tage vor dem Start.
Eines Morgens werden die Bürger von Zürich früh um fünf aus dem Schlaf gerissen. Da donnert ein Auto durch die Straßen, daß es sich anhört wie das Jüngste Gericht. Da fegt ein silbern glänzender Rennwagen vorbei. Vorn am Kühler leuchtet hell der Dreizack-Stern von Mercedes!
Nicht nur die Zürcher wachen auf, als Monteur Walz eine erste Probefahrt macht. Auch andere werden plötzlich hellwach: die alliierten Kontrollbehörden, die das beschlagnahmte deutsche Eigentum verwalten. Noch am gleichen Tage legen die Engländer ihr Veto gegen den Start der deutschen Wagen in Indianapolis ein.
Jetzt erst recht, sagen sich Rudi und Baby. Sie gehen von Amt zu Amt, von Behörde zu Behörde. Sie bitten, flehen und gelegentlich schlagen sie auch mit der Faust auf den Tisch. Und sie finden Hilfe. Bei den Schweizern, bei den Franzosen, bei den Amerikanern. General Dolittle, Chef der US-Luftflotte in England, will eine Militärmaschine zur Verfügung stellen, damit die Wagen noch rechtzeitig über den Atlantik kommen.
Aber — die Briten bleiben hart.
Ein Amerikaner, einst selbst berühmter Rennfahrer, jetzt Betreuer abgeschossener US-Flieger in der Schweiz, sucht persönlich den britischen Geschäftsträger in Bern auf und legt Fürsprache ein.
Der Diplomat zuckt die Achseln. »Von uns aus kann Herr Caracciola Rennen fahren, soviel er will. Auch gegen Mercedes-Benz haben wir nichts einzuwenden. Aber — Mercedes *und* Caracciola gemeinsam? Ausgeschlossen! Da hätten die Deutschen allzu schnell wieder Oberwasser!«
»Aus der Traum«, seufzt Rudi traurig. »Komm, Baby — pack die Koffer. Wir fahren heim nach Lugano . . .«
»Nein, mein Lieber«, sagt Baby. »So schnell stecken wir nicht auf. Wenn wir schon die Visa und die Flugkarten haben, dann fliegen wir auf jeden Fall nach USA. Vielleicht haben wir Glück und bekommen drüben einen Wagen . . .«
Sie haben Glück. Sie ahnen nicht, daß dieses »Glück« ihnen noch zum Verhängnis werden soll . . .
Ein Amerikaner stellt Caratsch seinen Wagen zur Verfügung. Es ist ein

»Thorne Special«, eine ungefüge, klobige Kiste, eigens für Bahnrennen gebaut.
Er dreht die vorgeschriebenen Proberunden, ohne die es in Indianapolis keine Startgenehmigung gibt: zehn zu 90 Stundenkilometer, zehn zu 100 Stundenkilometer ...
Dann rollt er an die Box, schiebt die Brille hoch, klopft mit der flachen Hand auf die Karosse.
»Prima«, sagt er. »Ich denke, wir vertragen uns ganz gut miteinander. Ich werde starten!«
Baby sagt nichts.
Sie hat plötzlich ein ungutes Gefühl. Würde Rudi es schaffen? Auf einem ungewohnten Wagen, auf einer fremden Bahn – nach sieben Jahren ohne Training, nach sieben Jahren, die nicht ohne Spuren an Rudi vorbeigegangen waren? An Rudi, der nun immerhin schon fünfundvierzig Jahre zählt – ein fast sagenhaftes Alter für einen Grand Prix-Fahrer?
Rudi bemerkt Babys Zögern.
»Na«, sagt er und legt zärtlich den Arm um ihre Schultern, »du siehst mich ja an wie'n Opferlamm, das auf dem Weg zum Schlachter ist? Fehlt dir etwas?«
»Nein, Rudi«, sagt sie leise. »Mir fehlt nichts ...«
Und plötzlich zieht sie sein ölverschmiertes, schweißglänzendes Gesicht zu sich herab und bedeckt es mit Küssen ...
Am nächsten Morgen ist Rudi einer der ersten beim Training. Er pfeift vergnügt vor sich hin, als er in den Wagen klettert und die Handschuhe überstreift.
»Hey, Sir!«
Ein Funktionär mit grell kariertem Texashemd, Schlapphut und roter Armbinde kommt auf ihn zu.
«Was gibt's?« fragt Rudi. »Etwas nicht in Ordnung?«
»Ihr Kopf!« sagt der Mann. »Ohne Sturzhelm dürfen Sie nicht starten!«
»Blödsinn!« brummt Rudi. Er weiß – bei Autorennen in USA sind Sturzhelme Vorschrift. Rudi mag diese Dinger nicht. Sie machen Kopfschmerzen. Und überhaupt – Rennhauben sind viel schicker.
Aber Rudi muß sich fügen. Man gibt ihm einen ausgedienten britischen Panzerhelm. Rudi schnallt den Kinnriemen fest. Er winkt noch einmal zur Tribühne hinüber, wo Baby mit der Stoppuhr sitzt. Dann gibt er Gas.
Er fährt. Langsam, vorsichtig – die erste Runde. Dann etwas schneller, Runde zwei.
Alles geht nach Wunsch. Es ist ein schöner Tag, und die Sonne lacht vom blauen Himmel auf das Oval der Bahn. Rudi summt ein Liedchen vor sich hin. Jetzt ... die halbrunde, überhöhte Kurve. Rudi nimmt das Gas nicht weg, schlägt das Steuer ein ...
Da ...
Die Menschen auf den Tribünen springen von ihren Sitzen. Ein Schrei zerreißt den Morgen, übertönt sekundenlang das Heulen der Motoren ...
Der rote »Thorne Special« wirbelt um die eigene Achse, ein Körper fliegt

durch die Luft, meterweit, knallt auf den Beton ... der Wagen rollt direkt auf den leblos Liegenden zu ... bleibt dicht vor dem seltsam verkrampften Körper stehen ...

*

Die Uhr im Wartezimmer des Hospitals von Indianapolis rückt unaufhaltsam vorwärts. Minuten, Stunden vergehen. Stunden, in denen Menschen lieben, glücklich sind und sterben. Stunden, die alle gleich sind vor den kalten, unbarmherzigen Zeigern dieser Uhr.

Baby wartet in fiebernder Angst. Zwei Stunden. Drei.

Dort, hinter den dick gepolsterten Türen des Operationssaals entscheidet sich das Schicksal von Rudolf Caracciola. Das Schicksal des geliebten Mannes ...

Endlich öffnet sich die Tür. Der Arzt kommt heraus. Sein Gesicht ist bleich, die Augen blicken müde.

Baby springt auf. »Was ist, Doktor? Wie geht es ihm?«

Der Arzt sieht an ihr vorbei. »Schädelbasisbruch. Ohne Helm gäbe es keinen Caracciola mehr. Wir wollen hoffen, daß wir ihn durchbringen. Aber – es wird lange dauern.«

Es dauert Monate.

Monate, in denen Baby ständig um Rudis Leben bangen muß. Monate voll quälender Ungewißheit, ob Rudi je seine Sprache, seine volle Denkfähigkeit wieder zurückgewinnen würde ...

*

Auch ein anderer alter Rennkämpe versucht in jener Zeit sein Glück jenseits der deutschen Grenzen: Altmeister Hans Stuck.

Er fährt einen winzigen Cis-Italia-Wagen. Kaum 1100 Kubikzentimeter stekken unter der Motorhaube. Neben dem langen Hans sieht das Wägelchen fast wie ein Kinderspielzeug aus. Doch wenn es drauf ankommt, schnurrt es prächtig. Hans kann noch manchen Preis bei kleinen Rennen sammeln.

Es ist ein Wunder wie er es macht, bei seinem Alter, das er geheimhält wie ein Atomrezept. Aber – was dem Hans an Jugend fehlt, macht er doppelt und dreifach an Erfahrung, an Routine wett. Und zeigt noch manchem jungen Spunt die Gummis von hinten ...

Einmal, in Genf, gibt es einen Empfang für die Fahrer. Drei Könige ohne Thron sind zur Begrüßung angetreten: Peter von Jugoslawien, Michael von Rumänien, Leopold von Belgien.

»Erinnern Sie sich noch«, fragt Michael, »wie ich auf unserem Schloßhof mit Ihrem Rennwagen eine Ehrenrunde drehen durfte?«

Natürlich erinnert sich Stuck. Auch an die feuchten Hände, die Kronprinz Michael damals vor Aufregung bekam.

»Wissen Sie noch, wie Sie mich beim Großen Preis von Belgien einmal aus Ihrer Box geworfen haben?« fragt Leopold.

»Gewiß, Königliche Hoheit«, sagt Stuck und bekommt einen roten Kopf. »Ich habe Sie in dem Durcheinander damals nicht erkannt ...«

»Ein hübscher Wagen«, seufzt Peter. »Wenn ich noch an das letzte Rennen vor dem Krieg, den Großen Preis von Belgrad denke . . .«
»Ja«, sagt Stuck. »Damals . . . unsere Auto-Union-Wagen. Die waren aus anderem Holz geschnitzt. Heute bin ich leider bei den Kleinen gelandet . . .«
»Machen Sie sich nichts daraus«, lächelt Leopold und klopft Stuck auf die Schulter. Dann deutet er auf seine beiden Begleiter. »Sehen Sie – nicht nur Rennfahrer, auch Könige sind seither beträchtlich kleiner geworden . . .«

*

Das Jahr 1946 vergeht. Mercedes-Benz nimmt die Produktion wieder auf und baut den ersten Lkw der Nachkriegszeit.
In Köln versammelt sich eine Handvoll geschworener Freunde des Motorsports. Der Journalist Hans Bretz, der spätere Präsident des ADAC, hat sie zusammengetrommelt, hat auf einer klapprigen Schreibmaschine die Einladungen getippt und sie in alle Himmelsrichtungen geschickt.
Und alle sind gekommen.
Da ist Hans Stuck, da ist auch Hermann Lang. Viele alte, vertraute Gesichter. Was tut's, daß die Zugluft durch die Ritzen und Pappfenster des halbzerbombten Saales pfeift. Was tut's, daß die Kleider abgetragen sind und uns um die Glieder schlottern, als hätten wir sie von unserm großen Bruder geerbt.
Die Stimmung ist wie einst.
Und endlich klettere auch ich auf das Rednerpodium, und meine Stimme dröhnt wie einst auf dem Nürburgring, als ich in den Saal donnere:
»Der Motorsport in Deutschland ist nicht tot – er wird weiterleben, wenn wir nur wollen!«
Und ob wir wollen!
Kurz darauf schon startet Hermann Lang mit einem BMW beim ersten Bergrennen der Nachkriegszeit und – gewinnt.
In München wird am 27. Oktober 1946 ein Straßenrennen für Motorräder um den »Großen Preis von Bayern« ausgeschrieben. Es ist eine der ersten großen Rennsportveranstaltungen überhaupt nach dem Krieg.
Es geht rings um die »Bavaria«. Sechzigtausend hohlwangige Münchner schreien sich die Kehlen heiser. Josef Kirmaier vom Bayerischen Rundfunk hat die Ansage, der »gußeiserne« Schorsch Meier, in zahllosen Motorschlachten ergraut, fungiert als Rennleiter. H. P. Müller, einst große Nachwuchshoffnung der Auto-Union, fährt mit.
Auf der Ehrentribüne gibt es jauchzende Begrüßung, frohes Händeschütteln und manche Rührungstränе: da sitzt Hermann Lang mit seiner schwarzbraunen Lydia neben Hans Stuck und gleich daneben Ex-Weltrekordler Ernst Henne.
Als Veranstalter des Rennens aber zeichnet ein gewisser Manfred von Brauchitsch . . .

DIE BRAUCHITSCH-TRAGÖDIE

Ich komme nicht daran vorbei, das heiße Eisen anzufassen. Ich muß Ihnen nun die traurige Geschichte dieses Mannes erzählen, der einst zu meinen engsten Freunden gehörte und einer der besten Rennfahrer Europas war.

Es ist die Geschichte einer verkrachten Existenz, die Geschichte eines großen Verrats.

Manfred von Brauchitsch hatte den Krieg heil überstanden. Seine Sturzverletzung am Kopf, seine »weiche Birne« hatte ihn vor dem »Heldenklau« gerettet. In Berlin war er als Sekretär eines Generaldirektors tätig. Und als die Russen näherrückten, da setzte er sich nach Bayern ab.

Er ging nicht allein. Bei ihm war eine elfenzarte, grazile, junge Frau. Blond, kapriziös, mit blauen und seltsam melancholischen Augen: Gisela.

»Gia« ist die Tochter eines Industriellen und Manfreds große Liebe. Sie machen ein Jahr »Ehe auf Probe«. Dann, bald nach dem Kriege, lassen sie ihrer Liebe auch den amtlichen Segen geben. Sie ziehen nach Starnberg, in ein primitives Blockhaus mit zwei winzigen Zimmern, klapprigen Möbeln und Löchern im Dach. Es gibt kein fließendes Wasser, dafür einen qualmenden Ofen und Zugluft durch alle Ritzen. Es gibt ein Clo im Garten, zwei Airdaleterrier und ein knatterndes altes Motorrad.

Manfred hat wenig Geld, viele Schulden, und von Luft und Liebe allein kann auf die Dauer selbst ein verrücktes Huhn wie er nicht leben. Schon gar nicht eine verwöhnte junge Frau wie Gisela.

Arbeiten ...?

Das Wort hat für Manfred einen sauren Geschmack. Was hat der Offiziers-Sohn schon gelernt? Ein bißchen Latein. Englisch. »Rechts« und »links um« auf dem Kasernenhof. Und sonst? Nichts als Autofahren.

Doch mit noch so brillanter Kurventechnik kann man in jenen Jahren nicht mal eine lumpige Papiermark verdienen. Manfred bleibt nur sein ewig leerer Magen und – ein prominenter Name. Diesen Namen setzt er ein. Er tut sich mit einem Mann zusammen, der nicht nur was von Sport, sondern auch von Geschäften versteht. Dieser Mann organisiert Motorradrennen zur Gaudi amerikanischer Besatzungssoldaten in Garmisch-Partenkirchen. Manfred von Brauchitsch zeichnet als Veranstalter und – sonnt sich in dem Abglanz eines späten Ruhms.

Es sind »wilde« Rennen, die Brauchitsch und sein Partner aufziehen. Damals fragt kein Mensch nach Lizenzen oder Sportkommissionen. Die Amis stellen das Benzin, die Fahrer freuen sich, ein paar Mark zu verdienen und – was sehr viel wichtiger ist: über einen ordentlichen Schlag Essen aus der US-Kantine ...

Eine Zeitlang geht alles gut. Dann aber werden die Automobilklubs und die »Oberste Nationale Sportbehörde« neu gegründet. Es gibt wieder Ordnung und Spielregeln im Sport, die für alle gültig sind. Auch für Manfred von Brauchitsch.

Aber Manfred will sich nicht fügen. Er hat einen dicken Kopf. Er veranstaltet weiter Rennen, wann's ihm paßt. Es gibt Ärger. Es gibt böse Briefe. Und eines Tages kommt es, wie es kommen muß: Er wird auf Lebenszeit disqualifiziert ...

Manfred versteht die Welt nicht mehr. Er kann die Stille nicht vertragen, die um ihn wächst. Er, der gewohnt war, stets im Mittelpunkt zu stehen ...

Er hat das Leben in Deutschland satt. Er will fort. Er will eine neue Zukunft aufbauen für sich und seine Frau.

Im März 1949 trifft ein Brief aus Starnberg bei den Caracciolas ein. Rudi, von Brauchitsch »Brumm« getauft, liest:

Liebe Baby, lieber Brumm ...

Ich möchte so gern zu Euch kommen in die Schweiz. Ich muß Euch dringend sprechen. Ihr müßt mir helfen. Ich bin sehr unglücklich, denn Gia und mir geht es furchtbar schlecht ...

Baby und Rudi schicken Manfred das Fahrgeld. Und bald darauf gibt es ein Wiedersehen.

Baby hat Mühe, ihren Schreck zu verbergen. Sie kennt Manfred, den lustigen, hübschen Jungen von einst, kaum wieder. Er hat hohle Wangen und Schatten unter den Augen. Das Futter seines Mantels ist zerrissen, die Schuhe sind ausgetreten ...

»Ich halte es in Deutschland nicht mehr aus«, sagt Manfred, als sie abends bei einer Flasche Wein zusammensitzen. »Diese elende Blockhütte in Starnberg ... diese engstirnigen Behörden ... man kann nicht mehr frei atmen in diesem Land. Wir wollen auswandern, Gia und ich. Wir wollen uns eine neue Existenz aufbauen. Vielleicht in Argentinien. Vielleicht können Gia und ich irgendwo eine Farm bewirtschaften ...«

Plötzlich beugt er sich vor, greift Babys Hand, drückt sie fest: »Baby ... ihr habt doch Verbindungen nach dort ... ihr müßt mir helfen, müßt mir eine Einladung oder wenigstens ein Visum beschaffen, ja ...?«

Baby mustert Manfred streng durch ihre Brille: »Ist das Ihr Ernst, Manfred ...? Ich meine – sind Sie wirklich bereit, noch einmal ganz von vorn anzufangen – in Ihrem Alter?«

»Was heißt Alter!« lacht Manfred. »Ich bin noch nicht mal Mitte vierzig!«

Baby bleibt hart. »Manfred ... Sie müßten unter Umständen jede Arbeit auf sich nehmen. Schuhe putzen. Teller waschen. Lastwagen fahren ... und auch Ihre Frau müßte zupacken. Es wird nicht leicht für Sie werden!«

»Egal – wir werden alles, alles tun. Nur raus will ich aus Europa!«

»Schön«, sagt Baby. »Ich will meinen Freunden in Argentinien schreiben. Sie werden von mir hören, wenn es klappt.«

Baby vermittelt Manfred eine Einladung des argentinischen Automobil-Clubs. Manfred soll als Ehrengast, als ehemaliger Prominenter der europäischen Rennfahrer, bei verschiedenen Rennen erscheinen – Blickfang und Propagandaschild sozusagen. Ein Freund in Buenos Aires sorgt für Unterkunft. Reise und zwei Monate Aufenthalt werden bezahlt.

»In den zwei Monaten habt ihr Zeit, euch nach einer Stellung umzusehen, wenn ihr ein bißchen sparsam mit dem Taschengeld seid«, sagt Baby.

Dann hilft sie noch, Visa und Pässe zu besorgen.
Im September 1949 ist es soweit. In Genua wartet das Schiff. Manfred und Gisela besuchen auf der Durchreise noch einmal Rudi und Baby in Lugano.
Baby traut ihren Augen nicht, als sie das Reisegepäck sieht. Sieben schwere Koffer, mit Garderobe vollgestopft: vom Tropenfrack bis zum eleganten Cocktailkleid.
»Hm«, meint Baby skeptisch. »Wollt ihr im Abendkleid eine Farm bewirtschaften? Wenn ich raten kann – dann versteckt nur schleunigst diese feinen Sachen. Sonst glaubt euch kein Mensch, daß ihr arme, halb verhungerte Hascherl seid!«
Rudi runzelt sehr nachdenklich die Stirn. Ihm gefällt das alles nicht. Dieser Manfred ist ein Hallodri. Ein Mann mit zwei Seelen in der Brust. Zugleich Edelmann und Spelunkennatur. Und es sieht ganz so aus, als habe die Spelunkenseele zur Zeit wieder einmal die Oberhand . . .
Beim Abschied blickt Caratsch dem Manfred fest und lange in die Augen. »Hören Sie, alter Junge – ich hoffe, Sie führen sich in Argentinien so auf, daß ich Ihnen im nächsten Jahr, wenn ich selbst hinüberkommen sollte, noch die Hand geben kann!«
»Schon gut«, sagt Manfred und wird rot. »Ich werde Ihnen keine Schande machen!«
Die böse Ahnung sollte Rudi Caracciola nicht trügen. Kaum ist Manfred von Brauchitsch in Buenos Aires gelandet, da geht auch schon der Ärger los. Vergessen sind alle feierlichen Versprechungen. Vergessen ist der Plan, ein neues Leben anzufangen.
Es gibt Leute, die Manfred in den Ohren liegen: »Sie müssen natürlich hier bei unsern Rennen starten, nicht nur Staffage auf der Ehrentribüne sein. Der Club muß Ihnen einen Wagen zur Verfügung stellen!«
Das sind lockende Worte. Das ist Musik in Manfreds Ohren. Schon sieht er sich mit Lorbeeren umkränzt, schon hofft er, alten Ruhm zu erneuern und – Geld zu machen wie Heu. Mehr und leichter verdientes Geld, als die Arbeit auf einer Farm, als Lastwagenfahrer, oder gar als Tellerwäscher einbringt.
Manfred von Brauchitsch bittet den Automobil-Club, ihm einen Wagen zur Verfügung zu stellen, damit er an einigen Rennen teilnehmen kann. Und aus der Bitte wird bald eine Forderung.
Die Argentinier bedauern: »Wir haben Sie als Ehrengast geladen – aber nicht als Rennfahrer. Es tut uns leid – wir haben keinen Wagen!«
Manfred droht: »Ich werde Tag und Nacht vor der Tür Ihres Clubs sitzen bleiben – bis Sie mir einen Wagen geben!«
Manfred sorgt dafür, daß seine Klage bis zum Ohr des Präsidenten Péron dringt. Und endlich geben die Argentinier nach. Sie bieten Manfred einen Wagen an. Es ist ein alter Maserati, der seine besten Zeiten längst gefahren ist.
»Das ist eine Zumutung!« empört sich Brauchitsch. »Mit einer solchen Karre starte ich nicht!«
Dabei bleibt es.
Es gibt noch manchen Streit, es wird noch viel schmutzige Wäsche gewaschen

— und eines Tages kehrt der große Herr von Brauchitsch, der auszog, mit seiner Hände Arbeit eine neue Existenz zu gründen, recht klein und häßlich zurück nach Deutschland.
Bei Rudi und Baby Caracciola in Lugano läßt er sich nicht mehr blicken. Nur einmal sehen sie sich wieder. Zufällig — in einem Bierzelt auf dem Münchner Oktoberfest.
Es gibt eine kühle Begrüßung, ein paar verlegene Floskeln — dann murmelt Manfred etwas von einer »dringenden Verabredung« und taucht im Gewühl unter . . .
Das ist 1950.
In jenem Jahr lebt der Motorrennsport in Deutschland zum ersten Male wieder auf. Man kämpft um den Freiburger Bergrekord, um den Großen Preis auf dem Nürburgring, und auch auf der Solitude brummen wieder die Motoren.
Auch Manfred von Brauchitsch ist wieder dabei. Die hohe Sportbehörde hat ein Auge zugedrückt und seine Disqualifikation aufgehoben.
Er startet auf BMW-Veritas. Aber es schnurrt nicht mehr so gut wie einst. Länger als drei, vier Runden hält er nirgends mit. Dann gibt er auf. Ist's der Wagen? Das Material? Oder . . . ?
Nach dem Rennen auf der Solitude nimmt Professor Nallinger unauffällig Manfred beiseite.
»Mein lieber Brauchitsch«, sagt er ernst, »man sieht es Ihrem Fahrstil an — Sie sind nicht mehr der Jüngste. Wenn ich Ihnen raten darf — dann lassen Sie die Finger vom Rennfahren!«
Es wird still um Manfred. Still — was den Sport betrifft.
Aber er findet nicht den Anschluß an ein bürgerliches Leben. Wie etwa ein Hermann Lang der als Reise-Ingenieur für Mercedes arbeiten wird. Wie Caracciola, der seine alte Firma im Ausland repräsentiert. Wie Stuck, der sich lange als Einkäufer einer Gebrauchtwagenfirma durchs Leben schlagen muß, bis er in München bei BMW eine neue Existenz findet.
Manfred von Brauchitsch will nicht wahr haben, daß es Zeit ist abzutreten, daß sein Ruhm verblaßt, sein Lorbeer welk geworden ist. Er hadert mit sich selbst und mit — anderen. Er zerwirft sich mit seinen Verwandten und den meisten Freunden.
Man sieht Manfred von Brauchitsch häufig bei Gesellschaften, bei Parties und auf Bällen. Man sieht, daß er mehr trinkt, als ihm guttun würde. Einmal muß ich selbst eine schreckliche Szene miterleben.
Es geschieht zu mitternächtlicher Stunde auf einem Hausball am Starnberger See. Manfred hat wieder einmal über den Durst getrunken. Ich sehe, wie er auf seine Frau Gia zuwankt, die gerade mit einer Freundin in einer Ecke plaudert.
»He, Gia . . .« lallt er und deutet auf uns, »die Herren sollen sehen, daß du die schönste aller Frauen bist. Komm . . . sei so nett und zeig es ihnen! Tanz ihnen etwas vor! Hoch das Röckchen, hoch die Beine!«
Gia blickt ihn verstört an. »Aber Manfred, ich bitte dich . . .!«

»Los!« grölt er. »Mach schnell! Zeig, daß du meine brave kleine Gangsterbraut bist!«
Wir stehen wie erstarrt. Ich will schon auf den Betrunkenen zugehen, da fange ich den flehenden Blick Gias auf, stocke ...
»Ja, Manfred«, sagt sie leise. »Ich tu ja, was du willst. Komm ... setz dich ruhig zu mir ...«
Er läßt sich schwer auf einen Stuhl fallen. Seine Augen sind glasig, die Adern an den Schläfen treten hervor. Langsam, unendlich langsam beginnt Gia sich zu drehen ...
Wir sehen weg. Quälende Sekunden vergehen ...
Plötzlich hören wir lautes Schnarchen. Manfreds Kopf ist nach hinten zurückgefallen. Dort sitzt er, mit weit offenem Mund und — schläft.
Auf Zehenspitzen schleichen wir hinaus. Alle Fröhlichkeit ist fortgeweht. Draußen, an der Tür, drücke ich Gia noch einmal die Hand. Tränen schimmern in ihren Augen.
Arme kleine Frau. Sie muß viel durchmachen an der Seite dieses unbeherrschten, cholerischen Mannes, den sie trotz allem noch immer liebt.
Im Februar 1951 folgt Manfred einer Einladung zu den Skimeisterschaften der Sowjetzone noch Oberhof in Thüringen.
Er trifft mit östlichen Funktionären zusammen und trinkt ein Bier mit SED-Chef Walter Ulbricht. Ein paar Monate später nimmt er an den kommunistischen Weltjugendspielen in Ostberlin teil und läßt sich zum Vorsitzenden des »Komitees für Einheit und Freiheit im deutschen Sport« wählen. Er schreibt seine Biographie — für einen Ostberliner Verlag. Er kassiert ein Honorar von 75 000 DM, und Ulbricht setzt sich persönlich dafür ein, daß dieser Betrag zum Kurs 1 : 1 in Westmark umgewechselt wird.
Manfred kauft sich eine Villa am Starnberger See in Kempfenhausen. Jetzt kann er endlich wieder standesgemäß leben. Jetzt ist die Zeit der materiellen Not vorbei.
Aber dann erscheint plötzlich Kriminalpolizei, macht eine Haussuchung und beschlagnahmt einige Koffer mit Flugblättern und Broschüren, die aus dem Osten stammen. Kurz darauf wird Manfred verhaftet.
Die Anklage lautet auf »Hochverrat«.
»Ich bin kein Kommunist«, verteidigt sich Brauchitsch. »Auf allen Zusammenkünften habe ich nur über Sport, nie über Politik gesprochen!«
Er wird freigelassen.
Am 30. September 1953 wird er auf Veranlassung des Bayerischen Ministerpräsidenten Hoegner erneut verhaftet. Sechs Monate verbringt er in Untersuchungshaft.
Das ist zuviel für Gia. Sie verliert die Nerven. Sie trinkt Salzsäure, schluckt 20 Schlaftabletten und öffnet sich die Pulsader. Die Ärzte retten sie in letzter Minute.
Manfred wird erneut freigelassen. Am 9. September 1954 verpflichtet er sich schriftlich vor dem Bundesgerichtshof in Karlsruhe, das Bundesgebiet nicht zu verlassen, bevor sein Fall verhandelt worden ist.

In jenen Tagen taucht er noch einmal in meinem Büro in Untertürkheim auf, gerade als ich verreist bin.
»Herr von Brauchitsch war gestern hier«, berichtet mir meine Sekretärin, die alte Heinze, bei meiner Rückkehr. »Er hat sich reichlich seltsam aufgeführt.«
»So?« frage ich. »Was hat er denn angestellt?«
»Er ist in Ihr Zimmer gegangen, hat sich mit einem Bein auf Ihren leeren Stuhl, mit dem andern auf die Schreibtischplatte gestellt und gerufen: ›Sehen Sie, Heinze, so werde ich einst noch meinen Fuß in euren kapitalistischen Nacken setzen!‹ Verstehen Sie so was?«
»Uff«, sage ich. »Und dann ...?«
»Dann«, sagt die Heinze und hebt die Nase drei Zoll höher, »dann habe ich ihn hinausgeworfen!«
Am 28. Juni 1955 soll der Fall Brauchitsch vor dem Bayerischen Oberlandesgericht verhandelt werden.
Das Gericht wartet vergeblich auf den Angeklagten. Er ist bei Nacht und Nebel in den Osten geflohen. In ihrer Villa bleibt Gia von Brauchitsch allein zurück. Ohne den Mann, dem ihr ganzes Leben gehört, den sie liebt wie nichts sonst auf der Welt.
Auf einer Welt, in der sich Gia, die verwöhnte, kapriziöse junge Frau, allein nicht mehr zurechtfinden kann.
Eines Tages erscheint ein Finanzbeamter und präsentiert eine Steuerrechnung über 34 000 Mark. Eine Zwangshypothek ist die letzte Rettung. Freunde wollen helfen. Sie vermitteln Gia einen Posten als Vertreterin – für 500 Mark Fixum monatlich. Aber Gia ist nicht die Frau, mit einem Teppichreiniger von Tür zu Tür zu gehen.
»Es hat alles keinen Zweck«, sagt sie dumpf. »Ich habe nie etwas Rechtes gelernt im Leben. Ich eigne mich nicht für einen Beruf ...«
Sie wird immer stiller, zieht sich immer mehr zurück. Oft glitzern Tränen in ihren traurigen blauen Augen.

*

Sonntag, 1. September 1957.
Ein kalter, trüber Herbsttag. Den ganzen Nachmittag hat Gia versucht, ihren alten Vater telefonisch zu erreichen, der irgendwo in Norddeutschland lebt.
»Herr Direktor wird zurückrufen«, sagt die Stimme des Sekretärs am anderen Ende.
Gia wartet.
Sie hält ein Glas in der Hand, mit einer wässrigen Flüssigkeit gefüllt.
Endlich schrillt das Telefon. Gia nimmt den Hörer ab. »Vater?« stammelt sie: »Bist du's ... ?«
«Ja, mein Kind ... was ist mit dir? Etwas nicht in Ordnung ... ?«
In diesem Augenblick öffnet sich die Tür. Die Haushälterin tritt ins Zimmer, um nach dem Telefon zu sehen.
Gia fährt herum. Sie hebt das Glas, stürzt den Inhalt mit einem Zug herunter. Dann ruft sie hastig in den Apparat:

»Es ist zu spät, Vater . . . ich kann nicht mehr weiterleben . . .«
Gia hört noch den Schrei der Haushälterin, das entsetzte Stammeln des Vaters, viele hundert Kilometer weit entfernt, am anderen Ende der Leitung. Dann bricht sie zusammen.
20 Minuten später wird sie sterbend ins Starnberger Krankenhaus gebracht. Diesmal kommt jede Hilfe zu spät.
Ich weiß nicht, wann und wie Manfred von Brauchitsch die Nachricht vom Tode seiner Frau erhalten hat. Ich weiß aber von Menschen, die ihn »drüben« kennen: er hat tagelang geweint wie ein Kind. Geweint um eine Liebe, die er leichtsinnig verspielt hatte – für einen unsinnigen Preis. Denn jetzt führt er ein klägliches Schattendasein als sogenannter »Präsident der Gesellschaft zur Förderung des olympischen Gedankens« in der DDR. Seine Dienststelle hat er in Berlin. Gelegentlich tritt er bei den Olympischen Spielen in Erscheinung. Was er wirklich tut – man weiß es nicht. Aus den Einnahmen seiner Bücher und Zeitungsartikel hat er sich in der Nähe von Berlin ein Haus gebaut, das er mit seiner zweiten Frau bewohnt. Sie stammt aus München und soll eine linientreue Kommunistin sein.
Einmal noch hat Manfred von Brauchitsch mir sehr wehe getan. Dann, als er einen Gruß, den ich ihm als Mensch zum Menschen schickte, für eine kommunistische Propagandaaktion mißbrauchte. Dann, als er Verrat an einer alten, jahrzehntelangen Freundschaft übte.
Ich habe ihm verziehen. Ich weiß – Manfred von Brauchitsch ist ein unglücklicher, ein getriebener Mensch. Ein Mann, der nicht erkennen wollte, wann es Zeit für ihn war, abzutreten.
Er ist kein Politiker. Er ist gewiß kein Kommunist. Er ist ein großer und noch immer sehr dummer Junge, der im Grunde vielleicht längst bereut, was er begangen hat – und nun den Weg zurück nicht mehr gehen kann.
Die Akte Manfred von Brauchitsch ist geschlossen. Für mich ist er tot. Mehr tot als mancher, der sein Leben auf der Rennbahn ließ.

PESOS, PANNEN UND PERON

Blenden wir zurück in die Flegeljahre unseres schönen Wirtschaftswunders:
1945: Mercedes ist ein Trümmerhaufen, mit Zeitzünderbomben garniert.
1946: Wir bauen unter alliierter Kontrolle unseren ersten Nachkriegs-Lkw.
1947: Schon verlassen stolze 381 Personenkraftwagen unser Werk – zu kaufen gegen Bezug- und Eisenscheine. Das erste Hockenheimring-Rennen nach dem Krieg wird gestartet. In einem Gasthof in Baiersbronn im Schwazwald wird unter Aufsicht eines französischen Korporals die »Arbeitsgemeinschaft Deutscher Motorsport« gegründet.
1948: Wir haben gutes, neues Geld und lassen 4204 Wagen, Typ 170 V, vom Band. Der ADAC und die ONS, die Oberste Nationale Sportbehörde, werden neu gegründet; die »Wilden Rennen« werden verboten.
1949: Der Wiederaufbau geht mit Riesenschritten dem Ende entgegen.

1950: Eines Tages zupft mich unser Generaldirektor Dr. Haspel am Ärmel: »Na, Herr Neubauer – hätten Sie Lust, eine neue Rennabteilung aufzubauen?«
Und ob ich Lust habe!
Längst habe ich auf der Lauer gelegen, habe die Ohren steif gehalten und beobachtet, was sich auf den Rennbahnen Europas und Amerikas tut. Ich weiß, daß die Italiener mit ihren Ferraris und Alfas das Feld beherrschen ...
Nicht mehr lange, Amigos! schwöre ich mir im stillen.
In Untertürkheim haben wir noch zwei alte brave Mercedes-Rennwagen der 3-Liter-Formel, Baujahr 1939, stehen. Aber sie sind schon recht klapprig. Damit ist keine Rennabteilung aufzubauen. Da entdecken wir in Berlin auf dem Auto-Friedhof eines Schrotthändlers zwei weitere Wagen des gleichen Typs.
»Die müssen her«, sage ich. »Koste es, was es wolle!«
Es kostet uns einen nagelneuen Mercedes 170 V. Dann ist der Tausch »alt gegen neu« geschlossen. Und aus den vier alten Wagen basteln wir zwei rennfähige Modelle und einen Trainingswagen zusammen.
»Wir gehen mit den Wagen nach Argentinien«, entscheidet Direktor Haspel. »Dort werden im Februar die beiden Großen Preise des Präsidenten Péron und seiner Frau Evita ausgetragen ...«
»Gemacht«, sage ich und fühle mich plötzlich zwanzig Jahre jünger. Dann kommt die Schreibmaschine meiner Heinze tagelang nicht zur Ruhe.
Wir machen Probefahrten auf dem Nürburgring. Ich trommele meine beiden alten Schäfchen zusammen: Hermann Lang und Rudolf Caracciola. Der dritte im Bunde – Manfred von Brauchitsch – steht leider nicht mehr zur Diskussion. An seine Stelle rückt ein ehemaliger Kundendienst-Ingenieur von Daimler-Benz, der erst seit kurzem von sich reden machte und auch nicht mehr der Jüngste ist. Er heißt – Karl Kling.
Meine drei Musketiere klettern in ihre Vehikel und brausen ab. Die Stoppuhren ticken. Die Tafeln und Fahnen liegen bereit. Es ist alles wie einst. Nur eines nicht: die Zeiten ...
Weiß der Teufel, woran es liegt. Die Jungens kommen partout nicht unter zehn Minuten für die Runde.
»Zeiten will ich sehen!« dröhne ich, »oder sind meine Helden etwa müde geworden!«
»Wir nicht«, sagt Caratsch trocken. »Aber – die Wagen. Mit diesen alten Kisten wird man ja seekrank. Eine verdammte Schuckelei!« Dann brummt er noch etwas von schlechtem Benzin, von veralteter Federung, von feuchter und vermooster Strecke und wischt sich verstohlen den Schweiß von der Stirn.
»I woiß net«, schwäbelt Hermann Lang. »Mir isch au ganz flau em Mage ...«
Wirklich – alle drei sind ganz käsig um die Nasenspitze. Wir finden bald den Quell des Übels: eine kaputte Dichtung, die Benzingase in den Fahrersitz steigen ließ.
Ich lasse nicht locker. »Keine Sorge, meine Herren. Die Wagen schustern wir

schon wieder hin. Und in drei Monaten geht's ab durch die Mitte nach Argentinien!«

»Danke bestens«, sagt Caratsch kühl. »Ohne mich.«

»Wollen Sie kneifen?«

»Nein«, sagt Rudi. »Aber das kann ich mir an den fünf Fingern abzählen, daß wir mit diesen Kisten keinen Lorbeer ernten werden. Überhaupt — ich finde, diese alten, stolzen Wagen, die einst so viele Siege errungen haben, sind einfach zu schade, um sie jetzt in Argentinien zu verheizen ...«

Es hilft kein Bitten und kein Toben. Rudi bleibt hart wie eine Eiche. Er will nicht mit.

»Was tun?« fragt Dr. Haspel. »Uns fehlt der dritte Mann. Sollten wir's nicht doch noch mal Brauchitsch versuchen?«

»Unmöglich«, sage ich. »Seit er in Buenos Aires verrückt gespielt hat, sehen die Argentinier rot, wenn sie nur seinen Namen hören.«

»Hm. Aber wen nehmen wir sonst?«

Ich reibe mir das Kinn. »Ich wüßte schon einen Mann, der sich aufs Kurvenschliddern versteht. Ich hab's in der Nase — der Mann hat Zukunft.«

»Wie heißt er?«

»Juan Manuel Fangio«, sage ich. »Wir sollten uns den Namen gut merken ...«

*

Dieser Fangio ist damals schon 39 Jahre alt, aber ein noch junger Stern auf Europas Rennbahnen. Sein Lebenslauf ist schnell erzählt.

Geboren 1911, in einer kleinen argentinischen Provinz-Stadt. Viertes Kind eines armen, aus Italien eingewanderten Maurers. Muß mit 13 Jahren schon zum Lebensunterhalt der Familie beitragen. Lehre als Motoren-Schlosser. Gesellenprüfung. Eine kleine, eigene Werkstatt. Repariert uralte Fords und Chevrolets. Fährt als Hobby bei ziemlich wilden Langstreckenrennen auf frisierten, selbst zusammengebastelten Ami-Wagen mit. Gewinnt sogar.

Und eines Tages, wir schreiben 1949, zieht er mit seinen Landsleuten und Kameraden Gonzales und Campos nach Europa, nach Italien, um das Fürchten zu lernen. Gründet die »Scuderia Argentina Varzi« in Galliate, dem Heimatort des tödlich verunglückten italienischen Rennhelden, dessen tragische Geschichte ich bereits erzählte.

Fangio startet in sechs europäischen Rennen — und gewinnt sechsmal. Der unbekannte, keineswegs mehr junge Mann aus Argentinien macht Schlagzeilen und übertrumpft die gesamte europäische Renn-Elite.

Ein Jahr später taucht er wieder in Europa auf. Als Werksfahrer des berühmtesten Alfa-Teams aller Zeiten. Zusammen mit Dr. Farina und dem alten Abruzzen-Räuber Fagioli. Das Team der drei »Großen F«.

Farina wird Rennwagen-Weltmeister 1950. Knapp dahinter folgt Juan Manuel Fangio.

»Das ist unser Mann«, sage ich zu Dr. Haspel. »Mal sehen, ob wir ihn für uns bekommen ...«

Ich fahre nach Galliate. Fangio sitzt schon auf gepackten Koffern. Er will heim nach Argentinien – zu den großen Rennen um die Preise von Juan und Evita Péron.
»Wie wär's, Señor?« frage ich. »Wollen Sie nicht für Mercedes-Benz starten?«
»Tut mir leid«, sagt er. »Aber – ich glaube, ich werde für Alfa starten müssen . . .«
So ziehe ich leider unverrichteterdinge ab, fahre nach Paris. Dort verhandle ich mit Dr. Nino Farina, dem Weltmeister. Ich habe allerdings nicht viel Hoffnung, ihn für uns zu gewinnen. Mitten im schönsten Feilschen ruft mich ein Telegramm zurück nach Stuttgart.
»Sie müssen sofort nach Argentinien vorausfahren«, sagt Dr. Haspel. »Dort unten scheint was nicht zu stimmen.«
Ich lege also die Verhandlungen mit Farina aufs Eis – und fahre selbst in den Backofen von Buenos Aires. Ich zerfließe bei 40 Hitzegraden wie Markenbutter in der Pfanne. Und höre, was die Argentinos auf dem Herzen haben:
»Señor Neubauer«, drängen sie. »Könnten Sie nicht einen Ihrer Wagen für Fangio zur Verfügung stellen?«
»Fangio?« frage ich. »Ich denke, der will für Alfa fahren?«
»Nein«, sagen die Herren vom Automobil-Club. »Das hat sich leider zerschlagen. Alfa Romeo ist eine Expedition nach Argentinien zu teuer.«
Diese Nachricht zergeht wie Honig auf meiner Zunge. »Gut«, sag ich. »Ich denke, wir könnten mit Fangio einig werden.«
Wie gut, denk ich im stillen, daß wir mit Farina noch keinen Vertrag unterschrieben haben . . .
Aber – ich freue mich zu früh. Als Farina hört, daß wir statt seiner Fangio in unsere Mannschaft aufgenommen haben, schreit er Zeter und Mordio. Und Italiens gesamte Presse zetert kräftig mit – gegen die bösen, bösen Deutschen, die einem armen Italiener den Sieg nicht gönnen wollen. Denn daß wir siegen, nimmt man jenseits der Alpen offenbar als ausgemachte Sache an. Der Krach ist da. Es hilft kein Dementieren, es gibt böse Briefe, Pressekonferenzen und auf der ganzen Linie beleidigte Leberwürste. Dr. Farina fordert 40 000 Mark als Pflaster für seine lädierte Fahrer-Ehre.
Der Streit zieht sich Monate und Jahre hin. Ich bleibe stur: »Herr Farina hat keinen Vertrag, hat also auch kein Recht, unsinnige Forderungen zu stellen!«
Doch unsere Direktion lenkt ein: »Wir wollen einen Weltmeister nicht unnötig vor den Kopf stoßen. Wir bieten 10 000 Mark als Abfindung . . .«
Nino Farina kassiert und – schweigt.
Seinem Rivalen Fangio aber bringt das Debüt auf Mercedes wenig Glück. Beim Großen Preis von Buenos Aires siegt Gonzales vor Lang und Fangio.

*

Acht Tage später darf ich Evita Péron beim Start zum Großen Preis assistieren, der ihren Namen trägt.

Allerliebst sieht sie aus mit dem streng zurückgekämmten, blonden Haar, mit dem knappen, perlgrauen Schneiderkostüm und dem frechen Federhütchen. Sie zittert vor Aufregung wie eine Gazelle, als sie die Startflagge senken soll. Ich zeige ihr mahnend die Stoppuhr. Aber sie blickt nur hinüber zu Fangio. Sie ist betäubt vom Dröhnen der Motoren.

Da geb ich ihr einen diskreten Stups in die schlanke Taille, und – schwups! – läßt sie vor Schreck die Fahne niedersausen.

Das Rennen beginnt.

Wir haben wieder Künstlerpech. Gonzales siegt – vor Kling und Lang. Diesmal fällt Fangio aus.

Zwei zweite und zwei dritte Plätze sind nur ein schwacher Trost, wenn man fest mit zwei Siegen gerechnet hat.

Die ganze deutsche Kolonie in Argentinien nimmt an unserm Unglück Anteil. Es regnet gute Ratschläge und selbst aus der fernen Heimat erreicht mich Post von Neunmalklugen:

»Das ganze liegt nur an der Betriebsstoffzufuhr«, schreibt ein Herr aus Bayern. »Auf der südlichen Halbkugel fließt das Wasser nicht rechts, sondern links herum ... und auch das Benzin in Ihren Wagen läuft in der falschen Richtung. Beobachten Sie bitte mal die Wirbelbildung des abfließenden Wassers in Ihrer Badewanne ...«

Nun, das Wasser läuft nicht anders ab in Buenos Aires als daheim in Stuttgart. Das hab ich schnell heraus.

»Ihre Fahrer sind schuld«, meint ein anderer unbekannter Freund. »Sie trinken in dem heißen Klima zu viel kalte Flüssigkeit. Sie sind alle leberkrank. Die Gesichter sind ja ganz gelb.«

Sie sind nicht gelb, sondern braun, und das nicht vom Whisky oder Wasser, sondern von der glutheißen Sonne, die ganz Buenos Aires zu einem Riesenbackofen macht.

Unsere Ingenieure brauchen nicht lange zu suchen, bis sie die Ursache für unser Versagen entdeckt haben: es ist Staub, – ganz gewöhnlicher Zementstaub, durch die Reifen der rasenden Wagen von der Bahn hochgewirbelt, wurde von den tiefliegenden Vergasern unserer Wagen angesaugt. Die Automaten blockierten, die Zylinder erhielten zuviel Benzin, sie wurden ausgewaschen, die Kolben rieben an, die Motoren wurden sauer.

»Es war eine Art Gottes-Urteil«, beichtet mir Fangio später. »Ich selbst war an dem ganzen Unglück schuld.«

»Sie selbst?«

»Ja. Ich hatte beim Bau der Bahn für einen kurvenreichen Kurs plädiert. Ich wußte – das ist für die Mercedes-Silberpfeile mit der hohen Spitzengeschwindigkeit reines Gift. Damals hoffte ich nämlich noch, für Alfa zu starten ... Auf meinen Rat wurden Schikanen eingebaut.«

Die Schikanen waren erst kurz vor dem Rennen fertig geworden. Um den Teer schneller trocknen zu lassen, hatte man ihn mit Zementstaub bestreut. Eben dieser Staub, vermischt mit Teer, hatte dann unsere Motoren sauer werden lassen.

Neubauer, Stirling Moss und die »treue Heinze« erledigen Autogrammpost.

1955. Abschied vom Rennen. Die Wagen werden »eingemottet«. Neubauer und Fangio (vorn) halten das »Leichentuch«, hinten links Moss, hinten rechts Karl Kling.

Der superkluge Fangio hatte sich also kunstgerecht selbst ein Bein gestellt. Auch kein Trost ...

*

Es sind die beiden allerletzten Rennen unserer sieggewohnten 3-Liter-Wagen aus der Vorkriegszeit. Sie haben ihre Schuldigkeit getan. Sie wandern ins Museum.

Aber ansonsten kommen wir uns damals, Anno 1951, in Argentinien vor wie in einem Schlaraffenland. Wir trinken uns auf Festbanketts durch ganze Ozeane von Champagner, wir essen uns bei Menus und Empfängen durch ganze Fleischberge. Und die große deutsche Kolonie von Buenos Aires zerreißt sich schier, um uns was Gutes anzutun.

Präsident Péron läßt sich's nicht nehmen, uns freundschaftlich an seine breite Brust zu drücken. Er hat ein offenes Herz für den Sport. In der »Casa Rosa«, dem Regierungssitz, empfängt uns zunächst sein persönlicher Adjutant und bewirtet uns mit Mate-Tee, einem bitterlichen Trank, der nach Entengrütze aussieht, aber besser schmeckt.

Der Präsident unterhält sich lange mit mir – auf italienisch, das wir beide gut beherrschen. Er erzählt begeistert von seiner militärischen Lehrzeit in der Türkei, beim berühmten deutschen Goltz-Pascha, der die Janitscharen damals auf Vordermann brachte. Für das Preußentum findet Péron viele anerkennende Worte.

Man kann nicht in das Herz der Menschen sehen. Aber wenn Sie mich fragen – auf anderthalb Meter Distanz wirkt so ein Diktator zumeist nicht anders als irgendein Herr Müller oder Meier, und nach dem berühmten »dämonischen Glanz« in seinen Augen hab ich meist vergebens gesucht.

ZU NEUEN SIEGEN

In Europa gilt damals noch die alte Formel, die den Hubraum für Rennwagen auf 1,5 Liter mit – oder 4,5 Liter ohne Kompressor beschränkt. Diese Formel sollte ursprünglich bis 1953 gelten.

»Wir brauchen mindestens ein Jahr, um einen neuen Wagen zu entwickeln«, sagt Dr. Haspel. »Vor 1953 wären wir nicht reif zum Start.«

»Du liebe Zeit«, brumme ich. »Es lohnt wohl kaum, viele Millionen Mark in einen Rennwagen zu investieren, der dann nur noch ein Jahr an Rennen teilnehmen könnte.«

»Richtig«, sagt der Direktor. »Das heißt, wir müßten unsere schönen Rennpläne bis 1954 verschieben ...«

Noch drei Jahre warten. Drei Jahre aufs Eis gelegt sein – das hält man selbst mit 2½ Zentnern Fettpolster und einem dicken Fell nicht aus.

»Wie wär's, wenn ich selber nach Paris fahre«, schlage ich kurz entschlossen vor. »Ich versuche, die Formel bis 1954 verlängern zu lassen!«

So geschieht es.
Ich lasse meinen Charme und meine Überredungskünste spielen. Ich trinke Whisky mit dem britischen Delegierten, umgarne den Österreicher bei einer Tasse Kaffee und bitte bei dem Schweizer um gut Wetter. Ich setze durch, daß ich zur entscheidenden Sitzung der internationalen Sportkommission zugelassen werde. Ich rede mit Engelszungen auf die Delegierten ein.
»Es wird einen neuen Aufschwung für den Rennsport geben, wenn auch Mercedes wieder an den Kämpfen teilnimmt!« sage ich.
Umsonst.
Frankreich ist gegen eine Verlängerung der Formel. Auch die CSR, die gar keine Rennwagen baut – aber etwas gegen uns Deutsche hat. Belgien enthält sich der Stimme. Und Italien gibt den Ausschlag – gegen uns!
Die Delegierten setzen die neue Formel fest, die ab 1954 gelten soll: 750 ccm mit – oder 2,5 Liter ohne Kompressor.
Was machen wir nun? Drei Jahre warten – bis 1954?
Wir überlegen hin und her. Eines Tages kommt Dr. Nallinger, unser genialer Chefkonstrukteur, auf die Lösung unseres Problems:
»Wie wär's, wenn wir aus unserem neuen Zivilfahrzeug, dem Typ 300, einen Sport-Wagen entwickelten? Einen Wagen, mit dem man später sogar ...«
Er sagt nicht, was später sein soll. Er braucht es nicht zu sagen. Wir haben verstanden: Sportwagen-Rennen lautet die Devise.
Noch einer ist Feuer und Flamme für die Idee: Oberingenieur Uhlenhaut, Leiter der Versuchsabteilung – ein Mann, der sich darauf versteht, einen Grand Prix-Wagen höchst eigenhändig im Renntempo über jede Bahn zu steuern.
Tag und Nacht brütet Uhlenhaut über Plänen. Und er entwirft etwas völlig Neues: ein überleichtes Gitterrohr-Rahmengestell. Nur mit den Türen hat man Schwierigkeiten. Wie soll man sie einbauen?
Auch da finden Nallinger und Uhlenhaut eine Patentlösung: Man muß halt das Dach aufklappen, um in diesen neuen, superleichten Wagen, den »300 SL«, einsteigen zu können.
Wir feiern das neue Jahr in bester Laune. Jetzt wird der Stern von Untertürkheim auch wieder auf den Rennstrecken aufgehen ...
Da trifft uns ein harter Schlag. Nach seiner alljährlichen großen Neujahrsansprache bricht Dr. Haspel zusammen. Der Arzt kommt zu spät. Generaldirektor Haspel stirbt den Tod unserer Zeit: Gehirnschlag ...
Sollen wir trotzdem wieder Rennen fahren?
»Ja«, sage ich. »Es war Dr. Haspels größter Wunsch ...«

*

2. Mai 1952.
Ich werde diesen Tag nicht vergessen. Es ist der Tag, an dem meine zweite Jugend beginnt. Der Tag, an dem Mercedes-Benz zum erstenmal mit einem neuen Wagen den Rennsport nach dem Kriege aufnimmt.
Wir sind in Italien, in Brescia.

Es geht um die »Tausend Meilen«, um den Sieg im schwersten Straßenrennen Europas. Nur einmal hat ein Nicht-Italiener dieses Rennen regulär gewonnen. Er hieß – Rudolf Caracciola.
Das war 1931.
Heute, 21 Jahre später, sitzt dieser Rudolf Caracciola wieder am Steuer eines Mercedes-Wagens am Start. Er fährt gegen die besten Fahrer der Welt. Und die meisten von ihnen könnten bereits seine Söhne sein ...
Auch Hermann Lang ist dabei, sein alter Rivale. Und unser neuer Star, Karl Kling, der auch schon vierzig Lenze zählt.
Ich bin wieder in meinem Element. Ich organisiere, plane, hantiere mit Tabellen und Stoppuhren, hetze Monteure umeinander, lasse meine drei Schäflein nicht aus den Augen und spreche Hermann Langs schwarzbrauner Lydia, die in der Nacht vor dem Rennen kein Auge zutun kann, trostreiche Worte zu.
Ich will nicht sehen, daß man sich verändert hat in all den Jahren, etwa, daß Rudi Caracciola, der »Milchbubi« von einst, nun schon sehr graue Schläfen hat.
Auch Dackel Moritz und sein Erzrivale, Affe Anatol, sind nicht bei Baby Caracciola an der Box. Anatol ist in die ewigen Jagdgründe eingegangen. Und Dackel Moritz, der ein Jahrzehnt bei keinem Rennen an Rudis Box fehlte, wurde in Herrchens Garten unter Palmen zur letzten Ruhe gelegt ...
Achille Varzi, der Grandseigneur am Steuer, ist nicht mehr. Tazio Nuvolari, sein alter Gegner, liegt auf den Tod darnieder und wird nie wieder Rennen fahren. Jean-Pierre Wimille ist tot, und auch Raymond Sommer, der großartige Franzose mit dem Löwenherz. Es gibt keinen Professor Porsche mehr, und vergebens suche ich Dr. Feuereissen – der mir einst an der Box der Auto-Union manche Schlacht geliefert hatte.
Schluß jetzt. Keine Zeit für Sentimentalitäten, Rennfahren ist ein harter Sport und kennt keine zarten Gefühle.
Zumal es in Brescia kurz vor dem Start noch manchen Schreckschuß in letzter Minute vor unsern Bug gibt. Genaugenommen – vor die Türen. Die Italiener meinen: Die Klapptüren unserer »300 SL« verstoßen gegen die Rennbedingungen ...
Es gibt viel Zeter und Geschrei. Doch Conte Maggi, Brescias Sportpräsident, spricht ein Machtwort: »Die Türen von Mercedes gehen in Ordnung – basta!«
Die drei Mercedes »300 SL« sind fast die letzten, die auf die große Reise gehen – unter 500 Konkurrenten!
Als sie in Regen, Blitz und Donner verschwunden sind, da lege ich die Hände in den Schoß. Jetzt kann ich nichts mehr tun als – warten.
Die »Tausend Meilen« sind ein Rennen gegen die Uhr. Die Teilnehmer werden hintereinander, in Minuten-Abstand, auf die Strecke losgelassen ...
Die Nachrichten laufen ein. Über Funk, über Fernschreiber und Telefon. Ich lasse kein Auge von der elektrischen Anzeigertafel.
Ravenna: Bracco auf Ferrari führt. Kling folgt – fünf Minuten zurück. Auch Caratsch liegt noch gut im Rennen. Doch – wo bleibt Lang ...?
Immer neue Namen leuchten auf. Zahlen, Zeiten, Positionen, Ortsnamen.

Verdammt, wo nur steckt der Lang? Mein Schlips rutscht auf halb zehn, ich mache den Kragen auf und trinke den vierten Espresso.
Dann, endlich, eine Meldung: »Achtung ... der deutsche Fahrer Hermann Lang, Mercedes-Benz, ist 40 Kilometer nach dem Start in einer Kurve von der Bahn gekommen ... er und sein Beifahrer sind unverletzt.«
Ich atme auf. Glück im Unglück. Jetzt muß ich allerdings Lydia die böse Kunde bringen.
Sie sieht mich verstört aus ihren dunklen Augen an, als ich ihre Zimmertüre öffne.
»Keinen Schreck bekommen, Lydia«, sag ich. »Der Hermann ist auf die Nase gefallen. Es ist ihm nichts passiert, in einigen Stunden wird er hier sein ...«
»S'isch wirklich zum Woina«, sagt Lydia, und Tränen rinnen über ihre blassen Wangen. »Und i hab so g'hofft, 's Hermännle könnt neu anfange ...«
Ich sage nichts. Ich klopfe ihr nur auf die Schulter. Ich weiß – die brave kleine Frau hat sich viel von einem Comeback Hermann Langs versprochen. Sie hatte geträumt, daß es wieder wie damals werden würde, als ihr Mann den Höhepunkt seiner Laufbahn erreicht hatte, als er Europameister geworden war und Geld wie Heu verdiente. Damals ... als dieser verdammte Krieg ihn aus den Geleisen warf.
Das Rennen geht weiter. Neue Nachrichten laufen ein – und was für welche! Ich reiße die Arme hoch, als eine Meldung aus Aquila kommt: »Karl Kling an der Spitze!«
Es ist unwahrscheinlich: aber der vierzigjährige Ingenieur fährt mit einem Stundendurchschnitt von 149 Sachen durch den pausenlosen Regen, über nasse, schlüpfrige Straßen ...
Terni: Kling liegt vor Taruffi ... Caracciola schiebt sich auf Platz 5 vor ...
Rom: Karl Kling trifft als erster ein.
Ich weiß nicht: Soll ich lachen oder weinen? Ich kenne nur allzugut die Regel, daß niemals der die »Tausend Meilen« gewinnt, der in Rom an der Spitze liegt ...
Florenz: Kling noch immer vorne. Natürlich ... alles Ammenmärchen, diese Geschichte mit Rom ...
Modena: Mein Herz rutscht in die Hosentasche. Kling hat 25 kostbare Sekunden verloren. Jetzt hat Bracco die Nase vorn.
Parma: Bracco zwei Minuten vor Kling. Das geht nicht gut ...
Irgendwo auf der Strecke kämpft sich Rudi Caracciola weiter nach vorn. Auf Platz vier liegt er schon. Vor ihm ist Luigi Fagioli, sein alter Rivale. Einmal hatte Luigi ihn vor Zorn mit einem Kupferhammer erschlagen wollen. Das liegt 15 Jahre zurück. Aber die Rivalität ist noch immer wach. Die beiden kämpfen um jede Sekunde. Luigi Fagioli, nun mit ergrautem Haar über dem sonnenverbrannten, zerklüfteten Gesicht, fährt, was das Zeug hält.
Rudi hat Pech. Er verliert an Boden. Er muß viermal halten, um Kühlwasser nachzufüllen. Irgendetwas ist defekt.
Brescia: Braccos Ferrari fegt über das Ziel, und ganz Italien ist aus dem Häuschen. Ein Landsmann hat gesiegt.

Knapp fünf Minuten später folgt Karl Klings Mercedes 300 SL an zweiter Stelle. Das ist ein Bombenerfolg.
Nummer drei wird Luigi Fagioli, der alte Kämpe. Und dann, acht Minuten dahinter, kommt Rudolf Caracciola.
Baby hängt lachend und weinend an seinem Hals. Rudi hebt sich ein bißchen steif aus seinem Sitz. Das verdammte Bein schmerzt wie Feuer.
Ich drücke ihm die Hand mit ehrlichem Respekt ... Rudi ist ein ganz großes Rennen gefahren. Eines der größten überhaupt: Ein Mann, 51 Jahre alt, mit einer schweren Beinverletzung, fährt fast 13 Stunden lang mit einem Schnitt von 123 Sachen, bei Regen und Sturm, legt 1600 Kilometer zurück ohne Ablösung, ohne Pause ...
Machen Sie's nach?

CARACCIOLAS ENDE

Zwei Wochen später schlägt die Stunde des Rudolf Caracciola.
Es ist beim großen Preis von Bern. Hier ist er im doppelten Sinne »zu Hause«: als Fahrer und – als Mensch seit er die Schweizer Staatsangehörigkeit besitzt.
Die Sonne lacht vom blaßblauen Himmel, als die Sportwagen an den Start rollen. Die Ferraris und Jaguars, die Lancias, Aston-Martins und – unsere vier Mercedes 300 SL.
Caracciola, Kling und Lang heißt meine Mannschaft. Hinzu kommt unser Küken: Fritz Riess, Fabrikant aus Nürnberg, dessen große Liebe schnellen Wagen gilt.
Caratsch legt einen Start hin wie in seinen besten Tagen. Kling und Lang hängen sich an. Dahinter röhrt wütend die Meute der Verfolger.
Caratsch führt. Vier, fünf Runden lang. Auch Fritz Riess hat Anschluß an die Spitze bekommen. Alle vier Mercedes führen. Wie in alten Zeiten ...
Runde zehn. Jetzt hat Kling den Kühler vorn. Dahinter jagen Lang und Caracciola, vor Fritz Riess. Mein Herz schlägt einen freudigen Trommelwirbel.
Runde 13.
Ich bin nicht abergläubisch. Ich glaube nicht an Talismane, an Hufeisen, Teufelsspuk und Ammenmärchen. Aber diese verdammte Runde 13 ... Ich bin jedesmal heilfroh, wenn sie vorüber ist ...
Die Wagen jagen davon. Vier Silberpfeile. Caratsch auf Platz drei. Er greift Lang an. Den alten Rivalen. Er will vorbei. Will ihm zeigen, daß er noch der alte ist, will späte Revanche nehmen.
Er setzt zum Überholen an.
Dort – die Forsthauskurve. Tückisch. Gefährlich. Rudi will ein wenig bremsen. Tippt auf das Pedal ...
Um Himmels willen, was ist das?

Der Wagen ruckt, schlingert, wird nach rechts geworfen, fliegt nach links, Rudi steuert gegen. Dort ... die Wiese, der Baum ... Rudi schießt darauf zu ...

Verzweifelt umklammert er das Steuer, legt instinktiv sein ganzes Gewicht auf das gesunde rechte Bein.

Nur nicht wieder die linke Seite mit dem um fünf Zentimeter kürzeren Bein, das ohnehin nur lose in den Muskeln hängt ... denkt er noch.

Dann ein dumpfes Krachen, ein Bersten und Splittern ... und Nacht um Caracciola.

Wir stehen an der Box und warten. Längst müßte die Spitzengruppe wieder heran sein. Aber kein Wagen kommt. Mir wird heiß. Etwa ein Massensturz ...?

Keine Meldung von der Strecke. Keine Lautsprecher-Durchsage. Die Menschen auf den Tribünen werden unruhig. In mir wird bange Ahnung zur Gewißheit: Etwas Entsetzliches muß geschehen sein ...

Ein Mann läuft heran, atemlos, grün im Gesicht, winkt aufgeregt mit den Armen. »Sanitäter!« brüllt er. »Sanitäter!«

»Was ist los?« schreie ich den Mann an.

»Caracciola ...« stammelt er. «Es ist furchtbar ... das Bein ... der Kopf ... zerquetscht ...«

Dann läuft er weiter.

Baby hat alles gehört, wird kalkweiß. Sie taumelt. Ich springe hinzu. Aber sie hat sich wieder in der Gewalt. Stumm legt sie die Stoppuhr aus der Hand, schlägt die Tabelle mit den Rundenzeiten zu.

Nun ist der Augenblick gekommen, vor dem sie ein Leben bangte ...

Ich sehe ihr nach, wie sie langsam hinüber zum Sanitätszelt geht. Sehr aufrecht, sehr tapfer ...

Eine Ambulanz fegt heran, hält. Eine Bahre wird abgeladen. Darauf ein Mann, blutüberströmt, leblos.

Nein – nicht leblos!

Baby sieht, wie der Mann sich aufrichtet, wie er winkt, sieht ein zerschundenes, blutendes Gesicht sich zu einem qualvollen Grinsen verzerren ...

»Rudi!« schreit sie auf.

Dann kniet sie neben ihm, bedeckt seine Stirn, seinen Mund mit ihren Küssen, ihren Tränen.

»Babylein ...« sagt er leise und streicht über ihr Haar. »Stell dir vor ... so'n Glück ... das rechte Bein gebrochen. Jetzt wird das auch kürzer, dann werd ich nicht mehr so arg hinken ...«

Und dann, schon halb unter der Einwirkung des Morphiums, im Hinüberdämmern: »Nur schade um das arme Wägelchen ...«

Fünf Monate liegt Rudi in Gips, im Streckverband. Er wird zweimal operiert. Zwei Jahre verbringt er hilflos im Rollstuhl. Zwei Jahre vergehen, bevor er wieder laufen kann.

Rudolf Caracciola wird nie wieder Rennen fahren. Sein Name aber wird wohl bei allen Freunden des Motorsports lebendig bleiben – für immer.

Ein Name, der Symbol geworden ist für den deutschen Sport, in der ganzen Welt, wie kein zweiter.
Ich muß Ihnen noch berichten, wie es weitergegangen ist, damals in Bern – nach Caracciolas Sturz.
Sein Wagen hatte einen Baum umgerissen, der die halbe Strecke sperrte. Schnell war er beiseite geschoben. Praktisch ohne Unterbrechung konnte das Rennen fortgesetzt werden.
Es siegte Karl Kling vor Hermann Lang und Fritz Riess. Ein dreifacher Triumph für Mercedes-Benz. Und doch – ein Pyrrhus-Sieg ...

*

Der Stern eines anderen »Großen Alten« leuchtet in diesem Jahr 1953 noch einmal hell auf, bevor er endgültig verlischt. Der Stern des Hermann Lang. In Italien ist er gestürzt. In der Schweiz wird er Zweiter. Aber dann siegt er im berühmten und heute so berüchtigten Auto-Marathon von Le Mans, im strapazenreichen 24-Stunden-Rennen. Er fährt das ganze Feld in Grund und Boden. Er fährt so zügig, so schnell und elegant wie einst im Mai. Doch der große Held dieses Rennens ist der Franzose Pierre Levegh.
23 Stunden führt Levegh allein, ohne sich ablösen zu lassen, mit seinem Talbot. 23 Stunden lang kämpft er wie ein Löwe um seinen Sieg. Aber seine Kraft, sein Mut, seine Ausdauer und sein Können nützen dem Bürstenfabrikanten aus Paris keinen roten Heller. Leveghs Motor wird sauer. Die Maschine ist schwächer als der Mensch. Er muß aufgeben.
Lang siegt – gemeinsam mit Fritz Riess vor seinen Stallgefährten Helfrich und Niedermayer.
Den Franzosen bleibt die Spucke weg. Sie haben nicht mal mehr die Puste, auf ihren Trompeten das Deutschlandlied zu blasen. Hat man nicht mit einem deutschen Sieg gerechnet und die Noten gar nicht erst beschafft ...?
Was tut's. Wir haben doch gesiegt. Nationalstolz hin, Nationalstolz her. Ich schreibe den Namen »Pierre Bouillon« in mein Notizbuch. So nämlich heißt der tapfere Levegh mit wahrem Namen. Ich nehme mir vor, diesem großartigen Sportsmann eine Chance zu geben – auf einem anderen, einem besseren Wagen.
Auf einem Mercedes 300 SL – beim nächsten Mal.
Noch heute verwünsche ich die Stunde, da ich Pierres Namen vormerkte. Denn damals konnte ich nicht ahnen, daß ich das Todesurteil eines tapferen Fahrers unterschrieb ...
Hermann Lang siegte in Le Mans und kurz darauf auch beim Großen Preis von Deutschland auf dem Nürburgring. Wieder liegen vier Mercedes 300 SL in Front.
Und im November steht der amerikanische Kontinent kopf, als unsere Silberpfeile in dem 3113-Kilometer-Rennen der »Carrera Panamericana« starten ...

DAS HÖLLENRENNEN VON MEXIKO

In Mexiko sind die Amerikaner dabei, eine Autostraße zu bauen, die, zwanzigtausend Kilometer lang, vom Nördlichen Eismeer bis hinunter zum Kap Horn den gesamten amerikanischen Kontinent durchqueren soll.

Ein Teil dieser panamerikanischen Autobahn ist bereits fertiggestellt. Er führt durch Mexiko, vom Rio Grande im Norden bis zur Grenze von Guatemala im Süden des Landes.

Eines Tages kommt ein geschäftstüchtiger Mexikaner auf die Idee, dem Fremdenverkehr seiner Heimat eine tüchtige Spritze zu geben und gleichzeitig die neue Straße populär zu machen. Das Mittel, das er verschreibt: ein Autorennen. So entsteht die »Carrera Panamericana Mexicana«, das längste, erregendste und schwerste Straßenrennen der Gegenwart.

Was Fahrer und Wagen, Mensch und Material hier abgefordert wird, grenzt ans Unmögliche: in fünf Tagen sind acht Etappen zu durchrasen. Eine Strecke von über dreitausend Kilometern, mit zehntausend Kurven, mit Höhenunterschieden von fast dreitausend Metern ist zu bewältigen.

Die Straße führt durch die heißen Fiebersümpfe des Südens, durch tropische Urwaldgebiete, glutkochende Niederungen am Pazifik hinauf in die trostlose Öde der Sierra Madre, über die fruchtbare Hochebene von Mexico-City, bergauf und bergab, vorbei an erloschenen Vulkanen, auf deren Gipfel ewiger Schnee glitzert, über kurvenreiche Pässe, entlang an Gebirgsschluchten, quer durch Steppe und Wüste, vorüber an Wolkenkratzer-Städten und primitiven Indianer-Siedlungen.

Einmalig ist das Rennen, einmalig ist auch die Organisation: 40 000 Soldaten übernehmen die Absperrung der Strecke, 3000 Sanitäter stehen bereit, 600 Funktionäre sorgen für Ordnung, 65 Flugzeuge transportieren Menschen und Material. Viele Millionen Pesos, mehr als 500 000 DM, sind als Preise für die Sieger ausgesetzt. Von den hohen Startprämien ganz zu schweigen.

Die Zuschauerzahlen übertreffen alle Vorstellungen. Auf der Avus, am Nürburgring hat man einmal 300 000 gezählt. Bei den »1000 Meilen von Brescia« mögen einige Millionen die Strecke säumen. Hier in Mexiko erwartet man sechs Millionen Neugierige. Sie kommen aus allen Ländern, aus allen Gesellschaftsschichten: Yankee-Millionäre, Snobs aus Manhattan, Gauchos auf ihren Steppenpferden, zerlumpte Peones, Globetrotter aus Europa, Stars aus Hollywood. Alle wollen sie das Rennen des Jahres, nein, des Jahrzehnts, des Jahrhunderts sehen: Die III. Carrera!

Enzo Ferrari, der ungekrönte König aller Rennen in Europa nach 1945, weiß, was in Mexiko auf dem Spiele steht: sein guter Ruf, den er gegen den Ansturm der »terribili Mercedes« verteidigen muß. Gegen junge Wagen, die von alten, erfahrenen Männern gesteuert werden: von Hermann Lang und von Karl Kling. Zu ihnen kommt als dritter noch der junge Amerikaner Fitch, seines Zeichens Sportwagenmeister der USA.

Enzo Ferrari ist für das Duell gut gewappnet. Er hat eigens einen neuen Typ geschaffen, den »Ferrari Mexico« mit einem 12-Zylinder-4,1-Liter-Motor

und der bulligen Kraft von 230 PS. Fast schwächlich wirken dagegen unsere Flitzer vom Typ 300 SL mit ihren 6-Zylinder-3-Liter-Motoren und der Leistung von »nur« 175 PS.
Nicht nur Motoren, sondern auch Fahrer von Format wirft Ferrari in dieses Rennen: allen voran den Weltmeister Alberto Ascari, glutäugig und verwegen. Dazu den kampferprobten Luigi Villoresi, den Sieger der »1000 Meilen«, Giovanni Bracco, und endlich noch Luigi Chinetti. Es ist das Beste, was Italien an Männern und Motoren zu bieten hat.
Für uns ist das Rennen in Mexiko eine große Unbekannte. Was wissen wir schon – über Klima, Straßenverhältnisse, über Land und Leute, Sitten, Gebräuche, Vorschriften und Gesetze?
Wenig. Fast nichts.
Ich lasse mein Organisationstalent auf Hochtouren schnurren. Ich bilde einen Stab aus zwölf erfahrenen Mitarbeitern und Mechanikern. Ich chartere zwei Flugzeuge, nehme dazu noch zwei Personenwagen und einen LKW mit auf die Reise. Wagen, Ersatzteile, Reservemotoren werden auf dem Frachter »Anita« verladen. Ich selbst reise mit den Fahrern im Flugzeug voraus. Wir wollen rechtzeitig an Ort und Stelle sein, um die Strecke zu studieren.
Am 22. Oktober 1952 landen wir nach siebenunddreißig Stunden Flug in Mexico-City. Fast genau vier Wochen vor dem Start zum Rennen.
Viel Zeit, meinen Sie?
Viel zu wenig, wie ich bald merke. Denn um die 3000 Kilometer lange Strecke nur einmal abzufahren, benötige ich allein fast eine volle Woche, Ruhepause und Rückfahrt eingerechnet. Ganz zu schweigen von den Schwierigkeiten mit dem Papierkrieg der Behörden, die sich fast wie ein Monte Chimborasso vor uns auftürmen: ob es sich um die Zollgenehmigung zur Einfuhr der Reservemotoren und Ersatzteile handelt oder um die Freigabe des staatlich monopolierten Sprits.
Das Haupthindernis jedoch heißt »Mañana«...
Als ich an einem Freitag früh beim Zoll erscheine, finde ich Tür und Tor verschlossen: heute ist Staatsfeiertag.
»Kommen Sie morgen wieder, Señor«, tröstet mich ein einsamer Wachtposten. »Morgen ... Mañana ...«
»Mañana« ist Samstag. Und am Wochenende wird grundsätzlich nicht gearbeitet in Mexiko. Also muß ich warten, bis Montag.
Montag empfängt mich ein freundlicher Señor mit Pomadenbärtchen und einer Uniform, die auf den Rang eines Feldmarschalls schließen läßt. Er nimmt gnädig meine Formulare in Empfang und gähnt:
»Bitte, Señor – kommen Sie morgen wieder .. Mañana ... Da werden wir sehen, was wir für Sie tun können ...«
Jetzt reißt mir der Faden. Vier Tage habe ich mit der Zauberformel »Mañana« schon verloren. Meine Stimmbänder geraten in Schwingungen, meine Stimme dröhnt wie Orgelton aus tiefster Seele mit einer Lautstärke, wie man sie zwischen Veracruz und Popocatepetl wohl noch nie vernommen hat.

Das wirkt. Bereits am nächsten Morgen erhalte ich mit Verbeugungen und tausend Entschuldigungen alle erforderlichen Stempel und Papiere.
Nun wäre alles gut – wenn nicht ein Wirbelsturm dem Frachter »Anita« allerlei Schabernack spielen und seine Ankunft um weitere vier Tage verzögern würde.
Um keine Zeit zu verlieren, organisiere ich mit Hilfe unserer mexikanischen Vertretung zwei Serienwagen vom Typ 300. Sie sind zwar nicht auf höchste Leistung getrimmt wie die Rennsportwagen. Aber wir wollen ja keine Rekorde brechen, sondern nur die Strecke kennenlernen. Soweit man von »Kennenlernen« hier noch sprechen kann. Denn es ist unmöglich, 3113 Kilometer Autobahn mit jeder Kurve, jeder Steigung, jeder Bodenwelle und jedem Gefälle etwa auswendig zu lernen. Es gibt nur eins: man muß dieses Rennen »auf Sicht« fahren. Was das bei Geschwindigkeiten von über 200 km/st bedeutet, brauche ich nicht einmal einem ungelernten Sonntagsfahrer zu erläutern ...
Ich gerate schon bei den Vorbereitungen ins Schwitzen. Wegen der höllischen Temperaturen. Wegen dem Ärger mit »Mañana«. Weil der Wein nicht schmeckt. Weil der Kaffee miserabel ist. Weiß der Teufel, was für Zeugs die Kerle hier in ihre braune Brühe hineintun. Es schmeckt wie Pfeffer.
Mein einziger Trost: die schönen Señoritas. Und die Herzlichkeit, mit der unsere mexikanischen, vor allem jedoch unsere auslandsdeutschen Freunde uns umgeben.
Um meinen Kummer voll zu machen: es wird unmöglich sein, meine drei Jungens auf den acht Etappen zu begleiten. Denn wie soll ich es schaffen, ihnen morgens beim Start auf die Schulter zu klopfen, um sie abends am Ziel, neunhundert Kilometer weiter, bereits wieder in Empfang zu nehmen?
Ich fahre zunächst in die Provinzstadt Oaxaca, das Ziel der ersten Etappe. Von dort aus muß ich eine Lösung finden, wie ich wenigstens einmal am Tag meine Schützlinge sehen kann ...

*

19. November 1952.
Der Tag des großen Rennens ist gekommen, und ein halber Kontinent ist auf den Beinen. Um 6.30 Uhr früh werden die Einwohner der mexikanischen Grenzstadt Tuxtla mit einem Donnerschlag aus ihrem Schlummer gerissen. Neunzig Motoren beginnen ihr Höllenkonzert.
7.00 Uhr: der erste Wagen geht auf die große Fahrt: ein Mexikaner mit einem Cadillac.
7.03 Uhr: als erster Deutscher fegt Hermann Lang mit Startnummer »3« davon.
7.04: die Startflagge senkt sich für Karl Kling. An seiner Seite sitzt als Beifahrer Hans Klenk.
Fitch folgt mit Nummer »6«. Er fährt einen offenen Wagen. Lang und Kling sitzen im Coupé.
Die erste Etappe ist 530 Kilometer lang und führt von Tuxtla bis Oaxaca. Sie beginnt mit einer Unglücksserie.

Bonetto fliegt mit seinem Lancia aus einer Kurve, überschlägt sich zweimal und landet in einem Maisfeld. Wie durch ein Wunder bleibt er unverletzt.
Für Weltmeister Ascari ist das Rennen zu Ende, als plötzlich dicht vor ihm ein Ochse über die Bahn trottet. Ascari versucht auszuweichen, streift eine Felswand und muß aufgeben.
In einem Indiodorf mißfällt einem Straßenköter das helle Singen des Mercedes von Hermann Lang. Er versperrt ihm todesmutig den Weg und fletscht die Zähne. Es ist seine letzte Tat. Es gibt einen Ruck, der den Wagen fast aus der Bahn wirft, es gibt eine große Beule am Kühler, und fünf Minuten später erledigen zwei Aasgeier die Begräbnisformalitäten für einen tapferen Vierbeiner.
Hermann Lang gelingt es, den Wagen wieder unter Kontrolle zu bekommen. Die Beule am Kühler ist nicht weiter schlimm. Doch – hat die Lenkung den Aufprall ohne Schaden überstanden?
Kein schönes Gefühl, wenn man noch viele hundert Kilometer zu fahren hat, wenn man nicht langsamer werden darf als 200 km/h, um eine Chance auf den Sieg auszurechnen ...
Lang bremst ab. Macht während der Fahrt einige Lenk- und Bremsproben. Der Wagen gehorcht. Lang wirft einen Blick auf seinen Beifahrer Grupp. Der nickt. »Alles in Ordnung!«
Aber genau kann man das nicht sagen. Vielleicht hat sich ein Bolzen gelockert, vielleicht Achsteile verbogen. Wirklich genau können das erst am Abend die Mechaniker mit ihren Spezialinstrumenten feststellen.
Lang riskiert alles.
Er fährt den Wagen voll aus. Er weiß, daß unsichtbar der Tod als Dritter mit in dem Mercedes hockt.
Aber – was tut das schon? Lang steht mit ihm auf Du und Du, seit er zum erstenmal in einem Rennen fuhr. Da gewöhnt man sich aneinander, auch wenn man sich nicht gerade liebt.
Karl Kling hat Lang überholt, gleich nach dem Zwischenfall mit dem Köter. Er hat den toten Hund gesehen und auch die beschädigte Karosserie von Lang. Er kann sich ausrechnen, was geschehen ist ...
Klings Motor singt sein Lied, hell und rein. Die Kilometer flitzen vorüber. 100 ... 200 ... 250 ...
Plötzlich zerreißt ein Knall Kling und Klenk fast das Trommelfell. Der Wagen bäumt sich auf, will ausbrechen, schleudert ...
Nur einem Künstler wie Kling gelingt es, den Mercedes zum Stehen zu bringen.
Halten. Raus. Reifenwechsel, unter glühender Tropensonne. Eine Minute. Noch eine. Einsteigen. Werkzeug fliegt hinter den Sitz. Tür zu. Weiterfahren ...
Dreimal wiederholt sich dieser Zwischenfall. Dreimal auf dieser ersten Etappe, die durch tropische Niederungen führt und dann bergan steigt in die Sierra Madre, wo es nur nackten Fels und stachelige Säulenkakteen gibt.
Kilometer 300.

Bald ist das Depot erreicht, wo der Sportjournalist Günther Molter schon auf die Mercedes-Benz-Wagen wartet.
Dort, am Straßenrand, der Kadaver eines Schafes. Daneben hocken, wie Statuen aus Granit, majestätisch drei gewaltige Aasgeier, die Seuchenpolizisten der Wüste.
Die Geier hören den Wagen. Sie breiten die Schwingen aus. Sie wollen davonfliegen. Zweien von ihnen gelingt es gerade noch. Der dritte ist zu langsam. Wie eine Granate kracht er gegen die Windschutzscheibe des Mercedes. Der Wagen torkelt in Schlängellinien über die Straße, wie von einer Riesenfaust getroffen. Haarscharf fressen sich die Reifen an den Randsteinen lang, mal links, mal rechts. Staub und Steine wirbeln auf ...
Man muß Karl Kling heißen, wenn man einen Wagen unter solchen Umständen noch ausbalancieren will. Kling schafft es.
Er sieht zur Seite. Dort ist Klenk auf seinem Sitz zusammengesunken. Sein Gesicht ist blutüberströmt. Die Scheibe vor ihm ist zersplittert.
»Mensch, Hans – was ist? Sag doch was!«
Klenk rührt sich nicht.
Kling greift nach der Thermosflasche hinter seinem Sitz. Kippt warmen Tee über Klenks Gesicht. Wischt ihm mit dem Taschentuch den Dreck und das Blut aus den Augen.
Langsam erwacht Klenk aus der Betäubung.
Plötzlich sieht er, daß der Wagen steht. Mit einem Ruck richtet er sich auf.
»Los, Karl – weiter! Schnell! Mach dir keine Gedanken um mich! Ich halte schon durch!«
Siebzig Kilometer weiter, am Depot, wechselt Klenk mit Kling gemeinsam alle vier Reifen. Niemand darf dabei helfen. So will es das Reglement. Klenk ist fast ohnmächtig vor Schwäche, vor Hitze, vor Durst, von dem Blutverlust. Er hält durch.
Molter wirft ihm ein Handtuch zu, damit er sich das Blut abwischen kann, das noch immer aus der Platzwunde an der Stirn sickert. Hinter dem Sitz von Klenk finden sie den Kadaver des Geiers, der die Scheibe zertrümmert und Klenk am Kopf getroffen hat. Er wiegt fünf Kilo, hat eine Spannweite von 1,15 Metern und ist die seltsamste Jagdbeute, die Karl Kling je erlegt hat.
Die letzten zweihundert Kilometer der Etappe werden Hans Klenk zur Hölle. Der Fahrtwind peitscht durch die zerbrochene Scheibe, reißt und zerrt an seinem wunden, zerschnittenen Gesicht. Klenk möchte laut schreien vor Schmerz. Und mehr noch – vor Wut. Denn die fehlende Scheibe erhöht den Luftwiderstand des Wagens und drückt dadurch seine Geschwindigkeit herab ...
Der Franzose Behra gewinnt diese Etappe. Hinter ihm wird der Italiener Bracco auf Ferrari Zweiter. Trotz Reifenpech und Geier erkämpft Karl Kling einen großartigen dritten Platz. Fitch wird siebenter, Hermann Lang achter.
Wir liegen also gut im Rennen.

In Oaxaca erlebe ich jede Phase dieses Kampfes am Lautsprecher mit.
Untätig herumsitzen zu müssen, während meine Jungens draußen Kopf und Kragen riskieren, während sie meinen Rat und meine Hilfe vielleicht benötigen — das ist für mich die reinste Höllenqual. Dante hätte sich sein Inferno nicht schrecklicher ausmalen können. Aber Zeichen, Tafeln, Stoppuhren — das alles hat bei diesem mörderischen Rennen quer durch Mexiko keinen Sinn. Kling hat nach der Ankunft in Oaxaca nur eine Sorge: wo bekommt er schnell eine passende Scheibe für seinen Wagen her?
Er braucht sich nicht lange zu sorgen. Bereits am Abend erreicht ihn ein Telegramm aus Mexiko-City:

»Scheibe per Flugzeug unterwegs.«

Es wäre ja gelacht, wenn ich an solche Lappalien nicht gedacht hätte beim Kistenpacken in Untertürkheim. Natürlich haben wir etliche Ersatzscheiben bei uns.
Gegen Mitternacht trifft die einmotorige Maschine in Oaxaca ein. Zwei Mechaniker machen sich sofort an die Arbeit. Und weil Kling bei allem Wagemut doch ein vorsichtiger Mann ist, der unnötige Risiken scheut, bauen sie auf seinen Wunsch gleich noch ein kleines Gitter vor die Scheibe. Für künftige Fälle ...
20. November.
Zwei Etappen sind zu bewältigen, an einem Tag. Von Oaxaca nach Puebla, 412 Kilometer durch endlose Wälder mit Mahagonibäumen, durch felsige Hochebenen und wüste Einöden.
Villoresi siegt. Dichtauf folgen Fitch, Kling, Bracco und auch Hermann Lang. Die Spitzengruppe bleibt zusammen.
Die zweite Teiletappe des Tages ist nur 130 Kilometer lang und endet in Mexico-City.
Aber diese 130 Kilometer haben es in sich. Kurve reiht sich an Kurve. Es geht vorbei an jähen Felsabstürzen, an Bergschluchten, an schneebedeckten Gipfeln und erloschenen Vulkanen, durch wildes Hochgebirge.
Der Franzose Behra landet mit seinem Gordini in einer Felsspalte. Sanitäter klauben ihn aus den Trümmern. Gehirnerschütterung ...
Die Luft, heute früh noch warm und faulig, wird dünn und klar in dieser Höhe. Weiß grüßt der Gipfel des Popocatepetl herüber. Die Wagen erreichen die Paßhöhe, weit über 3000 Meter hoch.
Der Mexikaner Letona will die Hauptstadt seines Landes als erster erreichen. Er fährt das Rennen seines Lebens. Er fährt schneller, als er seinen Wagen beherrscht. Er rast gegen einen Brückenpfeiler. Er erreicht das Ziel — im Krankenwagen. Mit zerschmetterten Gliedern.
Tot ... tot, trotz des deutschen Sturzhelmes, den ich ihm mitgebracht hatte, trotz der Mutter Gottes, die er sich fast lebensgroß auf das Heck seines Wagens aufmalen ließ.
Am Ziel stehe ich unter Tausenden, die den eintreffenden Wagen zujubeln.

Villoresi siegt erneut. Bracco holt den zweiten Platz für Ferrari. Aber dann folgt ein »Silberpfeil« nach dem andern: erst Kling, dann Fitch, dann Hermann Lang.

Ferrari triumphiert. Ich lasse mich nicht irre machen. Ich zücke mein schwarzes Notizbuch, feuchte den Bleistift mit den Lippen an und rechne eifrig. Denn nicht der einzelne Etappensieg zählt am Ende, sondern die Gesamtzeit. In dieser Gesamtwertung führt bisher Bracco, knapp drei Minuten vor Kling, Fitch und Lang. Was sind schäbige drei Minuten bei einem Rennen, das noch über zweitausend Kilometer weitergehen wird?

Drei Mercedes unter den ersten vier Wagen – nach 1072 Kilometern Fahrt. Ein schöner Erfolg. Von nun an werde ich meine Jungs nicht mehr aus den Augen lassen. Koste es, was es wolle. Ein mexikanischer Freund bietet mir sein Privatflugzeug an, um damit zum Etappenziel vorauszufliegen. Ich nehme an.

Als ich auf dem Flugplatz erscheine, mustert mich der Pilot von Kopf bis Fuß. Dann fragt er diskret nach meinem Körpergewicht.

»240 Pfund«, gestehe ich.

»Dann, Señor ... dann dürfen Sie kein zusätzliches Gepäck mitführen. Bitte lassen Sie Ihre Aktentasche hier. Sonst schafft es die Maschine nicht ...«

Unter diesen Umständen ziehe ich es vor, meine edleren Körperteile nicht diesem klapprigen Flugzeug, sondern einem handfesten Mercedes 300 anzuvertrauen.

Ich fahre noch nachts mit zwei Ablösefahrern an das nächste Etappenziel in Durango voraus. Es ist eine Fahrt mit Hindernissen. Offiziell ist die Strecke bereits für den privaten Autoverkehr gesperrt. Ein paar eindrucksvolle Siegel, Stempel und Urkunden verschaffen uns indessen bei jenen bärtigen Caballeros Respekt, die mit ihren Flinten die Rennstrecke überall bewachen und gelegentlich ein wildes Zielschießen nach allem Getier veranstalten, das sich ahnungslos der Autobahn nähert. Der Ochse von Ascari, der Köter von Hermann Lang und der Geier von Karl Kling haben sich offenbar herumgesprochen.

Der dritte Tag bringt wieder zwei Teiletappen. Von Mexico-City bis Leon führen wieder Villoresi und Bracco das Kommando. Dann, bis Durango, geht Karl Kling aufs Ganze. Er siegt vor Bracco und Lang.

In der Gesamtwertung liegt nun Bracco vor Kling. Dann folgen Lang und Fitch. Mehr als die Hälfte aller Wagen ist bereits ausgeschieden. Einer der drei ersten Plätze ist uns sicher.

Die erste Etappe des vierten Tages gehört einem Mann: Karl Kling. In Parral, nach 400 Kilometern, gibt es eine kurze Pause zum Mittagessen.

Aber wer hat schon Hunger, wenn die Sonne steil am Himmel steht und die Karosserie des Wagens so glühend heiß ist, daß man Spiegeleier darauf brutzeln könnte?

Bracco, der Favorit, geht mit sorgenvoller Miene um seinen roten Ferrari herum.

»Mit mir braucht ihr nicht mehr zu rechnen«, sagt er resigniert zu Kling. »Ich

weiß nicht — aber da ist so'n komisches Geräusch in meiner Kupplung!«
Kling rechnet doch mit Bracco.
Man kann nie wissen: vielleicht will der schlaue Italiener nur bluffen? Will er uns nur in Sicherheit wiegen, zum Langsamfahren reizen?
Aber Bracco blufft nicht.
Bald nach dem Start zur zweiten Etappe des Tages stellt er seinen Wagen traurig an den Straßenrand. Kupplungsschaden. Alles ist aus. Bracco sinkt über dem Steuer zusammen und weint vor Wut.
Kling trifft als erster und schnellster in Chihuahua ein.
Aber dann haben wir Pech.
Es beginnt beim Start am nächsten Morgen. Fitch bemerkt einen kleinen Defekt. Zu spät, um ihn vor der Abfahrt noch zu beheben. Wer am Start nicht pünktlich ist, wird disqualifiziert.
Fitch kommt auf einen schlauen Gedanken: Er wird planmäßig starten. Gut. Aber dann, nach ein paar hundert Metern, wird er kehrtmachen und zurück ins Depot fahren, um den Schaden reparieren zu lassen. Die verlorene Zeit würde er im Rennen schon wieder aufholen. Er hatte ja einen beruhigenden Vorsprung vor dem nächsten Konkurrenten.
Vorsichtshalber erkundigt sich Fitch bei einem Funktionär, ob er mit einem solchen Vorgehen nicht gegen die Bedingungen verstößt.
»Nein, Señor«, sagt der brave Mann, der den Motorsport ganz gewiß nicht erfunden hat. »Das geht schon so in Ordnung!«
Nichts geht in Ordnung.
Das erfährt Fitch am Abend, als die hohe Rennleitung ihn disqualifiziert und aus dem Rennen nimmt.
»Sie sind 200 Meter gegen die Strecke gefahren«, heißt es. »Das ist verboten!«
Ich höre diese Worte nicht zum ersten Mal. Ich kenne sie aus eigenster Erfahrung aus meinen Rennfahrertagen, von der Trophy Armanguez im Jahre 1922. Ich kenne sie vom Großen Preis von Belgrad 1939, als Manfred von Brauchitsch der Unglücksrabe war, der »gegen die Strecke« fuhr.
Protest ist sinnlos.
Ja, wenn der dicke Neubauer am Morgen beim Start greifbar gewesen wäre! Er hätte Rat gewußt. Er hätte Mechaniker einfach an der Strecke ein paar Kilometer hinter dem offiziellen Startplatz postiert. Dort hätten sie nach Herzenslust reparieren können, und es hätte kein »Gegen-die-Strecke-Fahren« und keine Disqualifikation gegeben. Fitch muß ausscheiden.
Auch Lang hat Pech.
Beim Start vergißt er, die Klapptür seines Wagens fest zu verschließen. Als er mit 200 Sachen dahinbraust, reißt der Fahrtwind die Tür auf, bricht sie ab wie ein Stück Pappe. Sie wirbelt viele hundert Meter durch die Luft und landet irgendwo abseits der Straße in der Wüste, ein verbogenes Stück Blech.
Lang muß ohne Tür weiterfahren.
Darunter leidet die Windschnittigkeit des Wagens. Darunter leidet die Geschwindigkeit. Lang verliert Zeit. Sein guter Platz im Gesamtklassement ist in Gefahr.

23. November.
Der letzte Tag des Rennens bricht an. Noch 370 Kilometer sind zu fahren bis zum Ziel in Ciudad Juarez.
Ich bin entschlossen, diesmal am Start *und* am Ziel mit dabeizusein. Damit es nicht noch einmal ein Panne gibt in letzter Minute.
Ich chartere ein Flugzeug, das auch vor meinen 240 Pfund Schwergewicht nicht zurückscheut. Ich klopfe Lang und Kling auf die Schulter. Dann brausen sie davon.
Der Gesang der Motoren klingt mir noch in den Ohren, als ich quer über ein Feld zu der kleinen Privatmaschine stapfe, die mich gleich darauf in die Lüfte entführt. Bald sehe ich unter mir das breite Band der Straße auftauchen. Winzig wie Spielzeugautos flitzen die Rennwagen darüber hin.
Wir haben einige Mühe, Karl Kling einzuholen. Er jagt mit über 200 km/std. dem Ziel entgegen. Viel schneller ist auch das Flugzeug nicht. Doch zum Glück gibt es in der Luft keine Kurven. So holen wir auf.
Der Pilot fliegt niedrig, ganz dicht über der Strecke. Unter mir, zum Greifen nahe, ist jetzt Wagen Nummer »4«. Ich glaube, Klings Gesicht hinter der Scheibe erkennen zu können, hart, angespannt, wie eine Maske.
Am liebsten würde ich Tafeln und Zeichen aus meiner Maschine halten, würde ihm ein großes rotes »L« zeigen – für »Langsamer«.
Warum fährt er wie ein Irrer? Seinen Sieg kann ihm doch niemand mehr nehmen!
Kling holt alles aus dem Wagen heraus. Er fährt einen neuen mexikanischen Rekord. Und vergrößert seinen Vorsprung noch.
Über Ciudad Juarez müssen wir eine Schleife fliegen, weil der Wind zur Landung ungünstig steht. So komme ich um Minuten zu spät ans Ziel. Karl Kling ist bereits dort. Dabei hätte ich ihm von Herzen gern meinen schönen Sombrero traditionsgemäß unter die Räder geworfen ...
Karl Kling gewinnt die III. Carrera Panamericana in neuer Rekordzeit. Zweiter wird ein Mann, dem mancher eine solche Leistung vielleicht nicht mehr zugetraut hätte: Hermann Lang.
Zwei erste Plätze für den »Stern von Untertürkheim« – das bedeutet ein Waterloo für Enzo Ferrari. Das ist der Auftakt zu neuen und noch größeren Erfolgen für unsere Wagen.
Für Kling und Lang lohnt sich alle Mühe. 130 796,40 DM können sie als Siegesprämie kassieren!
An diesem Tage fühle ich mich jung wie ein Teenager.
Das liegt nicht nur an meiner Freude über den Sieg. Das liegt auch an dem Wein, der plötzlich wieder mundet und der in Strömen fließt. Das liegt an den hübschen Señoritas, die uns betreuen, und vor allem an den Mitgliedern der deutschen Kolonie in Mexiko, die uns die schönste und rauschendste Siegesfeier bereiten, die ich in all den Jahrzenhnten meines Lebens je erlebt habe.
Hermann Lang kann noch siegen – aber ist doch nicht mehr der »alte«. In jenen Jahren nach dem Krieg, als weit und breit von Rennen keine Rede mehr war – da ist er ein anderer Mensch geworden. Da hat er Trost gesucht.

Da hat er sich ausgeweint – an der Brust seines guten Freundes Martin, der selbst ein Autofex ist. Und diese Auswein-Stunden, nun, die fanden zumeist im Wirtshaus statt . . .
Nicht, daß der Hermann viel getrunken hätte. Nein. Nur – wenn man reden tut, da muß man halt die Kehle anfeuchten. Mit einem Glas und noch 'nem Glas. Und Hermann redet damals gern und viel.
Eh man sich's versieht, ist eine Nacht herum, ist wieder mal das Bett »geschont« worden, und wieder einmal hat die Lydia verweinte Äuglein.
Immerhin, im Jahr 1952 sieht es so aus, als würde Hermann Lang noch mal den zweiten Wind bekommen. Mit dem 300 SL erobert er Siege und erste Plätze am laufenden Band.
Doch ich mache mir keine Illusionen. Ich sehe wohl, daß er hier und da nicht mehr so pünktlich wie einst zum Training erscheint, daß er beim Rennen vor Aufregung ins Schwitzen gerät.
Er ist noch immer ein großer Fahrer, einer der größten überhaupt in Europa. Aber – wie lange noch?
Ich muß für Ersatz sorgen. Zumal das Jahr 1954 näher rückt – und damit unser erster Start im Grand Prix-Rennen nach der neuen Formel.

FANGIO CONTRA MOSS

Ich bin ein Mann, der gern auf »Nummer Sicher« geht. »Keine Experimente« lautet daher auch meine Losung, als ich 1953 darangehe, die Fahrer für unseren neuen Grand Prix-Rennstall auszuwählen, der im nächsten Jahr zum ersten Mal wieder auf den Pisten Europas in Erscheinung treten soll.
Ich rechne nach: da ist Karl Kling. Ein Klassemann. Doch leider schon grau an den Schläfen. Da ist Hermann Lang. Auch er schon ein stattlicher Mittvierziger. Da ist Hans Herrmann, unser Küken, im Zivilberuf Café-Besitzer in Stuttgart. Schneidig, aber – unerfahren.
Es fehlt ein Mann, der notfalls die Kastanien aus dem Feuer holt. Ein Mann, auf den ich todsicher bauen kann. Ein Mann, dessen Name in meinem Notizbuch längst vorgemerkt und mit drei roten Kreuzen versehen ist: Juan Manuel Fangio, Ex-Weltmeister des Jahres 1951, zur Zeit noch auf Maserati eingeschworen. Und es gibt nur einen Fahrer in der Welt, der diesem Fangio Paroli bieten kann: Alberto Ascari, Weltmeister 1952 und 1953.
Es ist kein Kinderspiel, einen so prominenten Fahrer von einer so erfolgreichen Firma, von einem vertrauten und bewährten Wagen wegzuködern. Und das zu einem Werk wie Daimler-Benz, das immerhin seit fünfzehn Jahren keinen Grand Prix-Rennwagen mehr gebaut hat . . .
Zunächst fühle ich Fangio prophylaktisch ein bißchen auf den Zahn. »Wie wär's diesmal, Señor? Im nächsten Jahr als Werkfahrer für Mercedes-Benz?«
»Herr Neubauer«, sagt Fangio, »ich bin doch kein Versuchskaninchen. Wer garantiert mir, daß Ihre neuen Wagen keine Nieten sind?«

O weh, denk ich. Er hat das Pech von 1951 mit unseren alten Vorkriegsmodellen noch immer nicht vergessen. Ich verstehe ihn nur zu gut. Er will im nächsten Jahr unbedingt Weltmeister werden. Er will gutes Geld verdienen.
»Ich schwöre Ihnen«, sage ich. »Unsere neuen Silberpfeile werden alle andern Wagen in Grund und Boden fahren . . .«
»El Chueco«, der »Krummbeinige«, ziert sich wie ein Backfisch vor dem ersten Kuß. Er hat Bedenken, macht tausend Einwände und zögert die Entscheidung immer wieder hinaus.
Ich sehe – so kommen wir niemals weiter. Und ich beschließe, Fangio still und heimlich zu umgarnen, ihn ahnungslos in meine Netze zu ziehen wie einen fetten, dicken Fisch.
Es beginnt ein Spiel des dicken Neubauer um Manuel Fangio, bei dem ich Fähigkeiten entwickele, um die ein Casanova mich beneidet hätte. Ich lasse all meine Verführungskünste spielen, ziehe alle Tricks aus dem Kasten, um das Vertrauen des Argentinios zu gewinnen.
Es ist bei einem Rennen auf dem Nürburgring. Da beschaffe ich Fangio ein besonders gutes Zimmer in unserem Hotel, obwohl er gar nicht zu unserem Team gehört. Mit Bad, versteht sich. Denn ich weiß, wie gern der »Krummbeinige« nach jedem Training stundenlang im heißen Wasser plätschert.
Als er beim Training an einer Bindehautentzündung erkrankt, da lasse ich auf unsere Kosten einen Facharzt kommen, der mit Spritzen Señor Fangio kuriert.
Als ich sehe, daß er nur eine alte, unmoderne Rennbrille besitzt, da besorge ich ihm eine Brille neuesten Musters, made in Germany, die seine empfindlichen Augen schont.
Auf der Heimfahrt vom Rennen nach Stuttgart spielt mir dann der Zufall noch ein Trumpf-As in die Hand.
Knapp sechs Kilometer hinter dem Eifelstädtchen Adenau sehe ich einen stolzen Alfa-Romeo-Wagen am Wegesrand stehen. Rings herum mit hängenden Köpfen eine Schar »Schiffbrüchiger«.
Da steht die ganze berühmte argentinische Rennfahrer-Equipe und kann nicht mehr vor noch zurück: Gonzales, Marimon und – Fangio.
Der Wagen hat einen Kugellagerbruch der Hinterachse und kann nicht weiterfahren. Sonst geht die Hinterachse kaputt.
Ich überlege kurz. Dann ist mein Schlachtplan reif:
»Ich fahre sofort nach Koblenz, zu unserer nächsten Vertretung. Ich schicke Ihnen Mechaniker mit Schnellastwagen. Die bauen die Achse aus und prüfen sie. Inzwischen leihen wir Ihnen einen Wagen, mit dem Sie solange irgendwo zum Essen fahren können. Einverstanden?«
Nun hätten Sie den Fangio sehen sollen. Er wartet nicht erst, bis die Mechaniker kommen. Er krempelt sich die Ärmel hoch und baut gleich selbst die Achse aus. Ich sag's ja – gelernt ist gelernt!
Wenig später stellen wir fest, daß ein Kugellager unserer Mercedes-Wagen in Fangios Alfa paßt. Der Wagen wird flottgemacht. Auf der Heimfahrt besucht uns Fangio persönlich in Stuttgart, um Dankeschön zu sagen.

All meine Freundlichkeiten tragen schließlich Früchte. Fangio schenkt mir und damit auch Mercedes sein Vertrauen. Er unterschreibt den Vertrag ...
Da kommt eines Morgens ein junger Schlaks aus England in mein Büro, zieht seinen Hut und sagt:
»Mein Name ist Ken Gregory. Ich höre, Sie wollen Fangio als Fahrer engagieren?«
»Stimmt schon«, sage ich. »Aber – was kann ich für Sie tun?«
»Machen Sie 'nen Vertrag mit meinem Freund. Er fährt noch zehnmal besser als dieser Argentinier!«
Ich zieh die Brauen hoch. Die Leier vom unentdeckten »Fahrgenie« habe ich schon tausendmal gehört. »Wie heißt denn dieser Wunderknabe?«
»Stirling Moss.«
Ich muß mächtig in die Bremsen steigen, um nicht einen Kübel Hohn und Spott über den naseweisen Tommy auszuschütten.
Ich klopfe ihm väterlich auf die Schultern.
»Bestellen Sie Ihrem ... wie heißt er doch gleich? Na egal, jedenfalls einen schönen Gruß an Ihren Schützling. Er soll sich einen alten Maserati kaufen und erst mal beweisen, ob er wirklich besser ist als Fangio. Dann können wir im nächsten Jahr weiterreden ...«
Wo würden wir hinkommen, wenn ich jeden unbekannten Mann sofort an das Steuer unseres neuen Prachtwagens lassen würde?
Später erfahre ich, daß dieser Mr. Moss sich meinen Rat zu Herzen genommen hat. Seine Familie kratzt die Ersparnisse zusammen, um ihm für rund 75 000 Mark einen grünen Maserati-2,5-Liter-Wagen zu kaufen, mit dem er sich in internationale Rennen stürzt.
Unsere neuen Grand Prix-Formel-Wagen aber sind wirklich eine Wolke:
Ein 8-Zylinder-Reihenmotor, um 60 Grad auf die Seite gekippt, um die Front des Wagens flacher und windschnittiger zu halten. 280 PS treiben den Wagen auf 300 Stundenkilometer. Vor dem Krieg benötigte man dazu noch 600 PS ... Unser großer Clou jedoch ist die direkte Benzin-Einspritzung. Das hat bei einem hochgezüchteten 4-Takt-Motor noch kein Konstrukteur gewagt. Der Wagen hat noch eine technische Neuerung: das Schließen der Ventile erfolgt nicht in der üblichen Weise mit Ventilfedern, sondern durch eine Nockenwelle.

*

4. Juli 1954.
An diesem Tag steht die deutsche Fußball-Nationalmannschaft in Bern im Endspiel gegen Ungarn um die Weltmeisterschaft.
An diesem Tag stehen zum erstenmal seit 15 Jahren wieder Mercedes-Silberpfeile am Start eines Grand Prix-Rennens. Es geht um den Großen Preis von Frankreich in Reims.
Das Datum verpflichtet.
Auf den Tag genau vor vierzig Jahren, am 4. Juli 1914, haben drei Mercedes-Fahrer einen sensationellen internationalen Triumph des deutschen Motorsports errungen: Lautenschlager, Wagner und Salzer.

Da siegten sie, wenige Wochen vor Ausbruch des ersten Weltkrieges, in einem schon legendär gewordenen Rennen um den Großen Preis von Frankreich vor der gesamten Welt-Elite. Es war eine Sensation.
Damals gab es Leute, die fest und steif behaupteten, der dreifache Mercedes-Sieg hätte zum Ausbruch des ersten Weltkrieges entscheidend mit beigetragen.
Nun standen wir, vierzig Jahre später, wieder beim gleichen Rennen, ebenfalls mit drei Mercedes-Rennern. Und wieder ist eine Welt-Elite versammelt.
Allerdings – einen Krieg würde ein Mercedes-Sieg diesmal kaum auslösen ...
Im Training haben Fangio und Kling die besten Zeiten erzielt. Fangio gewinnt eine Prämie von 50 Flaschen Champagner, weil er als erster einen Rundenschnitt von mehr als 200 Stundenkilometern erreicht.
Aber – wir haben Sorgen.
Zwar liegt unser Durchschnitt mit 200 km/h höher als angenommen. Aber dauernde Höchstleistung bedingt auch mehr Verbrauch an Treibstoff. Unsere Wagen saufen 35 Liter Sprit auf 100 Kilometer. Das ist mehr als erwartet. Der Tankinhalt von 185 Litern ist äußerst knapp für das 500-Kilometer-Rennen. Ein Tankaufenthalt könnte jedoch den Sieg kosten. Das darf nicht riskiert werden.
Vierzig Stunden vor dem Start fassen wir den Entschluß, Zusatztanks einzubauen. Es gibt Ferngespräche, Telegramme, und dann rast Oberingenieur Uhlenhaut persönlich mit seinem Sportwagen zurück nach Untertürkheim, ins Werk, um die Herstellung der Tanks zu überwachen und sie gleich selbst nach Reims zu bringen.
Es klappt in letzter Minute.
Am 4. Juli drängen sich 100 000 Zuschauer um den Kurs von Reims. Sie jubeln einem weißhaarigen Herrn zu, der mit einem blauen Mercedes-Coupé eine Ehrenrunde dreht. Er heißt Louis Wagner.
Vor vierzig Jahren, am 4. Juli 1914, wurde er Zweiter auf Mercedes in jenem sagenhaften Rennen um den Grand Prix de France. Seine einstigen Rivalen Lautenschlager und Salzer sind nicht mehr. Durch Krankheit verlor er ein Bein. Lange Jahre war er Direktor der Rennbahn von Montlhéry, nicht gerade auf finanziellen Rosen gebettet, wurde später pensioniert und nun erlebt er noch einmal einen großen Tag.
14.47 Uhr.
Der achtzigjährige Renn-Organisator Monsieur Faroux senkt die blauweißrote Fahne, und 21 Wagen schießen davon.
Sofort gehen Fangio und Kling an die Spitze. Schon nach einer Runde muß Weltmeister Ascari seinen Maserati an die Box stellen und aufgeben.
Wie ein Uhrwerk schnurren die beiden Silberpfeile weit vor dem Feld einher, und in der 11. Runde meldet der Ansager mit heiserer Stimme:
»Hans Herrmann, Mercedes, überholt Gonzales auf Ferrari. Drei Mercedes liegen klar in Führung!«
Ich glaube schon an eine Wiederholung unseres Sieges von Anno 1914, da kommt die Hiobskunde: Hermann scheidet wegen Tankschadens aus ...
Weit vorn aber fahren Fangio und Kling ihr Rennen nach Hause. Sie fahren

tollkühn und schnell, und ich sehe, wie Karl Kling versucht, den Argentinier zu hetzen.
Ich hole die Tafeln aus dem Kasten, ich zeige den beiden Kampfhähnen »GL«, das heißt »gleichmäßig fahren«.
Es fehlt noch, daß sie ihre Maschinen bei diesem Privatduell zuschanden fahren und die Konkurrenz lachender Dritter bleibt.
Sie kümmern sich den Teufel um meine Zeichen, sie fahren wie die Irren, sie scheinen von allen guten Geistern verlassen. Ich durchstehe bange Minuten.
Aber ein plötzlich einsetzender Regen wird zum Segen. Bei dieser schlüpfrigen Straße ist dem Tempo eine Grenze gesetzt.
Fangio schießt als erster durchs Ziel, Aber Karl Kling gibt sich nur um Sekundenbruchteile, nur um knapp vier Meter von dem Weltklassemann Fangio geschlagen.
Diesmal hat die französische Musikkapelle die Noten der deutschen Nationalhymne nicht vergessen wie 1952 beim Sieg von Hermann Lang in Le Mans. Diesmal erklingt das Deutschlandlied. Ich bin nicht sentimental und schon gar kein Hurra-Patriot. Aber nun bekomme ich doch Salzwasser in die Augenwinkel und einen Geschmack nach Matjes-Hering in die Kehle vor lauter Rührung.

*

Der 4. Juli 1954 ist ein Tag in der deutschen Sportgeschichte, den sich wohl alle für lange Zeit gemerkt haben.
An diesem 4. Juli schlägt Deutschlands Fußballelf in Bern die Ungarn und wird Fußball-Weltmeister.
An diesem 4. Juli holen unsere deutschen Rennwagen nach 15 Jahren auf Anhieb ihren ersten Doppelsieg gegen die Elite der Fahrer aus aller Welt.
Zwei Wochen später, beim Großen Preis von Silverstone in England, gibt's allerdings eine kalte Dusche.
Die Mercedes-Stromlinienwagen, Typ Reims, mit den verkleideten Vorderrädern, haben auf diesem kurvenreichen Kurs keine Chance gegen die wendigen Ferrari . . .
Fangio rasiert eine halbe Benzintonne weg, als er gar zu frech eine Kurve schneiden will. Er kommt mit Mühe und Not auf den 4. Platz, und Karl Kling wird nur Siebenter.
Das Duell Ferrari—Mercedes steht nun 1 : 1 . .
Auf dem Nürburgring, beim Großen Preis von Europa 1954, sehen wir uns wieder. Erst am Tag vor dem Rennen werden unsere neuen Monoposto-Wagen mit den freiliegenden Rädern fertig. Nur drei Stunden bleiben uns zum Training.
Fangio beweist, daß er ein Meister ist. In drei Stunden macht er sich so vertraut mit dem neuen Wagen-Modell, daß er eine sagenhafte Rekordrunde fährt und sich den besten Startplatz sichert.
Karl Kling will's ihm gleichtun. Doch er ist auf Pech abonniert. An der An-

toniusbuche, schon bei der ersten Proberunde, verliert er ein Rad. Er kommt mit einem blauen Auge davon, aber mit dem Training ist es Essig. Das heißt, er muß mit einem Startplatz in der allerletzten Reihe zufrieden sein. Das heißt, er hat das Rennen verloren, ehe es recht begonnen hat.
Noch ein anderer Fahrer ist darauf versessen, es Fangio gleichzutun: der junge Marimon, früherer Stallkamerad von Fangio und Argentinier wie er.
Marimon kritzelt noch schnell ein Autogramm in das Heft eines Buben, dann klettert er in seinen roten Maserati mit der Nummer »6« und braust davon. Fangio folgt ihm mit kurzem Abstand. Er sieht, wie der Wagen seines Freundes mit einer Höllenfahrt in die »Fuchsröhre« schießt. Er verliert ihn für Sekunden aus den Augen, gibt Gas, beschleunigt ... aber Marimon bleibt verschwunden.
Seltsam, denkt Fangio. Wo er nur steckt ... ?
Aber dann erschrickt er:
Dort ... kurz vor der Steinbrücke am Wehrseifen klafft eine zwei Meter breite Lücke in der Dornenhecke, ragt der Stumpf einer Pappel auf ... leuchtet es rot aus dem Gebüsch ...
Minuten später rollt Fangio an die Box, klettert hastig aus dem Wagen, rennt zu uns, sieht uns fragend an. Da stürzt Fangios Landsmann Gonzales heran, wirft sich an Fangios Brust. »Ha muerto!« stammelt er. »Er ist tot ...« Die beiden Fahrer, Helden ungezählter Motorenschlachten, weinen wie die Kinder um ihren toten Freund.
»Ich fahre nicht mehr«, sagt Fangio schließlich mit leiser Stimme. »Ich kann nicht mehr ...«
Ich lasse ihm Zeit und Ruhe, den Schock und seinen Schmerz zu verwinden. Dann erst spreche ich mit ihm, dann bitte und flehe ich, dringe in ihn – obwohl ich nur allzugut weiß, wie grausam dies alles ist, wie hart und banal Leben neben Tod stehen kann. Aber Rennfahren ist nun mal ein nüchterner Sport.
Und – Fangio fährt.
Er fährt am nächsten Tag ein Rennen, daß 350 000 Menschen von den Plätzen hochspringen. Schon in der ersten Runde übernimmt er die Führung. Er deklassiert das ganze Feld. Nur einen nicht ... Karl Kling ...
Der Unglücksrabe stand als letzter am Start. Aber schon nach zwei Runden hat er sich an die achte Stelle vorgeschoben. Nach drei Runden hält er bereits den vierten Platz. Und gleich darauf taucht er hinter Fangio an zweiter Stelle auf – noch vor Hermann Lang, der wie in seinen besten Zeiten fährt, aber diesen entfesselten Kling einfach nicht mehr halten kann.
Plötzlich fehlt Lang.
Ich seh's auf der Uhr. Längst hätte er vorüber sein müssen. Ich wage kaum hinüber zur Box zu sehen, wo sich Langs Frau, die kleine Lydia, mit blassem Gesicht über ihre Rundentabelle beugt.
Minuten vergehen, die mir zur Ewigkeit werden. Ich vergesse fast den Stand des Rennens, ich bekomme feuchte Hände, ich schicke ein Stoßgebet zum Himmel ...

Endlich kommt eine Meldung: »Hermann Lang ist am Flugplatz von der Bahn gekommen ... Wagen beschädigt ... Fahrer unverletzt!«
In der Box liegen sich Frau Fangio, Frau Kling und Frau Lang lachend und weinend in den Armen.
Fangio führt mit sieben Sekunden vor Kling. Zwei Minuten dahinter erst folgen die nächsten Wagen. Wir könnten friedlich einen Doppelsieg nach Hause fahren. Wenn ... ja, wenn dieser Kling nicht von allen guten Geistern verlassen wäre und plötzlich eine Attacke auf Fangio reiten würde.
Und plötzlich, in der 15. Runde, taucht der Wagen von Karl Kling gar an der Spitze auf!
Alle Achtung — das ist eine tolle Leistung. Aber — es ist auch gegen unsere eiserne Regel, wonach *der* Fahrer ein Anrecht auf den Sieg hat, der als erster eine Minute Abstand vor dem übrigen Feld erkämpft hat. Und dieser eine ist in diesem Fall niemand anders als Fangio, der sogenannte »Capo«, der Vormann unseres Teams.
Ich zeige Kling das »L«, das »langsamer« bedeutet. Er kümmert sich einen Fliegendreck darum, und schon nimmt Fangio den Zweikampf auf.
Ist Kling von Sinnen? Will er den sicher geglaubten Doppelsieg aufs Spiel setzen — nur um seines Ehrgeizes willen?
Ich bekomme die Wut. Und nicht nur ich. Auch unsere Direktoren, allen voran Dr. Nallinger, schnauben Zorn. Wir müssen mit ansehen, wie sich zwei Silberpfeile zum Gaudium der Konkurrenz gegenseitig zu Tode hetzen ...
16. Runde: Kling fährt die schnellste Runde des Rennens — 9:55,1 Minuten, das sind unglaubliche 138 km/st ... und nun liegt er vier Minuten vor dem ersten Ferrari mit Gonzales.
Bei uns an der Box platzt Dr. Nallinger der Kragen, er greift persönlich in mein eigenstes Gebiet, die Zeichengebung, ein. Er drückt Lang und Herrmann, den beiden ausgeschiedenen Fahrern, ein »L-Schild« in die Hand und schickt sie noch im Renndreß auf die Bahn. Sie schwenken es drohend gegen Kling.
Der zeigt nur auf das Heck des Wagens und — rast weiter!
»Was der nur hat?« fragt Hermann Lang. »Etwa Stoßdämpferbruch?«
Ich zucke die Achseln. Ich kann mir keinen Vers aus Klings verrückter Fahrerei machen. Ich koche innerlich vor Wut.
17. Runde. Plötzlich liegt Fangio wieder vorn. Wir warten auf Kling. Dann rollt sein Wagen lendenlahm an die Box. Wir sehen sofort die Bescherung. Eine Strebe der Hinterachse ist gebrochen.
»Das kommt von Ihrer Irrsinnsraserei!« donnere ich. »Warum achten Sie nicht auf meine Zeichen und fahren Fangio vor? Das ist gegen unser Gesetz!«
»Ich weiß«, keucht Kling, verkrampft und abgehetzt. »Aber ich wollte ihm gar nicht den Sieg wegnehmen. Ich wußte, ich hab einen Defekt in der Benzin-Zuführung und wollte Zeit zum Tanken herausschinden!«
Ich bin schon halb versöhnt, aber brumme doch noch ärgerlich: »Meinen Sie, ich könnte Ihre Gedanken lesen? Und selbst dann — wie sollte ich's Fangio klarmachen ... ?«
Das sieht der Kling auch ein. Aber jetzt ist keine Zeit mehr für große Worte.

Der Wagen ist notdürftig geflickt und klar zum Start. Der Motor heult auf. Aber da steht eine ganze Schar von Neugierigen im Weg. Funktionäre, Direktoren, Reporter, Zuschauer.

Jetzt reicht's mir aber ... Ich greife die nächstbeste Signalfahne, packe sie wie weiland Siegfried sein Schwert und walze mit Gebrüll auf die Gaffer los, daß sie vor Schrecken auseinanderstieben.

Kling startet.

Von der Tribüne bekomme ich Sonderbeifall für meine Attacke. Aber mir ist nach Beifall nicht zumute, wie ich ansehn muß, daß der brave Kling mit siner defekten Kiste zurückfällt – und nun Vierter wird.

Fangio siegt.

Er wird des Sieges nicht froh. Die Küsse seiner Frau, die Glückwünsche der Direktoren, der Lorbeerkranz, der Applaus der 350 000 ... das alles lockt nicht mal ein mattes Lächeln auf sein staubverkrustetes Gesicht.

Er kann den Tod seines Freundes Marimon nicht vergessen ...

Für Karl Kling, den tapferen Verlierer, den Pechvogel, gibt es noch ein unerfreuliches Nachspiel.

»Kling darf für uns nicht mehr fahren!« erklärt verärgert Dr. Nallinger. »Ein Mann, der keine Stallorder einhält, der mit einem defekten Wagen unsere Siegeschancen gefährdet, ist für uns nicht mehr diskutabel.«

Doch es wird nichts so heiß gegessen, wie es gekocht wird, und auch Karl Kling darf dann doch wieder in einen Silberpfeil steigen.

Es ist beim Berliner Avus-Rennen, als es ihm endlich gelingt, seinen großen Rivalen Fangio zu besiegen. Ganze vier Zehntelsekunden vor ihm schießt er da durchs Ziel. Das ist nicht mehr als eine Nasenlänge. Aber diese Nasenlänge bedeutet Sieg und – 10 000 DM auf die Hand als Prämie!

Fangio holt sich noch den Sieg im Großen Preis der Schweiz und im Großen Preis von Italien. Er wird überlegen Weltmeister des Jahres 1954 – auf Mercedes-Benz.

Nur einmal, in Monza, muß ich Blut und Wasser schwitzen, bevor ich Fangio gerührt an meinen Busen drücken kann. Da führt nämlich dreizehn Runden lang ein grüner Maserati das Feld an.

Der Mann am Steuer hat ein frisches Lausbubengesicht, zählt kaum 23 Lenze, ist Sohn eines Zahnarztes und heißt Stirling Moss!

Hat doch der Junge meinen ironischen Rat befolgt, den ich damals seinem Freund gegeben hatte: Moss hat sich wirklich einen Maserati gekauft, auf dem er fährt, als sei's ein einfacher Tret-Roller. Dieser Lausebengel führt zehn Sekunden vor dem Weltmeister Juan Manuel Fangio. Er führt mit zwölf, mit fünfzehn, mit zwanzig Sekunden.

Mir wird angst und bange, aber hunderttausend Italiener jubilieren, mit Recht, jetzt, da ein italienischer Wagen den »terribili Mercedes«, den schrecklichen Mercedes, endlich mal die Räder von hinten zeigt.

Sie jubeln zu früh.

Zwölf Runden vor Schluß erscheint Fangio an der Spitze. Wo bleibt Moss ... ?

Lange Zeit vergeht. Dann rollt er langsam, abgekämpft und ölverschmiert an die Box. Bruch der Ölleitung . . .
Fangio siegt.
Als Zehnter und Letzter schiebt ein fast zierliches, junges Männlein seinen verdreckten Maserati die letzten 300 Meter über das Ziel. Es ist Stirling Moss.

*

Wer so zu kämpfen versteht, hat sich ein rotes Kreuz hinter seinem Namen in meinem Notizbuch verdient . . .
Im Winter bastle ich wie stets an meinem Schreibtisch in Untertürkheim herum und knoble die Besetzung unserer neuen Rennmannschaft aus.
Lang? Ist einfach zu alt an Jahren und – nicht mehr der »Alte«.
Kling? Schön. Aber ein wahrer Unglücksrabe.
Fangio? Unerreicht?
Aber – was, wenn auch einem Fangio einmal etwas passiert? Wenn sein Wagen defekt wird, wenn er aufgeben muß? Wer rettet dann den Sieg?
Ich brauche einen neuen, jungen Mann. Ich denke an den Franzosen Behra. Aber der hat schon bei der Konkurrenz Vertrag gemacht.
So blättere ich in meinem berühmten schwarzen Buch und – stolpere über einen Namen: »Stirling Moss.«
Minuten später jage ich ein Telegramm nach London, an den schlaksigen Mister Ken Gregory:
»Habe Möglichkeit, Moss in diesem Jahr als Fahrer unterzubringen. Dringdrahtet Anwort. Neubauer«
Die Antwort kommt sofort. Sie lautet: »All right.«
Ich reibe mir die Hände. Ich ahne nicht, welch Kuckucksei ich unserm braven Fangio ins Nest gelegt habe . . .
Zunächst einmal gibt es ein großes Wehgeschrei jenseits der Alpen. Die Italiener behaupten glatt, Moss habe sein Wort gebrochen. Er habe bereits eine Zusage gegeben, 1955 im Werk-Team der Firma Ferrari zu fahren.
Man hatte verhandelt, gewiß. Moss hatte ein halbes Jawort gegeben. Auch richtig. Aber es gab noch lange keinen Vertrag. Und unser Angebot ist für einen jungen Mann wie Stirling eine große Verlockung.
Auch in England gibt es giftige Kritik in den Gazetten: »Wie kann ein Engländer sich dazu hergeben, für eine deutsche Firma, also für die gefährlichste Konkurrenz auf dem Weltmarkt, zu fahren?«
»Was wollen Sie eigentlich?« fragt Moss recht kühl in einem offenen Brief zurück. »Ich bin bereit, sofort für eine britische Firma zu fahren – die einen britischen Grand Prix-Wagen herstellt.«
Aber – diese Firma gibt es leider nicht. Die Kritiker verstummen.
Dieser Stirling Moss ist ein richtiges Springingerl, wie die Wiener sagen. Klein, drahtig, fast zierlich – und nicht totzukriegen in seinem Ehrgeiz.
Die Rennsaison 1955 beginnt für Moss mit einem tragikomischen Zwischenfall beim Großen Preis von Argentinien.

Da brütet eine Hitzeglut über Buenos Aires, daß der Asphalt Blasen wirft und wir auf dem Metall unserer Silberpfeile Spiegeleier backen können. Mir fließt das Wasser literweise von den Rippen.

Das Rennen wird zu einer Qual für die Fahrer und die Wagen. Sie kippen um wie die Fliegen, und die Motoren werden serienweise sauer. Gonzales macht schlapp. Farina kann nicht mehr. Castelotti hängt mit Hitzschlag über dem Steuer. Hans Herrmann klappt erschöpft zusammen. Harry Schell hat einen Sonnenstich. Trintingant torkelt erschöpft in die Box. Roberto Mieres japst nach Luft.

Nach achtundzwanzig Runden führt noch immer Fangio, und hinter ihm folgt Moss. Aber dann macht auch der junge Tommy schlapp. Mitten auf der Strecke muß er halten, weil ihm die Puste ausgeht.

Kaum hat er angehalten und ist in seinem Sitz zusammengesunken, da stürzen schon wohlmeinende Sanitäter auf ihn, zerren ihn aus dem Wagen, legen ihn auf eine Bahre und schleppen ihn im Laufschritt ab.

Unterwegs kommt Moss wieder zu sich, erkennt, was mit ihm geschieht, und wehrt sich mit Händen und Füßen: »Damn it all!« tobt er. »Mir ist ja wieder gut . . . laßt mich hoch, los doch . . .«

Aber je mehr er auf englisch schreit und zetert, um so mehr sind die argentinischen Sanitäter überzeugt: diesen armen Rennfahrer hat der Sonnenstich getroffen.

Mit mehr oder weniger sanfter Gewalt bugsieren sie ihn in den Sanitätswagen und bringen den Tobenden ins nächste Krankenhaus.

Dort endlich findet sich ein Arzt, der Englisch spricht und auch versteht. Und wenige Minuten später rast der Sanitätswagen mit seinem »Opfer« Moss wieder zurück zur Rennbahn.

Wir halten den Wagen von Hans Herrmann an, Moss klettert rein und landet noch auf einem ehrenvollen 4. Platz, den er mit Herrmann und Kling teilt.

Fangio siegt auch in diesem Großen Preis von Argentinien.

Er vollbringt eine der größten Leistungen seiner Laufbahn. Er hält alle 96 Runden, drei volle Stunden, in der glühenden Hitze durch – als einziger Fahrer ohne jede Ablösung.

Drei Mann sind nötig, um den zweiten Platz zu erobern, je drei Fahrer müssen gemeinsam den dritten und vierten Platz erkämpfen.

Der kleine Moss jedoch hat Blut geleckt. Er will partout beweisen, daß er besser und schneller ist als der berühmte, große Juan Manuel Fangio. So gibt es im Jahre 1955 haarsträubende Duelle zwischen diesen beiden Stallgefährten. Ich kann mir nachgerade die jährlich fällige Entfettungskur sparen, so sehr gerate ich bei manchem Rennen ins Schwitzen, vor Sorge, daß die beiden ihre Wagen gegenseitig sauerfahren.

Stirling Moss hat sich ein Spezialrezept ausgedacht, wie er Fangio zu Leibe rücken kann. Er macht es zum Prinzip, sich stets an den Argentinier »anzuhängen«, auf wenige Meter hinter ihm herzufahren.

Das geht dreimal schief.

Fall eins: Beim Großen Preis von Monaco atmet Moss so lange die giftigen

Auspuffgase des dicht vor ihm liegenden Fangio ein, bis ihm speiübel wird und er halten muß.

Ich verwarne ihn.

Fall zwei: Beim Großen Preis von Holland, der durch Dünenlandschaft führt, fängt kurz vor dem Ziel der Wagen von Moss zu qualmen an.

Der Grund: Der von Fangios Wagen aufgewirbelte feine Dünensand dringt durch die Vergaser bis in den Motor von Moss und reibt die Kolben an ...

Ich verwarne Moss zum zweitenmal.

Fall drei: Beim Großen Preis von Italien knallt ein Stein, von Fangios Rädern hochgeschleudert, gegen die Windschutzscheibe von Moss. Er muß halten, umbauen lassen und verliert kostbare Zeit.

Jetzt wird es mir zuviel.

»Mein lieber Stirling«, sage ich. »Warum in aller Welt müssen Sie immer so dicht hinter Fangio fahren? Das bringt doch nur Nachteile für Sie!«

»Ach, Herr Neubauer«, sagt er verlegen, »das tu ich doch nur, um Fangios Stil zu studieren und von ihm zu lernen!«

»Soso?« sage ich. »Ich dachte immer, Sie waren überzeugt, besser als Fangio zu fahren. Aber wenn Sie es noch nötig haben, von ihm zu lernen – dann geben Sie ja zu, daß er der Stärkere ist!«

Moss bekommt einen roten Kopf und dreht sich auf der Stelle um. Doch künftig fährt er nie mehr wie ein Verrückter hinter Fangio her.

Fangio aber beweist, daß er noch der überlegene Meister ist. Er siegt in den Großen Preisen von Argentinien, Buenos Aires und Belgien, von Italien und von Holland. Er wird zum zweitenmal Weltmeister der Rennfahrer auf Mercedes-Benz. Nur einen Sieg gibt er an Stirling Moss noch ab – im Großen Preis von England in Aintree.

Bei den Sportwagenrennen aber sieht es anders aus. Da zeigt der kleine Tommy, was er auf dem Kasten und – in den Beinen hat. Denn bei Sportwagenrennen sieht man häufig den sogenannten Le-Mans-Start. Da werden die Wagen nebeneinander in einer Reihe aufgebaut. Die Fahrer müssen auf das »Start«-Kommando zu den Wagen laufen, hineinspringen, starten – und abbrausen.

Da zeigt es sich, daß Stirling Moss schneller laufen kann als Fangio, der »Krummbeinige«. Da zeigt der große Fangio, daß er auch seine Schwächen hat. Da verheddert er sich mit dem Hosenbein im Schalthebel, da greift er daneben beim Einschalten der Zündung. So kommt er meist unter »Ferner liefen« vom Startplatz weg – weit hinter Moss.

Kein Wunder, daß »El Chueco«, der Krummbeinige, Rennen mit Le-Mans-Start ganz und gar nicht leiden kann. Zwar gerät er über seine schlechten Sprinter-Künste zumeist so in Rage, daß er den verlorenen Boden in Rekordzeit wieder gutmacht und oft bereits nach zwei Runden an der Spitze liegt. Aber wenn er solche Wettläufe vermeiden kann, tut er's.

So auch bei Großen Preis von Schweden 1955, wo er mir pausenlos in den Ohren liegt: »Señor Neubauer ... bitte versuchen Sie zu verhindern, daß ein Le-Mans-Start gemacht wird.«

»Na schön«, sag ich. »Ich will mal ein gutes Wort für Sie bei den Veranstaltern einlegen.«
Vorher rede ich noch mit unsern andern Fahrern, ob sie einverstanden sind. Aber kaum hab ich Fangios Vorschlag vorgetragen, da geht der Moss hoch wie ein Sputnik.
»Kommt nicht in Frage!« zetert er. »Ich bestehe ausdrücklich auf Le-Mans-Start, wie es im Reglement auch vorgesehen ist!«
Dabei bleibt's, und Fangio muß sich fügen. Aber die drei bis vier Sekunden, die Stirling Moss auf diese Weise beim Start für sich herausschinden kann, nutzen ihm nichts. Im Ziel hat Juan Manuel Fangio wieder die Kühlerspitze deutlich vorn, genau wie auch beim Eifelrennen 1955 . . .

*

Der zierliche Stirling Moss macht alle Anstalten, in die Fußstapfen des großen Rudolf Caracciola zu treten. Es beginnt bei den Tausend Meilen von Brescia und geht später weiter bei der Tourist Trophy in England.
In Italien feiern unsere neuen Rennsportwagen vom Typ »300 SLR« ihre Premiere. Fangio und Moss, Kling und der junge Hans Herrmann sollen die eleganten Wagen steuern, deren Leichtmetall-Motor jetzt mit Direkt-Einspritzung versehen ist. Das haben die Konstrukteure von unseren Formel-Rennwagen übernommen.
533 Wagen stehen am 30. April 1955 am Start in Brescia. Das ist eine Rekordzahl. Und es wird ein Rennen der Rekorde.
Juan Manuel Fangio ist ein bißchen melancholisch, als er mit seinem Wagen an den Start gerollt wird. »Taruffi wird siegen«, meint er skeptisch. »Der kennt die Strecke so gut wie seine Hosentasche!«
»Unken Sie nicht!« brummle ich und spucke hinter seinem Rücken dreimal den Wagen an, auf dem die argentinischen Nationalfarben leuchten.
Dann zischt Fangio davon wie eine Mondrakete, verschwindet hinter einer Kurve, und sekundenlang steht nur noch das helle Singen des Motors in der Luft.
Fangio fährt allein, ohne Beifahrer. Genau wie Karl Kling.
Als letzter meiner Schäflein geht Stirling Moss auf die Reise. Er ist nicht so bedrückt wie Fangio. Im Gegenteil.
»I'll win!« sagt er entschlossen. »Ich werde gewinnen – bei Jenkinsons Bart!«
Denis Jenkinson, ein bekannter englischer Journalist, ist sein Beifahrer. Unter seinem Sturzhelm und der Brille flattert ein roter Bart hervor wie eine Fahne.
»Toi-toi-toi!« rufe ich.
Nun gibt es nur eines: Warten. Endloses, quälendes Warten auf die Nachrichten, die von der Strecke kommen, wie Wassertropfen auf die Lippen eines Verdurstenden. Vor dem Fernsehschirm verfolgen wir einzelne Etappen des Rennens. Zum ersten Mal in der Geschichte der »Tausend Meilen« sind wir nicht ganz von unseren Jungens draußen auf der Strecke abgeschnitten, kön-

nen wir sie wenigstens sekundenlang auf den flirrenden Bildschirmen vorüberbrausen sehen.
Stirling Moss fährt wie ein Teufel. Erreicht als erster Rom, den Wendepunkt. Gewinnt die Coppa Nuvolari. Ein schlechtes Zeichen.
Denn es ist eine alte Regel, eine Art Bannfluch, der über diesem Rennen lastet: noch nie konnte ein Fahrer, der in Rom die Spitze hielt, die Tausend Meilen gewinnen.
Und wirklich — fast sieht es so aus, als würde auch diesmal die alte Regel nicht zu durchbrechen sein. In der Nähe von Radicofani gerät der Mercedes von Moss ins Schleudern, dreht sich um die eigene Achse, rollt rückwärts auf den tiefen Graben zu, der sich viele hundert Meter neben der Straße hinschlängelt. Die Zuschauer schreien auf, schlagen die Hände vor's Gesicht, Frauen werden ohnmächtig . . .
Aber dann geschieht das Wunder.
Der Wagen rollt rückwärts genau auf den einzigen, nur zwei Meter breiten Übergang über diesen Graben zu, rollt auf dem Seitenweg aus, bleibt stehen. Sekunden später ist Moss neu gestartet, fährt weiter, immer weiter. Fährt einem großen, überwältigenden Sieg entgegen.
Kling wird von unvorsichtigen Zuschauern behindert, muß scharf bremsen, schleudert, knallt gegen einen Baum. Der Wagen ist hin. Kling hat ein paar angeknackste Rippen.
Am Futa-Paß klettert Hans Herrmann wütend aus seinem Mercedes. Aus unbekannten Gründen hat sich der Tankverschluß geöffnet. Herrmann und sein Beifahrer werden von einer Benzin-Fontäne übersprüht und rutschen in einen Graben.
Fangio überholt einen Gegner nach dem andern. Hundert, zweihundert, vierhundert Wagen aller Klassen läßt er hinter sich. Alfas und Lancias, Jaguars, kleine Isettas, Porsches und Ferraris. Nur noch ein Mann liegt vor ihm im Rennen. Ein Mann am Steuer eines Mercedes 300 SLR. Es ist Stirling Moss.
Fangio jagt Moss. Quer durch Italien. Zurück, gen Norden. Über die endlosen Geraden der Po-Ebene. Vorbei an vieltausendköpfigen Menschenmauern. An jubelnden, schreienden, winkenden Massen.
Umsonst . . .
Moss ist einfach nicht zu fassen. Er riskiert Kopf und Kragen. Er zischt millimeterweit an Begrenzungssteinen vorbei, streift fast die Chausseebäume, schliddert auf allen vier Rädern durch die Kurven, setzt alles auf eine Karte . . .
Da kommt Fangio nicht mit.
Fangio ist älter, ist überlegter, ist vorsichtiger. Er fährt mit dem Kopf, nicht mit dem Herzen. Und sein Kopf, sein Verstand verbietet ihm, die Grenze zwischen Möglichem und fast Unmöglichem, zwischen Mut und Wagemut, zwischen berechnetem Risiko und glatter Tollkühnheit zu überschreiten.
Dazu muß man jünger sein. Dazu muß man ein Löwenherz besitzen wie dieser junge Engländer, der vielleicht noch viel zu jung ist, um zu begreifen, wie schön dieses Leben ist . . . viel zu schön, um es achtlos wegzuwerfen!
Stirling Moss siegt.

Er gewinnt das Rennen in der einmaligen, phantastischen Rekordzeit von 10 Stunden, 7 Minuten, 48 Sekunden für eine Strecke von tausend Meilen. Seine Durchschnittsgeschwindigkeit beträgt 157,65 km/h.
Fangio wird Zweiter. Er trifft über eine halbe Stunde später im Ziel ein. Und eine weitere Viertelstunde später erst folgt der Dritte, der Italiener Maglioli auf seinem Ferrari.
Es ist ein Triumph von Mercedes. Es ist ein Triumph des Engländers Stirling Moss.
Er hat den sagenhaften »Bann von Rom« gebrochen. Er hat einen Rekord aufgestellt, der nach Meinung fast aller Fachleute wohl nie mehr gebrochen werden kann. Er hat geschafft, was bis dahin nur einem Rudolf Caracciola vierundzwanzig Jahre vorher und auch auf Mercedes gelungen war: als Ausländer die Tausend Meilen, das Rennen der Italiener, zu gewinnen.

*

Noch ein zweites Mal folgt Moss auf Caracciolas Spuren nach. Das ist im September 1955, bei der Tourist Trophy in Irland.
Bei diesem Rennen sprüht es Funken zwischen den Rivalen Moss und Fangio, und auch ein gewisser Alfred Neubauer wird dabei ein wenig angesengt . . .
Am Abend vor dem Rennen sitzen wir in einem unserer Transport-Omnibusse und halten noch einmal Kriegsrat ab. Unser Versuchsleiter Uhlenhaut läßt sich von allen Fahrern noch einmal ihre letzten Eindrücke beim Training schildern. Er nimmt sich vor allem Stirling Moss ins Gebet, für den er eine besondere Schwäche hat. Vielleicht, weil Uhlenhauts Wiege einmal in London geschaukelt hat.
»Ein höherer zweiter Gang wäre besser«, mault Stirling Moss herum.
»Schön«, sagt Uhlenhaut. »Das laß ich machen.«
»An allen Wagen?« frage ich.
»Das ist ausgeschlossen. Das schaffen unsere Leute nicht. Es geht wirklich nur bei Moss. Im übrigen scheint Fangio ja mit seiner Übersetzung zufrieden zu sein.«
Die Mechaniker, die Monteure müssen ihre Nachtruhe opfern, um Stirlings Wagen umzubauen. Ich muß an jenes Rennen vor siebzehn Jahren denken, den Großen Preis der Schweiz 1939, wo es schon einmal Ähnliches gegeben hat. Damals bestand Hermann Lang darauf, in der Nacht vor dem Rennen noch einen neuen Motor zu bekommen. Es geschah — aber sein Rivale Caracciola giftete sich über diese Benachteiligung, die er als eine persönliche Beleidigung empfand.
Nun, diesmal, siebzehn Jahre später, sind es Fangio und Moss, die sich in den Haaren liegen. Und Fangio, der »Capo« unseres Teams, zieht eine saure Miene, als er am Morgen vom Umbau an Moss' Wagen erfährt.
»Das ist ungerecht!« meutert er. »Warum wurde nicht auch mein Wagen umgebaut?«
»Weil Sie gestern, bei der Vorbesprechung, keinen Pieps gesagt haben, Mae-

stro!« sage ich. »Und überhaupt – im Endeffekt dreht sich's nur um 5 km/h, und das im zweiten Gang. Das ist doch kaum der Rede wert!«
Fangio brummelt noch ein wenig vor sich hin und entschwindet in Richtung zum Start. Mir aber schwant nichts Gutes. Ich sehe – der Argentinio ist geladen wie eine Atomkanone.
Das Rennen beginnt.
Moss nützt die umgebaute Übersetzung nach besten Kräften aus. Er fährt scharf, sehr scharf im ersten Gang an, und jedesmal drehen die Reifen schneller durch. Mir wird ganz himmelangst. Diese Mißhandlung hält auf die Dauer kein Protektor aus, und wäre er aus bestem Stahl.
Und wirklich ... Rumms!
Da knallt auch schon die Gummidecke vom Hinterrad weg wie ein Explosivgeschoß und reißt mit Urgewalt ein Mordsloch in die silberne Stromlinien-Karosse. Langsam holpert der Wagen an die Box.
»Reifenwechsel!« kommandiere ich.
Während die Monteure umherhuschen, beseh' ich mir den Schaden. Die Stromlinie ist hin, gewiß, und das ist ein Handicap.
»Ein bißchen langsamer mit den vielen Pferdestärken beim Start!« sag ich noch zu Moss.
Dann rauscht er ab.
Moss führt. Moss hält die Spitze. Doch hinter ihm folgt Mike Hawthorn. Sein Landsmann, sein Rivale. Er fährt auf einem »Jaguar«. Ein Brite, auf einem britischen Wagen.
Die kühlen Engländer geraten ins Kochen vor Erregung. Sie jubeln Mike zu, ihrem Favoriten. Aber so sehr sich Mike bemüht – an Stirling kommt er einfach nicht heran. Und hinter ihm lauert bereits Fangio an dritter Stelle auf seine Chance, vorzustoßen ...
»Herr Neubauer!« ruft es da hinter mir. Ich dreh mich um und seh in Uhlenhauts Gesicht. Es ist gerötet vor Zorn.
»Was gibt's?«
»Stellen Sie sich vor – Befehl von der Rennleitung: wir müssen Moss anhalten und die Karosse reparieren. Sonst wird er disqualifiziert!«
Ich kenne diese vertrackte Rennbestimmung bei der Tourist Trophy. Da heißt es: »Alle Teile des Wagens müssen das ganze Rennen hindurch mitgeführt werden.« Und: »Alle Reparaturen dürfen nur mit an Bord befindlichen Werkzeugen ausgeführt werden.«
»Unsinn!« trompete ich. »Sagen Sie den Herren einen schönen Gruß – aber wir können unmöglich in unserem Wagen einen ganzen Schweißapparat mitschleppen und noch Blech dazu, und vielleicht einen gelernten Klempner als Beifahrer!«
Diese Rennbestimmungen haben einen Bart, der einem Barbarossa gut zu Gesichte stehen würde. Schon vor 26 Jahren habe ich mich einmal darüber gewaltig ärgern müssen, Anno 1929, als Rudi Caracciola gewann und unser zweiter Mann, der gutmütige Otto Merz, der als Zweiter das Ziel erreichte, disqualifiziert wurde. Weil der Vorderteil eines Kotflügels angerissen war und

am Reifen streifte, weil wir ihn kurzerhand mit der Blechschere abgezwackt und auf den Hintersitz geworfen hatten.
Aber – die Blechschere gehörte nicht zum Bordwerkzeug, und alle Teile müssen *an*, nicht *in* dem Wagen mitgeführt werden. Damals, 1929, hatte ich vor Zorn über den entgangenen Doppelsieg böse Worte gebraucht, war patriotischen Briten auf den Schlips getreten, und es hatte noch ein hochnotpeinliches Nachspiel gegeben.
Heute, 1955 droht uns nun fast das gleiche Mißgeschick mit Stirling Moss. Mit einem kleinen Unterschied, der vielleicht entscheidend ist: Moss ist Engländer, und Otto Merz war Deutscher. Vielleicht würde man einem Landsmann gegenüber milder gestimmt sein . . .
Plötzlich rattert ein Aston-Martin vorüber und hält an seiner Box. Er schleppt die ganze Auspuffanlage am Boden unter sich her. Sofort bin ich hellwach. Ich winke einen Mechaniker heran.
»Passen Sie auf, was die Herren mit dem Auspuff machen – und ob sie ihn mit Bordwerkzeugen reparieren!«
Minuten vergehen. Dann kommt die Meldung: »Sie haben das Gewürge einfach mit der Blechschere abgeknipst, Herr Neubauer!«
Aha, denke ich. Das wäre ein Präzedenzfall. Jetzt sollen die Herren von der Rennleitung mal kommen!
Ich erkläre kurz und bündig: »Wenn Moss disqualifiziert wird, dann muß auch dieser Aston-Martin angehalten werden. Andernfalls zieht Mercedes sofort sämtliche Wagen aus dem Rennen zurück!«
Das ist schwerstes Geschütz. Während die Herren von der Kommission noch mit roten Köpfen beraten, kommt mir ein Zufall zu Hilfe.
Mike Hawthorns Jaguar blubbert plötzlich verdächtig. Und humpelt lendenlahm an die Box. Der blonde Engländer klettert resigniert aus seinem Sitz. Motorschaden . . .
Das ist die Entscheidung. Denn gerade »Jaguar« hat gegen Moss scharf protestiert – solange Hawthorn hinter ihm auf dem zweiten Platz gelegen war, solange das Ausscheiden von Moss für Hawthorn automatisch die Führung und damit wohl auch den Sieg bedeutet hätte.
Nun aber wird es plötzlich still. Und das ganze Protestgeschrei verhallt ungehört im Brausen der Motoren . . .
»Na klar«, sag ich zu Uhlenhaut. »Die werden sich sagen: wenn wir Moss disqualifizieren, dann wird jetzt Fangio Sieger. Aber – wenn schon ein deutscher Wagen gewinnen soll, dann ist's besser, ein Engländer sitzt am Steuer als ein – Argentinier!«
Will's der Teufel, daß ausgerechnet Frau Fangio diese meine letzten Worte hören muß. Sie wirft mir einen Blick zu, der stärkere Männer als mich zur Schnecke gemacht hätte. Ich aber bin mit meinen Gedanken ganz beim Rennen, und erst viel später wird mir die Bedeutung vom Wetterleuchten in Señora Fangios Augen klar . . .
Stirling Moss siegt. Fangio wird Zweiter. Sie gehen zur Siegerehrung und kommen zurück zur Box. Müde, ölverschmiert, im Kreis von Bewunderern.

ristian Lautenschlager

Christian Werner

Otto Salzer

to Merz

Max Sailer

Elly Beinhorn (diese Aufnahme stammt aus dem Jahre 1959)

Bernd Rosemeyer – wurde ihm eine Windbö zum Verhängnis?

Ich drücke Moss die Hand. Dann geh ich freudenstrahlend auf Fangio zu. »Bravo, Juan!« sage ich. »Auch der zweite Platz ist etwas wert in einem solchen Rennen!«
Fangio sieht mich groß an, übersieht meine Hand und macht auf dem Absatz kehrt.
Ich denk, ich seh nicht recht. Ich zupf ihn am Ärmel. »Fangio – was ist in Sie gefahren?«
Ein Knurren, das ist die ganze Antwort. Dann zieht er ab, von Kopf bis Fuß eine zu Tode beleidigte Leberwurst.
Was hat das alte Rindvieh? denke ich bei mir verstimmt. Und bin nun meinerseits böse. Zwei Tage lang seh ich ihn nicht mehr an, würdige ihn keines Wortes. Und erst nach unserer Rückkehr nach Deutschland begegnen wir uns wieder in Stuttgart, in unserm Werk.
Ich schicke einen »Unterhändler« zu ihm, um endlich herauszubekommen, warum der große Meister übelnimmt. Bald bekomme ich Bescheid. Fangio läßt mir sagen:
»Sie haben in Gegenwart meiner Frau gerufen: ›Nieder mit Argentinien – Es lebe England. Es ist gut, daß Moss gewinnt und nicht der Fangio!‹«
Ich purzele aus allen Wolken, als ich dieses Märchen höre. Genau so gut hätte Señor Fangio behaupten können, der dicke Neubauer habe sich in Irland eine Pistole in die Tasche gesteckt, um auf der Heimfahrt die Königin von England zu erschießen.
Möglich, daß Frau Fangio mich mißverstanden hat, als sie mein Gespräch mit Uhlenhaut während des Rennens an der Box überhörte. Möglich, daß sie ernsthaft glaubte, ich wolle ihren Mann benachteiligen. Und die Frauen der Rennfahrer verteidigen die Ehre, den Ruhm und die Siege ihrer Männer wie reißende Löwinnen ihre Jungen.
Es vergeht eine volle Woche, bevor Fangio und ich uns aussprechen, alle Mißverständnisse beseitigen und bei einem Schoppen Wein den Frieden wieder herstellen.
Wenn Sie mich heute fragen – wer war der bessere von beiden, Fangio oder Moss, so ist das eine Frage, die man nicht mit einem Wort beantworten kann. Eins ist sicher: bei allen schnellen Sportwagen-Rennen mit dem Mercedes 300 SLR hat zumeist Stirling Moss die Nase vorn. Weil er jünger ist und daher mehr riskiert.
Er siegt 1955 bei den Tausend Meilen von Brescia, bei der Tourist Trophy und bei der Targa Florio. Bei Rennen, bei Strecken, die so lang sind, daß selbst ein Gedächtniskünstler sie sich unmöglich bis in die kleinsten Einzelheiten merken könnte; dort, wo man jede Kurve »auf Sicht« fahren muß und nicht weiß, was hinter ihr auf einen wartet.
Fangio, der Ältere, Klügere, wagt nicht soviel auf unbekannten Routen. Er überlegt mehr, riskiert weniger – und ist entsprechend langsamer, trotz seiner großen Fahrkunst.
Anders sieht es jedoch bei Rundstreckenrennen mit verhältnismäßig kurzen Bahnen aus, bei Rennen der Grand Prix-Formelwagen. Wie zum Beispiel auf

dem Nürburgring, in Monza, in Montlhéry oder auf der Avus. Dort spielt Fangio seine Trümpfe aus. Dort zeigt sich seine fast einmalige Gabe, jede Strecke bis auf den hundertstel Millimeter genau auszufeilen, mit eleganter Steuerkunst.
Und dann etwas Wunderbares: dieser Fangio mag einen phantastischen Rekord für eine Strecke aufstellen — wenn's darauf ankommt, kann er immer noch um einen Sekundenbruchteil schneller sein. Er hat noch immer eine Reserve »drin«. Er weiß auf diesen, bis ins Detail studierten Bahnen genau, wie weit er gehen kann, ohne zu stürzen.
Andere wissen das nicht. Sie riskieren zu viel — oder wagen zu wenig. Darum ist Fangio bei Grand Prix-Rennen ebenso überlegen wie Moss bei Sportwagenrennen. Geniale Fahrer aber sind sie beide, auf ihre eigene, höchst individuelle Art. Fahrer der absoluten Spitzenklasse — wie vor dem zweiten Weltkrieg ein Caracciola, wie ein Lang, ein Rosemeyer, ein Nuvolari und ein Varzi.

*

Bald nach dem Doppelsieg von Brescia am 1. Mai 1955 beginnen die Vorbereitungen zum Marathon der Sportwagen, dem 24-Stunden-Rennen von Le Mans.
Ich zähle die Häupter meiner Lieben: Da sind Fangio und Moss, Karl Kling und der Franzose Simon sowie der Amerikaner Fitch.
Es fehlt noch ein Mann, um drei komplette Teams zu haben. Wen soll ich nehmen?
Ich blättere gedankenvoll in meiner Morgenpost, die mir die alte Heinze, meine treue Sekretärin, auf den Tisch gelegt hat.
Da liegt ein Brief von Pierre Levegh, dem französischen Fahrer, der mit wahrem Namen Pierre Bouillon heißt.
»Könnten Sie mich nicht als Fahrer einer Ihrer Wagen in Le Mans berücksichtigen?« fragt er an.
Und ob ich kann! Hab mir den Namen Pierre Bouillon doch ohnehin in meinem Notizbuch vorgemerkt. Damals, 1952, als dieser Franzose unseren Wagen in Le Mans ein einmalig tapferes Rennen lieferte. Als er 23 der 24 Stunden allein an der Spitze lag — bis sein Talbot kurz vor dem Ziel noch sauer wurde. Damals hatte ich ein Kreuz hinter dem Namen Levegh-Bouillon in meinem Notizbüchlein gemacht. Und nun, 1955, setze ich mich dafür ein, daß er in Le Mans für uns auf einem Mercedes 300 SLR fahren darf.
Telegramme flitzen zwischen Paris und Stuttgart hin und her, und eines Tages erscheint Levegh mit seiner hübschen blonden Frau bei uns im Werk. Er macht Probefahrten und — er unterschreibt einen Fahrervertrag. Wir alle ahnen nicht, welches Schicksal mit dieser Unterschrift heraufbeschworen wird.
Leben und leben lassen — das ist ein Schlagwort, das nicht nur die Franzosen für sich gepachtet haben. Es ist 67 Jahre lang auch mein Motto gewesen. Ich habe mein Leben genossen, so gut es ging. Ich habe nicht viele Freuden ausgelassen.

Und doch ... es gibt Momente in meinem Leben, die ich rückgängig machen möchte. Momente, in denen ich ahnungslos Schicksal spielte für andere Menschen.
Ein solcher Moment war an jenem Tag des Jahres 1955, als der sympathische Franzose Pierre Levegh alias Bouillon von mir als Fahrer der Mercedes-Equipe für das 24-Stunden-Rennen von Le Mans angeheuert wurde. Damals ahnte ich nicht, daß der Tod selbst die Feder führte, als Pierre seinen Namen unter den Fahrervertrag schrieb, daß der Tod sich an diesem Tag den 11. Juni 1955 als Termin vormerkte.
Ich werde diesen Tag nie vergessen. Es war ein Tag wie tausend andere, und alles fing so harmlos an ...

KATASTROPHE IN LE MANS

Der Himmel wölbt sich strahlend blau über Le Mans. Die Sonne brennt unbarmherzig auf die Hunderttausende herab, die gekommen sind, das große Volksfest der Geschwindigkeit zu feiern. Die Eisverkäufer haben Hochkonjunktur. Millionen Liter Limonade gluckern durch ausgedörrte Kehlen. Die Lautsprecher plärren heiser die neuesten Chansons der liebenswert ordinären La Piaf.
»Le Mans ist unser Rennen«, sagen die Engländer auf der Pressetribüne. »Wir wetten zehn zu eins auf einen Sieg von Hawthorn mit seinem Jaguar!«
»Abwarten, Messieurs«, meinen die Franzosen. »Keiner kennt die Bahn so gut wie unser Pierre Levegh!«
Die Deutschen sagen nichts. Für sie ist es sonnenklar: die schnellen Mercedes 300 SLR werden gewinnen. Und überhaupt: Wer könnte einem Team wie Fangio und Moss gefährlich werden? Die beiden Rivalen bilden heute eine Mannschaft, zusammen mit Pierre Levegh, dem Amerikaner John Fitch, dem Franzosen Simon und unserem alten Kämpen Karl Kling. Mit diesen Fahrern, diesen Wagen sind wir so gut gerüstet für den großen Kampf, für das Marathon der Fahrer, der Motoren und — der Rennleiter.
Denn heute muß ich beweisen, daß auch ich »Stehvermögen« habe. Für mich heißt es, 24 Stunden an der Box sitzen, keinen Blick von der Bahn lassen, beide Stoppuhren abwechselnd bedienen, Runde für Runde die Zeiten der führenden Wagen kontrollieren. Ich muß wissen, wer an der Spitze liegt, wer schneller wird oder wer zurückfällt, darnach handeln und organisieren, wer Reifen wechseln, tanken muß und für welchen Fahrer es an der Zeit ist, abgelöst zu werden ...
Ich bin nicht allein, ich habe einen Stab von Helfern. Allen voran mein treuer Assistent seit über 20 Jahren, der gute Hanns Geier, nun auch schon graumeliert an beiden Schläfen. Da sind aber auch die Damen meiner Fahrer: die zierliche Señora Fangio, die rassige Frau Kling und die blonde, stille Madame Levegh.

Ein stattlicher Herr mit schlohweißer Künstlermähne macht erstaunte Augen, als er an unserer Box vorüberkommt. Es ist Monsieur Charles Faroux, verantwortlicher Leiter des gesamten Rennens.

»Bonjour, Monsieur Neubauer!« ruft er vergnügt herüber. »Wie ich sehe, haben Sie sich einen ganzen Harem mitgebracht für die lange Nacht?«

»Stimmt!« kichere ich. »Mir fehlt nur noch der passende Haremswächter. Wie wär's mit Ihnen, cher Monsieur?«

»Nicht bei der Hitze«, stöhnt er und trocknet sich den Schweiß von der Stirn. »Das wär zu viel verlangt – bei meinem Alter!«

Ich gebe zu – mit 81 Jahren ist's kein reines Vergnügen mehr, in diesem Backofen umherzuwandeln, auf Draht zu sein und obendrein noch drauf zu achten, daß ja die tausend Bestimmungen des Renn-Reglements genau beachtet werden.

Dieses Reglement ist ein Gesetzbuch mit vielen hundert Paragraphen und Fallstricken, in denen man sich eklig verheddern kann. Schon manches Rennen von Le Mans wurde am Grünen Tisch gewonnen und verloren. Drei Wochen lang hab ich daher in diesem Buch gebüffelt wie ein Tertianer vor den Oster-Zeugnissen. Nun kann ich die Vorschriften fast im Schlaf runterbeten. Ich weiß, wie lange jeder Fahrer am Steuer bleiben darf, wie viele Nebelscheinwerfer gestattet sind, daß nachts die Startnummern der Wagen beleuchtet sein müssen und wie es mit dem Tanken steht.

Überhaupt – das Tanken ist in Le Mans eine Wissenschaft für sich.

Spezial-Rennbenzin ist streng verboten. Alle Wagen aller Fabrikate dürfen nur mit einem Einheits-Kraftstoff betankt werden, der aus plombierten Leitungen fließt. Eine Kommission entnimmt vor dem Start jedem Tank eine Probe, untersucht sie und läßt den Tank wieder auffüllen. Dann werden alle Tanks, Zuleitungen und Abfüllstutzen sorgfältig plombiert.

Bei jedem Tank-Aufenthalt im Rennen aber muß die gleiche Kommission wiederum anwesend sein, prüfen und wieder plombieren.

Später werde ich für diese Genauigkeit noch einmal sehr dankbar sein ...

Jetzt, vor dem Rennen, habe ich noch anderen Kummer. Die Fahrbahn ist vor den Boxen nur zwei Spuren breit, die Boxen selbst liegen sehr dicht nebeneinander. Wir haben Schwierigkeiten mit der Zeichengebung.

Ich gehe zu Monsieur Faroux und klage ihm meine Bedenken: »Wenn hier fünfzig Wagen dicht hintereinander mit 220 Sachen vorüberrauschen und fünfzig Rennleiter ihre Täfelchen vorzeigen, so kann bei dieser Geschwindigkeit kein Fahrer erkennen, welches Zeichen gerade ihm gelten sollte.«

»Herr Neubauer«, lächelt Faroux. »Ich glaube, Sie sehen zu schwarz!«

»Ich sehe nicht nur schwarz, ich habe sogar etwas Angst, Monsieur Faroux. Bitte, bedenken Sie doch, wenn ein Fahrer ein Haltzeichen zu spät erkennt, plötzlich bremst und zu den Boxen ausscheren will, könnte es auf dieser schmalen Bahn zu einer wahren Katastrophe kommen!«

»Wir fahren dieses Rennen nicht erst seit gestern«, sagt Faroux ein bißchen spitz, »sondern immerhin seit 1923, und es hat nie ein solches Unglück gegeben.«

»Seit 1923 sind unsere Wagen auch etwas schneller geworden, Monsieur!«
»Eh bien«, sagt er. »Was wollen Sie dagegen tun? Vielleicht ein paar Tage vor dem Rennen noch die Strecke verbreitern?«
»Nein. Aber ich möchte einen Signalturm für unsere Mannschaft errichten, etwa einen Kilometer vor den Boxen. Von dort könnten unsere Wagen Zeichen erhalten. Es würde keine Verwechslungen geben, und die Fahrer könnten rechtzeitig vor den Boxen abbremsen und halten.«
»Wir werden Ihren Vorschlag prüfen«, sagt Faroux. »Sie bekommen Bescheid.«
Der Bescheid kommt. Er lautet: »Nein.« Die Paragraphen sind mal wieder stärker als jede Vernunft.
16.00 Uhr am 11. Juni 1955.
Conte Maggi senkt die Flagge zum Start. Sechzig Fahrer laufen quer über die Bahn zu ihren Wagen, springen in die Sitze. Sechzig Motoren heulen auf. Das Rennen hat begonnen.
Hawthorn geht gleich an die Spitze. Doch schon hängt Fangio an seinem Heck. Der silberne Mercedes hinter dem grünen Jaguar. Ein erbittertes Duell beginnt.
Es ist ein Kampf zweier Temperamente.
Hier der kleine, drahtige Argentinier, elegant, fast spielerisch zieht er den Silberpfeil durch die Kurven. Nie tollkühn, doch stets haarscharf an der Grenze des noch Möglichen. Und dort der weißblonde Engländer. Hart, fast brutal in seinem Stil, das Gesicht in der Anspannung des Kampfes verkniffen, ohne Rücksicht auf sich selbst und – zuweilen auch auf andere ...
Eine Stunde vergeht und noch eine. In den Geraden zieht der Jaguar davon, in den Kurven holt der Mercedes immer wieder auf. Schon zweimal haben die Leute an der Jaguar-Box ihrem Mann das Zeichen zum Halten gegeben. Er soll tanken. Hat er es übersehen in der Hitze des Gefechts ... ?
In der nächsten Runde müssen Fangio und Hawthorn das restliche Feld überrunden. Sie führen mit klarem Abstand.
Ich sehe auf die Uhr. Es ist zwanzig Minuten nach sechs. Das Rennen hat also kaum recht begonnen ...
Ich stehe auf dem Boxenrand. Hinter mir beugen sich Frau Kling und Frau Fangio über ihre Stoppuhren. Ich blicke wie gebannt auf jenen Punkt, wo nun jede Sekunde die Wagen wieder erscheinen müssen.
Wer wird vorn liegen? Fangio – oder Hawthorn?
»Sie kommen«, sagt Hanns Geier. »Achtung ... !«
Dort ... ein Pulk von drei, vier, fünf Wagen, dicht hintereinander gestaffelt. Die Motoren brüllen auf. Meine Hand spannt sich um die Uhr ...
Ganz vorn ein Austin-Healy. Das ist ein Engländer. Macklin. Uninteressant. Längst überrundet. Dahinter Hawthorn. Dann ein, zwei, drei Silberpfeile ... So fegen sie heran wie eine wahre Höllenjagd.
Da ...
Hawthorn greift an, schießt an Macklin vorbei. Auch der erste Mercedes setzt zum Überholen an von links.

Und nun geschieht das Grauenvolle, das Unfaßbare ...
Urplötzlich, ohne erkennbaren Grund, schneidet Hawthorn die Bahn von Macklin nach rechts und bremst ab, rollt herüber zu den Boxen, um zu halten. Macklin steigt in die Bremsen, reißt das Steuer herum nach links, will den Zusammenprall vermeiden. Der Wagen schleudert, drückt den Mercedes, der ihn gerade überholen will, nach links ...
Die Bahn ist schmal, viel zu schmal, um noch zu reagieren, wenn man mit 220 Sachen dahinfegt. Alles spielt sich nun in Bruchteilen von Sekunden ab.
Der Mann am Steuer des Mercedes reißt einen Arm hoch, als wolle er die hinter ihm folgenden noch warnen ... dann prallt er schon mit dem linken Vorderrad gegen die Umzäunung der Stehplätze auf der anderen Seite der Bahn.
Ich sehe sekundenlang einen Wagen wie einen Torpedo durch die Luft wirbeln, höre einen Schrei aus tausend Kehlen, sehe noch Dreck auffliegen, einen Körper hilflos in der Luft, dann sehe ich Qualm, Wagenteile, Flammen ...
Und dann nichts mehr ...
»Aus«, sage ich dumpf zu mir selbst. »Gott sei dir gnädig, armer Junge ...«
Ich sehe kaum, was sich unmittelbar vor mir abspielt. Wie Macklins Wagen wie ein Billardball von einer Seite der Bahn zur anderen geschleudert wird, wie er dicht vor unserer Box einem Polizisten beide Beine zerschmettert, endlich ausrollt und zum Stehen kommt.
Ich sehe nur, wie der zweite Mercedes-Fahrer geistesgegenwärtig rechts an dem zurückprallenden Macklin vorbeizischt und noch der dritte Silberpfeil entschwindet.
Auch Hawthorn hat gehalten ... über 200 Meter hinter seiner Box, und nun müssen sie den Wagen zurückschieben.
Ich höre unterdrücktes Schluchzen hinter mir. Es ist Frau Fangio. Ihr Gesicht ist totenblaß, ihre Hände krampfen sich um den Tisch.
»Santa Maria ...« stammelt sie, »das war mein Mann ... das war Juan ... mein einziger Juanito ...«
»Nein«, sagt Geier heiser, »Fangio ist durch, er ist an Macklin rechts vorbeigefahren ... ich habe es genau gesehen!«
»Nein, nein ...« schluchzt Frau Fangio noch immer fassungslos. »Es war doch mein Mann ... er ist tot ... tot ... tot ...«
Sie sinkt auf einem Stuhl zusammen, und Frau Kling nimmt sie in ihren Arm. Auch ihre Hände zittern noch von dem Schreck. Aber sie weiß ... ihr Mann ist am Leben. Sie hat gesehen, wie er hinter Fangio in die nächste Runde ging.
»Es kann nur Levegh gewesen sein«, sagt Geier.
Ich sage nichts. Ich sehe mich um. Ich sehe gerade noch, wie die kleine blonde Frau mit gesenktem Kopf die Box verläßt. Still, wie sie immer war mit ihren blauen, melancholischen Augen.
Sie wird nicht mehr nach ihrem Mann, dem großartigen Pierre Levegh suchen. Sie weiß – man würde ihn nicht finden zwischen den geborstenen Teilen seines Wagens.
Das Rennen geht weiter. Das Rennen kennt kein Erbarmen.

Vor unserer Box liegt noch immer der Polizist mit den zerquetschten Beinen. Seine Schmerzensschreie werden vom Dröhnen der Motoren verschluckt. Jemand hat einen Mantel über seine gräßlichen Wunden gedeckt.
Verdammt, warum kümmert sich niemand um ihn?
Gibt es denn keinen Arzt, kein Rotes Kreuz . . .?
»Sanitäter!« brülle ich. »Sanitäter!«
Niemand kommt.
Ich ahne nicht, daß alle Ärzte, alle Sanitäter, alle Krankenschwestern dort drüben sind, auf der anderen Seite der Bahn, daß dort noch immer zu wenig Helfer sind, um das grauenvolle Inferno an Schmerz, Leiden, Not, Blut und Tränen zu mildern . . .
Langsam erst, nach einer halben Stunde, sickern unglaubliche Nachrichten zu uns an die Boxen durch. Nachrichten, die mir kalte Schauer über den Rükken jagen . . .
»Der Wagen von Levegh ist explodiert«, heißt es. »Wie eine platzende Granate ist er in die Zuschauer eingeschlagen . . .«
»Der Motor hat den Menschen zu Dutzenden die Köpfe abgerissen . . . wie eine gigantische Guillotine!«
Man spricht von zehn Toten . . . zwanzig . . . fünfzig . . . neunzig Toten!
Neunzig Tote? Das wäre eine Katastrophe. Das wäre entsetzlich, das wäre vielleicht das Ende des Motorsports . . .
Fangio wird abgelöst. Er ist leichenblaß unter der ölverschmierten Staubschicht, die sein Gesicht bedeckt.
»Levegh hat mich noch gewarnt«, sagt er mit rauher Stimme. »Im Angesicht des eigenen Todes hat er mir noch das Leben gerettet!«
Er geht hinter die Box, er will allein sein. Ein paar Minuten nur, will den Schock überwinden, der ihm die Glieder lähmt.
Ich kann mich nicht um ihn kümmern. Ich darf keine Gefühle zeigen, solange das Rennen läuft, solange noch zwei Silberpfeile weit vorn an der Spitze liegen, solange noch ein Fahrer meine Hilfe braucht . . .
Es gibt Zeugen, die von einer seltsamen Begegnung hinter den Boxen berichten, von einer Begegnung zwischen Fangio und seinem Rivalen Hawthorn.
Da fällt der Engländer dem fassungsuchenden Fangio schluchzend wie ein Kind um den Hals, stammelt immer wieder: »Ich kann nicht weiterfahren . . . es ist alles meine Schuld . . . das Unglück, der Tod des armen Levegh . . . alles nur meine Schuld!«
»Komm«, sagt Fangio, »nimm dich zusammen, Mike. Es wird sich zeigen, wer der Schuldige ist, später bei der Untersuchung . . .«
»Sie müssen weiterfahren«, sagt man auch an Hawthorns Box. »Wenn Sie jetzt aufgeben, sieht das wie ein Schuldbekenntnis aus . . .«
Hawthorn fährt weiter.
Immer düsterer, immer entsetzlicher sind die Nachrichten, die von der Unglücksstelle zu uns herüberdringen. Man zählt 72 Tote, man zählt über 150 Verletzte. Das ist die schrecklichste Katastrophe, die je den Automobilsport betroffen hat.

Der Leiter der Mercedes-Presseabteilung, Artur Keser, kommt zu mir an die Box. »Herr Neubauer«, sagt er, »sollen wir unter solchen Umständen wirklich weiter am Rennen teilnehmen?«
Ich wiege bedenklich den Kopf. »Vergessen Sie nicht, Herr Keser – ein Mercedes ist in den Unfall verwickelt. Wenn wir aufgeben, wird man uns nachsagen: aha, da habt ihr's – sie geben auf, weil ihre Wagen technische Mängel haben!«
»Hm, so gesehen haben Sie natürlich recht«, meint Keser. »Aber verlangen es nicht Anstand und Takt, daß bei einer solchen Katastrophe das ganze Rennen abgebrochen wird?«
»Das wäre Sache von Monsieur Faroux«, sage ich. »Er ist als verantwortlicher Leiter sämtlicher Rennen in Frankreich allein für eine solche Entscheidung zuständig. Sprechen wir mit ihm . . .«
Doch Faroux lehnt unsere Empfehlung ab.
»Es hat schon viele Unglücksfälle gegeben«, sagt er, »und noch nie ist ein Rennen darum abgebrochen worden. Vor allem aber gibt es einen Grund, der gegen ein Abbrechen spricht: Wenn wir jetzt Schluß machen, sind Minuten später von den abströmenden Zuschauermassen sämtliche Straßen verstopft. Wir hätten keine Möglichkeit, die Verletzten schnell ins Krankenhaus zu transportieren!«
Das ist ein wichtiges Argument.
Und doch – was sind Rennen und Sieg, die mit dem Tod von 72 Menschenleben erkauft wurden . . .?
»Ich hätte noch einen Vorschlag«, sage ich zu Keser. »Sprechen Sie mit den Leuten von Jaguar. Wenn die aufhören, werden auch wir das Rennen abbrechen . . .«
Jaguar lehnt ab.
Das Rennen geht weiter. Aber Artur Keser versucht mit unserer Direktion in Stuttgart zu telefonieren. Kurz vor Mitternacht erhält er die Verbindung. Es gibt eine lange Beratung. Und dann kommt die Entscheidung von Generaldirektor Fritz Könecke als höchster Instanz: »Ihr haltet seit vielen Stunden klar und überlegen die Führung. Nun laßt es genug sein und gebt auf. Ein solcher Sieg würde euch niemals Freude machen . . .«
Das ist auch unsere Meinung. Wir brechen ab. Noch in der gleichen Nacht fahren wir zurück nach Stuttgart. Mit Trauer in den Herzen um einen guten Kameraden, um ungezählte Menschen, die ihr Leben lassen mußten.
Mike Hawthorn aber fährt weiter und gewinnt. Er wird gefeiert und geehrt, mit Reden, Blumen und Pokalen.
Ob er über diesen Sieg glücklich geworden ist, vermag ich nicht zu sagen . . .

*

Das Todesrennen ist vorüber. Die Suche nach dem Schuldigen beginnt.
Macklin erkärte gleich nach dem Rennen vor Journalisten: »Mike Hawthorn hat mich überholt, geschnitten und dabei gebremst . . .«

»Ist der Mercedes von Levegh explodiert?« fragen französische Zeitungen. »Wurde ein verbotener Explosiv-Zusatz zum Benzin verwendet?«
Tatsächlich: der Wagen geriet nach dem Sturz in Brand. Und als die Feuerwehr löschen wollte, gab es eine Stichflamme und dicken weißen Qualm ...
Wir trommeln eine Pressekonferenz in Stuttgart zusammen. Und wir beweisen: Wenn man Wasser auf brennendes Elektron-Metall spritzt, gibt es eine Stichflamme, pufft weißer Qualm in die Luft. Von einer Explosion jedoch kann keine Rede sein ...
»Wie aber steht es mit verbotenen Zusätzen zum Benzin?« fragen die Untersuchungs-Kommissare.
Da platzt mir der Kragen. »Meine Herren«, donnere ich. »Es gibt kein Rennen auf der Welt, wo man so ungeheuer genau mit all den tausend Untersuchungen vor dem Rennen ist. Wie kann man da noch irgendwelche verbotenen Stoffe in den Tank schmuggeln? In jenen Tank, den Sie höchst persönlich plombiert, dem Sie Proben entnommen haben ... ? Und überhaupt: wo sind denn diese Proben? Sie müßten doch den Unsinn dieser Beschuldigung beweisen!«
Die Herren sehen sich verlegen an, stottern ein wenig herum und gestehen endlich ein: die Proben sind, leider, verlorengegangen ...
Das hat noch gefehlt. Wenn es nicht gelingt, hier Klarheit zu schaffen, bleibt irgend etwas an uns hängen. Man wartet ja nur darauf, uns was am Zeug flicken zu können ...
Ich überlege fieberhaft. Dann kommt mir die Erleuchtung: »Meine Herren«, sage ich, »Leveghs Wagen hatte einen Einspritzmotor. Da müßten sich auch jetzt, nach einem Jahr, in der Einspritzröhre noch Reste des Benzins finden lassen ...«
Seit jenem Unglückstage nämlich sind die Reste von Leveghs Wagen von den französischen Behörden beschlagnahmt.
Es gibt ein paar bange Minuten, bis die Sachverständigen befriedigt erklären: tatsächlich hätten sie noch Spuren des Benzins finden können, genug für eine Analyse.
Und bald darauf steht fest: Das Benzin enthielt keinerlei fremde Zusatz-Stoffe ...
Nach einem Jahr werden die Reste des Unglückswagens freigegeben, die Kommission entscheidet: »Ein Schuldiger konnte nicht ermittelt werden ...«

*

Es ist nicht meine Sache, zu richten. Aber ich habe mich seither oft gefragt: Wenn Mike Hawthorn Sekunden vor dem Unglück wirklich vorgehabt hat, zum Tanken zu halten, was mag dann einen so routinierten Fahrer wie ihn zu einem sinnlosen Manöver veranlaßt haben? Dem Manöver nämlich, den Fahrer Macklin noch kurz vor den Boxen zu überholen. Jenen Macklin, der ohnehin weit abgeschlagen eine volle Runde zurücklag. Hawthorn wußte doch, daß – wenn er halten wollte – er nach dem Überholmanöver gleich darauf wieder bremsen, die Fahrbahn Macklins kreuzen und diesen wieder vorlassen mußte, um selbst an die Box zu rollen ...

Ich meine – Hawthorn wollte ursprünglich gar nicht halten. Dafür spricht auch, daß Hawthorn seinen Wagen erst 200 Meter hinter der Box zum Stehen brachte und ihn zurückschieben mußte. Ein Mißgeschick, das einem Klassefahrer nie passiert wäre, wenn ... Hawthorn das »Halt«-Zeichen seines Rennleiter nicht viel zu spät erkannt und im Schreck des »Beinahe-Übersehens« impulsiv und unüberlegt reagiert hätte ...

War das die Ursache von Hawthorns gefährlichem Manöver ... ?

Ich weiß es nicht. Nur einer weiß es. Und dieser eine schweigt, wird nie mehr reden. Am 22. Januar 1959 stürzt Hawthorne mit seinem Jaguar auf einer regennassen Landstraße bei Guilford tödlich.

Ich aber muß noch heute an meine Warnung denken, die ich Rennleiter Faroux noch vor dem Start in Le Mans gegeben hatte: »Die Boxen sind zu dicht beieinander. Es wird Schwierigkeiten mit den Zeichen geben. Und die Fahrbahn ist zu schmal ...«

Worte, die kein Echo fanden ...

Ein Wort noch über Mike Hawthorn.

In Deutschland wurden damals Kritiken laut, die seinen Sieg in der Weltmeisterschaft als Zeichen für den Niedergang im internationalen Grand Prix-Rennsport werteten.

In Deutschland wollten auch die Stimmen nie verstummen, die dem blonden Briten ein gerüttelt Maß der Schuld an der Katastrophe von Le Mans zusprachen. Schuld am Tod von Levegh, am Tod von neunzig Menschen.

Diese Vorwürfe, diese Kritiken und diese Duelle mit den überlegenen deutschen Wagen mögen an Hawthorns Nerven gezehrt haben. Das nagte und bohrte in einem Mann, der so voller Ehrgeiz war wie dieser junge Engländer. Machen wir uns nichts vor: die verbissenen Kämpfe zwischen den berühmten Fahrern bei großen Rennen züchten oft auch unversöhnliche Feindschaften, greifen ins ganz Persönliche über. Mehr als einmal habe ich das selbst erleben müssen. Nur ganz wenige, ganz große Fahrer und Charaktere können sich selbst und ihre Leidenschaften überwinden, können nach einem mörderischen Zweikampf ihrem Gegner lächelnd die Hand reichen und vergessen und vergeben.

Ein Fagioli wollte einst Caracciola mit einem Kupferhammer erschlagen, aus Wut über eine Niederlage. Die Rivalität zwischen Varzi und Nuvolari brachte sogar die italienische Regierung auf die Beine. Hans Stuck würdigte Caratsch lange Zeit keines Blickes und umgekehrt. Zwischen Bernd Rosemeyer und Rudolf Caracciola sind mehr als einmal die Funken gestoben. Louis Chiron wollte Caratsch gar ohrfeigen, und es wäre übertrieben zu behaupten, daß Caratsch und Hermann Lang sich innig geliebt hätten ...

Viele haben im Laufe der Jahre ihre alte Rivalität vergessen und begraben. Andere aber haben ihren Haß bewahrt. Unauslöschlich hat er sich in ihnen festgefressen, weiterschwelend, zuweilen unter einer gleichgültigen, lächelnden Miene verborgen, zuweilen auch offen auflodernd ...

Vielleicht ist es Haß gewesen, der auch Mike Hawthorn in den Tod getrieben hat, der ihn sekundenlang eine eherne Grundregel mißachten ließ, die er selbst kurz zuvor für alle Autofahrer aufgestellt hatte: »Niemand sollte jemals durch einen Zufall ins Schleudern geraten. Das wäre ein Zeichen unachtsamen Fahrens. Und wenn es dennoch einmal vorkommen sollte, dann muß man wissen, was man zu tun hat . . .«

Anfang 1959 hatte Hawthorn sich vom aktiven Rennsport zurückgezogen. Aber noch als Privatmann konnte er seine alten Rivalitäten nicht ganz vergessen. Er konnte nicht vertragen, wenn ein Fahrer mit einem Mercedes-Wagen ihn im Verkehr überholte.

Am 22. Januar 1959 fährt Hawthorn mit seinem Jaguar auf der Landstraße bei Guilford in Richtung London. Er will seine Braut besuchen. Die Heirat steht kurz bevor.

Dicht vor Mike fährt sein Freund Rob Walker, ein ehemaliger Rennfahrer. Und Rob fährt einen – Mercedes 300 SL.

Das kann Mike nicht ertragen. Er dreht auf. Er legt ein mörderisches Tempo vor. Die Tachonadel zittert um 120 . . . 130 . . . 140 Meilen!

Mike vergißt seine eigenen Faustregeln, er vergißt die Schleudergefahr, die nasse Landstraße, den dichten Verkehr, die gefährlichen Kurven. Er denkt nur an eines: an diesen Mercedes, der vor ihm fährt. Er muß ihn überholen. Um jeden Preis.

Er schafft es.

Aber der Preis ist hoch, viel zu hoch. Der Preis ist — das Leben . . .

Mike zieht an dem Mercedes vorbei. Aber er ist zu schnell, um die folgende Kurve richtig nehmen zu können. Er muß bremsen. Er schleudert. Er verliert die Kontrolle. Kommt von der Bahn. Überschlägt sich zweimal.

Zwischen den Trümmern des Jaguar zerren sie den zerschundenen Körper eines blonden Mannes hervor. Die Augen blicken starr und leblos in das Grau des verhangenen Winterhimmels.

Mike Hawthorn ist tot.

Ich habe Mike Hawthorn nicht geliebt. Aber ich habe ihn geachtet und geschätzt als das, was er für mich immer gewesen ist: ein todesmutiger, ein tollkühner Fahrer und Gegner.

Dabei soll es bleiben.

Denn trotz allem, was zwischen uns gestanden haben mag — er war einer von uns. Einer von jenen seltsamen Männern, die man nicht mit gewöhnlichen, bürgerlichen Maßstäben messen kann. Männer, denen der Tod ein ständiger Begleiter ist und die dennoch dieses Leben mehr als alles andere lieben. Männer, die dem Rausch der Geschwindigkeit verfallen sind, für die das ohrenzerreißende Geheul der Kompressoren Engelsmusik ist, und deren große Liebe starken Motoren gehört und — schwachen, zerbrechlichen Frauen. Männer, die Helden sind auf eine ganz moderne und doch wieder uralte, fast mythische Art. Rennfahrer . . .

MEIN SCHICKSALSRENNEN

Die Saison geht zu Ende. Wir von Mercedes könnten zufrieden sein – wenn die Erinnerung an Le Mans nicht wäre. Fangio hat zum zweiten Male die Grand Prix-Weltmeisterschaft für uns erobert. Es gibt nur einen kleinen Fleck auf der Medaille: die Weltmeisterschaft der Sportrennwagen, auch »Preis der Konstrukteure« genannt, wird kaum in unsern Händen landen. Der »Preis der Konstrukteure« wurde 1953 erstmals ausgetragen, er geht nicht an den Fahrer, sondern an die Firma, deren Wagen jeweils siegt.
Ferrari liegt klar in Führung und ist kaum noch einzuholen. Es sei denn, es geschieht ein Wunder.
Und plötzlich liegt ein Wunder wirklich in der Luft ...
Bei der Tourist Trophy in Irland holen Moss und Fitch für uns den Sieg, Fangio macht mit Kling den zweiten und Graf Trips mit Simon auch noch den dritten Platz. Mit einem Schlage ist unser Punktekonto aufgebessert. Ich rechne uns neue Chancen aus – vorausgesetzt, wir nehmen am letzten Lauf der Weltmeisterschaft für Sportrennwagen teil.
Dieses Rennen wird in Sizilien gefahren. Es ist die berühmte »Targa Florio«, das älteste Straßenrennen in Europa. Es ist so etwas wie mein Schicksalsrennen.
Hier saß ich 1922 zum ersten Male selbst am Steuer eines winzigen 1,1-Liter-Sascha-Rennwagens und fuhr einen »moralischen Sieg« gegen all die dicken Brummer von Bugatti und Mercedes heraus. Hier fuhr der damals noch recht schlanke und stattliche Alfred Neubauer auch sein erstes Rennen für Mercedes-Benz im Jahre 1924 und trug seinen Teil zu einem dreifachen Triumph des Sterns von Untertürkheim bei ...
Einunddreißig Jahre sind seither vergangen. Einunddreißig Jahre habe ich die Targa Florio nicht mehr gesehen. Nun würde ich noch einmal quasi in meinen eigenen Spuren wandeln. Nicht als Rennfahrer, nein – aber doch als Rennleiter.
Ich fahre von Irland mit der Siegesbotschaft heim nach Deutschland ins Schloßhotel Kronberg im Taunus, wo an diesem Septemberabend die Direktion von Daimler-Benz versammelt ist, um die Presse zu bewirten. Denn in Frankfurt am Main ist gerade die große Automobil-Ausstellung im Gange.
Ich platze mitten ins Menü, zwischen Vorgericht und Suppe hinein. Während ich noch in meinem Hors d'oeuvre herumstochere, flüstere ich meinem Nachbarn, einem leitenden Direktor zu: »Ich muß noch heute eine Attacke reiten. Wir müssen unbedingt an der Targa Florio teilnehmen. Wir haben Chancen für die Weltmeisterschaft!«
Der Direktor kaut säuerlich auf einer Olive. »Da werden Sie kein Glück haben, mein Lieber. Heute morgen auf der Vorstandssitzung ist entschieden worden: Wir fahren nicht die Targa Florio. Wir gehen nach Venezuela!«
»Nach Venezuela? Zum Großen Preis von Caracas?«
»Ganz recht. Sie wissen ja – ein Sieg in Südamerika ist für den Export von größter Bedeutung!«

Ich sage nichts. Aber ich bin entschlossen, bis zum Umfallen um »meine« Targa Florio zu kämpfen.
Das Menü dehnt sich endlos hin. Ich sehe immer wieder auf die Uhr. Es wird Mitternacht. Es wird eins.
Endlich sind wir über den Käse beim Mokka und beim gemütlichen Teil des Abends gelandet. Jetzt ist es Zeit.
Ich spreche mit Oberingenieur Uhlenhaut. Ich überzeuge ihn, daß Sizilien unserm Herzen näher liegt als Venezuela. Dann gehen wir gemeinsam zu Professor Nallinger. Wir ziehen uns ins Büro des Hoteldirektors zurück. Dort sind wir ungestört.
Ich trage mein Anliegen vor. »Zwei Weltmeisterschaften in einem Jahr – das wäre ein Rekord. Das wiegt mehr als zehn Siege in Südamerika!«
»Hm«, macht Professor Nallinger. »Aber wir haben den Herren vom Automobilclub in Caracas schon eine halbe Zusage erteilt ...«
»Ein halbes Ja ist gar kein Ja«, sage ich. »Geben Sie Ihrem Herzen einen Stoß, Herr Professor!«
Er überlegt. Er sieht mich zweifelnd an. »Sind Sie so sicher, daß wir es in Sizilien auch schaffen?«
»Wir müssen«, sage ich. »Wenn wir den ersten und den zweiten Platz erringen, gehört der Preis der Konstrukteure uns!«
Ich rede wie ein Wasserfall. Ich finde Worte, die ein mittleres Felsengebirge schmelzen würden.
»Na schön«, sagt endlich Professor Nallinger. »Ich bin einverstanden. Aber – wehe, es geht schief!«
Am nächsten Morgen holt unser Pressechef Artur Keser auch noch die Genehmigung des Generaldirektors Dr. Könecke ein. »Wenn Professor Nallinger dafür ist«, sagt er, »dann habe ich nichts dagegen. Aber ... hoffentlich wird's auch was!«
Ich schalte sofort auf den fünften Gang. Ich wirbele mein Büro durcheinander, daß meine gute Heinze fast ins Schwimmen kommt. »Sie werden alt«, murre ich. »Statt einer Sekretärin zu sechzig werde ich mir noch drei zu zwanzig anschaffen müssen!«
Sie weiß genau – so wörtlich und so ernst ist das nicht gemeint. Im Grunde laß ich auf die Heinze und auch auf meine zweite Sekretärin, die mir seit Jahren zur Hand geht, auf die stille, fleißige Frau Reclam, nichts kommen. Ich staune manchmal selbst, wie diese beiden mit mir altem Querkopf fertigwerden ...
So schnell wie diesmal bin ich selten zu einem Training gefahren. Vier Tage später fliege ich bereits nach Sizilien, und weitere drei Tage darauf schnurren unsere Wagen zum erstenmal um den vertrackten Kurs.
Da ist Fangio mit Kling, und da ist Stirling Moss mit seinem jungen, sympathischen Landsmann Peter Collins.
Ich hetze die Jungens von früh bis spät über die Strecke, bis ihnen schwindlig wird, bis sie jede Kurve, jede Steigung im Schlaf herbeten können. Siebzig, nein hundertmal muß jeder die ganze Strecke fahren – und das sind jedesmal

rund 70 Kilometer für eine Runde. Ich lasse mich nicht von Ungewittern, Steinschlag, Bergrutsch bremsen. Und als Stirling Moss sich einen Schnupfen einhandelt, da wache ich mit Argusaugen, daß er seine Medizin schlürft und seinen heißen Wickel bekommt. Ich quartiere die Fahrer in einem herrlichen Landgut von Freunden ein. Ich fahre jeden Morgen um 7 Uhr persönlich zum Markt, um Lebensmittel einzukaufen. Ich besorge 70 Paar Wiener Würstchen, kiloweise Kaffee, ganze Kisten mit Käse, Salami, Sardinen und Körbe mit Eiern und Tomaten. Ich lese ihnen jeden Wunsch von den Augen ab. Nur wenn's ans Fahren geht, da kenn' ich kein Pardon.

Bald merke ich: unsere Zeiten sind nicht sehr viel besser als die von Castellotti mit seinem Ferrari. Es wird ein heißes Rennen geben.

Ich stelle eine klare Rechnung auf. Wenn die Wagen gleich schnell sind, dann muß das Rennen mal wieder an der Box gewonnen werden.

Die Targa Florio geht über 13 Runden. Ich weiß, Castellotti, unser schärfster Gegner, hält nicht mehr als drei Runden hintereinander durch, dann muß er sich ablösen lassen. Das macht vier Fahrerwechsel während des Rennens. Und jeder Wechsel bedeutet einen Halt an der Box ...

Ich überlege: Meine Jungens müssen vier Runden durchhalten, um im Verlauf des Rennens einen Halt gegenüber den Italienern einzusparen. Das bedeutet Zeitgewinn. Das kann den Sieg bedeuten ...

Ich sage: »Wenn wir nur gleich schnell wie die Italiener sind ... dann macht es eure körperliche Überlegenheit. Ihr müßt vier Runden hintereinander fahren!«

Fangio wiegt bedenklich seinen Charakterkopf: »Señor Neubauer ... vier Runden? Das ist übermenschlich. Da weiß man kaum noch, ob man am Start, am Ziel oder in der Mitte der Strecke ist ...

»Ihr müßt!« sage ich unerbittlich. Und verpasse meinen Schäfchen gleich noch eine psychologische Spritze in Form einer Ansprache:

»Kinder, vergeßt nicht: Ihr seid körperlich solche Kerle! Da ist der Fangio, auf den man Flaschen schmeißen kann. Da ist der Moss, das Gummimännchen, die Sprungfedermatratze. Da ist Kling – ein solcher Bär! Da ist Collins, jung, gesund und unverbraucht. Ihr werdet doch vier lächerliche Runden durchhalten können!«

»Wir wollen es versuchen«, sagen sie.

Nie habe ich ein Rennen gründlicher vorbereitet und sorgfältiger geplant. Ich lege noch einmal all meine Erfahrung, mein Können, meine Tricks und – meine Liebe in diese Targa Florio 1955, die Targa Florio, die einst mein allererstes Rennen war. Es ist, als ahne ich, daß dieses Rennen mehr für mich bedeuten wird als all die vielen hundert anderen, die ich je leitete. Es liegt etwas wie Abschied, wie Trennung, wie stille Wehmut in der Luft in jenen Oktobertagen von Sizilien. Manchmal, ganz heimlich, ertappe ich mich sogar bei dem absurden Wunsch, die Targa Florio 1955 möge nie gefahren werden ...

Sie wird gefahren.

Am 16. Oktober 1955, früh um 7 Uhr, wird der erste Wagen auf die 1000-Kilometer-Jagd geschickt. Im Einzelstart. Im Rennen gegen die Uhr.

Es ist ein herrlicher Morgen, mit einem Himmel, ganz so, wie man sich einen italienischen Himmel vorstellt: tiefblau, unendlich weit und klar.
Ich werde diesen Tag nie vergessen. Denn an diesem Tag sollte mehr als nur ein Rennen, sollte mein eigenes Schicksal entschieden werden ...
Zunächst geht alles wie am Schnürchen. Stirling Moss geht sofort an die Spitze. Er führt nach der ersten und nach der zweiten Runde. Nach der dritten Runde beträgt sein Vorsprung volle fünf Minuten. Dann folgt Castellotti, gleich dahinter Fangio. Wir müssen die beiden ersten Plätze machen, um die Weltmeisterschaft zu erringen. Ich habe meinen Namen, mein Wort, meinen Ruf dafür verpfändet ...
4. Runde.
Ich sehe auf die Uhr. 39 Minuten sind vergangen, seit Moss verschwunden ist. In ein bis zwei Minuten muß er wieder hier auftauchen. Schon wartet Peter Collins, unruhig wie ein junges Rennpferd, um ihn abzulösen.
Minuten vergehen.
Ich werde unruhig. Ich nehme den Feldstecher, suche die Straße ab, die dort oben in den Bergen verläuft. Dort müßte Moss jetzt auftauchen, wenn er seinen Vorsprung behalten hat ...
Moss kommt nicht.
Dafür taucht plötzlich ... Castellotti auf. Der Italiener führt! Gewiß – Fangio hängt ihm dicht auf den Fersen.
Aber, verdammt, wo bleibt denn Moss ... ? Ich spüre, wie mein Mund trokken wird, wie eine unsichtbare Faust mir die Kehle zuschnüren will. Was ist mit Moss? Ein Sturz? Eine Panne? Nicht auszudenken ... ! Alles wäre umsonst gewesen. Das Rennen verloren, die Meisterschaft, der gute Ruf ...
Ich sinke auf dem Boxenrand zusammen. Ich möchte weinen wie ein Kind ...
In diesem Augenblick gibt mir Peter Collins, der Stirling Moss in dieser Runde ablösen sollte, einen Rippenstoß.
»Look up there!« ruft er und zeigt hinauf in die Berge. »Sehen Sie dort oben – er kommt!«
Ich reiße das Glas an die Augen, suche die Strecke ab, die sich wie ein schmales weißes Band hinter den Bergkuppen verliert.
Tatsächlich – dort oben kommt ein heller Punkt heran, wächst schnell, wird größer ... dann kann ich die Startnummer erkennen. Und dann jauchze ich auf. Es ist Moss!
Er ist noch im Rennen! Und solange er noch fährt, haben wir noch eine Chance – auch wenn Castellotti mit seinem Ferrari nun den wichtigen zweiten Platz hält, auch wenn Moss bald volle neun Minuten im Rennen gegen die Uhr zurückliegt.
Dann rollt der Wagen an die Box, und mein Herz rutscht unvermittelt wieder in die Hosentasche. Denn was ich nun sehe, raubt mir den letzten Hoffnungsschimmer. Der schöne Mercedes 300 SLR sieht aus, als habe ihn Mister Moss auf irgendeinem Autofriedhof aufgeklaubt und selbst zusammengebastelt. Die Scheinwerfer sind herausgerissen, die Karosse ist hinten eingedrückt, die ganze Seitenwand ist aufgerissen und zerfetzt.

»Was ist?« rufe ich Moss zu. »Fährt die Kiste noch?«
Er nickt. Dann klettert er mühsam aus dem Sitz, torkelt erschöpft in die Box und sinkt auf einer Kiste mit Ersatzteilen zusammen.
»Los, Peter!« kommandiere ich. »Jetzt müssen Sie die Kastanien aus dem Feuer holen!«
Dieser Peter Collins ist ein junger Sausewind, der nur darauf wartet, zu beweisen, was er kann. Kluge, helle Augen und der schlaksige Charme des wohlerzogenen jungen Engländers . . .
Er steigt ein. Die Mechaniker flitzen umher, tanken auf, kneifen vorstehende Blechteile ab, kontrollieren die Reifen. Es ist geradezu ein Wunder, daß diese zerbeulte Kiste wirklich noch in einem so schweren und schwierigen Rennen mithalten kann. Die Mechaniker entdecken nichts, was die Fahrtüchtigkeit beeinträchtigt. Die Spur der Lenkung stimmt noch, die Reifen sind intakt, die Bremsen ziehen. Aber vor lauter Suchen nach schweren Schäden vergessen die Schmierfritzen etwas ganz Simples. Dieses Versehen hätte üble Folgen haben können, wenn nicht . . .
»Ready?« fragt Peter. Und dann ruft er lachend: »Go!«
Der Motor heult auf.
In diesem Augenblick stürzt plötzlich Moss von der Box herbei, rudert mit beiden Armen durch die Luft, gibt Peter aufgeregte Zeichen.
»Stop!« brüllt er. »Um Himmels willen – ihr müßt Kühlwasser auffüllen!«
Die Mechaniker reißen die Motorhaube auf, öffnen den Kühlerstutzen. Langsam, vorsichtig, um bei dem heißen Motor keinen Zylinderriß zu riskieren, füllen sie Wasser nach.
Ich traue meinen Augen nicht. Es ist unheimlich, was der Wagen säuft: fast zehn Liter müssen nachgefüllt werden. Keine Runde mehr hätte Collins geschafft. Ein paar hundert Meter weiter, und die Kolben hätten sich in den glühheißen Zylindern festgefressen . . .
Peter Collins startet.
Ich blicke ihm zweifelnd und mit wehem Herzen nach. Mit dieser zerbeulten Mühle wird er nie und nimmer die neun Minuten aufholen, die Stirling Moss verloren hat. Die Weltmeisterschaft können wir wohl an den Nagel hängen. Ein schwacher Trost nur, daß Fangio noch immer dicht vor Castellotti führt. Wir brauchen ja auch den zweiten Platz, wenn wir den Weltmeister-Preis der Konstrukteure gewinnen wollen . . .
Ich gehe mit hängendem Kopf zurück zur Box. Dort sitzt Stirling Moss wie ein Häuflein Unglück auf seiner Kiste und hält den Sturzhelm vor sich hin wie einen Spucknapf.
»Moss«, donnere ich, »was Sie heute mit meinem alten Herzen treiben, können Sie gar nicht verantworten. Warum in aller Welt fahren Sie wie ein Verrückter und riskieren einen Sturz, wenn Sie mit vollen fünf Minuten führen! Ist Ihnen klar, was Sie getan haben? Sie haben unsern Sieg leichtfertig verschenkt!«
Moss sieht mich an wie ein Dackel, den der tiefste Weltschmerz in seinen Klauen hält . . . Er will was sagen. Seine Lippen zucken. Dann steht er auf,

Luigi Fagioli

Hans Stuck im Gespräch mit Ferdinand Porsche

Archille Varzi vor einer Trainingsrunde

Mme. Caracciola führt die Zeitentabelle

Louis Chiron

Tazio Nuvolari

kommt auf mich zu, und dann geschieht etwas, was ich diesem Jungen niemals zugetraut hätte: Stirling Moss weint.

Dieser zähe, stets beherrschte und todesmutige Engländer sinkt an meine Brust wie ein verlorener Sohn, und ich fühle, wie sein Körper schüttelt.

Was Stirling Moss aber in diesem Augenblick hinter sich hat, muß mehr sein als nur die Anstrengung des Fahrens. Der zerbeulte Wagen spricht davon, daß es ein schwerer Sturz gewesen sein muß, bei dem Moss vielleicht nur knapp dem Tod entkommen ist.

»Ruhig, alter Junge, nur ruhig«, sage ich heiser und klopfe ihm die Schulter. »Ist doch alles halb so wild. Hauptsache, Sie sind noch gesund und munter...«

Dann sag ich nichts mehr, denn ich verspüre mit einem Male selbst einen salzigen Geschmack auf der Zunge. Verdammt noch mal, ich mag diesen kleinen Tommy gern, er ist mir in seiner frischen, unbekümmerten Art ans Herz gewachsen...

Wir setzen uns an den Boxenrand, denn nun sind mindestens dreißig Minuten Zeit, bevor der nächste Mercedes wieder bei uns auftauchen wird. Inzwischen sind wir auf Nachrichten von der Strecke angewiesen, die auch nur spärlich eintrudeln.

»Nun sagen Sie in aller Welt, lieber Moss, wie kommt es, daß Sie so scheußlich auf die Nase geflogen sind?« frage ich ihn, als er sich ein wenig beruhigt hat.

Und Stirling Moss erzählt: Wie er gerade eine Rechtskurve gemeistert hatte und mit voller Fahrt eine scharfe Linkskurve angehen wollte. Wie er plötzlich die Kontrolle über das Steuer verlor, wie der Wagen nach rechts schleuderte, mit dem Heck gegen die Straßeneinfassung knallte, abprallte und wie ein Torpedo direkt auf einen Abgrund zuschoß...

»Ich hatte Angst, ganz gräßliche Angst«, sagt Moss leise. »Ich wollte abspringen... aber alles ging viel zu schnell bei diesem Tempo...«

Er stockt, spielt nervös mit seinen Handschuhen.

»Na – und?« frage ich. »Wie ging's weiter?«

»Der Abgrund«, sagt Moss mit einem kleinen Lächeln, »war nur knapp drei Meter tief. Ich machte einen gewaltigen Satz durch die Luft und – landete mitten auf einer Wiese, die mit Felsbrocken dicht übersät war.«

Ich habe eine böse Ahnung. »Wie, um Gottes willen, sind Sie zurück auf die Straße gekommen?«

»Zunächst – gar nicht. Ich blieb an den Felsen hängen. Die Räder drehten auf dem glatten Grasboden immer wieder durch. Der Motor wurde heiß. Das Kühlwasser verdampfte.«

»Ein Wunder, daß die Kupplung das ausgehalten hat!«

»Ja. Es war ein hoffnungsloser Fall. Ich wollte bereits aufgeben, als an die dreißig, vierzig Italianos auf mich zugelaufen kamen. Sie schrien: Avanti! Avanti! und dann haben sie mich mit vereinten Kräften zurück auf die Bahn geschoben.«

»Liebe Güte!« stöhne ich. »Ich hab's ja geahnt! Fremde Hilfe! Das ist streng verboten. Jetzt müssen wir noch damit rechnen, daß Sie disqualifiziert werden.«

Ich habe mit dem Thema »Fremde Hilfe« im sonnigen Süden schon zweimal schlechte Erfahrungen gehabt. Ich krame in meinem Hirnkästchen, um für den Fall der Fälle die richtigen Argumente parat zu halten.
Es war vor dreißig Jahren, bei einem Großen Preis von Monza. Da knallte einer der Brüder Maserati mit seinem Zwölfzylinder aus der Kurve.
Sofort war eine Hundertschaft seiner Landsleute zur Stelle und schob den Wagen auf die Bahn. Er fuhr weiter und gewann.
Er schnappte einem unserer Privatfahrer, dem kleinen Momberger, den Sieg vor der Nase weg.
Ich nichts wie hin zum damaligen Sportpräsidenten – Commendatore Florio.
»Commendatore«, sagte ich, »ich kann Ihnen beweisen, daß Maserati mit fremder Hilfe zurück auf die Bahn gebracht wurde. Nach Ihrem amtlichen Renn-Reglement führt fremde Hilfe jedoch zur Disqualifikation. Der Sieger heißt also nicht Maserati, sondern Momberger auf Mercedes-Benz!«
Da legte der »Presidente« Florio sein Gesicht in viele kleine Falten, und seine Äuglein blinkerten mich listig an.
»Ach, Herr Neubauer«, sagte er dann, »das mag schön und gut sein, mit dem Reglement. Aber in Italien hat das Volk für solche Feinheiten kein Verständnis. Das Temperament, Sie verstehen ...? Da wird einfach draufgeschoben, basta. Das müssen Sie halt hinnehmen, nicht wahr?«
Na schön – ich nahm es hin.
Ein paar Jahre später starteten wir zum Rennen um die Coppa Ciano in Livorno, und unser Manfred von Brauchitsch führte mit klarem Vorsprung – bis er, rums, in eine Strohballen-Schikane knallte. Die Zuschauer schoben an, Brauchitsch fuhr weiter – und als Erster durchs Ziel.
»Signor Brauchitsch wird disqualifiziert«, entschied gleich darauf die hohe Sportkommission. »Er ist mit fremder Hilfe weitergefahren!«
»Hoppla«, sagte ich. »Wie war das denn vor sechs, acht Jahren in Monza mit dem Signor Maserati? Da hat Commendatore Florio entschieden: Bei uns in Italien nimmt man's mit der fremden Hilfe nicht so genau!«
»Ach«, sagten da die hohen Herren, »das war damals, bei Signor Florio. Heute ist das ganz anders ... Sie müssen's halt hinnehmen!«
Ich nahm es auch diesmal hin ...
Allerdings hatte ich damals ein Trostpflästerchen. Denn der Zweite, der auf diese Weise Erster wurde, war niemand anders als unser guter Hermann Lang. Dem Brauchitsch aber hängten wir an jenem Tage den Spitznamen »Strohballen-Otto« an ...
An diese beiden grundverschiedenen Regel-Auslegungen muß ich mich nun erinnern, als Stirling Moss mir beichtet, wie er zurück ins Rennen gelangt ist – eben mit »fremder Hilfe« ...
Mir ist nicht wohl dabei. Ich kann vorerst nicht viel mehr tun als beide Daumen drücken, daß der oberste Rennleiter uns nicht erneut einen Strich durch die Rechnung macht.
Ich bin auf's Äußerste gefaßt. Denn dieser oberste Rennleiter ist jetzt, Anno 1955, wiederum ein gewisser, schon hochbetagter Signor Florio ...

Dieser millionenschwere Herr hatte vor nunmehr 49 Jahren dieses großartigste, aber auch kompliziertestc aller europäischen Straßenrennen ins Leben gerufen. Damals betrug das Durchschnittstempo des Siegers sagenhafte 45 Stundenkilometer.

Signor Florio war auch dabei, als auf der gleichen Strecke 1922 ein gewisser Alfred Neubauer sich mit einem winzigen Sascha-Wägelchen der Austro-Daimler die Sporen als kühner Rennfahrer verdiente.

Mit seinem 1,1-Liter-Wagen hatte dieser Neubauer gegen die -zigmal so starken, dicken Brummer von Mercedes und Bugatti keinen Schimmer einer Chance. Er landete mit Weh und Ach auf dem 19. Platz im Gesamtklassement — doch die Gazetten feierten den David unter all den Goliathen als »moralischen Sieger«. Denn er war um nur sechs Stundenkilometer langsamer als der siegende 4,5-Liter-Mercedes gewesen ...

Zwei weitere Jahre später, 1924, erlebte die Targa Florio den ersten Start des Alfred Neubauer für Mercedes-Benz. Diesmal wurde er Dritter seiner Klasse und half mit, einen der stolzesten Triumphe seiner Firma zu erringen. Aber das ist 31 Jahre her. Ein bißchen wehmütig denk ich an jene »heroische« Zeit des Autosports zurück, während ich auf Peter Collins warte, der nun bald aus seiner ersten Runde mit dem lädierten 300 SLR zurückkommen muß ...

Da ist er schon!

Wie ein geölter Blitz fegt er mit seiner baufälligen Mühle an der Box vorbei, winkt uns noch einmal zu und — ist in der nächsten Kurve verschwunden.

Ich sehe voll Bangen auf die Uhr. Aber dann werden meine Augen groß wie Untertassen, und ein tierischer Urlaut aus meiner Kehle schreckt die ganze Boxenmannschaft hoch. Meine Stoppuhr weist nämlich aus: Peter Collins, der junge Mann aus Großbritannien, hat mit dem lendenlahmen Wagen einen neuen Rekord aufgestellt!

Es ist kaum zu fassen! Da kann Herr Castellotti mit seinem Ferrari nicht mehr mit. Ja, selbst ein Fangio, der große Weltmeister Juan Manuel Fangio, muß Federn lassen.

Ich sagte es ja schon mehrfach: Der Weltmeister aus Argentinien ist unerreicht bei Grand Prix-Rennen. Doch auf Sportwagen, wenn's über endlose Straßen geht, wie bei der Mille Miglia und bei der Targa Florio, da fehlt ihm jener Schuß Wagemut, den nur ein Stirling Moss und neuerdings auch ein Peter Collins zu besitzen scheint. Da macht der Altersunterschied von 18 Jahren sich halt bemerkbar ...

Mister Collins holt glattweg die neun Minuten Rückstand auf, und als er nach der 8. Runde das Steuer seinem Freund Stirling Moss übergibt, da hat er sich erneut die Führung erkämpft!

»Los!« ruf ich Stirling Moss zu. »Sie haben was gutzumachen!«

Der drahtige Engländer knabbert noch in jeder Runde ein paar Sekunden von der Rekordzeit ab, und als er endlich übers Zielband schießt, da liegt er 4 Minuten 55 Sekunden vor den zweiten, Fangio und Kling, und fast volle zehn Minuten vor den dritten — Castellotti und Manzon auf Ferrari.

Ich führe einen stilechten Indianertanz auf, umärmele abwechselnd Fangio, Moss, Kling und Collins. Ich nehme zur Kenntnis, daß die Zeit unseres Siegerwagens runde 90 Stundenkilometer beträgt – ziemlich genau doppelt so schnell wie die des Siegers Anno 1906. Was aber für uns nun am wichtigsten ist: Wir haben die Weltmeisterschaft der Sportwagen, den »Coup des Constructeurs«, gewonnen! Das bedeutet für das Jahr 1955 gleich zwei Weltmeisterschaften: Juan Manuel Fangio ist unangefochten Weltmeister der Rennfahrer durch seine vielen Siege auf Mercedes. Und jetzt, bei der Targa Florio, hat sich die Firma Mercedes-Benz den begehrten »Preis der Konstrukteure« geholt.

Von »Disqualifikation« ist weit und breit keine Rede. Ich glaube, Signor Florio hat nicht vergessen, was er mir vor drei Jahrzehnten sagte: »Gegen das Temperament, die Begeisterung des italienischen Volkes, kann man eben keine Gesetze machen!«

Und ich erkenne mit stummer Hochachtung an: Diese Begeisterung, diese »fremde Hilfe« wird nicht nur eigenen, nein, auch den ausländischen Wagen zuteil. Sogar den »terribili Mercedes«, den schrecklichen Silberpfeilen aus dem Norden ...

Der junge, tapfere Collins, dieser sympathische und bescheidene Sportsmann, ahnt nicht, daß er nur noch knapp drei Jahre zu leben hat, daß er beim Großen Preis von Deutschland 1958 auf dem Nürburgring mit seinem Ferrari tödlich stürzen wird ...

*

Als ich am Abend, noch ganz benebelt von der Siegesfreude, in mein Quartier in der Villa Igiea komme, liegt auf meinem Schreibtisch ein Brief mit vielen bunten Stempeln. »Persönlich und vertraulich« steht darauf, und als Absender zeichnet unser Vorstandsmitglied und Chefingenieur Professor Dr.-Ing. e. h. Nallinger. Der Brief trägt das Datum vom 12. Oktober 1955, er ist also bereits vier Tage alt. Vom Schwabenländle bis nach Sizilien ist es halt ein weiter Weg.

Ich lese und fühle, wie plötzlich der Boden unter meinen Füßen zu wanken droht. Ich greife nach einem Stuhl, lese noch einmal und noch ein drittes Mal. Dann bedecke ich mit beiden Händen mein Gesicht.

So sitze ich stumm. Ich weiß nicht, wie lange. Ich weiß nur eines: Dieser Brief bedeutet das Ende meiner Laufbahn, bedeutet einen Schlußstrich unter sechs Jahrzehnte Motorsportgeschichte.

Es ist ein Satz in diesem Brief, der in meinen Ohren dröhnt, in meinen Schläfen hämmert, der mich noch heute und wahrscheinlich bis zu meinem Grab verfolgen wird:

»Der Vorstand hat sich nach reiflicher Überlegung entschlossen ... sich endgültig für einige Jahre vom Rennsport ... fernzuhalten ...«

Dieser Brief, diese Entscheidung trifft mich völlig unvorbereitet, wie ein kalter Schlag.

All die Anstrengungen vor dem Rennen, die Nervenprobe der vielen Runden,

das heulende Elend nach dem Sturz von Moss, die neuentfachte Hoffnung durch die glänzende Fahrleistung von Collins, die unsagbare Freude, der hochfliegende Stolz nach dem Sieg – und jetzt dies!
Langsam nur kommt mir zum Bewußtsein, daß die Targa Florio, mein erstes Rennen, nun auch mein endgültig letztes Rennen gewesen sein wird.
Mein Schicksalsrennen ...
An jenem fürchterlichen Abend des 16. Oktober 1955 brauche ich sehr, sehr lange Zeit, bevor ich's über mich bringe, Fangio und Moss, Kling und Collins gegenüberzutreten. Aber ihnen in die Augen schauen, lachen – das kann ich nicht an jenem Abend, da die anderen den großen Sieg feiern und ich Abschied nehme von dem, was bisher mein Leben war.
Dieser Abend – mein Gott – wie bitter sind solche Stunden, wenn einem das Herz blutet und man doch gute Miene machen muß. Wie bitter, die anderen reden zu hören über ihre hochfliegenden Pläne für das nächste Jahr, für neue große Rennen, größere Siege – und man selbst muß schweigen. Muß allein fertig werden mit dem Mühlrad der Gedanken um das: »Warum?«
Aber ich behalte die Hiobsbotschaft für mich. Ich will den tapferen Burschen die Freude nicht verderben. Noch früh genug werden sie das Unvermeidliche erfahren.
Sie erfahren es am 22. Oktober, sechs Tage später, bei der traditionellen Schluß- und Siegesfeier im Werk Untertürkheim. Und es trifft sie alle wie ein Blitz aus heiterem Himmel.
Da ist die Presse, da sind die Direktoren, die Konstrukteure. Da gibt es Brillantnadeln, Ehrenpreise, Glückwünsche und Reden, da flirren Blitzlichter auf. Und wir, Rennleiter und Fahrer? Wir quälen uns ein Lächeln auf die Lippen, obwohl uns allen viel mehr zum Heulen zumute ist. Wir drücken uns noch einmal die Hand. Dann fahren sie davon, in alle Winde – Fangio und Moss, Collins, Kling, Taruffi, Graf Trips und Gilberte Thirion. Es ist aus.
Unsere schönen, geliebten Silberpfeile werden eingemottet oder wandern ins Museum. Sie haben sich selbst und ihre Zeit, so scheint es, überlebt.
Der Stern von Untertürkheim wird nicht mehr leuchten über Nürburgring und Avus, in Montlhéry und Monza, über dem Kurvenkarussel von Monaco, in Francorchamps und auf dem Mörderkurs von Le Mans.
Warum nicht mehr ...?
So fragen Journalisten, Fahrer und das Millionen-Publikum des Rennsports. Es gibt viele Antworten und jede enthält einen Teil der Wahrheit:
Die Konstrukteure, Ingenieure, Monteure, über 500 wertvolle Fachkräfte, werden für wichtige Aufgaben in der täglichen Produktion benötigt.
Die Erfahrungen, die mit den Rennwagen gewonnen wurden, müssen für den Großserienbau der Gebrauchsfahrzeuge ausgewertet werden.
Die technische Aufgabe, die den Konstrukteuren mit der letzten Rennformel gestellt wurde, ist von uns restlos gelöst worden.
Die Millionen-Kosten für die Beteiligung an Rennen und den Unterhalt einer eigenen Rennabteilung stehen heute in keinem rechten Verhältnis mehr zur Werbewirkung im Fall eines Erfolges.

Wir haben erreicht, was überhaupt zu erreichen ist: innerhalb eines Jahres gewannen wir die Weltmeisterschaft der Grand Prix-Wagen, der Sport- und die Europameistesrchaft der Tourenwagen.
Vielleicht ist dies ein Argument, das stärker ist als alle andern, denn es enthält ein Stück Lebensweisheit: Mercedes-Benz hat es gehalten wie alle klugen Menschen – es hat sich auf dem Höhepunkt des Erfolges zurückgezogen. Wie Hans Stuck es einmal treffend formulierte: »Schluß gemacht, als es am besten schmeckte ...«

ES WAR EINMAL

Die Frage, warum sich die Großindustrie praktisch ganz vom Rennsport zurückgezogen hat, führt uns auch zurück bis an den Urbeginn des Autorennsports überhaupt.
Einst dienten Autorennen der technischen Weiterentwicklung des Automobils. Ohne jene Pioniere, die mit pferdedroschkenähnlichen Vehikeln und 20 Stundenkilometern »Geschwindigkeit« vor 60 Jahren über staubige Feldwege und holprige Landstraßen »um die Wette« fuhren, ohne jene ersten Autorennen und ihre Helden wäre das Automobil nie geworden, was es heute ist: ein bis zur letzten Schraube perfekt durchkonstruiertes Motorfahrzeug für jedermann. Damals galt zu Recht noch der Satz: »Der Rennwagen von heute ist der Gebrauchswagen von morgen.«
Heute gilt das allenfalls noch für einige technische Details.
In den Rennen vergangener Jahrzehnte wurden alle Teile des Automobils den härtesten Bewährungsproben unterzogen: Motor und Getriebe, Kupplung, Federung, Fahrgestell, Bremsen und Reifen.
Inzwischen hat die Welt sich verändert. Auch die Welt des Motorsports. Längst ist die Technik gezähmt, die einst ein unbekannter Gegner jeden Fahrers im Rennen – und jeden Herrenfahrers auf der Landstraße war. Defekte, die einst an der Tagesordnung waren, die einen Kampf entscheiden konnten, diese schicksalshaften Pannen und Zwischenfälle sind heute selten geworden. Rennen werden nicht mehr an der Boxe und beim Reifenwechsel entschieden.
Früher, in den dreißiger Jahren, benötigten Spitzenfahrer für eine schnelle Nürburgrunde etwa zehn Minuten, und alle 120 Kilometer hingen die Protektoren in Fetzen von den Reifen.
Heute fahren wir mit kleineren Wagen, mit weniger PS und geringerem Hubraum rund zwei Minuten schneller um den »Ring« und brauchen nicht einen ganzen Reifen, sondern höchstens drei Millimeter der Gummischicht ...
Das nennt man Fortschritt.
Ein Fortschritt, den wir der Erfahrung aus vielen hundert heißen Rennen verdanken, gewiß. Aber machen wir uns nichts vor. Heute kann man auch ohne Rennerfolge seine Autos verkaufen. Heute bangt nicht mehr wie einst

eine vieltausendköpfige Belegschaft um die Fahrer »ihres« Werkes, weil von ihrem Sieg in Monza, auf der Avus oder in Le Mans das Wohl und Wehe der gesamten Firma abhängen könnte ...

Damals berauschten sich Millionen an den wachsenden Geschwindigkeiten. Damals war das Überschreiten der 300-Stundenkilometer-Grenze ein Ereignis, das rund um die Welt Aufsehen erregte.

Heute rechnet man mit »Mach-Zahlen«, mit dem Vielfachen der Schallgeschwindigkeit. Jedenfalls, soweit es Flugzeuge und Raketen betrifft.

Hand aufs Herz – wen interessiert es heute noch, ob ein Auto nun mit 200 oder 300 Stundenkilometern, eine Rakete mit 2000 oder 5000 Stundenkilometern dahinrasen kann? Allenfalls ein paar Techniker und Spezialisten. Wir »Normalverbraucher« der Geschwindigkeit haben auf vier Rädern ohnehin die Höchstgrenze längst erreicht. Denn wo gibt es heute noch eine Möglichkeit, etwa einen rassigen Sportwagen bis an die Grenze seiner Leistungsfähigkeit auszufahren? Wo könnte man es sich noch leisten, auf einer Autobahn im Verkehr viel schneller als etwa 170 km/h zu fahren?

Vielleicht gibt es ein paar junge Männer, die sagen: »Wir können es!«

Vielleicht können sie es wirklich. Nur – verantworten können sie es ganz gewiß nicht.

Heute sind andere Probleme für uns wichtiger als alle Raserei: Mit welchem Wagen schlängle ich mich am besten durchs Verkehrsgewühl? Mit welchem Wagen kann ich am leichtesten parken? Wessen Bremsen funktionieren am sichersten? Wer beschleunigt am rasantesten und bringt mich damit am schnellsten aus einer Gefahrenzone? Welche Lenkung geht am genauesten und leichtesten? Und: in welchem Wagen sitze ich am bequemsten, ohne Kreuzschmerzen und Bandscheibenschaden zu bekommen. Bessere Sicht, komfortablere Ausstattung, blendfreie Scheinwerfer, die »innere Sicherheit des Wagens«, eine sportlich-elegante Form – das sind Aufgaben, denen sich die Konstrukteure heute mehr als früher widmen müssen.

Es war eine schöne, an Erleben überreiche Zeit, die mir im internationalen Motorsport beschieden war. In fast vier Jahrzehnten habe ich 160 Rennen größten Formats bis ins kleinste Detail vorbereitet, durchdacht, organisiert und gelenkt. Ich hatte das Glück und die Ehre, eine der erfolgreichsten Rennmannschaften der Welt durch zwei Epochen des Autorennsports immer wieder aufs neue zu glänzenden Siegen führen zu können. Die Produkte dreier Konstruktions-Epochen, die besten Fahrer dreier Generationen durfte ich der Welt vorführen – fürwahr, eine herrliche Aufgabe! Und wohl niemand unter all den Millionen Menschen, die diese Rennen sahen, konnte sie so unmittelbar miterleben wie ich selbst. Niemand konnte ahnen, was sich an Dramatik, an Zwischenfällen, Intrigen und Kämpfen hinter den Kulissen abspielte. Niemand kannte auch so gut die Schwächen und Stärken jedes einzelnen Fahrers, jedes Wagens. Niemand, selbst der gerissenste Reporter nicht, konnte wissen, mit wieviel Aufopferung, Schweiß, Tränen, aber auch Glück mancher Sieg errungen wurde.

Das Publikum konnte nur den äußeren Ablauf eines Rennens verfolgen.

Die Techniker interessierten sich nur für die Beanspruchung der Motoren, der einzelnen Wagenteile, für ihr Durchhalten oder Versagen. Die Fahrer selbst sahen nur ihren nächsten Gegner und oft nicht einmal den. Ich aber sah, kannte, wußte fast alles. Ich spielte den »Dirigenten«, ich kannte die Schwierigkeiten der »Partitur«, die Schwächen meines »Orchesters«. Und ich konnte entsprechend meinen »Taktstock« schwingen, konnte das Rennen bis zur Ekstase miterleben wie keiner sonst.
Das allein war Entschädigung genug für manche Bitternis, für manche Niederlage und Enttäuschung. Es war mehr, viel mehr sogar: Es war die Erfüllung eines Kindheitstraums und eines langen Menschenlebens.

*

Vorbei sind nun die Zeiten der großen Helden ungezählter Motorschlachten. Viele von ihnen haben Sie in meinen Erinnerungen kennengelernt, als Sie mich auf meinem Weg durch die Vergangenheit, durch vier Jahrzehnte Motorsport begleiteten.
Sie lasen von Rudolf Caracciola, der noch als kranker Mann, als Krüppel fast, unter tausend Höllenqualen die schwersten Rennen fuhr und siegte. Sie lasen von Manfred von Brauchitsch, den Ehrgeiz und Leidenschaft in ein ausweglose Kurvenlabyrinth des Lebens trieben. Sie begegneten Hans Stuck, dem Diplomaten im Renndreß, der nichts so liebte wie den Flirt mit schönen Frauen und – dem Tod. Sie erlebten, wie der einfache Mechaniker Hermann Lang sich seinen Platz an der Sonne eroberte. Und sie begegneten Bernd Rosemeyer, dem unvergeßlichen, wie er mit strahlendem Jungenlächeln furchtlos dem Tod entgegenraste, an einem kalten Wintermorgen vor mehr als dreißig Jahren.
An sie alle denke ich zurück, meine Freunde und Gegner von einst, an die Männer, deren Namen einst die Schlagzeilen der Presse füllten, deren tollkühne Taten einst in aller Munde waren:
An Tazio Nuvolari, den »Fliegenden Teufel von Mantua«, der wütend die Zähne fletschte, wenn andere ihn im Rennen überholten. Nuvolari, der nie ohne eine kleine goldene Schildkröte auf der Brust seinen Wagen bestieg ...
An seinen größten Rivalen, an den Grandseigneur Achille Varzi, der stets mit neuen Handschuhen und perfekter Bügelfalte zum Start eines Rennens kam. Varzi, der an seiner Leidenschaft zu einer schönen blonden Frau, zu einem verzehrenden Gift fast zerbrach ...
An den dicken Campari, der Opernarien zu singen wußte wie ein Sänger der Mailänder Scala. An seinen Freund, den kleinen Borzacchini, der im Wirbel von Millionen-Lire-Scheinen seinen eigenen, makabren Totentanz vor dem letzten Rennen tanzte ...
An Graf Brilli-Peri, den eleganten Florentiner, der seinen Wagen im Rennen absichtlich gegen eine Mauer steuerte, der den Tod suchte, weil eine schöne Frau ihn verlassen hatte ...
An Graf Conelli, der nur einmal in seinem Leben ein Rennen gewann, und

auch das nur, weil alle Konkurrenten vor ahm ausgeschieden waren und der mit Tränen in den Augen jubelte: »Jetzt endlich weiß ich, was es heißt – zu siegen!«

An den eleganten Monegassen Louis Chiron denke ich zurück, der die Liebe einer schönen Frau achtlos verspielte – der diese Frau an seinen besten Freund und größten Rivalen, an Rudolf Caracciola verlor.

Ich denke auch an den kleinen, tapferen, ewig vom Pech verfolgten Ernst von Delius, der stets im Schatten anderer, größerer Fahrer stand und doch, trotz Todesahnungen, mutig in sein letztes Rennen ging.

An sie alle denke ich zurück, an die »Männer, Frauen und Motoren«, die meinen Weg durch Jahrzehnte säumten, den Weg des »Herrn über 1000 PS« ...

Viele meiner alten Weggenossen sind nicht mehr unter uns. Das Rennfahrerschicksal hat sie ereilt. Ich habe sie nie mehr angesehen, wenn sie tot, verstümmelt, blutend neben den Trümmern ihrer geliebten Wagen lagen. Ich wollte sie so im Gedächtnis behalten, wie sie im Leben waren, und so leben sie auch heute noch vor meinen Augen: jung, unbekümmert, tapfer wie einst. Für mich sind sie nie gestorben.

Doch nicht alle mußten den höchsten Preis für ihre Siege zahlen. Nicht alle sind den Weg der Fagioli und Varzi, der Rosemeyer, Delius, Ascari und Seaman gegangen.

Caracciola lebte bis zuletzt in Lugano mit Baby zusammen. Als »Industrie-Botschafter« repräsentierte er seine alte Firma in ganz Europa, bis er im Jahre 1959 einem tückischen Leberleiden erlag.

Hans Stuck lebt in seinem Haus in Grainau am Fuß der Zugspitze, mit seiner charmanten – dritten – Frau Christa und einem Sohn, so blond wie er – und der wie Papa Rennfahrer werden möchte. Im Sommer betreibt Hans Stuck ein »Gästehaus«, fährt mit Ex-König Leopold von Belgien auf die Jagd, verkauft rassige Sportwagen an die Prominenz und hat es bis ins hohe Alter hinein nicht lassen können, gelegentlich an kleineren Bergrennen teilzunehmen – oft sogar mit Erfolg.

Hermann Lang ist als Reise-Ingenieur für Mercedes tätig und lebt zufrieden mit seiner Lydia in einem schmucken Haus in Bad Cannstatt: Am 6. April 1969 feierte er seinen sechzigsten Geburtstag und ist der letzte noch »Aktive« aus Deutschlands größter Renn-Epoche.

Karl Kling betreute die Käufer unserer Sportwagen, was ihn nicht daran hinderte, sich gelegentlich selbst noch ans Steuer zu setzen – und sei es nur, um zu beweisen, daß keiner so schnell wie er quer durch Afrika von Kairo nach Kapstadt brausen kann. Erst 59 Jahre alt, ging er 1968 frühzeitig in den Ruhestand – und genießt das Alter.

Fangio hat den aktiven Rennsport längst aufgegeben. Er ist heimgekehrt nach Argentinien, wo sein Auto-Fachgeschäft noch lange Zeit unter staatlicher Kontrolle stand – weil er angeblich durch Péron politisch belastet war.

Bleibt noch Manfred von Brauchitsch zu erwähnen, der als einziger aus der Reihe tanzte und Propaganda für den Osten macht.

Bleibt noch am Rande nachzutragen, daß Bernd Rosemeyer junior, Sohn des großen deutschen Rennfahrers und der Fliegerin Elly Beinhorn, keineswegs unter die Rennfahrer gegangen ist wie sein Vater. Er ist Facharzt für Orthopädie in München und mit der Tochter der Schauspielerin Luise Ulrich und ihres Mannes Graf zu Castell, Flughafenkommandant von München-Riem, verheiratet.

Und was ist aus mir, dem dicken Neubauer geworden?

Nun, der Gumpoldskirchner schmeckt mir noch wie in alten Zeiten, ich bin etwas weniger dick aber gewiß nicht temperamentloser geworden. Wann immer es möglich ist, bin ich noch dabei: Bei Ausstellungen, Rallies, Rennen.

Und wenn ich abends in meinem Haus am Neckar sitze, einen guten Tropfen im Glas, dann ist manchmal das Brausen der Motoren, das Geheul der Kompressoren und das schrille Quietschen der Reifen meine kleine Nachtmusik. Dann fahre ich im Geist noch einmal die tausend wilden Motorschlachten mit, die ich erlebt habe: am Nürburgring, auf der Avus oder in Monza.

Dann vergesse ich Zeit und Raum und fühle mich wieder jung wie einst. Und erst, wenn mein treues Faktotum, die Anna, mich zum Essen ruft, finde ich zurück in die Wirklichkeit – und lächle wehmütig über die Unzulänglichkeit der Schöpfung, die all unseren hochfliegenden Pläne gerade dann ein Ende setzt, wenn wir erst richtig aufs Gaspedal treten möchten . . .

REGISTER